암 : 만병의 황제의 역사

암 : 만병의 황제의 역사

싯다르타 무케르지
이한음 옮김

THE EMPEROR OF ALL MALADIES :
A Biography of Cancer

by Siddhartha Mukherjee

Copyright © 2010, Siddhartha Mukherjee
All rights reserved

Korean translation copyright © 2011, Kachi Publishing Co., Ltd.

This Korean translation published by arrangement with Siddhartha Mukherjee c/o The Wylie Agency (UK).

이 책의 한국어판 저작권은 The Wylie Agency와 독점 계약한 (주)까치글방에 있습니다. 저작권법에 의해서 한국 내에서 보호를 받는 저작물이므로 무단전재 및 무단복제를 금합니다.

역자 이한음
서울대학교 생물학과를 졸업했다. 저서로 과학 소설집 「신이 되고 싶은 컴퓨터」가 있으며, 역서로 「유전자의 내밀한 역사」, 「생명이란 무엇인가」, 「DNA : 유전자 혁명 이야기」, 「조상 이야기 : 생명의 기원을 찾아서」, 「식물의 왕국」, 「낙원의 새를 그리다」, 「위대한 생존자들」, 「새로운 생명의 역사」, 「살아 있는 지구의 역사」 등이 있다.

편집, 교정_ 이인순(李仁順)

암 : 만병의 황제의 역사

저자 / 싯다르타 무케르지
역자 / 이한음
발행처 / 까치글방
발행인 / 박후영
주소 / 서울시 용산구 서빙고로 67, 파크타워 103동 1003호
전화 / 02 · 735 · 8998, 736 · 7768
팩시밀리 / 02 · 723 · 4591
홈페이지 / www.kachibooks.co.kr
전자우편 / kachibooks@gmail.com
등록번호 / 1-528
등록일 / 1977. 8. 5
초판 1쇄 발행일 / 2011. 7. 11
　　 10쇄 발행일 / 2024. 8. 30

값 / 뒤표지에 쓰여 있음

ISBN 978-89-7291-506-5 03900

로버트 샌들러(1945–1948),
그보다 먼저
그리고 나중에 산 모든 이에게

질병은 삶의 어두운 쪽, 더 성가신 시민권이다. 모든 사람은 건강한 자의 왕국과 병든 자의 왕국, 이중 시민권을 가지고 태어난다. 설령 좋은 쪽의 여권만 쓰고 싶다고 해도, 조만간 누구든 할 것 없이, 적어도 일시적으로라도, 다른 왕국의 시민임을 밝힐 수밖에 없다.

— 수전 손택[1]

차례

저자의 말 _ 9

머리말 _ 11

제1부 : "검은색의, 끓지 않는" _ 19

제2부 : 성급한 전쟁 _ 123

제3부 : 호전되지 않으면 내 삶을 끝내줄래요? _ 217

제4부 : 예방이 곧 치료 _ 265

제5부 : "우리의 정상 자아의 일그러진 형태" _ 371

제6부 : 오랜 노력의 결실 _ 437

아토사의 전쟁 _ 509

감사의 말 _ 521
주 _ 523
용어 설명 _ 568
참고 문헌 _ 570
그림 출처 _ 575
역자 후기 _ 576
인명 색인 _ 579

2010년, 미국인의 약 60만 명, 전 세계에서는 700만 명 이상이 암으로 죽을 것이다. 미국에서는 여성 3명에 1명, 남성 2명에 1명꼴로 생전에 암에 걸릴 것이다. 미국인의 4분의 1, 전 세계인의 약 15퍼센트는 암 때문에 사망할 것이다. 일부 국가에서는 암이 심장병을 넘어서 가장 흔한 사망 원인이 될 것이다.

저자의 말

이 책은 암의 역사에 관한 책이다. 한때는 남이 알아챌까 "쉬쉬하던" 질병이었다가 변신하여 우리 세대를 규정하는 천벌이라고 말할 정도로 비유적, 의학적, 과학적, 정치적 함의로 가득한 치명적인 위력을 발휘하는 존재가 된, 고대로부터 내려온 한 질병의 연대기이다. 이 책은 "전기(傳記)"이다. 그 단어의 진정한 의미 그대로 말이다. 즉 이 불멸하는 질병의 내면으로 들어가서 성격을 이해하고 행동의 수수께끼를 풀어내려는 시도이다. 그러나 나의 궁극적인 목적은 전기를 넘어서서 한 가지 질문을 제기하려는 것이다. 과연 미래에 암의 종말이 올까? 우리의 몸과 사회에서 이 병을 영구히 뿌리 뽑을 수 있을까?

이 계획은 방대하기 그지없지만, 처음부터 그런 것은 아니었다. 2003년 여름, 나는 전공의 과정과 암면역학 학위를 마치고 보스턴에 있는 대너파버 암연구소와 매사추세츠 종합병원에서 암의학(종양학) 상급 과정을 시작했다. 처음에는 그해에 학술지에 실을 생각으로 글을 쓰기 시작했는데—암 치료라는 특정 분야에 매몰된 관점에서—곧 탐구 영역이 넓어지면서 과학과 의학뿐만 아니라 문화, 역사, 문학, 정치 분야를 깊이 파고들게 되었고, 마침내 암의 과거와 미래를 아우르는 여행에 나서게 되었다.

이 이야기의 중앙에는 두 인물이 서 있다. 둘은 같은 시대를 살았고, 이상주의자였으며, 전후 미국에서 과학과 기술이 급격히 발전하던 시대가 낳은 인물이었다. 그리고 둘 다 "암과의 전쟁"이라는 국가적 과제에 홀린 듯 강박적으로 매달렸다. 첫 번째 인물은 현대 화학요법의 아버지인 시드니 파버이다. 그는 우연히 비타민 유사물질에서 강력한 항암 화학물질을 발견한 것을 계기로 암의 보편적인 치료법을 개발하겠다는 꿈을 꾸기 시작한다. 두 번째 인물은 사회적, 정치적으로 대단한 활약을 한, 맨해튼 사교계의 유명 인사인 메리 래스커이다. 그녀는 파버의 수십 년에 걸친 여정에 동참했다. 그러나 래스커와 파버는 4,000년에 걸친 암과의 싸움에 참가한 무수한 남녀의 근성, 상상력, 창의력, 낙관주의를 보여주는 한 사례일 뿐이다. 어떤 의미에서 이것은 형태도 없고 영원하며 어디에나 퍼져 있는 적을 상대로 벌이는 전쟁사이다. 여기에도 승리와 패배, 선전과 선동, 영웅과 자만심, 생존과 회복이 있으며, 다친 자, 비난받는 자, 잊혀진 자, 죽은 자도 있다. 암이 자신의 진정한 모습을 드러낸 것은 19세기의 한 의사가 자신의 책 속표지에 "만병의 황제, 공포의 왕"이라는 글귀를 써넣은 순간이었다.

암이라는 질병은 하나가 아니라 여럿이다. 그들이 한 가지 근본적인 공통점을 가지고 있기 때문에 모두 "암"이라고 부를 뿐이다. 바로 세포의 비정상적인 성장이다. 그리고 다양한 모습의 암 사이에는 생물학적 공통점을 넘어서, 하나로 묶어서 이야기하는 것을 정당화하는 깊은 문화적, 정치적 주제들이 관통하고 있다. 모든 암의 이야기를 하나하나 살펴보는 것은 불가능하겠지만, 나는 이 4,000년에 걸친 역사를 관통하는 큰 주제들에 초점을 맞추고자 했다.

미리 단서를 달아둘 것이 하나 있다. 과학과 의학 분야는 본래 발견의 우선권을 대단히 중시하는 곳인데, 누군가에게 발명자나 발견자라는 지위를 부여하는 것은 바로 과학자와 연구자로 이루어진 공동체이다. 이 책에도 발명과 발견 이야기가 많이 나온다. 그러나 그중에 법적으로 우선권을 주장할 수 있는 사례는 전혀 없다는 점을 염두에 두시기를 바란다.

이 책은 다른 책, 연구, 학술지 논문, 회고록, 인터뷰에 크게 기댄다. 또 책의 말미에 실은 많은 개인, 도서관, 수집가, 문서 보관소, 언론 자료에도 의존한다.

끝맺기 전에 이 말은 꼭 하고 넘어가야겠다. 이 책은 암의 과거를 훑는 여행기인 동시에, 내가 종양학자로 자리잡는 과정을 그린 개인의 여행기이기도 하다. 이 두 번째 여행은 이 글을 쓸 때 계속 나를 가르치고 나에게 영감을 준 환자들이 없었다면 결코 할 수 없었다. 그 빚은 영원히 갚을 길이 없을 것이다.

이 빚에는 의무가 따른다. 이 책에 실린 이야기들은 해당 환자의 사생활과 존엄성을 보호해야 하는 중대한 도전 과제를 안고 있다. 그래서 병에 걸렸다는 사실이 이미 알려져 있을 때(사전 인터뷰나 논문을 통해서)에는 실명을 썼고, 알려지지 않았거나 인터뷰 대상자가 사생활 보호를 요청했을 때는 가명을 쓰고 날짜와 신원을 추적하기 어렵도록 세심한 조치를 취했다. 그러나 그 환자들은 존재하며, 실제로 내가 만난 이들이다. 부디 그들의 신원과 영역을 존중해주시기를 바란다.

머리말

지독하게 심해진 병은
극약처방을 써야 듣는다
그렇지 않으면 효과가 없다

— 윌리엄 셰익스피어, 「햄릿」[1]

암은 처음부터 끝까지 사람과 함께 한다. 과학적 추상화가 이루어지는 와중에는 이 기본 사실을 이따금 잊을 수도 있다.……의사는 질병을 다루지만 사람도 다루며, 직업상의 이 선결 조건이 때로 그들을 동시에 두 방향으로 잡아당기곤 한다.   —준 굿필드[2]

2004년 5월 19일 아침, 칼라 리드는 머리가 아파서 잠이 깨었다. 그녀는 매사추세츠 입스위치에 살며, 나이는 30세이고, 유치원 교사이자 세 아이의 엄마였다. 나중에 그녀는 이렇게 회상했다. "여느 두통과 달랐어요. 머리가 마비된 듯한 느낌이었지요. 뭔가 끔찍하게 잘못되었다는 것을 즉시 알아차릴 수 있는 그런 거 말이에요."

끔찍하게 잘못된 두통은 거의 한 달 동안 이어졌다. 그보다 앞서 4월 말에 칼라는 등에 몇 군데 멍이 든 것을 알아차렸다. 멍은 기이한 상흔처럼 하루아침에 나타났다가 한 달에 걸쳐 커졌다가 사라졌지만, 등에 커다란 지도 모양의 흔적을 남겼다. 거의 알아차리지 못하는 사이에 그녀의 잇몸은 하얗게 변하고 있었다. 그녀는 교실에서 5-6세의 아이들과 몇 시간씩 부대끼면서 지내는 데에 익숙한 쾌활하고 활기 넘치는 여성이었는데, 5월 초가 되자 계단 한 층도 올라가기가 힘겨웠다. 아침에 아예 일어설 수 없을 만큼 기력이 없어서 이 방에서 저 방으로 기어간 적도 있었다. 12-14시간 동안 잠을 자고 일어났는데, 너무 피곤

하여 다시 돌아가서 잠을 자야 할 때도 있었다.

칼라와 남편은 그 4주일 동안 두 번 일반의와 간호사를 만났지만, 칼라는 아무런 검사도 받지 않았고 어떤 병이라는 진단도 얻지 못한 채 돌아왔다. 때로는 뼈마디가 지독히 쑤시다가 가시곤 했다. 의사가 주섬주섬 설명을 하긴 했다. 편두통일 수 있으니까, 아스피린을 좀 먹어보라는 것이었다. 아스피린은 상황을 더 악화시켰다. 칼라의 하얀 잇몸에서 피가 배어나왔다.

외향적이고 사교성 있고 활기 넘치던 칼라는 나빠졌다 나아졌다 하는 몸 상태가 걱정된다기보다는 당혹스러웠다. 살아오면서 한번도 심하게 앓아본 적이 없었으니까. 병원은 그녀에게 추상적인 장소였을 뿐이었다. 그녀는 종양학자는커녕 어떤 전문의도 만나본 적이 없었다. 그녀는 나름대로 갖가지 원인을 추측하고 떠올려서 자신의 증상들을 설명하고자 했다. 과로, 우울증, 소화불량, 신경증, 불면증 등등. 그러다가 이윽고 그녀는 몸속에서 재앙을 일으킬 어떤 일이 급격히 벌어지고 있다는 본능적인 직감, 즉 육감을 따르기로 했다.

5월 19일 오후에 칼라는 세 아이를 이웃에게 맡기고 개인병원으로 가서 혈액 검사를 받았다. 의사는 혈구 수를 세는 일반 검사를 하자고 했다. 그녀의 정맥에서 시험관으로 피를 뽑아넣은 담당자는 의아하다는 표정으로 피 색깔을 뚫어져라 살펴보았다. 칼라의 정맥에서 나온 액체는 마치 물처럼 희멀겠다. 거의 피라고 할 수 없을 정도였다.

칼라는 아무런 소식도 듣지 못한 채 그날 내내 기다렸다. 다음 날 아침, 생선가게에 있는데 전화가 왔다.

"피를 다시 뽑아야겠어요." 병원의 간호사가 말했다.

"언제 가야 하나요?" 칼라는 바쁜 일과를 머릿속에서 떠올리면서 물었다. 그녀는 벽시계를 쳐다보고 있었다고 기억한다. 장바구니에서 연어살 200그램이 녹고 있었다. 너무 오래 있다가는 상할 터였다.

결국 병에 관한 그녀의 기억은 이런 자질구레한 사항들로 이루어져 있다. 시계, 자가용 합승, 아이들, 희멀건 피, 빼먹은 샤워, 햇살 아래의 생선, 전화 속에서 들려온 단호한 목소리. 칼라는 간호사가 뭐라고 말했는지는 거의 떠올릴 수 없다. 그저 긴급하다는 느낌만 남아 있다. 그녀는 간호사가 이렇게 말했다고 생각한다. "지금 당장 오세요."

나는 5월 21일 아침 7시에 칼라의 소식을 들었다. 보스턴의 켄들 스퀘어와 찰스 스트리트 사이를 달리는 열차 안에서였다. 내 호출기에서 스타카토로 문장이 깜박이면서 심각한 의학적 긴급 상황이 벌어졌음을 무심하게 알렸다. **칼라 리드/새 백혈병 환자/14층/긴급 진찰 요망**. 열차가 어두운 긴 터널을 빠져나오자마자 유리로 덮인 매사추세츠 종합병원의 높은 건물들이 불쑥 모습을 드러냈고, 나는 14층 병실의 창문을 알아볼 수 있었다.

나는 그 층의 병실 중 한 곳에 칼라가 홀로 두려워하며 앉아 있겠지 하고 추측했다. 병실 바깥에서는 아마 부산스러운 움직임이 벌어지기 시작했을 것이다. 병실에서 2층의 실험실로 피를 담은 시험관들이 빠르게 전달되고 있을 것이다. 간호사들은 시료를 채취하고 옮기고 하느라 바쁠 것이고, 인턴들은 아침에 보고할 자료를 모으느라 정신이 없을 것이며, 여기저기에서 경보가 울리고 호출기 메시지가 오갈 것이다. 병원 깊숙이 어딘가에서는 현미경의 불빛이 깜박거리며 칼라의 피에 있는 세포들에 렌즈의 초점이 맞추어지고 있을 것이다.

나는 이 모든 일이 벌어지고 있다는 것을 비교적 확신한다. 급성 백혈병 환자가 도착하면 병원의 척추를 따라서 전율이 일기 때문이다. 위층의 암 병실에서 지하층 깊숙이 자리한 임상 실험실에 이르기까지 죽 전달된다. 백혈병은 백혈구의 암이다. 암의 가장 폭발적이며 폭력적인 화신 중 하나이다. 병동의 한 간호사가 환자들에게 늘 상기시키곤 했듯이, "종이에 베이기만 해도 응급 상황"인 병이다.

실습 중인 종양학자에게도 백혈병은 암의 특수한 화신이다. 진행 속도, 격렬함, 아슬아슬하고 가차 없는 성장력 때문에 신속하고 때로 과감한 결정을 내려야 한다. 겪는 일도, 지켜보는 일도, 치료하는 일도 끔찍하다. 백혈병에 침략당한 몸은 무너지기 직전의 생리적 한계까지 내몰린다. 심장, 폐, 혈액, 모든 기관계가 능력의 한계선상에서 위태롭게 움직인다. 간호사들이 나에게 빠뜨린 이야기를 들려주었다. 칼라의 의사가 혈액 검사를 했더니 적혈구 수가 정상 수준의 3분의 1보다도 더 적은 위험한 수준이었다. 그녀의 혈액에는 정상적인 적혈구 대신에 커다란 악성 백혈구, 암 전문 용어를 쓰면 **모세포**(blast)가 우글거렸다. 마침내 현실에 맞는 진단을 내린 의사는 그녀를 매사추세츠 종합병원으로 보낸 것이다.

희석한 표백제로 막 박박 닦아내어 살균된 번들거리는 휑한 긴 복도를 따라 칼라가 있는 병실로 가면서, 나는 그녀의 혈액을 가지고 해야 할 검사 목록을 빠르게 훑으며 머릿속으로 그녀와 나눌 대화를 연습했다. 돌이켜보면 후회스럽지만, 당시 내가 설령 연민을 느끼고 있다고 해도 예행연습을 거쳐서 로봇처럼 하던 일들이 있었다. 당시는 내가 종양학 "전임의"—암 전문의를 양성하는 2년 기한의 몰입 의학 프로그램—로 일한 지 10개월째였는데, 삶의 바닥까지 내려왔다는 느낌을 받던 때였다. 이루 말할 수 없이 통렬하고 힘들었던 그 10개월 동안, 내가 맡은 환자 중 수십 명이 세상을 떠났다. 나는 서서히 죽음과 황폐함에 단련되어가고 있다는 것을 느꼈다. 감정을 헤집는 끊임없는 공격에 맞서 백신을 접종받는 중이었다.

 이 병원에는 동료 암 전임의가 7명 있었다. 서류상으로 보면, 우리는 가공할 힘을 가진 듯했다. 모두 합치면 의대 학위가 5개, 병원 교수진이 4명, 의학과 과학 분야의 경력이 66년, 대학원 학위는 12개였다. 그러나 경력과 학위는 이 실습 프로그램에 대처하는 데에 아무 소용이 없었다. 의대, 인턴 과정, 전공의 과정도 육체적으로나 감정적으로 혹독했지만, 이곳의 전임의로 처음 몇 개월을 보내는 동안 그런 기억은 까마득히 잊혀졌다. 마치 그 모든 것이 어린아이의 장난, 의학 교육의 유치원 과정이었던 것처럼 느껴졌다.

 암은 우리 삶의 전부를 소진시켰다. 그것은 우리의 상상 속에 침입했다. 우리의 기억을 차지했다. 모든 대화와 모든 생각에 스며들었다. 그리고 의사인 우리가 암에 깊이 빠져들었다는 것을 알아차렸다면, 우리 환자들은 그 병이 삶 자체를 거의 지워버렸다는 것을 알아차렸다. 알렉산드르 솔제니친의 소설 「암 병동(Rakovyi korpus)」에서 40대 중반의 러시아인 파벨 니콜라예비치 루사노프는 목에서 종양이 발견되자마자 얼어붙은 북쪽의 이름 없는 병원의 암 병동으로 이송된다.[3] 암이라는 진단—그 병 자체가 아니라 그 병이 있음을 알리는 단순한 징후의 진단—이 루사노프에게는 사형선고가 된다. 병은 그에게서 정체성을 앗아간다. 그에게 환자복(죄수복 못지않게 의기소침하게 만드는 희비극적으로 잔인한 의복)을 입히고 그의 행동을 절대적으로 통제하게 된 것처럼 생각한다. 루사노프는 암이라는 진단을 받는 것이 경계 없는 의료 수용소에 들어가는 것임을 알아차린다. 그가 떠난 나라보다 더 침략적이고 심신을 마비시키는 곳이다. (솔제니친은 불합리하게 전체주의적인 암 병원을 그 바깥의 불합리한 전체주의 국가에 비유하려는 의도로 썼을지 모르지만, 예전에 침습성 자궁경부암에 걸린 한 여성에게 그 비유가 어떠냐고 묻자, 그녀는 냉소적으로 말했다. "굳이 그 책을 읽을 필요도 없었어요. 암 병동이 바로 나를 가둔 국가, 내 감옥이었으니까요.")

암 환자를 돌보는 법을 배우는 의사로서 나는 이 감금을 그저 어렴풋이 이해했을 뿐이지만, 변죽만 울리고 있다고 해도 여전히 그 힘을 느낄 수 있었다. 모든 사람과 사물을 암의 궤도로 끌어당기는 치밀하고 끈덕진 중력을 말이다. 내가 일을 시작한 첫 주일에, 전임의 생활을 막 끝낸 한 동료가 나를 구석으로 데려가더니 몇 가지 조언을 했다. 그는 목소리를 낮추어 말했다. "몰입 훈련 프로그램이라고 하지만, 몰입이라는 말은 사실 익사를 뜻해요. 당신 자신을 거기에 전부 그냥 내맡기지 마세요. 병원 바깥 생활도 하도록 해요. 꼭 필요할 겁니다. 그렇지 않으면 집어삼켜질 테니까요."

그러나 삼켜지지 않기란 불가능했다. 정신없이 혼란스럽게 온종일을 보낸 뒤에 매일 밤 네온등이 비치는 차가운 콘크리트 상자나 다름없는 병원 주차장에서, 나는 공허하게 지직거리는 자동차 라디오 소리를 배경 삼아 그날의 사건들을 재구성하려고 강박적으로 애쓰면서 하루를 마감했다. 환자들의 이야기는 나를 지치게 했고, 내가 내리는 결정에도 진저리가 났다. 다른 약물이 모두 듣지 않는 폐암에 걸린 66세의 약제사에게 다시 화학요법을 받게 할 필요가 있었을까? 호지킨병에 걸린 26세의 여성에게 생식 능력을 잃을 위험을 무릅쓰고 검증된 강력한 약물들을 조합하여 투여하는 편이 더 나았을까, 아니면 생식 능력을 유지해줄지 모를 실험적인 약물들을 투여하는 편이 더 나았을까? 아이가 셋 딸린 스페인어를 하는 결장암(잘록창자암)에 걸린 여성을 새로운 임상시험에 참가시켜야 할까? 이해할 수 없는 딱딱한 언어로 쓰인 동의서를 거의 읽을 수도 없을 텐데?

매일 암을 다루는 일에 몰두하고 있으니까, 환자들의 삶과 운명이 명암 대비를 너무 과하게 설정한 텔레비전 화면처럼 세세한 부분까지 선명하게 펼쳐지는 형태로만 와닿았다. 화면에서 뒤로 물러날 수도 없었다. 나는 이런 경험이 훨씬 더 큰 규모로 벌어지는 암과의 전투 중 일부라는 것을 본능적으로 알아차리긴 했지만, 전체 형세가 어떠한지를 간파할 수 있는 입장이 아니었다. 나는 초심자가 그렇듯이 역사를 갈구했지만, 초심자가 그렇듯이 그것을 눈앞에 그려낼 능력은 없었다.

그러나 낯선 황폐함에 시달린 그 2년간의 전임의 생활을 끝내자, 더 큰 규모의 암 이야기에 관한 의문들이 꼬리를 물고 일어났다. 암은 얼마나 오래되었을까? 우리가 이 병과 벌이는 싸움은 어디에 뿌리를 두고 있을까? 아니, 환자들이 내게 종종 물었듯이, 우리는 암과의 "전쟁"에서 어디쯤에 와 있을까? 우리는 어떻게 여기까지 온 것일까? 끝은 있을까? 이 전쟁에서 이길 수 있을까?

이 책은 이런 의문들에 답하려는 시도에서 비롯되었다. 나는 변신을 거듭하는 이 병에 형태를 부여하고자 암의 역사를 깊이 파고들었다. 나는 과거를 이용하여 현재를 설명했다. 유방암 3기인 36세 여성의 고립감과 분노는, 병에 걸린 젖가슴을 천으로 감아서 숨기다가 한순간 허무주의적이고 예지적인 분노에 사로잡혀서 노예에게 칼로 젖가슴을 잘라버리게 했다는 고대 페르시아의 왕비인 아토사를 떠올리게 한다.[4] 암에 걸린 위장을 "아무것도 남기지 않고" 잘라내고 싶다는 한 여성 환자의 충동은 강박적일 정도로 완벽함을 추구한 19세기 외과의사 윌리엄 홀스테드를 생각나게 한다. 그는 더 많이 잘라낼수록 더 치료가 될 것이라는 기대를 품고, 외모를 크게 손상시키는 큰 수술로 암을 잘라냈다.

오랜 세월에 걸쳐서 이렇게 의학적, 문화적, 비유적으로 암을 막으려는 시도들이 이루어지는 가운데, 그 밑바탕에서는 암을 생물학적으로 이해하려는 노력이 이루어지고 있었다. 암의 이해는 약 10년마다 때로 급진적으로 변하곤 했다. 우리가 현재 아는 암은 세포 하나가 통제할 수 없이 성장함으로써 생기는 병이다. 이 성장을 억제하던 고삐를 푸는 것은 돌연변이이다. DNA에 일어난 변화가 유전자들에 영향을 미쳐서 무제한적인 세포 성장을 야기한다. 정상 세포에서는 강력한 유전적 회로가 세포의 분열과 죽음을 조절한다. 암세포에서는 이 회로가 파괴되어, 세포는 성장을 멈추지 못하고 계속 분열한다.

암이라는 기괴하고 다면적인 병의 중심에 놓여 있을 법한 이 단순해 보이는 메커니즘—방해 없는 세포 성장—은 세포 성장이 이루 말할 수 없는 힘을 가지고 있다는 것을 입증한다. 세포 분열은 우리가 생명체로서 자라고 적응하고 회복하고 치유하도록, 즉 살아가도록 한다. 그리고 고삐 풀린 일그러진 세포 분열은 암세포가 자라고 번성하고 적응하고 치유하도록, 즉 우리의 삶을 희생시키면서 살아가도록 한다. 암세포는 더 빨리 자라고, 더 잘 적응할 수 있다. 그들은 우리 자신의 더 완벽한 판본이다.

그렇다면 암과 싸우는 비결은 취약한 세포에 이런 돌연변이가 일어나지 않도록 막는 수단을 찾아내거나, 정상적인 성장에 피해를 입히지 않은 채 돌연변이 세포를 제거하는 수단을 찾아내는 것이 된다. 말은 쉽지만 실제로는 지극히 어려운 일이다. 악성 성장과 정상 성장은 서로 너무 뒤얽혀 있어서 두 가지를 풀어내는 것이 우리 종이 직면한 가장 중요한 과학적 도전 과제에 속한다고 할 정도이다. 암은 우리 유전체에 새겨져 있다. 악성 세포 분열을 일으키는 유전자들은 우리 몸에 이질적인 것이 아니라, 생명 활동에 중요한 세포 기능을 수행하는 바로 그 유전자들에 돌연변이가 일어나서 생긴 일그러진 판본이다. 그리고 암은 우리 사회에도 각인되어 있다. 종으로서의 우리 수명이 늘수록, 불가피하게 악성 성장의 고삐도 풀린다(나이가 들수록 암 유전자에는 돌연변이가 쌓인다. 따라서 암은 본질적으로 나이와 관련이 있다). 영생을 추구한다면, 우리는 다소 불쾌한 의미에서 암세포도 추구하는 셈이다.

미래 세대가 정확히 어떻게 악성 성장과 정상 성장의 얽힌 가닥을 풀어내는 법을 터득할 수 있을지는 수수께끼이다. (20세기 생물학자 J. B. S. 홀데인은 이렇게 말하곤 했다. "우주는 우리가 상상하는 것보다 더 기이할 뿐만 아니라, 우리가 상상할 수 있는 것보다 더 기이하다."[5] 과학의 경로도 마찬가지이다.) 그러나 한 가지는 분명하다. 그 이야기가 어떻게 펼쳐지든 간에, 과거는 중심에 놓여 있으며 지울 수 없을 것이다. 그것은 한 저술가가 인류의 질병 중에서 가장 "무자비하고 음험한 적"이라고 했던 것에 맞선 창의력, 회복력, 인내심의 이야기가 될 것이다. 그러나 그것은 오만, 거만, 온정주의, 오해, 잘못된 희망, 과대 선전에 관한 이야기이기도 하다. 30년 전만 해도 전문가들은 이 병이 몇 년 안에 "치유될 수 있을" 것이라고 호언장담을 하고 다녔다.

멸균 공기가 유입되는 휑한 병실에서 칼라는 나름대로 암과 전쟁을 벌이고 있었다. 내가 도착했을 때, 그녀는 침대에 아주 차분하게 앉아 있었다. 무엇인가를 적고 있는 교사의 모습으로. ("그런데 뭘 적고 있었죠?" 나중에 그녀는 회상했다.

"같은 생각을 적고 또 적고 있었어요.") 밤새 비행기를 타고 막 도착한 그녀의 어머니가 빨갛게 부어오르고 눈물이 그렁그렁한 눈을 한 채 병실로 뛰어 들어왔다가, 창가 옆 의자에 앉아서 말없이 의자를 세게 흔들어댔다. 칼라를 중심으로 벌어지는 부산한 활동들은 거의 웅성거림으로 변했다. 간호사들이 갖가지 액체를 가지고 들락거리고, 가운을 입고 마스크를 쓴 인턴들이 오가고, 걸대에 매달린 항생제가 똑똑 떨어져서 그녀의 정맥으로 들어갔다.

    나는 최선을 다해서 상황을 설명했다. 온종일 이 실험실, 저 실험실로 바빠 다니면서 온갖 검사를 받을 것이다. 골수 시료는 내가 채취할 것이다. 병리학자들이 더 많은 검사를 하겠지만, 예비 검사 결과를 보니 급성 림프구성 백혈병(acute lymphoblastic leukemia, ALL)에 걸린 것 같다. 아이에게는 가장 흔한 암에 속하지만, 성인에게는 드문 병이다. 그리고 나는 이쯤에서 한번 뜸을 들이고, 강조하기 위해서 눈썹을 치켜뜨면서 말했다. 치유 가능한 사례가 종종 있습니다.

    치유 가능하다. 칼라는 그 말에 고개를 끄덕였고, 눈빛이 날카로워졌다. 이제 병실에 당연한 질문들이 울려 퍼질 때이다. 얼마나 치유될 수 있는가? 살아남을 가능성은 얼마나 되는가? 치료에는 얼마나 걸리는가? 나는 확률들을 제시했다. 일단 진단이 맞다는 것이 확인되면, 즉시 화학요법을 시작하여 1년 넘게 계속할 것이다. 그녀가 치유될 확률은 약 30퍼센트였다. 생존 가능성이 3명에 1명꼴도 미치지 못한다는 의미였다.

    우리는 1시간쯤, 어쩌면 그보다 더 오래 이야기를 나누었다. 이야기를 마치니 아침 9시 반이었다. 창밖의 도시는 완전히 깨어나서 활기차게 움직이고 있었다. 병실을 나오자 바람이 나를 밖으로 밀치는 동시에 칼라를 안으로 봉인했고, 내 뒤로 문이 닫혔다.

제1부
"검은색의, 끓지 않는"

이런 종류의 문제를 풀 때 중요한 것은 역추론을 할 수 있는가이다. 그것은 아주 유용한 능력이며 쉬운 것이지만, 사람들은 그다지 자주 쓰지 않는다.

—셜록 홈스, 아서 코넌 도일 경의 「주홍색 연구」에서[1]

"피의 곪음"

최고의 명성을 가진 의사들이
한꺼번에 불려왔다. 그러나 막상 와서
사례를 받으면서 그들이 답한 말은,
"이 병에는 치료법이 없습니다."

―힐레어 벨록[1]

증세 완화는 일상적으로 하는 일이고, 완치는 강렬한 희망이다.
―윌리엄 캐슬, 1950년 백혈병을 기술하면서[2]

1947년 12월의 어느 날 아침, 보스턴에 있는 가로 약 6미터, 세로 약 4미터 크기의 습한 연구실에서 시드니 파버라는 남자가 뉴욕에서 올 소포를 초조하게 기다리고 있었다.[3] "연구실"은 화학자의 벽장이나 다를 바 없었다. 어린이 병원의 반지하실 뒤쪽 복도의 거의 맨 구석에 틀어박혀 있는 환기도 잘 되지 않는 곳이었다. 수십 미터 떨어진 곳에 있는 병동들에서는 서서히 일과가 시작되는 중이었다. 환자복을 입은 아이들이 작은 철제 침대에 실려서 불안하게 오갔다. 의사와 간호사는 병실 사이를 바쁘게 돌아다니며, 진료 기록을 살피고, 지시 내용을 적고, 약을 나누어주었다. 그러나 파버의 연구실은 하는 일 없이 텅 비어 있었다. 그곳은 얼기설기 이어진 차디찬 통로들을 통해서 병원 본관과 연결된 화학물질과 유리병으로 가득한 미궁이나 다름없었다. 공기에 섞인 방부제인 포르말린의 냄새가 코를 찔렀다. 이 방에 환자는 없었다. 그저 부검과 검사를 받기 위해서 음침한 통로를 통해서 보내진 환자의 신체 부위와 조직만 있을 뿐이었다. 파버는 병리학자였다. 그는 표본을 해부하고, 부검을 하고, 세포를 식별하고, 질병을 진단하는 일을 했지만, 환자를 치료하는 일은 없었다.

파버의 전공은 소아병리학, 즉 아이들의 병을 연구하는 분야였다.[4] 그는 거의 20년 동안, 이 지하실에서 강박적으로 현미경을 들여다보며 지냈다. 그 사이에 학계에서의 지위는 높아졌고, 지금은 병원의 병리학과장이 되었다. 그러나 산 사람보다 죽은 사람에게 더 집착하는 분야인 병리학은 파버에게 단절된 형태의 의학이 되어가고 있었다. 파버는 살아 있는 환자를 만지지도 치료하지도 못한 채, 구경꾼이 되어서 질병을 지켜보는 일이 더 이상 견디기 힘들었다. 그는 조직과 세포에 진절머리가 났다. 자기 자신이 유리로 덮인 벽장에 방부 처리가 되어서 갇힌 것처럼 느껴졌다.

그래서 파버는 과감하게 전공을 바꾸기로 결심했다. 눈을 가늘게 뜨고 현미경 아래에서 활성을 잃은 표본을 들여다보는 대신, 위층에서 벌어지는 진료 업무에 뛰어들고자 했다. 자신이 매우 잘 아는 미시 세계를 떠나서 환자와 질병으로 이루어진 확대된 현실 세계로 말이다. 그는 병리학 표본에서 모은 지식을 이용하여 새로운 치료법을 고안할 생각이었다. 뉴욕에서 오는 소포는 아미노프테린(aminopterin)이라는 노란 화학물질 결정이 든 유리병 몇 개였다. 아이들의 백혈병 성장을 멈추게 할지도 모른다는 실낱같은 희망을 품고서, 보스턴에 있는 그의 연구실로 보낸 것이었다.

파버가 위층 병실을 순회하는 소아과 의사 가운데 어느 누구에게라도 백혈병 치료제가 개발될 가능성이 있는지를 물었다면, 그들은 헛수고하지 말라고 조언했을 것이다. 소아 백혈병은 한 세기가 넘게 의사들의 흥미를 자극하고 그들을 혼란시키고 좌절시켰다. 그 병은 세심하게 분석되고 분류되고 세분되고 더 세분되었다. 어린이 병원 도서실 서가에 놓인 곰팡내 나는 가죽 장정의 책들—앤더슨의 「병리학(Pathology)」이나 보이드의 「체내 질병의 병리학(Pathology of Internal Diseases)」—에는 쪽마다 백혈병 세포의 사진과 함께 복잡한 분류학적 기재 사항이 가득했다. 그러나 이 모든 지식은 그저 의학적 무력감만 강화시킬 뿐이었다. 이 병은 공허한 관심의 대상으로, 밀랍 박물관의 인형이나 다름없는 대상으로 변했다. 지극히 세밀하게 사진을 찍고 연구를 했음에도 불구하고 실질적으로는, 즉 치료 쪽으로는 아무런 발전이 없었기 때문이었다. 한 종양학자는 이렇게 회상했다. "의사들이 회의 때 다툴 논쟁거리는 무수히 제공했지만, 환자들에게는 아무런 도움도 되지 않았다."⁵⁾ 급성 백혈병에 걸린 환자가 병원에 오면, 전문의들이 모여 흥분의 열기를 뿜어내면서 활발하게 토론을 벌였다. 그런 뒤에는, 한 의학 잡지가 비꼬았듯이, "진단을 내리고 항생제를 준 뒤, 집에서 죽음을 맞이하라고 돌려보냈다."⁶⁾

백혈병은 발견된 이래로 그 분야의 연구를 혼란과 절망의 도가니에 빠뜨렸다. 1845년 3월 19일, 스코틀랜드 의사 존 베넷은 특이한 사례를 기록했다. 비장(지라)이 이상하게 부풀어오른 28세의 슬레이트공 환자였다. "안색이 검다. 평소에 건강하고 절제하는 편이라고 한다. 그런데 20개월 전부터 지금까지 몸이 너무 나른하여 일을 할 수가 없었다고 한다. 지난 6월에 배 왼쪽에서 종양이 하나 생긴 것을 알아차렸는데, 4개월 동안 점점 커지다가 지금은 자라는 것이 멈추었다고 한다."⁷⁾

슬레이트공의 종양은 최종 정체 단계에 이르렀을지 모르지만, 병세는 점점 악화되고 있었다. 다음 몇 주일에 걸쳐서 베넷의 환자에게는 이 증상, 저 증상이 돌아가면서 나타났다. 열, 일시적인 출혈, 갑작스러운 복부 통증이었다. 증상은 처음에 드문드문 나타났다가 점점 더 빨라지고 더 격렬해졌다. 곧 겨드랑이, 사타구니, 목에도 부풀어오른 종양이 생기면서 슬레이트공은 죽음의 문턱에 들어섰다. 으레 하듯이 거머리로 피를 빨게 하고 하제를 써서 치료했지만, 아무 소용이 없었다. 몇 주일 뒤, 부검을 하던 베넷은 그런 증상들의 원인을 찾아냈다고 확신했다. 환자의 피는 백혈구로 가득했다. (백혈구는 고름의 주성분으로서, 감염되었을 때 으레 백혈구가 증가하므로, 베넷은 슬레이트공이 무엇인가에 감염되어 죽었다고 추론했다.) 그는 자신 있게 썼다. "나는 이 사례가 특히 가치가 있다고 본다. 혈관계 안에서 보편적으로 형성되는 진정한 고름이 있음을 보여주는 역할을 할 것이기 때문이다."*

그것은 완벽하게 흡족한 설명이었을 것이다. 베넷이 고름의 원인을 찾아낼 수 없었다는 점만 제외하면 말이다. 부검할 때, 그는 종기나 상처의 흔적이 있는지 알아내기 위해서 조직과 기관을 살피면서 몸 전체를 꼼꼼히 훑었다. 그러나 감염의 흔적은 전혀 발견되지 않았다. 피는 진짜 고름으로 자연적으로 연소되면서

---

* 비록 미생물과 감염의 관련성이 아직 확정되지 않은 시점이지만, 베넷은 고름—고름 형성—이 종종 종기나 상처에서 생기는 패혈증(敗血症), 열, 죽음과 관계가 있다는 것을 잘 알고 있었다.

자신의 의지로 상했다. 즉 곪았다. 베넷은 자신의 사례를 "피의 곪음(A suppuration of blood)"이라고 했다.[8] 그리고 그 문제에서 손을 뗐다.

물론 베넷은 자연적인 피의 "곪음"이라고 말한 점에서는 틀렸다. 베넷이 슬레이트공의 병을 기록한 지 4개월 남짓 지난 뒤, 24세의 독일 연구자 루돌프 피르호는 베넷의 사례와 놀라울 정도로 비슷한 사례를 독자적으로 발표했다.[9] 피르호의 환자는 50대 중반의 요리사였다. 그녀의 피에서는 백혈구가 폭발적으로 증가하여 비장에 치밀하고 걸쭉한 웅덩이까지 형성되었다. 부검 때, 병리학자들은 굳이 현미경을 쓰지 않고서도 적혈구 위쪽에 뜬 짙은 우윳빛 백혈구 층을 구분할 수 있었다.

피르호는 베넷의 사례를 알았지만, 그의 이론을 믿지는 못했다. 피르호는 피가 충동적으로 다른 무엇인가로 변할 이유가 전혀 없다고 주장했다. 게다가 특이한 증상들이 그를 성가시게 했다. 비장은 왜 그렇게 거대해진 것일까? 몸에 고름의 원천이나 상처가 전혀 없는 이유는 무엇일까? 피르호는 피 자체가 비정상인 것은 아닐까 하는 의구심을 가지기 시작했다. 증상들을 종합할 설명을 찾을 수 없는 상태에서, 이 상태에 알맞은 병명을 찾다가 피르호는 바이세스 블루트(weisses Blut), 즉 백혈(白血)이라는 명칭을 택했다.[10] 현미경으로 본 수백만 개의 세포를 그대로 기술한 것에 다름 아니었다. 1847년에 그는 "흰색"을 뜻하는 그리스어 레우코스(leukos)에서 따와서, 좀더 학술적으로 들리는 "백혈병(leukemia)"으로 병명을 바꾸었다.

병명을 바꾸는 것―혈색 좋은 "피의 곪음"에서 밋밋한 바이세스 블루트로 바꾸는 것―은 과학 천재의 행동이라고 보기 어려운 듯하지만, 그것은 백혈병의 이해에 중대한 영향을 미쳤다. 어떤 질병이든 간에 발견될 당시에는 명칭과 분류에 지나치게 깊이 영향을 받는 허약한 개념―온실 화초―에 불과하다. (한 세기 남짓 지난 뒤인 1980년대 초에도 한 병이 게이관련 면역결핍증[gay related immune deficiency, GRID]에서 후천성 면역결핍 증후군[acquired immuno deficiency syndrome, AIDS]으로 명칭이 변경됨으로써 그 병의 이해에 큰 변화가 일어났다.*)[11] 베넷과 마찬가지로, 피르호도 백혈병을 이해하지 못했다. 그러나 베넷

---

* HIV가 병원체임이 드러나고 그 바이러스가 지구 전역으로 급속히 확산되면서, 곧 처음에 나타

과 달리, 그는 그것을 이해한 척하지 않았다. 그의 통찰력은 전적으로 부정적인 측면에 놓여 있었다. 그는 석판을 깨끗이 닦아서 모든 선입견을 없앰으로써, 생각이 자랄 터를 닦았다.

그 겸손한 병명(그리고 원인을 이해하려고 할 때의 그의 겸손한 태도)은 피르호가 의학에 어떤 식으로 접근했는지를 단적으로 보여준다.[12] 뷔르츠부르크 대학교의 젊은 교수 피르호는 곧 백혈병이라는 이름을 붙이는 차원을 넘어서 연구를 확대했다. 병리학자로서 그는 여생을 바칠 계획에 착수했다. 인간의 질병을 단순한 세포 차원에서 기술하겠다는 것이었다.

그것은 좌절이 빚어낸 계획이었다. 피르호는 1840년대 초에 의학계에 들어섰다. 거의 모든 질병이 독기, 신경증, 나쁜 체액, 히스테리 같은 어떤 보이지 않는 힘의 작용 때문에 생긴다고 믿던 시대였다. 피르호는 자신이 볼 수 없는 것이 원인이라는 주장에 당혹스러워하다가 방향을 돌려서 자신이 볼 수 있는 것에 혁신적인 열정을 쏟았다. 현미경 아래의 세포에 말이다. 1838년에 독일에서 연구하던 식물학자 마티아스 슐라이덴과 생리학자 테오도어 슈반은 모든 생물이 세포라는 기본 단위로 이루어진다고 주장했다. 피르호는 이 개념을 빌리고 그것을 더 확장하여, 인간 생물학의 "세포론"을 창설하는 일에 착수했다. 그 이론은 두 가지 기본 원리를 토대로 했다. 첫째, 사람의 몸은 (모든 동식물의 몸과 마찬가지로) 세포로 이루어진다. 둘째, 세포는 오직 다른 세포에서 생겨난다(omnis cellula e cellula).

두 가지 원리가 단순해 보일지 몰라도, 피르호는 그 원리들 덕분에 인간 성장의 본질에 관한 대단히 중요한 이론을 제시할 수 있었다. 세포가 오직 다른 세포에서 생겨난다면, 성장은 두 방식으로만 일어날 수 있다는 것이었다. 세포의 수가 늘어나거나 세포의 크기가 늘어나는 방식으로만 말이다. 피르호는 이 두 가지 양상을 증식(hyperplasia)과 비대(hypertrophy)라고 했다. 비대는 세포의 수가 변하지 않는다. 대신에 풍선이 부풀어오르는 것처럼, 각 세포의 크기가 커질 뿐이다. 반면에 증식은 세포의 수가 늘어나면서 성장하는 방식이다. 모든 조직의 성장은 증식과 비대로 기술할 수 있다. 다 자란 동물의 지방과 근육은 대개 비대 방식으로 자라는 반면, 간, 피, 창자, 피부는 증식을 통해서, 즉 세포가 세포를

난─그리고 문화적 의미를 담은─게이 남성에 대한 "편견"을 잠재웠다.

낳고 그 세포가 다시 더 많은 세포를 낳음으로써(omnis cellula e cellula e cellula) 자란다.

이 설명은 설득력이 있었고, 정상 성장뿐 아니라 병리학적 성장까지 새롭게 이해할 수 있게 했다. 정상 성장과 마찬가지로 병리학적 성장도 비대와 증식을 통해서 이루어질 수 있다. 대동맥 출구가 막혀서 심장근육을 밀어대면, 심장근육은 더 힘을 낼 수 있도록 각 근육 세포를 더 크게 만들어서 대응한다. 그러면 결국 심장이 너무 커져서 제 기능을 못할 수도 있다. 병리학적 비대이다.

한편 피르호는 곧 병리학적 증식의 중추인 질병과도 마주쳤다. 바로 이 이야기의 주인공인 암이었다. 피르호는 현미경으로 암이 성장하는 모습을 지켜보다가, 암이 통제되지 않은 세포 성장, 즉 증식의 극단적인 형태라는 것을 알았다. 암의 구성 체계를 살펴보니, 성장이 스스로 생명을 얻은 것처럼 보이곤 했다. 마치 세포가 자라고자 하는 새롭고 신비로운 충동을 가지게 된 듯했다. 이것은 통상적인 성장이 아니라 재정의된 성장, 즉 새로운 유형의 성장이었다. 그는 선견지명을 보여주듯이(비록 그 메커니즘은 전혀 몰랐지만), 그것을 가리켜서 신생물(新生物, neoplasia)이라고 했다. 새롭고 불가해한, 일그러진 성장이라고 말이다. 그 이름은 암의 역사 내내 울려 퍼지게 된다.*

1902년에 피르호가 세상을 뜰 무렵, 이 모든 관찰 자료를 하나로 통합할 새로운 암 이론이 서서히 배태되고 있었다. 암이란 분열하려는 자율적인 의지를 획득한 세포들의 병리학적 증식인 질병이었다. 이 정상이 아닌 통제 불능의 세포 분열은 기관을 침략하고 정상 조직을 파괴하는 조직 덩어리(종양)를 만들어냈다. 이런 종양은 한 곳에서 다른 곳으로 퍼질 수도 있어서, 뼈, 뇌, 폐와 같이 서로 멀리 떨어진 곳에서 또다시 그 병을 일으키곤 했다. 이러한 현상을 전이(轉移, metastasis)라고 한다. 암은 유방암, 피부암, 자궁경부암, 백혈병, 림프종 등 다양한 형태로 나타났지만, 이 모든 병은 세포 수준에서 깊이 연관되어 있었다. 모든 사례에서 세포들은 모두 같은 특징을 획득했다. 통제 불가능한 병리학적 세포 분열 말이다.

이런 인식을 토대로 1880년대 말에 백혈병을 연구하던 병리학자들은 피르호의 연구로 다시 돌아갔다. 이제 백혈병은 피의 곪음이 아니라, 피의 **신생물**이었

---

* 비록 신생물의 이모저모를 폭넓게 기술하긴 했지만, 피르호가 그 단어를 만든 것은 아니다.

다. 앞서 베넷이 품었던 환상은 싹이 터서 과학자들의 환상의 들판이 되었다.[13] 그들은 백혈병 세포를 터뜨리고 나오는 온갖 보이지 않는 기생생물과 세균을 찾아 떠났다(그리고 목적에 걸맞게 그런 것들을 발견했다). 그러나 병리학자들이 감염 원인을 찾는 일을 멈추고, 다시 그 병에 렌즈의 초점을 맞추자, 백혈병 세포와 다른 갖가지 암세포 사이에 뚜렷한 유사점들이 드러났다. 백혈병은 혈액 속의 백혈구가 악성으로 늘어나는 것이었다. 그것은 녹은 액체 형태의 암이었다.

이런 선구적인 관찰이 나오자, 앞에 드리워 있던 안개가 걷히면서 백혈병 연구는 갑자기 크게 발전했다. 1900년대 초가 되자, 백혈병에 몇 가지 형태가 있다는 것이 명백해졌다. 피르호가 관찰한 사례처럼 만성적이고 느리게 활동하면서 서서히 골수와 비장을 잠식할 수도 있었다(나중에 만성 백혈병이라고 불리게 된다). 혹은 베넷의 환자처럼 이따금 열에 시달리고 발작적으로 출혈이 일어나고 세포가 경악할 정도로 급증하는, 성격이 전혀 다른 격렬한 급성도 있었다.

급성 백혈병이라고 하는 이 두 번째 형태는 어떤 암세포가 관여하느냐에 따라서 다시 둘로 나뉜다. 혈액에 있는 정상 백혈구는 크게 **골수 세포**(myeloid cell)와 **림프구 세포**(lymphoid cell) 두 종류로 나눌 수 있다. 급성 골수성 백혈병(acute myeloid leukemia, AML)은 골수 세포의 암이다. 급성 림프구성 백혈병(acute lymphoblastic leukemia, ALL)은 미성숙한 림프구 세포의 암이다. (더 성숙한 림프구 세포의 암은 림프종[lymphoma]이라고 한다.)

아이들에게 가장 흔한 백혈병은 ALL, 즉 급성 림프구성 백혈병이며, 거의 언제나 빠르게 위급한 상태가 된다. 이 유형의 소아 백혈병은 1860년에 피르호의 제자인 미하엘 안톤 비에르머가 처음 학계에 보고했다.[14] 뷔르츠부르크에 사는 한 목수의 다섯 살 된 딸 마리아 슈파이어는 활기차고 쾌활한 장난꾸러기였다. 처음에 아이는 학교에서 정신을 잃고 피부 곳곳에 멍이 생기는 바람에 병원을 찾았다. 다음 날 아침, 아이는 목이 뻣뻣해지고 열이 났고, 비에르머가 아이 집으로 왕진을 갔다. 그날 밤 비에르머는 아이의 정맥에서 피를 한 방울 뽑아서, 침대 옆 촛불로 비추면서 현미경으로 살펴보았다. 아이의 피에는 백혈병 세포가 가득했다. 마리아는 밤늦게까지 잠이 들었다가 깨기를 반복했다. 다음 날 오후 늦게 비에르머가 동료들에게 "백혈병의 탁월한 사례"라고 하면서 흥분하여 동료들에게 표본을 보여주고 있을 때, 마리아는 새빨간 피를 토하고는 혼수상태에 빠졌다. 그날 저녁 비에르머가 다시 아이의 집에 왔을 때, 아이는 이미 몇 시간 전에 사망한 상태였다. 아이의 병은 가차 없이 빠르게 진행되었다. 첫 증상이 나타나서 진단이 내려지고 죽음이 찾아오기까지, 고작 사흘밖에 걸리지 않았다.15)

칼라의 병은 비록 마리아 슈파이어의 백혈병처럼 공격적이지는 않았을지라도, 나름대로 놀라운 사례였다. 보통 성인의 혈액 1마이크로리터에는 백혈구가 약 5,000개 들어 있다. 그런데 칼라의 혈액 1마이크로리터에는 백혈구가 9만 개 들어 있었다. 정상 수준보다 거의 20배나 더 많았다. 이 백혈구의 95퍼센트는 미친 듯한 속도로 생산되지만 완전히 발달한 림프구로 성숙할 수 없는 모세포, 즉 악성 림프구 세포였다. 몇몇 다른 암에서도 그렇지만, 급성 림프구성 백혈병에서는 암세포가 과다 생산되는 동시에 세포의 정상적인 성숙 과정이 수수께끼처럼 중단되는 현상이 벌어진다. 따라서 림프구 세포는 지나치게 많이 생산되지만 성숙하지 못하므로, 미생물과 싸우는 제 기능을 수행할 수 없다. 칼라는 면역학적으로 풍요 속의 빈곤에 시달렸다.

 백혈구는 골수에서 만들어진다. 칼라와 첫 만남을 가진 뒤 아침에 그녀의 골수를 생검(生檢)할 때 현미경으로 보니 몹시 비정상이었다. 골수는 언뜻 보면 무정형인 듯하지만, 실제로는 성인의 몸에서 혈액을 만들어내는 고도로 체계를 갖춘 조직, 아니 사실은 기관이다. 대개 골수 생검 시료에는 조각뼈(spicule)가 들어 있으며, 이 조각뼈 안에서 혈구가 자란다. 새로운 혈액의 육아실이라고 할 수 있다. 칼라의 골수에서는 이런 구조가 완전히 파괴되었고, 골수 안의 모든 해부 구조와 조성을 다 없애면서 악성 모세포가 층층이 골수 공간을 빽빽하게 채우고 있었다. 혈액이 만들어질 공간을 전혀 남기지 않은 채.

 칼라는 생리학적 심연의 가장자리에 서 있었다. 적혈구는 수가 너무 적어서 산소를 제대로 공급할 수 없었다(돌이켜보면 그녀의 두통은 산소 결핍을 알리는 첫 번째 신호였다). 그녀의 혈소판, 즉 혈액을 엉기게 하는 세포는 거의 없는 수준으로 떨어졌고, 피멍은 그 때문에 생긴 것이었다.

 치료를 하려면 아주 세심한 전략이 필요할 터였다. 백혈병 세포를 죽이려면 화학요법이 필요하겠지만, 화학요법은 그나마 남아 있는 정상 혈구까지도 덩달아 없앨 것이었다. 그녀를 구조하려다가 심연으로 더 깊숙이 밀어넣는 꼴이 될 수도 있었다. 칼라가 빠져나오는 유일한 방법은, 뚫고 나가는 길뿐이었다.

시드니 파버는 피르호가 베를린에서 사망한 지 1년 뒤인 1903년에 뉴욕 버펄로에서 태어났다. 폴란드에서 뱃사공으로 일했던 그의 아버지 사이먼 파버는 19세기 말에 미국으로 이민을 와서 보험 설계사로 일했다. 그의 가족은 상점 주인, 공장 노동자, 회계원, 행상인으로 이루어진 치밀하고 편협하며 경제적으로 불안정하기도 한 유대인 공동체인 소도시의 동쪽 가장자리에서 평범하게 살았다. 성공하기 위해서 기를 써야 할 처지였기 때문에, 파버의 아이들은 늘 학교 성적이 뛰어났다. 식구들은 위층에서는 이디시어를 썼고, 아래층에서는 독일어와 영어만 썼다. 파버는 이따금 교과서를 집으로 가져와서 식탁에 흩어놓고는 아이들에게 한 권씩 골라서 통독한 뒤에 내용을 자세히 설명하라고 요구하곤 했다.

시드니는 14명의 형제 중 셋째였다. 이런 가정환경이었기 때문에 그의 포부가 컸던 것도 놀랄 일은 아니었다. 그는 단과대학에서 생물학과 철학을 공부한 뒤에 음악당에서 바이올린을 연주하여 학비를 벌면서 1923년에 버펄로 대학교를 졸업했다. 독일어를 유창하게 했던 그는 당시 수준이 높았던 독일의 하이델베르크와 프라이부르크에서 의학을 공부한 뒤, 보스턴의 하버드 의대에 2학년으로 편입했다. (뉴욕에서 하이델베르크를 거쳐서 뉴욕까지 이루어진 순회 여행이 특이한 일이 아니었다. 1920년대 중반에 유대인 학생들은 미국 의대에 들어가기가 불가능할 때가 많았다. 그래서 의학을 공부하기 위해서 독일 같은 유럽의 의대에 들어갔다가 본국으로 돌아와서 편입하는 방식을 택하곤 했다.) 따라서 파버는 국외자로서 하버드에 온 셈이었다. 동료들은 그를 거만하고 밉상이라고 보았지만, 그로서도 이미 배운 것을 다시 배우는 과정이 마음에 들지 않았던 듯하다. 그는 격식을 차리고 깐깐하고 매사에 세심했으며, 모습과 태도에서 딱딱함이 풀풀 풍기는 당당한 인물이었다. 그는 수업마다 정장을 입고 나타났기 때문에 곧 네 단추 시드라는 별명을 얻었다.

파버는 1920년대 말에 병리학 고급 과정을 수료한 뒤 보스턴의 어린이 병원에 병리학자로서 첫 직장을 잡았다.[16] 그는 아동 종양을 분류한 엄청나게 많은 연구 논문과 그 분야의 고전으로 받아들여진 「부검(The Postmortem Examination)」

이라는 교과서를 썼다. 1930년대 중반이 되자 그는 저명한 병리학자로서 병원의 구석 통로에 확고히 자리를 잡았다. "사망자의 의사"로서.

그러나 파버는 여전히 환자를 치료하려는 갈망에 휩싸여 있었다. 그러던 중 1947년 여름, 자신의 지하 연구실에 앉아 있던 파버의 머릿속에 기막힌 생각이 떠올랐다. 그는 모든 암 중에서 가장 기이하고, 가장 희망이 없는 변이 형태에 초점을 맞추는 쪽을 택했다. 바로 소아 백혈병이었다. 그는 암 전체를 이해하려면 그 복잡성의 바닥, 즉 그것의 최하부에서 시작할 필요가 있다고 추론했다. 백혈병은 여러 면에서 독특했지만, 그중에서도 유달리 흥미로운 특징이 있었다. 바로 측정이 가능하다는 점이었다.

과학은 수를 세는 것에서 시작한다. 어떤 현상을 이해하려면, 과학자는 먼저 그것을 기술해야 한다. 그것을 객관적으로 기술하려면, 먼저 그것을 측정해야 한다. 암의학이 엄밀한 과학으로 변모하려면, 어떻게든 암을 세야 한다. 어떤 신뢰할 수 있고, 재현 가능한 방식으로 측정할 필요가 있다.

이 점에서 백혈병은 거의 모든 다른 유형의 암들과 달랐다. CT와 MRI가 등장하기 전까지, 수술을 통하지 않고서는 폐나 유방에 있는 고형 종양의 크기 변화를 정량화한다는 것이 거의 불가능했다. 볼 수 없는 것은 측정할 수 없지만, 혈액 속에 자유롭게 떠다니는 백혈병은 혈액이나 골수 시료를 채취하여 현미경으로 들여다봄으로써 혈구처럼 쉽게 측정할 수 있었다.

파버는 백혈병을 셀 수 있다면, 어떤 개입—이를테면 혈액을 통해서 순환하도록 보낸 화학물질—이 환자에게 어떤 효과가 있는지를 평가할 수 있다고 추론했다. 혈액 속의 세포가 자라거나 죽는 것을 지켜볼 수 있고, 그것을 토대로 약물의 성공 여부를 측정할 수 있을 것이다. 암을 대상으로 "실험"을 할 수 있을 것이다.

파버는 그 생각에 매료되었다. 1940-1950년대에 젊은 생물학자들은 단순한 모형을 이용하여 복잡한 현상을 이해한다는 개념에 열의를 보였다. 복잡성은 밑에서부터 쌓아올라감으로써 가장 잘 이해할 수 있다. 세균 같은 단세포 생물은 인간 같은 커다란 다세포 동물의 활동 양상을 밝혀줄 것이다. 프랑스 생화학자 자크 모노는 1954년에 호기 있게 선언했다. 대장균(장에 사는 세균)에 참인 것은 코끼리에도 참임이 분명하다고.[17]

파버에게 백혈병은 이 생물학적 패러다임의 축소판이었다. 그는 이 단순하고 비전형적인 괴수에서 출발하여 훨씬 더 복잡한 다른 암들의 세계를 확대 추정할 수 있을 것이라고 생각했다. 세균은 그에게 코끼리에 관해서 생각하는 법을 가르쳐줄 것이다. 본래 그는 기민하고 때로 충동적인 사색가였다. 그리고 여기서도 기민하게 본능적으로 그의 생각은 비약을 했다. 그 12월의 아침에 연구실에서 그는 뉴욕에서 올 소포를 기다리고 있었다. 그러나 소포를 뜯어서 화학물질이 담긴 유리병을 꺼낼 때, 그는 자신이 암에 관한 전혀 새로운 사고방식을 꺼내놓고 있다는 것은 거의 알아차리지 못했다.

"단두대보다 더 탐욕스러운 괴물"

> 백혈병은 실제 발병 빈도에 비해서 언제나 의학적으로 소홀한 대우를 받아 왔다.……사실, 백혈병을 체계적으로 치료하고자 할 때 마주치는 문제들은 암 연구 전체가 나아가는 전반적인 방향이 어디인지를 시사했다.
> —조녀선 터커, 「엘리 : 백혈병과 맞서 싸운 아이」[1]

> 퍼진 암은 치료에 성공한 사례가 거의 없었다.……그것은 대개 종양이 더 커지고, 그에 따라서 환자는 점점 작아지는 모습을 지켜보는 것과 같았다.
> —존 라슬로, 「유년기 백혈병의 치유」[2]

시드니 파버의 화학물질 소포는 의학 역사상 아주 중요한 시점에 도착했다. 1940년대 말, 미국 전역의 연구실과 병원에서는 많은 약학적 발견들이 쏟아졌다.[3] 이 신약 중에서 가장 상징적인 것은 항생제였다. 제2차 세계대전 때 마지막 한 방울까지 짜내야 했던 귀중한 화학물질인 페니실린(1939년에는 마지막 한 분자까지 회수하기 위해서 이 약물을 투여한 환자의 오줌을 걸러서 약물을 재추출했다)은 1950년대 초 약 3,800리터가 생산되었다.[4] 1942년에 머크 사(社)가 처음 생산한 페니실린을 배편으로 실어 보냈을 때 그 양은 겨우 5.5그램에 불과했지만, 그것이 미국에 있던 그 항생제의 총량의 절반에 해당했다.[5] 그로부터 10년 뒤, 페니실린은 1회 투여 분량의 가격이 우유 2리터 값의 8분의 1에 불과한 4센트로 급락할 정도로 대량으로 생산되었다.[6]

페니실린의 뒤를 이어서 새로운 항생제들도 나왔다. 1947년의 클로람페니콜(chloramphenicol)과 1948년의 테트라사이클린(tetracycline)에 이어서,[7] 1949년 겨울에는 또 하나의 기적의 항생제인 스트렙토마이신(streptomycin)이 양계 농가의 마당에서 가져온 곰팡이 덩어리에서 추출되었다.[8] 「타임(Time)」은 표지에 대

문짝만 하게 썼다. "치료제는 바로 우리 뒷마당에 있다."[9] 파버 자신의 뒷마당이라고 할 수 있는 어린이 병원의 가장 외진 구석에 자리한 벽돌 건물에서 존 엔더스라는 미생물학자는 흔들리는 플라스크에 소아마비 바이러스를 배양하고 있었다.[10] 그의 연구는 나중에 세이빈과 소크의 소아마비 백신으로 이어졌다. 새로운 약물들은 경이로운 속도로 출현했다. 1950년에 치료에 흔히 쓰이던 의약품 중 절반 이상이 10년 전만 해도 전혀 알려지지 않았던 것들이었다.[11]

아마 이런 기적의 약물들보다 더 중요한 것은 국가의 질병 지형도를 대폭 바꿔놓은 공중보건과 위생 분야의 변화였을 것이다. 도시에 공급되던 더러운 물이 시 당국의 대규모 노력을 통해서 정화되자, 몇 주일 만에 여러 지역을 휩쓸면서 전멸시킬 수 있는 전염성을 가진 장티푸스가 사라졌다.[12] 19세기에 "하얀 페스트(white plague)"라고 불렸던 악명 높은 결핵조차도 사라지고 있었다.[13] 결핵 발병률은 1910년에서 1940년 사이에 절반 이하로 뚝 떨어졌다. 주로 더 나은 위생 시설과 공중위생의 개선 덕분이었다. 미국인의 기대수명은 반세기 만에 47세에서 68세로 높아졌다.[14] 이전의 수 세기에 걸쳐서 높아진 것보다 훨씬 더 큰 비약적인 증가였다.

전후 의학이 거둔 눈부신 성과들은 과학과 기술이 미국인의 삶을 변화시킬 엄청난 능력을 가지고 있다는 것을 잘 보여주었다. 1945년에서 1960년 사이에 병원도 급격히 늘어났다.[15] 전국에 거의 1,000곳이 넘는 새로운 병원이 생겼다. 1935년에서 1952년 사이의 한 해에는 입원 환자의 수가 700만 명에서 1,700만 명으로 2배 이상 늘었다. 그리고 의학적 **의료**가 확대됨에 따라서 의학적 **치료**에 대한 기대 수준도 높아졌다. 한 연구자가 간파했듯이, "의사가 환자에게 그 병에는 별다른 치료법이 없다고 말해야 할 때면, 환자는 모욕을 느끼거나 의사가 시대에 뒤처져 있다는 의구심을 가지기 십상이다."[16]

따라서 위생 시설이 갖추어진 새로운 교외 주거지에서 자라는 젊은 세대는 만병의 치유를, 즉 죽음과 질병에서 자유로운 삶을 꿈꾸었다. 삶의 영속성이라는 개념에 취한 그들은 영속적인 것을 소비하는 일에 푹 빠졌다.[17] 보트만 한 크기의 스튜드베이커 차량, 인조 견사 운동복, 텔레비전, 라디오, 별장, 골프 클럽, 바비큐 그릴, 세탁기 등. 롱아일랜드 감자밭에 조성된 확대되고 있는 교외 주거지인 레빗 타운―유토피아의 상징―에서 이제 "질병"은 "걱정거리" 목록에서 "금융"과 "육아"에 밀려 세 번째로 추락했다.[18] 사실 육아는 유례없는 수준으로 전국적인 관심사가 되었다. 출산율은 꾸준히 증가했다.[19] 1957년에는 미국에서 7초마다 한 명씩 아기가 태어났다. 경제학자 존 갤브레이스가 말한 "풍요 사회"는 영원한 건강도 함께 보증하는 영원한 젊음의 사회, 즉 난공불락의 사회로 비치기도 했다.[20]

그러나 모든 질병이 그렇듯이, 암도 이런 진보의 행군에 굴복하기를 거부했다. 만일 종양이 순전히 국소적이라면(즉 외과의사가 제거할 수 있게 하나의 기관이나 부위에 한정된 것이라면), 암은 치유될 가능성이 충분히 있었다. 이 과정을 적출술(extirpation)이라고 했는데, 19세기에 수술 분야에 이루어진 극적인 발전의 유산이었다. 이를테면 유방에 생긴 하나의 악성 혹은 1890년대에 존스 홉킨스의 위대한 외과의사 윌리엄 홀스테드가 개척한 근치 유방절제술(radical mastectomy)을 통해서 제거할 수 있었다. 1900년대 초, 엑스 선(X-ray)이 발견되면서, 방사선도 국소 부위의 종양 세포를 죽이는 데에 쓸 수 있었다.

그러나 과학적으로 암은 여전히 블랙박스, 즉 어떤 더 깊은 의학적 깨달음을 토대로 치료하기보다는 통째로 잘라내는 것이 최선인 수수께끼의 존재로 남아 있었다. 암을 치유하기 위해서(그것이 치유될 수 있는 것이라면) 의사가 쓸 수 있는 전략은 종양을 수술로 잘라내거나 방사선으로 태워버리거나 하는 두 가지뿐이었다. 차가운 칼이냐 뜨거운 광선이냐였다.

1937년 5월, 파버가 화학물질로 실험을 시작하기 거의 정확히 10년 전에 「포춘(Fortune)」은 암의학의 "파노라마 조사(panoramic survey)"라는 것을 실었다.[21] 이 보고서는 전혀 위안이 되지 못했다. "놀라운 사실은 치유이든 예방이든 간에 그 어떤 새로운 치료 원칙도 도입되지 않았다는 것이다.……치료 방법은 더 효율적이고 더 인간적이 되었다. 마취제나 무균 시설이 없이 이루어지는 엉성한 수술은 정교한 기술을 갖춘 고통 없는 현대식 수술로 대체되었다. 지난 세대의 암 환자들에게 썼던 살을 파먹는 부식제는 엑스 선과 라듐의 방사선에 밀려 낡은 것이 되었다.……그러나 암 '치유'가 여전히 두 원리만을 포함한다는 사실은 변함이 없다. 암조직의 제거와 파괴[전자는 수술, 후자는 엑스 선으로] 말이다. 그밖의 다른 수단은 증명이 되지 않았다."

「포춘」 기사의 제목은 "암 : 거대한 어둠(Cancer: The Great Darkness)"이었고, 저자들은 그 "어둠"이 의학적인 것 못지않게 정치적인 것임을 시사했다. 암의학은 그것을 둘러싼 깊은 의학적 수수께끼 때문만이 아니라, 암 연구가 계획적으로 무시되었기 때문에 진창에서 벗어나지 못했다. "미국에서 기초 암 연구에 연구비를 지원하는 기관은 20곳이 채 되지 않는다. 그들의 자본금은 약 500달러에서 최대 약 200만 달러이지만, 다 합쳐도 500만 달러를 넘지 않을 것이 확실하다.……대중은 그 액수의 3분의 1에 맞먹는 돈을 오후에 한 번 주요 축구 경기를 관람하는 데에 기꺼이 쓸 것이다."

이런 연구비의 정체는 그 병이 급속도로 부각되는 추세와 극명한 대조를 이루었다. 암은 19세기 미국에서 눈에 띌 정도였던 것이 분명하지만, 대개 훨씬 더 흔한 다른 질병들의 그늘에 가려져 있었다. 1899년에 뉴욕 버펄로의 유명한 외과의사 로스웰 파크가 언젠가는 암이 천연두, 장티푸스, 결핵을 넘어서서 국가의 가장 주된 사망 원인이 될 것이라고 주장했을 때, 사람들은 이것을 다소 "놀라운 예언"으로 받아들였다.[22] 밤낮으로 암 수술을 하느라고 정신이 없는 의사가 내놓은 과장된 추측이라고 말이다. 그러나 그로부터 10년이 지날 무렵, 날이 갈수록 파크의 말은 점점 덜 놀라운 것이 되었고, 예언은 점점 더 들어맞았다. 장티푸스는 이따금 산발적으로 집단 발병할 뿐, 점점 더 드물어졌다. 천연두는 사라져갔고, 1949년이 되자 미국에서는 완전히 사라졌다.[23] 그 사이에 암은 살인자 순위 사다리를 줄달음쳐 올라가면서 이미 다른 질병들을 넘어섰다. 1900-1916년 사이에 암 관련 사망률은 29.8퍼센트 증가하여, 사망 원인 순위에서 근소한 차이로 결핵을 앞섰다.[24] 1926년이 되자, 암은 심장병 다음으로 국가의 두 번째 주요 살인자가 되었다.[25]

"암 : 거대한 어둠"만이 암에 대한 종합적이고 국가적인 대책을 세워야 한다고 역설하는 기사는 아니었다. 그해 5월, 「라이프(Life)」도 마찬가지로 시급하다는 어조로 암 연구를 촉구하는 기사를 실었다.[26] 「뉴욕 타임스(New York Times)」는 4월과 6월, 두 번에 걸쳐서 암 발병률이 증가하고 있다는 기사를 내보냈다. 1937년 7월에 암이 「타임」에까지 실리자, 이른바 "암 문제"라는 것에 대한 관심이 맹렬한 전염병처럼 언론을 휩쓸었다.[27]

암에 대한 국가적인 대책을 세워야 한다는 주장은 1900년대 초부터 미국에서 주기적으로 터져나왔다가 수그러들곤 했다. 1907년에는 암 외과의사 집단이 워싱턴의 뉴월러드 호텔에 모여서 암 연구에 지원을 늘려달라고 의회에 로비를 할 단체를 만들었다. 미국 암연구학회라는 이 단체는 1910년에 태프트 대통령을 설득하여 암 연구를 목적으로 하는 국립 연구소를 세우자는 제안서를 의회에 보내게 했다.[28] 그러나 그 계획은 처음에 워싱턴에서 많은 관심을 받았음에도 불구하고, 몇 차례 산발적인 시도가 이루어진 뒤에 중단되고 말았다. 정치적으로 지지를 받지 못한 것이 주된 이유였다.

태프트가 제안서를 낸 지 10년 뒤인 1920년대 말, 암 연구는 예기치 않게 새로운 우군을 얻었다. 상원에 첫 진출한 웨스트버지니아 주 페어몬트 출신의 전직 변호사인 원기 왕성하고 끈기 있는 매슈 닐리였다. 비록 과학의 정치를 접한 경험은 거의 없었지만, 그는 지난 10년 사이에 암 사망률이 뚜렷이 증가했다는 점에 주목했다. 암 사망자가 1911년에는 7만 명이었는데 1927년에는 11만5,000명으로 늘었다.[29] 닐리는 "인간의 암을 막을 정보"를 제공하는 사람에게 500만 달러의 포상금을 주자고 의회에 요청했다.[30]

그것은 질 낮은 전략이었다. 표창장을 주고 사진을 찍어서 걸어주겠다는 말이나 다름없었고, 그에 걸맞은 질 낮은 반응이 나왔다. 몇 주일 사이에 워싱턴에 있는 닐리의 사무실에는 상상할 수 있는 온갖 암 치료법을 내세운 돌팔이들과 신앙 치료사들의 편지가 수천 통 쏟아졌다.[31] 문지르기, 강장제, 연고, 신성한 손수건, 고약, 성수 등이었다. 그런 반응에 격앙된 의회는 닐리의 암 통제 법안에 5만 달러를 승인했다. 그가 요구한 예산을 확 깎아서 고작 1퍼센트만 주고 우습게 만든 것이었다.

상원의원에 재선된 닐리는 굴하지 않고, 1937년에 국가적인 암 대책을 촉구하는 새로운 시도에 착수했다. 이번에는 상원의원 호머 본, 하원의원 워런 맥너슨과 함께였다. 이때쯤에는 대중도 암에 상당한 관심을 보이고 있었다. 「포춘」과 「타임」의 기사는 대중의 불안과 불평을 부추기는 역할을 했고, 정치가들은 구체적인 대응책을 내놓고자 애썼다. 6월에 그 현안을 처리할 법률안을 마련하고자 상하원 합동회의가 열렸다.[32] 청문회를 거쳐서 법안이 의회에 상정되기까지 숨 가쁘게 일이 진행되었고, 법안은 1937년 7월 23일에 합동회의에서 만장일치로 통과되었다. 2주일 뒤인 8월 5일, 루스벨트 대통령은 국립 암연구소 법안에 서명했다.

이 법에 따라, 암의 연구와 교육을 총괄 조정할 국립 암연구소(National Cancer Institute, NCI)라는 새로운 과학 기관이 설립되었다.* 대학교와 병원의 과학자들을 모아서 연구소 자문위원회도 구성했다.[33] 번쩍거리는 복도와 회의실을 갖춘 첨단 연구소 건물이 미국 수도로부터 몇 킬로미터 떨어진 베데스다 교외의 녹음이 우거진 아케이드와 정원 사이에 세워졌다. "국가는 지금까지 인류를 공격한 가장 큰 재앙인 암을 정복하기 위해서 모든 역량을 집중하고 있습니다."[34] 1938년 10월 3일, 건물 착공식에서 상원의원 본은 당당하게 선언했다. 그러나 그로부터 거의 20년이 흐르도록 대체로 아무런 성과도 내지 못하자, 국가의 종합 대책은 사망선고를 받기 직전처럼 보였다.

이 모든 일은 올바른 방향으로 나아가는 대담하고 용감한 첫 걸음이었다. 시기가 맞지 않았다는 점만 빼고 말이다. 베데스다에서 NCI가 업무를 시작한 지 몇 개월이 지나지 않은 1938년 겨울의 초입에, 암과의 전쟁은 불안감을 고조시키는 다른 전쟁에 밀려나고 말았다. 그해 11월에 나치 군대는 독일의 유대인을 수천 곳의 수용소로 강제로 보내면서 전국에서 대량 학살을 시작했다. 늦겨울에 아시아와 유럽 전역에서 군사적 충돌이 빚어지면서 제2차 세계대전의 무대가 마련되었다. 잦은 접전은 1939년에 전면전으로 확대되었고, 1941년 12월에 미국도 어쩔 수 없이 세계 전쟁에 휩쓸렸다.

전쟁은 우선순위를 재조정하기 마련이었다. NCI가 암 임상 센터로 전환시키고 싶어했던 볼티모어의 미국 해군병원은 급속히 전쟁병원으로 탈바꿈했다.[35] 과학 연구비 예산은 지원이 중단되고, 전쟁과 직접 관련된 과제 쪽으로 돌려졌다. 과학자, 로비스트, 일반의, 외과의사는 대중의 레이더 화면에서 사라졌다. 한 연구자는 이렇게 회상했다. "대부분 쥐죽은 듯한 상태가 되었고, 그들의 공적은 대개 부고란에서나 보게 되었다."[36]

국립 암연구소를 위한 부고 기사도 써야 마땅했을 것이다. "계획적인 암 대책"을 위해서 의회가 내놓기로 약속한 예산은 빈말이 되었고, NCI는 외면당한 채

---

* NCI는 1944년에 국립 보건원(National Institutes of Health, NIH)의 산하 기관으로 편입되었다. 그 뒤로 수십 년에 걸쳐서 각기 다른 질병에 초점을 맞춘 연구소들이 설립되었다.

시들어갔다.37) 1940년대에 상상할 수 있는 온갖 현대적 설비를 갖춘 멋진 연구소는 과학적 유령 마을로 변했다. 한 과학자는 농담 삼아서 그곳을 "여기 이 나라, 그 시절에 있는 고요한 멋진 곳"이라고 하면서 이렇게 덧붙였다. "커다란 창문으로 들어오는 햇살을 받으며 졸기에 딱 알맞은 곳이었다."*38)

암에 관한 사회적 외침도 침묵에 빠졌다. 언론에서 잠시 호들갑을 떤 뒤, 암은 다시 아무도 공개적으로 말하지 않는, 입에 담지 못하고 쉬쉬하는 질병이 되었다. 1950년대 초, 유방암 생존자이자 암을 알리는 일에 앞장선 패니 로즈나우는 유방암에 걸린 여성들을 후원하는 모임을 광고하기 위해서 「뉴욕 타임스」에 전화를 걸었다.39) 그런데 의아하게도 사회부장에게 전화가 돌려졌다. 그녀가 광고를 어느 면에 실을지를 묻자, 상대방은 길게 침묵하더니 말했다. "로즈나우 씨, 유감스럽지만 「타임스(Times)」는 유방이나 암이라는 단어를 지면에 실을 수가 없습니다. 가슴벽 질병에 관한 모임이 있을 것이라는 식으로 말하면 될 수도 있겠습니다만."

로즈나우는 정나미가 떨어져서 전화를 끊었다.

1947년에 파버가 암의 세계로 들어갔을 때, 지난 10년간의 시끄러운 외침은 완전히 잦아든 상태였다. 암은 다시 정치적으로 침묵하는 질병이 되었다. 어린이 병원의 공기 잘 통하는 병실에서 의사와 환자는 암과 사적인 전투를 벌였다. 아래쪽 토굴 같은 곳에서 파버는 화학물질 그리고 실험과 더욱더 사적인 전투를 벌였다.

이런 고립은 오히려 파버가 초창기에 성공을 거두는 데에 핵심적인 역할을 했다. 그는 공개 검증이라는 집중 조명에서 벗어난 상태에서, 암이라는 수수께끼의 모호한 작은 조각 하나를 연구했다. 백혈병은 그것에 처방할 약물이 아예 없는 내과의사들과 혈액을 수술할 수는 없는 외과의사들이 포기한, 고아나 다름없는 질병이었다. 한 의사는 "백혈병은 몇 가지 의미에서 제2차 세계대전 이전에는 암에 끼지도 못했다"라고 표현했다.41) 그 병은 질병들의 국경선상에 사는, 분야와 분과 사이에서 숨어 지내는 추방자였다. 파버 자신과 그리 다르지 않았다.

---

* 1946-1947년에 닐리와 상원의원 클로드 페퍼는 세 번째 국가 암 법안을 제출했다.40) 이 법안은 1947년에 의회에서 근소한 표차로 부결되었다.

백혈병이 어딘가에 "속해 있다"고 한다면, 정상적인 혈액을 연구하는 분야인 혈액학 안이었다.[42] 파버는 그것의 치료법이 발견된다면, 혈액을 연구함으로써 나올 것이라고 추론했다. 정상 혈구가 어떻게 형성되는지를 밝혀낼 수 있다면, 거꾸로 비정상 백혈구의 성장을 막을 방법을 찾아낼 수 있을지도 모른다. 따라서 그가 택한 전략은 정상적인 것에서 비정상적인 것으로 질병에 접근하는 것이었다. 역방향에서 암과 맞서는 것.

파버는 정상 혈액에 관한 지식의 대부분을 조지 마이넛에게 배웠다. 부드럽고 강렬한 눈에 마르고 머리가 벗겨진 귀족인 마이넛은, 어린이 병원을 포함한 롱우드 가의 확장되고 있는 병원 복합단지에서 몇 킬로미터 떨어진 보스턴의 해리슨 가에 있는 주랑이 가득한 벽돌과 돌로 지어진 건물에서 연구실을 운영했다. 하버드의 많은 혈액학자들처럼, 파버도 어린이 병원에 합류하기 전인 1920년대에 마이넛의 밑에서 잠시 배웠다.

혈액학 분야가 몰두하는 수수께끼는 10년 단위로 바뀌곤 했는데, 마이넛 시대에는 악성 빈혈(pernicious anemia)이 수수께끼였다. 빈혈은 적혈구 결핍 증상이며, 적혈구를 만드는 데에 쓰이는 핵심 영양소인 철분이 부족하여 생기는 빈혈이 가장 흔한 유형이다. 그러나 마이넛이 연구한 희귀한 형태인 악성 빈혈(사실 악성 빈혈이라는 병명 자체가 철분을 이용한 표준 빈혈 치료가 듣지 않기 때문에 붙여진 것이다)은 철분 결핍으로 생기는 것이 아니었다. 마이넛 연구진은 닭의 간 200그램,[43] 반쯤 익힌 햄버거, 돼지의 익히지 않은 위장, 심지어 학생 중 한 명이 게워낸 위액[44](버터, 레몬, 파슬리로 양념을 했다[45]) 등 점점 더 역겨운 것들을 섞어가면서 환자들에게 먹인 끝에,[46] 1926년에 악성 빈혈이 중요한 미량 영양소가 부족하여 생긴다는 것을 확인했다.[47] 훗날 비타민 B_{12}라고 밝혀지게 될 분자였다. 이 선구적인 업적으로, 1934년에 마이넛은 동료 두 명과 함께 노벨상을 받았다.[48] 마이넛은 하나의 분자를 교체하면 이런 복잡한 혈액병에 걸린 피를 정상으로 돌아오게 할 수 있다는 것을 보여주었다. 즉 혈액은 분자 스위치로 활동을 켜고 끌 수 있는 기관이었다.

마이넛 연구진이 다루지 않은 또다른 형태의 영양성 빈혈이 있었다. 비록 그 단어의 도덕적 의미에서이긴 했지만, 그것도 "악성"이라고 불렸다. 1만3,000킬로미터 떨어진 봄베이(지금의 뭄바이)의 방직공장(영국 무역상들이 소유하고 그들의 흉악한 지역 중간상들이 운영하는)에서 일하는 노동자들은 저임금 때문에 치료도 받지 못하고 찢어지게 가난하고 영양실조 상태에서 살아가야 했다.[49] 1920년대에 만성 영양실조의 영향을 연구하기 위해서 이 방직공장 노동자들을 검사한 영국 의사들은 그들 중 많은 이들, 특히 출산한 여성들이 심한 빈혈 증세를 보인다는 것을 발견했다. (이것은 식민지가 가진 매력 중 하나였다. 집단에 비참한 조건을 만들어낸 뒤에 사회적 또는 의학적 실험의 대상으로 삼을 수 있다는 것.)

1928년에 런던 여성 의대를 막 졸업한 루시 윌스라는 젊은 영국 의사는 연구비를 받고 이 빈혈을 연구하기 위해서 봄베이로 향했다.[50] 윌스는 별종 혈액학자였다. 혈액에 관한 강력한 호기심에 이끌려서 충동적으로 수수께끼의 빈혈 해법을 찾아내고자 먼 나라까지 여행한 모험심이 넘치는 여성이었다. 그녀는 마이넛의 연구를 알고 있었지만, 마이넛의 빈혈과 달리 봄베이의 빈혈은 마이넛의 조제물이나 비타민 B_{12}로 회복시킬 수 없다는 것도 알았다. 놀랍게도, 그녀는 당시 영국과 호주에서 건강식품 광신자 사이에서 인기를 끌던, 빵에 발라 먹는 거무스름한 효모 식품인 마마이트(Marmite)로 그 빈혈을 치료할 수 있다는 것을 발견했다. 윌스는 마마이트에 든 핵심 화학 영양소가 무엇인지 찾아낼 수 없었다. 그래서 그냥 윌스 인자(Wills factor)라고 이름을 붙였다.[51]

나중에 윌스 인자는 과일과 채소에 들어 있는 (그리고 마마이트에 풍부한) 비타민 유사물질인 엽산(폴산, folic acid 또는 folate)으로 밝혀졌다. 세포는 분열할 때 DNA의 사본을 만들어야 한다. DNA는 세포에서 모든 유전정보를 가진 화학물질이다. 엽산은 DNA를 만드는 주요 성분이며, 따라서 세포 분열에 필수적이다. 혈구는 인체에서 가장 가공할 속도로 세포 분열을 함으로써 생산되므로—하루에 3,000억 개가 넘는 세포가 만들어진다—혈액 생성은 특히 엽산에 의존한다. 엽산이 없으면 (봄베이에서처럼 채소를 구하지 못하는 사람들의) 골수에서 새로운 혈구의 생산이 중단된다. 그러면 마치 조립 라인에 반쯤 완성된 상품들이 꽉 들어차서 막히듯이, 성숙하다가 만 수많은 세포들이 쏟아져나온다. 마치 봄베이의 방직공장을 떠올리게 하듯이, 골수는 제 기능을 못하는 공장, 영양실조에 걸린 생물공장이 된다.

1946년 초여름에 파버는 비타민, 골수, 정상 혈액 사이의 이 관계에 깊이 몰두했다. 사실 바로 이 연관성에 영감을 받아서 그가 처음 실시한 임상시험은 끔찍한 실패 사례가 되었다. 루시 윌스는 영양소가 부족한 환자에게 엽산을 처방하면 다시 혈액이 정상적으로 생성될 수 있다는 것을 알았다. 파버는 백혈병 아이들에게 엽산을 처방하면 혈액이 정상으로 돌아오지 않을까 생각했다. 이 희미한 실마리를 따라가기로 한, 그는 합성 엽산을 구하고 백혈병 아이들을 모아서 엽산을 투여하기 시작했다.

몇 개월이 흐르는 동안, 파버는 엽산이 백혈병의 진행을 멈추기는커녕 사실상 가속시킨다는 것을 알게 되었다. 한 환자는 백혈구 수가 거의 2배로 늘었고, 또 다른 환자는 백혈병 세포가 폭발적으로 혈관에 넘쳐서 피부에까지 악성 백혈구가 침투했다. 파버는 서둘러 실험을 중단했다. 그는 이 현상을 가속(acceleration)이라고 했다.[52] 어떤 위험한 물체가 종말을 향해서 자유 낙하하는 광경을 연상시키는 듯했다.

어린이 병원의 소아과 의사들은 파버의 실험에 격분했다. 엽산 유사물질은 백혈병을 가속시킨 것만이 아니었다. 아이들의 죽음도 가속시켰을 가능성이 높았다. 그러나 파버는 흥미를 느꼈다. 엽산이 아이의 백혈병 세포 생산을 가속시켰다면, 반대되는 다른 약물, 즉 **항엽산제**(antifolate)를 투여하면 막을 수 있지 않을까? 백혈구의 성장을 막는 화학물질은 백혈병을 멈추게 할 수 있지 않을까?

마이넛과 윌스가 관찰한 사항들이 끼워 맞춰지면서 흐릿한 그림을 형성하기 시작했다. 골수가 바쁘게 돌아가는 세포공장이라면, 백혈병에 걸린 골수는 폭주하면서 암세포를 과다 생산하는 미친 공장이었다. 마이넛과 윌스는 몸에 영양소를 **추가함**으로써 골수의 생산 라인을 가속시켰는데, 거꾸로 영양소 공급을 **차단**한다면 악성 골수의 활동을 멈출 수 있지 않을까? 봄베이 방직공장 노동자들의 빈혈을 보스턴의 병원에서 재현할 수 있을까?

파버는 어린이 병원 지하의 자기 연구실에서 브루클린 애머리에 있는 집까지 긴 거리를 걸으면서, 그런 약물이 있을까 계속 생각했다.[53] 짙은 나무판자를 덧댄 자택에서 하는 그의 식사는 대개 마지못해서 대충 때우는 수준이었다. 음악가이자 작가인 아내 노마는 오페라와 시에 관해서 이야기했다. 한편 시드니는 부검, 실험, 환자 이야기만 했다. 음계를 연습하는 노마의 피아노 소리를 뒤로 하고 한밤중에 병원으로 걸어서 돌아올 때면, 그의 머릿속은 온통 항암 화학물질 생각뿐이었다. 광신자에 맞먹는 열정을 가지고 상상을 거듭할 때면 마치 그것을 손에 쥐고 눈으로 볼 수 있을 것 같았지만, 그는 그것이 무엇인지, 무엇이라고 불러야 할지 알지 못했다. 우리가 오늘날 이해하는 의미의 **화학요법**(chemotherapy)이라는 단어는 항암 의약품에 결코 쓰인 적이 없었다.* 파버의 환상 속에서는 그토록 생생하게 와닿았던 정교한 "항비타민들"은 존재하지 않았다.

파버가 재앙을 일으킨 첫 시험에 쓴 엽산은 그의 옛 친구인 화학자 옐라프라가다 수바라오(수바로)의 연구실에서 나온 것이었다. 동료들은 대부분 그를 옐라라고 불렀다. 옐라는 의사였다가 세포생리학자로 전공을 바꾼 인물로써, 우연히 생물학 세계로 들어온 화학자 같기도 한, 여러 면에서 선구자였다. 그가 여러 분야를 떠돈 것은 사실 절실함과 모험으로 가득한 시련을 겪은 탓이기도 했다. 그는 1923년 인도에서 의학 공부를 마친 뒤에 무일푼으로 무작정 보스턴으로 왔다.[54] 장학금을 받고 하버드 열대보건대학에서 공부하기 위해서였다. 그러나 옐라는 보스턴의 날씨가 열대와는 거리가 멀다는 것을 알았다. 눈보라가 치는 혹한의 겨울에 의료계에서 일자리를 구할 수 없자(그는 미국에서 진료를 할 수 있는 면허가 없었다) 그는 브리검 여성병원에서 문을 열어주고, 시트를 갈고, 소변기를 비우는 등의 일을 하는 야간 잡역부로 일하기 시작했다.

  의료계에 가까이 머물고자 했던 그의 노력은 보상을 받았다. 수바라오는 병원에서 친구를 사귀고 인맥을 쌓은 덕분에 하버드 생화학과의 연구원이라는 주간 일자리를 얻었다. 그가 처음 맡은 과제 중에 살아 있는 세포에서 분자를 추출하는 일도 있었다. 그것은 세포를 화학적으로 해부하여 그 조성을 살펴보는 것으로, 본질적으로 세포를 생화학적으로 "부검"하는 일이었다. 그 일은 상상하는 것보다 훨씬 더한 인내심을 요구했지만, 놀라운 성과를 안겨주었다. 수바라오는 모든 생물의 에너지원인 ATP(ATP는 세포 안에서 화학적 "에너지"를 운반한다)라는 분자와 근육 세포의 에너지 운반자인 크레아틴이라는 또다른 분자를 분리

---

* 1910년대에 뉴욕에서 윌리엄 콜리, 제임스 유잉, 언스트 코드먼은 이른바 콜리 독소라는 세균 독소 혼합물로 뼈육종을 치료했다. 콜리는 이따금 반응이 나타났지만, 면역 자극을 통해서 일어나는 듯한 예기치 않은 반응도 나타났다고 발표했다. 그러나 종양학자나 외과의사는 그의 연구에 별로 관심을 보이지 않았다.

정제했다. 이러한 업적 중 하나만으로도 하버드 교수가 되고도 남았지만, 수바라오는 외국인이었고 은둔자이자 야행성에 심한 억양을 가진 채식주의자였다. 그는 도심의 방 한 칸짜리 아파트에서 생활하면서 오직 파버 같은 다른 야행성 은둔자들과만 친분관계를 유지했다. 1940년에 종신 교수 심사에서 탈락하고 공로를 제대로 인정받지 못하자, 화가 난 옐라는 자리를 박차고 나가서 뉴욕 북부의 제약 연구소인 레덜리 연구소로 옮겼다. 아메리칸 시안아미드 기업이 소유한 연구소인 그곳에서 그는 화학물질 합성을 담당하는 연구진을 이끌라는 요청을 받았다.

레덜리에서 옐라 수바라오는 자신의 기존 전략을 빠르게 재편하여, 자신이 세포 안에서 발견했던 천연 화학물질을 인공 합성하는 데에 초점을 맞추었다. 영양 보충제로 쓸 수 있을 것이라고 기대하면서 말이다. 1920년대에 엘리릴리라는 제약회사는 악성 빈혈에 빠져 있던 바로 그 영양소인 비타민 B_{12}를 농축시킨 약품을 팔아서 엄청난 수익을 올렸다.[55] 수바라오는 다른 빈혈에 초점을 맞추기로 했다. 엽산 부족으로 생기는, 의학계가 별 관심을 보이지 않는 빈혈이었다. 그러나 1946년에 돼지의 간에서 그 화학물질을 추출하려는 시도가 실패를 거듭하자, 그는 전술을 바꾸어서 레덜리의 젊은 화학자 해리엇 킬티를 비롯한 과학자들의 도움을 받아서 아예 엽산을 합성하는 연구를 시작했다.[56]

엽산을 만드는 화학반응은 뜻밖의 덤도 안겨주었다. 그 반응은 몇 가지 중간 단계를 거치므로, 수바라오와 킬티는 제조법을 약간 변형시켜서 엽산 변이체를 만들 수 있었다. 이 엽산 변이체—아주 가까운 분자 모방체—는 반직관적인 특성을 가졌다. 세포의 효소와 수용체는 대개 자신의 화학 구조를 이용하여 분자를 식별한다. 그러나 "미끼" 분자 구조—천연 분자를 거의 흉내내는 분자—는 자물쇠 구멍을 막는 가짜 열쇠처럼, 수용체나 효소에 결합하여 그것의 작용을 차단할 수 있다. 따라서 옐라의 분자 모방체 중 일부는 엽산의 **길항제**(拮抗劑 : 대항제[對抗劑])처럼 행동할 수 있었다.

이것이 바로 파버가 꿈꾸었던 그 항비타민이었다. 파버는 킬티와 수바라오에게 백혈병 환자를 치료하는 데에 그들의 엽산 길항제를 쓸 수 있을지 묻는 편지를 썼다. 수바라오는 동의했다. 1947년 늦여름에 뉴욕 레덜리 연구소에서 보낸 첫 항엽산제 소포가 파버 연구실에 도착했다.

파버의 도전

> 이 병에 걸린 사람들은 수 세기에 걸쳐서 상상할 수 있는 거의 모든 실험의 대상이었다. 그들은 이 난치병에서 구원해줄 수단을 찾아서 들판과 숲, 약국과 사원을 쏘다녔다. 인간이 구원 수단을 헛되이 찾아다니는 동안, 거의 모든 동물은 털이나 가죽, 발톱, 가슴선이나 갑상선, 간이나 비장 등 온갖 것을 어쩔 수 없이 내놓아야 했다. ― 윌리엄 베인브리지[1]

> 이 천벌을 뿌리 뽑을 방안을 찾는 일은 어쩌다가 곁다리로 손을 대는 산만한 연구에 내맡겨져 있다. ―「워싱턴 포스트」, 1946년[2]

보스턴의 롱우드 병원에서 남쪽으로 약 11킬로미터 떨어진 소도시 도체스터는 뉴잉글랜드의 전형적인 교외 지역이었다. 서쪽의 검댕 가득한 산업지대와 동쪽의 회색과 초록색의 대서양 만 사이에 낀 삼각형 지역이었다. 1940년대 말, 조선공, 주물공, 철도 기술자, 어부, 공장 노동자 등 유대인과 아일랜드 이민자들이 밀려들어서 도체스터에 정착했다. 그들이 벽돌과 판자로 지은 집들은 블루힐 가를 따라서 구불구불 계속 올라갔다. 도체스터는 강을 따라서 공원과 놀이터, 골프장, 교회, 유대 예배당이 있는 전형적인 교외 가족 도시로 다시 태어났다. 일요일 오후마다 사람들은 가족과 함께 프랭클린 공원에 나와서 녹음이 우거진 산책로를 걷거나 그곳의 동물원에서 타조, 북극곰, 호랑이를 구경했다.

1947년 8월 16일, 동물원 맞은편의 한 집에서, 보스턴 조선소에서 일하는 한 조선공의 아이가 뚜렷한 이유 없이 시름시름 앓기 시작했다. 2주일이 넘게 뚜렷한 패턴 없이 미열이 나다가 사라지곤 했으며, 몸이 창백해지면서 혼절하는 일이 점점 잦아졌다. 아이는 두 살배기였고 이름은 로버트 샌들러였다.[3] 그와 쌍둥이인 엘리엇은 아주 건강한, 활달하고 귀여운 아이였다.

처음 열이 난 지 열흘 뒤, 로버트의 상태는 크게 악화되었다. 체온은 계속 올라갔다. 붉었던 안색은 창백한 우윳빛으로 변했다. 아이는 보스턴 어린이 병원으로 실려왔다. 혈액을 만들고 저장하는 주먹만 한 기관인 아이의 비장(대개 흉곽 안에 있어서 거의 만져지지 않는다)은 눈에 띄게 커졌고, 너무 많이 담은 주머니처럼 축 늘어졌다. 파버가 피 한 방울을 현미경으로 들여다보니 병의 정체가 드러났다. 수많은 미성숙한 백혈구 모세포들이 작은 주먹을 불끈 쥐었다 폈다 하는 것처럼 염색체를 응축하고 풀고 하면서 미친 듯이 분열하고 있었다.

샌들러는 파버가 레덜리로부터 첫 소포를 받은 지 몇 주일 뒤에 어린이 병원에 왔다. 1947년 9월 6일에 파버는 테로일아스파르트산(pteroylaspartic acid, PAA)을 샌들러에게 투여하기 시작했다. 레덜리로부터 처음 받은 항엽산제였다. (당시에는 약물—독성을 가진 약이라고 해도—을 임상시험할 때 환자 측의 동의를 받는 일이 흔하지 않았다. 부모에게는 시험이라는 이야기를 대충 할 때도 있었다. 아이에게 그렇다는 것을 알리거나 아이의 의향을 묻는 일은 거의 없었다. PAA 투여가 있기 약 한 달 전, 1947년 8월 9일에 환자의 명시적인 자발적 동의를 요구하는 인체 실험에 관한 뉘른베르크 규약의 초안이 발표되긴 했다. 그러나 보스턴의 파버가 환자의 동의를 요구하는 그런 규약이 있다는 말을 들었는지조차 의심스럽다.)

PAA는 거의 효과가 없었다. 다음 한 달에 걸쳐서 샌들러는 점점 더 혼미한 상태에 빠졌다. 아이는 몸을 제대로 가누지 못해서 흐느적거렸다. 백혈병 세포들이 척수를 짓누르기 때문이었다. 관절통이 생겼고 몸 곳곳이 심하게 아팠다. 그러다가 백혈병 세포들이 넓적다리뼈 하나를 파열시키면서 뼈가 부러졌고, 이루 말할 수 없는 엄청난 고통이 찾아왔다. 12월이 되자 모든 희망이 사라진 듯했다. 백혈병 세포가 점점 더 빽빽하게 들어차면서 비장은 골반까지 닿을 정도로 축 늘어졌다. 아이는 위축되고 축 늘어지고 부어오르고 창백한 모습으로 죽음을 눈앞에 두고 있었다.

그러던 중 12월 28일, 파버는 수바라오와 킬티로부터 새로운 항엽산제를 받았다. PAA의 구조를 약간 바꾼 아미노프테린(aminopterin)이라는 화학물질이었다.[4] 파버는 약물이 도착하자마자 낚아채듯이 가져다가 아이의 몸에 투여하기 시작했다. 적어도 암의 고통이나마 조금 덜어주기를 바라면서.

반응은 놀라웠다. 천문학적인 수준으로 급증하던 백혈구 수—9월에 1만 개, 11월에 20만 개, 12월에는 거의 90만 개—가 갑자기 늘어나기를 멈추더니 그 수준에서 머물렀다. 곧이어 더 놀라운 일이 벌어졌다. 백혈구 수가 줄어들기 시작한 것이었다. 백혈병 모세포는 서서히 적어지더니 이윽고 피에서 거의 사라졌다. 새해 전날이 되자 백혈구 수는 최고 수준일 때의 약 6분의 1로 줄어들었다. 거의 정상 수준까지 내려온 셈이었다. 암이 사라진 것은 아니었다. 현미경으로 보니 악성 백혈구는 아직 있었다. 그래도 백혈병은 일시적으로 위세를 잃었고, 얼어붙은 보스턴의 겨울에 혈액학적으로 얼어붙은 상태가 되었다.

1948년 1월 13일, 샌들러는 다시 병원을 찾았다. 두 달 만에 처음으로 자기 발로 걸어서. 비장과 간은 놀라울 정도로 줄어들어서, 파버의 기록에 따르면, 옷의 "배 쪽이 헐렁할" 정도였다. 출혈도 멎은 상태였다. 식성도 마치 지난 6개월 동안 먹지 못한 것을 보충하려는 것처럼 왕성해졌다. 2월이 되자, 아이의 몸놀림, 영양 상태, 활동이 자기 쌍둥이와 다를 바가 없어졌다. 겨우 한 달 사이에 로버트 샌들러와 엘리엇 샌들러는 다시 똑같아 보였다.

샌들러의 병세 완화—백혈병 역사에서 유례없는 수준의 완화—소식이 전해지면서 파버는 몹시 바빠졌다. 1948년 초겨울 무렵, 또다른 아이들이 그를 찾아왔다. 목이 아파서 온 세 살배기 남자아이, 머리와 목에 혹이 생겨서 온 6개월 된 여자아이였는데, 둘 다 소아 ALL이라는 최종 진단을 받았다. 옐라에게서 받은 항엽산제를 절실하게 필요한 환자에게 투여해야 하는데 일손이 달리자, 파버는 도와줄 의사들을 충원했다. 루이스 다이아몬드라는 혈액학자와 제임스 울프, 로버트 머서, 로버트 실베스터였다.

파버는 첫 임상시험을 할 때 어린이 병원 당국을 격분시켰었다. 이번 2차 임상시험 때에는 그들을 아예 미칠 지경까지 몰아붙였다. 병원 임원들은 투표를 해서 소아과 인턴들을 모두 백혈병 화학요법 분과에서 철수시켰다(백혈병 병동의 분위기가 너무 처절하고 실험적이어서 의학 교육에 도움이 되지 않는다고 생각했다).[5] 결국 파버와 그의 조수들은 자력으로 모든 환자들을 돌봐야 했다. 한 외과의사는 암에 걸린 아이들이 대개 "병동의 가장 후미진 곳에 처박혔다"고 적었다.[6] 소아과 의사들은 그 아이들은 어쨌거나 죽을 것이라고 주장했다. "평온하게 죽음을 맞이하도록 하는 것"이 더 친절하고 다정한 태도가 아니겠냐고 주장한 사람들도 있었다.[7] 한 임상의는 파버의 새로운 "화학물질"을 백혈병 아이들을 위한 최후 수단으로 남겨두어야 한다고 주장했다. 그러자 파버는 병리학자로 일했던 시절을 떠올리면서 쏘아붙였다. "그때쯤이면 당신에게 필요한 화학물질은 그저 시신 방부제뿐일 거요."[8]

파버는 화장실 옆에 위치한 한 병실의 뒷방을 임시 진료소로 삼았다. 그가 이끄는 소규모 인원은 병리학과의 골방, 계단통, 빈 사무실 등 쓰지 않는 공간에서 생활했고, 병원 당국의 지원은 극히 적었다.[9] 파버의 조수들은 외과의사가 숫돌을 돌리면서 자기 수술칼을 갈았던 옛 방식대로, 골수 채취에 쓸 바늘을 직접 갈아서 만들었다.[10] 그들은 환자의 상태를 꼼꼼하게 살피고 기록하면서 추적했다. 혈구 수, 수혈, 열 등의 수치와 빈도를 하나하나 모두 기록했다. 파버는 백혈병을 물리친다면, 후대를 위해서 그 전투를 세세하게 전부 기록하고 싶었다. 설령 보고 싶어할 사람이 아무도 없을지라도 말이다.

1948년 겨울, 극심한 한파가 보스턴을 휩쓸었다. 눈폭풍이 이는 바람에 파버의 진료소도 일을 중단했다. 롱우드 가로 이어지는 좁은 아스팔트 도로에는 진흙 섞인 진눈깨비가 높이 쌓였고, 난방이 잘 되지 않는 지하 통로는 얼어붙을 듯이 추웠다. 매일 항엽산제를 투여하는 일이 불가능해지자, 파버 연구진은 일주일에 3일로 횟수를 줄였다. 2월에 눈폭풍이 약해지자, 연구진은 다시 매일 주사를 놓기 시작했다.

그 사이에 파버의 소아 백혈병 치료 소식이 퍼지기 시작했고, 서서히 아이들이 그의 진료실로 꼬리를 물고 찾아오기 시작했다. 그리고 한 명, 한 명에게서 믿을 수 없는 양상이 나타났다. 항엽산제는 백혈구 수를 줄였고, 비록 일시적이긴 했지만 때로는 완전히 사라지게도 했다. 샌들러처럼 극적인 회복을 보여주는 사례들도 나타났다. 아미노프테린 치료를 받은 두 소년은 다시 학교에 다닐 수 있었다.[11] 두 살 반인 한 여자아이는 7개월 동안 누워 있던 침대를 벗어나서 "뛰어놀기" 시작했다.[12] 피가 정상으로 돌아오자, 깜박이듯이 일시적으로 아이들의 삶도 정상으로 돌아왔다.

그러나 문제점도 늘 있었다. 증세가 나아진 지 몇 개월 뒤에 암은 예외 없이 재발하면서, 결국은 옐라의 약물 중 가장 강력한 것도 무용지물로 만들었다. 백혈병 세포는 다시 골수로 돌아와서 혈액으로 왈칵 밀려들었고, 가장 약효가 좋은 항엽산제조차도 성장을 멈출 수 없었다. 로버트 샌들러는 몇 개월을 더 살다가 1948년에 사망했다.

그러나 설령 일시적이라고 해도, 증세 완화는 진정한 것이었고 역사적인 것이었다. 1948년 4월까지 충분한 자료가 모이자 연구진은 「뉴잉글랜드 의학회지 (New England Journal of Medicine)」에 예비 논문을 실었다.[13] 연구진이 치료한 환자는 16명이었다. 16명 중 10명이 증세가 완화되었다. 그리고 5명—초기 집단 중 약 3분의 1—은 진단을 받은 뒤 4개월, 심지어 6개월까지도 살아 있었다. 백혈병 환자에게 6개월은 영원이나 다름없었다.

1948년 6월 3일에 실린 파버의 논문은 7쪽 분량이며, 표, 그림, 현미경 사진, 실험값, 혈구 수로 가득했다. 딱딱하고 형식적이며 냉정하고 과학적인 언어로 쓰였다. 그러나 모든 탁월한 의학 논문이 그렇듯이, 이 논문도 시선을 뗄 수 없게 했다. 그리고 모든 위대한 소설이 그렇듯이, 이 논문도 시대를 초월했다. 지금도 그 논문을 읽으면, 마치 바쁘게 돌아가는 보스턴 진료실 한가운데에 가 있는 듯하다. 파버와 조수들이 깜박거리는 생명을 되돌릴, 끔찍한 질병의 신약을 찾아 바쁘게 움직이면서 환자들의 생명을 유지하는 그곳에 말이다. 그것은 시작, 중간, 불행한 결말이 있는 한 편의 이야기였다.

한 과학자가 회상하듯이, 그 논문은 "회의론, 불신, 분노"를 일으켰지만, 파버의 입장에서 그 논문은 한 가지 내용을 도발적으로 전한 것이었다.[14] 가장 공격적인 형태의 암조차도 의약품, 즉 화학물질로 치료가 된다는 것을 말이다. 즉 1947-1948년에 걸쳐서 6개월 사이에 파버는 당시까지 굳게 닫혀 있던 문이 잠시 유혹하듯이 열린 것을 보았다. 그리고 그 문을 통해서 그는 눈부신 가능성이 펼쳐지는 것을 언뜻 보았다. 화학물질을 통해서 공격적인 암을 사라지게 한 것은 암의 역사에서 거의 유례없는 일이었다. 1948년 여름, 파버의 조수 한 명이 아미노프테린 치료를 한 백혈병 아이의 골수 생검을 했다. 결과를 본 그는 도저히 믿어지지가 않았다. 그는 이렇게 적었다. "골수는 지극히 정상으로 보였다. 치료법을 찾는 이가 꿈꾸는 바로 그 상태였다."[15]

그래서 파버는 꿈꾸었다. 그는 특정한 항암제로 악성 세포를 죽이고, 정상 세포를 재생시켜서 생리적 공간을 다시 차지하도록 하겠다는 꿈을 꾸었다. 그런 온갖 전신(全身) 길항제로 악성 세포를 박멸하는 꿈을, 화학물질로 백혈병을 치유하는 꿈을, 그리고 화학물질과 백혈병을 다룬 경험을 더 많은 암에 적용하는 꿈을. 그는 암의학계에 도전장을 던진 것이었다. 그리고 한 세대에 걸친 의사들과 과학자들이 그 도전장을 받아들이게 된다.

차마 알릴 수 없는 천벌

우리는 축소판 우주를 묘사하기 위해서 택한 은유를 통해서 자신을 보여준다.
—스티븐 제이 굴드[1]

따라서 3,000년이 넘는 세월 동안 이 병은 의학계에 알려져 있었다. 그리고 3,000년이 넘는 세월 동안 인류는 의학계에 "치료법"을 내놓으라고 문을 두드리고 있었다. —「포춘」, 1937년 3월[2]

이제 암이 문을 두드리지 않은 채 불쑥 들어오는 질병이 될 차례이다.
—수전 손택, 「은유로서의 질병」[3]

암의 은유들이 지극히 현대적이라서 우리는 암을 "현대적인" 질병으로 생각하는 경향이 있다. 암은 과다 생산, 전격 성장이 특징인 병이다. 통제 불능이라는 심연에 빠지는 성장, 멈출 수 없는 성장이 바로 암이다. 현대 생물학은 세포를 분자 기계로 상상하라고 부추긴다. 암은 첫 명령(성장하라)을 삭제할 수 없어서, 파괴가 불가능하며 자체적으로 추진되는 자동장치로 변신한 기계이다.

암이 패러다임상 20세기에 속하는 질병이라는 개념은 수전 손택이 「은유로서의 질병(Illness as Metaphor)」에서 그토록 강력하게 주장한, 한때 다른 시대의 상징으로 생각되었던 다른 질병을 떠올리게 한다. 19세기의 결핵 말이다. 손택이 예리하게 지적했듯이, 둘은 "역겹다(obscene)"는 점에서 비슷했다. "그 단어의 원래 의미대로, 즉 불길하고 혐오스럽고 불쾌한" 것이다. 둘 다 생명력을 소진시킨다. 둘 다 죽음과의 만남을 질질 끈다. 양쪽 사례에서 **죽어간다는** 것이 죽음보다 더 그 병을 규정한다.

그러나 그런 유사점이 있긴 해도, 결핵은 다른 세기의 질병에 속한다. 결핵,

즉 폐병(consumption)은 빅토리아 시대의 낭만주의를 병리학적 극단으로 이끌었다. 열에 달아오르고 냉혹하게 진행되며 숨을 헐떡이는 강박적인 것으로 말이다. 그것은 시인의 질병이었다. 로마의 스페인 광장 계단이 내려다보이는 작은 방에서 말없이 죽음을 받아들인 존 키츠나 그 병으로 죽어가는 모습이 자신의 여인들에게 어떻게 비칠지 상상의 날개를 펼친 강박적인 낭만주의자 바이런의 것이었다.[4] 소로는 1852년에 이렇게 썼다. "죽음과 질병은 때로 아름답다. 마치……폐병의 소모열에 달아오른 안색처럼."[5] 토마스 만의 「마의 산(*Der Zauberberg*)」에서는 이 "소모열에 달아오른 안색"이 그 희생자의 열띤 창의력을 풀어놓는다. 마찬가지로 그 시대의 정수가 담긴 듯한 명쾌히 분석하고 도덕을 함양하고 카타르시스를 일으키는 힘을 말이다.

대조적으로 암은 더 현대적인 이미지로 가득하다. 암세포는 외과의사이자 작가인 셔윈 널랜드가 쓴 것처럼, "가능한 모든 의미에서 비순응주의자"이자 지독한 개인주의자이다.[6] 암이 한 부위에서 다른 부위로 옮겨가는 것을 기술하는 데에 쓰는 단어인 전이(metastasis)는 메타(meta, 너머)와 스타시스(stasis, 정지)의 신기한 조합이다. 라틴어로 "정지 너머"라는 뜻인데, 한쪽 닻을 올린 어느 정도 불안정한 상태를 가리킴으로써 현대성 특유의 불안정성을 포착하고 있다. 예전에 폐병이 병리학적 내장 적출을 통해서 희생자를 살해했다면(결핵균은 폐에 서서히 구멍을 낸다), 암은 지나치게 많은 세포로 몸을 채워서 우리를 질식시킨다. 그것은 다른 의미의 소모(consumption), 즉 과잉의 병리학이다. 암은 팽창주의 질병이다. 그것은 한 기관을 "성역"으로 삼고 다른 기관으로 이주하면서, 조직을 뚫고 침략하여 적대적인 환경에 식민지를 건설한다. 때때로 마치 우리에게 살아남는 법을 가르치는 것처럼, 암은 필사적이고 창의적이고 격렬하며 영토를 지키고 빈틈없고 방어적으로 살아간다. 암을 마주한다는 것은 비슷한 종, 우리 자신보다도 더 생존에 적응해 있을 종과 만나는 것이다.

이 이미지—우리의 필사적이고 악의적인 현대의 도플갱어로서의 암이라는—는 우리의 뇌리를 떠나지 않는다. 적어도 어느 정도는 참이기 때문이다. 암세포는 정상 세포의 경악할 도착(倒錯) 사례이다. 암은 경이적인 성공을 거둔 침략자이자 식민지 개척자이며, 그 성공은 어느 정도는 암이 **우리를** 종으로서 혹은 생물로서 성공하게 해준 바로 그 특징들을 이용하기 때문이다.

정상 세포처럼 암세포도 가장 기본적이고 원초적인 의미의 성장에 의존한다. 즉 세포 하나가 나뉘어 둘이 되는 성장 말이다. 정상 조직에서는 이 과정이 절묘하게 조절되며, 성장은 특정한 신호에 자극을 받고 다른 특정한 신호에 억제된다. 암에서는 억제되지 않은 성장으로 세포들이 세대를 거듭하면서 계속 늘어난다. 생물학자들은 유전적으로 공통 조상을 가진 세포를 클론(clone)이라고 한다. 우리가 현재 알고 있는 암은 일종의 클론 질병이다. 알려진 암은 거의 모두 하나의 조상 세포에서 유래한다. 즉 무제한의 세포 분열과 생존 능력을 획득하여 무한히 많은 수의 후손을 낳는 세포에서 시작된다. 피르호의 세포가 세포를 낳고 그 세포가 다시 더 많은 세포를 낳는(omnis cellula e cellula e cellula) 과정을 무한히 되풀이함으로써 말이다.

그러나 암은 단순한 클론 질병이 아니다. 그것은 **진화하는** 클론 질병이다. 성장이 진화 없이 일어난다면, 암세포는 침략하고 생존하고 전이하는 강력한 능력을 갖추지 못할 것이다. 모든 세대의 암세포는 모세포와 유전적으로 다른 소수의 세포도 만들어낸다. 화학요법 약물이나 면역계가 암을 공격하면, 그 공격에 저항할 수 있는 돌연변이 클론이 자라서 불어난다. 최적자인 암세포는 살아남는다. 돌연변이, 선택, 과잉 성장의 이 즐겁지 않은 냉혹한 순환은 생존과 성장에 점점 더 적응한 세포들을 만들어낸다. 때로 돌연변이가 다른 돌연변이의 획득을 촉진한다. 유전적 불안정성은 완전한 광기처럼, 그저 돌연변이 클론을 생성할 더 큰 추진력을 제공할 뿐이다. 따라서 암은 다른 질병들과 달리 진화의 근본 논리를 활용한다. 종으로서의 우리가 다윈 진화의 최종 산물이라면, 우리 안에 숨어 있는 이 경악할 질병도 그렇다.

우리는 그런 은유에 혹해서 멀리 나아갈 수도 있는데, 그것은 암 같은 대상을 논의할 때 어쩔 수 없는 일이다. 이 책을 쓸 때 나는 처음에 이 계획을 암의 "역사"로 상상했다. 그러나 어쩔 수 없이, 마치 **무엇**이 아니라 **누구**에 관해서 쓰고 있다는 느낌을 받았다. 나의 대상은 어떤 개인을 닮은 무엇인가로 매일 같이 변신했다. 거울에 비친 다소 일그러진 수수께끼 같은 존재로 말이다. 그러니까 이것은 질병의 의학사라기보다는 더 개인적이고 더 내밀한 것이었다. 바로 암의 전기였다.

그러니 다시 시작해보자. 모든 전기 작가는 대상자의 탄생을 마주해야 한다. 암이 "태어난" 곳은 어디일까? 암의 나이는 얼마나 될까? 그것을 질병으로 처음 기록한 사람은 누구일까?

1862년에 에드윈 스미스—학자인 동시에 물건 강매자이며, 골동품 위조꾼이자 독학한 이집트학자였던 독특한 인물이다—는 이집트 룩소르의 한 골동품 판매상에게서 길이가 4.5미터쯤 되는 파피루스 두루마리를 샀다(훔쳤다고 말하는 사람도 있다).[7] 두루마리는 부서지고 있었고, 상태가 아주 좋지 않았는데, 그 안에 이집트 글자가 빼곡히 적혀 있었다. 지금은 그것이 기원전 2500년으로 거슬러 올라가는 원본을 기원전 17세기에 필사한 것이라고 본다. 필사자—아주 서둘러 베낀 표절자—는 옮기다가 군데군데 잘못 적기도 했고, 여백에 붉은 잉크로 수정을 하기도 했다.

파피루스의 내용은 1930년에 번역되었다. 지금은 그것이 기원전 2625년경에 살았던 위대한 이집트 의사 임호텝의 가르침을 모은 것이라고 본다. 임호텝은 우리에게 알려진 구왕국 시대의 인물 중에서 왕가에 속하지 않은 극소수에 속한다. 그는 이집트 문예 부흥 시기의 중심에 서 있던 르네상스인이었다. 조세르왕의 궁정 고관이었던 그는 신경외과, 건축, 점성술과 천문학 분야에 두루 통달했다. 심지어 수 세기가 흐른 뒤에 이집트로 행군한 그리스인들조차도 그의 강렬하게 타오르는 지성에 감명을 받아서 그를 고대의 주술사라고 생각했고 자신들의 의술의 신인 아스클레피오스와 동일시했다.

그러나 스미스 파피루스의 놀라운 점은 주술과 종교에 있는 것이 아니라, 바로 그 주술과 종교가 없다는 데에 있다. 주문, 마법, 부적으로 가득한 세계에서 임호텝은 초연하고 냉철한 과학 용어로 마치 현대 외과 교과서를 쓰듯이, 부러진 뼈와 탈골된 척추에 관해서 썼다. 파피루스에 적힌 48가지 사례—손의 골절, 피부의 커다란 종기, 산산조각 난 머리뼈—는 초자연적 현상이 아니라 의학적 상태로 다루어졌으며, 사례마다 해부학 용어, 진단, 요약, 예후가 적혀 있었다.

그리고 이 고대 외과의사가 환하게 비추는 불빛 아래에서 최초로 암은 독자적인 질병으로 등장한다. 45번째 사례를 기술하면서 임호텝은 조언한다. "유방에서 튀어나온 덩어리를 살펴볼 때면 그것이 유방 전체로 퍼졌는지 알아보라. 유방 밑에 손을 대서 차가운지, 손을 댔을 때 거기에서 열기가 전혀 느껴지지 않는지를 알아보라. 육아(肉芽) 조직도 없고 체액도 없고 액체도 흘러나오지도 않는데 만질 때 튀어나온 것이 느껴진다면, 이렇게 말해야 한다. '이것은 내가 맞서 싸워야 할 불룩한 덩어리이다.……유방의 불룩한 종양은 유방에 크고 번지는 단단한 혹이 있다는 것을 의미한다. 그것을 만지는 것은 둥글게 뭉친 포장지를 만지는 것 같고, 혹은 단단하고 차가운 것이 덜 익은 헤마트 과일에 비교할 만하다.'"[8]

"유방에서 튀어나온 덩어리"—피부 밑으로 모르는 사이에 퍼지는, 헤마트 열매처럼 차갑고 단단하고 치밀한 덩어리—라니, 유방암을 이보다 더 생생하게 묘사할 수 있을까? 파피루스에는 증상을 완화시키는 것에 불과할지라도, 사례마다 치료법이 간결하게 논의되어 있다. 신경외과 환자의 귓속으로 우유를 붓고, 상처를 찜질하고, 화상에는 향유를 바르라는 것 등이다. 그러나 임호텝은 45번째 사례에서는 유달리 침묵한다. 그는 "치료법"이라는 항목 아래 그저 한 문장만 적어놓았다. "없음."

그 무력함을 인정하자, 암은 고대 의학사에서 거의 사라졌다. 다른 질병들은 전설과 기록 속에 은밀한 발자국을 남기면서 지구 전역을 맹위를 떨치면서 돌고 돌았다. 기원전 1715년에 전염병—아마 티푸스였을 것이다—이 항구 도시 아바리스를 휩쓸면서 많은 사람이 죽었다.[9] 천연두는 곳곳에서 화산처럼 분출했고, 기원전 12세기에 람세스 5세의 얼굴에 마마 자국을 남겼다.[10] 결핵은 인더스 강 유역을 따라서, 그곳이 계절적으로 범람하듯이 유행했다가 사라지곤 했다.[11] 그러나 암은 설령 이 대규모 범유행병들의 사이사이에 존재했다고 해도, 의학 문헌, 아니 다른 어떤 문헌에도 쉽게 알아볼 수 있는 흔적을 전혀 남기지 않은 채, 말없이 존재했다.

임호텝이 기록을 남긴 지 2,000년이 더 지난 뒤에야 우리는 다시 암의 소식을 듣게 된다. 이번에도 그것은 침묵의 망토를 둘러쓴, 개인적이고 부끄러운 병이다. 그리스의 역사가 헤로도토스는 기원전 약 440년에 쓴 오지랖 넓은 「역사(Histories)」에 별안간 이상한 병에 걸린 페르시아 아토사 왕비의 이야기를 실었다.[12] 아토사는 키루스의 딸이며, 리디아에서 지중해와 바빌로니아를 거쳐 페르시아 만에 이르는 드넓은 제국을 다스린, 잔인하기로 유명한 전설적인 아케메네스 왕조의 계승자인 다리우스의 아내였다. 재위 기간의 중반쯤 되었을 때, 아토사는 유방에 피가 나는 혹 덩어리가 생겼다는 것을 알았다. 그것은 염증성이라고 하는 몹시 악성인 형태의 유방암(염증 유방암에서는 악성 세포가 유방의 림프선으로 침입하여 충혈된 덩어리를 만든다)이었을지 모른다.

아토사가 원했다면 바빌로니아에서 그리스에 이르기까지 전국의 의사들이 모여들어서 그녀의 침상 옆에서 치료를 했을 것이다. 그러나 헤아릴 길 없는 격심한 외로움에 빠진 그녀는 스스로 외부와 접촉을 차단한 채, 시트로 몸을 칭칭 감았다. 다리우스의 의사들이 치료를 시도했을지도 모르지만, 아무 소용이 없었다. 그러다가 결국 자신이 종양을 잘라낼 테니 허락해달라던 데모세데스라는 그리스인 노예가 그녀를 설득하는 데에 성공했다.

수술 뒤에, 헤로도토스의 책에서 아토사는 수수께끼처럼 사라졌다. 그에게 그녀는 그저 이야기가 옆길로 샜을 때 등장한 조연일 뿐이었다. 우리는 종양이 재발했는지 혹은 그녀가 언제, 어떻게 사망했는지 알지 못하지만, 수술은 적어도 일시적으로는 성공했다. 아토사는 살아남았고, 데모세데스에게 감사를 표했다. 그리고 고통과 질병에서 풀려나자 그녀의 마음속에 은혜의 보답과 영토 확장이라는 야심이 활활 타올랐다. 다리우스는 제국 동쪽 국경에 있는 스키티아족에게 선전포고를 할 계획을 짜고 있었다. 그러나 조국인 그리스로 돌아가고 싶었던 데모세데스의 꼬임에 넘어간 아토사가 남편에게 선전포고의 방향을 서쪽으로 돌리자고, 즉 그리스를 침략하자고 간청했다. 페르시아 제국이 동쪽에서 서쪽으로 진출 방향을 돌리고, 그 뒤에 잇달아 벌어진 그리스-페르시아 전쟁은 서양의 초기 역사를 결정지은 사건 중의 하나일 것이다. 그 1,000척의 배를 소리 없이 출항시킨 것은 아토사의 종양이었다. 설령 은밀한 질병이었을지라도, 암은 고대 세계에 지문을 남겼다.

그러나 헤로도토스와 임호텝은 이야기꾼이며, 모든 이야기가 그렇듯이 그들의 이야기에도 누락되거나 앞뒤가 맞지 않는 부분들이 있다. 그들이 묘사한 "암"은 진짜 신생물(新生物, neoplasm)이었을 수도 있고, 혹은 종기, 궤양, 사마귀, 모반(母斑)을 모호하게 묘사한 것일 수도 있다. 역사상 논란의 여지가 없는 암은 악성 조직이 어떻게든 보존된 사례뿐이다. 그리고 그런 암을 정면으로 직시하려면—고대의 질병을 직접 응시하려면—페루 남쪽 끝의 모래로 뒤덮인 외진 평원에 있는 1,000년 된 무덤으로 여행을 떠날 필요가 있다.

평원은 아타카마 사막의 북쪽 가장자리에 있다. 페루 남쪽에서 칠레까지 뻗은 안데스 산맥의 바람이 향하는 그늘에 자리한 약 1,000킬로미터에 걸친 띠 모양의 바짝 마른 황량한 곳이다. 습기를 앗아가는 더운 바람이 계속 부는 그곳은 역사가 기록된 이래로 비가 온 적이 없다. 이곳에서 인류가 번성했다는 것은 상상하기 어렵지만, 번성한 것은 사실이다. 평원에는 수백 기의 무덤이 흩어져 있다. 점토에 얕게 구멍을 판 뒤, 세심하게 돌로 테두리를 두른 것들이다. 수 세기에 걸쳐서 개, 폭풍, 도굴꾼이 이 얕은 무덤을 파헤쳐서 역사를 발굴해왔다.

무덤에는 치리바야족 사람들의 미라가 들어 있다. 치리바야족은 시신을 보존하려는 노력을 전혀 하지 않았지만, 기후가 미라가 될 거의 완벽한 조건을 만들었다. 아래에서는 점토가 시신의 물과 체액을 빨아내고, 위에서는 바람이 조직을 건조시킨다. 따라서 안치한 시신은 시간적으로나 공간적으로나 금방 동결되었다.

1990년, 덜루스에 있는 미네소타 대학교의 아서 아우프더하이더 교수는 약 140구의 시신이 묻혀 있는 바짝 마른 대규모 무덤을 찾았다. 아우프더하이더는 병리학자였는데, 전공 분야는 고병리학, 즉 고대 표본을 연구하는 분야였다. 파버와 달리 그는 최근에 생존했던 환자가 아니라 고고학 발굴지에서 찾아낸 미라를 부검한다. 그는 미네소타에 있는 지하 저장실 같은 곳에서 멸균한 작은 우윳통에 이 인체 표본들을 보관한다. 이곳에는 조직 약 5,000점, 생검 표본 수십 점, 뼛조각 수백 점이 있다.

아우프더하이더는 치리바야 묘지에 임시 해부대를 설치하고 몇 주일에 걸쳐서 140구를 부검했다.[13] 한 시신에서 놀라운 것이 발견되었다. 30대 중반의 여성 미라였는데, 얕은 점토 무덤에 웅크리고 앉은 자세였다. 그는 손가락으로 시신을 꼼꼼히 살펴보다가, 왼쪽 위팔에서 딱딱한 "둥근 덩어리"를 발견했다. 덩어리 주위로 피부가 놀라울 정도로 잘 보존된 채 종잇장처럼 주름져 있었다. 덩어리는 온전했으며 조각뼈들이 박혀 있었다.

의심할 나위 없이, 악성 뼈종양, 즉 뼈육종이었다. 미라에 보존된 1,000년 된 암이었다. 아우프더하이더는 그녀가 살아 있을 때 종양이 피부를 찢고 나왔을 것이라고 추정한다. 뼈육종은 작은 것도 차마 상상하지 못할 정도의 고통을 줄 수 있다. 그는 그 여성이 까무러칠 정도로 아팠을 것이 틀림없다고 말한다.

미라 표본에서 암을 발견한 고병리학자가 아우프더하이더만은 아니다. (뼈종양은 단단하고 석회화한 조직을 형성하므로, 수 세기 동안 남아 있을 가능성이 매우 높고 가장 잘 보존되어 있다.) 그는 말했다. "악성 조직이 보존된 미라에서는 다른 암들도 발견됩니다. 그중 가장 오래된 것은 서기 400년경 이집트 다클레에서 나온 복부암입니다." 고병리학자들이 종양 자체가 아니라 종양이 몸에 남긴 흔적을 발견할 때도 있다. 일부 뼈대에는 머리뼈나 어깨뼈에 종양이 만든 작은 구멍들이 가득하다. 피부암이나 유방암이 전이되어서 생긴 것이다. 1914년, 한 고고학자 집단이 알렉산드로스의 지하묘지에서 골반뼈에 종양이 침투한 2,000년 된 이집트 미라를 발견했다.14) 가장 오래된 인류의 뼈들 중 몇 개를 발굴한 고고학자 루이스 리키는 근처 발굴지에서 아프리카 남동부에서 풍토병처럼 나타나는 특이한 형태의 림프종 징후(종양의 기원이 병리학적으로 검증되지는 않았다)를 가진, 200만 년 전의 것으로 추정되는 턱뼈를 발견했다.15) 그 발견이 고대 악성 종양의 흔적이라면, 암은 "현대" 질병이기는커녕 인류 화석에서 발견된 가장 오래된 질병 중의 하나이다. 가장 오래된 질병일 가능성이 아주 높다.

그러나 가장 놀라운 발견은 먼 옛날에 암이 존재했다는 것이 아니라, 그것이 거의 눈에 띄지 않을 정도로 드물었다는 데에 있다. 아우프더하이더에게 그 점을 묻자, 그는 웃음을 터뜨렸다. "암의 초기 역사는 그 역사를 거의 찾아보기 어렵다는 것이 특징입니다."16) 메소포타미아인은 편두통을 알았다. 이집트인은 발작이라는 용어를 썼다. 「레위기(Leviticus)」에는 한센병과 흡사한 차라아트(tsara'at)라는 병이 언급되어 있다.17) 힌두교 성전에는 수종에 해당하는 의학 용어와 천연두를 담당하는 여신의 이름이 나와 있다. 결핵은 고대인에게 너무 친숙하고 널리 퍼져 있어서—에스키모에게 얼음처럼—그것을 가리키는 단어들도 있다. 그러나 특이하게도 암은 유방암, 폐암, 전립선암 같은 가장 흔한 암조차도 찾아볼 수 없다. 몇 가지 눈에 띄는 예외가 있긴 하지만, 의학사의 그 기나긴 세월에 걸쳐서 암을 기록한 책도, 암을 담당한 신도 찾아볼 수 없다.

이렇게 찾아볼 수 없는 이유는 몇 가지가 있다. 암은 나이와 관련이 있는 병이며, 나이가 들수록 기하급수적으로 증가하는 암도 있다. 유방암 위험은 30세 여성에게서는 약 400명에 1명, 70세 여성에게서는 9명에 1명꼴이다.[18] 고대 사회에서 대다수 사람들은 암에 걸릴 정도로 오래 살지 못했다. 그보다 훨씬 더 전에 결핵, 수종, 콜레라, 천연두, 한센병, 페스트, 폐렴으로 사망했다. 암이 있었다고 해도, 그것은 다른 질병들의 바다 밑에 잠겨 있었다. 사실 세상에 암이 모습을 드러낸 것은 두 가지 부정적인 사건의 산물이다. 암은 다른 살인자들이 다 살해될 때에야 흔해진다. 19세기의 의사들은 종종 암을 문명과 연관지었다. 그들은 정신없이 바쁘게 돌아가는 현대 생활이 암을 일으킨다고 상상했다. 어떤 식으로든 몸에 병리학적인 성장을 자극한다고 말이다. 두 가지가 관련이 있다는 말은 맞지만, 그것은 인과관계가 아니다. 문명은 암을 일으키는 것이 아니라, 사람의 수명을 연장시킴으로써 암의 정체를 드러나게 한다.

수명이 20세기 초에 암을 유행하게 만든 가장 중요한 공헌자임은 분명하지만, 아마 유일한 공헌자는 아닐 것이다. 점점 더 조기에 암을 찾아내고 그것이 사망 원인이라고 정확히 밝혀내는 우리의 능력도 지난 세기에 대폭 증가했다. 1850년대에는 백혈병 아이의 죽음을 종양이나 감염의 탓이라고 생각했을 것이다(베넷이 말했듯이, "피의 곪음"이거나). 그리고 수술, 생검, 부검 기술은 암을 진단하는 우리 능력을 더 날카롭게 다듬었다. 이 과정의 초기에 유방암을 검출하는 유방촬영술이 등장하면서 유방암의 발병률이 급증했다. 역설적으로 보이지만, 엑스 선이 종양을 더 일찍 진단할 수 있게 해주는 것을 생각하면 납득이 가고도 남는다.

마지막으로 현대 생활 구조의 변화로 암의 스펙트럼에 큰 변동이 있었다. 즉 어떤 암은 발병률이 증가한 반면, 발병률이 낮아진 암도 있다. 예를 들면, 위암은 19세기 말까지 특정 인구 집단에서 크게 우세했다. 절임용 화합물과 방부제에 몇몇 발암물질이 들어 있었고, 해당 지역에 위암을 일으키는 세균이 흔하게 전염되어서 악화된 탓일 가능성이 높다. 그러다가 현대 냉장고가 등장하고 (그리고 아마도 지역 감염률을 줄인 공중위생 환경이 변하면서) 위암 풍토병은 줄어든 듯하다. 대조적으로 남성의 폐암 발병률은 1950년대에 큰 폭으로 증가했다. 20세기 초에 흡연율이 증가한 결과이다. 한편 1950년대에 담배를 피우기 시작한 여성 코호트(cohort : 나이, 질병 원인 등 어떤 공통된 특성을 가진 통계학상의 집단/역주)는 폐암 발병률이 아직 정점에 이르지 않고 있다.

이런 인구학적, 역학적 변동은 엄청난 결과를 낳았으며, 지금도 그렇다. 로스웰 파크가 말했듯이, 1900년에 미국에서는 결핵이 훨씬 더 주된 사망 원인이었다. 결핵 다음으로는 폐렴(존스 홉킨스 대학교의 저명한 의사 윌리엄 오슬러는 폐렴을 "사신들의 대장"이라고 했다), 설사, 위장염 순이었다.[19] 암은 아직 한참 아래인 7번째에 있었다.[20] 1940년대 초가 되자, 암은 심장병 다음으로 목록의 2번째 자리까지 올라갔다.[21] 같은 기간에 미국인의 기대수명은 약 24년이 늘어났다.[22] 60세 이상—가장 많이 암에 걸리기 시작하는 나이—의 비율은 거의 2배로 늘었다.

그러나 고대에 암이 희귀했다고 해도, 아우프더하이더의 35세 미라의 뼈에서 종양이 자라고 있었다는 사실을 잊을 수는 없다. 그 여성은 뼈가 왜 이렇게 점점 아파오는지, 팔에서 점점 커지는 혹이 무엇인지 궁금했을 것이 분명하다. 종양을 보면서 어릴 때 무시무시한 괴물을 보았을 때의 느낌을 떠올리지 않기란 어렵다.

온코스

끓지 않는 검은 담즙이 암을 일으킨다.　　　—갈레노스, 130년[1]

따라서 우리는 암의 진정한 원인이나 그것의 진정한 본성에 관해서 알아낸 것이 전혀 없다. 우리는 고대 그리스인보다 한 발짝도 더 나아가지 못했다.　　　—프랜시스 카터 우드, 1914년[2]

그것은 나쁜 담즙이다. 나쁜 습관이다. 나쁜 우두머리이다. 나쁜 유전자이다.
　　　—멜 그리브스, 「암 : 진화적 유산」, 2000년[3]

어떤 면에서 질병은 그것이 질병이라는 데에 우리가 동의하기 전까지는 존재하지 않는다. 인지하고 이름을 붙이고 대응함으로써, 그것은 질병이 된다.　　　— C. E. 로젠버그[4]

고대 괴물도 이름이 있어야 한다. 어떤 질병에 이름을 붙인다는 것은 고통의 어떤 조건을 기술하는 것이다. 즉 문학적 행위를 거침으로써 그것은 의학적인 것이 된다. 환자는 의학 검사의 대상이 되기 오래 전인 처음에는 그저 이야기꾼, 고통의 내레이터이다. 질병의 왕국을 방문한 여행자로서 말할 뿐이다. 질병의 고통을 덜려면, 질병의 이야기를 털어놓는 것부터 시작해야 한다.

　고대 질병의 이름에는 나름의 이야기가 압축되어 있다. 불규칙적으로 열이 나곤 하며 폭풍처럼 들이닥치는 질병인 티푸스(typhus)는 바람의 아버지라는 뜻의 고대 그리스어 투폰(tuphon)에서 유래했다. 현대의 태풍(typhoon)이라는 말도 같은 단어에서 유래했다. 인플루엔자(influenza)는 라틴어 인플루엔티아(influentia)에서 나왔다. 중세 의사들은 독감의 주기적인 유행이 지구에 다가왔다가 멀어지면서 회전하는 별과 행성에 영향을 받는다고 상상했기 때문이다. 결핵(tuberculosis)은 분비선들이 덩어리처럼 부풀어올라서 작은 채소처럼 보이는 것을 일컫는 라틴어 투베르(tuber)에서 유래했다. 림프계에 생긴 결핵, 즉 림프선의 결핵은 경부 림프선 결핵(scrofula)이라고 하며 "새끼 돼지"를 뜻하는 라틴어에서 유래했다. 부푼 선(腺)이 사슬처럼 이어진 약간 병적인 광경이, 새끼 돼지들이 나란히 젖을 빠는 모습을 연상시켰기 때문이다.

암에 해당하는 단어가 의학 문헌에 처음 등장한 것은 기원전 400년경 히포크라테스 시대였다. "게"를 뜻하는 그리스어 카르키노스(karkinos)이다. 히포크라테스는 부푼 혈관들에 움켜쥐듯이 둘러싸인 종양을 보고, 모래 구멍에서 다리들을 원형으로 펼치고 있는 게를 떠올렸다. 그 이미지는 특이했지만(실제로 게를 닮은 암은 거의 없다) 생생하기도 했다. 나중에 저자들, 즉 의사들과 환자들은 그것에 장식을 덧붙였다.[5] 일부는 종양의 단단하고 헝클어진 표면을 보고 딱딱한 게딱지를 떠올렸다. 그 병이 슬그머니 전신으로 퍼지는 것을 살 밑에서 게가 움직인다고 느낀 사람들도 있었다. 그 병이 일으키는 갑작스러운 격통이 게의 집게발에 물리는 것 같다고 본 사람들도 있었다.

암의 역사와 교차하는 또 하나의 그리스어가 있다. 바로 이따금 종양을 묘사할 때 쓰는 단어인 온코스(onkos)이다. 종양학(oncology)이라는 분야는 그것의 현대적 이름이다. 온코스는 덩어리나 짐 또는 더 일반적으로 부담을 뜻하는 그리스어였다. 암은 몸이 진 무거운 부담이라고 인식되었다. 그리스 연극에서는 온코스라는 같은 단어가 심리적 부담을 지고 있다는 것을 표현하기 위해서 머리에 거추장스러운 원뿔 모양의 무거운 것을 "진" 비극적인 가면을 쓴 인물을 가리키는 데에 쓰곤 했다.

이런 생생한 비유는 우리 시대의 암 이해와 공명하지만, 히포크라테스가 카르키노스라고 부른 것과 우리가 지금 암이라고 알고 있는 것은 사실 서로 크게 다르다. 히포크라테스의 카르키노스는 눈에 금방 띄는, 주로 크고 피상적인 종양이었다. 유방, 피부, 턱, 목, 혀의 암이 그렇다. 히포크라테스는 악성 종양과 비악성 종양이 다르다는 것도 알아차리지 못했을 가능성이 높다. 그의 카르키노스는 이것저것 가리지 않고 같은 병리학 범주로 묶은, 생각할 수 있는 모든 형태의 부어오른 덩어리―결절, 큰 종기, 용종, 돌기, 결절, 고름물집, 선(腺)―였다.

고대 그리스인은 현미경이 없었다. 그들은 세포를 보기는커녕 그런 것이 있다는 상상조차 하지 못했고, 카르키노스가 통제가 되지 않는 세포 성장이라는 개념도 떠올릴 수 없었을 것이다. 그러나 그들은 유체역학—수차, 피스톤, 밸브, 방, 수문을 다루는 역학—에 몰두했다. 물 대기와 수로 파기에서 기원한 수력학에서 이루어진 혁신은 아르키메데스가 욕조에서 자신의 이름이 붙은 법칙을 발견함으로써 절정에 이르렀다. 수력학에 몰두하는 태도는 그리스 의학과 병리학에도 영향을 미쳤다. 병—모든 병—을 설명하기 위해서 히포크라테스는 유체와 부피를 토대로 정교한 학설을 세웠다. 그는 그것을 폐렴, 종기, 이질, 치질에 마음껏 적용했다. 히포크라테스는 인체가 네 가지 기본 체액(體液, humor)으로 이루어져 있다고 주장했다. 혈액, 검은 담즙, 노란 담즙, 점액이 그 체액이다. 각 체액은 색깔(빨강, 검정, 노랑, 하양), 점성, 본질이 서로 다르다. 몸이 정상일 때, 이 네 가지 체액은 다소 불안하긴 하지만 완벽한 균형을 이룬다. 병에 걸린 몸에서는 어느 한 가지 체액이 지나치게 많아져서 이 균형이 깨진다.

히포크라테스의 체액론은 160년경 로마에서 활약한 영향력 있는 그리스인 의사이자 많은 책을 저술한 작가이기도 한 클라우디오스 갈레노스 덕분에 전성기를 맞이했다. 히포크라테스와 마찬가지로 갈레노스도 체액의 과잉이라는 관점에서 모든 질병을 분류하는 일에 착수했다. 염증—빨갛고 화끈거리고 부어서 아픈 부위—은 혈액이 지나치게 많아진 탓이었다. 결절, 고름물집, 카타르(catarrh), 림프소절—모두 차갑고, 물컹거리고 하얗다—은 점액이 많아서 생겼다. 황달은 노란 담즙이 넘치는 탓이었다. 갈레노스는 네 가지 체액 중 가장 악성이고 불안한 것, 즉 검은 담즙은 암을 위해서 남겨두었다. (은유로 충만한 다른 또 하나의 질병만이 이 기름지고 끈적거리는 체액의 과다로 생긴다고 인식되게 된다. 바로 우울증이다. 사실 "우울증[depression]"의 중세 이름인 멜란콜리아[melancholia]는 "검다"는 뜻의 멜라스[melas]와 "담즙"이라는 뜻의 콜레[khole]라는 두 그리스어에서 유래했다. 우울증과 암, 검은 담즙의 심리적 질병과 신체적 질병은 본질적으로 서로 뒤얽혀 있었다.) 갈레노스는 암이 "갇힌" 검은 담즙이라고 주장했다. 즉 한 장소에서 벗어날 수 없고 헝클어진 덩어리에 갇힌 정체된 담즙이었다. 영국의 외과의사 토머스 게일은 16세기에 갈레노스의 이론이 "끓지 않는 검은 담즙이 암을 일으킨다"는 것이라고 썼다.[6] "그리고 체액이 날카로워지면 궤양을 일으키고, 이 때문에 종양은 색깔이 더 검다."

이런 간결하고 생생한 묘사는, 갈레노스(또는 게일)가 의도했을 법한 수준을 훨씬 넘어서서, 종양학의 미래에 심각한 영향을 미친다. 갈레노스의 이론은 암이 전신의 악성 상태, 즉 검은 담즙의 과잉이 빚어낸 결과라고 했다. 종양은 그저 더 심층적인 몸의 기능 장애, 온몸에 퍼진 생리적 불균형이 국소적으로 드러난 사례일 뿐이었다. 히포크라테스는 암을 "치료하지 않고 그냥 놔두는 편이 가장 낫다. 그래야 환자들이 더 오래 산다"고 진지하게 말하기도 했다.[7] 5세기 뒤, 갈레노스는 스승의 가르침을 환상적인 수준으로 확대하여 설명했다. 그는 검은 담즙이 여느 체액처럼 불가피하게 어디에나 스며들어서 몸 전체에 퍼져 있기 때문에 암을 외과 수술로 치료하는 데에는 문제가 있다고 주장했다. 암을 잘라 낼 수는 있지만, 나무의 가지들을 따라서 수액이 스며들 듯이 담즙도 그곳으로 다시 흘러든다는 것이었다.

갈레노스는 199년에 로마에서 사망했지만, 의학계에서 그의 영향력은 세기를 거듭하면서 이어졌다. 암의 검은 담즙 이론은 은유의 측면에서 대단히 유혹적이었기 때문에 의사들의 마음에 착 달라붙어서 떨어지지 않았다. 그래서 종양을 수술로 제거하는 것—전신 문제의 국소 해결책—은 바보들이나 하는 짓으로 생각되었다. 외과의사들은 세대를 거듭하면서 갈레노스의 이론에 자신의 관찰을 덧씌움으로써 그 이론을 점점 더 확고하게 만들었다. 1300년대 중반에 아던의 존은 이렇게 썼다. "꼬임에 넘어가서 수술을 받지 말라. 당신에게 치욕만 안겨줄 테니."[8] 15세기에 가장 큰 영향을 미쳤을 외과의사인 레오나르도 베르티파글리아도 나름의 훈계를 했다. "잘라내고 들어내고 제거함으로써 암을 치료하는 양 행동하는 자는 비궤양성 암을 궤양성 암으로 바꾸는 것에 불과하다.……의사 생활을 하면서 나는 암을 잘라내서 치료한 사례를 한번도 보지 못했으며, 누가 그랬다는 말도 듣지 못했다."[9]

갈레노스는 자신도 모르게 사실상 미래의 암 환자들에게 은혜를 베푼 것인지도 모른다. 적어도 일시적으로는 말이다. 마취제와 항생제 없이, 중세 진료소의 축축한 방에서 이루어진 수술—아니 그보다는 이발소의 골방에서 환자를 가죽 끈으로 묶고서 녹슨 칼로 하는 수술이 더 전형적이었다—은 대부분 비참했고 목숨을 위험하게 만들었다. 16세기의 외과의사 앙브루아즈 파레는 종양을 석탄

불로 달군 납땜용 쇠로 지지거나 황산을 발라서 화학적으로 태우는 과정을 묘사했는데, 그렇게 치료하면 피부를 약간만 절개했다고 하더라도 금방 치명적인 감염이 일어나서 곪을 수 있었다.[10] 종양은 가장 약한 자극에도 심한 출혈을 일으키곤 했다.

18세기의 독일 의사 로렌츠 하이스터는 자신의 진료소에서 이루어진 유방절제술을 마치 희생제인 것처럼 묘사했다. "많은 여성은 거의 신음 한번 내지 않고 최고의 용기를 발휘하여 수술을 견딜 수 있다. 그러나 가장 불굴의 외과의사까지도 좌절시키고 수술을 방해할 정도로 소동을 일으키는 사람도 있다. 수술을 하려면 외과의사는 부동심을 유지해야 하며 환자의 비명에 평정을 잃어서는 안 된다."[11]

놀랄 일도 아니지만, 대다수 환자는 그런 "불굴의" 외과의사와 마주칠 기회를 받아들이는 쪽보다는 갈레노스에게 운명을 맡기고 전신 의학으로 검은 담즙을 몰아내려고 애쓰는 쪽을 택했다. 곧 약제사들이 암 치료제라고 내놓는 것의 목록이 엄청나게 늘어났다.[12] 납 팅크, 비소 추출물, 수퇘지 이빨, 여우 허파, 강판으로 간 상아 가루, 가죽 벗긴 비버, 잘게 부순 흰 산호, 토근, 센나, 몇 가지 하제 등이었다.

참을 수 없는 고통에는 알코올과 아편 팅크가 처방되었다. 17세기에는 약 450그램에 5실링을 받는 게눈으로 만든 연고가 인기였다. 불은 불로 다스려야 한다는 식이었다. 그 시대에 연고와 고약은 점점 별스러워졌다. 염소 똥, 개구리, 까마귀 발, 개꽃아재비, 거북 간, 손 가져다 대기, 성수, 종양에 납판 대고 누르기 등이었다.

갈레노스의 조언에도 불구하고, 이따금 작은 종양은 수술로 잘라냈다. (갈레노스조차도 그런 수술을 했다고 한다. 미용 때문이거나 고육책일 수 있다.) 그러나 치유법의 일환으로 암을 수술로 제거한다는 개념은 가장 극단적인 상황에서만 통용되었다. 약물과 수술이 실패했을 때, 의사들은 갈레노스의 가르침에서 따온 유일하게 확립된 암 치료법에 의지했다. 피를 흘리게 하여 제거하는 일련의 복잡한 의식을 통해서 몸에서 체액을 짜내는 것이다. 마치 지나치게 물을 머금은 무거운 스펀지를 짜듯이.

사라지는 체액

고문대의 시신은 나쁜 해부학 시체가 되네.　　　—존 던[1]

1533년 겨울, 브뤼셀 출신의 19세 학생인 안드레아스 베살리우스는 갈레노스의 해부학과 병리학을 배워서 외과의사가 되겠다는 희망을 품고 파리 대학교로 왔다. 그러나 대학교의 해부학 수업이 터무니없이 뒤죽박죽이라는 것을 알게 된 베살리우스는 충격을 받고 실망을 금치 못했다. 학교에는 해부를 할 공간이 부족했다. 해부학 시연이 벌어지는 디외 병원의 지하실은 강사들이 썩어가는 시체를 난도질하고 그 아래에서 개들이 뼈나 떨어지는 것들을 갉아대는, 섬뜩한 연극 같은 것이 벌어지는 공간이었다. 베살리우스는 한 편지에 썼다. "심하게 토막을 내서 잘못 배열한 배 근육 8개 외에, 어느 누구도 내게 신경, 정맥, 동맥은커녕 근육 하나, 뼈 한 점도 보여준 적이 없었어요."[2] 마치 지도도 없이 바다로 보내진 뱃사람들처럼, 외과의사들은 그들을 안내할 인체 기관들의 지도도 없이 스스로 찾아가면서 몸을 난도질해야 했다. 질병에 도달할 때까지 무턱대고 말이다.

이런 임기응변식 해부에 좌절한 베살리우스는 자신의 해부 지도를 만들기로 결심했다. 그러려면 표본이 필요했다.[3] 그는 뼈와 시체를 찾아서 파리 주위의 묘지를 뒤지기 시작했다. 몽포콩에서 그는 파리 시의 거대한 교수대를 보았다. 그곳에는 종종 흉악범들의 시체가 그대로 매달려 있었다. 몇 킬로미터 떨어진 죄 없는 사람들의 묘지에는 흑사병이 유행했을 때 희생된 사람들의 유골이 무덤에서 반쯤 튀어나와 있었다. 무덤이 침식되면서 뼈까지 드러난 것이었다.

교수대와 묘지—중세 해부학자들의 편의점이라고 할 수 있다—는 베살리우스에게 계속 표본을 대주었고, 그는 묘지를 약탈하는 일에 강박적으로 몰두했다. 때로는 하루에 두 차례나 사슬에 매달려 대롱거리는 시체를 토막 내서 몰래 자신의 해부실로 가져오기도 했다. 이 죽은 자들의 무시무시한 세계 속에서 해부학은 그에게 살아 숨 쉬는 것이 되었다. 1538년에 그는 티치아노 화실의 화가들과 공동으로 상세한 해부 그림을 그려서 도판과 책으로 내기 시작했다. 동맥과 정맥의 경로를 정교하고 상세하게 새겨넣고 신경과 림프절까지 꼼꼼히 표시한 그림들이었다. 조직을 층층이 걷어내면서 바로 아래층의 조직을 상세히 보여주는 도판도 있었다. 뇌를 정교한 수평으로 세밀하게 층층이 자르면서— CT 스캐너가 등장하기 수 세기 전의 인간 CT 스캐너였다 —수조(水槽, cistern)와 뇌실(腦室, ventricle)의 관계를 보여준 그림도 있었다.

베살리우스의 해부 계획은 오직 지적 훈련을 위해서 시작된 것이었지만, 곧 실용적인 필요성을 충족시키는 방향으로 나아갔다. 갈레노스의 질병 체액론—모든 질병이 네 가지 주요 체액의 병리학적 축적으로 생긴다는 이론—은 환자의 몸에서 피를 흘리게 하여 범인인 체액을 쥐어짜내라고 요구했다. 그러나 사혈이 성공하려면, 몸의 특정한 지점에서 피를 뽑아야 했다. 질병 예방을 위한 것이라면, 질병이 생길 만한 자리에서 가장 먼 지점에서 피를 짜내야 했다. 질병이 발생할 만한 예상 부위로 갈 체액을 다른 곳으로 돌리기 위해서였다. 그러나 치료용으로, 즉 이미 생긴 병을 치유하기 위해서 사혈을 하려면, 병이 생긴 부위로 이어지는 근처 혈관에서 피를 뽑아야 했다.

모호한 이 이론을 명쾌히 해명하기 위해서, 이미 갈레노스는 마찬가지로 모호한 히포크라테스의 표현을 빌렸다. 종양으로 "곧장 이어지는(straight into)" 혈관을 분리하는 것을 묘사하기 위해서 "곧장 이어진다"는 의미의 그리스어 카트 이에이우(κατ' ἰ'ξιν)를 쓴 것이었다. 그러나 갈레노스의 용어는 의사들을 더욱 혼란스럽게 했다. 대체 "곧장 이어진다"는 말을 무슨 뜻으로 쓴 것일까? 종양이나 기관으로 "곧장 이어지는" 혈관이 어느 것이며, 거기에서 빠져나오는 혈관은 또 어느 것일까? 갈레노스의 지시 사항들은 오해를 야기하는 미로가 되었다. 체계적인 해부 지도가 없이는—무엇이 정상인지 확정짓지 않고서는—비정상 해부 구조를 밝혀내는 것이 불가능했다.

베살리우스는 몸의 모든 혈관과 신경을 체계적으로 그려서 외과의사들을 위한 해부학적 지도책을 제작하여 그 문제를 해결하겠다고 결심했다. 그는 한 편지에 이렇게 적었다. "신성한 히포크라테스와 갈레노스의 견해를 설명하다가 나는 우연히 도표 위에 정맥들을 그려넣었습니다. 그럼으로써 히포크라테스가 카트 이에이우라는 표현을 통해서 이해한 것을 더 쉽게 설명할 수 있을 것이라고 생각하면서요. 학식 있는 사람들 사이에서도 정맥절개술을 놓고 얼마나 많은 논란과 견해 차이가 빚어졌는지 아실 겁니다."[4]

그러나 일단 계획을 시작하고 나자, 베살리우스는 도중에 멈출 수가 없게 되었다는 것을 알았다. "의학 교수들과 그들의 모든 학생들이 내 정맥 그림에 어찌나 반했는지, 동맥 그림과 신경 그림도 내놓으라고 이만저만 성화가 아니었습니다.……그들을 실망시킬 수가 없었어요." 몸은 끝없이 서로 이어져 있었다. 정맥은 신경과 나란히 뻗어 있고, 신경은 척수와 연결되고, 척수는 뇌와 연결되는 식이었다. 해부학은 전체의 일부만을 포착할 수 있었을 뿐이며, 곧 계획이 너무 엄청나고 복잡해지는 바람에 완성하려면 다른 화가들을 더 불러모아야 할 지경에 이르렀다.

그러나 베살리우스는 아무리 몸을 끈기 있게 샅샅이 파헤쳐도 갈레노스의 검은 담즙을 찾아낼 수가 없었다. 부검(autopsy)이라는 단어는 "스스로 보다"라는 그리스어에서 유래했다. 스스로 보는 법을 터득하자, 베살리우스는 더 이상 갈레노스의 신비주의적 관점을 자신의 관점에 억지로 끼워 맞출 수 없었다. 림프계는 연한 물 같은 체액을 가졌다. 예상한 대로 혈관은 혈액으로 차 있었다. 노란 담즙은 간에 있었다. 그러나 검은 담즙—갈레노스가 말한 암과 우울증을 일으키는 스며나오는 체액—은 어디에서도 찾을 수 없었다.

베살리우스는 자신이 묘한 입장에 서 있다는 것을 알았다. 그는 갈레노스 학파로 이어지는 전통에 속해 있었다. 그는 갈레노스의 책들을 연구하고 편집하고 재출간했다. 그러나 검은 담즙—갈레노스 생리학의 보석 같은 핵심—은 어디에서도 찾을 수 없었다. 그는 자신의 발견을 애매모호하게 얼버무렸다. 죄책감으로, 그는 오래 전에 사망한 갈레노스를 찬미하는 말을 더욱더 쏟아냈다. 그러나 뼛속까지 경험주의자였던 그는 자신이 본대로 그림으로써, 그것을 보고 남들이 스스로 결론을 이끌어내도록 했다. 검은 담즙은 결코 없었다. 베살리우스는 갈레노스의 이론을 구하기 위해서 자신의 해부학 계획을 시작했지만, 결국 그 이론을 슬그머니 매장해버렸다.

1793년에 런던의 해부학자 매슈 베일리는 「인체의 몇 가지 가장 중요한 부위들의 병적 해부학(*The Morbid Anatomy of Some of the Most Important Parts of the Human Body*)」이라는 교과서를 펴냈다. 외과의사와 해부학자를 위해서 쓴 그 책은 베살리우스 계획의 이면에 해당했다. 즉 베살리우스가 "정상" 해부 구조를 지도에 담았다면, 베일리는 병에 걸린 비정상 상태의 몸을 지도로 그렸다. 베살리우스의 연구를 뒤집어 읽은 것과 같았다. 이 책에서 질병에 관한 갈레노스의 환상적인 추측들은 더욱 위태로운 지경에 빠졌다. 정상 조직에서는 검은 담즙이 설령 있다고 해도 알아볼 수 없을지도 모르지만, 종양에는 그것이 가득 차 있어야 마땅했다. 그러나 아예 찾을 수가 없었다. 베일리는 폐암("오렌지만 한"),[5] 위암("버섯처럼 생긴"),[6] 고환암("깊이 묻힌 불결한 궤양")[7]을 기술하면서 이 종양들의 생생한 도판도 실었다. 그러나 오렌지만 한 종양이나 "깊이 묻힌 불결한 궤양"의 가장 깊이 자리한 동공, 그 어디에서도 담즙의 통로는 찾을 수 없었다. 갈레노스의 보이지 않는 체액망이 존재한다면, 그것은 종양의 바깥, 병리학적 세계의 외부, 정상적인 해부학 탐구의 경계 너머에 있었다. 즉 의학 너머에 있었다. 베살리우스와 마찬가지로 베일리도 자신이 실제로 본대로 해부 구조와 암을 그렸다. 수 세기 동안 의사와 환자의 마음을 사로잡았던 종양 속의 체액, 검은 담즙이 흐르는 생생한 통로는 마침내 전면에서 사라졌다.

"막연한 동정심"

> 암 치료에서는 내부적이든……치료법이든 간에 믿을 만한 것이 거의 또는 전혀 없으며, 암에 걸린 부위를 통째로 들어내는 것 외에 아무런 수단이 없다는 말을 해야겠다.
> ―「실용 수술 사전」, 1836년[1)]

매슈 베일리의 「병적 해부학」은 수술을 통한 종양 제거의 지적 토대를 제공했다. 베일리가 발견했듯이, 검은 담즙이 존재하지 않는다면 암을 수술로 떼어내는 것이 몸에서 그 병을 제거하는 진정한 방법일 수 있었다. 그러나 외과라는 분야는 아직 그런 수술을 할 준비가 되어 있지 않았다. 1760년대에 베일리의 외삼촌인 스코틀랜드 외과의사 존 헌터는 갈레노스의 가르침에 소리 없이 저항하면서 진료소에서 환자들의 종양을 제거하기 시작했다. 그러나 헌터의 정교한 연구―처음에는 자기 집의 그늘에 마련한 일종의 동물원에서 동물과 시체를 대상으로 했다―는 중대한 병목 지점에서 정체되었다. 그는 재빨리 종양까지 다다른 뒤, 그것이 "제거 가능한(movable)" 것(그가 피상적인 암이라고 한 것)이라면, 그 아래의 부드러운 조직 구조를 교란하지 않은 채 그것을 떼어낼 수 있었다. "종양이 제거 가능할 뿐만 아니라 본래 제거가 가능한 신체 기관의 일부라면, 안전하게 제거할 수 있을 것이다. 그러나 그렇게 생긴 종양이 적절한 처치 범위 내에 있는지를 알려면 아주 신중할 필요가 있는데, 쉽게 속을 수 있기 때문이다."[2)]

이 마지막 문장은 중요했다. 엉성하긴 하지만, 헌터가 종양을 "단계별"로 분류하기 시작했다는 것을 말해주기 때문이다. **제거 가능한** 종양은 대개 초기 단계의 국소 암이었다. **제거 불가능한** 암은 진행성이자 침습성이고, 전이성이기도 했다. 헌터는 제거 가능한 암만이 수술로 제거할 가치가 있었다고 결론지었다. 그는 더 진행된 형태의 암에는 임호텝의 말을 떠올리게 하는 정직한, 혹은 냉정하게 들릴 법한 치료법을 조언했다. "막연한 동정심(remote sympathy)"이라고 말이다.*

헌터는 오점 하나 없는 해부학자였지만, 그의 손은 마음을 따라가지 못했다. 그는 하루에 4시간만 자도 충분한, 거의 주체할 수 없는 활력을 가진 거침없고 휴식을 모르는 인물이었다. 그는 원숭이, 상어, 해마, 꿩, 곰, 오리 등 온갖 동물들의 시체를 대상으로 끊임없이 수술 실력을 갈고닦았다. 그러나 살아 있는 인간 환자 앞에만 서면 몸이 굳고 말았다. 설령 알코올과 아편으로 환자를 비몽사몽 상태에 빠뜨린 뒤에 손이 보이지 않을 정도로 빠르게 수술을 한다고 해도, 피를 흘리지 않는 차가운 시체에서 살아 있는 환자로 넘어가는 것은 위험하기 그지없었다. 수술 중의 통증은 줄였을지 몰라도, 수술 후의 감염 위험은 컸다. 수술대 위의 끔찍한 시련에서 살아남았더라도 곧 침대에서 더 비참한 죽음을 맞이하는 사례가 종종 있었다.

1846년에서 1867년 사이의 짧은 기간에 두 가지 발견이 이루어져서 외과 수술을 진퇴양난에 빠뜨렸던 두 가지가 사라짐으로써, 암 외과의사들은 헌터가 런던에서 완벽하게 다듬으려고 시도했던 대담한 수술을 다시 시도할 수 있게 되었다.

하나는 마취의 발견이었다. 1846년, 한 세기 뒤에 들어설 시드니 파버의 지하 연구실에서 약 17킬로미터 떨어진 매사추세츠 종합병원의 반원형 계단식 강당에 꽉 들어찬 사람들 앞에서, 마취제를 이용한 수술의 공개 시연이 이루어졌다. 10월 16일 아침 10시경, 병원 중앙에 있는 구덩이 같은 방에 의사들이 모였다. 보스턴의 치과의사 윌리엄 모턴이 작은 유리 증발기를 선보였다. 그 안에는 약 1리터의 에테르가 들어 있었고, 사람이 들이마실 수 있는 기구가 장착되어 있었다.

그는 노즐을 열고서 환자인 인쇄공 에드워드 애벗에게 증기를 몇 번 들이마시라고 했다. 애벗이 깊은 잠에 빠져서 축 늘어지자, 외과의사가 강당 중앙으로 걸어나와 몇 번 손을 경쾌하게 놀려서 능숙하게 애벗의 목을 약간 절개한 뒤, 팽창한 기형 혈관(악성 종창과 양성 종창을 뭉뚱그려서 "종양"이라고 했다)을 바르게 꿰맸다. 애벗은 몇 분 뒤에 깨어나서 말했다. "수술을 하고 있다는 것은

---

* 헌터는 이 용어를 전이성─막연히 퍼지는─암을 기술하고, 그 치료법이 소용없다고 주장하는 데에도 썼다.

알았지만 전혀 아프지 않았어요."³⁾

마취—수술과 고통의 단절—덕분에 외과의사는 수술을 오래 할 수 있었다. 때로는 몇 시간까지도 말이다. 그러나 수술 후 감염이라는 장애물은 아직 남아 있었다. 19세기 중반까지 그런 감염은 흔했고 치명적이었지만, 원인은 수수께끼였다. 한 외과의사는 1819년에 이렇게 결론지었다. "[상처에] 눈에 보이지 않는 어떤 미묘한 원칙(subtle principle)이 있는 것이 분명하다."⁴⁾

1865년에 조지프 리스터라는 스코틀랜드 의사는 상처에 숨어 있는 "미묘한 성분"을 중화시킬 방법을 찾다가 기발한 생각을 했다. 리스터는 한 오래된 임상 관찰 사례를 출발점으로 삼았다. 상처를 공기에 노출시킨 채 놔두면 금방 썩는 반면, 막아두면 감염되지 않은 채 깨끗할 때가 많았다는 것이다. 리스터는 글래스고 병원의 수술 후 회복 병동에서 상처로부터 붉게 염증이 생긴 가장자리가 점점 퍼지기 시작한 뒤에 피부가 안에서부터 썩어가는 듯하고, 종종 열, 고름이 뒤따른 뒤에 얼마 지나지 않아서 죽음에 이르는 (말 그대로 "곪음") 사례를 계속 접했다.

리스터는 멀리 파리에 있는 위대한 프랑스 화학자 루이 파스퇴르가 시행한, 언뜻 보기에는 관련이 없는 듯한 실험을 떠올렸다. 공기에 노출시킨 고기즙은 금방 탁해지고 발효하기 시작한 반면, 멸균한 진공 용기에 봉인한 고기즙은 깨끗한 상태로 남았다는 실험이었다. 이런 관찰을 토대로 파스퇴르는 대담한 주장을 내놓았다. 탁해진 것은 공기에서 고기즙으로 떨어진 보이지 않는 미생물— 세균—이 번식했기 때문이라고 말이다. 리스터는 파스퇴르의 추론을 더 멀리 밀고 나갔다. 노출된 상처—엉긴 피와 벗겨진 살의 혼합물—는 파스퇴르의 고기즙, 즉 세균이 번식하는 천연 배양접시와 같다는 것이었다. 프랑스에서 파스퇴르의 배양접시에 떨어진 공기 중의 세균이 스코틀랜드에 있는 리스터 환자들의 상처에도 떨어질 수 있지 않을까?

거기에서 리스터는 또 한 차례 논리적 비약을 감행했다. 수술 후 감염이 세균 때문에 일어나는 것이라면, 항균 처리나 항균 화학물질이 감염을 억제할 수 있지 않을까? 그는 임상 노트에 적었다. "떠다니는 입자의 생명을 파괴할 수 있는 어떤 물질로 상처를 감싼다면 공기를 차단하지 않고서도 상처의 부패를 막을 수 있지 않을까 하는 생각이 떠올랐다."⁵⁾

이웃 도시 칼라일에서 리스터는 하수구 청소부들이 석탄산이 든 달콤한 냄새가 나는 값싼 액체로 오물을 청소하는 것을 본 적이 있었다. 그는 수술한 뒤에 석탄산 연고를 상처에 바르기 시작했다. (그는 하수구 청소부를 고용하여 환자에게 연고를 바르게 하는 것이 별나다는 생각을 조금도 하지 않았다.)

1867년 8월, 글래스고의 한 이동 유원지에서 기계를 조작하다가 팔이 심하게 베인 13세 소년이 리스터의 병원에 입원했다.[6] 상처는 벌어져 있었고 꺼멓게 오물이 묻어 있었다. 괴저(壞疽)가 일어나기에 딱 맞는 상황이었지만, 리스터는 팔을 자르는 대신에 팔이 감염되지 않고 온전하기를 바라면서 석탄산 연고를 발랐다. 상처는 끔찍한 감염이 일어나기 직전이었고 고름집이 생길 것 같았지만, 리스터는 석탄산 연고를 더 발라야 한다고 고집했다. 몇 주일 동안 그의 노력은 희망이 없어 보였다. 그러다가 심지 끝에서부터 불꽃이 타들어가듯이, 상처가 말라붙기 시작했다. 한 달 뒤에 습포를 제거했을 때, 피부는 말끔히 나아 있었다.

리스터의 발명은 발전하고 있던 암 수술의 최전선에 금방 합류했다. 1869년에 리스터는 식탁을 수술대로 삼고, 에테르를 마취제로 쓰고, 석탄산을 소독제로 써서, 누이 이자벨라 핌의 유방 종양을 떼어냈다.[7] 그녀는 감염되지 않고 살아남았다(비록 3년 뒤에 암이 간으로 전이되어서 결국 사망했지만). 몇 개월 뒤에 리스터는, 허벅지에 생긴 육종인 듯한 암에 걸린 또다른 환자의 암을 제거하는 수술을 했다.[8] 1870년대 중반까지 리스터는 일상적인 수준으로 유방암 수술을 계속했고, 유방 밑에 생긴 암에 걸린 림프절을 잘라내는 일까지 수술 범위를 확대했다.

소독과 마취는 옥죄고 있던 중세의 번데기에서 수술을 해방시킨 두 가지 기술적 돌파구였다. 에테르와 석탄산염으로 무장한 새로운 세대의 외과의사들은 헌터와 동료들이 예전에 시체를 대상으로 시도했던, 어렵고 복잡한 해부까지 도전했다. 암 수술의 전성기가 도래했다. 1850-1950년의 한 세기에 걸쳐서, 의사들은 몸을 베어 열고 종양을 제거함으로써 용감하게 암을 공격했다.

이 시대의 상징적인 인물은 활력 넘치는 빈의 외과의사 테오도어 빌로트였다. 빌로트는 1821년에 태어나서 음악과 외과를 거의 같은 수준의 열정을 가지고 공부했다. (두 분야는 지금도 손재주를 극한까지 밀어붙이면서 나란히 나아가곤

한다. 모두 연습과 나이에 따라서 성숙하며, 직접성, 정확성, 마주보는 엄지에 의존한다.) 1867년에 그는 베를린에서 교수 생활을 하면서 사람의 배를 갈라 열어서 악성 덩어리를 제거하는 방법을 체계적으로 연구하기 시작했다. 빌로트 시대 이전까지는 복부 수술의 사망률이 엄청난 수준이었다. 빌로트는 세심하고 질서 정연하게 그 문제를 파고들었다. 거의 10년에 걸쳐서 그는 동물과 인간의 사체를 대상으로 배를 갈라 열었다가 꿰매는 단순한 수술을 되풀이하면서, 몸속을 드나드는 안전하고 깨끗한 **경로**를 찾아내려고 애썼다. 1880년대 초까지, 그는 경로들을 확정지었다. "지금까지 밝힌 것만으로도 수술이 가능하다는 점이 충분히 증명되고도 남는다. 다음 관심사, 그리고 다음 연구의 주제는 징후들을 판단하고 갖가지 모든 사례에 들어맞는 기술을 개발하는 것이어야 한다. 나는 여태껏 치유 불가능이라고 인식된 불행한 사람들을 지키는 쪽으로 우리가 다시 큰 한걸음을 내딛었다고 보고 싶다."[9]

자신이 교수로 있는 빈의 대학병원인 알게마이네스 크란켄하우스에서 그는 몸에서 암을 완치시킬 수 있기를 바라면서 학생들과 함께 다양한 기술을 숙달하고 활용하여 위, 결장, 난소, 식도에서 종양을 제거하기 시작했다. 탐구에서 치유로 전환하자 예기치 않은 도전 과제가 나타났다. 암 외과의사는 정상 조직과 기관은 온전히 놔둔 채 악성 조직만 제거해야 한다. 빌로트는 곧 이 과제가 거의 신에 맞먹는 창의력을 요구한다는 것을 알아차렸다.

베살리우스 시대 이후로 외과는 자연 해부학 연구에 치중해왔다. 그러나 암은 자연적인 해부 구조의 경계를 넘어서고 일그러뜨렸기 때문에 그것을 구속할 비자연적인 경계를 창안해야 할 때가 종종 있었다. 예를 들면, 암이 들어찬 위장의 끝 부분을 제거하면, 수술한 뒤 남은 주머니를 옆에 있는 소장(작은창자) 조각과 이어붙여야 했다. 위장의 아래쪽 절반을 제거하면, 나머지를 멀리 있는 공장(빈창자)과 이어붙여야 했다. 1890년대 중반까지 빌로트는 이 새로운 해부학적 재배치 방법을 이용하여 위암종 환자 41명을 수술했다. 이 환자들 중에서 19명이 수술 뒤에 살아남았다.[10]

이런 수술들은 암 치료 분야에서 이루어진 주요한 발전들을 대변한다. 20세기 초가 되자, 국소 부위에 국한된 많은 암(즉 전이된 병터가 없는 1차 종양)은 수술로 제거할 수 있었다. 자궁암과 난소암, 유방암과 전립선암, 결장암, 폐암이 그러했다. 이런 종양들은 다른 기관에 침입하기 전에 수술로 떼어낸다면, 완치되는 비율이 상당히 높았다.

이런 놀라운 발전이 이루어졌음에도 불구하고, 일부 암—국소 부위에 제한된 것처럼 보이는 것들까지—은 여전히 수술 뒤에 재발했고, 종양을 다시 제거하는 재수술, 심지어 3차 수술까지 이루어지곤 했다. 외과의사는 수술대로 다시 돌아가서 마치 쫓고 쫓기는 놀이를 하는 양, 몸에서 암이 자라날 때마다 잘라내고 또 잘라냈다.[11]

그러나 상상할 수 있는 가장 결정적인 수술을 통해서 암 전체를 초기 단계에서 뿌리 뽑을 수는 없을까? 기존의 국소 수술을 통해서 완치시킬 수 없는 암을 그 어떤 흔적도 남지 않도록 철저히 발본색원하는 급진적이고 공격적인 수술을 통해서 치료할 수 있다면? 외과의사의 능력과 창의력에 사로잡힌 그 시대에, 외과의사가 쥔 칼로 암을 뿌리 뽑는다는 개념은 약속과 경이로 충만해 있었다. 그것은 화약 더미에 던진 폭죽처럼, 종양학(oncology)이라는 이미 부서지기 쉽고 불붙기 쉬운 세계에 내려앉았다.

근치 개념

> 심각한 일을 설명할 기회를 얻은 데에
> 감사해하면서 교수가
> 내게로 와서 흔쾌히 지시한다.
> "유방을 잘라내."
> 나는 서글프게 말했다.
> "죄송하지만, 수술법을 잊었습니다."
> ─로돌포 피구오에로아, 「시인 의사들」 중에서[1]

> 수술이 끝난다. 그녀는 옷을 입고 얌전하고 예의 바르게 수술대에서 내려 와서 제임스를 찾는다. 그런 뒤에 의사와 학생들을 돌아보며 인사한다. 그리고 나지막하고 맑은 목소리로 자신이 불쾌하게 행동했다면 용서하시 라고 말한다. 학생들 ─우리 모두─ 은 아이처럼 눈물을 흘린다. 수술의 가 그녀를 일으켜 세운다.
> ─존 브라운, 19세기 유방절제술을 묘사한 글에서[2]

윌리엄 스튜어트 홀스테드는 "근치(根治, radical)" 수술 개념과 떼려야 뗄 수 없 는 관계에 있다.[3] 그는 그 개념을 달라고 요청한 적이 없지만, 외과의사의 뻗은 손에 말없이 수술칼이 전달되듯이, 그것은 그에게 전해졌다. 홀스테드는 근치 수술의 창안자가 아니었다. 그는 선배들로부터 그 개념을 물려받아서 극단적이 고 논리적으로 완벽한 수준까지 밀고 나갔다. 그럼으로써 그의 이름은 그 개념 과 뗄 수 없는 관계에 놓이게 되었다.

홀스테드는 1852년에 뉴욕에서 유복한 의류 상인의 아들로 태어났다. 그는 앤도버의 필립스 아카데미에서 고등학교를 마친 뒤에 예일 대학교에 들어갔다.

그곳에서 그는 학업 성적보다는 운동 실력으로 교수와 스승의 이목을 끌었다. 그가 수술의 세계로 들어온 것은 거의 우연이었다. 그가 의대에 들어온 것은 외과의사가 되고 싶었기 때문이 아니라, 아버지의 뒤를 이을 상인이 되기 위해서 거쳐야 할 도제살이를 할 생각이 전혀 없었기 때문이다.

1874년에 홀스테드는 컬럼비아에 있는 의학 대학원에 들어갔다. 그는 즉시 해부학에 매료되었다. 더 나중에 관심을 가진 다른 많은 것들—순종 혈통의 개, 말, 풀 먹인 식탁보, 리넨 셔츠, 파리풍 가죽 신발, 완벽한 수술 봉합—에서 그랬듯이, 그는 곧 강박적일 정도로 해부학에 몰두했다. 그는 해부학 교재들을 전부 통독했고, 책을 전부 섭렵하자 마찬가지로 만족을 모르는 지적 탐구심을 안고서, 실제 환자에게로 관심을 돌렸다.

1870년대 중반, 홀스테드는 수술 환자들이 가득한 뉴욕 시 벨레뷰 병원의 외과 인턴 시험에 합격했다. 그는 뉴욕을 가로질러서 벨레뷰와 컬럼비아 사이의 몇 킬로미터 거리를 왕복하면서 시간을 쪼개어 의학 대학원과 외과 병원을 모두 다녔다. 그러다 보니 의학 대학원을 마칠 즈음에는 신경쇠약에 걸린 상태였다. 그는 블록 섬에서 몇 주일 동안 요양을 했고, 몸이 회복되자마자 이전과 마찬가지로 열정과 활력을 불태우며 연구를 재개했다. 올림픽 선수에 맞먹을 정도로 심신을 극한까지 밀어붙였다가 이어서 거의 쓰러지곤 하는 이런 패턴은 거의 모든 도전 과제에서 홀스테드가 보여준 특징이 되었다. 그리고 그것은 수술, 외과 교육, 그리고 암에 대한 그의 접근 방식과 마찬가지로 독특한 표지를 남겼다.

홀스테드는 역사의 과도기에서 외과 분야에 들어섰다. 사혈, 부항, 방혈, 삼출, 하제 사용이 흔한 시대였다. 수술 후 감염으로 열과 경련에 시달리는 한 여성은 치료랍시고 매우 야만적인 수술을 받았다. 그녀의 외과의사는 1850년대에 흥분하여 자화자찬하는 어조로 적었다. "그녀의 양팔에 큰 구멍을 뚫고 두 관자동맥을 잘라서 피가 동시에 콸콸 흘러나오도록 했고, 경련이 멈출 때까지 계속 피가 나오도록 했다."[4] 한 의사는 폐암 치료법을 이렇게 적었다. "피를 조금씩 흘리게 하면 일시적으로 증상이 완화되는데, 물론 자주 반복할 수는 없다."[5] 벨레뷰 병원의 "인턴들"은 "고름통(pus-pail)"을 들고 복도를 뛰어다녔는데, 고름통에서는 환자의 몸에서 흘러나온 것들이 넘치곤 했다.[6] 수술 봉합사는 고양이 창자로 만들었는데, 끝을 날카롭게 다듬을 때는 침을 묻혀서 했고, 절개한 부위를 꿰맨 뒤에는 실 끝이 허공에 그냥 늘어져 있도록 놔두었다. 외과의사들은 주머니에 수술칼을 덜렁거리면서 돌아다녔다. 피범벅이 된 바닥에 수술 도구가 떨어지면, 주워서 쓱 닦아서 다시 주머니에 넣었다. 아니면 수술대 위 환자의 몸에 넣었다.

1877년 10월, 홀스테드는 하제 전문가, 사혈 예찬론자, 고름통, 돌팔이로 가득한 이 끔찍한 의료 세계를 뒤로 하고, 유럽을 여행하면서 런던, 파리, 베를린, 빈, 라이프치히의 병원들을 순례했다.[7] 유럽의 세련된 수술 기법을 배우라고 젊은 미국 외과의사들을 보내곤 하던 곳들이었다. 우연히도 시기가 딱 맞아떨어졌다. 홀스테드는 암 수술이 바야흐로 번데기를 뚫고 나오려는 시기에 유럽에 도착했다. 빈의 알게마이네스 크란켄하우스에 있는 바로크 양식의 수술 견학용 강당에서 테오도어 빌로트는 학생들에게 위장을 해부하는 새로운 기법(빌로트는 학생들에게 그저 "대담하게 한걸음" 내딛기만 하면 암을 수술로 완전히 제거할 수 있다고 말했다)을 가르치고 있었다.[8] 빈에서 수백 킬로미터 떨어진 할레에서는 독일 외과의사 리하르트 폰 폴크만이 유방암 수술 기법을 연구하고 있었다. 홀스테드는 간의 해부 구조를 꼼꼼히 살펴본 한스 키아리, 빌로트와 함께 일하며 갑상선 해부법을 연구하던 안톤 볼플러 등 유럽 외과계의 거인들을 만났다.

베를린, 할레, 취리히, 런던, 빈을 거치는 이 분주한 여행을 하면서 홀스테드는 일종의 지적 세례를 받았다. 1880년대 초에 뉴욕으로 돌아와서 업무를 시작했을 때, 그의 머릿속에는 여행하면서 접한 생각들이 맴돌고 있었다. 리스터의 석탄산 소독, 폴크만의 초기 암 수술 시도, 빌로트의 기적 같은 복부 수술 등이 있었다. 활기와 영감에 가득 찬 홀스테드는 루스벨트 병원, 컬럼비아 의학 대학원, 벨레뷰, 체임버스 병원에서 환자들을 수술하는 일에 전력을 쏟았다. 그는 자신의 실력을 믿고서 대담하고 창의적이고 기세 좋게 수술을 했다. 1882년에 그는 부엌 식탁에서 어머니의 감염된 담낭을 제거했다.[9] 미국에서 그런 수술에 성공한 최초의 사례 중의 하나였다. 또 누이에게서 빨리 와달라는 전갈을 받고 갔더니, 그녀가 출산 후에 심하게 피를 흘리고 있었다. 그는 자신의 피를 빼내서 그녀에게 수혈했다. (그는 혈액형에 관해서 전혀 몰랐지만, 다행히도 홀스테드와 누이는 혈액형이 완벽하게 일치했다.)

1884년에 뉴욕에서 전성기를 누리고 있을 때, 홀스테드는 코카인이라는 새로운 수술 마취제를 사용한 사례를 다룬 논문을 읽었다. 할레의 폴크만 병원에서 그는 독일 외과의사들이 이 약물을 이용하여 수술을 하는 광경을 본 적이 있었다. 코카인은 값싸고 구하기 쉽고 안전하고 투여하기도 쉬웠다. 그것은 수술 마취계의 패스트푸드였다. 실험 호기심이 발동한 그는 야심적인 수술을 할 환자들에게 그것을 사용하기 전에 시험을 하고자 자신의 몸에 직접 투여했다. 그는 그것이 일시적인 마비보다 훨씬 더한 효과를 일으킨다는 것을 알았다. 그것은 지칠 줄 모르는 그의 본능을 증폭시켰다. 또 이미 광적인 수준의 활력을 더욱 고양시켰다. 그를 지켜본 사람의 말에 따르면, 그의 정신은 "점점 더 맑아졌고 피곤함도 느끼지 못했으며 잠을 자고픈 욕구도 그럴 능력도 사라졌다."[10] 그는 인간으로서의 모든 불완전함, 즉 잠을 잘 필요성, 피로, 허무주의 등을 정복했다. 아니 그렇게 보였다. 그의 쉬지 못하는 성격이 완벽한 약학적 짝을 만난 셈이었다.

다음 5년 동안, 홀스테드는 점점 더 코카인에 중독되면서도 뉴욕의 젊은 외과의사로서 놀라운 업적을 쌓아갔다. 그는 초인적인 금욕과 극기를 통해서 중독을 어느 정도 통제했다. (그는 밤에 코카인을 담아서 밀봉한 병을 침대 옆에 놓는 등, 손이 닿는 곳에 약물을 계속 둠으로써 자신을 시험했다고 한다.) 그러나 종종 사납게 다시 코카인에 손을 댔기 때문에, 중독성을 완전히 극복할 수는 없었다. 그는 프로비던스에 있는 버틀러 요양소에 자발적으로 들어갔다. 그곳에서는 모르핀으로 코카인 중독을 치료했다. 본질적으로 한 약물 중독을 다른 중독으로 바꾸는 것에 불과했다. 1889년에 여전히 고도로 중독성인 두 약물 사이를 오가는 와중에(그러면서도 뉴욕의 자기 외과병원에서 경이로울 정도로 많은 일을 하고 있었다) 그는 저명한 내과의사 윌리엄 웰치의 권유로 새로 세워진 존스 홉킨스 병원에 합류했다. 웰치가 그를 고용한 것은 새로운 외과를 출범시키려는 뜻도 있었지만, 마찬가지로 고립, 과로, 약물 중독으로 점철된 뉴욕 세계에서 그를 빼내려는 의도도 있었다.

홉킨스는 홀스테드를 변모시키고자 했고, 그렇게 되었다. 이전에는 사교적이고 외향적이었던 홀스테드는 모든 것이 깨끗하고 완벽하게 통제되는 사적인 제국에 굳게 틀어박힌 존재가 되었다. 그는 젊은 외과 전공의를 양성하는 경이로운 실습 프로그램을 시작했다. 그들을 자신 같은 인물로 만들 생각이었다. 영웅적 행위, 극기, 근면, 끈기를 강조하는 초인적인 직업에 걸맞은 초인적인 입회식을 거치게 함으로써 말이다. (그는 1904년에 이렇게 썼다. "이 도제 기간이 너무 길고 젊은 외과의사들이 진이 모두 빠질 것이라는 반대가 있겠지만, 이 자리는 자신의 전문 분야를 배우는 데에 그렇게 금방 싫증을 내는 이들을 위한 것이 아니다.") 그는 예전에 그의 수간호사였던 캐럴라인 햄프턴과 결혼해서 언덕 꼭대기에 있는 3층 대저택에 살았다(한 학생은 그곳을 "돌처럼 차갑고 가장 살기 어려운" 곳이라고 묘사했다).[11] 두 사람은 서로 다른 층에서 생활했다. 자식이 없고 사교성도 떨어지고 격식을 차리고 은둔하는 것으로 유명한 홀스테드 부부는 순종 말과 순종 닥스훈트를 키우며 지냈다. 홀스테드는 여전히 모르핀에 심하게 중독되어 있었지만, 정해진 시간표에 따라 엄격하게 양을 통제하여 투여했기 때문에, 그와 가까운 학생들조차도 눈치채지 못할 정도였다. 부부는 볼티모어 사교계를 애써 회피했다. 방문객이 예고 없이 집에 찾아오면, 가정부가 나가서 홀스테드 부부가 집에 없다고 말했다.

이런 틀에 박히고 규칙적인 생활을 통해서 자기 주변이 정리되고 조용해지자, 홀스테드는 거침없는 활력을 유방암을 공략하는 쪽으로 돌렸다. 그는 할레의 폴크만 병원에서 그 독일 외과의사가 유방에서 종양을 제거하기 위해서 점점 더 세심하고 공격적인 수술을 시도하는 것을 보았다. 그러나 홀스테드는 폴크만이 벽에 부딪혔다는 것을 알았다. 설령 수술이 광범위하고 철저하게 이루어졌다고 해도, 유방암은 여전히 재발했다. 수술한 지 몇 개월 혹은 몇 년 뒤면 다시 나타나곤 했다.

재발의 원인은 무엇일까? 1860년대에 런던 세인트 루크 병원에서 찰스 무어라는 영국인 외과의사도 이 성가신 국소 재발에 주목했다. 반복되는 재발에 좌절한 그는 유방 그림에 작게 검은 점들을 찍어서 원래 종양의 영역, 수술을 한 정확한 가장자리, 재발한 자리를 그려넣어서 재발할 때마다 해부 구조에 어떤 변화가 있는지 기록하기 시작했다. 암 재발의 역사적 다트 판을 만든 셈이었다. 놀랍게도 점들을 찍어나가자 하나의 패턴이 출현했다. 마치 수술이 불완전하게 이루어져서 암의 잔해가 일부 남았다가 다시 자란 것처럼, 재발은 정확히 원래 수술한 부위의 가장자리를 따라서 일어났다. 무어는 결론을 내렸다. "유방암은 그 기관 전체를 꼼꼼히 제거할 필요가 있다. 수술 뒤 암의 국소 재발은 1차 종양의 잔해가 계속 성장하기 때문이다."12)

무어의 가설에서 따라나오는 확실한 결론이 하나 있었다. 유방암 재발이 원래 수술에서 암이 불충분하게 제거되었기 때문이라면, 처음 수술 때 더 많은 유방 조직을 제거해야 한다. 제거했을 때의 **가장자리**가 문제라면, 가장자리까지 제거하면 되지 않겠는가? 무어는 여성에게 외모를 손상시키는 (그리고 때로 목숨이 위험한) 수술을 받지 않게 하려고 노력하는 외과의사들이 "잘못된 친절"을 베푸는 것이라고 주장했다.13) 암이 수술칼을 이기도록 놔두는 것이라고 말이다. 독일에서 홀스테드는 폴크만이 유방뿐 아니라, 소흉근(작은가슴근)이라는 유방 아래에 부챗살처럼 얇게 퍼져 있는 근육까지 제거하는 것을 보았다. 남은 암의 잔해까지도 말끔히 없애겠다는 생각에서였다.

홀스테드는 이 추론을 필연적으로 이어지는 다음 단계까지 끌고 나갔다. 폴크만은 벽에 부딪혔을 것이었고, 홀스테드는 그 벽을 통과할 굴을 파고자 했다. 홀스테드는 거의 기능이 없는 얇은 소흉근을 제거하는 차원을 넘어서, 유방 공동 속으로 더 깊이 파들어가서 어깨와 손을 움직이는 일을 하는 크고 튀어나온 **중요한** 근육인 대흉근(큰가슴근)을 잘라내기로 결심했다. 이런 혁신을 도입한 사람은 홀스테드만이 아니었다. 뉴욕에서 일하는 외과의사인 윌리 마이어도 1890년대에 독자적으로 같은 수술법을 내놓았다. 홀스테드는 이 수술을 "근치 유방 절제술(radical mastectomy)"이라고 했다. 래디컬(radical)이라는 단어를 라틴어의 원래 의미인 "뿌리"라는 뜻으로 쓴 것이다. 그는 암의 근원을 뿌리 뽑고 있었다.

"잘못된 친절"을 노골적으로 경멸하던 홀스테드는 수술을 대흉근에서 멈추지 않았다. 근치 유방절제술을 해도 암이 재발하자, 더 깊이 가슴을 잘라내기 시작했다. 1898년이 되자, 홀스테드의 유방절제술은 그가 "더욱더 근치"라고 부른 것으로 향했다. 이제 그는 빗장뼈 쪽을 절개하여 그 바로 아래에 놓인 작은 림프절 덩어리까지 손을 대기 시작했다. 그는 한 외과학회에서 보존적이고 비근치적인 수술은 유방을 어떻게든 "깨끗하지 않은" 상태로 놔둔다는 개념을 역설하면서 이렇게 선언했다. "우리는 거의 예외를 두지 않고 쇄골상와(빗장위오목)까지 깨끗이 제거합니다."14)

홉킨스에서 홀스테드의 부지런한 학생들은 이제 자신의 수술칼로 스승을 이기기 위한 경주를 벌였다.15) 홀스테드가 맨 처음 받은 외과 전공의 가운데 한 사람인 조지프 블러드굿은 더 멀리 목까지 절개하여 빗장뼈 바로 위에 있는 선(腺)들을 제거하기 시작했다. 또 한 사람의 스타 제자인 하비 커싱은 가슴 깊숙이 묻힌 림프절까지, "전종격(앞가슴세로칸)을 깨끗이 들어냈다." 홀스테드는 이렇게 적었다. "머지않아서 우리는 1차 수술 때 종격의 내용물을 제거할 가능성이 높다."[16] 이 섬뜩한 마라톤 경주는 계속 진행되었다. 홀스테드와 제자들은 암 재발과 싸운다기보다는 몸의 내용물 전체를 비우는 데에 관심이 있는 듯했다. 유럽에서는 한 외과의사가 유방암에 걸린 여성의 어깨뼈와 빗장뼈를 절단하고 흉곽의 갈비뼈 3개와 기타 부위들을 제거했다.[17]

홀스테드는 자기 수술이 가하는 "신체적 형벌"을 인정했다. 대규모 유방절제술은 환자들의 외모를 영구적으로 손상시켰다. 대흉근을 잘라내면, 어깨가 안으로 굽어서 영구히 축 처짐으로써, 팔을 앞이나 옆으로 움직일 수가 없다. 겨드랑이의 림프절을 제거하면 종종 림프의 흐름에 장애가 생겨서 림프액이 쌓임으로써 마치 코끼리 다리처럼 팔이 부어오른다. 그는 이 증상에 "수술 코끼리 피부병"이라는 생생한 이름을 붙였다.[18] 재발은 수술한 뒤에 몇 개월 때로는 몇 년이 흐른 뒤에도 일어나곤 했다. 그러나 홀스테드는 이 모든 결과를 마치 전면전에서 불가피하게 입는 상처인 것처럼 받아들였다. 그는 1890년대에 자신이 목까지 죽 절개한 환자에 대해서 진심으로 걱정하면서 적었다. "환자는 내가 외모를 훼손하기가 너무 싫었던 젊은 숙녀였다." 그는 자신의 수술 일지에 결과를 적으면서, 거의 부성애를 담은 듯이 부드러운 어조로 개인적인 감상을 썼다. 한 사례의 끝에는 이렇게 적었다. "팔을 잘 쓸 수 있다. 장작도 팬다.……붓기도 없다." 또 한 곳에서는 여백에 "아이가 넷인 주부"라고 적었다.

그런데 홀스테드의 유방절제술이 과연 생명을 구했을까? 근치 수술이 유방암을 완치시켰을까? 그가 그토록 "마지못해서 외모를 훼손시킨" 젊은 여성은 그런 영구 손상을 입힌 수술의 혜택을 보았을까?

이런 질문에 대답하기 전에, 이해에 도움이 되도록 근치 유방절제술이 번성했던 환경을 살펴보기로 하자. 홀스테드가 대가들에게 배우고자 유럽으로 떠났던 1870년대에 외과는 막 사춘기를 벗어나고 있던 분야였다. 1898년에 외과는 자신감이 넘치는 전문 분야로 변신해 있었다. 위대한 외과의사들은 자신의 능력에 한껏 취한 나머지, 거리낌 없이 자신을 흥행사로 생각했다. 수술실은 수술 극장이라고 불렸고, 수술은 극장 위쪽에서 관객들이 긴장한 채 숨을 죽이고 지켜보는 가운데 벌어지는 절묘한 공연이 되곤 했다. 1898년에 홀스테드의 수술을 지켜본 한 사람은 "베네치아나 피렌체의 음각을 하는 조각가나 모자이크의 장인이 인내심을 가지고 꼼꼼하게 일하는 모습과 흡사한 예술가의 공연"을 보는 것 같았다고 썼다.[19] 홀스테드는 수술의 기술적 도전 과제를 환영했다. 때로는 가장 어려운 사례를 가장 치유 가능한 사례로 만들기도 했다. "나는 가장 큰 것[종양]을 환영하는 경향이 있다."[20] 수술칼로 암에게 결투를 신청하듯이 말이다.

수술 당시에 기술적으로 성공했다고 해서 그것이 암의 재발을 줄이는 능력, 즉 장기적인 성공의 예측 지표는 아니었다. 홀스테드의 유방절제술이 피렌체 모자이크 장인 같은 솜씨였을지라도, 암이 만성적으로 재발하는 병이라면, 아무리 정확한 음각 솜씨로 잘라낸다고 해도 아마 충분치 않을 터였다. 홀스테드가 진정으로 유방암을 치유했는지를 판단하려면, 수술 직후의 생존자, 아니 5개월이나 10개월 뒤의 생존자가 아니라, 5년이나 10년 뒤의 생존자를 추적할 필요가 있었다.

그 과정은 환자들을 시간의 흐름에 따라서 추적하는 식으로 이루어져야 했다. 그래서 1890년대 중반, 자신의 경력이 전성기를 누릴 때 홀스테드는 자신의 수술이 탁월한 선택이었다는 것을 보여줄 장기 통계 자료를 모으기 시작했다. 근치 유방절제술이 등장한 지 이미 10년이 넘은 시점이었다. 홀스테드는 홉킨스에서 "암 창고"라고 이름 지은 표본 보관실을 마련할 수 있을 만큼 충분한 여성을 수술하고 충분한 종양을 제거했다.[21]

홀스테드는 근치 수술의 이론 측면에서는 거의 확실히 옳았다. 공격적인 국소 수술로 작은 암까지 공격하는 것이 완치를 위한 최선의 방법이라는 점 말이다. 그러나 거기에는 심각한 개념상의 오류가 있었다. 유방암이 일정한 비율로, 이를테면 연간 1퍼센트의 비율로 발생하는 집단이 있다고 하자. 그러나 종양의 행동은 처음부터 일종의 스펙트럼을 보여준다. 어떤 여성에게서는 유방암이 진단될 때쯤이면, 이미 종양이 유방 너머로 퍼져 있다. 즉 뼈, 폐, 간에 전이암이 있다. 한편, 암이 유방이나 유방과 몇몇 림프절에만 국한되어 있는 여성도 있다.

그것은 진정한 국소 질병이다.

이제 이 집단의 한가운데에 수술칼과 봉합사를 든 홀스테드를 놓아보자. 그는 유방암에 걸린 어떤 여성에게든 근치 유방절제술을 할 준비가 되어 있다. 유방암 환자를 완치시키는 홀스테드의 능력은 대면하는 암의 종류—유방암의 단계—에 달려 있다. 전이암을 가진 여성은 홀스테드가 그녀의 유방에서 종양을 아무리 공격적이고 세심하게 제거한다고 해도, 근치 유방절제술로 완치되지 않을 것이다. 그녀의 암은 더 이상 국소 문제가 아니다. 반면에 국한된 작은 암을 가진 여성은 **분명** 그 수술의 혜택을 본다. 그러나 그녀에게는 훨씬 덜 공격적인 수술, 즉 국소 유방절제술도 마찬가지의 혜택을 주었을 것이다. 따라서 홀스테드의 유방절제술은 양쪽 사례에 모두 부적합하다. 첫 번째 사례에서는 표적을 과소평가하고, 두 번째 사례에서는 표적을 과대평가한다. 양쪽 사례에서 여성은 분별없고 외모를 손상시키는 끔찍한 수술을 받아야 한다. 국소 유방암에 걸린 여성은 너무 많이 너무 일찍, 전이암이 있는 여성은 너무 조금 너무 늦게.

1898년 4월 19일, 홀스테드는 뉴올리언스의 미국 외과학회 연례총회에 참석했다.[22] 총회 이틀째에 그는 앞날을 고도로 예측하는 자료가 가득한 그림과 도표로 무장한 채, 숨을 죽이고 경청하는 외과의사들 앞에 섰다. 언뜻 볼 때, 그의 관찰 자료는 놀라웠다. 그의 유방절제술은 국소 재발의 측면에서 다른 모든 외과의사의 수술 성공률을 넘어섰다. 볼티모어에서 홀스테드는 국소 재발률을 거의 몇 퍼센트 수준으로 떨어뜨렸다. 폴크만이나 빌로트에 비해서 대폭 개선된 수준이었다. 홀스테드가 과거에 약속했듯이, 그는 암을 뿌리 뽑은 듯했다.

그러나 더 자세히 살펴보면, 뿌리가 남아 있다는 것이 드러났다. 유방암이 완치되었다는 증거는 훨씬 더 실망스러운 것이었다. "근치법"으로 치료한 유방암 환자 76명 중에서 3년 이상을 산 사람은 40명에 불과했다. 거의 절반에 해당하는 나머지 36명은 수술을 받은 지 3년 안에 사망했다. 몸에서 "뿌리를 뽑았다"는 바로 그 질병으로 말이다.

그러나 홀스테드와 제자들은 기가 꺾이지 않았다. 그들은 자료가 제기하는 진정한 의문—근치 유방절제술이 정말로 수명을 연장시켰나?—을 파고들기보다는 자신들의 이론을 더 굳세게 움켜쥐었다. 뉴올리언스에서 홀스테드는 외과의사라면 "모든 사례에서 목을 수술해야" 한다고 역설했다.[23] 남들이 신중할 필요가 있다는 것을 알려주는 이유를 본 곳에서 홀스테드는 오직 기회만을 보았다. "나는 목이 연관되었다는 말을 겨드랑이보다 더 심각하게 받아들이는지 이유를 모르겠다. 목도 겨드랑이와 마찬가지로 말끔히 제거할 수 있다."

1907년 여름, 홀스테드는 수도 워싱턴에서 열린 미국 외과학회의 학회에서 더 많은 자료를 제시했다.[24] 그는 수술 이전에 겨드랑이나 목의 림프절에 암이 퍼졌는지를 토대로 환자들을 세 집단으로 나누었다. 그가 생존 도표를 제시하자, 하나의 패턴이 뚜렷이 나타났다. 겨드랑이나 목의 림프절에 암이 퍼지지 않은 환자 60명 중에서는 상당히 많은 수인 45명이 5년째까지 유방암이 재발하지 않았다. 림프절에 암이 퍼진 환자 40명 중에서는 3명만이 살아남았다.

즉 유방암에서 궁극적으로 살아남는 것은 외과의사가 암을 얼마나 폭넓게 수술하는가와는 거의 관계가 없었다. 그것은 수술 이전에 암이 얼마나 폭넓게 퍼졌는지에 따라서 달라졌다. 근치 수술을 가장 맹렬하게 비판한 인물 중 한 사람인 조지 크라일은 나중에 이렇게 썼다. "암이 너무 진행되어서 종양을 제거하려면 근육도 제거해야 한다면, 그것은 이미 암이 몸 전체로 퍼진 상태이다."[25] 수술 자체가 무용지물인 것이다.

그러나 홀스테드가 1907년에 그 사실을 깨닫기 직전까지 왔다고 해도, 그는 한결같이 단호하게 그 사실로부터 뒷걸음질을 쳤다. 그는 케케묵은 경구를 다시 들먹이면서, 한 논문에서 충고했다. "우리에게 증거가 없다고 할지라도, 나는 외과의사가 많은 사례에서 빗장위 수술을 하는 것이 의무라고 생각한다."[26] 이때쯤 그는 계속 변화하는 유방암 지형도에 지치기 시작했다. 이런저런 시도, 표, 그림은 결코 그의 특기가 아니었다. 그는 기록원이 아니라 외과의사였다. 그는 이렇게 썼다. "유방암에 특히 들어맞는 말은, 최고의 통계 자료를 갖추는 데에 관심이 있는 외과의사라야 완벽하게 올바른 방식으로 그것을 제공할 수 있다는 것이다."[27] 이 말—그의 기준으로 보면 거의 저속한 말—은 자신의 수술을 시험대에 올려놓으려는 시도에 그가 점점 회의적인 입장으로 돌아서고 있다는 것을 단적으로 보여주었다. 그는 계속 자신의 손아귀에서 빠져나가는 이 무정형의 질병에 대한 자신의 이해력이 한계에 도달했다는 것을 직감했다.

그의 1907년 논문은 마지막이자 가장 포괄적으로 유방암을 논의한 것이었다. 그는 수술의 최종 결과를 측정하고 재측정하는 일에 관해서 논쟁하는 것이 아니라, 자신의 탁월한 수술법을 평온하게 적용할 수 있는 곳에서 새롭고 공개적인 해부학적 전망을 펼치고자 했다. 구체적으로 환자에게 어떻게 하라는 지시 같은 것도 하지 않은 채, 그는 자신의 갑갑한 수술실과 대저택의 춥고 넓은 서재에 완전히 틀어박혔다. 그는 이미 다른 신체 기관—가슴, 갑상선, 대동맥—으로 관심을 돌린 상태였고, 그쪽 수술로도 탁월한 혁신을 계속 이루었다. 그러나 자신의 이름과 결합된 그 장엄하고 결함 있는 수술법에 관해서는 다시는 학술적인 분석을 내놓지 않았다.

1891-1907년이라는 16년은 볼티모어에서 근치 유방절제술이 소리 없이 등장하여 전국의 대규모 외과학회에서 중심 무대를 차지하기까지 숨 가쁘게 돌아간 시기였다. 그 시기에 암 치료법을 찾으려는 탐구는 큰 도약을 이룬 한편, 마찬가지로 크게 퇴보했다. 홀스테드는 유방암에서 대규모의 꼼꼼한 수술이 기술적으로 가능하다는 것을 의심의 여지없이 입증했다. 이런 수술은 치명적인 질병의 국소 재발 위험을 대폭 줄일 수 있었다. 그러나 그가 최선의 노력을 다했음에도 입증할 수 없는 것이 훨씬 더 많다는 사실이 드러나고 있었다. 거의 20년 동안 자료를 모으고, 학회가 열릴 때마다 분석하고 재분석을 거듭하면서 흥분을 일으키고 찬사를 받았지만, 암의 "완치"에 래디컬한(radical : 근치) 수술이 더 낫다는 주장은 여전히 불안정한 토대 위에 놓여 있었다. 수술 사례가 더 늘어난다고 해서 그것이 더 효율적인 치료법이 되는 것은 아니었다.

물론 이런 온갖 불확실성이 있다고 해도 그것이 다른 외과의사들이 똑같이 공격적인 수술을 감행하는 것을 막지는 못했다. "래디컬리즘(radicalism)"은 암 수술 분야로 깊이 파고들면서 심리적 강박 관념이 되었다. 래디컬이라는 단어는 유혹적인 개념상의 함정이 있었다. 홀스테드는 자신의 수술이 암의 몸속에 묻혀 있는 뿌리를 파낸다는 뜻에서 "뿌리"라는 라틴어 어원의 의미를 취해서 그 단어를 썼다. 그러나 래디컬은 "공격적", "혁신적", "뻔뻔스러운"이라는 뜻도 있으며, 환자의 마음속에 흔적을 남기는 것은 바로 그런 의미였다. 남녀 가릴 것 없이 암에 직면하면, 래디컬이 아닌, 즉 "보수적인" 수술을 택하지 않을까?

사실 래디컬리즘은 외과의사들이 암을 보는 방식뿐만 아니라, 그들이 자신을 보는 방식의 핵심에 놓이게 되었다. 한 역사학자의 말처럼, "다른 분야의 이의 제기도 없고 자체적으로 존립할 근거도 없는 상태에서 근치 수술은 곧 교리로 굳어졌다."[28] 대담한 수술이 기대를 충족시키지 못하자, 일부 외과의사는 아예 치료법 자체는 아무 책임이 없다고 주장하기 시작했다. 홀스테드의 한 제자는 1931년에 볼티모어의 한 학회에서 이렇게 선언했다. "수술이 적절히 이루어진다면 국소 치료될 수 있으며, 외과의사가 책임져야 할 부분은 그 점뿐임이 분명합니다."[29] 다시 말해서 기술적으로 가장 완벽한 수술을 하는 것이 외과의사가 할 수 있는 최선의 일이라는 뜻이었다. 암이 치유되는지 여부는 외과의사와 상관없는 문제라는 것이었다.

점점 더 뻔뻔하게 공격적인 수술을 감행하는 이 추세—"근치일수록 더 낫다"—는 1930년대 초 외과계의 사유 흐름과 맥락을 같이 했다.[30] 뉴욕의 외과의사 알렉산더 브룬스윅은 "골반 내용물 완전 적출술"이라고 이름 붙인 자궁경부암 수술법을 고안했다.[31] 홀스테드의 가장 열렬한 후계자조차도 너무 힘들고 지쳐서 수술 중간에 쉬면서 자세를 바꿀 필요가 있는 대수술이었다. 뉴욕 외과의사 조지 팩은 별명이 칼잡이 팩(Pack the Knife, 인기 있던 노래 "Mack the Knife"에서 따온 것이었다)이었다.[32] 마치 외과의사와 그가 애용하는 도구가 일종의 음산한 켄타우로스처럼 한 몸이 된 듯했다.

완치는 이제 먼 미래로 날아가서 가능성으로만 남게 되었다. 1929년에 영국의 한 외과의사는 이렇게 썼다. "가장 넓은 의미에서 보아도, 수술이 가능한지 여부는 이 질문에 달려 있다. '병터가 제거 가능한가?' 그리고 이런 질문과는 무관하다. '병터 제거가 환자를 완치시킬 것인가?'"[33] 외과의사들은 이런 수술을 받은 환자가 살아남는 것만으로도 자신이 운이 좋다고 생각하곤 했다. 1933년에 한 외과의사 집단은 위암을 놓고 아주 냉랭한 논쟁을 벌인 뒤에 이렇게 적었다. "많은 환자를 죽게 하지 않았다면 의사라고 할 수 없다는 아랍의 옛 속담이 있는데, 위장의 암종을 수술하는 외과의사라면 이따금 되새길 필요가 있다."[34]

그런 논리—히포크라테스 선서를 뒤엎는 논리—에 이르려면, 구제불능 수준의 자포자기나 낙천주의를 갖추어야 한다. 1930년대에 암 수술이라는 진자는 두 지점 사이를 필사적으로 오갔다. 홀스테드, 브룬스윅, 팩은 암의 끔찍한 증상을 덜어줄 수 있다고 진정으로 믿었기 때문에 자신들의 대수술을 고집했다. 그러나 공식적으로 증명된 것이 아니었고, 그들이 고립을 자초하면서까지 자신들의 믿음을 굳게 지킴에 따라, 증명 여부는 무의미해졌고 임상시험도 불가능해졌다. 외과의사들이 자신의 수술이 본질적으로 선하다고 더욱 열광적으로 믿을수록, 그것을 공식적인 과학적 시험대에 올려놓기는 더욱 어려워졌다. 그 결과, 근치 수술은 거의 한 세기 동안, 자체 순환논리의 함정에 빠지고 말았다.

근치 수술의 매력과 광휘에 가려서 그늘진 곳에서 일어나고 있던 덜 급진적인 암 수술법의 중요한 혁신은 빛을 잃었다. 홀스테드의 제자들은 흩어져서 암을 근절할 새로운 수술법들을 창안했다. 각자에게 신체 기관이 하나씩 "할당되었다." 홀스테드는 자신의 초인적인 수술 실습 프로그램이 대단히 우수하다고 굳게 믿었기 때문에, 제자들이 그 어떤 기관계에 생긴 암도 근절할 수 있을 것이라고 생각했다. 1897년에 홉킨스의 복도에서 젊은 외과 전공의인 휴 햄프턴 영과 마주치자, 홀스테드는 그에게 새로 생길 비뇨기외과의 학과장 자리를 맡아달라고 부탁했다. 영이 비뇨기외과를 전혀 모른다고 하자, 홀스테드는 퉁명스럽게 대꾸했다. "나도 자네가 아무것도 모른다는 걸 알아. 하지만 자네가 배울 수 있다는 것도 우리 둘 다 잘 알지."[35] 그런 뒤에 그는 총총 걸어갔다. 홀스테드의 신뢰에 자극을 받아서 영은 비뇨기암, 즉 전립선, 신장(콩팥), 방광에 생기는 암의 수술법을 깊이 연구했다. 1904년에 영은 홀스테드를 조수로 삼아서, 전립선을 통째로 제거하는 전립선암 수술법을 고안하여 성공리에 수술을 마쳤다.[36] 홀스테드의 전통에 따라서 근치 전립선절제술이라고 이름 붙이긴 했지만, 햄프턴의 수술은 이름에 비해서 보수적이었다. 그는 근육, 림프절, 뼈를 제거하지 않았다. 그는 근치 수술의 기관 총괄 제거라는 개념은 간직했지만, 골반 전체를 들어내거나 요도나 방광을 제거하는 데까지는 나아가지 않았다. (이 수술법을 개량한 방식이 지금도 국소 전립선암을 제거하는 데에 쓰이며, 그런 종양 환자는 완치되는 비율이 상당히 높다.)

홀스테드의 제자이자 외과 수석 전공의인 하비 커싱은 뇌에 집중했다. 1900년대 초에 커싱은 혈관들과 심하게 뒤얽혀 있어서 언제라도 출혈이 일어날 수 있는 악명 높은 아교모세포종과 뇌의 민감한 핵심 구조물들을 막처럼 감싸고 있는 수막종을 비롯한 뇌종양들을 수술로 제거하는 독창적인 방법들을 고안했다. 영과 마찬가지로 커싱도 홀스테드의 섬세한 수술 기법—"이번에는 이쪽, 이번에는 저쪽 하면서 뇌에서 종양을 천천히 떼어내고 쥐어짠 뜨거운 솜을 작고 납작하게 만들어 붙여서 스며나오는 분비물을 막는"[37]—을 물려받았지만, 홀스테드의 근치 수술 성향은 물려받지 않았다. 사실 커싱은 뇌종양에는 근치 수술이 어려운 차원을 넘어서서 아예 상상조차 할 수 없다는 것을 알아차렸다. 설령 자신이 원한다고 해도, 뇌라는 기관 전체를 제거할 수는 없을 테니 말이다.

1933년에 세인트 루이스의 반즈 병원에서 또 한 사람의 수술 혁신가인 에바츠 그레이엄은 결핵에 걸린 폐를 제거하는 데에 쓰던 기존 수술법들을 결합시켜서 암에 걸린 폐를 제거하는 수술법을 고안했다.[38] 그레이엄도 홀스테드 수술의 핵심 정신은 간직했다. 기관을 통째로 세심하게 제거하고 국소 재발을 막기 위해서 종양 가장자리도 폭넓게 잘라낸다는 것 말이다. 그러나 그것의 함정은 피해 가고자 했다. 점점 더 많은 조직—가슴까지 이어지는 림프절, 주요 혈관, 기관과 식도 주위의 근막—을 제거하려는 유혹에 맞서며 가능한 온전히 보존하려고 애쓰면서, 그는 오직 폐만 제거했다.

그러나 홀스테드 이론에 집착하면서 그 세계 너머를 보지 못했던 외과의사들은 그런 비근치적 수술 시도를 호되게 비판했다. 몸에서 암을 뿌리 뽑으려고 시도하지 않는 수술법은 "미봉책"에 불과하다는 조롱을 받았다.[39] 그런 미봉책에 만족하는 것은 한 세대에 걸친 외과의사들이 그토록 열심히 내쫓으려고 했던 "잘못된 친절"이라는 옛 결함에 굴복하는 것이라고 말이다.

단단한 관과 약한 빛

> 우리는 [엑스 선에서] 질병의 치료법을 찾아냈다.
> —「로스앤젤레스 타임스」, 1902년 4월 6일[1]

> [엑스 선의 파괴력에 관한] 사례는 미국 내의 의료 엑스 선 연구실에서 일한 거의 모든 선구자들이 엑스 선 화상으로 말미암아 생긴 암으로 사망했다는 사실을 상기시킨다. —「워싱턴 포스트」, 1945년[2]

홀스테드가 볼티모어에서 근치 유방절제술을 내놓은 지 몇 개월 뒤인 1895년 10월 말, 독일 뷔르츠부르크 연구소의 강사 빌헬름 뢴트겐은 전자관—한쪽 전극에서 반대쪽 전극으로 전자를 쏘는 진공관—을 연구하던 중에, 무엇인가가 기이하게 새어나오는 것을 발견했다.[3] 그 복사 에너지는 강력하면서 보이지 않았고, 몇 겹의 검은 판지를 뚫고 방의 긴 의자에 놓아두었던 바륨 판에 우연히 닿아서 하얀 인광을 만들어냈다.

뢴트겐은 재빨리 아내 안나를 연구실로 데려와서 그 광선과 감광판 사이에 그녀의 손을 놓았다. 광선은 그녀의 손을 뚫고서 감광판에 손가락뼈와 금속 결혼반지의 윤곽을 남겼다. 마치 마법의 렌즈를 통해서 보는 것처럼, 손 내부의 해부 구조가 드러난 것이다. 안나는 "내 죽음을 보았다"라고 말했지만, 그녀의 남편이 본 것은 달랐다. 그는 대부분의 생체 조직을 관통할 수 있을 정도로 강력한 에너지를 보았다. 뢴트겐은 이 형태의 빛을 엑스 선(X-ray)이라고 했다.

처음에 엑스 선은 전자관에서 생성된 별난 인위적인 에너지로 생각되었다. 그러나 뢴트겐의 발견이 있은 지 몇 개월 뒤인 1896년, 뢴트겐의 연구를 알고 있던 프랑스 화학자 앙리 베크렐은 특정한 천연물질들—그중에서도 우라늄—이 엑스 선과 비슷한 특성을 가진 보이지 않는 광선을 저절로 뿜어낸다는 것을 발견했다. 파리에서는 베크렐의 친구인 젊은 물리학자와 화학자 부부인 피에르 퀴리와 마리 퀴리가 엑스 선의 더욱 강력한 화학적 원천을 찾아서 자연계를 뒤지기 시작했다. 피에르와 마리는 소르본에서 처음 만났고(당시에 마리 스쿼도프스카는 파리의 다락방에 살던 무일푼의 폴란드 이민자였다), 똑같이 자기(磁氣, magnetism)에 관심이 있다는 점 때문에 서로에게 끌렸다. 1880년대 중반, 피에르 퀴리는 미세한 석영 결정을 이용하여 아주 소량의 에너지를 측정할 수 있는 전위계라는 장치를 만들었다. 마리는 이 장치를 이용하여 우라늄 광석이 방출하는 미량의 방사선도 정량화할 수 있다는 것을 보여주었다. 마리와 피에르는 이 새로운 방사능 측정 기구를 가지고, 엑스 선의 새로운 원천을 찾는 사냥에 나섰다. 또 하나의 기념비적인 과학적 발견의 여행이 측정과 함께 시작된 셈이다.

지금의 체코공화국에 있는 요아힘스탈의 이탄 숲에서 나온 검은 찌꺼기인 역청우라늄광이라는 폐광석에서 퀴리 부부는 새로운 원소의 첫 번째 단서를 발견했다. 우라늄보다 방사성이 훨씬 더 강한 원소였다. 퀴리 부부는 그 질척거리는 찌꺼기를 증류하여 강력한 방사성 원소를 순수한 형태로 추출하는 일에 착수했다. 역청우라늄광 수 톤, 세척수 400톤, 증류한 찌꺼기 폐기물 수백 양동이에서, 그들은 1902년에 마침내 0.1그램의 새로운 원소를 뽑아냈다. 주기율표의 맨 끝에 놓인 그 금속은 자신을 소진시키며 어둠 속에서 사람을 홀릴 듯이 파랗게 빛나면서 격렬하게 엑스 선을 방출했다. 불안정한 그 원소는 물질과 에너지 사이의 기이한 키메라, 에너지로 붕괴하는 물질이었다. 마리 퀴리는 새로운 원소에 라듐(radium)이라는 이름을 붙였다. "빛"이라는 뜻의 그리스어에서 따온 이름이었다.

라듐은, 강력하다는 바로 그 점 때문에 엑스 선의 새로운 뜻밖의 특성을 드러냈다. 즉 엑스 선은 복사 에너지를 인체 조직을 관통하여 전달할 수 있을 뿐만 아니라, 그 에너지를 조직 안의 깊숙한 곳에 내려놓을 수 있었다. 뢴트겐이 아내의 손 사진을 찍을 수 있었던 것은 첫 번째 특성 때문이었다. 즉 엑스 선은 살과 뼈를 관통하여 필름에 조직의 그림자를 남겼다. 대조적으로 마리 퀴리의 손에는 두 번째 특성의 고통스러운 유산을 남겼다. 더욱더 순수한 방사능을 얻기 위해서 한 주일, 두 주일 계속 역청우라늄을 수백만 분의 1로 줄어들 때까지 증류하다 보니, 마리의 손바닥의 피부는 검게 변하고 쓸려서 한 꺼풀, 두 꺼풀 계속 벗겨졌다. 마치 조직이 안에서부터 탄 듯했다. 피에르의 옷 주머니에 든 작은 병에 담긴 몇 밀리그램의 라듐은 두꺼운 트위드 조끼를 눌어붙게 하고 그의 가슴에 영구적인 흉터를 남겼다. 한 대중 박람회에서 차폐되지 않고 누출되는 라듐 장치를 가지고 "마술" 시연을 하던 남성은 입술이 붓고 물집이 생기고, 볼의 피부가 벗겨지고 손톱이 빠졌다.[4] 방사선은 결국 마리 퀴리의 골수를 태워서 영구적인 빈혈을 일으켰다.

생물학자들은 수십 년이 더 지난 뒤에야 이런 효과의 배후에 놓인 메커니즘을 제대로 해독하게 되었지만, 아무튼 손상된 조직의 스펙트럼—피부, 입술, 피, 잇몸, 손톱—은 이미 중요한 단서를 하나 주었다. 즉 라듐은 DNA를 공격했다. DNA는 유전정보의 안정성을 유지하는 일을 하기 때문에, 대다수 화학반응에 심하게 저항하는 불활성 분자이다. 그러나 엑스 선은 DNA 가닥을 부수거나 DNA를 좀먹는 독성 화학물질을 만들 수 있다. 세포는 죽거나, 주로 분열을 멈춤으로써 이 손상에 대처한다. 따라서 엑스 선은 피부, 손톱, 잇몸, 혈액에 있는 세포들처럼, 몸에서 가장 빠르게 증식하는 세포를 선택적으로 죽인다.

빠르게 분열하는 세포를 선택적으로 죽이는 엑스 선의 능력에 주목한 사람들이 있었다. 특히 암 연구자들이었다. 뢴트겐이 엑스 선을 발견한 지 거의 1년 뒤인 1896년에 21세의 시카고 의대생 에밀 그루브는 엑스 선으로 암을 치료하면 어떨까 하는 탁월한 생각을 했다.[5] 화려하고 모험적이고 왕성한 창의력을 가진 그루브는 엑스 선 진공관을 만드는 시카고의 한 공장에서 일하면서, 자신의 실험에 사용할 엉성한 형태의 진공관을 직접 만들었다. 피부가 벗겨지고 손톱이 빠지는 엑스 선에 노출된 공장 노동자들과 만나면서, 그의 손도 반복적으로 노출되어 붓고 텄다. 그루브는 이 세포 죽음의 논리를 재빨리 종양에 확대 적용했다.

1896년 3월 29일, 시카고 홀스테드 가(외과의사 홀스테드와는 아무 관계가 없다)의 한 진공관 공장에서, 그루브는 엉성하게 만든 엑스 선관으로 유방암에 걸린 나이든 여성 로즈 리에게 방사선을 쬐기 시작했다. 리의 암은 유방절제술을 받은 뒤에 재발한 것이었고, 종양은 그녀의 유방에서 폭발적으로 자라나서 고통스러운 덩어리가 되어 있었다. 그 실험은 사실 임상 혜택을 제공하기보다는 그루브의 호기심을 충족시키려는 쪽에 더 가까웠지만, 그녀는 마지막 방안이라고 생각하고 그루브에게 몸을 맡겼다. 그루브는 유방의 나머지 부위를 가릴 만한 것을 찾아 공장 안을 샅샅이 뒤졌지만 금속판이 전혀 없었다. 그래서 중국 차

(茶) 상자 바닥에서 찾아낸 은박지로 리의 유방을 감쌌다. 그는 18일 동안 매일 밤, 그녀의 유방에 엑스 선을 쬐었다. 치료는 고통스러웠지만, 어느 정도 성과가 있었다. 리의 유방에 난 종양은 궤양이 생기고 치밀해지더니 줄어들었다. 엑스 선 요법의 역사에서 최초로 기록된 국소 반응이었다. 그러나 첫 치료를 받은 지 몇 개월 뒤, 리는 어지럼증과 욕지기를 느끼기 시작했다. 암은 척수, 뇌, 간에 전이되어 있었고, 그녀는 얼마 지나지 않아서 사망했다. 그루브는 또 하나의 중요한 관찰을 한 셈이었다. 즉 엑스 선은 암을 국소 치료하는 데에 쓸 수 있을 뿐, 이미 전이된 종양에는 별 효과가 없다는 것을 말이다.*

비록 일시적인 것이었다고 해도, 이 반응에 고무된 그루브는 국소 종양 환자 수십 명을 엑스 선 요법으로 치료하기 시작했다. 방사선종양학이라는 암의학의 새로운 분야가 탄생했다. 유럽과 미국에서 엑스 선 요법을 쓰는 병원이 폭발적으로 늘어났다. 뢴트겐의 발견이 이루어진 지 10년이 채 되지 않은 1900년대 초가 되자, 의사들은 너도나도 방사선으로 암을 치료할 수 있을 것이라는 생각에 흥분했다. 1901년에 시카고의 한 의사는 이렇게 적었다. "나는 이 치료가 모든 형태의 암에 맞는 절대적인 치료법이라고 믿는다. 이 치료법에 한계 따위는 없다."[6]

1902년에 퀴리 부부가 라듐을 발견하자, 외과의사들은 1,000배는 더 강력한 에너지를 종양에 쏠 수 있게 되었다. 기대와 흥분에 겨워서, 여기저기서 고선량 방사선 요법을 다루는 학회와 단체가 세워졌다. 더 고선량의 엑스 선을 국소 부위에 쬐기 위해서 라듐을 금실로 묶어서 종양에 직접 대고 꿰매기도 했다. 외과의사들은 복부 종양에 라듐 알약을 이식했다. 1930-1940년대 미국에는 라듐이 남아돌았고, 잡지의 뒤쪽에 일반인에게 라듐을 판매하는 광고가 실릴 정도였다.[7] 동시에 진공관 기술도 발전했다. 1950년대 중반이 되자, 개량된 형태의 온갖 진공관들이 고선량의 엑스 선 에너지를 암 조직에 쬐는 데에 쓰였다.

방사선 요법은 암의학을 원자 시대로 진입시켰다. 희망과 더불어서 위험도 가득한 시대로 말이다. 원자력의 강력함을 상징하는 어휘, 이미지, 비유가 암으로 쏟아져들어왔다. "사이클로트론", "초고압 광선", "선형 가속기", "중성자 빔"도 도입되었다. 어떤 환자는 엑스 선 요법을 "수백만 개의 작은 에너지 탄환"이라고

---

* 비록 제한적인 성공을 거둘 뿐이지만, 암이 전이된 자리도 이따금 엑스 선으로 치료할 수 있다.

생각하면 된다는 말을 들었다.[8] 우주여행의 짜릿함과 두려움을 떠올리게 하는 식으로 방사선 치료를 설명한 사례도 있었다. "환자를 침대에 눕혀서 산소실로 보낸다. 의사, 간호사, 기사로 이루어진 6명이 산소실 옆에서 대기하는 동안, 방사선과 의사가 베타트론을 조작하여 위치를 맞춘다. 산소실 끝에 달린 해치가 탕 하고 닫히면, 기사들이 산소를 주입한다. 가압 상태에서 15분이 지난 뒤…… 방사선과 의사는 베타트론을 작동시켜서 종양에 방사선을 쬔다. 치료가 끝나면 심해 잠수부에게 하듯이 환자를 감압 상태에 두었다가 회복실로 옮긴다."[9]

산소실에 넣어지고, 해치 안으로 밀려들어갔다가 끌려나오고, 주위에 폐쇄회로 화면으로 상황을 지켜보는 사람들이 있고, 산소를 주입하고, 가압하고, 감압하고, 꺼내어 회복실로 옮겨지고 하면서, 환자는 마치 보이지 않는 축복을 받는 것처럼, 방사선 요법의 세례를 받았다.

그리고 그것은 특정한 형태의 암에는 축복이었다. 수술과 마찬가지로, 방사선도 국소 부위에 한정된 암을 없애는 데에 놀라운 효과가 있었다. 유방 종양은 엑스 선으로 산산이 부서졌다. 림프종 덩어리는 녹아서 사라졌다. 뇌종양에 걸려서 1년 내내 혼수상태에 빠져 있던 한 여성은 병실에서 깨어나서 야구경기를 지켜보았다.[10]

그러나 수술과 마찬가지로 방사선 의학도 본질적인 한계와 맞서게 되었다. 에밀 그루브는 처음 실험적인 치료를 할 때, 이런 한계 중의 하나와 이미 마주쳤다. 엑스 선은 오직 국소 부위로만 향하게 할 수 있으므로, 방사선은 이미 전이된 암에 쓰기에는 한계가 있었다.*

복사 에너지의 선량을 2배, 4배로 올릴 수는 있지만, 그런 만큼 더 치유가 되는 것은 아니었다. 오히려 수용 한계를 훨씬 넘어선 무분별한 사용은 환자에게 흉터를 남기거나 화상을 입히거나 환자의 눈을 멀게 했다.

두 번째 한계는 훨씬 더 드러나지 않는 것이었다. 바로 방사선이 암을 유발한다는 점이었다. 빠르게 분열하는 세포를 죽이는 엑스 선의 바로 그 효과—DNA 손상—는 유전자에 암을 유발할 돌연변이도 일으켰다. 퀴리 부부가 라듐을 발견한 직후인 1910년대에, 뉴저지의 U. S. 라듐이라는 기업은 라듐을 페인트와

---

* 방사선은 사례에 따라서, 전이된 종양을 억제하거나 그 증세를 완화시키는 데에 쓸 수도 있지만, 그런 상황에서 완치되는 일은 거의 없다.

섞어서 언다크(Undark)라는 상품을 만들었다. 라듐이 섞인 이 페인트는 밤에 연한 녹색을 띤 빛을 뿜어냈다. 라듐이 여러 가지 해로운 영향을 끼친다는 것을 알고 있으면서도, 그들은 밤에도 시계를 볼 수 있게 해준다고 광고하면서 언다크를 시계 문자반에 칠하는 용도로 팔았다. 시계에 페인트를 칠하는 작업은 정밀한 손재주를 필요로 했으며, 손을 흔들림 없이 빠르게 놀릴 수 있는 젊은 여성들이 주로 그 일을 맡았다. 이 여성들은 아무런 예방 조치도 갖추지 않은 상태에서 페인트를 칠했고, 글자를 선명하게 쓰기 위해서 종종 혀로 붓 끝을 핥아서 날카롭게 다듬곤 했다.

라듐을 늘 접하는 이 노동자들에게 곧 턱의 통증, 피로감, 피부와 치아 손상이 일어나기 시작했다. 1920년대 말에 의학적 조사를 해보니, 그들의 턱뼈에 괴사(壞死)가 일어났고, 방사선을 쬐어 혀에 흉터가 생겼고, 많은 이들이 만성 빈혈에 시달린다(골수가 심하게 손상되었다는 징후)는 것이 밝혀졌다. 방사능 계수기로 검사해보니 몸에서 방사능을 뿜어내는 여성들도 있었다. 다음 수십 년에 걸쳐서, 라듐에 노출된 이 노동자들에게서 수십 종류의 라듐 유발 종양—육종, 백혈병, 뼈, 혀, 목, 턱의 종양 등—이 나타났다. 1927년에 뉴저지에서 심한 피해를 입은 여성 5명—언론은 이들을 "라듐 여성들(radium girls)"[11]이라고 불렀다—이 U. S. 라듐을 상대로 소송을 제기했다. 그들은 아직 암에 걸리지 않은 상태였으나, 라듐 독성의 더 급성 효과에 시달리고 있었다. 턱, 피부, 치아의 괴사 증세였다. 1년 뒤에 그들 각자에게 1만 달러의 피해 배상금과 생계비이자 의료비 명목으로 연간 600달러를 지불하는 조건으로 법정에서 화해가 이루어졌다. "피해 배상"은 제대로 이루어지지 않았다. 법정에서 선서를 할 손을 들어올릴 수조차 없이 쇠약했던 그들 중 상당수가 화해가 이루어진 직후에 백혈병과 기타 암으로 사망했기 때문이다.

마리 퀴리는 1934년에 백혈병으로 사망했다.[12] 그보다 약한 엑스 선에 노출되었던 에밀 그루브도 방사선에 지속적으로 노출된 결과 죽음을 맞이했다. 1940년대 중반이 되자, 손가락뼈에 괴저와 괴사가 일어나는 바람에 그루브는 손가락을 하나씩 절단해야 했다.[13] 얼굴에도 방사선 유발 종양과 전암성 사마귀가 계속 돋아나서 잘라내는 수술을 되풀이했다. 그는 1960년에 85세의 나이로 시카고에서 숨을 거두었다. 전신에 퍼진 다양한 유형의 암 때문이었다.

방사선이 암과 복잡하게 뒤얽혀 있다—때로는 암을 치유하고 때로는 암을 일으킨다—는 것이 드러나면서 암 과학자들이 초기에 보였던 열광도 수그러들었다. 방사선은 보이지 않는 강력한 칼이었지만, 그것은 결국 칼에 불과했다. 그리고 칼은 아무리 잘 든다고 해도 암과의 전쟁에서 베는 만큼만 소용이 있을 뿐이었다. 더 식별력이 있는 요법, 특히 비국소적 암을 공략할 치료법이 필요했다.

1932년, 홀스테드와 동시대에 근치 유방절제술을 창안했던 뉴욕 외과의사 윌리 마이어는 미국 외과학회의 연례총회에서 연설을 해달라는 요청을 받았다. 심하게 아파서 몸져누운 터라 총회에 참석할 수 없었던 그는 여섯 문단으로 된 짧은 연설문을 편지로 보냈다. 마이어가 사망한 지 6주일 뒤인 5월 31일, 빼곡하게 들어찬 외과의사들 앞에서 그의 편지가 낭독되었다. 편지에는 암의학이 어떤 종점에 다다랐으며, 새로운 방향이 필요하다는 인식이 확연히 드러나 있었다. "모든 사례에서 생물학적인 전신 후치료 과정이 추가된다면, 그런 환자 중 대다수가 적절한 근치 수술을 받은 뒤 완치된 채로 있을 것이라고 믿는다."[14]

마이어는 암의 심오한 원리 하나를 이해했던 것이다. 암은 설령 시작할 때는 국소적이라고 해도 반드시 그 억류 상태를 깨뜨리고 분출할 태세가 되어 있다. 많은 환자들이 의사를 찾아올 때면 이미 그 병은 수술로 막을 수 있는 상황을 넘어 퍼져서, 갈레노스가 거의 2,000년 전에 그토록 생생하게 그려냈던 검은 담즙처럼 전신으로 스며든 다음일 때가 많았다.

그러니까 사실상 갈레노스는 옳았던 듯하다. 데모크리토스의 원자에 관한 생각이나, 은하가 발견되기 오래 전에 에라스무스의 빅뱅에 관한 추측이 뜻하지 않게 경구로 받아들여짐으로써 옳은 말이 된 것처럼 말이다. 물론 갈레노스는 암의 진정한 원인을 잘못 알았다. 몸 어딘가에서 막혀서 빠져나가려고 애쓰다가 종양으로 부풀어오르는 검은 담즙 같은 것은 없었지만, 그는 몽상적이고 직감적인 비유를 통해서 암의 본질적인 무엇인가를 기괴하게 포착했다. 때로 암은 체액성 질병이었다. 게처럼 끊임없이 움직이면서, 암은 한 기관에서 다른 기관으로 보이지 않는 통로를 팔 수 있었다. 갈레노스가 예전에 이해했듯이, 암은 "전신" 질병이었다.

염색과 죽음

> 화학이나 의학을 공부하지 않은 이들은 암 치료가 실제로 얼마나 어려운 문제인지를 실감하지 못할지도 모른다. 그것은 이를테면 왼쪽 귀로 녹아 들어가서 아무런 해도 입히지 않고 오른쪽 귀로 빠져나오는 어떤 물질을 찾는 것과 거의—똑같지는 않겠지만, 거의—다를 바가 없다. 그 정도로 암세포와 그것의 정상 조상은 차이가 거의 없다. —윌리엄 워글럼[1]

> 생명은……화학적 사건이다. —파울 에를리히, 학창시절인 1870년[2]

전신 질병에는 전신 치료법이 필요하다. 그런데 과연 어떤 종류의 전신 요법이 암을 치유시킬 수 있을까? 미세 수술을 하듯이, 궁극의 약학적 유방절제술을 할 약물이 있을까? 정상 조직은 놔두고 암세포만 제거하는 약물이? 그런 마법의 요법을 꿈꾸던 사람은 윌리 마이어만이 아니었다. 그보다 앞서 모든 세대의 의사들도 그런 약을 꿈꾸었다. 그러나 어떻게 해야 약이 몸 전체를 샅샅이 뒤져서 병에 걸린 기관만 공격하도록 할 수 있을까?

어떤 약물이 의도한 표적과 그 주인을 식별하는 능력을 특이성이라고 한다. 시험관에서 암세포를 죽이는 것은 그다지 어렵지 않다. 화학 세계에는 미량으로도 암세포를 몇 분 안에 없앨 수 있는 유독물질이 가득하다. 따라서 문제는 **선택적**(selective) 독, 즉 환자 자체는 놔둔 채 암만을 죽이는 약물을 찾아야 한다는 데에 있다. 특이성이 없는 전신 요법은 무차별적인 폭탄이다. 마이어는 항암독물이 유용한 약물이 되려면, 환상적일 정도로 잘 드는 칼이 되어야 한다는 것을 알았다. 암세포를 충분히 죽일 만큼 날카로우면서도 환자는 건드리지 않을 만큼 선택적이어야 한다.

그런 전신에 작용하는 특이성을 띤 독을 찾으려는 노력은 전혀 다른 종류의 화학물질을 찾으려는 시도와 맞닥뜨렸다. 그 이야기는 식민주의와 그 주요 약탈품, 즉 면화에서 시작한다. 1850년대 중반, 인도와 이집트에서 면화를 가득 싣고 온 배들이 영국 항구에 짐을 내려놓으면서, 방직산업은 영국에서 엄청난 호황을 이루었고, 온갖 주변 산업들을 아우르는 거대한 산업으로 성장했다. 미들랜드 지역의 산업단지에서 글래스고, 랭커셔, 맨체스터까지 방직공장들이 뻗어나가면서 드넓은 망을 구축했다. 섬유 수출은 영국 경제의 주축이 되었다. 1851년에서 1857년 사이에 영국의 날염 제품 수출량은 4배 이상, 연간 600만 점에서 2,700만 점으로 늘어났다.[3] 1784년에 면화 제품은 영국 총 수출량의 6퍼센트에 불과했지만, 1850년대에는 50퍼센트를 차지했다.[4]

방직산업이 급성장하자, 직물 염색산업도 호황을 맞이했다. 그러나 이 두 산업—직물과 염료—은 기술의 발전 수준이 크게 달랐다. 방직과 달리 염색은 아직 산업화 단계에 이르지 못했다. 염료는 인내심을 가지고 계속 지켜보면서 숙련된 솜씨를 발휘해야 하는 전통적인 과정을 써서, 쉽게 상하는 식물성 원료—꼭두서니 뿌리에서 추출한 붉은 색소나 땅비싸리류의 식물에서 추출한 짙은 파란 색소—에서 추출해야 했다.[5] 색깔 염료로 섬유를 날염하는 일(예를 들면, 인기 있는 캘리코 날염 제품을 생산하는 것)은 더욱 어려웠고—여러 단계를 거쳐서 호료(糊料), 착색료, 용매를 썼다—때로 일을 끝내는 데에 몇 주일이 걸리기도 했다.[6] 따라서 섬유산업은 표백제와 세척제를 녹이고, 염료 추출을 감독하고, 염료를 천에 고정시키는 일을 할 전문 화학자가 필요했다. 곧 런던 전역의 기술학교와 연구소에서는 섬유 염색용 물질을 합성하는 데에 초점을 맞춘 실용화학이라는 새로운 분야가 활기를 띠었다.

1856년, 이런 연구소 중 한 곳에 있던 18세의 학생 윌리엄 퍼킨은 앞으로 이 산업의 성배가 될 물질과 맞닥뜨렸다. 전적으로 아무것도 없는 상태에서 만들 수 있는 값싼 화학 염료였다. 런던 동쪽 끝의 공동주택에 임시로 만든 방 한 칸짜리 실험실("병들이 가득한 선반 몇 개와 탁자가 하나 있는 길쭉한 작은 방의 절반"[7])에서 퍼킨은 밀반입한 유리 플라스크에 질산과 벤젠을 끓이다가 예기치 않은 반응을 접했다. 플라스크 안에 뭉개진 연한 보랏빛 화학물질이 형성되어 있었다. 염료 제조에 혈안이 되어 있던 시대였기 때문에, 색깔을 띤 화학물질은 모두 염료의 후보로 생각되었다. 재빨리 면화 조각을 플라스크에 담그자 새로운 화학물질이 면화를 물들일 수 있다는 것이 드러났다. 게다가 이 새로운 화학물질은 물이 빠지거나 번지지 않았다. 퍼킨은 그것을 아닐린 모브(aniline mauve)라고 했다.

퍼킨의 발견은 섬유산업에 하늘이 준 선물이었다. 아닐린 모브는 값싸고 영구적이었다. 즉 식물성 염료보다 만들고 보관하기가 훨씬 더 쉬웠다. 퍼킨이 곧 알아차렸듯이, 그것의 모화합물은 다른 염료들을 만드는 분자 기본 단위 역할을 할 수 있었다. 즉 다양한 곁사슬을 붙여서 아주 다양하고 선명한 색깔들을 만들 수 있는 화학적 뼈대였다. 1860년대 중반이 되자, 연보라, 파랑, 자홍, 청록, 빨강, 자주 등 다양한 색깔을 띤 온갖 새로운 합성 염료들이 유럽의 방직공장에 가득했다. 1857년, 퍼킨은 고작 19세에 런던 화학회의 정회원이 되었다. 그 학회의 역사상 그런 영예를 누린 가장 어린 회원에 속했다.

아닐린 모브는 영국에서 발견되었지만, 염료 제조가 화학적 절정기에 이른 것은 독일에서였다. 1850년대 말, 급속히 산업화가 이루어지던 독일은 유럽과 미국의 직물 시장에서 경쟁하기 위해서 기를 쓰고 있었다. 그러나 영국과 달리, 독일은 천연 염료에 접근할 여지가 거의 없었다. 독일이 식민지를 차지하려는 싸움에 뛰어들었을 때, 세계는 이미 너무 많은 부분으로 쪼개져 있어서 더 이상 나눌 곳이 거의 남지 않았기 때문이다. 따라서 독일 방직공장주들은 예전에 실패한 목표라고 포기했던 산업에 재진출할 기회를 노리면서, 인공 염료의 개발에 뛰어들었다.

영국에서 염료 제조는 금세 복합적인 화학산업이 되었다. 독일에서 합성화학은 섬유산업이 이끌고 국가 보조금으로 부양되는 경제 성장이 뒤를 받침으로써 더욱 엄청난 활황을 거듭했다. 1883년에 천연 카민을 모방한 새빨간 화학물질인 알리자린(alizarin)의 독일 생산량은 런던의 퍼킨 공장에서 제조하는 양을 훨씬 넘어서는 1만2,000톤에 이르렀다.[8] 독일 화학자들은 더 선명하고 더 강력하고 더 값싼 화학물질을 생산하는 일에 앞다투어 뛰어들었고, 이윽고 유럽 전역의 섬유산업을 부양하게 되었다. 1880년대 중반, 독일은 화학물질 군비 경쟁(훨씬 더 추한 군사적인 경쟁에 앞서 벌어진)에 승리하여 유럽의 "염료통"이 되었다.

처음에 독일 섬유화학자들은 전적으로 염색산업의 그늘에 가려져 있었다. 그러다가 점차 성공에 고무된 화학자들은 염료와 용매를 합성할 뿐만 아니라, 새로운 분자들로 구성된 신세계를 조성하기 시작했다. 페놀, 알코올, 브롬화물, 알칼로이드, 알리자린, 아민류 등 자연에 존재한 적이 없던 화학물질들이 무수히 쏟아져나왔다. 1870년대 말까지 독일의 합성화학자들은 자신들이 알고 다루었던 것보다 훨씬 더 많은 분자들을 새로 만들어냈다. "실용화학"은 거의 자기 자신을 희화화하고 있었다. 즉 자신이 그토록 앞다투어 발명한 산물들의 실용적인 목적을 찾아나서는 산업이 되었다.

합성화학과 의학의 초기 상호관계는 대체로 실망스러운 수준이었다. 17세기의 의사 기디언 하비는 화학자를 "가장 뻔뻔하고 무식하며 허풍쟁이에다가 살만 찌고 자기 자랑만 늘어놓는 부류"라고 했다.[9] 두 분야의 상호 비방과 적대감은 오래 지속되었다. 1849년에 왕립대학에서 윌리엄 퍼킨을 가르친 어거스트 호프먼은 의학과 화학 사이의 균열을 우울한 어조로 인정했다. "이 화합물 중 생명에 적용되는 데까지 나아간 것은 전혀 없다. 우리는 아직 그것들을……병을 치료하는 데에는 쓸 수가 없다."[10]

그러나 호프먼도 합성 세계와 자연 세계의 경계선이 무너질 수밖에 없으리라는 것을 알았다. 1828년, 베를린의 프리드리히 뵐러라는 과학자는 흔한 무기염인 시안산암모늄을 끓여서 신장에서 만들어지는 대표적인 화학물질인 요소를 만드는 데에 성공함으로써 과학계에 형이상학적 폭풍을 일으켰다.[11] 별 것 아닌 듯이 보일지 몰라도, 뵐러의 실험은 엄청난 의미를 함축하고 있었다. 요소는 "천연" 화학물질인데, 그것의 전구물질이 무기염이었다. 자연의 생물이 만드는 화학물질을 플라스크에서 그처럼 쉽게 만들 수 있다는 것은 살아 있는 생물이라는 개념 자체를 뒤엎을 만한 발견이었다. 살아 있는 생물을 다루는 화학은 실험실에서 재현할 수 없는 생기라는 신비한 특성이 생물에 깃들어 있다고 오랜 세월 믿어왔다. 바로 생기론(生氣論, vitalism)이었다. 뵐러 실험은 생기론을 무너뜨렸다. 그는 유기 화학물질과 무기 화학물질이 서로 바뀔 수 있다는 것을 입증했다. 생물학은 화학이었다. 더 나아가서 인체는 화학물질들이 부산하게 반응하는 주머니와 다를 것이 없는지도 몰랐다. 팔, 다리, 눈, 뇌, 영혼을 가진 비커라고 할 수도 있었다.

생기론이 죽자, 그 논리가 의학까지 뻗치는 것도 필연적이었다. 생명의 화학물질이 실험실에서 합성될 수 있다면, 살아 있는 계에도 작용하지 않을까? 생물학과 화학이 그렇게 교환될 수 있다면, 플라스크에서 만든 분자가 생명체 내에서 일어나는 활동에 영향을 줄 수도 있지 않을까?

뵐러 자신이 의사였으므로, 그는 학생들과 동료들을 끌어모아서 화학 세계에서 다시 의학 세계로 건너가는 일에 착수했다. 그러나 그가 합성한 분자는 아직 너무 단순했다. 그것은 그저 가능성을 보여주는 단서에 지나지 않았고, 화학이 살아 있는 세포에 간섭하려면 훨씬 더 복잡한 분자들이 있어야 했다.

사실 그런 다재다능한 화학물질은 이미 있었다. 프랑크푸르트 염료공장들의 실험실에 가득 있었다. 뵐러는 그저 괴팅겐의 자기 연구실에서 프랑크푸르트의 실험실로 짧게 하루 다녀오기만 하면, 생물학과 화학 사이에 다리를 건설할 수 있었다. 그러나 뵐러도, 그의 제자들도 그 마지막 남은 연결 고리를 잇지 못했다. 독일 섬유화학자들의 선반 가득히 놓여 있던 수많은 분자들, 의학에 혁명을 일으킬 후보 물질들은 저 멀리 대륙 너머에 있는 것이나 다름없었다.

염료산업에 쓰일 화학물질을 만들고자 했던 뵐러의 요소 실험이 마침내 살아 있는 세포와 물리적 접촉을 가진 것은 그로부터 꼬박 50년이 흐른 뒤였다. 1878년에 라이프치히에 살던 24세의 의대생 파울 에를리히는 학위논문 주제를 찾다가 직물 염료—아닐린과 그 유색 유도체들—로 동물 조직을 염색해보면 어떨까 하는 생각을 했다.[12] 그는 염료가 그저 현미경으로 더 잘 보이게 조직을 물들이기만 해도 좋겠다고 생각했다. 그런데 놀랍게도 염료는 아무거나 다 짙게 물들이는 것이 아니었다. 아닐린 유도체들은 세포의 특정 부분만 물들임으로써 다른 구조물들은 그냥 놔둔 채 특정 구조물의 윤곽만 뚜렷이 보이게 했다. 염료는 어떤 것과는 결합하고 다른 것은 놔둠으로써, 세포 안에 숨겨진 화학물질들을 식별할 수 있는 듯했다.

에를리히는 염료와 세포 사이의 반응을 통해서 생생하게 포착된 이 분자 특이성에 매료되었다. 1882년에 그는 로베르트 코흐와 함께 항산균(mycobacteria)에 쓸 새로운 염색 시약을 발견했다.[13] 코흐는 항산균이 결핵의 원인이라는 것을 밝혀냈다. 몇 년 뒤, 에를리히는 특정한 독소를 동물에 주입하면 "항독소"가 만들어질 수 있다는 것을 알았다. 항독소는 독소와 결합하여 그것을 불활성 상태로 만드는 특이성이 강한 물질(나중에 이 항독소는 항체라는 것이 밝혀진다)이었다. 그는 말의 피에서 디프테리아 독소에 맞서는 강력한 혈청을 분리하여, 스테글리츠의 혈청 연구 및 검사 연구소로 가서 이 혈청을 대량으로 늘린 뒤, 프랑크푸르트로 돌아와서 자신의 연구실을 세웠다.

그러나 그는 생물 세계를 더 폭넓게 탐구할수록, 원래 품었던 개념으로 다시 돌아가게 되었다. 생물학적 세계는 한 열쇠에만 딱 맞도록 설계된 자물쇠처럼 자신의 상대를 콕 찍어 고르는 분자들로 가득했다. 항독소가 달라붙어서 떨어지지 않는 독소, 세포의 특정 부위만을 돋보이게 하는 염료, 섞여 있는 다양한 미생물 중에서 한 부류의 세균만을 골라낼 수 있는 염색 시약 등이 그러했다. 그는 생물학이 화학물질들의 복잡한 짝짓기 게임이라면, 동물 세포에 든 세균 세포를 식별하여 숙주는 건드리지 않고 세균만 죽이는 화학물질도 있지 않을까 하고 추론했다.

어느 날 밤늦게 학회에 갔다가 베를린에서 프랑크푸르트까지 비좁은 야간열차를 타고 돌아올 때, 에를리히는 두 동료 과학자에게 열변을 토하면서 자신의 생각을 설명했다. "단지 어느 한 증상에 작용하는 완화제가 아니라 어떤 질병을 진정으로 구체적으로 치유하는 인공물질을 찾아내는 것이 가능할 것이라는 생각이 떠올랐어요.……그런 치유물질은—**선험적으로**—질병을 일으키는 미생물을 직접 파괴할 것이 분명합니다. '멀리서 작용함'으로써가 아니라 화합물이 기생생물에 달라붙을 때만이죠. 기생생물은 화합물이 그것과 특수한 관계에 있을 때, 즉 그것에 특이적 친화력을 가질 때만 죽을 수 있어요."[14]

그때쯤 같은 열차칸에 탄 사람들은 꾸벅꾸벅 졸고 있었다. 그러나 열차칸에서 했던 이 호언장담은 의학사에서 가장 중요한 개념 중 하나를 가장 압축된 원형적인 형태로 내놓은 것이었다. 한밤중의 열차칸에서, 특정한 화학물질을 써서 병에 걸린 몸을 치료한다는 "화학요법"이라는 개념이 탄생한 것이다.

에를리히는 친숙한 장소에서 "치유물질"을 찾기 시작했다. 이전의 생물학 실험에서 그토록 중요하다는 것이 입증된 염색산업의 화학물질이라는 보물 창고에서 말이다. 그의 연구실은 이제 호황을 거듭하는 프랑크푸르트의 염색공장들—프랑크푸르터 아닐린파벤파브리크와 레오폴트 카셀라—근처에 있었고, 계곡을 잠깐 걸어 건너면 염료 화학물질을 쉽게 구할 수 있었다.[15] 그는 구할 수 있는 수천 가지 화합물이 동물에게 어떤 생물학적 효과를 미치는지 알아보는 일련의 실험들에 착수했다.

그는 항균 화학물질을 사냥했다. 화학 염료가 미생물 세포와 특이적 결합을 할 수 있다는 것을 이미 알고 있기 때문이기도 했다. 그는 끔찍한 수면병을 일으키는 기생생물인 브루스 파동편모충(Trypanosoma brucei)을 생쥐와 토끼에게 감염시킨 뒤, 감염을 치료할 수 있는지 알아보기 위해서 화학물질 유도체들을 동물에게 투여했다. 그와 동료들은 수백 가지 화학물질을 시험한 끝에 첫 번째 항생제를 찾아냈다. 그는 선홍색을 띤 염료 유도체에 트리판 레드(Trypan red)라는 이름을 붙였다. 그것이 바로 거의 한 세기에 걸쳐서 의학사가 찾아낸, 질병과 염료 색깔을 이어붙인 이름이었다.

자신의 발견에 고무된 에를리히는 온갖 화학 실험에 착수했다. 그의 앞에 생물화학의 세계가 펼쳐졌다. 색다른 특성을 가진 분자, 특이성을 띤 규칙에 지배되는 우주였다. 일부 화합물은 전구물질이었다가 혈액에서 활성 약물로 전환되었다. 활성 약물에서 비활성 분자로 역행하는 화합물도 있었다. 일부 화합물은 소변으로 배출되는 반면, 담즙에 농축되거나 피에서 즉시 분해되는 화합물도 있었다. 어떤 분자는 동물의 몸에서 며칠 동안 살아남을 수 있지만, 그것의 화학적 사촌—중요한 원자 몇 개만 바꾼 변이체—은 몇 분 안에 몸에서 사라질 수도 있었다.

1910년 4월 19일, 비스바덴의 내과학 총회에서 강당을 가득 채운 의사들 앞에서 에를리히는 "특이적 친화력"을 가진 또다른 분자를 발견했다고 선언했다.[16] 엄청난 성공을 거두게 될 분자였다. 606번 화합물이라는 가명으로 불리게 될 이 신약은 매독을 일으키는 악명 높은 미생물인 매독균(Treponema pallidum)에 활성을 띠었다. 에를리히의 시대에 매독—18세기 유럽의 "남이 알까 두려운 질병"—은 선정적인 질병, 즉 선정적인 신문에 실리곤 하는 악명 높은 질병이었다.[17] 에를리히는 매독약이 즉시 큰 파장을 일으키리라는 것을 알고 대비했다. 606번 화합물은 상트페테르부르크의 병동에서 환자들에게 비밀리에 시험된 뒤에, 마그데부르크 병원의 신경매독 환자들을 대상으로 재시험이 이루어졌다. 그리고 매번 놀라운 성공을 거두었다. 훼히스트 화학회사가 설립한 대규모 공장이 이미 그것을 상업용으로 판매하기 위해서 제조하고 있었다.

에를리히가 트리판 레드와 606번 화합물(그는 그것에 살바르산이라는 이름을 붙였다. 구원[salvation]이라는 단어에서 따온 이름이었다)로 거둔 성공은, 질병이 딱 맞는 분자가 끼워지기를 기다리는 병리학적 자물쇠와 같다는 것을 입증했다. 치료 가능한 질병들이 이제 그 앞에 죽 줄을 서 있었다. 에를리히는 자신의 약물을 "마법 탄환(magic bullet)"이라고 했다. 죽이는 능력과 특이성이라는 마법을 가진 탄환이라고 말이다. 그것은 종양학의 미래에 끊임없이 울려 퍼질 고대 연금술의 분위기를 풍기는 용어였다.

에를리히의 마법 탄환이 쓰러뜨릴 마지막 표적이 있었다. 미생물 질병인 매독이나 파동편모충증과 다른 질병, 바로 암이었다. 에를리히는 자신의 궁극적 목표, 즉 인간의 악성 세포를 향해서 조금씩 다가갔다. 1904년에서 1908년 사이에 그는 엄청나게 많은 화학물질을 대상으로 항암제를 찾기 위한 몇 가지 복잡한 계획을 세웠다. 그는 아미드, 아닐린, 술폰 유도체, 비소, 브롬화물, 알코올을 써서 암세포를 죽이려고 시도했다. 그러나 아무것도 듣지 않았다. 그는 암세포에 독인 것은 마찬가지로 정상 세포에도 독일 수밖에 없다는 것을 알게 되었다. 낙심한 그는 더욱 환상적인 전략을 짜서 시도했다. 그는 육종 세포의 대사물질을 굶기거나 미끼 분자를 이용하여 죽음으로 내몰 생각(수바라오의 항엽산제 유도체보다 거의 50년 앞선 전략이었다)을 했다. 그러나 식별력이 있는 궁극적 항암제를 찾으려는 노력은 헛수고라는 것이 드러났다. 그의 약학적 탄환은 마법적이기는커녕 너무 무차별적이거나 너무 약했다.

특이적 친화력 원리를 발견한 공로로 노벨상을 받은 직후인 1908년, 독일의 빌헬름 황제가 사적으로 그를 왕궁에 초청했다. 황제는 조언을 구하고자 했다. 온갖 실제와 상상의 질병에 시달리는 저명한 건강염려증 환자인 그는 에를리히가 가까운 장래에 항암제를 찾을 수 있을지 알고자 했다.[18]

에를리히는 어정쩡하게 대답했다. 그는 암세포가 세균 세포와 근본적으로 다른 표적이라고 설명했다. 특이적 친화력은 역설적으로 "친화력"이 아니라 그 정반대의 것, 즉 차이에 의존한다. 에를리히의 화학물질이 세균을 공략하는 데에 성공한 것은 세균 효소가 인간의 효소와 근본적으로 다르기 때문이었다. 그러나 암세포는 정상 세포와 비슷하기 때문에 표적을 구분하기가 거의 불가능했다.

마치 자기 자신에게 말하듯이, 에를리히는 이런 맥락으로 이야기를 계속했다. 그의 생각은 심오한 무엇인가를 중심으로 맴돌고 있었다. 그것은 아직 유아기에 있는 개념이었다. 비정상적인 세포를 표적으로 삼으려면, 정상 세포의 생물학을 해독할 필요가 있었다. 그는 아닐린과 첫 만남을 가진 지 수십 년이 지난 뒤에 다시 특이성으로, 모든 살아 있는 세포의 내면에 숨겨진 생물학의 바코드로 돌아갔다.

황제는 에를리히의 생각이 마음에 들지 않았다. 뚜렷한 목표도 없는 이 김빠진 태도에 흥미를 잃은 그는 알현을 짧게 끝냈다.

1915년에 에를리히는 결핵에 걸려서 눕고 말았다. 코흐의 연구실에서 지내던 시절에 걸렸을 가능성이 높았다. 그는 치료 효과가 있는 탄산염 온천수로 유명한 온천 마을인 바트홈부르크로 요양을 갔다. 멀리 평원이 한눈에 보이는 객실에서 그는 조국이 제1차 세계대전에 뛰어드는 광경을 쓸쓸하게 지켜보았다. 바이에르와 훼히스트를 비롯하여 그에게 치료용 화학물질을 공급했던 염료공장들은 전쟁 가스의 전구물질을 생산하는 대규모 화학공장으로 바뀌었다. 특히 유독한 가스 중의 하나는 용매인 티오디글리콜(염료 중간물질)을 끓는 염산과 반응시켜서 만든, 물집을 일으키는 무색의 액체였다. 이 가스의 냄새는 확연히 구분되며, 겨자, 탄 마늘, 불에 올려놓은 서양 고추냉이 가루를 떠올리게 했다. 그래서 머스터드 가스(겨자 가스)라고 알려지게 되었다.

에를리히가 사망한 지 2년 뒤인 1917년 7월 12일의 안개 자욱한 밤에, 작게 노란 십자 표시가 있는 포탄이 벨기에의 이프르라는 작은 마을 인근에 주둔한 영국 군대에 빗발치듯이 쏟아졌다. 한 병사의 회고에 따르면, 폭탄에 든 액체는 빠르게 기화하면서 "짙은 황록색 구름이 되어 하늘을 가렸다."[19] 그리고 차가운 밤공기를 통해서 퍼졌다. 막사와 참호에서 밤잠을 자고 있던 군인들은 앞으로 수십 년 동안 잊지 못할 역겨운 톡 쏘는 냄새를 맡고 깨어났다. 코를 찌르는 서양 고추냉이 냄새가 백악질 벌판 전체로 퍼지고 있었다. 군인들은 앞을 보지 못하는 상태에서 기침하고 재채기하면서 죽은 자들 사이에서 허우적거리며 진창 속을 기어서 입과 코를 가릴 것을 찾았다. 머스터드 가스는 가죽과 고무를 뚫고 퍼졌고, 겹겹이 가린 옷을 뚫고 배어들었다. 그것은 유독한 연무처럼 며칠 동안 전장 위에 머물렀다. 죽은 자들까지도 겨자 냄새를 풍길 정도였다. 그날 하룻밤에만 2,000명의 군인이 머스터드 가스로 인해서 죽거나 다쳤다. 그 뒤로 한 해 동안 머스터드 가스는 수천 명을 죽음으로 내몰았다.

머스터드 가스는 단기적인 급성 효과―호흡기 합병증, 피부 화상, 물집, 시력 상실―가 너무 엄청나서 장기적인 효과가 간과될 정도였다. 1919년 미국의 에드워드와 헬렌 크럼바 병리학자 부부는 얼마 남지 않은 생존자들을 대상으로 이프르 폭격의 영향을 분석했다. 그들은 생존자들의 골수가 비정상이라는 것을 발견했다.[20] 혈액을 만드는 정상 세포들은 모두 말라붙었다. 불타고 폭격 맞은 전쟁터를 기이하게 흉내낸 것처럼, 골수는 눈에 띄게 고갈되어 있었다. 그들은 빈혈을 앓고 있었고, 때로는 한 달에 한 차례까지 수혈을 받아야 했다. 그들은 감염에도 취약했다. 그들의 백혈구 수는 정상 수준보다 낮은 상태로 장기간 머물러 있기도 했다.

다른 공포에 덜 시달리던 세계였다면, 이 소식이 암의사들 사이에 어느 정도 충격으로 다가왔을지도 모르겠다. 비록 유독한 것은 분명해도, 이 화학물질은 어쨌거나 골수를 표적으로 삼아서 특정 세포 집단만을 몰살시켰으니 말이다. 즉 특이적 친화력을 가진 화학물질이었다. 그러나 1919년에 유럽은 공포로 가득한 곳이었기 때문에, 그 소식에 전혀 놀라지 않은 듯했다. 크럼바 부부는 두 번째 의학 논문을 발표했지만, 전쟁의 기억상실증으로 인해서 금방 잊혀졌다.

전시 화학자들은 다른 전투에 쓸 새로운 화학물질을 고안하기 위해서 연구실로 돌아갔다. 에를리히의 유산을 계승한 사람들은 다른 곳으로 그의 특이적 화학물질을 찾아나섰다. 그들은 희생자를 반쯤 죽이고 눈이 멀게 하고 물집투성이에 영구 빈혈에 시달리게 하는 독가스가 아니라, 몸에서 암을 제거할 마법 탄환을 찾고 있었다. 그들의 탄환은 결국 그 화학무기 자체에서 나왔다. 그것은 특이적 친화력의 왜곡, 에를리히 꿈의 음산하게 일그러진 형태처럼 보였다.

독에 오염된 공기

이 혼합물이 듣지 않으면 어쩌지?……
이것이 독이라면……?

―「로미오와 줄리엣」[1)]

1막의 분위기가 그렇게 지독하다면, 아무리 예의 바른 사람이라고 해도 연극을 끝까지 보고 싶지 않을 것이다.

―제임스 왓슨, 1977년 화학요법을 언급하면서[2)]

16세기의 의사 파라셀수스는 모든 약은 위장한 독이라고 말했다.[3)] 암세포를 없애려는 강박증이 만들어낸 암 화학요법은 그것의 환질 논리에 뿌리를 두고 있었다. 즉 모든 독은 위장한 약일 수 있었다.

노란 십자 표시가 있는 폭탄들이 이프르에 떨어진 지 25년 남짓이 지난, 1943년 12월 2일에 나치 독일 공군의 비행기들이 이탈리아 남부 바리의 외곽에 있는 한 항구에 모여 있던 미국 함대 위로 폭탄을 투하했다.[4)] 곧바로 배들에 불이 붙었다. 선원들조차도 알지 못했지만, 함대에 소속된 존 하비 호에는 만일의 사태에 쓰기 위해서 70톤의 머스터드 가스가 실려 있었다. 하비 호가 폭발하자, 그 유독한 짐도 폭발했다. 연합국은 사실상 자기 자신에게 폭탄을 터뜨린 셈이었다.

독일의 공습은 예상하지 못했던 것이었고 끔찍한 성공을 거두었다. 바리 항 주변의 어부들과 주민들은 미풍에 실려온 탄 마늘과 서양 고추냉이 냄새에 고통받기 시작했다. 대부분이 젊은 미국 선원들인, 기름범벅에다가 몰골이 엉망이 된 사람들이 눈이 퉁퉁 부어서 뜨지도 못한 채 고통과 공포에 질린 상태로 물 밖으로 구조되었다. 그들은 따뜻한 차를 마시면서 담요로 몸을 감쌌다. 그러나 담요는 독가스를 몸에 더 가까이 가두는 역할을 했다. 구조된 617명 중 83명이 일주일이 지나기도 전에 사망했다.[5] 독가스는 금세 바리 항 너머로 퍼지면서 해당 지역을 황폐하게 만들었다. 다음 몇 개월에 걸쳐서 거의 1,000명에 달하는 사람들이 합병증으로 사망했다.

언론에 바리 "사건"이라고 불린 그 일은 연합국 측을 정치적으로 몹시 당혹스러운 처지에 몰아넣었다. 다친 군인들과 선원들은 신속하게 각국으로 후송되었고, 의학 전문가들이 비밀리에 항공편으로 날아와서 죽은 사람들을 부검했다. 부검 결과는 앞서 크럼바 부부가 말했던 대로였다. 폭격 때는 살아남았지만 결국에는 폭격의 피해로 죽은 사람들은 혈액에서 백혈구가 거의 사라졌고 골수도 말라붙은 상태였다. 독가스는 특히 골수 세포를 표적으로 삼았다. 에를리히의 치료 화학물질에 대한 기괴한 분자적 풍자였다.

바리 사건은 전쟁 가스와 그것이 군인들에게 미치는 영향을 조사하려는 노력을 촉진시켰다. 전쟁 가스를 연구할 화학전 부대라는 비밀 부대(전시 과학연구개발국 소속이었다)가 창설되었다. 정부는 전국의 연구 기관들과 다양한 독성 화합물을 연구하는 계약을 맺었다. 질소 머스터드(머스터드 가스의 유사물질로서 황 대신 질소 원자가 포함되어 있다. 머스터드와 마찬가지로 화학무기로 개발되었다/역주)를 조사하는 계약을 맺은 상대는 예일 대학교의 루이스 굿맨과 앨프리드 길먼이었다.

굿맨과 길먼은 머스터드 가스의 "수포 형성" 특성, 즉 피부와 막을 태우는 능력에는 관심이 없었다.[6] 그들이 관심을 보인 것은 크럼바 효과, 즉 백혈구를 전멸시키는 능력이었다. 병원의 통제된 환경에서 적절히 관찰하면서 소량을 투여하여 악성 백혈구를 상대로 이러한 효과, 혹은 그보다 조금 약한 효과를 얻을 수는 없을까?

이 개념을 검증하기 위해서 길먼과 굿맨은 동물 실험을 시작했다. 머스터드 액체를 토끼와 생쥐에 정맥 주사하자, 역겨운 수포 형성 작용은 일어나지 않은 채, 혈액과 골수의 정상적인 백혈구가 거의 다 사라졌다. 두 약학적 효과를 분리시킨 것이다. 이러한 결과에 고무된 그들은 인체 시험에 들어갔다. 림프선에 일어나는 암인 림프종이 표적이었다. 1942년에 그들은 갑상선 외과의사인 구스타프 린즈코그를 설득하여 림프종에 걸린 48세의 뉴욕 은세공사에게 머스터드 액체를 10회에 걸쳐서 정맥 주사했다. 일회성 실험이었지만 결과는 좋았다. 생쥐에서처럼, 사람에게서도 그 약물은 기적처럼 증상을 완화시켰다. 부어올랐던 림프선들이 사라졌다. 약 2,000년 전에 갈레노스가 그토록 생생하게 묘사한 암의 딱딱한 등딱지가 녹아서 없어졌다는 듯이, 임상의들은 그 현상을 암의 섬뜩한 "연화(softening)"라고 했다.

그러나 그런 반응 뒤에 암은 어김없이 재발했다. 파버의 백혈병이 사라졌다가 맹렬하게 다시 나타났던 것처럼, 연화한 종양도 다시 딱딱해지면서 재발하곤 했다. 전시의 비밀 유지 의무에 묶여 있던 터라, 굿맨과 길먼은 1946년에야 자신들의 연구 결과를 발표했다. 파버의 항엽산제 논문이 발표되기 몇 개월 전이었다.

예일에서 남쪽으로 수백 킬로미터 떨어진 뉴욕의 버로즈웰컴 연구소에서 생화학자 조지 히칭스도 에를리히의 방법을 이용하여 암세포를 죽이는 특이적 능력을 가진 분자를 찾고 있었다.[7] 옐라 수바라오의 항엽산제에 영감을 얻어서, 히칭스는 세포가 받아들이면 그 세포를 죽이는 미끼 분자를 합성하는 데에 전념했다. 그의 1차 표적은 DNA와 RNA의 전구물질이었다. 학계는 대체로 히칭스의 접근방식을 "낚시 탐사"라고 경멸했다. 히칭스의 한 동료는 이렇게 회고했다. "학계 과학자들은 경멸하는 태도로 이런 활동과 거리를 두었다. 그들은 생화학, 생리학, 약학에 대한 충분한 기본 지식 없이 화학요법을 시도하는 것은 성급하다고 주장했다. 사실 그 분야는 에를리히의 연구가 이루어진 지 약 35년 동안 불모지로 남아 있었다."[8]

1944년, 히칭스의 낚시 탐사는 아직 한 마리의 화학물질 물고기도 낚지 못했다. 그의 주위에서는 곰팡이로 뒤덮인 낡은 정원 같은 인상을 풍기면서, 전망이 밝은 약물이 있다는 징후를 전혀 보이지 않는 수많은 배양접시에서 세균들이 자라고 있었다. 거의 직감에 따라서, 그는 거트루드 엘리언이라는 젊은 조수를 채용했다. 그녀는 히칭스보다 더 장래가 불확실해 보였다. 리투아니아 이민자의 딸인 그녀는 일찍부터 과학에 재능을 보였고 화학 지식에 목말라 했다. 그녀는 낮에는 고등학교에서 과학을 가르치고, 밤이나 주말에는 연구를 하면서 1941년 뉴욕 대학교에서 화학 석사 학위를 마쳤다. 비록 자질과 재능이 뛰어나고 의지도 강했지만, 그녀는 화학 연구실에 일자리를 구할 수 없었다. 계속되는 거절에 자포자기한 나머지 그녀는 슈퍼마켓 상품 관리자로 취직했다. 히칭스가 발견했을 당시에 트루디 엘리언(그녀의 애칭)은 뉴욕의 한 식품 연구실에서 피클의 산성도와 마요네즈에 들어갈 달걀 노른자의 색깔을 검사하는 일을 하고 있었다. 그녀는 곧 당대의 가장 혁신적인 합성화학자의 반열에 오르게 된다(그리고 미래의 노벨상 수상자가 된다).

피클과 마요네즈에서 구조된 거트루드 엘리언은 합성화학의 세계로 뛰어들었다. 히칭스와 마찬가지로 그녀도 DNA를 억제하여 세균 증식을 차단할 수 있는 화학물질을 사냥하는 일부터 시작했다. 그러나 그녀는 곧 거기에 자신만의 전략을 덧붙였다. 미지의 화학물질들을 무작위로 훑는 대신에, 그녀는 퓨린이라는 한 부류의 화합물에 초점을 맞추었다.[9] 퓨린은 6개의 탄소 원자가 중심을 이루는 고리 모양의 분자로서, DNA를 만드는 데에 관여한다고 알려져 있었다. 그녀는 6개의 탄소 원자 각각에 다양한 화학적 곁사슬을 붙이면, 수십 가지의 새로운 퓨린 분자가 만들어질 것이라고 생각했다.

엘리언이 모은 새로운 분자들은 온갖 동물들로 이루어진 기이한 회전목마였다. 2,6-디아미노퓨린(2,6-diaminopurine)이라는 분자는 아주 적은 용량으로도 동물에게 독성을 끼쳐서 약이 될 수 없었다. 또 어떤 분자는 마늘을 1,000배 농축한 듯한 냄새를 풍겼다. 불안정하거나 쓸모없거나, 양쪽 모두인 분자도 많았다. 그러나 1951년, 엘리언은 마침내 6-메르캅토퓨린(6-mercaptopurine), 줄여서 6-MP라고 부르는 물질을 찾아냈다.

6-MP는 동물을 대상으로 했던 사전 독성학 검사에서 탈락하여(이상하게도 개에게 독성이 강하다) 거의 버려진 상태였다. 그러나 머스터드 가스로 암세포를 죽이는 데에 성공했다는 소식이 초창기 화학요법 의사들의 용기를 자극했다. 1948년에 군 장교 출신인 코넬리우스 "더스티" 로즈는 화학전 부대 지휘관 자리를 떠나서 메모리얼 병원(그리고 부속 연구소)의 책임자가 되었다. 그럼으로써 전쟁터의 화학전과 몸의 화학전을 잇는 다리가 완성되었다. 독성 화학물질의 암을 죽이는 특성에 흥미를 느낀 로즈는 버로즈웰컴에 있는 히칭스와 엘리언의 연구실과 메모리얼 병원의 협동 연구를 적극 추진했다. 몇 개월에 걸쳐서 배양 접시에 있는 세포를 대상으로 시험을 거친 뒤, 6-MP는 환자를 대상으로 시험하는 단계에 돌입했다.

당연하게도, 첫 표적은 당시 종양학의 관심 대상이 된 희귀한 종양인 급성 림프구성 백혈병(ALL)이었다. 1950년대 초 의사이자 과학자인 조지프 버치널과 메리 로이스 머피, 두 사람은 메모리얼 병원에서 ALL에 걸린 아이들을 대상으로 6-MP 임상시험을 시작했다.[10]

버치널과 머피는 6-MP가 빠르게 증상을 완화시키는 것을 보고 깜짝 놀랐다. 때로 치료한 지 며칠 만에 골수와 혈액에서 백혈병이 빠르게 사라졌다. 그러나 보스턴에서 재발했듯이, 실망스럽게 이런 효과도 일시적이었고, 고작 몇 주일만 지속되었다. 항엽산제가 그랬듯이, 그것도 치료제의 모습을 언뜻 비쳤을 뿐이었다.

연예계의 선행

"지미"라는 이름은 뉴잉글랜드에서 흔히 들을 수 있는데……옆집 소년을 가리키는 별명이다.
—지미가 지은 집」[1]

나는 긴 항해 끝에 낯선 나라에 이르렀고, 그 검은 남자를 아주 가까이에서 보았다.
—토머스 울프[2]

깜박거리고 미약하긴 했지만, 그럼에도 파버는 보스턴과 뉴욕에서 백혈병의 증상이 완화되었다는 사실에 매료되었다. 가장 치명적인 형태의 암에 속하는 림프구성 백혈병의 기세를 서로 다른 두 화학물질로 꺾을 수 있다면(비록 한두 달 정도에 불과하다고 해도), 그 밑바탕에 더 심오한 원리가 있지 않을까? 화학 세계에는, 암세포는 없애면서도 정상 세포는 놔두는 완벽하게 고안된 독이 숨어 있지 않을까? 매일 저녁 병동을 오르내리면서 일지를 쓰고 밤늦게까지 표본을 검사하는 와중에 그의 머릿속에서는 계속 그런 생각이 맴돌았다. 아마 그는 화학물질만으로 암을 치유시킬 수 있다는, 더욱 도발적인 원리에 이르렀는지도 몰랐다.

그러나 이런 놀라운 화학물질을 어떻게 하면 발견할 수 있을까? 보스턴에서 그가 하는 치료는 너무 규모가 작았다. 소아 백혈병의 치료제, 더 나아가서 암 전반의 치료제를 찾는 일을 시작할 더 강력한 발판을 구축하려면 어떻게 해야 할까?

과학자들도 이따금 역사학자들처럼 강박적으로 과거를 살펴볼 때가 있다. 다른 분야들보다 그만큼 더 과거에 깊이 의지하고 있기 때문이다. 모든 실험은 이전 실험과의 대화이며, 모든 새 이론은 옛 이론의 반박이다. 파버도 강박적으로 과거를 연구했다. 그리고 그를 사로잡은 특히 중요한 사건은 전국 소아마비 퇴치운동이었다. 1920년대 하버드의 학생일 때, 파버는 소아마비 유행병이 도시를 휩쓸면서 아이들을 마비시키는 광경을 목격했다. 소아마비 급성 단계에서 그 바이러스는 횡격막(가로막)을 마비시켜서 거의 호흡을 불가능하게 만들 수 있다. 10년이 지난 1930년대 중반까지도 이 마비의 치료법은 철폐(鐵肺, iron lung)라는 인공호흡기뿐이었다.[3] 파버가 전공의 시절에 어린이 병원의 병실들을 회진할 때면 철폐가 계속 공기를 불어넣는 소리가 배경에서 울려 퍼졌고, 아이들은 이 끔찍한 장치에 갇힌 채 때로 몇 주일 동안 버티다가 숨을 거두곤 했다. 철폐 안에서 죽지도 살지도 못한 채 지내는 환자들은 이러지도 저러지도 못하는 마비 상태에 있는 소아마비 연구를 상징했다. 그 바이러스의 특성이나 감염의 생물학에 관해서 알려진 것이 거의 없었기 때문에, 소아마비 확산을 억제하자는 운동은 거의 광고 효과가 없었고, 대체로 대중에게 외면당했다.

1937년에 프랭클린 루스벨트가 소아마비 연구를 휴면 상태에서 뒤흔들어 깨웠다.[4] 앞서 일어났던 그 유행병의 희생자로서 하반신이 마비된 루스벨트는 1927년에 조지아에 소아마비 병원이자 연구 센터인 웜 스프링스 재단을 설립했다. 처음에 그의 정치 자문가들은 그의 이미지를 그 질병과 떼어놓으려고 애썼다. (하반신이 마비된 대통령이 국가를 대공황에서 빼내려고 애쓰는 것은 재앙에 가까운 이미지라고 생각했다. 그래서 루스벨트의 공개된 모습에는 상반신만 나오도록 세심하게 조치했다.) 그러나 1936년에 압도적인 표차로 재선되자, 도전적이고 의기충천한 루스벨트는 초심으로 돌아가서 소아마비를 널리 알리고 연구를 촉진할 기관인 국립 소아마비 재단을 설립했다.

질병에 초점을 맞춘 기관으로서는 미국 역사상 가장 컸던 이 재단은 소아마비 연구를 크게 진흥시켰다. 설립된 지 1년이 채 지나지 않았을 때, 배우인 에디 캔터는 이 재단을 위해서 마치 오브 다임스(March of Dimes) 운동을 시작했다. 10센트짜리 동전[dime]을 루스벨트에게 보내서 소아마비 교육과 연구를 후원하자고 전 국민에게 호소하는 전국적인 대규모 모금 운동이었다. 할리우드 배우들, 브로드웨이 스타들, 라디오 유명 인사들이 곧 그 운동에 합류했고, 반응은 놀라웠다. 몇 주일 사이에 백악관으로 동전 268만 개가 쏟아졌다.[5] 전국 방방곡곡에 포스터가 붙었고, 돈과 대중의 관심이 소아마비 연구에 쏟아졌다. 1940년대 말까지 이 운동으로 모인 기금 중 일부를 지원받아서 존 엔더스는 자신의 연구실에서 소아마비 바이러스를 배양하는 데에 거의 성공했고, 세이빈과 소크는 엔더스의 연구를 토대로 최초로 소아마비 백신을 제조하는 데에 성공했다.

파버는 백혈병, 더 나아가서 암 전반에 대해서 비슷한 운동을 벌이면 어떨까 하고 상상했다. 그는 그 노력의 선봉이 될 소아암 재단을 꿈꾸었다. 그러나 재단을 설립하려면 협력자가 필요했다. 병원 바깥에 있는 협력자라면 더 좋겠지만, 그가 알 만한 사람은 거의 없었다.

파버는 멀리서 찾을 필요가 없었다. 1947년 5월 초, 파버가 아직 아미노프테린 임상시험을 하고 있을 때, 빌 코스터가 이끄는 뉴잉글랜드 버라이어티 클럽의 회원들이 그의 연구실을 구경하러왔다.

1927년에 제작자, 감독, 배우, 예능인, 극장주 등 연예사업 분야의 사람들이 필라델피아에 설립한 버라이어티 클럽은 처음에 뉴욕과 런던의 만찬 클럽을 모방했다. 그러나 겨우 1년 뒤인 1928년에 그들은 미처 깨닫지도 못한 채로, 더 활발한 사회적 의제를 하나 받아들였다. 1928년 겨울, 그 도시가 대공황의 심연에서 허우적거리고 있을 때, 한 여성이 셰리던스퀘어 극장의 문 앞에 아이를 놓고 갔다. 함께 놓인 쪽지에는 이렇게 적혀 있었다.

> 부디 제 아이를 보살펴주세요. 이름은 캐서린입니다. 더 이상 아이를 돌볼 수가 없어요. 아이의 언니오빠가 8명이나 있어요. 남편은 실직했고요. 아이는 추수감사절에 태어났습니다. 연예계가 좋은 일을 많이 한다는 말을 항상 들었어요. 여러분이 딸을 돌봐주시기를 신께 기도합니다.[6]

사건 자체가 영화 속 드라마 같았고 "연예계의 선행"이라는 말도 심금을 울렸기 때문에, 신생 클럽의 회원들은 깊은 인상을 받았다. 클럽은 고아를 입양하고, 양육비와 교육비를 댔다. 아이는 캐서린 버라이어티 셰리던이라는 이름을 얻었다. 중간 이름은 클럽의 이름이었고, 성은 아이가 놓여 있던 극장의 이름이었다.

캐서린 셰리던의 이야기는 신문에 두루 실렸고, 클럽은 회원들이 꿈도 꾸지 못했던 수준으로 언론에 오르내렸다. 대중의 눈에 박애주의 조직으로 비치자, 클럽은 이제 아동 복지를 자신의 목표로 삼았다. 전후인 1940년대 말에 영화 제작이 활기를 띠면서 클럽 금고에는 더 많은 돈이 모였고, 전국의 도시에 새로운 지부가 생겼다. 전국의 클럽 사무실마다 캐서린 셰리던의 이야기와 사진이 인쇄되어 뿌려졌다. 셰리던은 클럽의 비공식 마스코트가 되었다.

돈과 대중의 관심이 모이면서 클럽은 다른 아이들을 위한 자선 계획도 모색했다. 코스터가 보스턴의 어린이 병원을 방문한 것은 그런 새로운 계획을 찾는 임무 때문이었다. 그는 안내를 받아 연구실과 학과를 돌면서 저명한 의사들을 만났다. 코스터가 혈액학과장에게 병원에 기부를 하고 싶다고 제안하자, 그는 특유의 신중한 태도를 보였다. "음, 새 현미경이 필요하긴 해요."[7]

대조적으로 파버의 사무실에 들렀을 때, 코스터는 영웅다운 전망을 품은 논리 정연하고 의욕적인 과학자를 보았다. 곤경에 빠진 메시아를 말이다. 파버는 현미경을 원하지 않았다. 그는 멀리 보는 망원경 같은 대담하고 원대한 계획을 품고 있었고, 코스터는 그것에 매료되었다. 파버는 소아암만을 다루는 대규모 연구병원을 세울 새로운 기금을 마련하고 싶은데, 자신을 도와줄 수 있을지를 물었다.

파버와 코스터는 즉시 일을 시작했다. 1948년 초, 그들은 소아암을 알리고 연구를 촉진할 소아암 연구 기금이라는 기관을 설립했다. 1948년 3월, 그들은 복권을 판매하여 4만5,456달러를 모았다.[8] 인상적인 첫출발이었지만, 파버와 코스터가 기대한 액수에는 아직 미치지 못했다. 그들은 암 연구에는 더 효과적인 메시지가, 대중적인 지명도를 단숨에 드높일 전략이 필요하다고 느꼈다. 그해 봄, 셰리던의 성공을 떠올리던 코스터의 머릿속에 파버의 연구 기금에 걸맞은 "마스코트"를 찾으면 어떨까 하는 멋진 생각이 스쳤다. 암을 위한 캐서린 셰리던이었다. 코스터와 파버는 대중을 상대로 기금을 모으는 데에 쓸 포스터에 실을 아이를 찾아서 어린이 병동과 파버의 진료과를 훑었다.

그다지 희망은 없었다. 파버는 아미노프테린으로 아이 서너 명을 치료하는 중이었고, 위층 병실들은 비참한 환자들로 가득했다. 화학요법 때문에 토하고 탈수 증세에 시달리는 아이들은 암 치료를 위한 낙관적인 마스코트가 되어서 공개 행진을 하기는커녕 머리와 몸도 제대로 가눌 수 없었다. 미친 듯이 환자 목록을 뒤적거리던 파버와 코스터는 그 메시지를 전할 만큼 건강한 아이를 한 명 발견했다. 에이너 구스타프손이라는 이름의 파란 눈에 금발의 깡마르고 천사 같은 아이였다. 백혈병은 아니었지만, 창자에 희귀한 유형의 림프종이 생겨서 치료를 받고 있었다.

구스타프손은 메인 주의 뉴 스웨덴에 살았고, 조용하고 진지하며 조숙하게 느껴질 정도로 자신감을 보이는 소년이었다.[9] 조부모 세대에 스웨덴에서 이민을 왔는데, 소년은 감자 농장에 살면서 교실이 하나뿐인 학교에 다녔다. 블루베리 수확기 직후인 1947년 늦여름, 소년의 배가 갉아대고 쥐어짜는 듯이 아파왔다. 루이스턴의 의사들은 충수염이라고 보고 충수를 수술했지만, 그들이 발견한 것은 림프종이었다. 그 병의 생존율은 10퍼센트에 불과했다. 의사들은 화학요법이 그나마 생존 가능성을 조금 높일까 싶어서 소년을 보스턴의 파버에게 보냈다.

그러나 에이너 구스타프손이라는 이름은 발음하기가 어려웠다. 그때 파버와 코스터의 머릿속에 반짝 생각이 떠올랐고, 그들은 아이의 이름을 지미로 바꾸었다.

코스터는 재빨리 지미를 홍보하는 일에 나섰다. 1948년 5월 22일 동북부 지방의 따뜻한 토요일 밤, 라디오 프로그램인 「맞나 보시죠(*Truth or Consequences*)」를 진행하는 랠프 에드워즈는 늘 연결하던 캘리포니아 대신에 보스턴의 라디오 방송국을 연결했다.[10] "「맞나 보시죠」는 방송국에 올 수 없는 분들께도 이 오래된 퀴즈 게임에 참여할 수 있는 기회를 드립니다.······오늘밤은 지미라는 어린 친구를 모셨습니다."

"지미의 성은 말씀드리지 않겠습니다. 그는 전국에 계신 청취자 여러분의 집이나 병원에 있는 수많은 어린 친구들과 똑같으니까요. 지미는 암에 걸려 있습니다. 몸에 혹이 있지요. 비록 밖에 나가서 친구들과 놀지 못하는 이유는 이해하지 못해도, 야구를 좋아하며 자신이 좋아하는 보스턴 브레이브스 야구팀의 활약을 죽 꿰고 있답니다. 이제 라디오의 마법을 써서 여러분을 미국 영토를 죽 가로질러 미국에서 가장 큰 도시 중의 하나인 매사추세츠의 보스턴으로, 미국에서 가장 큰 병원 중의 하나인 보스턴의 어린이 병원에 있는 지미의 침대 곁으로 데려가겠습니다. 그곳 분들은 암 연구라는 대단히 훌륭한 일을 하고 있습니다. 이제 지미를 연결할 차례군요.······지미, 나와주세요."

그리고 지지직 소리와 함께 지미의 목소리가 들렸다.

지미 : 안녕하세요.
에드워즈 : 안녕, 지미! 라디오 프로그램 「맞나 보시죠」의 랠프 에드워즈란다.

야구를 좋아한다고 들었는데, 맞니?

지미 : 네, 가장 좋아하는 운동이에요.

에드워즈 : 야구 좋아하는구나! 올해는 어느 팀이 우승할 거라고 생각하니?

지미 : 보스턴 브레이브스가 우승하면 좋겠어요.

수다를 좀더 떤 뒤, 에드워즈는 자신이 약속했던 "실내 마술"로 들어갔다.

에드워즈 : 필 매시(당시 보스턴 브레이브스의 포수/역주)를 만난 적 있니?

지미 : 아니요.

필 매시(걸어 들어오면서) : 안녕, 지미. 나는 필 매시야.

에드워즈 : 뭐? 지미야, 누구라고?

지미(숨을 들이키며) : 필 매시예요!

에드워즈 : 그래? 그가 어디 있니?

지미 : 내 방에요!

에드워즈 : 아하, 네 병실에 와 있다는 거지? 이거 아니? 필 매시는 일리노이 주 벌린에서 왔어! 팀에서 최고의 홈런 타자는 누구지?

지미 : 제프 히스요.

(히스가 방으로 들어온다.)

에드워즈 : 지미야, 누가 왔니?

지미 : 제프……히스예요!

지미가 입을 벌리고 있는 와중에 선수들이 한 명씩 티셔츠, 사인한 야구공, 야구경기 표, 모자를 들고 방으로 들어왔다. 에디 스탠키, 밥 엘리엇, 얼 토저슨, 저니 세인, 앨빈 다크, 짐 러셀, 토미 홈스였다. 피아노도 들어왔다. 브레이브스 선수들은 지미와 함께 노래했다. 지미는 음정은 맞지 않지만, 신이 나서 큰소리로 노래를 불렀다.

나를 야구장에 데려가줘요.

나를 관중이 있는 곳으로 데려가줘요.

땅콩과 팝콘을 사줘요.

돌아오지 못한다고 해도 상관없어요.

에드워즈의 방송실에 있던 사람들은 박수를 쳤다. 마지막 행에서는 코끝이 찡해서 눈물을 글썽거린 사람도 많았다. 방송이 끝날 무렵에 보스턴과의 연결이 끊어지자, 에드워즈는 잠시 말을 멈추었다가 나지막한 목소리로 말했다.

"청취자 여러분, 이제 지미는 이 방송을 듣지 못하겠지요?……우리는 그의 사진도, 온전한 이름도 모르며, 그가 이것을 알게 하지도 않을 겁니다. 아이들의 암 치료법을 찾으려는 연구를 도와서 지미를 비롯하여 암에 시달리는 수많은 소년소녀들을 기쁘게 하면 어떨까요? 소아암 연구를 도우면 자동적으로 어른들도 돕는 것이고, 암이 생기는 것을 막는 셈이 됩니다."

"이제 우리는 어린 지미가 가장 원하는 것이 야구경기를 듣는 것에서 그치지 않고 눈으로 볼 수도 있는 텔레비전이라는 것을 압니다. 여러분과 여러분의 주변 사람들이 오늘밤 25센트, 1달러 혹은 10달러를 지미의 소아암 연구 기금에 보내시고, 이 보람 있는 일에 기부한 금액이 20만 달러를 넘는다면, 우리는 지미에게 텔레비전을 선물하기로 하겠습니다."

에드워즈의 방송은 8분 동안 이어졌고, 지미는 12개의 문장을 말하고 한 곡의 노래를 불렀다. 혹(swell)이라는 단어는 5번 쓰였다. 지미의 암은 거의 언급되지 않았다. 병실의 유령처럼, 말없이 배경 속에 숨어 있었다. 대중의 반응은 엄청났다. 그날 밤 브레이브스 선수들이 지미의 병실을 채 떠나기도 전에, 어린이 병원의 중앙 복도 바깥에는 기부자들이 줄을 섰다. 지미의 우편함에는 편지와 엽서가 밀려들었다.[11] "매사추세츠 보스턴, 지미"라고만 주소를 쓴 것도 있었고, 지폐나 수표를 동봉한 편지도 있었다. 아이들은 주머니를 털어서 25센트와 10센트짜리 동전을 보냈다. 브레이브스 팀도 자체 모금 활동을 벌였다. 1948년 5월에 모금액은 코스터가 정한 20만 달러를 이미 훨씬 넘어섰다. 23만1,000달러를 초과한 상태였다. 야구경기가 열릴 때면, 붉은색과 흰색을 칠한 주석 저금통 수백 개가 경기장 바깥에 놓였다. 극장에서도 동전을 모으는 저금통이 돌았다. 야구복을 입은 리틀리그 선수들은 모금함을 들고 무더운 여름밤에 집집마다 돌았다. 뉴잉글랜드 전역의 소도시들에서는 지미의 날 행사가 열렸다. 지미는 약속대로 텔레비전—나무틀에 든 12인치 흑백 화면—을 받아서 침대 사이의 흰 의자 위에 올려놓았다.

빠르게 성장했다가 빠르게 쇠퇴하곤 하던 1948년의 의학 연구 세계에서 지미 기금이 모은 23만1,000달러는 인상적이었지만 그래도 풍족한 수준은 아니었다. 보스턴에 몇 층짜리 새 건물을 지을 정도는 되었지만, 암과 싸울 전국 규모의 과학 전당을 세우기에는 턱없이 부족했다. 비교해보면, 1944년에 맨해튼 계획은 오크리지에서 매달 1억 달러를 썼다.[12] 1948년에 미국인들이 코카콜라를 마시는 데에 쓴 돈은 1억2,600만 달러가 넘었다.[13]

그러나 지미 운동의 천재성을 그저 돈으로 평가하다가는 핵심을 놓치게 된다. 파버에게 지미 기금 운동은 초기 실험이었다. 즉 또다른 운동의 모델이었다. 파버는 암과 싸우는 운동이 정치 운동과 흡사하다는 것을 깨달았다. 상징, 마스코트, 이미지, 표어, 즉 과학적 도구에 못지않게 선전 전략도 필요하다는 것을 말이다. 정치 운동이 마케팅을 필요로 하는 것처럼, 어떤 질병을 정치적으로 부각하려면 마케팅을 해야 했다. 어떤 질병이 과학적으로 변모하려면, 먼저 정치적으로 변모해야 했다.

파버의 항엽산제가 종양학에서 그의 첫 번째 발견이라면, 이 중대한 진리가 그의 두 번째 발견이었다. 그것은 그의 경력에서 병리학자에서 백혈병 의사로 변신하는 차원을 훨씬 뛰어넘는 경천동지할 변신의 출발점이 되었다. 이 두 번째 변신—임상의에서 암 연구 대변인으로의 변신—은 암 자체의 변신을 반영했다. 지하실에 틀어박혀 있던 암이 공개 활동이라는 눈부신 빛의 세계로 나오면서 이 이야기의 궤적도 달라진다. 그것은 이 책의 핵심에 놓인 변신이다.

지미가 지은 집

> 어원학적으로 환자는 괴로워하는 자를 뜻한다. 그것은 가장 깊은 두려움을 안겨주는 그런 괴로움이 아니라, 품위를 떨어뜨리는 괴로움이다.
> —수전 손택, 「은유로서의 질병」[1)]

> 시드니 파버의 목표 전체는 "희망 없는 사례들"로만 이루어져 있다.
> —「메디컬 월드 뉴스」, 1966년 11월 25일[2)]

한번은 시드니 파버가 자신의 연구실이 작다는 점을 놓고 농담을 했다. "조수 하나와 생쥐 만 마리"[3)]라고 말이다. 사실 의사로서의 그의 삶 전체는 하나의 숫자로 나타낼 수 있었다. 병원 지하실에 틀어박힌, 화학자의 벽장만 한 크기의 방 하나. 백혈병에 걸린 아이의 삶을 이따금 짧게 연장시키곤 했던 아미노프테린이라는 약물 하나. 아무리 길어도 1년을 넘지 않는 증상 완화가 이루어진 것은 5명 중에 하나.

그러나 1951년 초, 몇 개월에 걸쳐서 파버의 일은 그의 기존 연구실의 범위를 훨씬 넘어서 기하급수적으로 늘어났다. 환자들과 그 아이들로 가득한 그의 외래 환자 진료실은 병원을 벗어나서 빈니 가와 롱우드 거리의 교차점에 있는 주상복합 건물의 더 넓은 공간으로 이사해야 했다. 그러나 새로운 진료실도 곧 비좁아졌다. 어린이 병원의 입원실도 금방 가득 찼다. 어린이 병원의 소아과 의사 중에는 파버를 침입자로 생각한 사람들이 많았기 때문에, 병원 내에서 병실을 늘리기란 불가능했다. 병원의 한 자원봉사자는 회상했다. "대부분의 의사들은 그가 잘난 체하고 고집불통이라고 생각했어요."[4)] 어린이 병원에는 그의 몸 몇 개가 들어갈 공간은 있어도, 그의 자아를 위한 공간은 없었다.

고립되고 화도 난 파버는 이제 모금 활동에 전력을 쏟았다. 그는 환자들이 모두 들어갈 건물 한 동이 필요했다. 새로운 소아암 센터를 짓도록 의대를 설득하는 노력이 아무런 성과가 없자, 낙심한 그는 자체적으로 해결하기로 했다. 병원에 맞서서 병원을 짓는 것이었다.

첫 모금 활동의 성공에 고무된 파버는 할리우드 스타, 거물 정치인, 유명 운동선수, 자산가 등 화려한 인물들을 등에 업고 더 큰 연구 기금을 모을 계획을 짰다. 1953년에 브레이브스가 보스턴을 떠나서 밀워키로 옮기자, 파버와 코스터는 보스턴 레드 삭스를 만나서 지미 기금을 그들의 공식 자선단체로 만드는 데에 성공했다.[5]

파버는 곧 또 한 사람의 유명인을 찾아냈다. 한국전쟁에 참전한 뒤에 막 돌아온 테드 윌리엄스—영화에 나올 법한 멋진 외모의 야구선수—였다. 1953년 8월, 지미 기금은 윌리엄스를 위해서 "웰컴 홈, 테드" 파티를 계획했다.[6] 1인분에 100달러나 하는 만찬을 곁들인 대규모 모금 파티로 15만 달러를 모았다. 그해 말까지 윌리엄스는 파버의 진료실을 정기적으로 방문했고, 때로는 위대한 야구선수가 어린 암 환자들과 만나는 사진을 찍으려는 대중지의 사진기자들이 뒤따르기도 했다.

지미 기금은 누구나 아는 명칭이자 누구나 아는 대의가 되었다. 스태틀러 호텔 앞에는 기부를 위한 흰색의 커다란 "돼지 저금통"(거대한 야구공 같기도 했다)이 놓였다. 소아암 연구 기금을 위해서 보스턴 전역의 광고판에 전단지도 붙였다. 극장 앞에는 "지미 깡통"이라는 붉은색과 흰색의 모금함이 무수히 놓였다. 크고 작은 기관들도 앞다투어서 기부했다. NCI가 낸 10만 달러, 보스턴의 한 콩 만찬회(보스턴 특유의 콩 요리에 몇 가지 요리를 곁들여 내놓으면서 여는 모금 활동이나 자선 모임/역주)에서 보낸 5,000달러, 레모네이드 노점상이 보낸 111달러, 뉴햄프셔 어린이 곡예단에서 보낸 몇 달러에 이르기까지.[7]

1952년 초여름이 되자, 롱우드 거리 뒤편 빈니 가의 가장자리에 커다란 정육면체 모양의 새로운 건물이 거의 완공되었다. 산뜻하고 기능적이고 현대적이었다. 대리석 기둥과 가고일 흉상 일색의 주위 병원들과 다르다는 자의식을 보여주는 듯했다. 구석구석에서 파버의 강박적인 손길을 느낄 수 있었다. 1930년대를 겪은 사람답게 파버는 검약이 몸에 배어 있었지만(레너드 로더는 자기 세대를 이렇게 말하곤 했다. "대공황에서 아이를 빼낼 수는 있지만, 아이에게서 대공황을 빼낼 수는 없다")⁸⁾ 지미 병원을 지을 때는 최선을 다했다. 현관 통로로 이어지는 넓은 시멘트 계단―아이들이 쉽게 오를 수 있도록 한 단의 높이가 2.5센티미터에 불과했다―은 앞서 5번의 겨울 동안 파버의 연구를 거의 중단시켰던 보스턴의 야만적인 눈폭풍에 맞서 증기난방을 했다.

2층의 깨끗하고 환한 조명의 대기실에는 회전목마와 장난감이 가득한 상자들이 있었다. 장난감 전차 한 대가 철도를 따라 "돌산"을 향해서 칙칙폭폭 나아갔다. 모형 산의 전면에는 텔레비전이 들어 있었다. 1952년 「타임」은 이렇게 적었다. "어떤 소녀든지 인형이 몹시 마음에 들면 가질 수 있다. 가져온 곳에 인형이 더 있으니까."⁹⁾ 도서관에는 수백 권의 책, 흔들목마 3개, 자전거 2대가 있었다. 파버는 이웃 병원들의 복도에 으레 걸려 있는 고인이 된 교수들의 초상화 대신에, 화가에게 벽 전체에 백설공주, 피노키오, 말하는 귀뚜라미 등 동화책 주인공들의 그림을 그려달라고 했다. 디즈니 월드는 암 세계와 하나가 되었다.

사정을 잘 모른 채 이런 화려하고 멋진 광경을 본 사람은 파버가 백혈병 치료법을 거의 발견했고, 새로운 병원이 승리의 과시라고 생각했다. 그러나 사실 그의 목표―백혈병 치료법―는 아직 멀리 있었다. 그의 보스턴 연구진은 이제 항백혈병 요법에 또 하나의 약물인 스테로이드를 추가했고, 스테로이드와 항엽산제를 주도면밀하게 조합함으로써 증상 완화 기간을 몇 개월까지 늘렸다. 그러나 가장 공격적인 요법을 써도 백혈병 세포는 계속해서 저항하다가 이윽고 재발했다. 때로 격렬하게. 아래층의 밝은 방에서 인형과 장난감 기차를 가지고 놀던 아이들은 어쩔 수 없이 병원의 침울한 병실로 돌아가서 정신착란이나 혼수상태에 빠졌다가 이윽고 죽음의 고통을 맞이했다.

1950년대 초, 파버의 병원에서 치료를 받은 한 아이의 어머니는 이렇게 썼다. "내가 보는 아이들이 거의 다 몇 개월 안에 죽을 운명이라는 것을 알고 나자, 나는 전반적으로 유지되는 즐거운 분위기에 계속 놀라게 된다. 사실 자세히 살펴보면, 환자들의 눈은 떨구거나 떨구지 않은 눈물로 수상쩍게 밝아 보인다. 나는 아이들의 튼튼해 보이는 모습 중의 일부가 몸에 부기를 일으키는 항백혈병 약 중의 하나 때문이라는 것을 안다. 그리고 흉터가 있는 아이들, 저마다 다른 신체 부위에 끔찍한 부기가 있는 아이들, 팔다리를 하나 잃은 아이들, 최근에 수술을 받아서 창백하기 그지없는 머리를 박박 민 아이들, 절뚝거리거나 휠체어

에 앉은 아이들, 기침하는 아이들, 수척한 아이들이 있다."¹⁰⁾

실제로, 더 자세히 살펴볼수록, 현실은 더 날카롭게 피부에 와닿았다. 바람이 잘 드는 새로운 건물에서 수십 명의 조수들에게 둘러싸여 있었지만, 그 피할 수 없는 사실이 파버의 가슴을 후볐을 것이 분명하다. 그는 아이들의 증상 완화 기간을 몇 개월 더 늘려줄 또다른 약물을 찾으면서 자기 자신의 대기실에 갇혀 있었다. 증기난방이 되는 계단을 올라서 그의 진료실로 오고, 음악이 나오는 회전목마를 신나게 타고, 어렴풋이 빛나는 행복감에 젖어 있는 그의 환자들은 1947년에 환자들을 죽인 것과 같은 종류의 암으로 똑같이 냉혹하게 죽을 것이었다.

그러나 증상 완화가 강해지고 길어진다는 것은 파버에게 전혀 다른 의미로 와닿았다. 그는 자신의 노력을 더욱 확대하여 백혈병에 맞서 일치된 싸움을 벌일 필요가 있었다. 1953년에 그는 이렇게 썼다. "급성 백혈병은 지난 몇 년 사이에 개발된 새로운 화학물질들에……다른 어떤 암보다도 더 뚜렷이 반응했다. 그것들을 씀으로써 여러 주일, 여러 개월에 걸쳐서 수명 연장, 증상 완화, 훨씬 더 행복하고 더 정상적인 생활로 복귀할 수 있었다."¹¹⁾

파버는 더욱 강력한 항백혈병 약을 찾으려는 노력을 자극할 수단과 자금이 필요했다. 그는 한 편지에 "우리는 가능한 한 빠르게 전진하고 있다"라고 썼지만, 그에게는 충분히 빠른 것이 아니었다. 그가 보스턴에서 모은 돈은 "불안할 정도로 소액으로 줄어들었다."¹²⁾ 그에게는 더 큰 동기, 더 큰 발판, 어쩌면 암에 대한 더 큰 전망까지도 필요했다. 지미가 지은 집은 이제 그에게 작았다.

제2부
성급한 전쟁

저질러서는 안 될 죄악은 단 하나뿐인 듯하다. 바로 조급함이다. 낙원에서 내쫓긴 것도, 낙원으로 돌아갈 수 없는 것도 모두 조급함 때문이다.
—프란츠 카프카[1]

32만5,000명의 올해 암으로 죽어가는 환자들은 더 이상 기다릴 수 없다. 게다가 기초 연구의 모든 문제들에 대한 완전한 해결책이 있어야만 암 치료 분야에서 획기적인 발전을 이룰 수 있는 것은 아니다.……의학사에는 이런 치료법의 작용 기구를 이해하는 것보다 수 년, 수십 년, 심지어 수 세기 앞서서 치료법이 나온 사례가 수두룩하다.
—시드니 파버[2]

미국 건국 200주년까지 암을 정복하려는 노력을 하지 않을 이유가 어디 있는가? 그날은 진정한 국경일이 될 것이다!
—래스커주의자들이 「뉴욕 타임스」에 실은 광고, 1969년 12월

"그들은 협회를 만든다"

이 모든 것은 정책을 결정하는 지위에 있는 연구 과학자 중에 대중의 신뢰를 받는 이가 거의 없는 이유를 설명해준다. 그들은 세부적으로 들여다보는 훈련을 받았기 때문에 시야가 좁은데, 과학 발전을 잘 응용하려면 더 폭넓은 관점을 가진 인물이 필요하다. —마이클 심킨[1]

나도 대통령이……암을 콕 찍어서 직접 주도하는 행위가 어떤 식으로든 결국 국립 보건원의 해체를 불러올 것이라고 우려하는 목소리가 일부 과학계에서 나오고 있다는 것을 안다. 나는 그런 생각에 동의하지 않는다.……우리는 음험하고 무자비한 적과 전쟁하고 있다. 우리에게는 단호한 행동이 필요하다. 위원회 회의를 열고 또 열고, 지루하게 검토하고, 지겹도록 현상 유지를 정당화하는 것이 아니라. —리스터 힐[2]

1831년에 프랑스 귀족 알렉시 드 토크빌은 미국을 여행하면서 국민들이 강박적일 정도로 단체를 만드는 일에 몰입하는 것을 보고 놀랐다. "나이, 지위, 성향에 관계없이 모든 미국인은 끊임없이 단체를 만든다.……종교단체, 선행단체, 진지한 모임, 사소한 모임, 개방된 단체나 제한된 단체, 대규모 단체나 소규모 단체 등 1,000가지나 된다."[3] 그는 이렇게 덧붙였다. "미국인들은 여가를 즐기기 위해서, 세미나를 열기 위해서, 여관을 짓기 위해서, 교회를 짓기 위해서, 책을 보급하기 위해서, 대척지로 선교사를 보내기 위해서 단체를 만든다.……모범 사례를 장려함으로써 어떤 감정을 함양하거나 어떤 진리를 깨우치게 할 생각이라면, 그들은 협회를 만든다."

토크빌이 미국을 여행한 지 한 세기 남짓 흐른 뒤, 암의 경관을 바꿀 방안을 모색하던 파버는 토크빌이 관찰한 사실의 배후에 놓인 진실을 본능적으로 이해했다. 자신이 내다본 변화를 가장 잘 이끌어내는 방식이 시민 집단을 모아서 협회를 구성하는 것이라면, 국가 차원에서 암을 공격하고자 하는 파버에게도 그런 연합이 필요했다. 그것은 그가 혼자서 시작하거나 끝낼 수 없는 여정이었다. 뒤를 받쳐줄 엄청난 세력이 필요했다. 영향력, 조직, 자금 면에서 지미 기금을 훨씬 넘어서는 세력 말이다. 변화를 일으킬 진짜 돈과 진짜 힘은 여전히 의회의 통제하에 있었다. 그러나 방대한 연방 금고를 연다는 것은 개인들로 이루어진 협회가 엄청난 힘을 발휘해야 한다는 의미였다. 그리고 파버는 그런 규모의 로비는 자신의 능력 밖이라는 것을 알았다.

그는 이 계획에 필요한 활력, 자원, 열정을 모두 갖춘 사람이 있다는 것을 알았다. 단체 조직, 로비, 정치 행동을 통해서 미국 보건 분야의 지형도를 바꾸는 것이 자신의 임무라고 선언한 호전적인 뉴욕 여성이었다. 부유하고 정치 감각과 인맥을 갖춘 그녀는 점심은 록펠러 집안사람들과, 춤은 트루먼 집안사람들과, 저녁은 케네디 집안사람들과 함께했으며, 대통령 부인인 레이디 버드 존슨(Lady Bird Johnson)과 막역한 사이였다. 파버는 보스턴의 친지들과 기부자들을 통해서 그녀의 활약을 들었다. 그는 워싱턴으로 처음 정치적 진출을 도모할 때, 그녀를 만났다. 경계심을 허무는 웃음과 늘 똑같은 부푼 머리 모양 덕분에 그녀는 뉴욕의 사교계뿐만 아니라 워싱턴의 정치 세계에서도 돋보였다. 마찬가지로 그녀의 이름도 눈에 띄었다. 메리 우더드 래스커였다.

메리 우더드는 1900년에 위스콘신 주 워터타운에서 태어났다. 아버지 프랭크 우더드는 소도시에서 잘 나가는 은행가였다. 어머니 새러 존슨은 1880년대에 아일랜드에서 이민을 와서 시카고의 카슨 백화점에서 판매원으로 일했는데, 눈부신 승진을 거듭하여 그 백화점에서 최고 수준의 급여를 받는 판매원 중의 한 명이 되었다. 래스커는 훗날 판매 기술이 존슨 집안의 "타고난 재능"이라고 말하곤 했다. 존슨은 나중에 백화점을 떠나서 자선사업과 공익 활동을 담당하는 로비스트로 변신했다. 훗날 래스커가 회고했듯이, 존슨은 옷 대신 사상(思想)을 파는, "자신이 원하는 것은 무엇이든……팔 수 있는" 여성이 되었다.[4]

메리 래스커 자신은 1920년대 초에 판매 분야에 뛰어들었다. 래드클리프 대학을 졸업한 뒤, 그녀가 택한 첫 직업은 뉴욕의 한 화랑에서 중개 수수료를 받고 유럽의 그림을 판매하는 일이었다. 예리한 사업 감각 못지않게 사교술도 필요한 경쟁이 심한 직업이었다. 1930년대 중반, 래스커는 화랑을 떠나서 할리우드 패턴스라는 벤처 회사를 차렸다. 미리 짜놓은 단순한 디자인의 옷을 체인점에 파는 회사였다. 이번에도 탁월한 본능과 적절한 시기가 딱 맞아떨어졌다. 1940년대에 여성 노동 인구가 크게 늘면서 대량 생산되는 래스커의 의류는 넓은 시장을 만났다. 대공황과 전쟁에서 빠져나올 때, 래스커는 경제적으로 성공을 거두었다. 1940년대 말에 그녀는 대단한 영향력을 가진 사업가, 뉴욕 사교계라는 하늘에 박힌 붙박이별, 사교계의 떠오르는 별이 되었다.

1939년에 메리 우더드는 시카고의 광고회사 로드 앤드 토머스의 회장인 60세의 앨버트 래스커를 만났다.[5] 그녀처럼 앨버트 래스커도 자기 분야에서 직감이 뛰어난 인물이었다. 로드 앤드 토머스에서 그는 "인쇄된 판매술"이라는 새로운 광고 전략을 창안하여 다듬었다.[6] 그는 성공한 광고란 그저 상품을 사도록 소비자를 유혹하도록 고안된 광고 노래와 이미지의 혼합물이 아니라, 소비자에게 어떤 제품을 왜 사야 하는지를 말해주는 걸작 광고 문안이라고 주장했다. 광고는 단순히 정보와 이유를 전달하는 것이었고, 대중이 그 영향을 이해하도록 하려면 핵심 요소만 남도록 정보를 압축해야 했다. 선키스트 오렌지, 펩소던트 치약, 럭키스트라이크 담배 등 래스커가 성공을 거둔 수많은 광고들은 모두 이 전략을 잘 보여주었다. 머지않아 정보를 기본적인 도상으로 압축할 필요가 있으며 광고는 정보의 운활유라는 이 개념을 수정한 형태가 암 운동에 깊이 그리고 지속적인 영향을 미치게 된다.

메리와 앨버트는 불꽃 튀는 연애에 빠져서 서둘러 구혼을 하고, 만난 지 15개월만에 결혼식을 올렸다.[7] 메리는 두 번째, 앨버트는 세 번째 결혼이었다. 메리 래스커의 나이는 40세였다. 부유하고 우아하고 진취적인 그녀는 자신의 어머니가 사업가에서 대중 활동가로 변신한 것처럼, 이제 자신의 박애주의라는 대의를 찾아나섰다.

메리 래스커의 이 탐구는 곧 내면으로, 자신의 사적인 삶으로 향했다. 그녀는 유년기와 청소년기에 겪은 세 가지 기억에 시달렸다. 하나는 어떤 심한 병—치명적인 형태의 세균성 이질이나 폐렴일 가능성이 높다—에 걸려서 고열과 혼미한 상태에 있다가 문득 정신이 들었는데, 가족의 지인이 엄마에게 자신이 살 가능성이 없다고 말하는 소리를 들었던 기억이다. "새러, 이제 딸을 키우지 못할 겁니다."

또 하나는 자기 집 세탁부를 보러 엄마와 함께 위스콘신 주 워터타운에 들렀던 기억이다. 세탁부는 양쪽 유방 모두에 근치 유방절제술을 받고, 회복 중이었다. 아이 7명이 뛰어다니는 낮고 작고 어두운 오두막집으로 들어간 그녀는 황폐하고 비참한 광경에 충격을 받는다. 암을 피하기 위해서 유방을 제거한다는 개념은 그녀를 당혹스럽게 하면서도 사로잡는다. "잘라낸다고?" 래스커는 탐구하듯이 엄마에게 묻는다. 세탁부는 살아남는다. 래스커는 "암이 잔인할 수는 있지만 꼭 치명적일 이유는 없다"는 것을 깨닫는다.

세 번째는 대학을 다니던 10대 때인 1918년에 유행한 독감에 걸려서 병실에 틀어박혀 있던 기억이다. 그 치명적인 스페인 독감은 병원 바깥에서 크고 작은 도시를 파괴하며 맹위를 떨친다. 래스커는 살아남지만, 독감은 그해에 60만 명의 미국인을 살해한다. 그리고 전 세계에서 거의 5,000만 명의 목숨을 앗아가면서 역사상 가장 치명적인 범유행병이 된다.

이 세 가지 기억을 관통하는 공통의 실이 있었다. 질병의 황폐함—아주 가까이에서 늘 위협하는—과 아직 완벽히 실현되지는 않았지만 이따금 생명을 구하는 의학의 능력이었다. 래스커는 의학 연구의 힘을 풀어놓아서 질병과 싸우게 한다는 상상을 했다. 그녀는 그 힘이 아직 대체로 미개발된 상태라고 느꼈다. 앨버트를 만난 1939년에 그녀의 삶은 다시 질병과 충돌했다. 위스콘신에 있던 어머니가 심장발작을 일으켰다가 이어서 뇌졸중에 걸리면서 온몸이 마비되었다. 래스커는 미국 의학회의 회장에게 치료법을 묻는 편지를 보냈다가 경악했다. 그리고 분노가 치밀었다. 치료법을 모른다는 대답과 의학의 미실현된 잠재력 때문이었다. "나는 터무니없다고 생각했다. 다른 질병들은 치료할 수 있었다.……설파제(sulfa drug : 황을 포함한 약물로서 다양한 세균 질환에 두루 쓰인다/역주)가 나왔으니까. 괴혈병과 펠라그라 같은 비타민 결핍증도 고칠 수 있었다. 나는 뇌졸중이라고 치료하지 못할 이유는 전혀 없다고 생각했다. 사람들이 보편적으로 뇌졸중으로 죽는 것은 아니기 때문이다.……영향을 미치는 어떤 요소가 있을 것이 분명했다."

전혀 차도가 없는 상태에서 오래 투병한 끝에 래스커의 어머니는 1940년에 워터타운에서 세상을 떠났다. 어머니의 죽음은 래스커의 마음속에서 수십 년 동안 쌓여왔던 분노와 반감에 불을 지폈다. 그녀는 자신의 임무를 찾아냈다. 훗날 그녀는 한 기자에게 말했다. "나는 남이 죄악에 맞서는 식으로 심장마비와 암에 맞서고 있습니다."[8] 누군가는 복음 전도를 통해서 죄악을 근절하려고 하듯이, 메리 래스커는 질병을 근절하는 쪽을 택했다. 국가의 질병 대항 전략이 중요하다는 것을 사람들이 믿지 않는다면, 그녀는 모든 수단을 동원해서 **믿게 만들** 터였다.

그녀의 첫 개종 대상자는 남편이었다. 아내가 그런 생각에 몰두하는 이유를 이해한 앨버트 래스커는 그녀의 동반자이자 조언자, 전략가, 공모자가 되었다. 그는 아내에게 말했다. "자금은 무한해요. 어떻게 얻는지 보여주지요." 이 생각—유례없는 규모의 모금과 정치적 로비를 통해서 미국 의학 연구의 경관을 바꾼다는 생각—에 그녀는 전율을 느꼈다. 래스커 부부는 직업 과학자나 직업 운동선수나 마찬가지로 직업 사교계 인사였다. 그들은 비범한 인맥 구축자, 로비스트, 교섭자, 대화자, 설득가, 편지 작성자, 칵테일파티 주최자, 협상가, 마당발, 거래 성사자였다. 모금—그리고 더 주요한 **친구 사귀기**—은 그들의 본성이었고, 사교관계의 엄청난 폭과 깊이에 힘입어서 그들은 개인 기부자와 정부의 마음—그리고 주머니—으로 깊숙이 들어갈 수 있었다.

메리 래스커는 이렇게 추론했다. "어떤 치약이……연간 200만이나 300만, 또는 400만 달러의 광고를 할 가치가 있다면, 미국을 비롯한 전 세계에서 사람들을 불구로 만들고 망쳐놓는 질병에 맞서는 연구는 수억 달러의 광고를 해야 마땅하다."[9] 「비즈니스위크(*BusinessWeek*)」에 실린 것처럼, 몇 년 지나지 않아서 그녀는 "의학 연구의 요정 대모"로 변신했다.[10]

어느 날 아침, "요정 대모"는 예기치 않은 태풍의 힘을 암 연구 세계로 불어보냈다. 1943년 4월, 메리 래스커는 뉴욕에 있는 미국 암억제학회(American Society for the Control of Cancer, ASCC)의 회장인 클래런스 쿡 리틀 박사의 사무실을 찾았다.[11] 래스커는 그의 학회가 암 연구의 발전을 위해서 정확히 무슨 일을 하는지, 그리고 자신의 재단이 어떤 도움을 줄 수 있는지 알고 싶었다.

그녀는 씁쓸한 마음으로 그곳을 나와야 했다.[12] 의사들과 극소수 과학자들로 이루어진 전문가 단체인 그 학회는 배타적이고 정체되고 경직된 맨해튼 사교 클럽이나 다름없었다. 예산은 연간 약 25만 달러에 불과했고 그중에서 극히 일부만이 연구 계획에 쓰였다.[13] 모금 활동은 여성 야전군이라는 단체에 외주를 주었는데, 그 단체의 자원봉사자들은 학회 이사회에 참석할 수 없었다. 대규모 집중 광고와 언론 매체의 관심 집중—인쇄된 판매술—에 익숙한 래스커 부부에게 학회가 돌아가는 모습은 그저 제멋대로 굴러가는 무익하고 답답하고 비전문적인 양상을 띠는 것처럼 보였다. 래스커는 몹시 비판적이었다. 그녀는 이렇게 썼다. "의사들은 많은 액수의 예산을 다루는 관리자가 아니다. 그들은 대개 사실상 소상인……소규모 직업인이다."[14] 즉 암에 대한 체계적인 관점이 확연히 결핍된 사람들이었다. 그녀는 ASCC에 5,000달러를 기부했고 다시 오겠다고 약속했다.

래스커는 곧 자체적으로 일을 진행시켰다. 그녀는 암을 폭넓은 대중 현안으로 만드는 것을 최우선 과제로 삼았다. 그녀는 주요 신문과 유력 잡지를 한켠으로 밀어놓고, 미국인의 심리라는 참호 속을 가장 깊숙이 들어가리라고 생각되는 언론 매체에서 시작하기로 했다. 바로 「리더스 다이제스트(Reader's Digest)」였다. 1943년 10월, 래스커는 「다이제스트」에 있는 친구를 설득하여 암의 식별과 검출을 다룬 연재 기사를 싣도록 했다.[15] 몇 주일 지나지 않아서 엽서, 전신, 편지가 잡지 사무실로 밀려들기 시작했고, 적은 액수의 쌈짓돈, 사적인 이야기, 사진을 동봉하는 사례도 있었다. 어머니의 죽음을 슬퍼하는 한 군인은 약간의 기부금을 보냈다. "제 모친은 몇 년 전에 암으로 돌아가셨습니다.……우리는 태평양 전쟁 지역의 대피소에서 살고 있지만, 돕고 싶군요."[16] 할아버지를 암으로 잃은 한 여학생은 1달러 지폐를 동봉했다. 다음 몇 개월에 걸쳐서 「다이제스트」는 수천 통의 편지와 ASCC의 연간 예산을 초과하는 30만 달러의 기부금을 받았다.[17]

이러한 반응에 고무된 래스커는 암을 쳐부수려는 노력을 부활시키겠다는 더 큰 포부를 품고, ASCC를 철저히 손보는 일에 착수했다. 1949년에 한 친구는 그녀에게 이렇게 썼다. "국가가 자신의 보건에 관한 사실들에 무지하다는 점을 두 방향에서 공략할 수 있어. 전문가와 일반인의 협력……이라는 장기 프로그램과 단기 압력 집단이지."[18] 따라서 ASCC는 이 "단기 압력 집단"으로 재편되어야 했다. ASCC 이사회에 합류한 앨버트 래스커는 학회를 매끄럽게 재편하기 위해서 광고 전문가인 에머슨 푸트를 끌어들였다.[19] 푸트는 래스커 부부와 마찬가지로 학회의 곰팡내 풍기는 활동 방식에 혐오감을 품고 즉시 행동 계획을 짰다. 정체된 사교 클럽을 고도로 조직된 로비 단체로 변모시킨다는 계획이었다. 그 일을 실행하려면, 생물학자, 역학자, 의학 연구자, 의사보다는 사업가, 영화 제작자, 광고인, 제약회사 중역, 변호사—래스커의 드넓은 인맥에서 추려낸 친구와 지인—와 같은 행동가가 필요했다. 1945년에 ASCC 집행 이사회에는 비의료계 인사들이 크게 늘어나서 기존 임원들보다 더 많아졌다. 이 이른바 "일반인 집단"은 학회의 이름을 미국 암학회(American Cancer Society, ACS)로 바꾸었다.[20]

마찬가지로 알아볼 수는 있지만, 미묘하게 학회의 논조도 바뀌었다. 리틀이 운영할 때, ASCC는 의료계 종사자들을 위해서 암 치료 기준을 지켜울 정도로 자세히 기록하는 일에 에너지를 소모했다. (내놓을 치료법이 거의 없었기 때문에, 이런 비망록은 그다지 쓸모가 없었다.) 반면에 래스커 부부가 이끌자, 예상대로 광고와 모금 활동이 학회의 주된 의제로 부상하기 시작했다. 1년 사이에 학회는 "교육용" 전단지 900만 부, 포스터 5만 부, 스티커 150만 부, 동전 모금함 16만 5,000개, 차량 광고지 1만 2,000부, 유리창 부착용 포스터 3,000부를 제작했다.[21] 여성 야전군—래스커의 한 협력자는 "귀부인 가든 클럽"이라고 비꼬았다[22]—은 서서히 배제되고, 활기 넘치고 잘 움직이는 모금 조직이 그 자리를 대신했다. 기부액은 계속 천장을 뚫고 치솟았다. 1944년 83만 2,000달러, 1945년 429만 2,000달러, 1947년에는 1,204만 5,000달러가 되었다.

돈, 그리고 대중의 인지도 변화는 불가피하게 기존 회원들과 새 회원들 사이에 갈등을 불러일으켰다. 래스커가 학회에 들어오는 것을 환영했던 ASCC 회장 클래런스 리틀은 일반인 집단에 밀려서 자신이 점점 소외되고 있다는 것을 느꼈다. 그는 로비스트들과 모금 활동가들이 "부정하고 말썽을 일으키며 공격적"[23]이라고 불만을 터뜨렸지만, 이미 때는 늦었다. 1945년 연례총회에서 "일반인들"과 험악한 폭로전을 펼친 뒤에 그는 사임하라는 압력을 받았다.

리틀이 물러나고 이사회 구성원도 바뀌자, 푸트와 래스커를 막을 자가 없어졌다. 그 변화에 발맞추어 거의 보복이라도 하려는 양, 신속하게 정관과 규칙도 바뀌었고, 학회는 다시 로비와 모금 활동을 강화했다.[24] 스탠더드 사의 회장 (그리고 일반인 집단의 주요 선동가) 짐 애덤스는 메리 래스커에게 새로운 정관에 들어갈 조항들을 전신으로 보냈는데, 과학단체가 채택하기에는 아주 특이하다고 할 조항들도 있었다. "위원회의 전문가와 과학자 위원은 4인을 넘어서는 안 된다. 사무총장은 일반인이어야 한다."25)

애덤스는 이 두 문장으로 ACS를 휩쓴 엄청난 변화를 요약했다. 학회는 이제 의료 현안을 널리 알리고 모금을 하는 열렬한 "일반인" 활동가 무리가 선봉에 선, 파죽지세의 거대 세력이 되었다. 래스커는 이 집단의 중심에 있는 응집시키는 힘, 즉 여왕벌이었다. 언론은 이 활동가들을 뭉뚱그려서 "래스커주의자들(Laskerites)"이라고 부르기 시작했다. 그들은 자긍심을 가지고 그 명칭을 받아들였다.

5년 만에 메리 래스커는 암학회를 빈사 상태에서 소생시켰다. 그녀의 "최단기 압력 집단"은 전력을 다해서 일했다. 래스커주의자들은 이제 장기 표적을 향했다. 바로 의회였다. 암과의 전쟁에 연방정부의 지원을 받을 수 있다면, 운동의 규모와 범위가 천문학적으로 커질 터였다.

"연구실과 병원에서 싸움을 계속하려면, 암과의 전쟁을 국회의사당에서 먼저 시작해야 한다는 것을 깨달은 사람은 아마 당신이 처음일 겁니다."26) 유방암 환자이자 활동가인 로즈 쿠시너는 메리 래스커에게 존경하는 어조로 그렇게 편지를 썼다. 그러나 래스커는 명석하게도 더욱더 핵심적인 진리를 이해했다. 그 싸움을 의회로 가져가기 전에 연구실에서 먼저 **시작해야** 한다는 것을 말이다. 그녀에게는 과학계 출신으로서 과학 모금을 위한 싸움을 주도할 또다른 협력자가 필요했다. 암과의 전쟁은 모든 광고인들과 로비스트들의 사이에 자리할 믿을 만한 과학자가 필요했다. 홍보 전문가들에게 정당성을 부여할 진짜 의사가 말이다. 래스커주의자들의 정치적 우선 과제를 거의 본능적으로 이해하고, 의심의 여지가 없으며 나무랄 데 없는 과학적 권위로 그들을 뒷받침할 사람이어야 했다. 암 연구에 매진하고 있지만, 그 분야를 떠나서 국가 전체라는 더 넓은 영역에서 활동할 의지를 가진 사람이 이상적일 터였다. 시드니 파버야말로 그 역할에 알맞은, 아마도 유일하게 적합한 인물이었다.

사실 양쪽은 서로에게 완벽하게 들어맞았다. 래스커주의자들이 과학자 전략가가 필요했듯이, 파버도 정치 로비스트가 절박하게 필요했다. 그것은 지도의 반쪽씩을 지닌 길 잃은 여행자 두 사람이 만난 것과 같았다.

파버와 메리 래스커는 1940년대 말에 워싱턴에서 첫 대면을 했다. 파버가 항엽산제로 전국적인 명성을 얻은 지 얼마 되지 않았을 때였다. 파버의 항엽산제 논문이 발표된 지 몇 개월 지나지 않은 1948년 겨울, 국립 암연구소장 존 헬러는 래스커에게 화학요법이라는 개념과 그 개념을 창안한 보스턴의 의사를 소개하는 편지를 썼다. 래스커는 화학요법―암을 완치시킬 수 있는 화학물질―이라는 개념(메모리얼 병원의 종양학자 더스티 로즈는 "암의 페니실린"[27]이라는 표현을 즐겨 썼다)에 매료되었다. 1950대 초가 되자, 그녀는 그런 약물에 관해서 파버와 주기적으로 서신을 주고받았다.[28] 파버는 보스턴에서 진척되는 사항을 그녀에게 가르치는 두서없이 길고 상세하게 쓴 답신―그는 "과학 논문"이라고 했다[29]―을 보내곤 했다.

파버는 래스커와 접촉하면서 눈앞에 드리웠던 안개가 말끔히 걷혔다. 그는 그것을 "카타르시스"라고 했다. 그는 자신의 과학 지식을 그녀에게 넘겼다. 더욱 중요한 것은 자신의 과학적, 정치적 야심까지 넘겼다는 것이다. 그는 그녀의 눈에서 자신의 야심이 더욱 확대된 형태로 비치는 것을 보았다. 1950년대 중반이 되자, 그들의 편지에서 논의되는 일의 규모는 크게 확대되었다. 파버와 래스커는 전면적이고 총체적으로 암 공격을 개시할 수 있을지를 공개적으로 논의했다. 파버는 "내가 기대했던 것보다 훨씬 더 빠르게 조직적인 양상이 나타나고 있습니다"라고 썼다.[30] 더 강력하고 집약된 힘으로 암을 공격할 수 있도록 국립 암연구소를 재편하기 위해서 워싱턴에 출장을 갔던 일을 언급하면서였다.

한 의사가 말했듯이, 래스커는 이미 "국회의사당을 정기적으로" 출입하고 있었다.[31] 한결같은 머리 모양, 자신의 특색이 된 회색 정장과 진주 목걸이를 하고서 그녀는 보건과 관련된 모든 위원회와 전문가 모임에 얼굴을 내밀었다. 파버도 이제 "정기적으로" 얼굴을 내미는 인사가 되었다. 나름대로 빳빳한 검은 정장을 완벽하게 빼입고 때로 코끝에 학자 티가 나는 독서 안경을 걸친 그는 의원을 쏙 빼닮은 의사이자 과학자였다. 한 관찰자의 회고에 따르면, 그에게는 의학을 위한 "복음주의적 활력"이 있었다. "탬버린을 손에 쥐어주면" 그는 즉시 "흔들어대기 시작할" 것이었다.[32]

파버의 복음주의 탬버린에 맞추어서 래스커는 자신의 복음주의 북을 쳤다. 그녀는 인용문과 의문문으로 요점을 강조하면서 자신의 대의를 열정적이고 설득력 있게 알렸다. 뉴욕으로 돌아간 뒤, 그녀는 조수들을 고용하여 신문과 잡지를 훑어서 암이 조금이라도 언급된 기사가 있으면 전부 오려두도록 했다. 그녀는 그 모든 기사를 읽고서 여백에 또박또박 작은 글씨로 주석을 달아서 매주 래스커주의자들에게 보냈다.

파버는 래스커에게 애정 어린 어조로 썼다. "나는 즐겨 쓰는 방법이 된 텔레파시를 통해서 수없이 당신에게 편지를 썼지만 부치지는 않았습니다."[33] 파버와 래스커는 단순한 지인에서 허물없는 사이로, 허물없는 사이에서 친구로 변하면서, 수십 년 동안 상승 작용을 일으키는 협력관계를 유지했다. 1950년대에 파버는 암에 맞선 운동을 묘사할 때 **십자군 전쟁**이라는 단어를 썼다. 지극히 상징적인 단어였다. 메리 래스커뿐만 아니라 시드니 파버에게도 암 운동은 "십자군 전쟁"으로 바뀌고 있었다. 종교적 비유만이 본질을 포착할 수 있을 만큼 열정이 담긴 과학적 전투였다. 마치 어떤 치유법에 관한 흔들림 없는 확고한 전망을 발견한 사람들처럼, 그들은 머뭇거리는 국가를 끌어들이는 일에 결코 망설이지 않을 터였다.

"화학요법의 새로운 친구들"

> 한 사람의 죽음은 강대한 국가의 몰락과 같다
> 용맹한 군대, 함장, 예언자,
> 부유한 항구와 전 세계를 휘젓는 배들을 가졌던
> 그러나 지금 그것은 어떤 포위된 도시도 구하지 않을 것이다
> 동맹군에 들어가지 않을 것이다
> ―체슬라브 밀로즈, "몰락"[1]

> 나는 최근에 메리 래스커의 칵테일파티나 시드니 파버의 지미 기금 같은 과학 외부의 사건들이 과학 정책의 수립과 어떤 관련이 있다는 것을 알아차리기 시작했다.
> ―로버트 모리슨[2]

1951년에 파버와 래스커가 "텔레파시"를 일으킬 강도로 암에 맞서는 운동에 관해서 대화를 나누고 있을 때, 한 예지적인 사건이 발생하면서 그들 노력의 어조와 긴박성을 극적으로 바꿔놓았다. 앨버트 래스커가 결장암 진단을 받은 것이었다. 뉴욕의 의사들은 종양을 제거하기 위해서 영웅적인 노력을 했지만, 장 주위의 림프절에 이미 암이 폭넓게 퍼진 상태였고, 수술로 제거될 가능성은 거의 없었다. 1952년 2월, 앨버트는 암 선고의 충격에 몸이 마비되어서 병원에 갇힌 채 죽음을 기다리는 신세가 되었다.[3]

래스커주의자들은 이 사건이 일으킨 냉소적인 상황 변화를 피해갈 수 없었다. 1940년대 말에 암의 인식 제고를 위해서 광고를 하면서 그들은 미국인 4명 중 1명이 암에 걸린다고 말했다. 앨버트는 이제 그 "4명 중 1명"이 되었다. 자신이 정복하고자 싸웠던 바로 그 병에 쓰러진 것이었다. 그와 가까운 시카고의 한 친구는 이렇게 (지나치게 과소평가하면서) 썼다. "이 분야의 연구를 진척시키기 위

해서 그토록 많은 노력을 한 사람이 개인적으로 고통을 겪어야 하다니 조금 불공평한 듯하다."4)

메리 래스커가 남긴 회고록, 편지, 수기, 인터뷰 등을 모으면 거의 800상자에 달하지만, 그녀는 자신이 이 비극적인 사건에 어떻게 반응했는지에 대해서는 거의 단서를 남기지 않았다. 비록 질병에 몰두하긴 했어도, 그녀는 그것의 육체성, 죽어간다는 것의 속물적인 사항에는 유독 침묵했다. 간혹 속내와 슬픔이 언뜻 비치기도 한다. 그녀는 뉴욕의 하크니스 병원에 들러서 혼수상태에 빠져가는 앨버트를 지켜보았고, 여러 종양학자들 — 파버를 포함하여 — 에게 최후 수단으로 쓸 만한 약이 없는지를 묻는 편지도 보냈다. 앨버트가 사망하기 몇 개월 이내에 쓴 편지들은 광적이고 집착하는 어조를 띠었다. 종양은 간으로 전이되었고, 그녀는 검증되지 않은 것도 개의치 않고 그의 병세 진행을 막아줄 치료법을 고집스럽고 신중하게 찾아다녔다. 그러나 들려오는 대답은 거의 없었다. 뚫고 나갈 수 없이 농밀하고 헤아릴 길 없이 고독한 침묵만이 있었다. 메리 래스커는 홀로 우울증에 빠져드는 쪽을 택했다.

앨버트 래스커는 1952년 5월 30일 아침 8시에 사망했다.5) 뉴욕의 래스커 저택에서 비공개로 소규모 장례식이 치러졌다. 「타임스」의 부고 기사에는 이렇게 실렸다. "그는 단순한 박애주의자가 아니었다. 자신의 재산뿐만 아니라 경험, 능력, 힘까지도 모두 내놓았으니."

메리 래스커는 남편이 사망한 뒤, 서서히 공적인 생활을 재개했다. 그녀는 모금, 무도회, 자선 활동이라는 일상적인 생활로 돌아왔다. 그녀의 달력은 사회 활동 일정으로 가득 채워졌다. 여러 의료 재단을 위한 무도회, 해리 트루먼 송별회, 관절염 환자를 위한 모금회 등이었다. 그녀는 자제력을 유지했고, 열정적이고 원기왕성해 보였다. 뉴욕의 희박한 대기 속으로 빛을 내며 들어온 유성 같았다.

그러나 1953년에 뉴욕 사교계로 돌아온 그녀는 1년 전에 그곳을 떠났던 여성과 근본적으로 다른 사람이었다. 그녀의 내면에서 무엇인가가 끊어졌다가 다시 이어졌다. 앨버트의 죽음이라는 그늘 속에서 메리 래스커의 암 운동은 더 긴박하고 집요한 어조를 띠었다. 그녀는 더 이상 암과의 십자군 전쟁을 널리 알리는 전략을 추구하지 않았다. 그녀는 그 전쟁을 벌이기 위한 전략을 추구했다. 그녀의 친구인 상원의원 리스터 힐이 나중에 "우리는 음험하고 무자비한 적과 전쟁을 하고 있다"고 말하게 될 전쟁이었다.[6] 그리고 그런 규모의 전쟁은 무자비하고 전면적이고 불굴의 헌신을 요구했다. 실용주의는 과학을 부추기는 수준에 그쳐서는 안 되었다. 그것은 과학을 침략해야 했다. 래스커주의자들은 암과 싸우기 위해서 암 정부기관인 NCI의 비대한 관료주의를 제거하고 예산을 집중시키고 면밀히 관리함으로써, 그 기관을 토대부터 재건하여 근본적으로 재편하고자 했다. 암 치유법을 발견하는 방향으로 단호하게 나아갈 목표 지향적 조직으로 말이다. 메리 래스커는 암에 맞서려는 국가의 노력이 그때그때 닥치면 하는 중구난방에다가 추상적인 것이 되었다고 믿었다. 다시 활력을 회복하려면 앨버트 래스커의 유산이 필요했다. 사업과 광고의 세계에서 빌려온 목표 지향적인 전략이 말이다.

파버의 삶도 암과 충돌했다. 아마 그가 10년 전부터 예견했을 충돌이었다. 1940년대 말에 그의 장에는 수수께끼의 만성 염증 질환이 생겼다. 결장과 담낭관을 암에 걸리기 쉽게 하는, 기력을 앗아가는 전암인 궤양성 대장염과 흡사했다. 1950년대 중반(정확한 날짜는 알지 못한다), 파버는 보스턴의 마운트 오번 병원에서 염증이 생긴 결장을 제거하는 수술을 받았다. 롱우드 교정의 동료와 친구에게 그 진단과 수술을 숨기기 위해서 찰스 강 너머 케임브리지의 작은 개인병원을 택했을 가능성이 높다. 수술할 때 단지 "전암"이 아니라 그 이상의 것이 발견되었을 가능성도 있다. 비록 그의 암이 어떤 것인지 밝히지는 않았지만, 훗날 메리 래스커가 파버를 "암 생존자"라고 말하곤 했기 때문이다. 자존심이 강하고 자기 방어적이고 자신을 드러내지 않는 성격이었기 때문에—그는 암과의 전쟁이 사적인 투쟁과 뒤섞이는 것을 꺼렸다—그는 사적인 일을 공개적으로 논의하기를 단호히 거부했다. (그의 아들인 토머스 파버도 그 문제를 꺼내지 않으려고 했다. 그는 "시인도 부인도 하지 않겠습니다"라고 했다. 비록 아버지가 "말년에 병을 가까이 하고" 살았다는 것을 인정했지만, 내가 존중할 만한 모호한 표현이었다.) 결장 수술의 유일한 흔적은 결장조루술 주머니였다. 파버는 병원에서 회진할 때면 아랫단이 달린 흰 셔츠와 단추 4개짜리 정장으로 솜씨 좋게 그 주머니를 감추었다.

비록 신중하게 비밀을 유지했지만, 사적으로 암과 대면함으로써 자신의 운동을 대하는 파버의 어조와 긴박함도 근본적으로 달라졌다. 래스커에게도 그랬듯이, 그에게도 암은 더 이상 추상적인 것이 아니었다. 그는 자신을 덮쳐오는 그것의 그림자를 감지했다. 그는 이렇게 썼다. "기초 연구의 모든 문제들에 대한 완전한 해결책이 있어야만 암 치료 분야에서 획기적인 발전을 이룰 수 있는 것은 아니다.……의학사에는 이런 치료법의 작용 기구를 이해하는 것보다 수 년, 수십 년, 심지어 수 세기 앞서서 치료법이 나온 사례가 수두룩하다."

파버는 "올해 암으로 죽어가는 환자들은 더 이상 기다릴 수 없다"고 주장했다. 그나 메리 래스커도 기다릴 수 없었다.

메리 래스커는 이 노력의 성패에 따라서 빚어질 결과가 얼마나 엄청날지를 잘 알았다. 래스커주의자들이 제안한 암 전략은 1950년대의 생명의학 연구의 주류 모형과 정면으로 맞섰다. 주류 모형의 주된 건축가는 버니바 부시였는데, 그는 MIT를 나온 키가 크고 여윈 공학자였다. 그는 과학연구개발국(Office of Scientific Research and Development, OSRD)의 국장을 역임했다. 1941년에 설립된 OSRD는 전시에 중요한 역할을 했다. 대체로 미국 과학자들의 창의성을 전쟁을 위한 새로운 군사 기술을 발명하는 쪽으로 돌림으로써였다. 이 목적을 위해서 그 부서는 기초 연구를 하는 과학자들을 "프로그램에 따른 연구"를 강조하는 계획에 동원했다. 기초 연구—구속받지 않은 채 느슨하게 근본적인 물음을 탐구하는 연구—는 평시에나 하는 사치였다. 전쟁은 더 긴요하고 목표 지향적인 것을 요구했다. 전쟁터의 군인들을 도울 신기술을 창안하고 신무기를 제조할 필요가 있었다. 그럼으로써 전투는 서서히 군사 기술로 가득해졌고—언론은 그것을 "마법사의 전쟁"이라고 했다—미국이 전쟁에서 이기도록 돕는 과학 마법사들로 구성된 기간요원이 필요했다.

"마법사들"은 경이로운 기술적 마법을 부렸다. 물리학자들은 음파 탐지기, 레이더, 원격 작동 폭탄, 수륙양용 탱크를 만들었고, 화학자들은 악명 높은 전쟁 가스를 비롯한 대단히 효율적이고 치명적인 화학무기를 만들었다. 생물학자들은 높은 고도에서의 생존과 바닷물 섭취의 효과를 연구했다. 심지어 심오한 세계의 대주교인 수학자들도 군사용 비밀 암호를 깨는 데에 동원되었다.

물론 이 목표 지향적 노력이 빚어낸 최고의 보석은 당연히 OSRD가 이끈 맨해튼 계획의 산물인 원자폭탄이었다. 히로시마에 원자폭탄이 투하된 다음 날인

1945년 8월 7일 아침 「뉴욕 타임스」는 그 계획이 눈부신 성공을 거두었다고 대서특필했다. "기업 연구소의 방식을 좇아서 연구를 체계화하고 기획하고 이끄는 데에 반대한 대학교수들에게는 이제 고민거리가 생겼다.……가장 중요한 연구 결과는 기업 연구소가 채택한 바로 그 수단으로 군대를 위해서 수행된 것이었다. 최종 결과는 3년 만에 세계에 주어진 발명품이었다. 우리가 홀로 연구하고 간섭 받기 싫어하는 과학자들에게 의존해야 했다면, 그것을 개발하는 데에 반세기가 걸렸을 것이다.……문제가 제시되었고, 그것은 호기심을 충족시키려는 단순한 욕망을 통해서가 아니라, 공동 작업, 기획, 적절한 지시를 통해서 해결되었다."[7]

사설의 경축하는 어조는 전국을 휩쓸었던 과학에 관한 전반적인 정서를 포착했다. 맨해튼 계획은 과학적 발견의 주류 모형을 뒤엎었다. 「타임스」가 냉소적으로 표현했듯이, 그 폭탄은 모호한 진리를 찾아 방황하는("호기심을 충족시키려는 단순한 욕망"에 이끌리는) 말쑥하고 "간섭받기 싫어하는" 대학교수들이 아니라, 구체적인 임무를 달성하도록 파견된 연구자들의 특수기동대가 설계한 것이었다. 전시에 놀라운 기술적 발전을 낳은 그 계획—과학적 명령, 일정표, 목표에 따라 이루어지는 연구(한 과학자의 말을 빌리면 "정면 공격")—에서 과학적 통제라는 새로운 모형이 출현했다.

그러나 버니바 부시는 확신하지 못했다. 1945년에 처음 발표되고, 트루먼 대통령에게 보내져서 깊은 영향을 끼친 「과학 끝없는 변경(Science the Endless Frontier)」이라는 보고서에서 부시는 자신의 전시 연구 모형을 뒤집은 전후 연구 관점을 피력했다.[8] "기초 연구는 실용적인 목적을 염두에 두지 않은 채 이루어진다. 그것은 자연과 그 법칙의 이해와 일반 지식으로 끝난다. 이 일반 지식은 수많은 중요한 실용적인 문제들에 답할 수단을 제공한다. 비록 어느 한 문제에 대한 완벽한 구체적인 답을 제공하지는 않을지 몰라도……."

"기초 연구는 새로운 지식으로 이어진다. 그것은 과학적 자본을 제공한다. 지식의 실용적인 응용을 이끌어내는 데에 쓰일 기금을 조성한다.……기초 연구는 기술 발전의 선도자이다. 19세기에는 주로 유럽 과학자들의 기초 분야의 발견을 토대로 구축된 양키의 역학적 창의성이 기술을 크게 발전시킬 수 있었다. 이제는 상황이 다르다. 새로운 기초 과학의 지식을 타국에 의존하는 나라는 기계 실력이 어떻든 간에 산업 발전이 느려지고 세계 무역에서의 경쟁력이 약해질 것이다."

부시는 전시에 큰 반향을 일으킨 목표 지향적인 연구—"프로그램" 과학—가 미국 과학의 미래를 위한 지속 가능한 모형이 아니라고 주장했다. 부시가 인식했듯이, 널리 찬사를 받은 맨해튼 계획조차도 기초 탐구의 가치를 보여주는 모범 사례였다. 그 폭탄이 양키의 "역학적 창의성"의 산물이라는 것은 분명하지만, 그 역학적 창의성은 원자와 그 안에 갇힌 에너지의 근본 특성에 관한 과학적 발견들이라는 어깨 위에 서 있었다. 원자폭탄과 비슷한 무엇인가를 만들라고 촉구하는 명령이 전혀 없는 상태에서 이루어진 연구들 말이다. 폭탄이 로스앨러모스에서 육체를 얻었다고 한다면, 지성사의 측면에서 볼 때 그것은 유럽에 깊이 뿌리박은 전쟁 이전의 물리학과 화학의 산물이었다. 적어도 철학적으로 볼 때, 전시 미국 과학의 상징인 그 국산품은 실제로는 수입품이었다.

부시가 이 모든 사례로부터 얻은 교훈은 목표 지향적 전략이 전시에는 아주 유용했지만, 평시에는 한계가 있으리라는 것이었다. "정면 공격"은 전선에서는 유용했지만, 전후 과학은 명령에 따라 구축될 수 없었다. 그래서 부시는 근본적으로 뒤집힌 과학 발전 모형을 제시했다. 연구자들이 지극히 자율적으로 자신의 탐구를 하도록 허용되고 자유로운 탐구가 우선시되는 모형이었다.

그 기본 계획은 워싱턴에 깊이 그리고 지속적으로 영향을 미쳤다. 1950년에 과학 자율성을 고취시키는 것을 명시한 국립 과학재단(National Science Foundation, NSF)이 설립되었고, 한 역사가의 말처럼 그 기관은 머지않아서 "정부 예산과 과학 독립성을 조화시키려는 [부시의] 원대한 계획의 진정한 구현물"로 변신했다.[9] 새로운 연구 문화—"치료와 질병 예방이라는 표적에 집중하는 탐구보다는 장기적인 기초 과학 연구를 하는"[10]—가 NSF에서, 그리고 이어서 NIH에서 급속히 확산되었다.

래스커주의자들에게 이런 변화는 심각한 충돌을 예고하는 것이었다. 그들은 암과의 전쟁에는 로스앨러모스에서 그토록 효과적으로 이루어진 것과 똑같은 집중적이고 집약된 헌신적인 노력이 필요하다고 생각했다. 제2차 세계대전은 분명히 의학 연구에 새로운 문제와 새로운 해결책을 과다 제공했다. 전쟁은 새로운 소생 기술, 혈액과 냉동 혈장 연구와 부신 스테로이드가 쇼크와 대뇌 및 심장 혈류에 미치는 역할 연구를 촉진시켰다. 의학 연구위원회 의장 A. N. 리처즈의

말처럼, "의학계의 노동력이 그토록 대규모로 협력한 것"은 의학사에 유례없는 일이었다.[11]

래스커주의자들은 이런 공통의 목적의식과 협력에 고무되었다. 그들은 암을 위한 맨해튼 계획을 원했다. 그들은 암에 전면 공격을 감행하기 위해서 암에 관한 근본 문제들이 풀릴 때까지 기다릴 필요는 없다고 점점 더 느끼고 있었다. 아미노프테린이 암세포는커녕 정상 세포에서 어떻게 작용하는지조차 거의 알지 못하는 상태에서 초기 백혈병 임상시험도 하지 않았던가? 1920년대의 영국 수학자 올리버 헤비사이드는 식탁 앞에 앉아 생각에 잠긴 한 과학자에 관해서 농담을 했다. "내가 소화계를 이해하지 못했으니까 식사를 거부해야 하나?"[12] 헤비사이드의 의문에 파버는 자신의 의문을 덧붙였을지도 모른다. 암세포의 기초 메커니즘을 해결하지 못했으니까 암 공격을 거부해야 하나?

다른 과학자들도 이런 좌절감을 드러냈다. 대놓고 말하는 성격인 필라델피아의 병리학자 스탠리 리만은 이렇게 썼다. "암 분야의 종사자들은 그저 '흥미롭기' 때문이 아니라 암 문제의 해결책에 도움을 주겠다는 관점에서 목표를 가지고 자신의 일을 체계화하는 데에 모든 노력을 기울여야 한다."[13] 부시가 예찬한 자유로운 호기심에 이끌리는 탐구—"흥미로운" 과학—는 교리로 굳어진 상태였다. 암과 싸우려면 그 교리를 타파해야 했다.

이 방향으로 나아간 첫 걸음이자 가장 선구적인 사례는 항암제를 개발하는 일에 초점을 맞춘 기관의 설립이었다. 1954년, 래스커주의자들이 한바탕 격렬한 정치 로비를 벌인 끝에 상원은 NCI가 더 목표 지향적인 방식으로 화학요법 약물을 찾는 프로그램을 수립하도록 승인했다. 암 화학요법 국립 서비스 센터(Cancer Chemotherapy National Service Center, CCNSC)라는 이름이 붙은 이 기관은 1955년에 본격적인 활동에 들어갔다.[14] 이 기관은 이상적인 약물을 찾기 위해서 1954-1964년에 합성 화학물질 8만2,700종, 발효산물 11만5,000종, 식물 유도체 1만7,200종을 검사하고, 해마다 거의 100만 마리의 생쥐를 다양한 화학물질로 시험했다.

파버는 그 일에 몰입했지만 초조했다. 그는 1955년에 래스커에게 이렇게 썼다. "이 화학요법의 새로운 친구들의……열정은 참신하고 진정한 토대 위에 선 듯합니다. 그럼에도 몹시 진척이 느린 듯해요. 이 프로그램에 들어와서 미국을 발견하는 기쁨을 즐기는 사람들이 점점 많아지는 것을 보는 일도 때로 지루합니다."[15]

그 와중에 파버는 보스턴에서 나름대로 약물을 발견하는 일에 나섰다. 1940년대에 토양미생물학자 셀먼 왁스먼은 토양세균의 세계를 체계적으로 훑어서 다양한 항생물질을 분리했다. (페니실린을 만드는 페니실리움처럼, 세균도 다른 미생물들과 화학전을 벌일 항생물질을 만든다.) 방선균(放線菌, *Actinomyces*)이라는 막대 모양의 미생물로부터도 그런 항생물질을 하나 얻었다.[16] 왁스먼은 그것을 악티노마이신 D(actinomycin D)라고 이름 붙였다. 머리 없는 작은 몸통에 두 날개를 펼친 고대 그리스의 조상(彫像) 같은 모양의 커다란 분자인 악티노마이신 D는 나중에 DNA에 결합하여 그것을 손상시킨다는 것이 밝혀졌다. 그것은 세균 세포를 잘 죽였다. 그러나 불행히도 사람의 세포도 죽이기 때문에, 항균제로 쓰기에는 한계가 있었다.

그러나 어떤 세포독이든 그것에 흥분하는 종양학자가 한 사람쯤은 있기 마련이었다. 1954년 여름, 파버는 왁스먼에게 악티노마이신 D를 비롯한 다수의 항생물질을 보내달라고 요청했다. 갖가지 생쥐 종양에 약물들을 시험하여 항암제로 쓸 만한지 알아보기 위해서였다. 파버는 악티노마이신 D가 생쥐에게서 놀라운 효과를 보인다는 것을 알았다. 소량을 투여했음에도 백혈병, 림프종 유방암을 비롯한 많은 생쥐 종양이 녹아서 사라졌다. 파버는 기대감에 부풀어서 이렇게 썼다. "그것들을 치료제라고 하기를 주저할지도 모르겠지만, 다른 쪽으로 분류하기는 어렵다."[17]

동물 "치료제"에 고무된 그는 1955년에 그 약물이 사람에게 효과가 있는지를 평가하는 일련의 시험에 들어갔다. 악티노마이신 D는 어린이의 백혈병에는 아무 효과가 없었다. 파버는 기죽지 않고 그 약물을 림프종, 신장육종, 근육육종, 신경모세포종 등 다양한 암에 걸린 275명의 어린이에게 시험했다. 그 시험은 약사에게 악몽이었다. 악티노마이신 D는 독성이 매우 강해서 식염수로 심하게 희석해야 했다. 정맥 바깥으로 미량이라도 누출되면, 누출된 부위 주위의 피부가 괴사하여 검게 변했다. 정맥이 작은 아이들에게는 머리덮개 안으로 삽입한 정맥주사선을 통해서 약물을 넣곤 했다.

이 초기 시험에 반응한 종양 중 하나는 희귀한 형태의 신장암인 빌름스 종양() 이었다. 아주 어린 아이에게서 간혹 나타나는 빌름스 종양은 대개 병에 걸린 신장을 수술로 제거하여 치료했다. 수술한 뒤에는 그 자리에 엑스 선을 쬐었다. 그러나 모든 빌름스 종양이 국소 요법으로 치료 가능한 것은 아니었다. 일부 사례에서는 종양이 검출될 즈음에 이미 전이가 일어났다. 전이는 대개 폐에 일어났다. 폐는 치료가 잘 되지 않는 곳이기 때문에, 그런 빌름스 종양에는 대개 엑스 선을 쬐면서 잡다한 약물을 투여했지만 차도가 있을 것이라는 기대는 거의 하지 않았다.

파버는 정맥 주사한 악티노마이신 D가 이런 폐 전이암의 성장을 강력하게 억제한다는 것을 알았다. 때로는 몇 개월 동안 증세가 완화되기도 했다. 흥미를 느낀 그는 한발 더 나아갔다. 엑스 선과 악티노마이신 D가 서로 독자적으로 빌름스 전이암을 공격할 수 있다면, 둘을 결합시키면 어떨까? 1958년에 그는 줄리오 단지오와 오드리 에번스라는 젊은 방사선과 의사 부부와 도널드 핑컬이라는 종양학자에게 그 과제를 맡겼다. 몇 개월 지나지 않아서, 연구진은 엑스 선과 악티노마이신 D가 서로의 독성 효과를 증폭하는 놀라운 상승 효과를 낸다는 것을 입증했다. 전이암이 있는 아이들을 이 통합 요법으로 치료하자 활발하게 반응이 나타났다. 단지오는 이렇게 회상했다. "약 3주일 사이에 빌름스 전이 종양으로 가득했던 폐가 완전히 깨끗해졌어요. 처음으로 정당한 확신을 가지고 이렇게 말할 수 있게 되었을 때 얼마나 흥분했을지 상상해보세요. '우리는 완치시킬 수 있어.'"[18]

이런 발견이 빚어낸 흥분은 전염성이 있었다. 비록 엑스 선과 화학요법의 결합이 반드시 장기 치유를 빚어내는 것은 아니었을지라도, 빌름스 종양은 화학요법에 반응한 최초의 전이 고형 종양이었다. 파버는 오랫동안 추구해온 액상 암에서 고형 종양 세계로의 도약을 마침내 이루었다.

1950년대 말에 파버는 한껏 낙관론에 취해 있었다. 그러나 1950년대 중반, 지미 기금 병원을 방문한 사람들은 더 미묘하고 복잡한 현실을 목격했을지도 모른다. 1956년에 빌름스 종양으로 화학요법을 받고 있는 두 살 난 아들 데이비드의 엄마 소냐 골드스타인에게 병원은 두 극점 사이를 영구히 오가는 듯했다.[19] "경이롭고 비극적이며…… 이루 말할 수 없이 침울하고, 이루 형언할 수 없이 희망적인." 훗날 골드스타인은 암 병동에 들어갈 때의 느낌을 이렇게 적었다. "나는 주변의 흥분을 감지한다. 발견이 임박했다는 느낌(다시금 좌절하곤 하면서도 지속되는), 그것은 내게 거의 희망을 품게 한다."

"우리는 한쪽 벽을 따라서 판지로 만든 열차가 장식된 대형 통로로 들어간다. 병동을 절반쯤 들어가면 진짜처럼 보이는 멈춤 표지판이 나타나는데, 그것은 초록, 빨강, 노랑 불빛으로 반짝인다. 열차 엔진으로 올라가서 경적을 잡아당겨 울릴 수도 있다. 병동 반대쪽 끝에는 판매량과 가격이 적힌 실물 크기의 가솔린 펌프가 있다.…… 내가 받은 첫 인상은 거의 뱀 우리에서 볼 수 있는 것처럼 지나치게 활발하게 활동이 벌어지고 있다는 것이다."

그곳은 일종의 뱀 우리였다. 질병, 희망, 절망이 똬리를 틀고, 펄펄 끓다가 축 가라앉곤 하는 상자, 오직 암을 위한 우리였다. 네 살쯤 된 제니라는 여자아이는 구석에서 새로운 크레파스를 가지고 놀고 있었다. 매력적이고 쉽게 흥분하는 여성인 제니의 엄마는 아이에게서 눈을 떼지 않았다. 크레파스를 집으려고 웅크린 딸아이를 마치 발톱으로 꽉 움켜쥐고 있는 듯한 눈길이었다. 여기에서는 어떤 활동도 순수하지 않았다. 어떤 행동이든 징후, 증상, 징조일 수 있었다. 골드스타인은 제니가 "백혈병에 걸려 있으며 황달이 생겨서 지금 병원에 있다"는 것을 알아차렸다. "눈알이 아직 노랗다." 그것은 전격 간 기능 이상의 전조였다. 병동의 많은 입원 환자들이 그렇듯이, 제니도 자신의 병이 어떤 의미가 있는지에는 별로 관심이 없었다. 제니의 관심사는 오직 자신이 몹시 아끼는 알루미늄 찻주전자였다.

"통로의 보행기에 한 여자아이가 앉아 있는데, 처음에 나는 아이의 눈이 본래 검은색이라고 생각했다.……이름은 루시이고 두 살배기인데, 눈 뒤쪽으로 퍼져서 출혈을 일으키는 암에 걸려 있다. 그리 귀엽지는 않은데, 입원 첫날부터 거의 쉴 새 없이 울어댄다. 천사 같은 모습의 네 살인 데비도 울음을 그치지 않는다. 얼굴은 하얗고 아파서 찌푸리고 있다. 루시와 같은 종류의 종양인 신경모세포종에 걸려 있다. 한 병실에는 테디가 홀로 누워 있다. 나는 여러 날을 망설이다가 안으로 들어가본다. 테디는 뼈대가 가늘고 눈이 보이지 않으며, 얼굴이 기형이다. 종양이 귀 뒤쪽에서부터 머리 한쪽을 집어삼켜서 정상적인 외모를 없애버렸다. 음식은 콧줄로 먹이는데, 의식은 온전하다."

병동 전체에는 사소한 발명품이나 즉석에서 생각해낸 것들이 있었다. 파버 자신이 고안한 것도 있었다. 아이들은 대개 금방 지쳐서 걷지 못하기 때문에, 환자들이 비교적 자유롭게 돌아다닐 수 있도록 병실에 나무 보행기가 흩어져 있었다. 낮에 약물을 계속 넣을 수 있도록 보행기에도 화학요법에 쓰는 약병 걸대가 설치되어 있었다. 골드스타인은 이렇게 썼다. "내가 본 가장 애처로운 광경 중의 하나는 걸대에 높이 걸린 약병에서 약물이 똑똑 떨어져 들어가는 바늘을 팔이나 다리의 정맥에 꽂고 단단히 붕대로 고정시킨 어린아이가 보행기를 타고 있는 모습이다. 그것들은 결합되어서, 돛대는 있지만 돛은 없이 해도에 없는 거친 바다를 홀로 하릴없이 떠다니는 작은 배를 떠올리게 한다."

매일 저녁, 파버는 자신의 돛 없는 배로 해도에 없는 거친 바다를 힘차게 나아가면서 병동을 돌았다. 그는 각 침대 옆에 서서 기록을 하고 논의를 하고, 때로는 특유의 무뚝뚝한 지시를 내리곤 했다. 전공의, 간호사, 사회복지사, 정신과 의사, 영양사, 약사가 그 뒤를 따랐다. 그는 암이 포괄적 질병이라고 주장했다. 환자를 육체적으로뿐만 아니라 심리적, 사회적, 감정적으로도 사로잡는 병이라는 것이다. 다면적이고 여러 분야에 걸친 공격만이 이 병을 물리칠 기회를 얻을 것이라고 보았다. 그는 그 개념을 "포괄 의료(total care)"라고 했다.

그러나 "포괄 의료"를 제공하기 위해서 온갖 노력을 다해도 죽음은 가차 없이 병실로 기어들어왔다. 1956년 겨울, 데이비드가 입원한 지 몇 주일 뒤에 파버의 병원에 한꺼번에 죽음이 찾아들었다. 백혈병에 걸린 아이 베티가 첫 사망자였다. 알루미늄 찻주전자를 품에 안은 네 살 된 제니가 다음 차례였다. 이어서 망막모세포종에 걸린 테디가 죽음을 맞았다. 일주일 뒤, 백혈병에 걸린 액설이 입에서 출혈이 일어나서 피를 토하며 죽었다. 골드스타인은 상황을 모두 지켜보았다. "죽음은 모습, 형식, 일정한 행동 양식을 가진 듯하다. 부모가 아이의 병실에서 나온다. 마치 매일 간호하다가 주기적으로 짧게 휴식을 취하러 나오는 것처럼. 간호사가 그들을 의사의 작은 진료실로 안내한다. 의사가 들어오고 그 뒤로 문이 닫힌다. 조금 있다가 간호사가 커피를 가져온다. 좀더 뒤에 간호사는 아이의 이런저런 물품을 담은 커다란 갈색 종이봉투를 부모에게 건넨다. 몇 분 뒤, 다시 천천히 거닐면서 우리는 또 한 침대가 비었다는 것을 안다. 끝."

　1956년 겨울, 오랫동안 치열한 싸움을 벌인 끝에 소냐의 세 살짜리 아들 데이비드 골드스타인이 삶의 마지막 몇 시간을 산소마스크를 쓰고 헐떡거리며 정신착란에 헛소리를 하다가, 전이된 빌름스 종양으로 지미 기금 병원에서 숨을 거둔다. 소냐 골드스타인은 아이의 유품이 담긴 갈색 종이봉투를 들고 병원을 떠났다.

　그러나 파버는 기가 꺾이지 않았다. 여러 세기 동안 텅 비어 있던 암 화학요법의 병기고는 새로운 약물로 가득 차 있었다. 이런 발견물들이 열어젖힐 가능성은 엄청난 것이었다. 약물의 순열과 조합, 투여량과 투여 일정의 조절, 두 가지, 세 가지, 네 가지 약물을 처방하는 임상시험을 거친다면 적어도 원리상, 한 약물이 듣지 않으면 다른 약물로 암을 다시 치료하거나, 한 약물에 이어 다른 약물을 조합하여 시도할 수 있었다. 파버는 자신에게 최면을 걸 듯이 계속 말했다. 이것이 "끝"이 아니라고. 전면 공격의 시작일 뿐이라고.

14층의 병실 침대에서 칼라 리드는 여전히 "고립"되어 있었다. 공기 분자조차도 수십 겹의 필터를 통해서 걸러진 뒤에야 도착하는 멸균된 차가운 방에 갇혀 있었다. 그녀의 옷에는 소독비누 냄새가 배어 있었다. 텔레비전은 이따금 깜박거리면서 켜졌다 꺼졌다 했다. 덩어리 감자 샐러드나 키예프 닭고기 같은 낙천적인 멋진 이름의 음식이 쟁반에 담겨왔다. 그러나 맛은 모두 똑같았다. 졸아 없어질 때까지 삶아서 태운 것 같은 맛. (실제로 그랬다. 음식은 멸균을 해야만 방으로 들여올 수 있으니까.) 컴퓨터 기술자인 칼라의 남편은 매일 저녁 와서 침대 옆에 앉아 있었다. 그녀의 어머니 지니는 첫날 아침에 내가 보았던 그 자세 그대로 기계적으로 의자를 흔들면서 낮 시간을 지켰다. 아이들이 마스크와 장갑을 낀 모습으로 들를 때면, 칼라는 창 쪽으로 고개를 돌린 채 소리 없이 눈물을 지었다.

　칼라에게 신체적 고립은 훨씬 더 깊고 격렬한 외로움, 현실적 격리보다 더욱 더 고통스러운 심리적 격리를 가리키는 거의 노골적인 비유가 되었다. 그녀는 말했다. "첫 2주일을 지나면서 나는 딴 사람으로 변했어요. 병실로 들어간 사람과 나온 사람은 전혀 다른 인물이었어요."

"나는 이 모든 역경을 헤치고 살아남을 가능성이 얼마나 되는지 생각하고 또 생각했어요. 30퍼센트라. 밤이면 그 확률을 곱씹고 또 곱씹었어요. 3분의 1도 안 되네. 밤에 천장을 올려다보면서 생각에 잠기곤 했어요. 30퍼센트란 대체 뭘까? 시간의 30퍼센트라면? 나는 서른 살이야. 90세의 약 30퍼센트지. 누군가가 내게 승률이 30퍼센트인 게임을 하자고 하면 받아들일까?"

칼라가 병원에 온 다음 날 아침, 나는 서류 묶음을 들고 그녀의 병실을 찾았다. 암세포를 죽이는 독을 그녀의 몸에 즉시 집어넣을 수 있게 허락한다는 화학요법 동의서였다.

화학요법은 3단계로 이루어질 터였다. 첫 번째 단계는 약 1개월 동안 이루어질 것이다. 잘하면 약물들—빠르게 연달아 투여될 약물들—은 백혈병을 지속적인 완화 상태로 이끌 것이다. 약물들은 정상 백혈구까지 죽일 것이 분명하다. 그녀의 백혈구 수는 거의 0에 다다를 정도까지 급감할 것이다. 며칠 동안 그녀는 현대 의학이 만들 수 있는 가장 취약한 상태에 놓일 것이다. 주변 환경에 맞서서 자신을 전혀 방어할 수 없는, 면역계가 없는 몸이 된다.

백혈병이 완화 상태에 들어가면, 우리는 몇 개월에 걸쳐서 그 완화 상태를 강화하고 "공고히 할" 것이다. 그것은 화학요법을 더 쓴다는 의미이지만, 투여량은 줄이고 투여하는 간격은 더 늘리는 것이다. 퇴원하여 집에 갔다가 매주 화학요법을 받을 때만 와도 된다. 공고화와 강화는 8주일이나 그 이상 계속될 것이다.

세 번째 단계는 최악의 상황에서 쓰일 것이다. 급성 림프구성 백혈병은 뇌에 숨는 비열한 성향이 있다. 칼라에게 쓸 정맥 주사 화학요법은 아무리 강력하다고 해도 뇌가 담겨 있는 뇌수조와 뇌실을 뚫고 들어갈 수는 없다. 혈액뇌장벽은 본질적으로 뇌를 백혈병 세포의 "성역(聖域 : 자신의 몸이 암을 부추길 수 있다는 것을 시사하는 유감스러운 단어이다)"으로 만든다. 약물을 곧장 성역으로 보내려면, 일련의 척추 천자(穿刺)를 통해서 칼라의 척수액에 직접 주입해야 한다. 뇌에서 백혈병이 자라는 것을 예방하기 위해서 전뇌(whole-brain) 방사선 치료— 투과력이 좋은 엑스 선을 직접 머리뼈에 쐬는 것—도 이루어질 것이다. 그리고 완화가 이루어지면, 그 상태를 "유지하기" 위해서 2년 동안 더 화학요법을 진행할 것이다.

유도, 강화, 유지, 완치. 연필로 빈 종이에 점 4개를 찍고 화살표로 잇는다.

칼라는 고개를 끄덕였다.

앞으로 2년에 걸쳐서, 그녀를 치료하는 데에 쓰일 화학요법 약물의 이름들을 내가 줄줄이 읊어대자, 그녀는 마치 발음하기 어려운 새로운 단어를 연습하는 아이처럼, 숨 쉬는 사이사이에 부드럽게 내 말을 따라했다. "시클로포스파미드, 시타라빈, 프레드니손, 아스파라기나아제, 아드리아마이신, 티오구아닌, 빈크리스틴, 6-메르캅토퓨린, 메토트렉세이트."

"푸줏간"

> 무작위 선별 검사는 성가시다. 해답에 도달하는 데에 오랜 시간이 걸릴 뿐만 아니라, 질문에 답할 수 있으려면 대규모 계획이 필요하다.……그러나 차선책 같은 것은 없다. — H. J. 드 코닝, 「종양학 연보」, 2003년[1]

> 최고의 의사는 질병에 대한 육감을 가진 듯하다. 그들은 정의하고 분류하고 병명을 찾아내는 지적 과적이 이루어지기에 앞서서, 질병의 존재를 느끼고, 그것이 거기에 있다는 것을 알며, 그것의 무게를 인지한다. 환자들도 마찬가지로 그런 의사를 직감적으로 알아차린다. 사려 깊고 빈틈이 없으며 제대로 준비된 의사라는 것, 즉 자신을 돌볼 수 있다는 것을 말이다. 의학도라면 그런 만남의 순간을 놓치지 말고 관찰해야 한다. 의학에서는 이 순간이 가장 드라마, 감정, 역사로 충만하다.
> —마이클 라콤, 「국제 의학 연보」, 1993년[2]

종양학의 새로운 무기들이 마침내 살아 있는 환자들을 공격한 것은 1940년대에 교외 골프장과 비교되곤 했던 베데스다의 바로 그 연구소에서였다.

1955년 4월, 메릴랜드 주에서 습한 봄이 한창일 때, 국립 암연구소에 새로 임용된 에밀 프레이레이치라는 연구원이 붉은 벽돌로 지어진 임상 센터 병동에 있는 자신의 새로운 사무실로 향했다. 그는 문에 자신의 이름이 틀리게 적혀 있는 것을 보고 화가 났다. 마지막 세 글자가 잘려 있었다. 문에 붙은 명판에는 의학박사 에밀 프레이라고 적혀 있었다. "처음 든 생각은 이랬죠. 정부가 하는 일이 다 그렇지 뭐."

그러나 철자는 잘못되지 않았다. 문을 열고 들어간 프레이레이치는 키 크고 마른 젊은 사람과 마주쳤다. 그는 자신의 이름이 에밀 프레이라고 했다. 프레이

레이치의 사무실은 옆방이었고, 명판에 이름도 제대로 적혀 있었다.[3]

두 에밀은 이름은 같았지만 성격은 완전 딴판이었다. 보스턴 대학교에서 혈액학 연구원 생활을 막 마친 35세의 프레이레이치는 활달하고 다혈질에 모험심이 가득했다. 그는 말이 빨랐고, 때로는 점점 더 큰 목소리로 속사포처럼 말을 쏟아낸 뒤에 그보다 더 크게 웃음을 터뜨렸다. 그는 시카고의 쿡카운티 병원의 급박하게 돌아가는 "55병동"에서 인턴 생활을 했는데, 병원 당국의 눈 밖에 나는 바람에 일찍 계약을 해지당했다. 그는 보스턴에서 마이넛의 동료이자 제2차 세계대전 때 페니실린 생산의 선봉에 서게 될 체스터 키퍼와 일했고, 그러면서 항생제, 엽산, 비타민, 항엽산제가 그의 머릿속에 자리를 잡았다. 그는 파버를 대단히 존경했다. 세심하고 학구적인 과학자로서뿐만 아니라, 후원자를 끌어들일 수 있는 것만큼이나 빠르게 적의 반감을 살 수 있는 오만불손하고 충동적이고 영웅적인 모습까지도. 훗날 프레이는 "프레이레이치가 차분히 있는 모습을 한번도 본 적이 없다"고 말했다.[4]

프레이레이치가 영화에 등장하는 인물이라면, 로렐에게 하디(미국의 2인조 희극 배우/역주)가 있고, 펠릭스에게 오스카(미국 희극 드라마의 두 주인공/역주)가 있듯이, 그에게도 죽이 맞으면서 대조적인 성격의 단짝이 필요했을 것이다. 그날 오후, NCI의 방문 앞에서 그와 마주친 키 크고 마른 사람이 바로 그의 단짝이었다. 프레이레이치가 퉁명스럽고 활달하고 극단적일 정도로 충동적이며 매사에 열정적이라면, 프레이는 냉정하고 침착하고 신중하며 무대 뒤편에서 일하는 쪽을 더 좋아하는 세련된 협상가였다. 대다수 동료들에게 톰이라는 별명으로 더 잘 알려진 에밀 프레이는 1930년대에 세인트 루이스에서 예술을 공부했다. 그러다가 1940년대에 뒤늦게 의대에 들어갔다가 한국전쟁에 해군으로 참전한 뒤, 의대 전공의로서 세인트 루이스에 돌아왔다. 그는 매력적이고 부드럽게 말하며 세심하고, 말을 아껴서 잘 가려 하는 사람이었다. 그가 중병에 걸린 아이들과 초조하고 신경질적인 그 부모들을 다루는 모습은, 기교를 부린다는 생각을 못할 정도로 능숙한 솜씨를 발휘하는 수영 챔피언이 물을 가르며 나아가는 모습을 떠올리게 했다.

두 에밀을 베데스다로 오게 한 사람은 NCI 임상 센터의 새로운 소장 고든 주브로드였다.[5] 특유의 위풍당당한 태도로 유명한 지적이고 신중한 임상의이자 과학자인 주브로드는 제2차 세계대전 때 NIH에서 거의 10년을 말라리아약을 개발하면서 보냈다. 이때의 경험이 그가 암의 임상시험에 일찍부터 관심을 가지는 데에 깊이 영향을 미쳤다.

주브로드가 특히 관심을 가진 분야는 소아 백혈병이었다. 파버를 임상 탐구의 최전선에 뛰어들게 한, 바로 그 암 말이다. 그러나 주브로드는 백혈병과 맞선다는 것이 그 병의 격렬함과 예민함, 화산 폭발 같은 변덕스러운 예측 불가능성과 맞서 싸우는 것임을 잘 알았다. 약물을 시험해볼 수는 있지만, 무엇보다도 아이들을 살아 있도록 해야 했다. 프레이레이치가 암 연구의 "아이젠하워"라고 부르기도 한, 그 분야의 총사령관인 주브로드는 방어 전선을 유지하기 위해서 두 젊은 의사를 징집했다. 보스턴과 세인트 루이스에서 각자 연구원 생활을 막 끝낸 프레이레이치와 프레이였다. 프레이는 엔진 소리가 요란한 스튜드베이커를 몰고 와서 주브로드에게 합류했다. 몇 주일 뒤에 프레이레이치는 모든 짐, 임신한 아내, 9개월 된 딸과 함께 덜컹거리는 올즈모빌을 타고 왔다.[6]

두 사람은 재앙을 일으키기에 딱 알맞은 조합이었지만, 잘 작동했다. 두 에밀은 일을 시작하자마자 자신들이 독특한 상승 작용을 일으킨다는 것을 알았다. 그들의 협력은 종양학의 전선을 관통하는 깊은 지적 분열을 상징했다. 지나친 신중함과 대담한 실험 사이의 벌어진 틈새 말이다. 매번 프레이레이치는 실험의 지레 받침대를 한쪽 끝으로 너무 멀리 밀어놓았고, 그 바람에 종종 자신과 환자를 재앙에 빠뜨릴 뻔했다. 프레이는 그 받침대를 되밀어서 돈키호테식의 새롭고 때로 몹시 유독한 요법의 강도를 신중하게 완화시켰다. 프레이와 프레이레이치의 싸움은 곧 NCI 내에서 벌어지는 접전들의 상징이 되었다. 한 연구자는 이렇게 회상했다. "당시 프레이의 일은 프레이레이치가 말썽을 일으키지 않도록 막는 것이었어요."[7]

주브로드도 백혈병 연구가 곤란한 상황에 처하는 것을 막을 나름의 계획을 가지고 있었다. 새로운 약물, 조합, 시험이 급증하자, 주브로드는 연구 기관들이 서로 의도가 엇갈려서 암과 싸워야 할 시간에 환자와 규정을 놓고 다툼을 벌이는 상황에 빠질 것을 우려했다. 뉴욕의 버치널, 보스턴의 파버, 로스웰 파크의 제임스 홀랜드, NCI의 두 에밀은 모두 임상시험에 착수하고 싶어서 안달하고 있었다. 그리고 ALL이 희귀한 질병이었으므로, 모든 환자는 백혈병 임상시험을 위한 소중한 자원이었다. 충돌을 피하기 위해서 주브로드는 환자, 시험, 자료, 지식을 공유하는 연구자들의 "컨소시엄"을 만들자고 제안했다.[8]

그 제안은 그 분야를 바꿔놓았다. 훗날 이런 집단 중 하나의 책임자가 된 로버트 메이어는 이렇게 회상한다. "주브로드의 협력 집단 모형은 암의학에 활력을 불어넣었지요. 학계의 종양학자는 처음으로 자신이 공동체에 소속되었다고 느꼈습니다. 암의사는 이제 더 이상 병원 지하실에서 독을 처방하는 추방자가 아니었어요."[9] 파버가 의장이 되어서 주최한 첫 모임은 놀라운 성공을 거두었다. 연구자들은 가능한 한 빨리 프로토콜(protocol, 연구 계획)이라고 불리는 일련의 공동 시험을 진행하기로 합의했다.

주브로드는 이어서 임상시험을 수행할 수 있도록 절차를 체계화하는 일에 착수했다. 그는 여태껏 암 임상시험이 당혹스러울 정도로 혼란스럽고 체계가 없었다고 주장했다. 종양학자들은 의학계 최고의 임상시험 사례로부터 배울 필요가 있었다. 그리고 객관적이고 공정하며 첨단 기술을 토대로 임상시험하는 법을 배우려면, 항생제 개발의 역사도 공부할 필요가 있었다.

1940년대에 새로운 항생제들이 등장하기 시작하자, 의사들은 심각한 문제에 처했다. 새로운 약물의 효능을 어떻게 하면 객관적으로 검사할 수 있을까? 영국의 의학 연구위원회에서는 그 문제가 특히 긴박하고 심한 갈등을 일으키는 현안이었다. 1940년대 초에 새로운 항균제인 스트렙토마이신이 발견되자 결핵을 완치시킬 수 있다는 낙관론이 밀려들었다. 스트렙토마이신은 배양접시에서 결핵을 일으키는 항산균을 죽였지만, 인체에서는 얼마나 효능을 발휘할지 알지 못했다. 그 약물은 공급량이 몹시 부족했기 때문에, 의사들은 다른 감염증을 치료하는 용도로는 몇 밀리그램조차도 쓰기를 꺼렸다. 스트렙토마이신을 배급하려면, 인체 결핵에 그것이 얼마나 효능이 있는지를 판단할 객관적인 실험이 필요했다.

그러나 어떤 종류의 실험을 해야 할까? 전에 결핵에 걸렸던 브래드퍼드 힐이라는 영국 통계학자가 특이한 해결책을 제시했다. 힐은 특히 의사들이 그런 실험을 타고난 편견 없이 수행하리라는 것을 믿을 수 없다고 인정하면서 논의를 시작했다. 모든 생물학 실험은 "대조군"를 요구한다. 즉 어떤 치료의 효과를 대조하여 판단할 수 있도록 치료를 하지 않은 실험 대상자가 필요하다. 그러나 의사들이 마음껏 하도록 그냥 맡긴다면, 의사들은 특정 유형의 환자를 골라서 앞세운 뒤에 이 고도로 편향된 집단에 약물이 미치는 효과를 주관적인 기준으로 판단함으로써 불가피하게 편견에 편견을 쌓을 가능성(무의식적으로라도 말이다)이 높다.

힐이 제안한 해결책은 **무작위로** 환자들을 나누어 스트렙토마이신과 속임약을 따로 투여함으로써 그런 편견을 제거하자는 것이었다. 환자들을 양쪽에 "무작위로" 할당함으로써, 환자를 할당할 때 의사의 편견은 없어질 것이다. 중립성은 강화될 것이고, 따라서 가설은 엄밀히 검증될 수 있다.[10]

힐의 무작위 시험은 성공했다. 스트렙토마이신을 투여한 쪽은 속임약을 투여한 쪽보다 개선된 반응이 뚜렷이 나타났다. 그럼으로써 그 항생물질은 새로운 결핵약으로 인정받았다. 그러나 아마도 그보다 더 중요한 점은 힐이 창안한 방법론이 영구히 인정받았다는 점일 것이다. 의학자에게 무작위 시험은 어떤 개입의 효능을 가장 공정한 방식으로 평가하는 가장 엄격한 수단이 되었다.

주브로드는 이런 초기 항균제 시험에 영감을 얻었다. 그는 1940년대 말에 같은 원칙을 이용하여 말라리아약을 검사했고, 그 경험을 토대로 NCI가 새로운 프로토콜을 검사할 원칙을 제시했다. NCI의 시험은 체계적이어야 한다. 모든 시험은 논리나 가설의 핵심 부분을 검증하여 예 또는 아니오라는 대답을 얻어야 한다. 시험은 순차적으로 이루어져야 한다. 한 시험에서 얻은 결과는 다음 시험으로 이어질 것이다. 백혈병이 치유될 때까지 가차 없이 진보의 행군을 이어갈 것이다. 시험은 명확하고 공정한 기준에 따라 환자를 할당하고 반응을 측정함으로써, 가능한 한 무작위적이고 객관적으로 이루어져야 한다.

주브로드, 프레이, 프레이레이치가 항균제 세계로부터 배운 것은 시험 방법론만이 아니었다. 프레이레이치는 "항생제의 약물 내성은 깊이 생각할 유추거리를 제공했어요"라고 떠올렸다.[11] 파버와 버치널이 보스턴과 뉴욕에서 알아냈듯이, 백혈병을 한 가지 약물로 치료하면 불가피하게 그 약물에 내성이 생겨서 오락가락하는 일시적인 반응이 나타났다가 심한 재발이 뒤따랐다.

그러한 상황은 결핵을 떠올리게 했다. 암세포처럼 항산균—결핵을 일으키는 세균—도 한 약물만 쓰면 그 항생제에 내성을 띠었다. 한 가지 약물 투여에서 살아남은 세균은 분열하고 돌연변이를 일으켜서 약물 내성을 획득함으로써, 원래의 약물을 무용지물로 만들었다. 내성 획득을 막기 위해서, 결핵을 치료하는 의사들은 항생제들의 대공습을 감행했다. 즉 두꺼운 약학적 담요를 덮듯이 두세 가지 항생제를 함께 써서 모든 세포 분열을 억누르고 세균 내성을 방해함으로써 가능한 한 철저히 감염을 없애는 것을 뜻했다.

그러나 암에도 두세 가지 약물을 동시에 시험할 수 있을까? 아니면 독성이 너무 강해서 환자가 즉사할까? 프레이레이치, 프레이, 주브로드가 점점 더 많은 백혈병 약물들을 연구함에 따라, 약물들을 결합한다는 개념도 점점 더 구체적인 모습으로 다가왔다. 독성이 있을지라도 백혈병을 없애려면 두 가지 이상의 약물을 조합하여 써야할 때가 있었다.

첫 번째 프로토콜은 가장 활성이 높은 두 백혈병 약물인 파버의 메토트렉세이트와 버치널의 6-MP를 용량을 다르게 조합하여 시험하는 것이었다.[12] 세 군데 병원이 참여하기로 했다. NCI, 로스웰 파크, 뉴욕 주 버펄로의 어린이 병원이었다. 임상시험의 목표는 일부러 단순하게 잡았다. 한 집단에는 메토트렉세이트를 집중 투여하고, 다른 집단에는 더 약하게 덜 집중적으로 투여한다는 계획이었다. 84명의 환자가 지원했다. 도착한 날에 환자의 부모에게 흰 봉투가 건네졌고, 그 안에는 무작위로 할당된 내용이 담겨 있었다.

여러 시설과 많은 사람이 관련되어 있었음에도, 시험은 놀라울 정도로 매끄럽게 진행되었다. 독성은 상승 작용을 일으켰다. 두 약물을 투여하면 거의 견디기가 힘들었다. 그러나 집중 치료 집단은 더 오래, 더 지속되는 반응을 보이면서 증상이 더 나아졌다. 그러나 그 치료는 완치와 거리가 멀었다. 집중 치료를 받은 아이들도 곧 재발했고, 한해가 가기 전에 사망했다.

프로토콜 I은 중요한 선례가 되었다. 주브로드와 파버가 소망한 암 협력 집단의 모형은 마침내 작동했다. 독립된 세 군데 병원의 의사, 간호사, 환자로 구성된 수십 명이 단일한 절차에 따라서 협력하여 환자 집단을 치료했고, 모두 자신의 독특한 치료 방식을 접어두고 완벽하게 지시를 따랐다. "이것은 악성 신생물 질병의 화학요법에 관한 최초의 비교 연구 중의 하나이다"라고 프레이는 적었다.[13] 종종 필사적이기도 했던 임시방편 전략들의 세계는 마침내 암에 대해서 타협점을 찾았다.

　1957년 겨울, 백혈병 연구 집단은 첫 시험을 변형시켜서 수정한 시험에 착수했다. 이번에는 한 집단에는 약물을 조합하여 투여하고, 다른 두 집단에는 한 가지 약물씩만 투여했다. 문제를 더욱 엄밀히 세분함에 따라, 반응들의 패턴도 더욱 명확해졌다. 약물을 하나만 투여했을 때, 각 약물의 반응률은 15-20퍼센트로 낮았다. 그러나 메토트렉세이트와 6-MP를 함께 처방했을 때, 완화율은 45퍼센트로 뛰어올랐다.

　겨우 2년 뒤인 1959년에 착수한 그 다음 화학요법 프로토콜은 더욱 위험한 영역으로 모험을 감행했다. 먼저 두 가지 약물을 투여하여 환자들을 완전한 완화 상태로 유도했다. 그런 뒤에 집단의 절반에는 몇 개월 동안 약물을 추가로 투여했고, 나머지 절반에는 속임약을 처방했다. 이번에도 일관된 양상이 나타났다. 더 공격적으로 치료한 집단이 더 오래, 더 지속적인 반응을 보였다.

　임상시험을 거듭할수록 그들은 마치 스프링이 끝까지 펼쳐지듯이 점점 더 앞으로 나아갔다. 겨우 6년 만에 백혈병 연구 집단은 서서히 환자들에게 한두 가지가 아니라 네 가지 화학요법 약물을, 때로는 연달아서 투여하는 쪽으로 나아갔다. 1962년 겨울이 되자, 백혈병 의학의 나침반은 뚜렷이 한 방향을 가리켰다. 두 가지 약물이 한 가지 약물보다 낫고, 세 가지 약물이 두 가지 약물보다 낫다면, 네 가지 백혈병 약물을 함께—결핵에서처럼 조합하여—투여할 수도 있지 않을까?

　프레이와 프레이레이치는 그것이 NCI 임상시험의 불가피한 종착점이라고 느꼈다. 그러나 설령 잠재의식적으로는 그것을 알았을지라도, 그들은 몇 개월 동안 그 개념 주위를 맴돌기만 했다. 프레이레이치는 "저항이 격렬할 것"을 알았다.[14] 백혈병 병동은 이미 NCI의 다른 부서들로부터 "푸줏간"이라고 불리고 있었다.[15] 프레이레이치는 말했다. "세포독성이 강한 약물을 서너 가지씩 아이들에게 투여하여 치료한다는 것은 잔인하고 미친 생각이라고 인식되었어요. 주브로드조차도 컨소시엄에 그렇게 해보겠다고 설득할 수 없었으니까요. NCI를 국립 푸주연구소로 바꾸고 싶은 사람은 아무도 없었어요."

초기의 승리

……그러나 나는 단어들이 아주 강력한 텍스트와 서브텍스트를 가진다는 견해에 동의한다. "전쟁"은 진정으로 독특한 지위를 가지며, "전쟁"은 아주 특수한 의미를 가진다. 그것은 젊은 남녀를 살해당하거나, 심하게 다칠 수 있는 상황으로 내모는 것을 의미한다. 이렇게 실제 전쟁이 벌어지는 시기에 학술 활동을 그것에 비유하는 것은 부적절하다. NIH는 공중보건을 향상시킬 지식을 생성하는 일에 초점을 맞춘 학자들의 공동체이다. 그것은 엄청난 활동이다. 그것은 전쟁이 아니다.

—새뮤얼 브로더, NCI 소장[1]

네 가지 약물 조합 요법을 쓸 것인지를 놓고 이렇게 초조하게 심사숙고하던 와중에 프레이와 프레이레이치는 대단히 흥분되는 소식을 접했다. NCI의 프레이레이치 연구실에서 얼마 떨어지지 않은 연구실에서 리민치우와 로이 허츠는 태반에 생기는 암인 융모암(choriocarcinoma)을 연구하고 있었다.[2] 이 암은 백혈병보다 더 희귀했는데, 비정상적인 임신 때 주변의 태반 조직에서 자라곤 했다. 그런 뒤에 빠르게 폐와 뇌에 전이가 일어나서 목숨을 위협했다. 따라서 융모암은 일단 생기면 이중으로 비극을 낳는다. 비정상적인 임신에다가 치명적인 악성 종양이 겹침으로써, 생명의 탄생이 죽음으로 바뀐다.

1950년대에 암 화학요법 의사가 의학계에서 대체로 국외자로 인식되었다면, 리민치우는 국외자 중에서도 국외자였다. 그는 중국의 선양 대학교를 졸업하고 미국으로 와서, 뉴욕 메모리얼 병원에서 잠시 일했다. 한국전쟁 때 징집을 피하기 위해서 그는 허츠 연구실에서 보조 산과의사로 2년 동안 지냈다. 그는 연구에 흥미를 보였지만(아니, 적어도 그렇게 보였다), 지식인 도망자로 인식되었기 때문에 어떤 과제나 계획을 맡을 수 없었다. 그저 전쟁이 끝날 때까지 베데스다에서 몸을 사린 채, 납작 엎드려 지내는 것이 최선이었다.

처음에는 그렇게 그저 연구원으로 위장 취직했을 뿐이었지만, 1956년 8월의 어느 날 저녁에 벌어진 사건을 계기로 그는 연구에 강박적으로 몰입하게 되었다. 그날 저녁 늦게 호출을 받고서 그는 전이 융모암에 걸린 여성을 약물로 안정시키려고 애썼다. 종양은 이미 악화된 상태였고 출혈이 심하게 일어난 탓에 환자는 3시간 만에 리의 눈앞에서 숨을 거두었다. 리는 파버의 항엽산제 이야기를 들었었다. 본능적으로 그는 보스턴에 있는 어린이들의 골수에서 빠르게 분열하는 백혈병 세포와 베데스다에 있는 여성들의 빠르게 분열하는 태반 세포를 연관지었다. 항엽산제를 이 병에 시도해본 적은 없었지만, 그 약물이 공격적인 백혈병의 성장을 중단시킬 수 있다면—설령 일시적일지라도—융모암의 폭발적 증식을 적어도 일부라도 완화시킬 수 있지 않을까?

리는 오래 기다릴 필요가 없었다. 첫 사례를 접한 지 몇 주일 뒤, 첫 환자와 마찬가지로 심하게 앓는 에설 롱고리아라는 젊은 여성과 마주쳤다.[3] 폐에서 포도송이처럼 자라고 있는 그녀의 종양은 폐의 내막으로 출혈을 일으키기 시작한 상태였다. 수혈로 보충하기가 불가능할 정도로 빠르게 피가 빠져나갔다. 한 혈액학자는 회고했다. "출혈이 너무 빨리 일어나는 바람에 우리는 그 피를 다시 환자의 몸에 수혈하면 어떨까 하고 생각했어요. 그래서 의사들이 급히 달려들어 관을 달아서 흘러나오는 피를 모아서 다시 몸속으로 돌려보냈지요. 내부 펌프처럼요."[4] (그 해결책은 NCI 특유의 방식이었다. 자신의 종양에서 흘러나오는 피를 수혈한다는 생각은 다른 곳에서는 이상하게 생각되었고 심지어 거부감까지 일으켰지만, NCI에서는 이 전략—어느 전략이든 그랬겠지만—이 평범한 것이었다.) "의사들은 그녀를 안정시킨 뒤에 항엽산제를 투여했어요. 첫 약물을 투여한 뒤에 밤이라서 의사들은 돌아갔죠. 그들은 다음 날 회진 때, 그녀를 다시 볼 수 있을 것이라고 기대하지 않았어요. NCI에서는 기대 같은 것은 하지 않아요. 그저 기다리면서 지켜보기만 하는데, 아침에 온 그들은 깜짝 놀랐어요."

에설 롱고리아는 버텨냈다. 다음 날 회진 때, 그녀는 아직 살아 있었다. 천천히, 그러나 깊이 숨을 쉬면서. 출혈은 몇 차례 더 약물을 투여하는 시도를 해볼 수 있을 정도로 줄어들었다. 4차례에 걸친 화학요법을 끝낼 무렵, 리와 허츠는 종양의 크기가 조금은 변하지 않았을까 하고 기대했다. 결과를 보고 그들은 경악했다. 프레이레이치는 이렇게 썼다. "종양 덩어리가 사라지고 없었고, 가슴 엑스 선 사진도 좋았고, 환자는 정상으로 보였다." 암세포에서 분비되던 호르몬인 융모생식선자극호르몬(choriogonadotropin)의 농도도 0으로 급감했다. 종양은 사실상 사라졌다. 여태껏 아무도 보지 못했던 놀라운 반응이었다. 의사들은 엑스 선 사진이 다른 사람의 것과 바뀌었다고 생각해서 재검사를 보냈다. 그러나 반응은 진짜였다. 전이성 고형 암이 화학요법으로 사라진 것이었다. 리와 허츠는 기뻐 날뛰면서 서둘러 연구 결과를 발표했다.[5]

그러나 한 가지 문제가 있었다. 사소하지만 쉽게 떨쳐버리기는 어려운 것이었다. 융모암 세포는 융모생식선자극호르몬이라는 일종의 표지를 분비한다. 이 호르몬은 단백질이며, 극도로 민감한 혈액 검사법(임신 여부를 검사할 때 이 검사법을 변형한 방법이 쓰인다)을 통해서 측정할 수 있다. 실험 초기에 리는 그 호르몬 농도를 이용하여 암이 메토트렉세이트에 어떻게 반응하는지를 추적하기로 했다. 인간 융모생식선자극호르몬(hcg) 농도라는 그 값은 암의 대리자, 혈액의 지문이 될 터였다.

문제는 화학요법을 예정한 대로 끝냈을 때 hcg 농도가 거의 무시할 수 있는 수준으로 떨어지긴 했지만, 성가시게도 정상 수준까지 내려간 것은 아니라는 데에 있었다. 리는 매주 연구실에서 농도를 측정하고 또 측정했지만, 그 호르몬은 사라지지 않은 채 미량으로 계속 남아 있었다.

리는 점점 더 그 수치에 강박적으로 매달렸다. 그는 혈액의 그 호르몬이 암의 지문이라고 추론했고, 그것이 아직 존재한다면 설령 눈에 보이는 종양은 사라졌다고 해도 암이 몸 어딘가에 숨어서 존재하는 것이 틀림없다고 추론했다. 그래서 그는 다른 모든 지표들이 종양이 사라졌다고 말한다고 해도, 환자가 완치되지 않았다고 결론지었다. 이윽고 그는 환자보다는 숫자를 치료하는 듯이 보였다. 약물을 추가로 투여하면 독성도 추가된다는 점을 외면한 채, 리는 hcg 농도가 마침내 0으로 떨어질 때까지 고집스럽게 약물을 계속 투여했다.[6]

NCI 이사회는 리의 결정을 알고 노발대발했다. 그 환자들은 암이 "완치되었다"고 생각되는 여성들이었다. 종양은 보이지 않았고, 그들에게 화학요법을 추가로 시행한다는 것은 예측할 수 없는 용량의 고독성 약물을 투여하여 중독시킨다는 것과 같았다. 리는 이미 변절자, 인습 타파주의자로 알려져 있었다. NCI는 그가 너무 과했다고 느꼈다. 7월 중순, 이사회는 그를 출석시킨 뒤에 즉시 해고했다.[7]

프레이레이치는 말했다. "리는 사람을 상대로 실험을 한다고 비난받았어요. 하지만 물론 우리 모두 그런 실험을 하고 있었죠. 톰[프레이]과 주브로드, 나머지 모두가요. 우리는 모두 실험자였어요. 실험을 하지 말라는 것은, 절대 아무것도 하지 말라는 낡은 규칙을 따르라는 뜻이었죠. 리는 아무 일도 하지 않고 수수방관하려는 자세가 되어 있지 않았어요. 자신의 확신에 따라서 행동했기 때문에, 일을 했기 때문에, 해고된 거였죠."[8]

프레이레이치와 리는 시카고에서 함께 전공의 생활을 했다. NCI에서는 두 사람 모두 왕따로서 동병상련을 느껴서 친하게 지냈다. 프레이레이치는 해고 소식을 듣자마자 리의 집으로 가서 그를 위로했지만, 역부족이었다.[9] 화가 난 리는 몇 개월이 지나기 전에 뉴욕의 메모리얼 슬로언케터링으로 돌아갔다. 그는 결코 NCI로 돌아가지 않았다.

그러나 이 이야기에는 마지막 반전이 있었다. 리가 예측했듯이, 메토트렉세이트를 몇 차례 추가로 투여하자, 그가 그토록 강박적으로 추적했던 호르몬 농도는 0으로 떨어졌다. 그의 환자들은 추가 화학요법을 완료했다. 그러자 서서히 어떤 패턴이 드러나기 시작했다. 일찍 약물을 중단한 환자들에게서는 한결같이 암이 재발한 반면, 리의 프로토콜에 따라서 치료를 받은 환자들에게서는 메토트렉세이트 투여를 중단한 지 수 개월이 지나도록 암이 재발하지 않았다.

리는 뜻하지 않게 종양학의 심오하고 근본적인 원리를 발견한 것이었다. 암은 모든 가시적인 징후가 그것이 사라졌다고 말한 뒤에도 오랫동안 전신 치료를 계속할 필요가 있다는 것을 말이다. 융모암이 분비하는 호르몬인 hcg의 농도는 그 암의 진정한 지문, 즉 표지라는 것이 드러났다. 그 뒤로 수십 년에 걸친 임상시험들은 연달아서 이 원리가 옳다고 입증했다. 그러나 1960년의 종양학계는 이 주장을 받아들일 준비가 되어 있지 않았다. 리를 그토록 서둘러 해고했던 이사회는 몇 년이 흐른 뒤에야 그가 지속 유지 전략을 통해서 치료한 환자들에게서는 결코 암이 재발하지 않는다는 것을 깨달았다. 리민치우의 실직을 대가로 했던 이 전략은 처음으로 성인의 암을 화학요법으로 완치시키는 성과를 낳았다.

생쥐와 인간

> 모형(model)이란 진실을 보도록 돕는 거짓말이다. —하워드 스키퍼[1]

리민치우의 융모암 치료는 프레이와 프레이레이치에게 철학적인 의미로 와닿았다. 프레이레이치는 "임상 연구는 시급한 현안이다"라고 주장했다.[2] 백혈병에 걸린 아이에게는 단 일주일의 지체가 생사의 갈림을 의미했다. 백혈병 컨소시엄의 격식에 치우친 학구적인 태도—한 약물 조합을 검사한 다음에야 다른 약물 조합을 하는 식의 점진적이고 체계적으로 검사할 것을 고집하는 태도—는 이제 프레이레이치를 점진적이고 체계적으로 미치게 만들고 있었다. 그 집단은 세 가지 약물을 검사하려면, "가능한 세 가지 조합을 모두 검사한다. 그리고 네 가지 조합을 모두 검사한다. 그리고 각각의 용량과 투여 일정을 달리하면서" 검사하는 식으로 할 것을 고집했다.[3] 그는 백혈병 컨소시엄이 일을 진행하는 속도를 따른다면, 백혈병 분야에서 어떤 중요한 발전이 이루어지기까지는 수십 년이 걸릴 것이라고 주장했다. 그는 회상했다. "병실마다 끔찍하게 앓는 아이들이 가득했어요. 어느 아이든지 백혈구 수가 300에 이르러서 하룻밤 사이에 사망할 수 있었죠. 아침에 부모와 상담하고 있을 때, 그렇게 죽은 아이도 있어요. 딸이 막 혼수상태에 빠져들어서 죽음을 맞이한 순간에 나는 그 어머니에게 주브로드의 순차적이고 체계적이고 객관적인 임상시험 전략을 설명하려고 애쓰고 있었어요."[4]

1960년에 임상 센터에 또 하나의 새로운 항암제가 들어오자 가능한 약물과 용량의 순열은 더욱 늘어났다. 새로운 약물인 빈크리스틴(vincristine)은 비비 꼬이고 엉킨 줄기와 보라색 꽃이 있는 잡초 같은 키 작은 덩굴성 식물인 매일초에서 얻은 유독한 식물성 알칼로이드였다. (빈크리스틴이라는 이름은 "결합하다"라는 뜻의 라틴어 빈카[vinca]에서 나왔다.) 빈크리스틴은 1958년에 엘리릴리 제약회사가 수천 킬로그램에 달하는 식물 원료를 갈아서 그 추출물로 다양한 생물학적 검사를 하는 약물 발견 프로그램을 통해서 발견한 것이다.[5] 원래는 당뇨병 약으로 쓰려고 했는데, 소량을 투여하자 백혈병 세포를 죽인다는 것이 발견되었다. 백혈병 세포처럼 빠르게 증식하는 세포는 대개 두 딸세포를 서로 분리시켜서 완전한 세포 분열이 이루어지도록 하기 위해서 미세소관(단백질 뼈대)를 만든다. 빈크리스틴은 미세소관의 끝에 결합하여 세포 뼈대를 마비시킨다. 말 그대로, 라틴어 어원을 상기시키는 행동을 한다.

빈크리스틴이 약전에 추가되자, 백혈병 연구자들은 과잉의 역설에 직면했다는 것을 알았다. 각자 활성을 띠는 네 가지 약물 메토트렉세이트, 프레드니손, 6-MP, 빈크리스틴을 어떻게 조합하여 투여해야 효과가 있을까? 그리고 약물 하나하나가 독성이 강한데, 과연 아이를 죽이지 않으면서 백혈병을 죽일 조합을 찾아낼 수 있을까?

두 가지 약물만으로도 가능한 조합이 수십 가지나 나왔다. 백혈병 컨소시엄이 네 가지 약물을 임상시험하려면, 전부 끝내는 데에는 50년이 아니라 150년은 걸릴 터였다. 당시 NCI에 새로 임용된 데이비드 네이선은 새로운 약물들이 일으킨 사태로 거의 모든 일이 중단되었다고 회상했다. "프레이와 프레이레이치는 그저 가용 약물을 가져다가 조합에 추가하고 있어요.……네 가지 또는 다섯 가지 약물의 가능한 조합, 투여량, 투여 일정은 무한했죠. 연구자들이 올바른 약물 조합과 투여 일정을 찾아내려면, 아주 오랜 세월이 걸릴 수 있었어요."[6] 주브로드의 순차적이고 체계적이고 객관적인 임상시험은 막다른 골목에 들어섰다. 체계적인 접근법의 정반대 전략이 필요했다. 즉 직관적이고 영감 어린 신념의 도약을 통해서 치명적인 약물들의 치명적인 심연으로 뛰어드는 것이다.

프레이와 프레이레이치에게 이 막다른 골목에서 빠져나갈 방법을 알려준 사람은 앨라배마 출신의 하워드 스키퍼라는 과학자—자신을 "생쥐 의사"라고 부르기 좋아하고 말씨가 부드러운 학자다운 인물—였다.[7] 스키퍼는 NCI 소속이 아니었다. 백혈병이 암의 모형이라고 한다면, 스키퍼는 동물에게 백혈병을 인위적으로 유도하여—사실상 모형의 모형을 구축함으로써—그 병을 연구했다. 스키퍼의 모형은 배양접시에서 증식시킬 수 있는 림프 백혈병 세포인 L-1210이라는 생쥐 세포주(細胞株, cell line)를 이용했다. 실험실 생쥐에게 이 세포를 주입하면, 백혈병이 생겼다. 이 과정은 한 동물에게서 다른 동물로 정상 조직을 이식

(graft)하는 것과 비슷해서 생착(engraftment)이라고 했다.

스키퍼는 암을 질병이 아니라 추상적인 수학적 실체로 생각하기를 좋아했다. 생쥐에 L-1210 세포를 이식하면, 그 세포는 거의 음탕할 정도의 번식력을 자랑하면서 분열했다. 때로는 암세포 수준에서도 경이로운 속도인, 하루에 두 번 분열하기도 했다. 따라서 생쥐에 생착시킨 백혈병 세포 하나는 1, 4, 16, 64, 256, 1,024, 4,096, 16,384, 65,536, 262,144, 1,048,576······로 무한히 급격히 늘어난다. 16-17일이면, 세포 하나에서 20억 개가 넘는 딸세포가 자랄 수 있다. 생쥐 몸의 모든 혈구를 더한 것보다 많다.

스키퍼는 백혈병을 이식한 생쥐에 화학요법을 쓰면 이 폭발적인 세포 분열을 멈출 수 있다는 것을 알았다. 백혈병 세포들이 약물에 반응하여 살고 죽는 양상을 도표로 작성하자, 두 가지 중요한 양상이 나타났다.[8] 첫째, 그는 어느 주어진 순간의 암세포가 총 몇 개이든 간에 화학요법은 대개 그 수의 일정한 퍼센트만을 죽인다는 것을 알아냈다. 이 **퍼센트**는 각 약물에 고유한 핵심적인 수였다. 다시 말해서 백혈병 세포가 10만 개인 생쥐를 대상으로, 한 번의 투여 주기에 그 세포의 99퍼센트를 죽이는 약물의 투여를 시작한다면, 각 투여 주기마다 마찬가지의 비율로 세포가 죽을 것이다. 즉 화학요법의 매 투여 주기마다 세포의 수는 점점 줄어들 것이다. 100,000······1,000······10······으로 줄어들다가 4번째 투여 주기가 끝나면 마침내 0이 된다. 백혈병을 죽이는 것은 괴물의 몸을 절반으로 나누고, 다시 그 절반을 반으로 나누고, 다시 그것을 반으로 나누는 것처럼 **반복** 과정이었다.

둘째, 스키퍼는 약물을 조합하여 투여하면 때로 암세포 살상에 상승 효과가 나타날 수 있다는 것을 알아냈다. 서로 다른 약물은 서로 다른 내성 메커니즘을 이끌어내고 암세포에 서로 다른 독성을 미치므로, 약물을 조합하여 쓰면 내성이 생길 기회가 극적으로 낮아지고 세포 살상 효과가 커졌다. 따라서 두 가지 약물을 쓰는 것이 대개 한 가지를 쓰는 것보다 나았고, 세 가지 약물이 두 가지보다 나았다. 그는 서너 가지 약물을 써서 화학요법 투여 주기를 몇 차례 빠르게 연이어 반복함으로써 생쥐 모형의 백혈병을 완치시켰다.

프레이와 프레이레이치가 볼 때, 스키퍼가 관찰한 사항은 두렵다고 할 수도 있는 불가피한 결론을 담고 있었다. 인간 백혈병이 스키퍼의 생쥐 백혈병과 비숫하다면, 아이들에게 한두 가지 약물이 아니라 여러 약물을 투여하여 치료해야 할 터였다. 게다가 한 차례 치료만으로는 충분하지 않을 터였다. "최대한의 간헐적이고 집중적이고 선제적인"[9] 화학요법으로 거의 무자비하고 냉혹하게 지속적으로 약물을 투여하고 또 투여하고 또 투여함으로써, 견디는 능력을 극한까지 밀어붙여야 할 것이다. 겉보기에 백혈병 세포가 혈액에서 사라지고 아이들이 "치유되었다"고 판단될지라도, 치료를 결코 멈추지 말아야 할 것이다.

프레이레이치와 프레이는 이제 그 심연으로 중대하고 직관적인 도약을 할 준비가 되었다. 그들이 시도할 다음의 치료법은 빈크리스틴, 아메토프테린(메토트렉세이트의 예전 이름/역주), 메르캅토퓨린, 프레드니손, 이러한 네 가지 약물을 조합한 것이 될 터였다. 이 요법은 각 약물의 앞 글자를 모아서 만든 새로운 약어로 알려졌다. 바로 VAMP였다.

그 이름은 여러 가지 의도했거나 의도하지 않았던 반향을 일으켰다. 영어 단어 vamp는 원래 언제라도 해체될 수 있는 조각들을 짜맞추거나 즉석에서 짜깁기한다는 의미의 단어이다. 또 남자를 유혹하는 여자, 약속은 하지만 지키지는 않는 요부를 뜻할 수도 있다. 목이 긴 구두의 앞쪽, 찰 때 힘을 고스란히 전달하는 부위를 일컫기도 한다.

VAMP

의사란, 아무것도 모르는 사람의, 그보다 조금 더 아는 질병을 치료하기 위해서, 그보다 조금 더 아는 약을 처방하는 사람이다.　　—볼테르

종양을 죽이지 못한다면 우리는 환자를 죽일 것이다.
—윌리엄 몰로니, 화학요법 초창기에[1]

VAMP—백혈병에 생명을 위협하는 네 가지 약물을 고용량으로 조합하여 투여하는 요법—는 스키퍼, 프레이, 프레이레이치에게는 뚜렷한 의미가 있었을지 모르지만, 많은 동료들에게는 겁나고 혐오스러운 개념이었다. 프레이레이치는 이윽고 주브로드에게 가서 자신의 생각을 말했다. "빈크리스틴 **그리고** 아메토프테린에다가 6-MP **그리고** 프레드니손을 전부 최대 용량으로 투여하여 치료하고 싶습니다."[2] 그는 주브로드의 시선을 사로잡기 위해서 그 문장의 접속사(그리고)를 강조해서 표시했다.

주브로드는 경악하고 말았다. 의학에는 "용량이 지나치면 독이 된다"는 오랜 격언이 있었다. 즉 모든 약은 독을 그저 이런저런 형태의 적절한 용량으로 희석한 것에 불과했다. 그러나 화학요법은 **알맞은** 용량을 써도 독이었다.* 백혈병에 걸린 아이는 이미 가느다란 실로 목숨이 지탱되고 있는 생존의 한계에 이른 상태였다. NCI 사람들은 잡담을 나눌 때, 화학요법을 "그 달의 독"[3]이라고 무심히 말했다. 그 달의 독 네 가지를 3-6세의 아이에게 매일 한꺼번에 집어넣는다면, 한 주일 한 주일을 살아서 넘기기는커녕 첫 투여량만 투여해도 과연 살아남을지

---

* 초기의 항암제는 대부분 치료(암을 죽이는) 용량과 독성 용량 사이의 문턱이 극도로 좁은 세포독—세포를 죽이는—이었다. 원치 않지만 떼어낼 수 없이 얽혀 있는 독성을 피하려면, 용량을 아주 세심하게 정해야 하는 약물이 많았다.

를 보장할 수가 없었다.

프레이와 프레이레이치가 전국 혈액암 학회에서 VAMP 예비 계획을 제시하자, 사람들은 난색을 표했다. 파버는 약물을 주의 깊게 순차적으로 추가한다는 백혈병 컨소시엄의 느리지만 꾸준한 방법을 좇아서, 한 번에 하나의 약물을 투여하고 재발한 뒤에야 두 번째 약물을 추가하는 쪽을 선호했다.[4] 프레이레이치는 회고했다. "이런, 끔찍한 재앙이라고 할 발표였어요. 먼저 비웃음이 쏟아지고 제정신이 아니고 무능하고 잔인하다고 욕을 먹었죠."[5] 환자가 한정되어 있고, 시도할 약물과 조합은 수백 가지나 되므로, 모든 새로운 백혈병 임상시험은 백혈병 컨소시엄의 복잡한 승인 절차를 거쳐야 했다. 프레이와 프레이레이치는 승인받지 않은 양자 도약을 하는 것처럼 느꼈다. 컨소시엄은 적어도 다른 많은 임상시험들이 완료될 때까지, VAMP 승인을 거부했다.

그러나 프레이는 최종 타협안을 놓고 설득을 계속했다. VAMP는 ALGB의 관할 바깥, NCI에서 독자적으로 연구한다는 것이었다. "얼토당토않은 생각이었어요." 프레이레이치는 회고했다. "임상시험을 하려면, 우리가 설립하는 데에 그토록 기여한 단체인 ALGB를 분열시켜야 했죠." 주브로드는 그 타협안이 마음에 들지 않았다. 그것은 그가 애지중지하는 "협력" 모형을 깨는 것이었기 때문이다. 설상가상으로 VAMP가 실패한다면, 그에게는 정치적 악몽이 될 터였다. 프레이레이치는 인정했다. "아이들이 죽었다면, 우리는 국립 암연구소라는 연방시설에서 인체 실험을 했다고 비난받았을 겁니다." 그것이 발을 들여놓기에 위험한 영역이라는 것을 누구나 알았다. 프레이는 최선을 다해서 그 문제를 해결했지만 결국 논란에 휘말렸기 때문에, ALGB 의장직을 사임했다. 세월이 흐른 뒤, 프레이레이치는 위험이 컸다는 것을 인정했다. "아이들을 모두 죽일 수도 있었죠."

드디어 1961년에 VAMP 시험이 시작되었다. 거의 즉시, 끝 모를 실수를 한 듯한 상황이 벌어졌다. 주브로드가 그토록 피하고자 했던 바로 그 악몽이 실현되는 듯했다.

프레이레이치는 "이미 심하게, 지독하게 아픈" 아이들을 첫 대상자로 삼았다고 회고했다. "우리는 VAMP 투여를 시작했고, 첫 주일이 끝날 때쯤 많은 아이들이 치료 전보다 더 심하게 악화되었어요. 재앙이었죠." 투여한 네 가지 약물은 몸 전체에서 날뛰면서 모든 정상 세포들을 없애버렸다. 몇몇 아이는 거의 혼수 상태에 빠져서 호흡기를 달아야 했다. 그들을 구하기 위해서 필사적이었던 프레이레이치는 강박적일 정도로 병실에 들러서 환자들을 살펴보았다. 그는 이렇게 썼다. "긴장감이 어느 정도인지 익히 상상이 갈 것이다. 여기저기서 사람들이 말하는 소리를 들을 수 있었다. '거봐 내가 그랬잖아. 이 아이는 죽어간다고.'"[6] 그는 병실들을 돌아다니면서 계속 질문하고 지시하면서 직원들을 달달 볶았다. 참견하고 소유하려는 본능이 솟구쳤다. "이 아이들은 내 아이들이었다. 나는 진정으로 그들을 돌보려고 애썼다."

NCI 전체도 긴장한 채 지켜보았다.[7] **연구소의 목숨도 풍전등화였기 때문이다.** 프레이레이치는 이렇게 썼다. "나는 사소한 일들을 했다. 더 편안해질 수 있도록 아스피린을 주고, 열을 식혀주고, 담요를 가져다주는 일을."[8] 암의학의 불확실한 전선에 내몰려서 가장 유독하고 가장 유망한 약물 조합을 절묘하게 처방하던 NCI 의사들은 가장 오래된 치료 원칙에 다시 기댔다. 그들은 아이들을 편안하게 해주었다. 영양을 북돋아주었다. 돌보고 지원하는 데에 초점을 맞추었다. 베개를 괴어주었다.

몹시 고통스러운 3주일이 지나자, 프레이레이치의 환자 중 몇 명이 다소 호전되기 시작했다. 이어서 예기치 않게—도저히 더 이상 참고 볼 수 없는 시점에—놀라운 결과가 나타났다. 정상 골수 세포가 서서히 돌아왔고, 백혈병은 누그러졌다. 골수 생검을 해보니, 백혈병 세포 없이 모든 성분들이 잇달아 돌아왔다. 골수라는 바짝 마른 밭에서 적혈구, 백혈구, 혈소판이 싹을 틔웠다. 그러나 백혈병은 돌아오지 않았다. 몇 주일 뒤에 다시 실시한 생검에서도 결과는 마찬가지였다. 현미경 아래에서 백혈구 세포는 하나도 보이지 않았다. 거의 완전히 초토화한 뒤에, NCI의 모든 사람들의 예상을 훨씬 뛰어넘는 증세 완화가 나타난 것이다.

몇 주일 뒤, NCI 연구진은 다시 소수의 환자들을 대상으로 VAMP를 시험할 용기를 얻었다. 한 연구자가 기억하는 바에 따르면, "발목에 끈을 묶고 절벽에서 떨어지듯이"[9] 이번에도 거의 재앙이라고 할 수준으로 수치가 뚝 떨어졌다가 골수는 다시 회복되고 백혈구는 사라졌다. 며칠 뒤에 골수는 재생되기 시작했고, 프레이레이치는 주저하면서 세포를 살펴보는 생검을 했다. 이번에도 백혈병은 사라지고 없었다. 희망을 가득 남겨놓은 채, 골수에서는 정상적인 혈구들이 몽글몽글 자라고 있었다.

　1962년까지 프레이와 프레이레이치는 VAMP를 서너 차례 투여하여 6명의 환자를 치료했다. 완화는 믿을 만하고 지속적이었다. 임상 센터는 이제 두세 주기의 화학요법에서 살아남은 가발과 목도리를 한 아이들이 재잘거리며 떠드는 익숙한 소리로 가득했다. 백혈병 역사에서 놀라울 정도로 비정상적인 현상이었다. 비판자들도 서서히 마음을 바꾸었다. 전국의 다른 임상 센터들도 프레이와 프레이레이치의 실험요법에 동참했다. 1964년에 보스턴에서 11세 아이를 치료한 혈액학자는 환자가 "경이로울 정도로 회복되었다"라고 적었다.[10]

　놀라움은 서서히 열광으로 대체되었다. 하버드를 나온 독선적인 혈액학자이자 VAMP의 반대자 중 가장 유명한 축에 속했던 인사인 윌리엄 데임셰크조차도 이렇게 썼다. "소아종양학자들 사이에서 분위기가 거의 하룻밤 사이에 '온정적인 숙명론'에서 '공격적인 낙관론'으로 바뀌었다."[11]

그 낙관론은 강력했지만, 단명했다. 프레이와 프레이레이치가 VAMP의 예상외의 성공을 축하하는 학회에 의기양양하게 참석하고 돌아온 지 얼마 되지 않은 1963년 9월, 완화 상태에 있던 아이 몇 명이 몇 가지 사소한 문제로 다시 병원에 왔다.[12] 두통, 발작, 얼굴 신경의 저림 같은 증상이었다.

　한 혈액학자는 회상했다. "우리 중 몇 명은 처음에 대수롭지 않게 생각했어요. 증상들이 사라질 것이라고요."[13] 그러나 거의 10년 동안 백혈병 세포의 체내 확산을 연구한 프레이레이치는 두통이 사라지지 않으리라는 것을 알았다. 10월이 되자, 병원으로 돌아오는 아이들이 더 늘었다.[14] 이번에는 무감각, 저림, 두통, 발작, 얼굴 마비 증세 때문이었다. 프레이와 프레이레이치는 초조해졌다.

　1880년대에 피르호는 백혈병 세포가 이따금 뇌를 침략할 수 있다는 것을 관찰했다. 프레이와 프레이레이치는 암세포가 뇌를 침범했을 가능성을 조사하기 위해서, 척추 천자로 직접 척수액을 살펴보았다. 척추 천자는 가늘고 곧은 긴 주사바늘로 척주관에서 척수액을 몇 밀리미터 빼내는 방법이다. 맑은 그 액체는 뇌로 직접 연결되어 순환하므로, 뇌 검사를 대신할 수 있다.

　과학에는 발견의 순간을 다룬 이야기들이 전해 내려온다. 마치 만화경에 든 종이 조각들처럼 관찰하는 것들이 응결되면서 하나로 합쳐져서 어떤 패턴을 이룰 때 맥박이 갑자기 빨라지고, 평범한 사실들이 스펙트럼처럼 빛나고, 열기가 치솟고, 한순간 모든 것이 정지한다. 사과가 나무에서 떨어진다. 한 남자가 목욕통에서 뛰쳐나온다. 종잡을 수 없는 방정식이 저절로 끼워 맞추어진다.

그러나 거의 기록되지 않은 또다른 발견의 순간—반정립(反定立)—이 있다. 바로 실패의 발견이다. 그것은 과학자가 종종 홀로 마주치는 순간이다. 환자의 CT 영상이 재발한 림프종을 보여주는 순간. 약물로 죽었던 세포가 다시 자라기 시작하는 순간. 아이가 두통으로 NCI로 돌아오는 순간.

프레이와 프레이레이치는 척수액에서 발견한 것 때문에 침울해졌다. 백혈병 세포 수백만 개가 뇌에 자리를 잡으면서 척수액에서 폭발적으로 증식하고 있었다. 두통과 무감각은 훨씬 더 심각한 초토화가 닥친다는 것을 알려주는 초기 신호였다. 그 뒤로 몇 개월에 걸쳐서 한 명씩, 모든 아이들이 두통, 저림, 허깨비처럼 가물거리는 빛 등 온갖 신경학적 증상을 안고 연구소로 돌아왔다가 이윽고 혼수상태에 빠져들었다. 골수 생검은 깨끗했다. 몸에서는 어떤 암도 발견되지 않았다. 그러나 백혈병 세포는 신경계에 이미 침입해 있었고, 예기치 않은 빠른 죽음을 불러왔다.

그것은 몸 자체의 방어 체계가 암 치료를 뒤엎은 결과였다. 뇌와 척수는 외부의 화학물질이 쉽게 뇌로 들어가지 못하도록 막는 혈액뇌장벽이라는 치밀한 세포 봉인을 통해서 격리되어 있다. 그것은 독이 뇌에 다다르지 못하게 막도록 진화한 고대의 생물학적 체계이다. 그러나 그 체계는 VAMP가 신경계에 들어가지 못하게 막는 역할도 했다. 그럼으로써 몸 안에 암의 자연적인 "성역"을 만든 것이다. 백혈병은 근본적으로 화학요법이 다다를 수 없는 그 성역에 자리를 잡고 점점 더 자라났다. 아이들은 차례로 죽었다. 자신을 보호하도록 고안된 바로 그 적응 형질 때문에 쓰러졌다.

프레이와 프레이레이치는 이런 재발에 심한 타격을 입었다. 임상과학자에게 임상시험은 아이, 즉 지극히 개인적인 투자 대상과 같다. 이런 열정적이고 내밀한 모험이 좌절되고 죽는 모습을 지켜보는 것은 아이를 잃는 고통에 비견된다. 한 백혈병 의사는 이렇게 적었다. "나는 환자들을 알고, 그들의 형제자매를 알고, 그들의 개와 고양이의 이름을 안다.……그 고통은 수많은 연애가 끝장나는 것과 같다."[15)]

7번의 흥분되고 집중적인 임상시험이 이루어진 뒤, NCI에서의 연애는 정말로 끝장이 났다. VAMP 치료 뒤에 뇌에서 암이 재발하자 연구소의 사기는 한계에 이른 듯했다.[16] 가장 힘든 단계들을 거치는 내내—12개월 동안 다루고 구슬리고 유혹하면서—VAMP를 살리기 위해서 그토록 갖은 애를 쓴 프레이는 이제 모든 기운이 다 빠져나간 것을 알았다. 지칠 줄 모르는 프레이레이치조차도 기력이 빠지기 시작했다. 그는 연구소 사람들의 적대감이 점점 커지는 것을 느꼈다. 또한 자기 경력의 정점에 이른 상태였던 그는 예전의 그에게는 그토록 활기를 불어넣었던 연구소 내의 끝없는 논쟁에도 싫증을 느꼈다.

1963년 겨울, 프레이는 텍사스 주 휴스턴의 MD 앤더슨 암 센터에 자리를 구해서 떠났다. (결국 텍사스에서 부활되긴 하지만) 임상시험은 일시적으로 보류되었다. 프레이레이치도 곧 NCI를 떠나서 휴스턴의 프레이에게 합류했다. 프레이레이치, 프레이, 주브로드를 지탱했던 허약한 생태계는 몇 개월 만에 와해되었다.

그러나 백혈병 이야기—암 이야기—는 한 기관에서 다른 기관으로 옮겨가면서 싸워 살아남는 의사들의 이야기가 아니다. 그것은 질병을 막는 둑을 이쪽에 쌓았다가 저쪽에 쌓으면서 싸워 살아남는 환자들의 이야기이다. 복원력, 창의력, 생존력—위대한 의사의 속성이라고 종종 말하곤 하는 자질—은 질병과 맞서 싸우는 사람들에게서 뿜어진 것이 그들을 치료하는 사람들에게 반사되어 보이는 자질이다. 의학사가 의사들의 이야기를 통해서 들려주는 것이라면, 그것은 그들의 공헌이 환자들의 더 실질적인 영웅적 행위를 대변하기 때문이다.

나는 모든 아이들이 재발하여 죽었다고 말했다. 그러나 전적으로 맞는 말은 아니다. 수수께끼 같은 이유로 극소수, 즉 몇 명은 중추신경계에서 백혈병이 결코 재발하지 않았다.[17] NCI와 VAMP를 시도할 정도로 대담했던 다른 몇몇 병원에서, 치료받은 아이들 중 약 5퍼센트는 1년이 넘도록 살아 있었다. 그들은 몇 주일이나 몇 개월이 아니라, 몇 년씩 완화 상태를 유지했다. 그들은 해마다 전국의 임상시험센터에 있는 대기실에 와서 초조하게 앉아 기다렸다. 해가 갈수록 목소리는 굵어졌다. 머리카락은 다시 자랐다. 매년 생검이 이루어졌다. 암이 재발했다는 가시적인 징후는 전혀 나타나지 않았다.

어느 여름날 오후, 나는 차를 몰아 메인 주 서부를 가로질러서 워터보로라는 소도시로 갔다. 안개 낀 흐린 하늘을 배경으로 오래된 소나무 숲과 자작나무 숲이 수정처럼 맑은 호수에 모습을 비치는 아름다운 경관이 펼쳐졌다. 소도시 가장 끝자락에서 나는 물가에서 멀어지는 비포장도로로 들어섰다. 도로 끝의 깊은 소나무 숲에 둘러싸인 곳에 미늘벽판자로 지은 작은 집이 있었다. 파란 티셔츠 차림의 56세의 여성이 현관에서 나를 맞이했다. 그녀를 여기까지 추적하는 데에는 무수한 전화 통화, 질의, 인터뷰, 참고 문헌 조사가 이루어졌고 17개월이라는 시간이 걸렸다. 어느 날 오후, 인터넷을 뒤지다가 나는 실마리를 하나 발견했다. 나는 그 전화번호를 누르고 한없이 울리는 전화벨 소리를 들으며 이루 말할 수 없이 흥분해서 기다리다가 마침내 한 여성이 응답한 일을 기억한다. 그 주일에 그녀와 만날 약속을 잡고 그 약속을 지키기 위해서 다소 무모하게 메인 주까지 차를 몰고 온 것이다. 도착하고 나서야 20분 일찍 왔다는 것을 알았다.

내가 소개하기 위해서 무슨 말을 했는지, 아니 무슨 말을 하려고 애썼는지 기억할 수 없다. 그러나 나는 경이로움을 느꼈다. 내 앞에서 문에 기댄 채 조금 불안하게 웃음을 짓고 있는 사람은 최초로 VAMP로 소아 백혈병 치료를 받았던 생존자 중 한 사람이었다.

지하실은 물에 잠겼고 소파에는 곰팡이가 자라고 있었기 때문에, 우리는 바깥 나무 그늘 아래 모기장이 붙은 텐트 안에 앉았다. 밖에서는 사슴파리와 모기가 윙윙거렸다. 그녀—엘라라고 부르기로 하자—는 내가 살펴볼 수 있도록 의학 기록과 사진 더미를 꺼내두었다. 그녀가 그것을 내게 건넬 때 나는 그녀의 온몸에 전율이 이는 것을 느꼈다. 마치 시련을 겪은 지 45년이 지난 오늘까지도 그 기억에 시달리고 있다는 듯이.

엘라는 NCI에서 VAMP가 처음 쓰인 지 약 18개월 뒤인 1964년 6월에 백혈병 진단을 받았다. 당시 그녀는 11세였다. 진단을 받기 전에 찍은 사진들을 보면 단발머리에 치열 교정기를 낀 사춘기에 들어서기 직전의 전형적인 소녀였다. 그러나 6개월 뒤(화학요법을 받은 뒤)에 찍은 사진에서는 전혀 딴판이었다. 머리가 모두 빠지고, 빈혈로 창백하고 비쩍 마른 채 걷지 못해서 휠체어에 푹 주저앉아 있는 모습이었다.

엘라는 VAMP 치료를 받았다. (보스턴에 있던 그녀의 종양학자들은 NCI에서 놀라운 반응이 나왔다는 소식을 듣고, 대담하게 네 가지 약물요법—임상시험이 아니었다 — 을 그녀에게 쓰기로 했다.) 처음에는 재앙 같았다. 고용량의 빈크리스틴에 곁신경이 심하게 손상을 입어서 그녀는 여생을 다리와 손가락이 타는 듯한 감각을 안고 살게 되었다. 프레드니손은 섬망(譫妄)을 일으켰다. 섬망 때문에 밤에 비명과 괴성을 질러대며 병원 복도를 돌아다니는 의지가 강한 소녀를 제지할 수 없었던 간호사들은 결국 침대 기둥에 그녀의 양팔을 밧줄로 묶어놓았다. 때로 태아 자세로 웅크리기도 하면서 침대에 묶인 상태에서 근육은 점점 쇠약해졌고, 신경병증도 악화되었다. 12세에 그녀는 모르핀에 중독되었다. 통증을 억제하기 위해서 처방되는 약물이었다. (그녀는 진정한 의지의 힘으로, 즉 "금단 증상으로 연축[攣縮]이 일어나는 내내 의지력을 발휘함으로써 해독했다"고 말했다.) 그 끔찍한 시기에 다음 모르핀이 투여될 때까지 기다리면서 계속 입술을 깨무는 바람에 그녀의 아랫입술은 지금도 멍이 든 채였다.

그런데 놀랍게도 그녀의 기억에서 큰 부분을 차지하는 것은 벗어났다는 압도적인 느낌이었다. "나는 빠져나온 것 같다고 느꼈어요." 그녀는 자료들을 다시 봉투에 넣으면서 말했다. 그러면서 마치 가상의 파리를 쫓듯이 허공을 올려다보았고, 나는 그녀의 눈에 눈물이 맺히는 것을 볼 수 있었다. 그녀는 병동에서 같은 백혈병에 걸린 아이들을 몇 명 보았다. 그들은 모두 살아남지 못했다. "처음에는 내가 대체 뭘 잘못했다고 이런 병에 걸린 거야 하는 생각이 들더니, 나중에는 내가 과연 나을 자격이 있을까 하는 생각이 들더군요. 백혈병은 그런 거예요. 혼란에 빠뜨리죠. 삶을 바꿔버려요." 내 머릿속에서 치리바야족 미라, 아토사, 유방절제술을 기다리는 홀스테드의 젊은 여성이 빠르게 오갔다.

시드니 파버는 엘라를 만난 적이 없지만 그녀와 똑같은 환자들, 즉 VAMP의 장기 생존자들을 만났다. 엘라가 화학요법을 시작한 해인 1964년, 그는 그런 환자 몇 명의 사진을 가지고 의기양양하게 워싱턴으로 가서 의회에서 일종의 발표회를 열었다.[18] 화학요법이 암을 치료할 수 있다는 살아 있는 증거를 제시한 것이다. 그에게는 앞으로 나아갈 경로가 점점 뚜렷해지고 있었다. 암 연구에는 추가 동력이 필요했다. 더 많은 예산, 더 많은 연구, 더 많은 홍보, 치료법을 향해서 곧장 나아가는 경로가 필요했다. 따라서 그의 의회 증언은 거의 헌신적이고 메시아적인 열기를 불러일으켰다. 그 광경을 지켜본 한 사람은 사진을 보고 증언을 듣자, 더 이상의 증거를 요구하는 것은 "어처구니없고 불필요한" 일이라는 분위기가 형성되었다고 회상했다.[19] 파버는 이제 백혈병 세계에서 훨씬 더 흔한 진짜 암의 세계로 도약할 준비가 되었다. 그는 "우리는 달리 치유할 수 없는 유방, 난소, 자궁, 폐, 신장, 창자의 종양과 흑색종 같은 악성 피부 종양에 효과를 발휘할 수 있는 화학물질을 개발하려고 애쓰고 있다"고 썼다.[20] 파버는 그런 고형 암 중 하나라도 완치시킨다면, 종양학에 대혁신이 일어나리라는 것을 알았다. 그것은 이 전쟁이 이길 수 있는 것이라는 가장 확고한 증거가 될 터였다.

어느 해부학자의 종양

> 1960년대에 화학요법 의사가 되려면, 기존의 평범한 용기뿐만 아니라 암이 결국은 약에 굴복할 것이라는 확신에서 나오는 용기도 있어야 했다.
> —빈센트 드비타, 국립 암연구소 심사관(후에 NCI 소장이 된다)[1]

2004년 2월의 어느 추운 날 아침, 24세의 운동선수 벤 오먼은 목 아래쪽에 혹이 난 것을 알게 되었다. 집에서 신문을 읽다가 무심코 손을 얼굴 아래로 훑었는데, 손가락에 작게 부어오른 부분이 만져졌다. 혹은 작은 건포도만 했다. 숨을 깊이 들이마시면 가슴 안쪽 공간으로 삼킬 수 있었다. 그는 별 것 아니라고 치부했다. 그저 혹이겠지 생각했다. 운동선수는 원래 혹과 친한 법이었다. 굳은살, 부어오른 무릎, 종기, 부딪혀서 부은 부위, 멍 등이 기억할 필요도 없는 갖가지 이유로 나타났다가 사라졌다. 그는 다시 신문에 집중했고 혹은 머릿속에서 잊혀졌다. 어쨌거나 때가 되면, 목의 혹은 사라질 터였다.

그러나 혹은 사라지기는커녕 커졌다. 처음에는 알아차릴 수 없을 정도로 서서히, 그러다가 점점 더 호전적으로 커져서, 약 1개월 사이에 건포도만 했던 것이 자두만 해졌다. 그는 그것이 빗장뼈의 약간 오목한 곳에 있다는 것을 느낄 수 있었다. 걱정이 된 그는 예약이 필요 없는 병원을 찾아서, 거의 미안하다는 어조로 자신의 증상을 설명했다. 어느 과로 보낼지 판단하는 간호사는 "목의 혹"이라고 적고서 끝에 물음표를 달았다.

그 글이 적히는 순간, 오먼은 종양학이라는 낯선 세계로 들어섰다. 자신의 혹처럼 그도 암이라는 기이한 우주 공간으로 삼켜졌다. 병원의 문들이 열렸다가 그의 뒤에서 닫혔다. 파란 수술복을 입은 의사가 커튼 사이로 걸어들어와서 양손으로 그의 목을 위아래로 훑었다. 그는 연달아서 빠르게 혈액 검사와 엑스 선 촬영을 하고, CT에 이어서 더 많은 검사를 받았다. 촬영한 사진들은 목의 혹이 훨씬 더 깊이 자리한 혹들로 이루어진 빙산의 꼭대기에 불과하다는 것을 보여주었다. 그 보초병 덩어리 아래로, 목에서 가슴까지 덩어리들이 꼬여 사슬을 이루면서 복장뼈 바로 밑에 주먹만 한 종양까지 이어져 있었다. 의대생이라면 모두 배우듯이 가슴 앞쪽에 자리한 커다란 덩어리들은 4T, 즉 갑상선암(thyroid cancer), 흉선종(thymoma), 기형종(teratoma), 무서운 림프종(terrible lymphoma) 중의 하나이다. 이것들을 읊으면 거의 암을 위한 동요처럼 들린다. 오먼의 문제—그의 나이와 혹들이 너저분하고 빽빽하게 모여 있는 모습을 고려할 때—는 이 중에서 마지막 것인 림프종, 즉 림프선에 생긴 암일 것이 거의 확실했다.

내가 벤 오먼을 본 것은 그가 처음 병원을 찾은 지 거의 2개월 뒤였다. 그는 대기실에서 책을 읽으며(그는 격렬하게, 운동하듯이, 거의 경쟁하듯이 책을 읽었는데, 경주라도 하는 것처럼 일주일에 소설 한 권을 독파했다) 앉아 있었다. 응급실을 방문한 이래로 8주일 동안 그는 PET(양전자 단층 촬영)를 한 차례하고, 외과의사를 한 차례 만나고, 목의 혹 생검을 했다. 짐작한 대로 그 덩어리는 림프종, 그중에서 호지킨병이라는 비교적 희귀한 형태였다.

 더 많은 소식이 이어졌다. 촬영한 것들을 보니, 오먼의 암은 상체의 한쪽에만 한정되어 있었다. 그리고 호지킨병에 이따금 따라붙는 유령 같은 B 증상들—체중 감소, 열, 오한, 야간 땀—이 전혀 없었다. 1기에서 4기까지 이어지는 진행 단계(이 불가해한 증상들이 없을 때는 A, 있을 때는 B가 붙는다) 중에서 2A기에 속했다. 그 병의 진행 단계 중에서 비교적 초기였다. 우울한 소식들이었지만, 그날 아침 대기실을 들락거린 환자들 중에서 그의 예후가 가장 양성(良性)이라고 할 수 있었다. 집중적인 화학요법을 거치면, 완치될 가능성이 아주 높았다. 약 85퍼센트였다.

 나는 그에게 말했다. "집중적이라는 말은 몇 개월, 어쩌면 반년까지도 이어질 것이라는 뜻입니다. 약물은 주기를 이루어서 투여할 텐데, 그 사이에 혈구 수를 검사하러 와야 할 겁니다." 3주일마다, 혈구 수가 회복될 바로 그 시점에 다시 다음 투여 주기가 시작될 것이다 화학요법의 시지푸스처럼.

 첫 투여 주기에는 머리가 빠질 것이다. 영구 불임이 될 것이 거의 확실하다. 백혈구 수가 거의 0에 다다른 시기에 목숨을 위협하는 감염이 일어날 수도 있다.

가장 불길한 점은 화학요법이 훗날 제2의 암을 일으킬 수 있다는 것이다. 그는 고개를 끄덕였다. 나는 그의 머릿속에서 온갖 생각이 빠르게 오가다가 이윽고 전면적인 충격을 가하는 모습을 지켜보았다.

"긴 여정이 될 겁니다. 마라톤처럼요." 나는 적절한 비유를 찾으려고 애쓰면서 미안한 기색으로 더듬거리며 말했다. "하지만 우리는 끝을 보게 될 겁니다." 그는 다시 말없이 고개를 끄덕였다. 마치 이미 다 알고 있었다는 듯이.

수요일 오전, 오먼과 만난 지 얼마 지나지 않아서, 나는 대너파버 암연구소에 있는 환자들을 보기 위해서 통근 열차를 타고 보스턴으로 갔다. 우리는 그 연구소를 그냥 "파버"라고 부른다. 파버는 생전에도 큰 인물이었지만, 세상을 뜬 뒤에는 더 큰 인물이 되었다. 그의 이름을 딴 파버는 현재 16층짜리 거대한 콘크리트 미로에서 과학자들과 의사들이 우글거리는 포괄적인 연구실 겸 약제실 겸 화학요법 시설이 되어 있다. 직원은 2,934명이고, 회의실과 연구실 수십 곳, 세탁소 한 곳, 승강기 4대, 도서실 여러 곳이 있다. 지하 연구실이 있던 원래 건물은 주위의 거대한 건물들에 눌려서 왜소해진 지 오래이다. 넓고, 지나치게 많이 짓고, 지나치게 공들인 중세의 사원처럼, 파버는 자신의 성지를 오래 전에 집어삼켰다.

그 새로운 건물에 들어가면 특유의 반쯤 찌푸리고 반쯤 웃는 표정을 담은 그의 유화가 뒤쪽의 넓은 복도를 응시하고 있다. 여기저기에 그의 소품들이 널려 있는 듯하다. 연구실들로 향하는 통로에는 그가 예전에 지미 기금 병원을 위해서 그리게 했던 만화 주인공들, 즉 백설공주, 피노키오, 귀뚜라미 지미, 덤보의 "초상화"가 여전히 걸려 있다. 생검을 할 때 썼던 골수 바늘들도 전시되어 있는데, 마치 다른 시대에서 온 듯한 느낌을 준다. 아마 50년 전에 파버나 그의 제자가 다듬은 것이리라. 연구실과 진료실을 돌아다니다 보면, 암 역사의 어느 순간으로 들어갈 수 있을 것 같은 느낌이 종종 든다. 어느 날 아침, 나는 실제로 그렇게 했다. 승강기를 잡아타고, 휠체어에 앉은 한 노인에게로 곧장 가서 처음으로 환자 역할을 했다. 16층에 있는 현재 명예교수인 톰 프레이의 연구실로 들어갔으니까.

수요일 아침에 내가 만난 환자는 비어트리스 소렌슨이라는 76세의 여성이었다. 그녀는 비어라고 불리는 쪽을 더 좋아했는데, 자연사 책에 등장하는, 자신의 몸무게보다 10배 더 무거운 것을 들거나 키보다 5배 더 뛰어오를 수 있는 작은 곤충을 연상시켰다. 그녀는 기이할 정도로 작았다. 몸무게는 40킬로그램이 되지 않았고 키는 135센티미터였으며, 한겨울의 잔가지들을 엮은 듯한 가냘픈 뼈대를 가지고 있어서 마치 새 같았다. 그러나 이런 작은 체구와 정반대로 그녀는 강인한 성격을 가지고 있었다. 마치 육체의 가벼움을 영혼의 무게로 상쇄하려는 듯이 말이다. 그녀는 해병대원으로 양차대전에 참전했으며, 검사대에 누운 그녀를 내려다볼 때에 나는 마치 그녀의 영혼이 위에서 나를 내려다보고 있는 듯한 어색하고 초라한 기분을 느꼈다.

소렌슨은 췌장암이었다. 종양은 2003년 늦여름에 우연히 발견되었다. 그녀는 배가 아프고 설사를 해서 CT를 받았는데, 췌장의 꼬리에 4센티미터 크기의 결절이 매달려 있었다. (돌이켜보면 설사는 아무 관계도 없었을 수 있다.) 한 용감한 외과의사가 그것을 제거하려고 수술을 시도했지만, 절제한 가장자리에 종양 세포가 일부 남아 있었다. 애당초 우울한 분야인 종양학에서조차도, 덜 제거된 이 췌장암은 우울함의 정수로 생각되었다.

소렌슨의 삶은 엉망이 되었다. "나는 끝까지 이겨내고 싶습니다." 그녀는 처음에 내게 그렇게 말했다. 우리는 시도했다. 초가을 내내, 우리는 종양 세포를 죽이기 위해서 췌장에 방사선을 쬔 뒤에 5-플루오로우라실을 이용하여 화학요법을 썼다. 종양은 그 모든 치료에도 불구하고 자랐다. 겨울에 우리는 약을 젬시타빈 또는 젬자라는 신약으로 바꾸었다. 종양 세포는 그 신약을 가볍게 무시했고, 대신에 조롱하듯이 그녀의 간에 폭발적으로 암을 전이시켜서 큰 고통을 안겼다. 이따금 우리는 그저 아무 약도 쓰지 않는 편이 더 낫지 않았을까 하는 기분에 빠졌다.

그날 아침, 소렌슨은 우리가 달리 더 내놓을 만한 방안이 있는지를 알아보기 위해서 병원을 찾았다. 그녀는 흰 바지와 흰 셔츠를 입고 있었다. 종잇장처럼 얇은 그녀의 얼굴 피부에는 말라붙은 자국이 뚜렷이 나 있었다. 아마 울고 있었을지도 모른다. 그러나 그녀의 얼굴은 내가 읽어낼 수 없는 표정을 짓고 있었다.

그녀의 남편이 호소했다. "아내는 뭐든지 시도할 겁니다, 뭐든지요. 보기보다 무척 강하거든요."

그러나 강한가의 여부에 상관없이 더 이상 시도할 것이 없었다. 나는 나올 수밖에 없는 질문들에 차마 대답할 수가 없어서 바닥만 응시했다. 배석한 의사도 좌불안석이었다.

이윽고 비어트리스가 어색한 침묵을 깼다. "미안해요." 그녀는 어깨를 으쓱하면서 공허한 눈으로 우리 뒤편을 바라보았다. "나도 알아요, 이제 끝났다는 걸."

우리는 쥐구멍에라도 숨고 싶은 마음에 고개를 숙였다. 나는 자기 분야의 무능함을 절실히 느끼는 의사를 환자가 위로하는 사례가 이번이 처음은 아닐 것이라고 생각했다.

두 아침에 만난 두 개의 혹. 전혀 다른 모습을 한, 암의 두 화신. 하나는 거의 확실히 완치가 가능한 반면, 다른 하나는 속절없이 죽음으로 이끈다. 히포크라테스가 소박하게 카르키노스라는 포괄적인 용어를 창안한 이래로 거의 2,500년이 지난 지금, 현대 종양학은 암의 분류학 측면에서는 더 이상 나아질 수 없을 정도에 이르렀다고 인식된다. 오먼의 림프종과 소렌슨의 췌장암은 물론 두 가지 모두 "암", 즉 세포의 악성 증식이었다. 그러나 두 암은 궤적과 성격이 매우 판이했다. 두 가지를 암이라는 같은 이름으로 부르는 것은, 뇌졸중에서 출혈, 발작에 이르는 것들을 모두 **중풍**이라는 말로 묶었던 중세의 관습처럼, 시대착오적인 느낌을 줄 정도였다. 히포크라테스처럼, 우리도 혹들을 소박하게 하나로 묶어서 말하는 듯했다.

그러나 소박하든 소박하지 않든, 1960년대에 래스커주의자들을 고취시킨 것은 바로 이 한 덩어리로 묶기─암의 복수성보다 근원적인 **단일성**에 대한 단호하고 흔들림 없는 믿음─였다. 파버가 1962년에 말했듯이, 종양학은 치밀하게 들어맞는 진리, 즉 "보편적인 치료법"을 탐색하는 분야였다. 그리고 1960년대의 종양학자들이 모든 형태의 암에 대한 공통의 치료법을 상상했다면, 그것은 그들이 암이라고 부른 하나의 공통된 질병을 상상했기 때문이다. 그것은 한 가지 형태의 암을 치료하다 보면 마치 연쇄반응처럼 필연적으로 다른 암의 치료법으로 이어질 것이고, 이윽고 악성 건축물 전체가 일종의 도미노처럼 쓰러질 것이라는 믿음으로 이어졌다.

하나의 거대한 망치가 궁극적으로 하나의 거대한 질병을 쳐부술 것이라는 이

가정은 의사, 과학자, 암 로비스트에게 활기와 힘을 불어넣었다. 래스커주의자에게 그것은 조직 원리이자 믿음의 핵심, 그들 모두를 인도하는 유일하게 확실한 항로 표지였다. 사실 래스커주의자들이 워싱턴에서 추구했던 암의 **정치적 통합**(한 사람의 의사나 과학자가 이끄는 단일한 연구소, 단일한 자금줄)은 암이 단일한 질병, 하나의 거석, 단일한 핵심 이야기라는 더 심오한 **의학적 통합** 개념에 의존했다. 이 장엄하고 포괄적인 이야기가 없었다면, 메리 래스커도 시드니 파버도 표적을 정하고 체계적인 전쟁을 벌인다는 생각조차 할 수 없을 것이다.

벤 오먼을 그날 저녁 늦게 병원으로 오게 했던 병인 호지킨 림프종은 암의 세계에서 뒤늦게 모습을 드러낸 축에 속한다. 그것의 발견자인 토머스 호지킨은 삽 같은 턱수염과 놀라울 정도로 휜 코를 가진 마르고 키가 작은 19세기 영국의 해부학자였다. 에드워드 리어의 시에서 막 걸어나온 듯한 인물이라고 할 수 있었다. 호지킨은 1798년에 런던 외곽 펜턴빌이라는 작은 마을의 퀘이커교도 집안에서 태어났다.[2] 조숙한 아이였던 그는 빨리 자라서 더욱 조숙한 젊은이가 되었다. 그는 지질학에서 수학과 화학에 이르기까지 마음 내키는 대로 여러 분야를 넘나들었다. 그는 지질학자로서 잠시 견습 생활을 하다가 약제사가 되었다가, 나중에 에든버러 대학교에서 의학학위를 받았다.

그는 우연한 사건으로 병리해부학의 세계에 흥미를 느꼈고, 이윽고 자신의 이름이 붙은 질병과 만나게 되었다. 1825년에 런던의 세인트 토머스 앤드 가이즈 병원의 교수진 사이에 싸움이 벌어져서 유서 깊은 그 기관은 둘로 갈라졌다. 가이즈 병원과 새로운 경쟁자인 세인트 토머스 병원으로 말이다. 많은 부부 싸움에서 볼 수 있듯이, 이 이혼에서도 거의 즉시 재산 분할을 놓고 악의적인 다툼이 이어졌다. 여기서 "재산"은 섬뜩한 수집품들이었다. 즉 의대생들의 학습 도구로 쓰이는 포르말린에 절인 뇌, 심장, 위, 뼈대가 담긴 표본병들로서, 병원에는 아주 소중한 해부학 표본이었다. 세인트 토머스 병원이 그 소중한 표본을 나누어주기를 거부하는 바람에, 가이즈 병원은 급한 대로 여기저기서 표본들을 모아서 자체 해부학 박물관을 만들었다. 호지킨은 두 번째로 파리를 방문했다가 막 돌아온 참이었다. 그는 파리에서 시체 표본을 준비하고 해부하는 법을 배웠다. 그는 곧바로 채용되어서 가이즈 병원의 새로운 박물관 표본을 모으는 일을 맡았다.

그 일의 가장 창의적인 측면은 아마도 박물관 큐레이터 겸 사자(死者) 검사관이라는 그의 새로운 직함이었을 것이다.

호지킨은 자신이 비범한 사자 검사관이자, 몇 년 사이에 수백 점의 표본을 모을 수 있는 강박적인 해부학 큐레이터라는 것을 입증했다. 그러나 표본을 모으는 것은 다소 세속적인 일이었다. 호지킨의 재능은 표본들을 체계적으로 **분류하는** 데에서 드러났다. 그는 병리학자인 동시에 그에 못지않은 사서가 되었다. 그는 자신의 병리학 분류 체계를 고안했다. 그의 표본들이 보관되어 있던 원래의 건물은 없어졌지만, 새로운 박물관에 지금도 전시되어 있는 그의 원래 표본들은 색다른 경이감을 준다. 커다란 건물의 깊은 안쪽에 자리한 4개의 방으로 이루어진 박물관은 철과 유리로 공들여 만든 거대한 보물상자이다. 문으로 들어가서 계단통을 오르면, 아래쪽으로 차례로 이어져 있는 전시실들이 한눈에 들어온다. 벽마다 포르말린이 채워진 병들이 죽 늘어서 있다. 한 전시실에는 폐, 다른 전시실에는 심장, 뇌, 신장, 뼈 등이 진열되어 있다. 날짜나 질병보다는 기관계를 기준으로 병리해부학을 분류하는 이 방법은 일종의 계시가 되었다. 상상 속에서 몸에 "거주함으로써"—이따금 기관과 기관계의 상관관계를 살피며 마음대로 몸속을 드나들면서—호지킨은 자신이 패턴들 속의 패턴들을 본능적으로, 때로는 의식조차 하지 않은 상태에서 알아차릴 수 있다는 것을 깨달았다.

1832년 초겨울, 호지킨은 기이한 전신 질병을 가진 시신들을 모았는데, 대부분 젊은 사람이었다고 발표했다.[3] 그는 "림프선의 독특한 확대"가 그 질병의 특징이라고 했다. 잘 모르는 사람은 그것이 결핵이나 매독—당시 림프선을 부어오르게 하는 더 흔한 원인들—에서 비롯되었다고 생각하기 쉬웠다. 그러나 호지킨은 자신이 전혀 새로운 질병, 이 젊은 사람들에게서 독특한 미지의 병리 현상을 발견했다고 확신했다. 그는 그 병이 있는 시신을 7구 살펴보았고, "림프선과 비장의 몇몇 병적 형태에 관하여(On some Morbid Appearances of the Absorbent Glands and Spleen)"라는 논문을 의학 외과학회에서 발표했다.

기존 부기(浮氣)를 새로운 병리학적 표본병에 넣자는 강박적인 젊은 의사의 이야기는 시큰둥한 반응을 얻었다. 그 발표에 참석한 회원은 8명에 불과했다. 발표가 끝나자, 그들은 먼지 날리는 참석자 명부에 이름을 적는 수고도 아낀 채 조용히 떠났다.

호지킨도 자신의 발견에 조금 당혹스러워했다. "완치든 완화든 치료에 도움이 될 만한 내용이 수반되지 않는다면 병리학 논문은 아무 가치가 없다고 생각될 법하다."4) 그는 치료에 관한 내용을 제시하지 않은 채 단지 질병만 기술하는 것이 공허한 학술적 연습, 일종의 지적 시간 낭비라고 생각한 듯했다. 논문을 발표한 직후, 그는 의학계에서 완전히 밀려나기 시작했다. 1837년에 상사들과 운영 문제로 조금 심한 말다툼을 벌인 뒤, 그는 가이즈 병원에 사직서를 냈다.5) 그는 세인트 토머스 병원으로 옮겨서 잠시 큐레이터로 일했다. 좋지 않게 끝나기 마련인 항의 행동이었다. 1844년에 그는 학계에서 일자리를 얻으려는 시도를 포기했다. 그의 해부학 연구는 서서히 끝이 났다.

호지킨이 사망한 지 약 30년 뒤인 1898년에 오스트리아 병리학자 카를 스테른베르크는 현미경으로 환자의 림프선을 들여다보다가 특이하게 늘어선 세포들이 자신을 마주 응시하는 것을 보았다.6) 림프의 숲에서 갈라져서 양쪽으로 불룩 튀어나온 핵을 가진 커다란 세포들이 흐트러져서 시무룩하게 자신을 응시하는 듯했다. 그는 그것을 "올빼미 눈"이라고 했다. 호지킨의 해부 구조는 마침내 세포 수준에서 해명되었다. 이 올빼미 눈 세포는 **악성 림프구**, 즉 암으로 변한 림프구였다. 호지킨병은 림프선의 암, 즉 림프종이었다.

호지킨은 자신이 그저 질병을 기재하는 연구를 했을 뿐이라고 실망했을지도 모르겠다. 그러나 그는 꼼꼼한 관찰의 가치를 과소평가했다. 오직 해부학만을 강박적일 정도로 연구함으로써, 그는 이 형태의 림프종에 관한 가장 중요한 발견을 이루었다. 즉 호지킨병은 림프절을 하나씩 **국소적으로** 침입하는 특이한 경향을 가진다는 것이다. 다른 암들은 더 예측할 수 없었다. 한 종양학자는 더 "변덕스럽다"고 표현했다.7) 예를 들면, 폐암은 폐에 침 모양의 결절로 시작하여 스스로 닻줄을 끊고 예기치 않게 뇌로 옮겨간다. 췌장암은 악성 세포를 뼈와 간 같은 먼 곳으로 살포하는 것으로 악명이 높았다. 그러나 호지킨의 암—해부학자가 발견한 암—은 해부 구조를 존중했다. 그것은 마치 신중하고 질서 있게 걷듯이, 한 림프절에서 인접한 림프절로, 선(腺)에서 선으로, 한 영역에서 옆 영역으로 이동했다.

호지킨의 암이 암 역사에서 독특한 것이 된 이유는 바로 한 림프절에서 다음 림프절로 **국소적으로** 전파되는 이 성향 때문이었다. 호지킨병은 악성 질병 중에서 또 하나의 잡종이었다. 파버의 백혈병이 액상 종양과 고형 종양 사이의 모호한 경계에 놓인다면, 호지킨병은 또다른 기이한 국경지대에 거주했다. 바야흐로 전신 질병으로 변신하려는 국소 질병이었다. 갈레노스의 암 관점이 되어가는 중인 홀스테드의 암 관점이었다.

1950년대 초, 캘리포니아의 어느 칵테일파티에서 스탠퍼드의 방사선과학 교수 헨리 캐플런은 스탠퍼드 물리학자들이 선형 가속기를 건설할 계획이라는 소식을 들었다.[8] 선형 가속기는 극단적인 형태의 엑스 선관이다. 기존 엑스 선관처럼, 선형 가속기도 표적에 전자를 쏘아서 고강도 엑스 선을 발생시킨다. 그러나 기존 엑스 선관과 달리, 선형 가속기는 대량의 에너지를 전자에 가해서 엄청난 속도로 전자를 금속 표면에 충돌시킨다. 여기에서 나오는 엑스 선은 깊이 침투한다. 즉 조직을 관통할 뿐만 아니라 세포를 익혀 죽일 만큼 강력하다.

캐플런은 NCI에서 배웠고, 그곳에서 엑스 선을 이용하여 동물의 백혈병을 치료하는 법을 터득했지만, 그의 관심은 폐암, 유방암, 림프종 같은 사람의 고형암 쪽으로 서서히 옮겨갔다. 그는 고형 암을 방사선으로 치료할 수 있다는 것을 알았지만, 암세포를 죽이려면 같은 이름을 가진 게딱지 같은 암의 바깥 껍데기를 깊이 뚫고 들어가야 했다. 예리하고 치밀하고 칼날 같은 선형 가속기의 광선은 조직 깊숙이 묻힌 종양 세포까지 다다를 수 있을 것이었다. 1953년에 그는 스탠퍼드의 물리학자들과 공학자들을 설득하여 병원 전용 가속기를 제작했다.[9] 가속기는 1956년에 샌프란시스코의 둥근 천장이 있는 한 창고에 설치되었다.[10] 필모어 가와 미션힐 사이의 교통 체증을 잘 피해서 캐플런은 이웃 주차장 주인에게 빌린 자동차 잭에 거대한 납 차폐판 덩어리를 싣고서 직접 밀고 왔다.

그는 그 납덩어리에 뚫은 아주 작은 바늘 구멍을 통해서 대단히 강력한 엑스 선 광선—집중되어 분출되는 수백 전자볼트의 에너지—의 조사량을 적절히 조절하여 어떤 암세포든 꿰뚫어 죽일 수 있었다. 그러나 어떤 형태의 암이 알맞을까? 캐플런이 NCI에서 배운 교훈이 하나 있다면, 먼저 한 가지 질병에 미시적으로 초점을 맞춘 뒤에야 질병들의 우주 전체로 확대 추정할 수 있다는 것이었다. 캐플런이 표적에서 찾고자 하는 특징들은 비교적 잘 정의되어 있었다. 선형 가속기는 국소 지점에만 살해 광선을 집중시킬 수 있으므로, 전신 암이 아니라 국소 암에 적용해야 할 터였다. 백혈병은 논외였다. 유방암과 폐암은 중요한 표적이었지만, 두 가지 모두 불가사의하게 온몸으로 퍼지는 성향이 있는 예측 불가능한 변덕스러운 병이었다. 악성 세계를 훑던 캐플런의 강력한 지성의 눈은 이윽고 그의 탐구에 가장 알맞은 표적에 가닿았다. 바로 호지킨병이었다.

NCI의 전직 선임 임상의였던 조지 캐널로스는 의자 등받이에 기대면서 내게 말했다. "헨리 캐플런은 호지킨병이었어요."[11] 우리는 그의 연구실에 앉아 있었고, 그는 원고, 논문, 기사, 책, 신문 등을 뒤적거리면서 이따금 캐플런의 사진을 꺼냈다. NCI에서 보타이를 맨 차림으로 서류 묶음을 들여다보고 있는 캐플런이 있었다. 흰 가운을 입고 스탠퍼드의 선형 가속기 옆에서 500만 볼트의 탐침 바로 옆에 코를 가져다 대고 있는 캐플런도 있었다.

캐플런이 엑스 선으로 호지킨병을 치료한 최초의 의사는 아니었지만, 가장 끈질기고 가장 체계적이고 가장 일편단심으로 거기에 몰두한 사람이 그였다는 것은 분명하다. 1930년대 중반에 르네 질베르라는 스위스 방사선과 의사는 방사선이 호지킨병의 부푼 림프절에 효과적이며 림프절의 크기를 대폭 줄일 수 있다는 것을 보여주었다.[12] 그러나 질베르의 환자들은 대개 치료 후에 재발했고, 때로는 원래 방사선을 쬔 부위 바로 옆의 림프절에서 재발하기도 했다. 토론토 종합병원의 캐나다 외과의사 베라 피터스는 방사선장의 범위를 더욱 확대함으로써 질베르의 연구를 확장했다. 그녀는 하나의 부푼 림프절이 아니라 림프절들이 모인 영역 전체에 엑스 선을 쬐었다. 피터스는 자신의 전략을 "광범위 방사선(extended field radiation)"이라고 했다.[13] 1958년에 그녀는 자신이 치료한 환자 집단을 분석했는데, 광범위 방사선이 초기 단계의 호지킨병 환자들의 장기 생존율을 크게 개선시킬 수 있다는 것을 알았다. 그러나 피터스의 자료는 소급적이었다. 즉 앞서 치료한 환자들을 역사적으로 분석한 자료에 토대를 두었다. 더 엄밀한 의학 실험, 즉 무작위 임상시험이 부족했다. (역사적 시계열 분석은 의사가 치료할 환자를 까다롭게 고른다거나, 최상의 결과만을 택함으로써 한쪽으로 치우칠 수 있다.)

피터스와 별도로 캐플런도 광범위 방사선이 초기 단계의 호지킨병을 재발 없이 없앨 수 있다는, 더 나아가서 어쩌면 완치시킬 수도 있다는 것을 발견했다. 그러나 여기에는 공식적인 증거가 부족했다. 1962년에 한 학생의 도전에 자극을 받아서, 그는 그 점을 증명하는 일에 나섰다. 캐플런이 설계한 임상시험은 지금도 연구 설계의 고전에 속한다.[14] L1시험이라고 이름 붙인 1차 실험에서 그는 환자들을 같은 수로 나누어서 한쪽은 광범위 방사선을 쬐고 다른 한쪽은 "발병 부위(involved field)" 방사선 치료를 한 뒤, 재발하지 않은 사람들의 생존 곡선을 그렸다. 답은 명확했다. 광범위 방사선—한 의사는 "아주 세심한 방사선 요법"이라고 표현했다[15]—은 호지킨병의 재발률을 큰 폭으로 낮추었다.

그러나 캐플런은 재발률 감소가 완치는 아니라는 것을 잘 알았다.[16] 그래서 그는 더 깊이 파헤쳤다. 2년 뒤, 스탠퍼드 연구진은 방사선 조사 범위를 더 넓혀서 심장으로 이어지는 커다란 아치 모양의 혈관인 대동맥 주위의 결절들까지 방사선을 쬐었다. 여기서 그들은 나중에 성공의 핵심 요소로 밝혀질 한 가지 혁신을 도입했다. 캐플런은 국소 호지킨병 환자들만이 방사선 요법의 혜택을 볼 수 있다는 것을 알았다. 따라서 방사선 요법의 효과를 제대로 검증하려면, 실험 대상자를 인접한 서너 개의 림프절에만 종양이 난 호지킨병 환자들로만 엄격히 제한할 필요가 있었다. 더 퍼진 형태의 림프종 환자들을 제외시키고자, 캐플런은 환자의 병이 어느 단계에 있는지를 파악하는 종합 검사법을 고안했다. 혈액 검사, 상세한 진료 시험, 림프관 조영술(림프절 CT의 원시적인 형태), 골수 생검을 포함한 것이었다. 캐플런은 그래도 만족하지 않았다. 이중으로 주의를 기울여서 그는 병이 국소 부위에 한정된 환자들만 임상시험에 넣을 수 있도록 복부 예비 수술과 림프절 내부 생검을 하기 시작했다.

이제 방사선 조사량은 대담할 정도로 늘어났다. 그러나 기쁘게도 반응도 마찬가지로 치솟았다. 캐플런은 재발하지 않는 기간이 더 늘어났다고 기록했다. 수십 개월, 그 다음에는 수 년으로 늘어났다. 첫 시험 대상인 환자들이 재발하지 않고 5년 동안 살아남자, 그는 일부 환자는 광범위 엑스 선으로 완치되었을 수도 있다고 추정했다. 캐플런의 실험적인 착상은 마침내 샌프란시스코의 창고를 벗어나서 주류 임상 세계로 진입했다.

그러나 홀스테드도 같은 말에 내기를 걸었다가 잃지 않았던가? 근치 수술도 같은 논리에 빠지지 않았던가? 치료를 위해서 점점 더 많은 부위를 도려냈다가 빙빙 돌며 추락하지 않았던가? 캐플런은 왜 남들이 실패한 곳에서 성공을 거두었던가?

첫째, 캐플런이 병의 초기 단계에 있는 환자들만 세심하게 골라서 방사선 요법을 했기 때문이었다. 그는 환자들의 병 진행 단계를 철저히 조사한 뒤에야 방사선 치료를 했다. 치료할 환자 집단의 범위를 엄격히 좁힘으로써, 캐플런은 성공 가능성을 확연히 높였다.

둘째, 그가 성공한 것은 적합한 질병을 골랐기 때문이었다. 무엇보다도 호지킨병은 국소 질병이었다. 한 논문 심사자는 1968년 「뉴잉글랜드 의학회지」에 기억에 남을 말을 남겼다. "호지킨병을 완치하려는 모든 시도의 밑바탕에는 그 병이 국소적인 비율이 상당히 높다는 가정이 깔려 있다."[17] 캐플런은 호지킨병 본연의 생물학적 특성을 극도로 진지하게 고찰했다. 호지킨 림프종이 몸을 돌아다니는 양상이 더 변덕스러웠다면(그리고 몇몇 유방암 유형들처럼 불가사의하게 다른 부위로 퍼지는 양상이 더 흔했다면), 캐플런의 단계 설정 전략은 그가 아무리 철저하게 연구한들 본질적으로 실패할 운명이었을 것이다. 그는 질병을 자신의 의학에 맞추려고 애쓰는 대신에, 자신의 의학을 그에 적합한 병에 맞추는 법을 배웠다.

이 단순한 원칙—특정한 요법을 특정한 형태와 단계의 암에 세심하게 끼워 맞춘다는 원칙—덕분에 그는 암 치료에서 합당한 성공을 거두었다. 그는 초기 단계의 국소 암과 널리 퍼진 전이암이 근본적으로 다르다는 것을 알아차렸다. 같은 유형의 암이라고 해도 말이다. 호지킨병의 100가지 사례는 설령 병리학적으로 같은 암으로 분류된다고 해도 공통의 주제에 대한 100가지 변주곡과 같았다. 암은 기질, 즉 성격을 가진다. 아울러 나름의 행동도 가진다. 이런 생물학적 이질성은 치료의 이질성을 요구했다. 즉 같은 치료법을 모든 암에 무차별적으로 적용할 수는 없었다. 그러나 캐플런이 1963년에 그 점을 제대로 이해하고 호지킨병을 치료한 사례까지 내놓았다고 할지라도, 한 세대의 종양학자들이 그와 같은 성과를 올리기까지는 수십 년이 걸려야 했다.

행군하는 군대

이제 우리는 행군하는 군대이다.　　　　　—시드니 파버, 1963년[1]

다음 단계인 완치가 뒤따를 것이 거의 확실하다.
　　　　　　　　　—케네스 엔디콧, NCI 소장, 1963년[2]

[암에서] 장기 생존을 도모하는 일에 공격적인 다제요법이 어떤 역할을 하는지 도무지 모호하다.　　　— R. 스테인, 과학자, 1969년[3]

1963년의 늦여름 어느 날 오후, 당시 NCI 선임 연구원인 조지 캐널로스는 임상 센터에 갔다가 톰 프레이가 칠판에 무엇인가를 열심히 적고 있는 것을 보았다.[4] 긴 하얀 가운을 입은 프레이는 화학물질들을 죽 적고서 화살표를 그리고 있었다. 칠판의 한쪽에는 사이톡산, 빈크리스틴, 프로카바진, 메토트렉세이트 같은 세포독성 약물이 나열되어 있었다. 반대쪽에는 주브로드와 프레이가 표적으로 삼고자 하는, 유방암, 난소암, 폐암, 림프종과 같은 새로운 암들의 목록이 있었다. 그리고 세포독성 약물과 암을 짝짓는 분필로 그은 선들이 있었다. 한순간 마치 프레이가 수학 방정식을 유도하는 것처럼 보였다. A+B는 C를 죽인다. E+F는 G를 제거한다.

　프레이의 목록에 적힌 약물들은 대체로 세 가지 근원에서 나왔다. 아미노프테린이나 메토트렉세이트 같은 약물은 과학자들의 영감 어린 추측의 산물(파버는 항엽산제가 백혈병 세포의 성장을 막을지도 모른다고 추측함으로써 아미노프테린을 발견했다)이었다. 질소 머스터드나 악티노마이신 D 같은 약물은 머스터드 가스나 토양세균 같은 것이 암세포를 죽인다는 것을 우연히 발견함으로써 나온 것이었다. 또 6-MP 같은 약물은 수천 가지의 분자 중에서 암을 죽이는 능력을 가진 소수의 약물을 선별하는 힘든 노력을 거쳐서 나온 것이었다.

이 약물들을 엮는 눈에 띄는 공통 특징은 그것들이 모두 다소 무차별적인 세포 성장 억제제라는 것이었다. 예를 들면, 질소 머스터드는 DNA를 손상시키고 분열하는 세포는 거의 모두 죽인다. 암세포가 가장 활발하게 분열하므로 그 약물은 암세포를 주로 더 죽인다. 이상적인 항암제를 설계하려면, 암세포에서 특정한 분자 표적을 파악하고 그 표적을 공격할 화학물질을 만들어야 할 것이다. 그러나 1960년대에는 암의 기초 생물학을 제대로 이해하지 못했기 때문에 그런 분자 표적을 파악한다는 것이 거의 상상도 못할 일이었다. 프레이와 프레이레이치는 몇몇 아이들의 백혈병을 완치시켰다. 따라서 범용 세포독이라고 해도 충분한 양을 투여하면 암을 없앨 수 있었다.

그 논리는 거의 최면을 걸 정도로 과시적인 면이 있었다. 당시 같은 연구소에 있던 빈센트 드비타는 이렇게 썼다. "1960년대의 신세대 암 연구자들은 세포독성 화학요법이 진행된 모든 유형의 악성 종양을 다 치유할 수 있을까 하는 일반적인 질문에 초점을 맞추고 있었다."[5] 프레이와 주브로드가 볼 때, 그 "일반적인 질문"에 답하는 길은 오직 점점 더 늘어나는 복합 화학요법을 백혈병 치료에서 출발하여 계속 다른 암 — 이번에는 고형 암 — 을 공격하는 일에 동원하는 것뿐이었다. 다른 종류의 암이 이 전략에 반응한다면, 종양학이 일반 문제에 대한 일반 해법을 찾아냈다는 점은 의심의 여지가 없어질 것이다. 그러면 모든 암은 완치될 수 있을 것이다.

그런데 이 원리를 검증하는 데에는 어떤 암이 좋을까? 캐플런처럼, 주브로드, 드비타, 캐널로스도 호지킨병에 초점을 맞추었다. 즉 고체와 액체 사이의 모호한 경계선에 사는, 폐암이나 유방암 같은 것과 백혈병 사이의 징검다리인 암에 말이다. 스탠퍼드에서 캐플런은 이미 호지킨 림프종은 진행 단계를 지극히 정밀하게 파악할 수 있고, 그것이 국소적일 때 고선량의 광범위 방사선으로 완치시킬 수 있다는 것을 보여주었다. 캐플런은 그 방정식의 절반을 풀었다. 즉 그는 방사선이라는 국소 요법을 써서 국소 형태의 호지킨병을 완치시켰다. 전이 호지킨병을 공격적인 전신 복합 화학요법으로 완치시킬 수 있다면, 주브로드의 "일반 해법"도 설득력 있게 들리기 시작할 것이다. 방정식은 완전히 풀릴 것이다.

빈센트 드비타는 뉴욕의 거친 동네인 용커스 지역에서 자랐다. 거리낌 없이 말을 내뱉고 다혈질에 대담한 그는 대학과 의대를 후닥닥 졸업한 뒤, 1963년에 NCI에 들어왔다가 주브로드, 프레이, 프레이레이치의 마력에 사로잡혔다. 그는 그들의 비정통적인 접근법—그는 그들을 "암을 연구하는 미치광이들"이라고 불렀다[6]—에 즉시 매료되었다. 그들은 의학 연구에 물불을 가리지 않는 자들이었고, 거의 환자를 죽일 지경에 이르게 하는 신약을 고안하는 곡예사들이었다. 그들은 죽음에 도전했다. 그는 "적절한 약물로 암을 실제로 완치시킬 수 있다는 것을 누군가가 회의주의자들에게 보여주어야 한다"고 믿었다. 1964년 초, 몇 개월에 걸쳐서 그는 회의주의자들이 틀렸다는 것을 증명하는 일에 착수했다.

진행된 호지킨병에 집중적인 복합 화학요법을 처음 시험할 때, 드비타 연구진은 네 가지 약물을 조합했다. 메토트렉세이트, 빈크리스틴(온코빈이라고도 했다), 질소 머스터드, 프레드니손을 조합하여 MOMP라는 고독성 칵테일을 만들었다. 14명만이 이 요법으로 치료를 받았다. 모두 복합 화학요법의 예상할 수 있는 결과에 시달렸다. 혈구 수가 생명을 위협할 정도로 떨어진 동안 감염을 예방하기 위해서 모두 입원하여 격리실에서 지냈다. 예상한 대로, NCI에서 그 요법을 날카롭게 비판하는 사람들이 나왔다.[7] 이번에도 혼합독이라는 치명적인 세계로 양자 도약을 한 것이었기 때문이다. 그러나 프레이가 나서서 비판자들을 침묵시키고 프로그램을 계속 진행할 수 있도록 했다.

1964년에 드비타는 요법을 좀더 변형시켰다. 메토트렉세이트를 더 강력한 약물인 프로카바진으로 대체하고, 치료 기간도 2개월 반에서 6개월로 늘렸다. NCI에서 죽이 맞는 젊은 동료들을 모아서 연구진을 꾸린 드비타는 MOPP라는 이 새로운 칵테일을 시험할 진행된 호지킨병 환자들을 모집하기 시작했다.[8] 림프구성 백혈병처럼 호지킨병도 희귀병이었지만, 연구자들은 환자를 찾느라고 고생할 필요가 없었다. 종종 갖가지 B 증상들이 수반되는 진행된 호지킨병은 예외 없이 치명적이었다. 젊은 남녀들(이 병은 대개 20대와 30대의 젊은 남녀들이 걸린다)이 종종 가망 없는 사례라고 NCI로 넘겨지곤 했는데, 따라서 그들은 이상적인 실험 대상이었다. 3년 만에 드비타와 캐널로스는 빠르게 환자들을 모았는데, 모두 43명이었다. 9명은 캐플런 방식으로 점점 더 광범위하게 방사선을 쬐었지만, 여전히 가차 없이 암이 진행되어서 널리 전이가 일어난 사람들이었다. 약물을 하나씩 이렇게 저렇게 배합하여 치료를 받은 사람들도 있었다. 아무튼 앞서 쓴 약물에 지속적인 반응을 보인 사람은 아무도 없었다.

앞서 사라진 더 어린 백혈병 환자 집단처럼, 이 새로운 환자들도 2주일마다 연구소에 와서 임상 센터의 플라스틱 의자에 앉아, 정부가 제공하는 과자를 먹으면서 실험 약물의 무시무시한 공격을 기다렸다. 가장 어린 환자는 아직 사춘기에 들어서지도 않은 12세의 아이였는데, 폐와 간에 림프종 세포가 가득했다.[9] 13세의 한 소년은 가슴막 안에 호지킨병이 생겼다. 악성 체액이 가슴벽과 폐 사이의 내막을 압박하여 숨을 쉬기가 어려웠다. 가장 나이가 많은 환자는 호지킨병이 창자 입구를 막고 있는 69세의 여성이었다.

VAMP의 공포가 감염에 따른 죽음이라면—혈액에 백혈구가 전혀 없는 아이들은 감염을 막기 위해서 인공호흡기 신세를 졌다—MOPP의 공포는 더 세속적이었다. 욕지기에 따른 죽음이었다. 요법에 수반되는 구역질은 엄청났다. 갑자기 일어났다가 마찬가지로 갑자기 약해지곤 했는데, 정신이 깜박 나갈 정도로 지독했다. 그 프로토콜의 대상인 환자들 중에는 2주일마다 근처 도시에서 비행기로 오는 이들이 많았다. 집으로 돌아갈 때, 혈액 속에서 뒤흔들리는 약물과 공중에서 뒤흔들리는 비행기는 많은 이들에게 병 자체보다 더한 악몽이었다.

욕지기는 전조에 불과했다. 드비타가 복합 화학요법을 진행하자, 더 복잡하고 새로운 피해가 드러났다. 화학요법은 남성과 일부 여성에게 영구 불임을 일으켰다. 또한 세포독성 약물에 면역계가 붕괴하자 특유의 감염이 일어났다. MOPP를 투여한 한 환자에게서 주폐포자충(*Pneumocystis carinii*)이 일으키는 희귀한 형태의 폐렴(PCP)이 생겼다. 성인에게는 처음 나타난 사례였다(이 폐렴은 1981년에 면역계가 손상된 동성애 남자들에게서 자연적으로 발생함으로써, 미국에 HIV 유행병의 도래를 알리게 된다). 거의 10년 뒤에 나타날 증상이 화학요법의 가장 심각한 부작용이었을 것이다. 호지킨병이 완치된 몇몇 젊은 남녀에게서 두 번째 암이 재발했다. 대체로 공격적이며 약물에 내성을 가진 백혈병으로서, MOPP 화학요법을 받은 것이 원인이었다. 따라서 방사선과 마찬가지로 세포독성 화학요법도 한쪽으로는 암을 치유하고 다른 한쪽으로는 암을 일으키는, 양날의 검이라는 것이 드러났다.

냉혹하기 그지없는 부작용이 있긴 해도, 그 치료는 초기 단계에서도 효과를 보였다. 많은 젊은 남녀에게서 눈에 잘 띄던 부푼 림프절이 몇 주일 사이에 사라졌다. 일리노이에서 온 12세 소년은 호지킨병으로 인해서 몸무게가 23킬로그램으로 줄어들 정도로 상태가 심했는데, 치료한 지 3개월 만에 몸무게가 거의 반쯤 돌아왔고 키가 5센티미터나 쑥 자랐다. 다른 사람들에게서도 장기를 옥죄던 호지킨병의 손아귀가 느슨해졌다. 가슴막 삼출이 서서히 멎고 위장의 결절도 사라졌다. 달이 지날수록 복합 화학요법이 다시 한번 표적을 맞추었다는 것이 분명해졌다. 반년이 지나자, 환자 43명 중 35명의 증세가 완전히 완화되었다. MOPP 임상시험은 대조군을 설정하지 않았지만, 굳이 없어도 효과를 알아차리는 데는 문제가 없었다. 진행된 호지킨병에서 유례가 없을 정도의 반응과 완화율이 나타났다. 이 성공은 장기적으로 유지되었다. 즉 나중에 밝혀지지만, 처음에 함께 치료를 받았던 환자의 절반 이상이 완치되었다.

처음에 화학요법을 믿지 않았던 캐플런은 놀랐다. 그는 이렇게 썼다. "병이 진행된 환자들 중의 일부는 재발하지 않고 살아남았다. 다제(multiple-drug) 화학요법의 출현으로 이전에는 치료가 되지 않은 3기 또는 4기 호지킨병 환자들의 예후가 극적으로 변했다."[10]

1968년 5월, MOPP 임상시험이 예상 밖의 상승 가도를 달리고 있을 때, 림프구성 백혈병 세계에서도 마찬가지로 뜻밖의 소식이 들려왔다.

프레이와 프레이레이치의 VAMP 요법이 기이하고 황폐하게 끝을 맺었다. 복합 화학요법은 대다수 어린이의 혈액과 골수에 있는 백혈병을 완치시켰지만, 그 암은 뇌에서 폭발적으로 재발했다. 1962년에 VAMP 치료를 받은 지 몇 개월 뒤에, 이 아이들 대부분은 별 탈 없어 보이는 신경학적 증상들 때문에 비틀거리며 병원으로 돌아왔다가 한두 주일 만에 죽음을 맞이했다. 한때 연구소의 성공 사례로 널리 찬사를 받았던 VAMP는 서서히 악몽으로 바뀌었다. 첫 프로토콜로 치료를 받았던 환자 15명 중에서 2명만이 살아남았다. NCI에서 그 연구를 부추겼던 야심과 허세는 빠르게 냉엄한 현실과 맞닥뜨렸다. 아마 파버의 비판자들이 옳았을지 모른다. 아마 림프구성 백혈병은 기껏해야 깜박이듯이 완화 상태로 만들 수 있을 뿐, 결코 완치시킬 수 없는 병이었을지 모른다. 아마 완화 의료가 최선의 대안이었을지 모른다.

그러나 고용량 화학요법의 성공에 맛을 들인 많은 종양학자들의 낙관론은 약화되지 않았다. 만일 VAMP가 충분히 집중적이지 않았다면? 화학요법을 견디는 능력의 한계에 더욱 가까이 밀어붙일 수 있다면?

이 검투사 진영의 지도자는 파버 밑에 있던 36세의 종양학자 도널드 핑컬이었다. 보스턴에 있던 그는 종양학 프로그램을 출범시키기 위해서 테네시 주 멤피스로 향했다.* 여러 면에서 멤피스는 보스턴과 정반대였다. 심한 인종적 긴장과 로큰롤 음악이 남쪽 그레이스 랜드 대저택(엘비스 프레슬리가 살던 곳/역주)의 금발 백인과 북쪽에 엄격히 분리된 흑인 이웃 사이에서 소용돌이치는 곳이었다. 멤피스는 요동치고 예측할 수 없고 다채롭고 늘 따뜻하고, 의학 측면에서 보면 거의 황무지나 다름없는 곳이었다. 핑컬이 간 새로운 병원은 세인트 주드 병원(실패한 목표의 수호성인의 이름을 땄다는 것이 금방 드러나는)이었는데, 황량한 벌판 위에 조성한 콘크리트 주차장에서 오도 가도 못하는 신세가 된 콘크리트 불가사리처럼 솟아 있었다. 1961년에 핑컬이 도착했을 때, 그곳은 "실적도 없고, 재정도 불확실하며, 건물도 덜 완공되고, 직원이나 교수진도 없는" 거의 제 기능을 하지 못하는 병원이었다.[11]

그래도 핑컬은 화학요법 병동을 세우고, 변덕스러운 독한 약물을 처방하는 법을 간호사, 전공의, 동료에게 가르치면서 그곳을 운영했다. 그리고 뉴욕과 보스턴의 백혈병 연구 중심지에서 아주 멀리 떨어진 채, 핑컬 연구진은 다른 모든 백혈병 임상시험을 능가하기로 결심했다. 고용량 복합 화학요법의 논리를 극단까지 밀어붙임으로써 변두리가 중심을 앞서는 모습을 보여주겠다고 말이다. 핑컬은 시험에 시험을 거듭하면서 견디는 능력의 가장 바깥의 한계까지 나아갔다. 그리고 핑컬과 동료들은 이전 요법들에 비해서 네 가지 중요한 혁신을 이루었다.†

첫째, 핑컬은 완화를 유도하기 위해서 약물의 조합이 필요하지만 조합 자체로는 불충분하다고 추론했다. 아마도 **조합의 조합**이 필요할 것이다. 6개, 7개, 심지어 8개의 화학독을 섞어서 최대 효과를 발휘하도록 배합해야 했다.

---

* 비록 보스턴의 파버 밑에서 훈련을 받았지만, 핑컬은 뉴욕 버펄로의 로스웰 파크 암 센터에서 몇 년 있다가 1961년에 멤피스로 갔다.

† 제임스 홀랜드가 이끄는 로스웰 파크 연구진, 뉴욕 메모리얼 병원의 조지프 버치널은 핑컬과 협력해서 백혈병 프로토콜을 개발하는 일을 계속했다.

둘째, 신경계 재발은 이 고도로 강력한 화학물질들이 혈액뇌장벽을 침범할 수 없기 때문에 일어날 가능성이 높으므로, 척수를 담고 있는 체액에 약물을 투여함으로써 화학요법을 신경계에 직접 쓸 필요가 있을 것이다.

셋째, 주사도 충분하지 않을지 모른다. 엑스 선이 혈액뇌장벽에 상관없이 뇌를 침투할 수 있으므로 고선량의 방사선을 두개골에 쬐어서 뇌에 남은 암세포를 죽이는 치료도 추가로 필요할 것이다.

마지막으로 리민치우가 융모암에서 알게 된 것처럼, 프레이와 프레이레이치 식으로 몇 주일이나 몇 개월이 아니라 2년이나 심지어는 3년까지도 화학요법을 계속할 필요가 있을 것이다.

이런 원칙들로부터 나온 치료 프로토콜은 핑컬의 한 동료가 말했듯이, "전면 전"[12]이라고 할 수 있었다. 우선 표준 백혈병약을 속사포를 쏘듯이 연달아 빠르게 투여했다. 그 다음 일정한 간격으로 메토트렉세이트를 척추 천자로 척주관에 투여했다. 뇌에는 고선량의 엑스 선을 쬐었다. 그런 뒤에 간격을 변화시키면서 더 고용량의 약물을 "견딜 수 있는 최대 용량으로" 투여하는 화학요법을 계속했다.[13] 대개 항생제 투여와 수혈도 필요했고, 때로는 연이어 몇 주일에 걸쳐서 계속 투여할 때도 있었다. 치료는 2년 반 동안 계속되었다. 방사선을 여러 번 쬐고, 혈액 검사와 척추 천자를 수십 번 하고, 여러 약물을 정맥 주사로 맞았다. 아주 정확해야 하고, 시행하기가 벅찬 전략이었기 때문에 한 학술지는 그 연구 논문의 게재를 거절했다. 임상시험 때 환자 몇 사람을 죽이지 않고서는 그렇게 정확히 용량을 투여하고 지켜본다는 것이 불가능하지 않았을까 하는 우려 때문이었다.[14] 세인트 주드 병원에서도 그 요법이 너무 유독하다고 생각했기 때문에 임상시험은 핑컬의 감독하에 비교적 젊은 의사들에게 맡겨졌다. 선배 연구자들은 위험을 잘 알았기 때문에 그 일을 맡으려고 하지 않았다.[15] 핑컬은 그것을 "포괄 요법"이라고 했다.

동료 의사들은 그것을 "포괄 지옥"이라고 불렀다.

칼라 리드는 2004년 여름에 이 지옥에 들어왔다. 화학요법과 방사선 요법이 서로 등을 맞댄 채 왔다갔다 했다. 저녁 늦게 집에 갔다가(아이들은 이미 잠들었고 남편은 식사를 하면서 그녀를 기다렸다) 다음 날 아침 곧바로 돌아온 것도 여러 번이었다. 그녀는 잠, 머리카락, 식욕을 잃었을 뿐만 아니라, 이루 말할 수 없이 더 중요한 것도 잃었다. 바로 활기, 욕구, 의지였다. 그녀는 주사실의 파란 비닐 치료대에서 일어나 조금씩 발을 질질 끌면서 중앙 복도의 급수대로 가서 물을 마신 뒤에 마찬가지로 느릿느릿 다시 치료대로 돌아가는 등 병원을 좀비처럼 걸어다녔다. 그녀는 회상했다. "방사선 요법은 마지막 지푸라기였어요. 치료대에 마스크를 쓴 채 죽은 듯이 누워 있으면, 과연 다시 깨어날 수 있을까 하는 의구심이 들곤 했죠." 칼라가 치료를 받던 첫 달에는 정기적으로 보스턴까지 비행기로 왕복하던 그녀의 어머니조차도 울먹이다가 지쳐서 플로리다의 집에 틀어박혔다.

칼라는 자신의 세계로 더 깊이 틀어박혔다. 그녀의 울적한 마음은 뚫고 들어갈 수 없는 일종의 등딱지처럼 단단해졌고, 그녀는 본능적으로 그 안으로 들어가서 외부의 모든 것과 단절했다. 친구들도 잃었다. 그녀가 처음 몇 차례 병원을 오갈 때, 활달한 한 젊은 여성이 함께 오곤 했다. 그런데 어느 날 아침에 그 친구가 보이지 않았다.

"오늘은 같이 안 왔나요?" 내가 물었다. 칼라는 시선을 돌리면서 어깨를 으쓱했다. "싸웠어요." 그녀의 말투가 왠지 무심하고 기계적으로 들렸다. "그 친구도 받고 싶은 것이 있겠죠. 나는 그걸 채워줄 수 없어요. 지금은요."

나는 내가 오지 않은 그 친구에게 공감하는 것을 깨닫고 몹시 당혹스러웠다. 칼라의 의사로서 나도 그녀가 벌이는 싸움의 보조 참가자로서라도 받고 싶은 것이 있었고, 인정을 얻고 싶었다. 그러나 칼라는 자신의 회복에 도움이 될 감정적인 에너지를 거의 모두 잃었고, 남들의 요구를 채워주기 위해서 남겨둔 것은 더욱더 없었다. 백혈병과의 투쟁이 그녀에게는 너무 깊이 내면화한 개인적인 것이 되었기 때문에, 나머지 우리는 그저 주변에서 유령처럼 서 있는 방관자가 되었다. 우리는 그녀의 마음 바깥에서 걸어다니는 좀비였다.

그녀의 병원 방문은 어색한 침묵으로 시작되고 끝났다. 겨울의 아침 햇살이 병실로 들어올 때, 나는 다시 골수 생검을 하기 위해서 복도를 걸으면서, 두려운 무엇인가가 나를 덮치는 듯한 느낌을 받았다. 공감의 문턱까지 이르긴 했지만, 결코 넘지 못하는 데에서 오는 슬픔이었다.

검사가 끝나면 다시 검사가 이어졌다. 7개월 동안 칼라는 병원을 66번 들렀고,

혈액 검사를 58회, 척추 천자를 7회, 골수 생검을 서너 차례 받았다. 전직 간호사인 한 저술가는 "포괄 요법"의 전형적인 과정을 거기에 수반되는 검사들을 통해서 묘사했다. "진단을 받은 시점부터 에릭의 병은 628일 동안 지속되었다. 그는 이 날들 중 4분의 1을 병원 침대에서 혹은 의사와 만나면서 보냈다. 그는 800회가 넘는 혈액 검사, 무수한 척추 천자와 골수 검사, 30회의 엑스 선 검사, 120회의 생화학 검사, 200번이 넘는 수혈을 받았다. 심리학자와 12명의 간호사를 제외하고도, 그는 치료를 받으면서 혈액학자, 호흡기 내과의사, 신경학자, 외과의사, 각 분야의 전문가 등 적어도 20명이 넘는 의사를 만났다."[16]

핑컬 연구진이 멤피스에서 4세와 6세 아이에게 어떻게 그 전형적인 치료 과정을 모두 마치도록 설득했는지는 수수께끼로 남아 있다. 그러나 그는 해냈다. 1968년 7월, 세인트 주드 연구진은 포괄 요법을 가장 멀리까지 밀고 나간 결과를 분석한 예비 자료를 발표했다.[17] (핑컬 연구진은 1968년에서 1979년 사이에 임상시험을 8회에 걸쳐서 연속 수행했으며, 매번 새로운 변형을 추가했다.) 이 초기 임상시험 자료는 무작위적인 것이 아니었고, 규모도 작았으며, 한 병원에서 한 환자 집단만을 치료한 것이었지만, 그 온갖 결함에도 불구하고 결과는 경이로웠다. 멤피스 연구진은 모두 31명의 환자를 치료했다. 그중 27명은 완전한 완화 상태에 도달했다. 평균 재발 기간(진단과 재발 사이의 기간으로서 치료의 효과를 말해주는 하나의 척도)은 거의 5년으로 늘었다. 파버의 첫 환자 집단 대다수가 맛본 가장 오랜 완화 기간보다 20배 이상 더 길었다.

그러나 가장 중요한 점은 원래 환자 집단 중 약 3분의 1인 13명이 **결코** 재발하지 않았다는 것이다. 그들은 화학요법을 끝낸 뒤에도 여전히 살아 있었다. 그 아이들은 매달 병원에 들렀다. 완화 기간이 가장 오래 이어지는 아이는 이제 6년째로 접어들었다.[18] 그 아이가 산 기간의 절반에 해당했다.

1979년에 핑컬 연구진은 몇 년 동안 포괄 요법을 받은 환자 집단 전체를 다시 찾았다.[19] 8번의 임상시험 동안 총 278명이 치료를 모두 마치고 화학요법을 끝냈다. 그중에서 약 5분의 1은 재발했다. 화학요법을 끝낸 뒤에도 질병이 없는 상태로 있는 나머지 80퍼센트는 "완치되었다"고 말할 수 있었다. 핑컬은 한 총설 논문에 이렇게 썼다. "어린이의 ALL은 치유 불능의 질병이라고 볼 수 없다. 더 이상 완화는 그것을 처음 치료할 때 용납될 수 있는 접근법이 아니다."[20]

물론 핑컬은 미래를 내다보면서 쓰고 있었지만, 더 상징적인 의미에서 그는 과거를 향해서, 즉 백혈병의 치료법에 관해서 몹시 비관적인 입장을 취했으며 예전에 파버와 맞서서 아이들을 "평온하게 죽도록" 놔두라고 주장했던 의사들을 향해서 쓰고 있는 것이기도 했다.

마차와 말

> 나는 낙관론에 반대하지 않지만, 자기 기만에서 나오는 낙관론은 두렵다.
> —마빈 데이비스, 「뉴잉글랜드 의학회지」에 암의 "완치"를 논의하면서[1]

> 쇠가 달구어졌으니 쉬지 말고 두드려야 할 때입니다.
> —시드니 파버가 메리 래스커에게, 1965년 9월[2]

한 마리의 제비는 우연히 올 수 있지만, 두 마리가 오면 여름이다. 1968년 가을, 베데스다와 멤피스에서 주목할 만한 성과를 거둔 임상시험 결과가 발표되자 암의 경관에 대격변이 일어났다. 드비타는 1950년대 말을 이렇게 회고했다. "화학요법 의사가 되려면 기존의 평범한 용기뿐만 아니라……암이 결국은 약에 굴복할 것이라는 확신에서 나오는 용기도 있어야 했다. 그렇다, 증명이 필요했다."[3]

겨우 10년 뒤, 증명의 부담은 급격히 옮겨가기 시작했다. 고용량 화학요법으로 림프구성 백혈병을 완치시킨 것이 생물학적 요행수로 치부되었을지도 모르지만, 호지킨병에서 같은 전략이 성공을 거두자 마치 그것이 일반 원리처럼 보였다. 드비타는 "혁명이 일어나기 시작했다"고 썼다.[4] NCI 소장 케네스 엔디콧도 동의했다. "다음 단계인 완치가 뒤따를 것이 거의 확실하다."[5]

보스턴에서 파버는 자신이 가장 잘 아는 방식으로 그 소식을 환영했다. 대규모 공개 파티를 열어서 말이다. 파티를 상징적인 날로 삼는 것은 어려운 일이 아니었다. 1968년 9월, 지미 기금은 21주년을 맞이했다.* 파버는 그 행사를 지미 기금의 21번째 상징적인 생일로 삼았다. 그의 "암에 걸린 아이"가 성년이 되

---

* 지미 기금은 1948년 5월에 출범했다. 1968년 9월이 21주년인 것은 맞지만, 지미 기금의 "생일"은 파버가 임의로 정했다.

는 날로 말이다. 1950년대에 버라이어티 클럽이 지미를 위해서 현관 앞에 야구공 모양의 기부함을 설치했던 바로 그 스태틀러 호텔의 장엄한 연회장은 대규모 축하 파티에 맞게 꾸며졌다. 손님 명단에는 파버 주위의 잘나가는 의사, 과학자, 자선사업가, 정치가가 포함되었다. 메리 래스커는 행사에 참석할 수 없었지만, ACS의 엘머 밥스트를 보냈다. 주브로드는 NCI에서 항공편으로 왔다. 케네스 엔디콧도 베데스다에서 왔다.

특이하게도 명단에는 지미 자신, 즉 에이너 구스타프손이 빠져 있었다. 파버는 지미가 어디에 있는지 알았지만(파버는 언론에 그가 잘 살고 있다고 모호하게 말했다) 나머지는 밝히지 않는 쪽을 택했다. 파버는 지미가 하나의 상징, 추상 개념이라고 주장했다. 진짜 지미는 메인 주 시골의 농장에서 자신을 드러내지 않은 채, 아내와 아이 셋을 키우며 살고 있었다. 그는 암에 맞선 승리의 표지인 **정상 상태**를 회복했다. 그는 32세였으며, 거의 20년 동안 그를 보거나 그의 사진을 찍은 사람은 아무도 없었다.

커피가 나오고 행사가 끝날 무렵, 파버가 환한 조명이 비치는 무대로 올라갔다. 그는 지미의 병원이 현재 "과학과 의학의 역사상 가장 복 받은 시대"에 있다고 말했다. 전국의 기관과 개인—"버라이어티 클럽, 영화산업, 보스턴 브레이브스……레드 삭스, 스포츠계, 언론, 텔레비전, 라디오"—이 암을 중심으로 모였다. 파버는 그날 저녁 연회장에서 축하받아야 할 대상이 어느 한 개인의 생일이 아니라 하나의 병을 중심으로 모인, 한때 사면초가에 몰렸던 공동체의 생일이라고 선언했다.

그들은 이제 바야흐로 돌파구에 이르렀다고 느꼈다. 드비타가 말했듯이, "치료법 퍼즐에서 빠진 조각인 전신 암의 효과적인 화학요법"이 발견되었기 때문이었다. 올바른 조합을 찾아내기만 한다면, 고용량 복합 화학요법은 **모든** 암을 완치시킬 것이다. 한 저술가는 이렇게 썼다. "지금 처방하는 의사들의 수중에 있는 화학물질 병기고는 모든 면에서 20세기에 들어설 무렵에 수술칼을 휘둘렀던 영웅적인 외과의사에 못지않은……강력한 힘을 그들에게 주고 있다."[6]

종양학자들은 체계적인 해결책을 통해서 암을 완치시킨다는 전망에 매료되었다. 암을 중심으로 모인 정치세력들도 마찬가지로 매료되었다. 강력하고 굶주리고 팽창하는 단어인 **전쟁**이 항암 운동의 핵심에 자리를 잡았다. 전쟁은 전투원, 무기, 군인, 부상자, 생존자, 방관자, 협력자, 전략가, 초병, 승리자를 요구하며, 이 전쟁에서 그런 것들에 상응하는 알맞은 비유 대상을 찾는 일도 어렵지 않았다.

또 전쟁은 적을 명확히 정의할 것도 요구한다. 전쟁은 형태 없는 적에도 형태를 불어넣는다. 따라서 모습을 바꾸는 엄청난 다양성을 가진 질병인 암은 하나의 단일체로 재규정되었다. 암은 **단일한** 질병이 되었다. 휴스턴의 종양학자 아이자이어 피들러가 간결하게 표현했듯이, 암은 "하나의 원인, 하나의 메커니즘, 하나의 치유법"을 가진 것으로 생각되었다.[7]

임상종양학자들이 다제 세포독성 화학요법을 암의 통일된 해결책, "하나의 치유법"으로 제시했다면, 암 과학자들은 암의 원인을 통일시키는 나름의 이론을 내놓았다. 이 이론의 할아버지는 페이턴 라우스였다.[8] 그는 뉴욕 록펠러 연구소의 한 연구실에 조용히 틀어박혀 있던 백발의 구부정한 닭 바이러스학자였다. 그러다가 1960년대에 그 무명의 세계에서 밖으로 끌려나왔다.

1909년(이 연대를 기억하시길. 홀스테드는 유방절제술 공부를 막 끝냈고, 닐리는 곧 암 치료법에 "보상"을 하겠다는 광고를 하게 된다) 당시에 록펠러 연구소에서 막 자신의 연구실을 차린 30세의 과학자 페이턴 라우스는 플리머스록 품종의 흑백 얼룩이 있는 암탉의 등에서 종양을 자라게 했다.[9] 닭에 생긴 희귀한 종양에 남들은 별 인상을 받지 못했지만, 끈기 있는 라우스는 이 닭 암을 연구할 연구비 200달러를 확보했다. 곧 그는 그 종양을 육종, 즉 연결조직에 생기는 암이라고 분류했다. 마름모 모양의 여우 눈처럼 생긴 세포가 층층이 힘줄과 근육을 침입하는 암이었다.

닭 육종에 관한 라우스의 초기 연구는 사람 암과 거의 관련이 없다고 생각되었다. 1920년대에 사람 암의 원인이라고 알려진 것은 오직 라듐(마리 퀴리의 백혈병을 떠올려보라)이나 고형 종양을 일으킨다고 하는 파라핀과 염료 부산물을 비롯한 유기 화학물질 같은 환경 발암물질뿐이었다. 18세기 말에 퍼시벌 포트라는 영국 외과의사는 굴뚝 청소부의 직업병인 음낭에 생기는 암이 굴뚝 검댕과 매연에 만성적으로 노출되어서 생기는 것이라고 주장했다. (포트는 뒤에서 다시 만날 것이다.)

이런 관찰은 암의 체세포 돌연변이 이론으로 이어졌다. 암의 체세포 이론은 검댕이나 라듐 같은 환경 발암물질이 어떤 식으로든 세포의 구조를 영구히 바꾸어서 암을 일으킨다고 주장했다. 그러나 그 변형이 정확히 어떤 것인지는 알지 못했다. 검댕, 파라핀, 라듐이 어떤 근원적인 방식으로 세포를 변형시켜서 악성 세포를 생성하는 능력을 가진다는 것은 분명했다. 그러나 그런 다양한 원인들이 어떻게 똑같은 병리학적 손상을 일으킬 수 있을까? 아마 더 체계적인 설명이 빠져 있을 듯했다. 더 깊고 더 근본적인 발암 이론이 말이다.

1910년에 라우스는 자신도 모르게, 체세포 이론에 대한 심각한 의구심을 불러일으켰다. 방추 세포 육종(spindle-cell sarcoma)을 실험하다가 라우스는 한 닭의 종양을 다른 닭에 주사했다. 그는 그 암이 이 닭에서 저 닭으로 전파될 수 있다는 것을 발견했다. "나는 보통 닭의 방추 세포 육종을 4세대까지 전파시켰다. 이 신생물은 빠르게 성장하고 침투하고 전이하면서도 진정으로 같은 유형의 암으로 남아 있다."[10]

신기하긴 해도 이해할 수 있는 일이었다. 암은 세포에서 기원한 병이었고, 세포를 한 생물에서 다른 생물로 옮기는 것은 암을 옮기는 것이라고 예상할 만했다. 그러나 라우스는 더욱 특이한 결과와 마주쳤다. 종양을 한 닭에서 다른 닭으로 옮길 때, 그는 세포를 여과지로 단계적으로 거르기 시작했다. 세포 수준의 점점 더 촘촘해지는 체들을 통과하도록 한 것이었는데, 가장 촘촘한 여과지까지 통과하면 혼합물에서 세포는 제거되고 세포에 든 물질만 남았다. 라우스는 그렇게 거르면 종양 전파가 멈출 것이라고 예상했지만, 오히려 종양은 엄청난 효율로 계속 전파되었다. 이따금 세포가 사라질수록 전파율이 더욱 증가하기도 했다.

라우스는 암을 전파하는 행위자가 세포나 환경 발암물질이 아니라, 세포 안에 숨어 있는 어떤 작은 입자라고 결론지었다. 그 입자는 대다수 여과지를 쉽게 통과할 수 있을 만큼 작았으며, 동물에게 계속 암을 일으켰다. 이런 특성을 가진 생물학적 입자는 바이러스밖에 없었다. 그의 바이러스는 나중에 라우스 육종 바이러스(Rous sarcoma virus, RSV)라고 불리게 된다.

최초의 암 유발 바이러스인 RSV의 발견은 체세포 돌연변이 이론에 심한 타격을 입혔고, 다른 암 바이러스를 찾는 열풍을 일으켰다. 암의 원인물질이 발견된 듯했다. 1935년에 라우스의 동료인 리처드 쇼프는 솜꼬리토끼에게서 사마귀 같은 종양을 일으키는 유두종 바이러스를 찾아냈다.[11] 10년 뒤인 1940년대 중반에는 생쥐, 이어서 고양이에게서 백혈병을 일으키는 바이러스가 발견되었다는 소식이 들렸다. 그러나 사람에게서 진정한 암 바이러스가 있다는 징후는 아직 없었다.

거의 30년에 걸친 노력 끝에, 마침내 1958년에 그 사냥은 중요한 성과물을 얻었다. 아일랜드 외과의사인 데니스 버킷이 아프리카 사하라 사막 이남의 말라리아가 창궐하는 지대에 사는 어린이들에게서 풍토병처럼 생기는 공격적인 형태의 림프종—지금은 버킷 림프종이라고 한다—을 발견했다.[12] 이 질병의 분포 양상은 감염이 원인이라는 것을 시사했다. 영국의 두 바이러스학자는 아프리카의 그 림프종 세포들을 분석하여 그 안에 든 감염물질을 찾아냈다. 말라리아 기생생물이 아니라, 사람 암 바이러스였다. 이 새로운 바이러스에는 엡스타인바 바이러스(Epstein-Barr virus, EBV)라는 이름이 붙었다. (EBV는 감염단핵구증을 일으키는 바이러스로 더 많이 알려져 있다.)

이제 사람에게서 암을 일으키는 바이러스들이 편을 이루어서 한쪽에 섰다. 숫자가 얼마 되지 않았음에도 불구하고, 암 바이러스 이론은 대단히 활기를 띠었다. 이 무렵에 바이러스가 모든 의학 분야에서 대유행한 덕분이기도 했다. 수 세기 동안 치유 불능이라고 인식되었던 바이러스 질병들이 이제 예방 가능한 것이 되고 있었다. 1952년 여름에 도입된 소아마비 백신은 엄청난 성공을 거두었고, 암과 감염병이 언젠가는 단일한 병리학적 실체로 통합될 수 있다는 개념은 저항할 수 없을 정도로 유혹적이었다.

"암은 감염성일 수 있다."[13] 1962년에 「라이프」는 표지의 특집 기사에서 그렇게 주장했다. 라우스는 암을 일으키는 세균이나 바이러스에 노출되는 문제로 걱정하는 사람들로부터 수백 통의 편지를 받았다. 곧 온갖 억측이 쏟아지면서 점점 히스테리와 공포 분위기가 조성되었다. 암이 감염성이라면, 왜 환자들을 격리시켜서 전파를 예방하지 않는가? 왜 예전에 결핵과 천연두 환자들을 가두었던 위생 병동이나 격리 시설로 암 환자를 보내지 않는가? 기침을 하는 폐암 환자에 노출되었다고 믿는 한 여성은 이렇게 썼다. "암 병균을 죽이기 위해서 내가 할 수 있는 일이 있나요? 방을 훈증 소독할 수 있을까요?……계약 기간이 남았는데 포기하고 이사를 가야 할까요?"[14]

"암 병균"이 가장 극심하게 감염시킨 곳이 있다면, 그것은 대중의 상상이었다. 연구자들의 상상도 마찬가지였다. 파버는 아주 열렬한 신자가 되었다. 1960년대 초, 그가 고집스럽게 주장해서 NCI는 바이러스 암 특별 계획(Special Virus Cancer Program, SVCP)을 출범시켰다.[15] 화학요법 발견 프로그램 이후로 뚜렷이 드러난 사람 암 바이러스를 체계적으로 사냥한다는 계획이었다. 그 계획은 눈덩이가 구르듯이 점점 더 많은 지지를 받으면서 널리 알려졌다. NCI의 지원을 받아서, 연구실에서는 원숭이를 백신 개발의 보육실로 만들겠다는 희망을 품고, 수백 마리의 원숭이에게 사람 종양을 접종했다. 불행히도 원숭이들은 단 하나의 암 바이러스도 제공하지 못했지만, 낙관론은 전혀 수그러들지 않았다. 10년에 걸쳐서, 암 바이러스 계획은 NCI의 외주계약 예산 중 10퍼센트 이상을 집어삼켰다.[16] 거의 5억 달러에 달했다. (대조적으로 음식이 암에 어떤 역할을 하는지—적어도 동등한 의미를 내포한 의문이다—를 평가하는 연구소의 암 영양 프로그램이 받은 예산은 그 액수의 20분의 1에 불과했다.)

페이턴 라우스는 과학계의 주류로 복귀했다가 과학계의 영구 성인의 지위로 승격되었다. 그 연구를 한 지 꼬박 55년이 된 1966년에 그는 노벨 생리의학상을 받았다. 12월 10일 저녁, 스톡홀름에서 열린 수상식 때 그는 부활한 구세주처럼 연단에 올랐다. 그는 강연에서 암의 바이러스 이론이 아직 미흡한 점이 많고 훨씬 더 많은 연구가 이루어져야 한다고 인정했다. "신생물의 생성과 어떤 식으로든 관련이 있는 바이러스는 극히 적습니다."[17, 18] 그러나 불굴의 의지를 드러내면서 그는 유전적 돌연변이 같은 세포에 본질적인 무엇인가가 암을 일으킬 수 있다는 개념을 비판했다. "종양유전자가 몸의 세포에 있는 유전자를 변형시킨다는, 이른바 체세포 돌연변이가 그동안 선호되어온 설명이지만, 많은 사실들을 종합해보면 이 가정은 단연코 제외됩니다."

그는 다른 자리에서도 투덜거렸다. "이 체세포 돌연변이 가설이 한 일이 대체 뭐가 있는가?……체세포 돌연변이 가설이 한 일 중에서 가장 심각한 것은 연구자들에게 미친 영향이었다. 그것은 믿는 자에게 진정제 역할을 했다."

라우스는 제공할 나름의 진정제를 가지고 있었다. 바로 바이러스가 암을 일으킨다는 통일된 가설이었다. 그리고 문제점이나 복잡한 사항을 굳이 따질 생각이 없던 많은 청중들은 그의 약을 받아 삼키기 위해서 혈안이 되었다. 암의 체세포 돌연변이 이론은 사망했다. 환경 발암을 연구하던 과학자들은 라듐이나 검댕이 왜 암을 일으키는지를 설명할 다른 이론이 필요해졌다. (바이러스 이론가들은 그런 원인이 아마도 내생 바이러스를 활성화시킬 것이라고 추론했다.)

그렇게 하여 두 피상적인 이론이 뻔뻔하게—그리고 성급하게—엮여서 포괄적인 큰 덩어리를 이루었다. 한 가지 이론은 원인을 제공했다. **바이러스가 암을 일으킨다는 것이다**(비록 그 바이러스의 대다수는 아직 발견되지 않았지만). 다른 한 가지 이론은 치료법을 제공했다. **세포독성 약물들을 조합하여 처방하면 암이 치유된다는 것이다**(비록 대다수 암 각각에 맞는 특정한 조합들은 아직 발견되지 않았지만).

바이러스 암형성이 더 깊은 설명을 필요로 한다는 것은 분명했다. 바이러스—세포에서 세포로 떠다니는 단순한 미생물—가 어떻게 악성 세포가 생길 정도로 세포 생리에 심각한 변화를 일으킬 수 있는 것일까? 세포독성 화학요법의 성공은 마찬가지로 근본적인 의문을 불러일으켰다. 다소 일반적이라고 할 독들은 왜 어떤 암들은 전혀 손대지 않고 특정한 형태의 암만을 치유하는 것일까?

이 모든 것의 밑에 더 근본적인 설명이, 원인과 치료를 **연결하는**, 따라서 연구자들에게 인내심을 가지고 부지런히 시간을 투자하라고 촉구하는 설명이 숨어 있을 것이 분명했다. 1963년에 NCI 소장 케네스 엔디콧은 이렇게 인정했다. "국립 암연구소의 그 계획은 원인을 알기 전에 치료법부터 찾으려는, 말 앞에 마차를 다는 것과 같다고 조롱을 받아왔다. 우리 수중에 암의 치료법이 없다는 것은 분명하다. 우리는 계획이 출범하기 앞서 알려져 있던 것보다 조금 더 나은 12종의 화학물질을 가지고 있지만, 훨씬 더 낫다고 할 약물은 없다. 그런 약물들은 환자의 수명을 좀더 연장시키고 환자를 더 편안하게 하지만, 그것이 전부이다."[19]

그러나 래커주의자들은 과연 진척이 있느냐는 그런 미묘한 어투에 관심을 가질 겨를이 없었다. 거꾸로 매었으면 마차가 말을 끌어야 했다. 파버는 래스커에게 "쇠가 달구어졌으니 쉬지 말고 두드려야 할 때입니다"라고 썼다.[20] 전면전을 벌이기 위한 기초 작업은 이미 이루어졌다. 이제 의회에 예산을 풀라고 압력을 가하기만 하면 되었다. "지금까지 [암에 맞선] 충분한 예산 지원을 받는 대규모 임무, 목표 지향적인 노력이 이루어진 적이 없었습니다."[21] 메리 래스커는 1969년에 의회에 보낸 공개 편지에서 그렇게 선언했다.

래스커의 생각에 화답한 인물이 있었다. 미주리 대학교의 약리학 교수인 솔로몬 가브였다.[22] 거의 무명이었던 그는 1968년에 「암의 완치 : 국가 목표(Cure for Cancer: A National Goal)」라는 책을 내놓으면서 단숨에 저명인사가 되었다. 그는 첫머리에 이렇게 썼다. "이 책의 주제는 암 연구를 더 자세히 살펴보고 그것을 암의 치료 또는 억제를 목표로 하는 새로운 토대 위에 바로 세울 때가 되었다는 것이다.……암 연구 노력의 주된 장애물은 만성적인 극심한 연구비 부족이지만, 그런 상황은 대체로 알려지지 않았다. 그러나 그런 점을 지적하고 되뇌는 것만으로는 충분치 않다. 추가 연구비가 어떻게 쓰일 것이고, 어떤 계획에 집행될 것이며, 그런 계획이 왜 지원을 받아야 하고, 그런 일을 할 노련한 과학자와 연구원을 어디에서 끌어올 것인지도 설명할 필요가 있다."[23]

가브의 책은 "진보의 도약판"이라고 불렸고, 래스커주의자들은 확실히 도약했다. 파버의 사례에서처럼, 의사의 말이란 결국 처방이었다. 가브가 내린 처방은 래스커주의자들이 내세우던 바로 그 전략이었기 때문에, 래스커주의자들의 눈에 그는 곧 구세주 같은 인물로 비쳤다. 그의 책은 그들의 성서가 되었다.

종교 운동과 종파는 흔히 네 가지 요소를 토대로 한다. 예언자, 예언, 경전, 계시이다. 1969년 여름까지 암 십자군은 이 네 가지 필수 요소 중에서 세 가지를 획득했다. 예언자는 1950년대에 그들을 캄캄한 광야에서 이끌고 나와서 20년 만에 전국적인 유명세를 떨치게 한 인물인 메리 래스커였다. 예언은 파버의 보스턴 실험으로 시작하여 멤피스에서 핑컬의 경이로운 성공으로 끝을 맺은 소아백혈병 치료법이었다. 경전은 가브의 「암의 완치」였다. 빠져 있는 마지막 요소는 계시였다. 즉 미래를 열고 대중의 상상을 사로잡을 징후가 빠져 있었다. 모든 위대한 계시가 그렇듯이, 이 계시도 별안간 예기치 않게 신비적으로 출현했다. 말 그대로 하늘에서 출현하게 된다.

1969년 7월 20일 미국 동부 시간으로 오후 4시 17분, 15톤의 우주 탐사선이 달 상공의 차갑고 희박한 대기를 조용히 뚫고서 달 표면의 현무암 크레이터에 착륙했다.[24] 우주 탐사선 주위로 황량한 풍경이, "장엄한 황량함"[25]이 펼쳐져 있었다.

두 우주비행사 중 한 사람은 훗날 이렇게 회상했다. "저 작은 완두콩 같은 예쁘고 파란 것이 지구라는 생각이 퍼뜩 스쳤다. 나는 엄지를 치켜들고 한쪽 눈을 감았다. 엄지에 그 행성이 가려졌다."[26]

지평선에 가물거리는 완두콩만 한 파란 행성에 그것은 계시의 순간이었다. 1969년 7월, 「타임」은 이렇게 썼다. "그것은 엄청난 과학적, 지적 성취였다. 진화 연대기로 볼 때 순간에 불과한, 겨우 수백만 년을 존속한 생물이 원시림에서 나와서 자신을 별로 쏘아보냈다.……아무튼 그것은 인간이 상상할 수 있는 것은 무엇이든 간에 실현시킬 수 있다는 낙관적인 전제를 눈부시게 재확인한 것이었다."[27]

암 십자군 전사들에게 자신들의 대의를 이보다 더 열광적으로 옹호할 사례는 찾아볼 수 없을 터였다. 여기에 역사에 남길 결과를 내놓을 또 하나의 "계획적인"—기획하고 표적을 잡고 목표 지향적이고 집중적인—노력이 있었다. 아폴로 우주 계획의 과묵하기로 유명한 공학자 맥스 패짓은 나중에 달 착륙의 주요 과학적 도전 과제가 무엇이었냐는 질문을 받자, 한 단어로 답했다. "추진력이오."[28] 그 말은 달 산책이 기술적으로 식은 죽 먹기였다는 인상을 심어주었다. 더 강력한 제트 비행기를 만들고 그것을 10여 배 확대하여 수직으로 세워서 달을 향하게 하는 것이나 다름없다는 듯했다.

래스커주의자들은 달 착륙 순간을 중계하는 저녁에 보스턴, 워싱턴, 뉴욕에서 깜박거리는 텔레비전에 눈을 고정시킨 채, 이런 온갖 유추를 끌어냈다. 패짓처럼 그들도 암 십자군 전쟁에서 빠진 요소가 일종의 추진력이라고, 그들이 하는 노력의 규모와 범위를 변화시켜서 치료법을 향해서 쏘아보낼 단순한 내부의 수직 추진력이라고 믿었다.

사실 그들은 빠져 있던 추진력이 마침내 발견되었다고 믿었다. 소아 백혈병—그리고 더 최근의 호지킨병—에 맞서 이룬 성공은 탐사되지 않은 드넓은 우주를 주저하면서 최초로 탐험했다는 것을 말해주는 개념 증명으로 우뚝 섰다. 달과 마찬가지로 암도 장엄한 황량함으로 가득한 풍경, 그러나 발견되기 직전의 경관이었다. 메리 래스커는 편지들에 암과의 계획적인 전쟁을 "안쪽 우주"("바깥 우주"와 반대되는)의 정복이라는 말을 씀으로써, 즉시 두 계획을 하나로 통합하기 시작했다.[29]

따라서 달 착륙은 암 십자군의 생활사에 하나의 전환점이 되었다. 예전에 래스커주의자들은 워싱턴에 **정치적** 로비를 하는 데에 상당히 많은 노력을 집중했다. 대중을 향해서 직접 광고나 포스터로 말할 때는 주로 교육적인 측면에 초점을 맞추었다. 래스커주의자들은 대중 운동보다는 정치 운동을, 막후에서 활약하는 쪽을 선호했다.

그러나 1969년에는 정계에도 변화가 있었다. 메리 래스커의 가장 강력한 지지자 중 한 명이었던 앨라배마 상원의원 리스터 힐이 수십 년간의 상원의원직을 내놓고 은퇴를 준비하고 있었다.[30] 파버의 동지였던 보스턴 출신의 상원의원 에드워드 케네디는 채퍼퀴딕 추문(1969년 7월에 케네디와 한 선거 운동원이 탄 차가 마사즈 빈야드 다리 밖으로 튀어나가 물에 빠져서 동승자가 익사했다.[31] 케네디는 사고 현장을 떠난 죄가 인정되어서 집행유예가 내려졌다)에 깊이 휘말리는 바람에 의정 활동을 거의 접은 상태였다. 래스커주의자들은 이제 이중으로 고아 신세가 되었다. 래스커는 이렇게 회상했다. "최악이었지요. 상원에 친구 하나 없는······1950년대 초의 상황으로 되돌아간 상태였어요. 우리는 계속 활동을 했지만, 아무런 공감대를 얻지 못했어요."[32]

워싱턴에서 이제 그들의 목소리가 잠잠해지고, 하원에서 거의 공감을 얻지 못하고, 상원에 친구도 없었기 때문에, 래스커주의자들은 십자군 전쟁 전략을 재편해야 했다. 막후의 정치 활동에서 무대 앞으로 나와서 대중을 움직이는 쪽으로 말이다. 돌이켜보면, 이 궤도 수정은 시기가 딱 들어맞았다. 아폴로 11호의 성공으로 래스커주의자들이 자신의 계획을 보는 관점이 극적으로 변하기도 했겠지만, 아마 더 중요한 것은 대중의 과학 인식에도 마찬가지로 지각 변동이 일어났다는 점일 것이다. 달이 정복된 것처럼, 암이 정복될 수 있다는 데에는 이제 거의 의심의 여지가 없었다. 래스커주의자들은 이 유추를 기술할 글귀를 만들어냈다. 그들은 그것을 암을 위한 "달 탐사선 발사(moon shot)"라고 했다.

"암을 위한 달 탐사선 발사"

전후 시기에 정부와 과학의 관계는 적절한 사례이다. 그다지 눈에 띄게 깊이 고려하지 않은 채, 그러나 아주 장엄하게, 우리는 10년도 되지 않는 기간에 과학을 국가 정책에서 대단히 영향력 있는 수준으로 끌어올렸다. 그리고 지금 우리는 그것을 가지고 무엇을 해야 할지 그다지 확신이 서지 않는다.
—윌리엄 케리, 1963년[1]

산타 닉슨이 최근에 우리에게 준 것이 무엇일까?
—「뉴욕 타임스」, 1971년[2]

1969년 12월 9일 추운 일요일 아침, 「워싱턴 포스트(*Washington Post*)」에 전면 광고가 실렸다.*[3]

> 닉슨 씨: 당신은 암을 치유할 수 있습니다.
> 　신이 기도를 듣는다면, 이 기도가 가장 잘 들릴 것입니다.
> "신이시여, 제발, 암은 안 돼요."
> 그런데 작년에 31만8,000명이 넘는 미국인이 암으로 죽었습니다.
> 대통령님, 올해 당신의 힘으로 이 저주를 끝내는 일을 시작하세요.
> 예산을 놓고 고민할 때, 그 31만8,000명 미국인의 고통을 기억하기를 부탁드립니다. 그들의 가족도요.
> ……우리는 더 나은 전망, 더 나은 방법으로 해마다 수십만 명의 목숨을 구하는 일에 예산을 할당할 것을 요구합니다.
> ……전, 미국 암학회 회장 시드니 파버 박사는 믿습니다. "우리는 암

---

* 12월 17일자 「뉴욕 타임스」에도 실리게 된다.

의 치료법에 아주 가까이 와 있다. 우리에게는 그저 의지와 사람을 달에 보낸 것과 같은 종류의 예산과 종합 계획이 없을 뿐이다."

……대통령님, 우리를 실망시킨다면 이런 일이 일어날 것입니다.

새로운 치료법이 발견되지 않으면, 지금 살아 있는 미국인 6명 중 1명인 3,400만 명이 암으로 죽을 것입니다.

지금 살아 있는 미국인 4명 중 1명인 5,100만 명은 앞으로 암에 걸릴 것입니다.

우리는 그런 일을 감당할 수 없습니다.

강렬한 이미지도 글과 함께 실렸다. 지면 아래쪽에 성기게 덩어리를 이룬 암세포들이 있었다. 그중 일부는 덩어리에서 떨어져나와서 글 전체로 전이암들을 소나기처럼 흩뿌리고 있었다. 암(cancer)이라는 단어의 e와 r은 이 세포들에 먹힌 상태였다. 마치 유방암이 뼈에 뚫은 구멍 같았다.

그것은 잊지 못할 그림, 일종의 정면 대결이었다. 세포들은 거의 엎치락뒤치락 날뛰면서 지면을 나아간다. 마치 홀리듯이 격렬하게 분열한다. 그것들은 상상 속에서 전이한다. 이것은 가장 원초적인 형태의, 벌거벗고 섬뜩하고 확대된 형태의 암이다.

「타임스」 광고는 암의 역사에서 선구적인 교차점이 되었다. 그것과 더불어 암은 의학의 그늘진 안쪽에서 마침내 나와서 전국적이고 국제적으로 눈에 띄는 질병으로 변신함으로써 탁 터놓고 논의하는 대상이 되겠다고 선언했다. 이제 더 이상 암을 수군거리지 않는 세대가 왔다. 신문에, 책에, 연극과 영화에 암이 있었다. 1971년 「뉴욕 타임스」의 기사 450건 속에, 소련의 암 병원을 호되게 다룬 알렉산드르 솔제니친의 「암 병동」[4]에, 24세의 여성이 백혈병으로 죽어가는 1970년 영화 「러브 스토리(Love Story)」[5]에, 호지킨병 진단을 받은 야구포수의 이야기를 다룬 1973년 영화 「대야망(Bang the Drum Slowly)」[6]에, 고환암으로 죽은 시카고 베어스 럭비선수 브라이언 피콜로의 이야기를 다룬 「뜨거운 우정(Brian's Song)」[7]에 있었다. 신문과 잡지에는 특집 기사와 독자 편지가 넘쳐났다. 한 남성은 「월 스트리트 저널(Wall Street Journal)」에 아들이 암이라는 진단을 받았을 때, 식구들이 "고통에 넋이 나갔다"[8]고 썼다. 한 환자는 유방절제술을 받은 뒤에 이렇게 썼다. "암은 당신의 삶을 바꾼다. 당신의 습관을 바꾸고……모든 것을 집어삼킨다."9)

돌이켜보면 그 집어삼킴 속에는 미리 형성된 무엇인가, 더 깊이 공명하는 무엇인가가 있었다. 마치 암이 대중의 마음속에서 이미 진동하고 있는 불안의 현을 건드린 듯했다. 어떤 질병이 한 시대의 상상 속에 아주 강력히 틀어박힌다면, 그것이 그 상상 속에 잠재된 불안을 뒤흔들기 때문일 때가 가끔 있다. 에이즈(AIDS)가 1980년대에 그렇게 크게 어른거린 것은 어느 정도는 그 세대가 본래성 정체성과 자유에 집착했기 때문이었다. 사스(SARS)는 세계화와 사회적 전염이 서양에서 초조하게 부글거리는 현안이었던 시기에 세계적인 전파와 전염에 관한 공황을 일으켰다. 모든 시대는 질병에 자신의 이미지를 투사한다. 궁극적인 정신신체질환자처럼 사회도 자신의 의학적 고통을 심리적 위기와 결부시킨다. 어떤 질병이 그런 내면의 화음을 건드린다면, 그 화음이 이미 울리고 있기 때문일 때가 종종 있다.

암도 그랬다. 작가이자 철학자인 레나타 살레츨은 1970년대에 "공포의 대상을 바라보는 인식에 급격한 변화가 일어났다"고 했다.10) 외부에서 내부로 옮겨갔다는 것이다. 냉전이 한창일 때인 1950년대에 미국인들은 외부로부터 전멸당할 것이라는 생각에 푹 빠져 있었다. 폭탄과 탄두, 독을 푼 저수지, 공산당 군대, 외계의 침입자로부터 말이다. 사회에 대한 위협은 외부에서 오는 것으로 인식되었다. 외계인 침입, 뇌에 기생생물 침입, 신체 강탈이 공포 영화―대중문화에 배인 불안감을 재는 온도계―의 주된 소재가 되었다. 「아웃 스페이스(It Came from Outer Space)」, 「미지의 혹성에서 온 사나이(The Man from Planet X)」가 대표적이었다.

그러나 1970년대 초에는 살레츨이 "공포의 대상"이라고 부른 불안의 근원이 외부에서 내부로 급격히 이동했다. 부패, 즉 공포―생물학적 부패와 그에 따른 정신적 부패―가 이제 사회 그리고 더 나아가서 사람 몸의 중심으로 이동했다. 미국 사회는 여전히 위협받고 있었지만, 이번에는 위협이 안쪽에서 왔다. 공포 영화의 제목은 그런 전환을 반영했다. 「엑소시스트(The Exorcist)」나 「그들은 안에서 왔다(They Came from Within)」가 그러했다.

암은 이 내부의 공포를 집약했다. 암은 내부에서 오는 적의 궁극적인 형태였다. 자신의 몸에서 꾸물꾸물 퍼지면서 안쪽에서부터 잠식하는 약탈자 세포, 내부의 외계인이었다. 한 시사평론가는 "대형 폭탄"이 "대형 C(Cancer)"로 대체되었다고 썼다.[11]

"1950년대에 내가 자랄 때, 그것은 폭탄이었다. 그것, 즉 폭탄은 전시에 태어난 세대에 속했다.……그러나 우리는 공포에 대해서조차도 변덕스럽다. 우리는 지금 그럴 만한 이유는 거의 줄어들지 않은 상태임에도 폭탄 공포증에서 벗어난 듯하다. 이제는 암이 이 끔찍한 인기 순위표의 선두에 서 있다. 내가 아는 보통 아이들은 죽음이 폭탄이 아니라 종양과 함께 온다고 생각하는 듯하다.……암은 재앙이 공공정책의 의도적인 장치가 아니라 우발적이며 무작위적인 부주의의 문제일 수 있다고 보는 사람들을 사로잡고 있다."

이런 비유적인 자리바꿈은 래스커주의자들이 상상도 못했을 정도로 강력하게 영향을 미치면서 사회 곳곳으로 파급되었다. 「타임스」 광고는 권력의 전략적 재배치를 상징했다. 래스커주의자들은 "수백만 명의 미국인"을 위해서 대통령에게 편지를 보냄으로써 탁월한 전술 전환을 이루었다. 이전에 그들은 암 기금을 달라고 **국가**에 간청했지만, 이제 그들은 **국가**를 위해서 일치단결하여 암을 공격하자고 호소했다. 그들은 자신들이 대중의 상상 속에서 엄청난 힘을 발휘한다는 것을 알았다. 암 치료법은 미국의 꿈을 짜는 날실 중 하나가 되었다. 한 관찰자는 역사가 제임스 패터슨에게 말했다. "암에 대한 대규모 투자에 반대하는 것은 엄마, 사과 파이, 국기에 반대하는 것과 같아요."[12] 미국에서 대통령조차 무시할 수 없을 정도로 강력한 삼두체제를 이룬 것들이었다.

대통령 리처드 밀하우스 닉슨은 조급하고 공격적이며 목표 지향적인 인물이었기 때문에 본래 조급하고 공격적이며 목표 지향적인 과제를 선호했다. 그는 과학이 모호한 진리를 자유롭게 탐구하는 활동이라는 개념이 당혹스러웠고 못마땅했다. 그는 이따금 과학자들이 과학 행정을 "쥐뿔도 모른다"면서 투덜거렸고, 자유로운 과학에 예산을 지원하는 일에도 그다지 공감하지 않았다.[13] 닉슨은 과학자들(그의 정부 공무원들은 과학자들을 "멍청이", "개새끼"라고 부르곤 했다)이 점점 풍부해지는 연방 보조금에 배가 부르고 살쪄서 오만하고 편협해졌다고 보고, 그들을 "정신을 차리게" 하고 싶었다.

그가 말하는 "정신을 차리게"는 학계 "괴짜들"의 수중에서 과학의 통제권을 빼앗아 새로운 과학 관료들, 즉 과학에 규율과 책무를 도입할 과학 행정가들에게 넘겨주는 것을 의미했다. 닉슨의 과학 자문관이 칼텍 출신의 보수적인 학자풍의 원자물리학자인 리 더브리지였다가, 공학자에서 경영자로 변신한 벨 연구소 출신의 충동적이고 일처리가 빠른 에드 데이비드로 바뀐 것은 과학계에 정신 차리라는 신호를 준 것이나 다름없었다. 데이비드는 기업 연구소 출신이자 대학교와 아무런 직접적인 관련이 없는 최초의 대통령 과학 자문관이었다. 그의 임무는 과학을 효과적으로 운영하여 명확히 정해진 국가 목표를 달성하는 방향으로 과학의 에너지를 돌리는 것이었다. 과학자들에게 요구되는 것—대중이 요구하는 것—은 (버니바 부시식의) "끝없는 전선"이 아니라 명확히 정의된 목적과 현실적인 전선이 있는 분야였다.

따라서 래스커의 일은 이미 전향한 자를 역전향시키는 것이었다. 1969년에 그녀는 특유의 전략적 재능을 발휘하여, 암에 체계적으로 대응하기 위한 가장 효율적인 전략을 대통령에게 자문할 전문가들로 이루어진 "중립적인" 위원회인 암 정복위원회를 창설하자고 제안했다.[14] 그녀는 위원회가 "우주 과학자, 기업인, 행정가, 기획자, 암 연구 전문가를 포함해야" 하며, "반드시 암을 정복할 수 있다는 것을 미국 의회에 개괄적으로 설명하는 일을 맡는다"고 썼다.[15]

물론 래스커는 그 위원회(결국 자문단[Panel of Consultants]이 된다)가 전혀 중립적이지 않도록 조치했다. 모든 위원이 래스커의 친구, 동료, 동조자가 되도록 절묘할 정도로 세심하게 선택했다. 즉 이미 암과의 전쟁에 매진하고 있는 인물들이었다. 시드니 파버는 텍사스 주의 상원의원 랠프 야버러(리스터 힐처럼 야버러도 의회에서 래스커 부부의 가장 오래된 협력자였다)와 공동 의장을 맡았다.[16] 솔로몬 가브는 그의 저서에 힘입어서 임명되었다. 메모리얼 병원의 조지프 버치널, 로스웰 파크의 제임스 홀랜드, 스탠퍼드의 헨리 캐플런도 위원으로 임명되었다. 뉴욕 유명 투자회사의 동업자이자 메모리얼 병원의 주요 후원자인 베노 슈미트도 합류했다. (활력 넘치는 조직 관리자인 슈미트는 나중에 파버와 야버러를 대신하여 자문단을 이끌었다. 슈미트가 공화당원이고 닉슨 대통령이 믿는 가까운 친구라는 점도 유리하게 작용했다.) 따라서 정치, 과학, 의학, 금융이 국가적 대응 조치를 내놓기 위해서 하나로 모였다. 겉으로는 중립적인 것처럼 보이기 위해서, 야버러는 1970년 여름에 메리 래스커에게 그녀도 합류하라고 "요청하는" 편지(물론 맨 밑에 "귀하에게 맨 처음 편지를 보냈어야 마땅했는데 그러지 못했습니다. 귀하의 재능, 활력, 의지가 큰 도움이 되었을 테니까요"라고 적긴 했다)를 썼다.[17]

자문단은 1970년 겨울에 「국가 암 정복 프로그램(National Program for the Conquest of Cancer)」이라는 최종 보고서를 내놓았으며, 결론은 예상대로였다. "과거에 연방정부는 암 정복을 포함하는 주요 과학 과제에 최우선 순위를 두고자 했을 때, 그 과제의 책임을 독립 기관에 부여했고 그 방식은 때로 상당한 성공을 거두었다."[18] 그 개념을 중심으로 조심스럽게 맴돌면서, 자문단은 독립된 암 기관을 설립할 것을 제안하고 있었다. 바로 암을 위한 일종의 나사(NASA)를 말이다.

그 기관의 예산은 처음에는 4억 달러로 하고, 해마다 1-1.5억 달러씩 늘려서 1970년대 중반에는 10억 달러가 되도록 하자고 했다. 슈미트는 국가가 "그런 프로그램을 운영할 여유"가 있다고 보느냐라는 질문을 받자 주저하지 않고 답했다. "그런 노력을 할 여유가 있을 뿐만 아니라, 그런 노력을 하지 않을 여유가 없습니다."[19]

자문단의 권고를 토대로, 1971년 3월 9일에 에드워드 케네디와 제이콥 제이비츠는 암 연구를 위한 독립된 자치 기관인 국립 암공단(National Cancer Authority)을 설립하는 상원 법안— S 1828호, 암정복법—을 발의했다.[20] 공단 이사장은 대통령이 임명하고 상원의 인준을 받도록 했다. 예외적인 수준으로 자율성을 인정한 것이었다. (국립 심장연구소 같은 질병 전문연구소는 대개 NIH의 감독을 받았다.) 18명으로 구성된 자문위원회는 의회에 암 연구의 진척 상황을 보고하도록 했다. 자문위원회는 과학자, 행정가, 정치가, 의사, 그리고 "일반인"으로 구성하도록 했다. 여기서 가장 논란의 여지가 있는 일반인은 래스커, 푸트, 밥스트 같은 인물들을 뜻했으며, 그들은 오직 그 전쟁을 대중이 계속 주시하도록 하는 일을 맡을 터였다. 이런 수준의 예산, 공공의 감시, 자율성은 NIH의 역사상 유례가 없는 일이었다. 그리고 미국 과학의 역사로 볼 때도 그럴 터였다.

메리 래스커는 막후에서 케네디/제이비츠 법안을 지원하는 데에 총력을 기울였다. 1971년 1월, 그녀는 독립 암 기관을 지원해달라는 내용의 편지를 여러 친구들에게 보냈다. 2월에 그녀는 또 하나의 기막힌 전술을 내놓았다. 그녀는 많은 독자를 확보한 시카고 출신의 신문 상담란 필자인 가까운 친구 앤 랜더스(본명은 에피 레더러)를 설득하여, 상원에서 표결이 벌어질 무렵에 맞추어서 암과 케네디 법안을 다룬 평론을 싣도록 했다.[21]

랜더스의 평론은 1971년 4월 20일에 실렸다.[22] 시작은 엄숙했다. "친애하는 독자 여러분. 오늘 웃음거리를 찾고 있다면 앤 랜더스 란을 건너뛰는 편이 좋습니다. 수백만 명의 목숨—아마 여러분 자신의 목숨도—을 구할 노력에 동참하고 싶다면, 계속 읽기를 바랍니다.……많은 분들이 이런 질문을 했습니다. '우리의 위대한 조국이 달에 사람을 보낼 수 있다면, 왜 암 치료법은 찾아낼 수 없는 것일까?'"

이 질문에 대한 랜더스의 답—래스커주의자들의 말을 되풀이한 답—은 암에 의학적 치료법뿐만 아니라 정치적 치료법도 빠져 있다는 것이었다. "충분히 많은 시민들이 자기 지역의 상원의원에게 S-34호 법안이 통과되기를 원한다는 것을 알린다면, 그 법은 통과될 것입니다.……S-34호를 위해서 투표하세요. 그리고 여러분의 서명을 해주세요."

그러자 랜더스와 래스커조차 놀랄 정도로, 편지가 "폭설"처럼 계속 쏟아졌다. 언론인 바버라 월터스는 "상원에 우편 트럭들이 밀려들었다"고 회고했다.[23] 상원 우체국이 감당할 수 없을 정도로 편지들이 자루째 계속 밀려들었다. 약 100만 통은 되었다. 한 상원의원은 자신이 6만 통을 받았다고 썼다. 우편물을 분류하느라고 분통이 터진 한 비서는 자기 책상에 앤 랜더스를 비난하는 푯말을 세웠다.[24] 미주리 주 상원의원 스튜어트 사이밍턴은 이번에는 편지를 그만 쓰라고 권하는 글을 실어달라고 랜더스에게 편지를 썼다.[25] "에피, 제발요. 알아들었다니까요."

상원도 알아들었다. 1971년 6월에 케네디/제이비츠 법안을 수정한 법안이 의회에 제출되었다. 수십 명의 과학자와 의사가 출석하는 청문회를 거친 뒤에 7월 7일 수요일 오후, 마침내 표결에 들어갔다. 오후 5시 반에 투표 결과가 나왔다. 찬성 79표, 반대 1표였다.

상원에서 거둔 신속하고 확고한 승리는 래스커주의자들이 계획한 그대로였다. 암 법안의 운명은 이제 하원에 달려 있었고, 거기에서 통과되려면 훨씬 더 힘든 장애물을 거쳐야 했다. 래스커주의자들은 하원에 협력자뿐만 아니라 영향력도 거의 없었다. 하원은 더 많은 증언을 원했다. 그것은 래스커주의자들이 신중하게 고른 자문단의 증언만이 아니었다. 그들은 의사, 과학자, 행정가, 정책 결정자의 의견을 청취했는데, 이들의 의견은 상원에서 나온 의견들과 첨예하게 대립했다. 전직 보건부 차관 필립 리는 불만을 드러냈다. "암은 격리된 채 자신을 박멸할 타개책을 기다리는 섬이 아닙니다. 그것을 달 탐사선 발사와 비교하는 것은 어불성설입니다. 제미니(Gemini)에서 아폴로 우주 계획에 이르기까지 달 탐사 계획은 주로 돈, 사람, 시설을 동원하여 우리가 이미 가지고 있는 과학 지식을 모아서 하나의 인상적인 꾸러미로 만드는 것이었습니다."[26] 암 전쟁의 근거로 삼은 두 모형인 아폴로 우주 계획과 맨해튼 계획은 길고도 심오한 과학적 발견들(원자물리학, 유체역학, 열역학)의 어깨 위에 선 **기술적** 성과물이었다. 그러나 이와는 대조적으로 세포를 악성으로 만드는 과정은 아직 엉성하게조차도 이해하지 못한 상태였다. 컬럼비아 대학교의 암과학자인 솔 스피겔먼은 래스커주의자들이 즐겨 드는 비유를 써서 이렇게 주장했다. "이 시점에서 전력을 쏟는다는 것은 뉴턴의 중력법칙을 모른 채로 달에 사람을 착륙시키려고 시도하는 것과 같습니다."[27] DNA 구조의 발견자인 제임스 왓슨은 상원 법안에 반대하는 말을 격렬히 쏟아냈다.[28] 왓슨은 나중에 이렇게 썼다. "'당면한' 연구를 하는 것이 반드시 '좋은' 연구를 한다는 의미는 아니다. 특히 우리는 운이 좋을 것이라는 개념을 거부해야 한다.……대신에 우리는 의도는 좋았으나 그저 그런 것들이 마구 늘어났음을 보게 될 것이다."[29]

특정 질병을 표적으로 하는 전쟁이라는 개념이 암 연구자들을 "우물 안" 개구리처럼 생각하게 만듦으로써 불가피하게 다른 연구 분야들과의 자연스러운 협력을 외면하게 할 것이라고 주장한 사람들도 있었다.[30] NIH의 한 관리자는 비판했다. "한마디로, 그 법은 모든 NIH 연구소가 평등하지만, 하나[NCI]가 다른 것들보다 더 평등하다고 말합니다." 전쟁이라는 비유가 불가피하게 혼동을 일으킬 것이라고 주장한 사람들도 있었다. 그것은 과장과 희망을 한껏 부풀릴 것이며, 실망하면 재앙이 될 것이라고 말이다. 유명 과학 잡지의 편집장인 어빈 페이지는 이렇게 썼다. "나는 암 연구의 앞길이 순탄치 않을 것이라고 본다. 사람들은 발전이 없다고 생각되는 것에는 참을성이 없어진다. 시스템 분석, 목표 지향적 연구, 대규모 협력을 통해서 달 착륙 같은 성취를 이룰 수 있다는 것을 보았기 때문에, 그들은 암의 정복에도 너무 쉽사리 같은 사고방식을 적용한다."[31] 암 계획이 지지부진하거나 실패한다면, 이 거품은 터질 수밖에 없다는 것이었다.

그 사이에 닉슨의 인내심은 한계에 이르렀다. 1972년에 있을 선거일이 빠르게 다가오고 있었다. 그해에 앞서 「시카고 트리뷴(*Chicago Tribune*)」의 밥 위드리치 같은 시사평론가들은 내기를 걸었다. "리처드 밀하우스 닉슨이……이러한 두 가지 거대한 목표—베트남 전쟁 종식과 암의 참화 종식—를 달성할 수 있다면, 그는 이 나라 역사에서 링컨과 같은 반열에 오를 것이다. 달에 사람을 보내는 것보다 더 큰 일을 해내는 것이니까."[32]

베트남 전쟁은 도무지 끝이 보이지 않았지만 암과의 전쟁은 훨씬 더 대처하기가 쉬워 보였기 때문에, 닉슨은 암 법안—어떤 것이든 간에—이 의회를 통과하도록 기꺼이 힘을 보태주었다. 1971년 가을, 지략이 넘치는 슈미트가 대통령 집무실을 찾았을 때(타협안을 제시하려는 목적도 있었다), 닉슨은 슈미트에게 자신이 기만적인—혹은 강압적인—방법을 써서라도 해결책을 내놓을 것이라고 안심시켰다. "걱정 말아요. 내가 알아서 할 테니까."[33]

1971년 11월, 플로리다 주의 민주당 하원의원 폴 로저스는 절충한 암 법안을 내놓았다.[34] 로저스 법안은 래스커주의자들의 관점을 유지하면서, 암 연구 예산을 대폭 늘릴 것을 제시했다. 그러나 케네디/제이비츠 법안과 반대로, 그 법안은 국립 암연구소의 자율성을 엄격히 제한할 것을 주장했다. "암을 위한 나사" 따위는 없을 것이었다. 그러나 엄청나게 늘어난 돈, 연방의 집중 지도, 어마어마하게 늘어난 희망과 활력을 고려할 때, 암과의 "전쟁"이라는 수사학은 여전히 전적으로 타당할 터였다. 래스커주의자들, 그들의 비판자들, 닉슨 모두 행복하게 집으로 돌아갈 것이었다.

1971년 12월, 하원은 마침내 로저스 법안의 수정안을 표결에 붙였다.[35] 결과는 거의 만장일치였다. 찬성 350표에 반대 5표였다. 일주일 뒤, 상하원 합동회의에서 두 법안의 사소한 차이점들을 조정한 뒤에 최종 법안이 서명을 받기 위해서 대통령에게 넘어갔다.

1971년 12월 23일, 바람이 부는 차가운 날 오후에 워싱턴 백악관에서 닉슨은 소규모 예식을 거행하면서 국립 암법(National Cancer Act)에 서명했다.[36] 만찬 회장의 문들을 활짝 열어둔 채, 대통령은 작은 나무 책상에 앉아 있었다. 책상 주위의 바닥에 사진사들이 죽 자리를 잡은 가운데, 닉슨은 목을 기울여 멋을 부리면서 빠르게 법안에 서명했다. 그는 자문단 의장인 베노 슈미트에게 펜을 선물로 주었다. 의자에 앉은 채, 메리 래스커는 힘찬 웃음을 지었다. 파버는 참석하지 않았다

그날 래스커주의자들은 대의를 성취한 달콤함을 느끼면서도 한편으로는 씁쓸했다. 암 연구와 억제를 위해서 엄청난 예산—1972년 4억 달러, 1973년 5억 달러, 1974년 6억 달러(3년 동안 총 15억 달러)—을 따냈다는 것은 기념비적인 성과였다.[37] 메리 래스커가 종종 말했듯이, 돈이 "동결된 에너지"[38]라면, 이 일은 에너지 도가니를 펄펄 끓게 만든 것과 같았다.

그러나 한편으로 법 조항들은 현실을 확인시켜주었다. 과학자들(자문단 외부에 있는) 사이에서는 이것이 너무 성급하게 암을 공격하는 짓이라는 견해가 압도적이었다. 한편, 메리 래스커도 최종 결과물에 몹시 비판적이었다. 그녀는 기자에게 새로운 법에 "상원 법안에 들어 있던 유용한 알맹이들이 모두 *빠졌다*"고 말했다.[39]

그 패배가 수치스러워서, 래스커와 시드니 파버는 하원 투표 직후에 암의 정치 세계에서 물러났다.[40] 파버는 보스턴으로 돌아가서 남몰래 자신의 상처를 치료했다. 래스커는 뉴욕의 비크먼 팰리스에 있는 자신의 박물관 같은 아파트—하얀 가구로 가득한 하얀 상자 같은 아파트—로 돌아가서, 암에서 도시미화 계획으로 관심을 바꾸었다. 그녀는 워싱턴에서 보건 분야의 입법 활동에 계속 적극적으로 참여했고, 해마다 의학과 생물학에 돌파구를 마련한 연구자들에게 수여하는 래스커 상도 제정했다. 그러나 암과의 전쟁을 위해서 20년 동안 불러일으켰던, 어떠한 연방 기관으로든 흘러들어서 저항을 무력화할 수 있는 거의 불타는 에너지라고 할, 고집스럽고 끈덕진 열정은 서서히 사라졌다. 1974년 4월에 한 젊은 기자가 래스커에게 뉴욕에 많은 튤립을 심자는 그녀의 제안을 놓고 인

터뷰를 했다. 인터뷰가 끝날 무렵, 기자는 그녀에게 자신이 가진 힘을 어떻게 생각하는지 물었다. 미국에서 가장 힘 있는 여성 중 한 사람이 아니던가? 래스커는 기자의 말을 잘랐다. "힘이 있다고요? 모르겠어요. 아니, 내가 정말로 힘이 있었다면, 더 많은 일을 이루었겠죠."[41]

화학자들도 그 전쟁에서 물러났다. 거기에 기여할 것이 거의 없기 때문이기도 했다. 이 전쟁이라는 수사학 속에는 거기에 필요한 도구, 무기, 군대, 표적, 전략을 이미 다 끌어모았다는 의미도 담겨 있었다. 과학, 즉 미지의 것을 발견하는 활동은 이 싸움의 변두리로 밀려났다. 대규모의 연구비를 투입해서 세포를 죽이는 약물들을 조합하여 시행하는 임상시험이 최우선 과제가 될 것이었다. 보편적인 원인과 보편적인 해답의 탐구―암 바이러스도 포함하여―에 가장 많은 연구비가 지원될 터였다. 파버는 1970년에 의회에서 선언했다. "우리는 비교적 짧은 기간에 암 문제를 포괄적으로 깊이 침략할 것입니다." 그의 군대는 이제 "행군하고" 있었다. 설령 그와 메리 래스커가 전선에서 물러났다고 할지라도 말이다.

따라서 그 법은 특이하게도 모든 고객을 기쁘게 한다는 뚜렷한 목적을 띠고 고안되었지만, 아무도 만족시킬 수 없었다. NIH, 래스커주의자, 과학자, 로비스트, 행정부, 정치가 모두 나름의 이유로 그 법이 너무 미흡하거나, 너무 지나치다고 느꼈다. 가장 불길한 평가를 내린 것은 「시카고 트리뷴」의 사설이었다. "위기 계획은 한 가지 결과만 빚어낼 수 있다. 바로 위기이다."[42]

1973년 3월 30일 늦은 오후, 가장 긴급한 의학적 상황이 발생했다는 신호인 호출 소리가 지미 기금 건물의 복도에 울려 퍼졌다.[43] 그 소리는 어린이 진료실의 열린 문을 통해서, 만화 주인공들의 초상화가 걸린 복도를 따라서, 정맥 주사 바늘을 꽂은 채 아이들과 하얀 침대보가 있는 병동 침대들을 지나서, 파버가 인턴 생활을 했던 브리검 여성병원까지 급박하게 울렸다. 마치 그의 삶을 되짚어가는 듯이.

수술복을 입은 한 무리의 의사와 간호사가 계단을 향해서 다급하게 뛰어갔다. 그들은 평소보다 더 멀리 달려갔다. 8층의 병원 맨 끝이었다. 커다란 창문들이 있는 방에서 그들은 책상에 얼굴을 기댄 파버를 발견했다. 파버는 심장마비로 사망한 상태였다. 그는 마지막 몇 시간을 지미 기금의 미래와 암 전쟁의 방향에 관해서 토론을 하면서 보냈다. 부검을 다룬 첫 책에서 바로 그 주일에 도착한 백혈병 요법의 발전을 다룬 가장 최근의 논문에 이르기까지, 그의 저술들이 주위의 서가에 말끔하게 정리되어 있었다.

세계 곳곳에서 부고 기사가 실렸다. 아마 메리 래스커의 것이 가장 간결하면서, 가장 가슴 뭉클했을 것이다. 그녀는 자신의 친구이자 자신의 일부를 잃었으니까. "이제 세계는 결코 이전과 같지 않을 것이다."[44]

파버가 숨을 거둔 집무실에서 겨우 100여 미터 떨어진 대너파버 암연구소의 동료 연구실에서 나는 칼라 리드에게 전화를 걸었다. 2005년 8월, 후덥지근한 아침이었다. 아이가 전화를 받았고 나는 잠시 기다렸다. 전화기를 통해서 시끌벅적한 집안의 백색 소음이 들려왔다. 그릇 부딪히는 소리, 문 벨소리, 자명종 소리, 라디오의 아침 뉴스 등이었다. 칼라는 전화를 받았다가 나라는 것을 알자, 순식간에 목소리에 긴장이 어렸다.

"전할 소식이 있어요." 나는 빨리 말을 이었다. "좋은 소식입니다."

그녀의 골수 검사 결과가 막 나온 상태였다. 자갈처럼 퍼져 있는 뼈와 지방 세포 사이사이에서 정상 혈액 세포가 모인 결절들이 드문드문 다시 돌아오고 있었다. 골수가 다시 자신의 자리를 차지하면서 재생하고 있다는 징후였다. 반면에 백혈병의 흔적은 어디에도 없었다. 현미경으로 보니, 암에 잠식되었던 것들이 서서히 정상으로 돌아오고 있었다. 우리가 함께 건너야 할 많은 이정표 중 첫 번째 것을 지났다는 의미였다. 축하할 시점이었다.

"축하해요. 완전한 완화 상태예요."

제3부
"호전되지 않으면 내 삶을 끝내줄래요?"

기대는 어긋나곤 하며, 가장 넘칠 때 가장 어긋나게 마련입니다.
그리고 희망이 식고 절망이 어울릴 때 충족되곤 하지요.
— 윌리엄 셰익스피어, 「끝이 좋으면 다 좋아」[1)]

나는 나의 위대한 시간이 명멸하는 것을 보았다
그리고 영원한 하인이 내 코트를 든 채 낄낄거리는 것을 보았다.
한마디로, 나는 두려웠다.
— T. S. 엘리엇[2)]

물론 진척을 보여주지 못하면 대통령에게 더 많은 예산을 요청할 수 없다는 귀하의 말은 절대적으로 옳습니다.
— 국립 암 프로그램의 담당자 프랭크 라우셔가
메리 래스커에게, 1974년[3)]

"신이라면 그냥 믿겠지만, 그밖의 모든 것은 자료가 있어야 합니다"

> 과학에서 이데올로기는 부패하는 경향이 있다. 절대적인 이데올로기는 절대적으로 부패한다.
> —로버트 니스벳[1]

> 외과에서의 정설은 지성의 다른 학과들에서의 정설과 마찬가지이다. 그것은……종교에 맞먹는 것에 거의 도전하다시피 하면서 시작한다.
> —제프리 케인스[2]

> 내가 쓸데없이 유방절제술을 받았다는 건가요? —로즈 쿠시너[3]

파버는 운 좋게도 적절한 시기에 살았지만, 더욱 운 좋게도 적절한 시기에 세상을 떠났다. 그가 사망한 해인 1973년은 암의 역사에서 심하게 분열되어 논쟁을 벌이는 시기가 시작된 해였다. 이론들은 산산이 부서졌고, 약물의 발견은 정체되었으며, 임상시험은 시들해졌다. 학회는 전면적인 말싸움으로 변질되었다. 방사선과 의사, 화학요법 의사, 외과의사는 권력과 정보를 쟁취하기 위해서 격렬히 싸웠다. 암과의 전쟁은 이따금 암 내부의 전쟁에 밀려나는 듯했다.

분쟁은 종양학의 중심에서 시작되었다. 홀스테드의 소중한 유산인 근치 수술은 1950-1960년대에 경이로운 대인기를 끌었다. 전 세계의 외과 학술대회에서 홀스테드의 후계자들—쿠시먼 하겐센과 제롬 어번 같은 거리낌 없고 설득력 있게 말하는 외과의사들—은 스승을 넘어서는 수준의 근치주의를 실천했다고 선언했다. 1956년에 하겐센은 이렇게 썼다. "유방의 육종을 수술로 공략할 때, 나는 그 병이 설령 초기 단계에 있다고 해도 그것이 가공할 적이므로 해부 구조가 허용하는 한……근치적으로 수술을 하는 것이 나의 의무라는 기본 원칙을 따랐다."[4]

그리하여 근치 유방절제술은 "초근치(superradical)"에 이어서 유방, 가슴근, 겨드랑이 림프절, 가슴벽, 때로는 갈비뼈, 복장뼈 일부, 빗장뼈, 가슴 안쪽 림프절까지 수술로 제거하여 외모를 유달리 끔찍하게 손상시키는 "극근치(ultraradical)"로 나아갔다.

그 사이에 홀스테드는 암 수술의 성인, 자신의 포괄적인 암 "이론"을 관장하는 신이 되었다. 셰익스피어처럼 명언을 만드는 재주가 있던 그는 그것을 "원심 이론(centrifugal theory)"이라고 했다.[5] 악성 팔랑개비처럼 암이 몸의 한 중심점에서부터 점점 더 큰 호(弧)를 그리면서 퍼지는 경향이 있다는 개념이다. 그는 유방암이 유방에서 겨드랑이의 림프절로 퍼지고(그는 다시 시적인 표현을 써서 이 림프절들을 "경비병"이라고 했다), 암울하게도 혈액을 통해서 간, 폐, 뼈로 번진다고 주장했다. 외과의사의 일은 마치 회전하는 바퀴의 중앙을 잡아 부수듯이, 몸에서 모든 암 조각을 잘라내서 원심 퍼짐을 막는 것이었다. 이것은 초기 유방암을 공격적이고 단호하게 치료하는 것을 뜻했다. 외과의사가 더 많이 잘라낼수록, 치유될 가능성은 더 높았다.

그 광적인 부지런함은 환자들에게도 일종의 치료 효과를 미쳤다. 여성들은 자기 수술의에게 제거술을 할 때, 인정에 사로잡히지 말라고 간청하는 편지를 탄복하는 마음과 경외심을 담아 썼다. 마치 수술이 암을 제거하는 동시에 건강을 되돌려줄 신비적인 의식인 것처럼 말이다. 하겐센은 외과의사에서 샤먼으로 변신했다. 그는 환자들이 "어느 정도는 [자기 병의] 부담을 나에게 떠넘기는 것이 분명하다"고 썼다.[6] 또 한 외과의사는 때로 "오직 사기진작 효과 때문에 유방암을 수술했다"고—냉랭하게—썼다.[7] 또 그는 사적으로 기록했다. "나는 언젠가는 육종이 완치될 것이라는 희망을 버리지 않지만, 이 축복받은 성취가 외과의사의 칼에서 나올 것이라고는 결코 믿지 않는다."[8]

홀스테드는 미국에서 한 세대의 의사 전체를 그의 수술칼의 "축복받은 성취"를 믿도록 개종시켰다고 할 만했다. 그러나 볼티모어에서 멀어질수록 그의 원심 이론의 위력도 약해지는 듯했다. 런던 세인트 바솔로뮤 병원의 제프리 케인스라는 젊은 의사는 그 이론에 별 확신을 가지지 못했다.[9]

1924년 8월에 케인스는 한 유방암 환자를 검사했다. 유방에 궤양성 악성 혹이 난 47세의 여위고 쇠약한 여성이었다.[10] 볼티모어나 뉴욕에서라면 그런 환자에게 즉시 근치 수술을 했겠지만, 케인스는 환자가 허약 체질이라서 걱정스러웠다. 그는 무턱대고 근치 수술(수술대에서 그녀가 죽을 가능성이 높을 것이다)을 하기보다는 훨씬 더 보존적인 전략을 택했다. 에밀 그루브 같은 방사선과 의사들이 유방암 치료에 엑스 선이 효과가 있음을 보여주었다는 것을 알았기 때문에, 케인스는 종양에 방사선을 쬐기 위해서 그녀의 유방에 라듐 50밀리그램을 삽입했다. 그는 증상이라도 완화시키면 좋겠다고 바라면서 어떤 효과가 나타나는지 지켜보았는데, 상태가 현저히 개선되어서 깜짝 놀랐다. "궤양이 빠르게 치유되었고, 덩어리 전체가 작아지고 부드러워지고 더 유동적이 되었다."[11] 덩어리가 너무 빠르게 줄어들어서 케인스는 다소 최소한의 비근치 수술로도 혹을 완전히 제거할 수 있을 것이라고 생각했다.

그 성공에 용기를 얻은 케인스는 1924년에서 1928년에 걸쳐서 같은 전략을 변형시키면서 계속해서 시도했다. 그는 수술과 방사선을 비교적 적은 양으로 세심하게 조합하여 쓰는 것이 가장 낫다는 결론을 얻었다. 그는 작은 수술(즉 근치 수술이나 극근치 수술에 기대지 않는)로 악성 혹을 국소 제거했다. 수술한 뒤에는 유방에 방사선을 쬐었다. 림프절을 제거하지도 않았고, 빗장뼈를 부러뜨리거나 뽑아내지도 않았고, 6시간이나 8시간에 걸쳐서 여기저기를 제거하는 긴 수술을 하지도 않았다. 근치적인 것은 전혀 없었지만, 케인스와 동료들은 사례마다 암 재발률이 뉴욕이나 볼티모어에서 얻은 것과, 적어도 비슷한 수준이라는 것을 발견했다. 환자들을 근치 수술이라는 끔찍한 시련을 겪게 하지 않고서도 같은 성과를 올린 것이다.

1927년에 자신의 학과에 제출한 다소 전문적인 보고서에서 케인스는 국소 수술과 방사선을 결합한 치료로 얻은 결과를 개괄했다. 그는 특유의 억제된 어조로, 일부 유방암 사례에서는 "국소 제거 수준을 넘어서는 수술 확대가 때로는 불필요할 것이다"라고 썼다.[12] 케인스의 문장에 담긴 모든 것은 세심하게, 전략적으로, 거의 수술하듯이 구성한 것이었다. 그 의미는 엄청났다. 국소 수술이 근치 수술과 같은 결과를 낳는다면, 원심 이론은 재고되어야 했다. 케인스는 은연중에 근치 수술에 선전포고를 했다. 설령 편만 한 크기의 세모날로 따끔 찌른 것에 불과할지라도 말이다.

그러나 미국의 홀스테드 추종자들은 케인스의 노력을 비웃었다. 그들은 그의 수술에 덩이절제술(lumpectomy)이라는 별명을 붙임으로써 앙갚음했다.[13] 그 별명은 비열한 농담 같았다. 흰 가운을 입은 의사가 한 신체 부위를 끄집어내어 들고서 "덩어리입니다"라고 소리치는 만화의 한 장면처럼 말이다. 미국 외과의사들은 케인스의 이론과 수술을 거의 무시했다. 케인스는 제1차 세계대전 때 유럽에서 수혈의 선구자로서 잠시 명성을 얻었지만, 그가 근치 수술에 도전한 일은 조용히 묻혔다.

일련의 운명적인 사건들이 없었다면, 미국 외과의사들은 속 편하게 케인스를 잊은 채 지냈을 것이다. 1953년에 케인스의 동료가 안식년을 맞아 세인트 바솔로뮤 병원를 떠나서 오하이오 주 클리블랜드 병원으로 왔다가, 유방암의 역사를 다룬 강연을 했다. 그는 케인스가 유방을 최소한으로 수술하여 얻은 결과에 논의의 초점을 맞추었다. 그날 저녁, 청중 속에 조지 바니 크라일이라는 젊은 외과의사가 있었다.[14] 크라일과 케인스는 만난 적이 없었지만, 지적으로 똑같은 빚을 지고 있었다. 크라일의 부친인 조지 크라일 시니어는 미국에서 수혈을 보급한 선구자였으며 그 분야에서 널리 읽히는 교재도 썼다.[15] 제1차 세계대전 때 케인스는 멸균한 원뿔 모양의 유리관을 써서 수혈하는 법을 배웠는데, 아버지 쪽인 크라일 박사는 그 장치를 고안하는 데에도 기여했다.

작가인 아미타브 고시는 정치 혁명이 안쪽도 바깥쪽도 아닌, 권력의 가장자리에 놓인 공간인 궁정의 안뜰에서 종종 일어난다고 썼다.[16] 반대로 과학 혁명은 대개 지하실, 사유의 주요 통로로부터 떨어진 채 묻혀 있는 곳에서 일어난다. 그러나 수술 혁명은 외과의 성역 **안에서** 뿜어나와야 한다. 외과는 본질적으로 외부인은 접근할 수 없는 분야이기 때문이다. 수술실에 들어가려고 해도 비누, 물, 수술 전통의 세례를 거쳐야 한다. 수술에 혁신을 일으키려면, 먼저 외과의사가 되어야 한다.

크라일 부자는 외과의 전형적인 내부인이었다. 아버지 쪽은 홀스테드와 동시대 인물로서, 근치 수술의 초창기 지지자였다. 아들 쪽은 홀스테드의 제자들로부터 근치 유방절제술을 배웠다. 크라일 부자는 자기 세대에 근치 수술의 깃발을 높이 치켜들었던, 즉 홀스테드 전통에 푹 잠겼던 인물들이었다. 그러나 런던의 케인스처럼, 아들 쪽 크라일도 근치 유방절제술에 나름의 의구심을 품기 시작했다.[17] 생쥐를 대상으로 했던 동물 연구들(앨라배마의 스키퍼를 비롯한 여러 학자들의 연구들)은 동물에게 이식된 종양이 홀스테드가 생각했을 법한 식으로는 행동하지 않는다는 것을 보여주었다. 한 자리에서 커다란 종양이 자라면, 거기에서 작은 전이성 침착물이 나와서 때로 주위의 림프절을 건드리지 않은 채, 간과 비장 같은 멀리 떨어진 곳에서 나타나곤 했다. 암은 점점 더 큰 나선을 그리면서 원심 방향으로 뻗어나가지 않았다. 훨씬 더 변덕스럽고 예측 불가능하게 퍼졌다.

크라일이 케인스의 자료를 깊이 살펴보자, 기존 패턴들이 갑자기 이해가 되기 시작했다. 홀스테드도 환자들이 근치 수술을 받고서 4-5년 뒤에 "신비한" 전이로 사망했다고 하지 않았던가? 그런 환자들의 유방암도 근치 수술을 받기 전에 이미 멀리 있는 기관에 전이되었을 수 있지 않을까?

홀스테드 논리의 결함이 곧 구체적으로 드러나기 시작했다. 크라일은 애당초 종양이 국소 부위에 한정되어 있었다면 국소 수술과 방사선으로 충분히 제거되었을 것이고, 림프절과 근육을 광적으로 추가로 제거해서 더 얻을 만한 혜택은 없을 것이라고 주장했다. 반대로 유방암이 이미 유방 바깥으로 퍼졌다면, 수술은 어찌되었든 소용이 없었을 것이고, 더 공격적인 수술은 그저 더 공격적으로 쓸모없는 짓을 하는 것이 될 터였다. 크라일은 유방암이 본래 국소적인 질병―따라서 더 작은 유방절제술로도 치유 가능한 질병―이거나, 본래 전신 질병―따라서 가장 철저한 수술로도 치유 불가능한 질병―이거나 두 가지 중 하나라는 것을 알아냈다.

크라일은 곧바로 근치 유방절제술에서 완전히 손을 떼었고, 대신에 수술을 제한적으로 적용함으로써 케인스의 것과 비슷한 방식의 수술(그는 그것을 "단순 유방절제술"이라고 했다)을 하기 시작했다.[18] 약 6년이 흐르자, 그는 자신의 "단순한" 수술이 케인스의 덩이절제술+방사선과 놀라울 만큼 비슷한 결과를 내놓는다는 것을 발견했다. 두 국소 수술로 치료한 환자들의 생존율은 그동안 근치 유방절제술로 치료한 환자들의 생존율과 아무런 차이도 보이지 않았다. 케인스와 크라일 사이에는 대양과 40년의 임상 치료 세월이 놓여 있었지만, 두 사람 모두 같은 임상 진리에 도달한 듯했다.

그러나 그것이 진리였을까? 케인스에게는 입증할 수단이 없었다. 1930년대까지 임상시험은 대개 **긍정적인** 결과를 증명하도록 설계되었다. 즉 치료 A가 치료 B보다 낫다거나, 약물 X가 약물 Y보다 낫다는 것을 말이다. 그러나 **부정적인** 결과—근치 수술이 기존 수술보다 낫지 않다—를 입증하려면, 새로운 통계 척도 집합이 필요했다.

그 척도가 창안되면 유달리 희망으로 가득한(따라서 성공했다는 근거 없는 주장에 휘둘리기 쉬운) 의학 분야인 종양학의 역사에 심오한 영향을 미칠 것이 분명했다. 케인스가 런던에서 덩이절제술을 시작한 지 4년 뒤인 1928년, 예지 네이만과 에곤 피어슨이라는 두 통계학자가 부정적인 통계학적 주장을 평가하는 체계적인 방법을 내놓았다.[19] 부정적인 주장의 신뢰도를 측정하기 위해서, 네이만과 피어슨은 검정력(power)이라는 통계 개념에 의지했다. 간단히 말하면, "검정력"은 어떤 검사나 시험이 가설을 기각하는 능력의 척도이다. 직관적으로 네이만과 피어슨은 과학자가 가설을 기각하는 능력이 그가 그 가설을 얼마나 철저히 검사했느냐에, 따라서 독립적으로 검사된 표본의 수에 가장 중요하게 의존한다고 추론했다. 근치 유방절제술 5건을 기존 유방절제술 5건과 비교했는데 결과에 아무런 차이가 없다면, 그 결과를 놓고 유의미한 결론을 내리기가 어렵다. 그러나 양쪽에서 1,000건씩의 사례들이 정확히 똑같은 결과를 내놓는다면, 혜택이 없다고 강력히 주장을 펼칠 수 있다.

바로 거기에, 그 의존성 안에 묻힌 채, 의학의 가장 기이한 함정 중의 하나가 놓여 있다. 어떤 시험이 충분한 "검정력"을 가지려면, 충분한 수의 환자를 모을 필요가 있다. 환자를 모으려면, 시험자는 의사들을 설득하여 시험에 참여하도록 해야 한다. 그러나 의사들은 어떤 이론을 기각하거나 반증하는 일에 가장 덜 관심을 가진 사람들일 때가 종종 있다. 근치 수술이라는 유산에 푹 빠져 있는 분야인 유방암에서는 이 갈등이 유독 심했다. 예를 들면, 하겐센과 어번 같은 위세등등한 외과의사들의 노골적인 축복과 참여가 없이는 어떤 유방암 임상시험도 진행할 수 없었다. 그러나 이 외과의사들은 모두 홀스테드의 열렬한 지적 후계자들이기 때문에, 자신들이 수십 년 동안 그토록 열정적으로 옹호한 이론을 논박할지도 모를 임상시험을 후원할 가능성이 극히 적었다. 비판자들이 하겐센에게, 가장 나은 사례만을 골라서 평가를 하는 경향이 있지 않았느냐고 의구심을 가지자, 그는 외과의사들에게 원하는 다른 방법을 써서 자신의 경이로운 성공을 재연해보라고 했다. "어서 가서 마음껏 해보슈."[20]

그렇기 때문에 크라일조차도—케인스의 발견이 있은 지 꼬박 40년이 흐른 뒤에도—홀스테드의 유방절제술을 논박할 임상시험을 할 수가 없었다. 의학의 위계질서, 내부 문화, 진료 관례(크라일은 "외과의 복음"이라고 비꼬았다)는 변화에 저항하고 정통성을 영속화하는 쪽으로 이상적으로 배치되었다. 크라일은 자신의 학과, 친구, 동료와 맞서 싸우고 있다는 것을 알았다. 그가 임상시험을 하려면 끌어들여야 할 바로 그 의사들이 그 시험에 격렬하게 때로 악독하게 반대하곤 했다. 따라서 통계적 의미의 "검정력"은 그 영어 단어의 일상적 의미인 "권력"과 충돌했다. 그토록 고생스럽게 근치 수술의 세계를 창조했던 외과의사들은 그것을 혁신시키려는 동기를 전혀 가지고 있지 않았다.

수술 전통이라는 매듭을 잘라버리는 일은 펜실베이니아의 외과의사 버나드 피셔가 맡았다.[21] 피셔는 불쾌하고 야심적이고 고집불통에 성깔 있는 인물이었다. 한마디로 홀스테드의 화신이라고 할 만했다. 그는 피츠버그 대학교에서 교육을 받았다. 뉴욕과 볼티모어의 병원들처럼 영광스러운 홀스테드의 근치 수술 전통에 푹 절여진 곳이었다. 그러나 그는 더 젊은 세대, 즉 자기 분야의 위신을 깎아내린다는 식의 생각에 얽매이지 않은 채 거기에 도전할 수 있을 만큼 홀스테드와 비판적 거리를 둔 세대에 속했다. 크라일과 케인스처럼, 그도 이미 암의 원심 이론을 불신하고 있었다. 케인스와 크라일의 자료를 다시 살펴보면 살펴볼수록 그는 근치 수술에 생물학적 근거가 전혀 없다는 점을 더욱더 확신하게 되었다. 그는 진실은 정반대가 아닐까 하고 생각했다. "제대로 살펴보니, 그 태피스트리의 뒷면에 뒤엉킨 실들이 진정으로 아름다운 문양을, 의미 있는 패턴을, '홀스테드주의'라고 생각되던 것과 정반대의 가설을 나타낸다는 점이 뚜렷해졌다."[22]

홀스테드 이론이라는 태피스트리를 뒤집는 방법은 근치 수술을 단순 유방절제술 그리고 덩이절제술+방사선과 비교 검사하는 통제된 임상시험을 수행하는 것뿐이었다. 그러나 피셔도 그런 임상시험이 격렬한 반발을 불러일으키리라는 것을 잘 알았다. 근치 수술이라는 자신들의 뿌리에 발을 깊이 박고서 수술실에 틀어박혀 있는 대다수 학계 외과의사들이 협력할 가능성은 거의 없었다.

그러나 그 수술실에서 또 한 사람이 깨어나고 있었다. 수술칼의 칼날이 향한 곳에서 마취된 채 오랫동안 말없이 누워 있던 사람, 즉 암 환자가 말이다. 1960년대 말이 되자, 의사와 환자의 관계에 급격한 변화가 일어나기 시작했다. 예전에는 오류가 거의 없다고 인식되던 의학이 심각한 판단 오류를 저지를 수 있다는 사실이 드러났다. 여성의 건강 문제를 둘러싸고 결함들이 뭉텅이로 드러났다. 탈리도마이드는 임신에 따르는 "욕지기"와 "불안"을 억제하는 용도로 널리 처방되었다.23) 그런데 그 약물이 심각한 태아 기형을 일으키는 경향이 있다는 것이 드러나는 바람에 당국은 1961년에 서둘러 그것을 시장에서 거두어들였다. 텍사스에서 제인 로(가명)는 자신의 태아 낙태 권리를 막았다면서 주 정부를 고소했다.24) 낙태에 관한 로 대 웨이드(Roe v. Wade) 사건은 정부, 의료 기관의 권한, 여성의 몸 사이의 복잡한 관계를 집중 조명하는 계기가 되었다. 즉 정치적 페미니즘이 의학적 페미니즘을 출산 중이었다. 그리고 여성의 몸에 이루어지는 가장 흔하고 가장 외모를 훼손시키는 수술 중의 하나가 결코 임상시험을 통해서 정식으로 검증된 적이 없다는 사실은 신세대 여성들의 마음을 불편하게 만들었다. 크라일은 1973년에 자신의 환자들에게 간곡히 말했다. "근치 유방절제술을 거부하세요."25)

그리고 그들은 거부했다. 「침묵의 봄(Silent Spring)」의 저자이자 크라일의 가까운 친구인 레이첼 카슨은 근치 유방절제술을 거부했다(돌이켜보면, 그녀는 옳았다. 그녀의 암은 이미 뼈로 퍼진 상태였기 때문에 근치 수술을 받았어도 소용 없었을 테니까).26) 베티 롤린과 로즈 쿠시너도 거부했고 곧 카슨과 함께 근치 수술에 맞섰다.27) 롤린과 쿠시너—두 사람 모두 도발적이고 솔직하며 현실적이고 재치 있는 글 솜씨를 자랑하는 뛰어난 저술가였다—는 외과의 오만한 정설에 도전하는 데에 아주 놀라운 능력을 보여주었다. 그들은 신문과 잡지에 사설과 투고를 쏟아냈고, 의학 및 외과 학술대회에 참석하여(때로는 초대받지 않았는데도) 근치 유방절제술이 검증을 받은 적이 없다는 사실과 자료를 들이대면서 당당하게 외과의사들을 공격했다. 쿠시너는 "여성들에게 다행스럽게도 수술 관습이 변하고 있다"고 썼다.28) 마치 "외모를 훼손하기가 너무 싫다"고 했던 홀스테드의 유명한 기록에 나오는 환자인 젊은 여성이 침대에서 깨어나서, 그토록 "싫다"면서도 왜 그렇게 자신의 외모를 훼손하는 일에 열심이었는지를 그 암 외과의사에게 묻는 것 같았다.

1967년에 환자들의 활약과 유방암에 관한 대중의 관심 증가에 힘입어서, 피셔는 전국 유방암과 대장암 임상연구협회(National Surgical Adjuvant Breast and Bowel Project, NSABP)의 새로운 의장이 되었다.[29] 주브로드의 백혈병 컨소시엄을 본떠서 대규모 유방암 임상시험을 진행하기 위해서 설립한 대학병원들의 협의체였다. 4년 뒤에 NSABP는 체계적인 무작위 임상시험을 통해서 근치 수술을 검증하자고 제안했다. 공교롭게도 홀스테드가 근치 유방절제술을 기술한 논문을 발표한 지 "80주년"이 되는 날이었다. 하나의 암 이론에 대한 암묵적인, 거의 헌신적인 믿음이 마침내 시험대에 오르게 되었다. 피셔는 한 글에서 이렇게 썼다. "임상의는 경험이 제 아무리 많다고 할지라도 그것을 과학적 타당성의 민감한 지표로 삼을 수는 없다는 것을 받아들여야 한다."[30] 그는 신성한 지혜라면 기꺼이 믿겠지만, 홀스테드의 것은 신성한 지혜가 아니었다. 그는 한 기자에게 퉁명스럽게 말했다. "신이라면 그냥 믿겠지만, 그밖의 모든 것은 자료가 있어야 합니다."[31]

피셔가 실제로 그 자료를 모으는 데에는 꼬박 10년이 걸렸다. 연구를 위해서 환자들을 모으는 것도 힘들었다. 그는 이렇게 회고했다. "자신의 유방을 잘라내거나 잘라내지 않거나 할 임상시험에 여성을 참여시키는 것은 아주 어려운 일이었어요. A약물 대 B약물을 검사하는 것과는 달랐죠."[32]

환자들이 내키지 않아하면서 참여했다면, 외과의사들은 아예 참여시키기가 거의 불가능했다. 근치 수술 전통에 푹 잠겨 있는 많은 미국 외과의사들은 환자 모집에 엄청난 장애물이 되었기 때문에, 연구를 완성하려면 캐나다 외과의사와 환자를 추가해야 했다. 그렇게 하여 미국과 캐나다의 34개 센터에서 1,765명의 환자를 모았다. 환자들은 무작위로 세 집단으로 나뉘었다. 첫 번째 집단은 근치 유방절제술, 두 번째 집단은 단순 유방절제술로 치료했고, 세 번째 집단은 수술 후 방사선을 쬐었다. 전력을 쏟았음에도 불구하고, 충분한 수의 환자를 모으는 데에는 여러 해가 걸렸다. 외과 자체 내의 세력들에 발목이 잡히면서, NSABP-04 임상시험은 끝날 때까지도 순탄하게 진행되지 못했다.

1981년에 마침내 임상시험 결과가 공표되었다. 유방암 재발률, 사망률, 먼 부위로의 암 전이율은 세 집단 모두에서 통계적으로 동일했다. 근치 유방절제술 치료를 받은 집단은 몸에 심한 대가를 치렀지만, 생존율, 재발률 혹은 사망률에서 아무런 추가 혜택을 보지 못했다.[33]

1891년에서 1981년까지 거의 100년에 걸친 근치 유방절제술의 시대에 50만 명으로 추정되는 여성이 암을 "근절하는" 수술을 받았다. 많은 여성은 자의로 그 수술을 택했다. 많은 여성은 타의로 그 수술을 받았다. 많은 여성은 그것이 하나의 선택이라는 것조차도 깨닫지 못했다. 많은 여성은 외모가 영구적으로 손상되었다. 많은 이는 그 수술을 축복으로 받아들였다. 많은 이는 그 가혹한 형벌을 용감하게 견뎌냈다. 자신의 암이 가능한 한, 공격적이고 결정적으로 치료되기를 바라면서 말이다. 홀스테드의 "암 창고"는 홉킨스의 원래 창고벽을 넘어서 훨씬 멀리까지 뻗어나갔다. 그의 생각은 종양학으로 들어가서, 종양학의 어휘에 배어들었고, 이어서 종양학의 심리, 정신 사조, 자화상에도 침투했다. 따라서 근치 수술이 몰락하자, 외과의 문화 전체가 더불어서 무너졌다. 오늘날 외과의사들은 근치 유방절제술을, 설령 할 때가 있긴 할지라도, 거의 하지 않는다.

"웃음 짓는 종양학자"

> 이 나라의 의사 중에 암 요법의 목숨을 위협하지는 않는 부작용에 관심을 가진 이는 거의 없는 듯하다.……미국에서 탈모, 욕지기와 구토, 설사, 막힌 혈관, 경제적 곤란, 결혼 파탄, 동요하는 아이들, 성욕 상실, 자존심 상실, 신체상(body image)은 간호사가 맡을 문제이다. —로즈 쿠시너[1]

> 자유를 얻으려면, 목숨을 걸어야만 한다. —헤겔[2]

근치 수술의 토대가 불길하게 뒤흔들리는 것을 보고, 암 화학요법 의사들도 잠시 자신들이 하는 일을 되돌아볼 생각을 하지 않았을까? 그러나 그들도 충족시킬 나름의 근치주의 환상을, 암과 맞서 펼칠 나름의 근치 무기들을 가지고 있었다. 그들은 수술, 즉 암과 싸우는 전통적인 전부(戰斧)가 너무 원시적이고, 너무 무차별적이고, 너무 지치게 만든다고 생각했다. 한 의사가 표현했듯이, 암을 없애려면 "대규모 화학요법 공격"이 필요했다.[3]

모든 전투에는 상징적인 전쟁터가 필요하며, 1970년대 말의 암 전쟁을 요약하는 물리적 장소가 있다면, 화학요법 병동이 그러했다. 한 화학요법 의사의 말처럼, 그곳은 "우리의 참호이자 우리의 엄폐호"[4]였고, 암 역사에 영원히 기록될 공간이었다. 수전 손택이라면, 그 병동에 들어가는 것이 질병의 왕국 시민권을 자동적으로 획득하는 것이라고 표현했을 듯하다.

언론인 스튜어트 앨솝은 1973년에 희귀한 정체불명의 혈액 질환을 치료하기 위해서 NIH의 그런 병동 한 곳에 갇혔다. 그 문턱을 건너는 순간, 그는 위생 시설이 갖추어진 지옥의 한 장면과 마주쳤다. "NIH 임상 센터를 돌아다니다 보면, 복도에서든 승강기 안에서든 이따금 얼굴이나 몸이 끔찍한 기형이 된 살아 있는 악몽, 인간 괴물을 만나게 된다."[5] 환자들은 설령 "일상복"으로 위장하고 있어도 화학요법이 피부에 남긴 오렌지 색조를 통해서 여전히 알아볼 수 있었으며, 그 피부 밑으로는 암에 수반되는 빈혈 특유의 창백함이 내비쳤다. 그 공간은 탈출할 수단, 출구가 전혀 없는 지옥 같았다. 앨솝은 환자들이 한가로이 걷는 유리창으로 둘러싸인 요양소의 창마다 병동에 갇힌 사람들이 난간 너머로 몸을 던져서 자살하는 것을 막기 위해서 굵은 철망으로 덮여 있었다고 했다.

이런 병동에는 집단 건망증이 유행했다. 기억하는 것이 생존의 필수조건이라면, 잊는 것도 그러했다. 한 인류학자는 "비록 이곳이 암 병동일지라도, 직원과 환자 모두 '암'이라는 단어를 입에 담지 않으려고 애썼다"라고 적었다.[6] 환자들은 규정에 따라서, 즉 "받아들인 역할, 미리 정해진 틀에 박힌 활동, 일정한 자극"에 따라서 살았다.[7] 꾸며낸 쾌활함이라는 책략(전투에 임하는 군인에게 요구되는 것이기도 한)은 병동을 더욱 쓸쓸하고 황폐하게 만들었다. 유방암으로 죽어가는 여성들이 누워 있는 구역은 "복도의 벽은 노란색과 오렌지색, 병실은 베이지색과 흰색의 띠무늬"로 칠해져 있었다.[8] NIH에서 병동에 낙천주의를 불어넣으려는 노력의 하나로서, 간호사들은 웃는 얼굴의 윤곽을 만화처럼 그려넣은 노란 플라스틱 단추가 달린 제복을 입었다.[9]

이런 병동은 심리적 격리실뿐만 아니라 육체적 미시환경을 만들어냈다. 즉 암 화학요법의 핵심 이론—죽음에 도전하면서 약물들을 쏟아부어 암을 박멸한다는 것—을 충분히 검증할 수 있을 만한 멸균된 폐쇄 공간을 말이다. 그것은 부정할 수 없는 하나의 실험이었다. NIH에서 앨솝은 예리하게 지적했다. "핵심 임무는 개별 환자를 구하는 것이 아니다. 각 환자를 구하기 위해서, 아니 적어도 가능한 마지막 순간까지 환자의 생명을 연장하기 위해서 엄청난 노력이 이루어지지만, 기본 목적은 어느 환자의 생명을 구하는 것이 아니라 다른 사람들의 생명을 구할 수단을 찾는 것이다."[10]

때로 그 실험은 성공을 거두었다. NSABP-04 임상시험이 우여곡절을 겪으면서 중간점에 이른 해인 1976년, 시스플라틴(cisplatin)이라는 새로운 약물이 암 병동에 등장했다. 시스플라틴—cis-platinum을 줄인 것—은 기존 약물을 토대로 고안한 새로운 약이었다. 백금 원자를 중심으로 4개의 "팔"이 평면상으로 뻗은 모양의 그 분자 구조는 1890년대에 이미 알려져 있었다. 그러나 화학자들은 시스플라틴을 어디에 써야 할지 알아내지 못했다. 그 흡족할 정도로 대칭적인 아름다운 화학 구조는 분명히 사람에게 아무 쓸모가 없었다. 그것은 실험실 구석의 선반에 놓인 채 잊혀졌다. 그것의 생물학적 효과를 검증하려는 수고를 한 사람은 아무도 없었다.

1965년에 미시건 주립대학교에서 생물물리학자 바넷 로젠버그는 전류가 세균의 세포 분열을 자극하는지 알아보는 연구를 시작했다.[11] 로젠버그는 2개의 백금 전극을 이용하여 전류를 통하게 하는 세균 플라스크를 고안했다. 전원을 켠 로젠버그는 놀랍게도 세균 세포가 분열을 완전히 멈춘 것을 알았다. 그는 처음에는 전류가 세포 분열을 억제하는 활성인자라고 생각했다. 그러나 곧 전류는 단지 구경꾼이라는 것을 알았다. 대신에 백금 전극이 세균 배양액의 염분과 반응하여 새로운 성장 억제 분자를 만들고, 그것이 배양액 전체로 확산된 것이었다. 그 화학물질이 바로 시스플라틴이었다. 모든 세포가 그렇듯이, 세균도 분열하려면 먼저 DNA를 복제해야 한다. 시스플라틴은 반응성을 띤 분자 팔로 DNA에 화학적 공격을 가했다. 교차 연결하여 DNA를 돌이킬 수 없이 손상시킴으로써 세포의 분열을 중단시킨다.

존 클러랜드 같은 환자들에게 시스플라틴은 1970년대의 새로운 혈통의 공격적인 화학요법 약물들을 대변했다.[12] 1973년에 클러랜드는 인디애나에서 수의학을 공부하는 22세의 학생이었다. 결혼한 지 2개월 뒤인 그해 8월, 그는 오른쪽 고환에서 빠르게 커지고 있는 혹을 발견했다. 그는 11월의 어느 화요일 오후에 비뇨기과 의사를 찾았다. 목요일에는 수술로 떼어내려고 가벼운 마음으로 수술실로 향했다. 그러나 그는 배에서 가슴뼈까지 흉터가 난 채 밖으로 실려나왔다. 전이 고환암이라는 진단이 나왔다. 고환의 암이 림프절과 폐까지 퍼져 있었다.

1973년에 전이 고환암의 생존율은 5퍼센트도 되지 않았다. 클러랜드는 인디애나 대학교의 암 병동에 입원하여 래리 아인혼이라는 젊은 종양학자의 치료를 받기 시작했다. 1960년대에 NCI 연구에서 유래한 ABO라는 거칠고 유독한 세 가지 약물의 칵테일 요법은 효과가 미미했다. 클러랜드는 병원을 들락거리며 살았다. 몸무게는 72킬로그램에서 48킬로그램으로 줄었다. 1974년의 어느 날, 아직 화학요법을 받고 있던 시기에, 아내가 바깥에 앉아서 오후를 보내자고 제안했다. 클러랜드는 수치스럽게도 일어설 수도 없을 만큼 쇠약해졌다는 것을 알았다. 그는 당혹감에 흐느끼면서 아기처럼 침대로 옮겨졌다.

1974년 가을, ABO 요법은 중단되었다. 대신에 다른 약물로 치료를 받았지만 마찬가지로 효과가 없었다. 아인혼은 최후의 수단을 써보자고 했다. 시스플라틴이라는 새로운 화학물질이었다. 다른 연구자들이 시스플라틴이라는 한 가지 약물로 고환암에 걸린 환자들을 치료하여, 비록 지속적인 것은 아니었지만 반응을 얻었었다. 아인혼은 시스플라틴을 다른 두 가지 약물과 조합하여 반응률을 증가시킬 수 있는지 알아보고 싶었다.

새로운 조합의 효과는 불확실한 반면, 죽음은 확실했다. 1974년 10월 7일, 클러랜드는 도박을 받아들였다. 그는 블레오마이신, 빈블라스틴, 시스플라틴을 쓰는 새로운 요법인 BVP —P는 "백금(platinum)"의 머리글자—의 "0번 환자"로 지원했다. 10일 뒤에 그가 일상적인 촬영 검사를 하기 위해서 병원에 왔을 때, 폐에서 종양이 사라지고 없었다. 무척 기쁘면서도 얼떨떨한 상태에서 그는 병원에서 아내에게 전화를 걸었다. "뭐라고 떠들어대긴 했는데, 기억이 안 나요."[13]

클러랜드의 사례는 전형적이었다. 1975년까지 아인혼은 그 요법으로 환자 20명을 더 치료하여, 이 병의 역사에서 거의 유례가 없는 극적이고 지속적인 반응을 얻었다.[14] 그는 1975년 겨울에 토론토에서 열린 종양학자들의 연례총회에서 그 자료를 발표했다. 그는 당시를 이렇게 회고했다. "연단까지 걸어올라가는데 꼭 달 위를 걷는 것 같은 느낌이었어요."[15] 1976년 늦겨울 무렵에는 이러한 환자들 중 일부가 재발하지 않으리라는 것이 점점 더 분명해졌다. 아인혼은 화학요법으로 고형 암을 완치시킨 것이었다. "잊을 수 없는 순간이었죠. 내 소박한 마음에 이것이 우리가 그동안 찾아내지 못했던 바로 그 공식이라는 생각이 떠올랐어요."[16]

시스플라틴은 한 가지 이상의 의미에서 잊을 수 없었다. 그 약물은 끊임없는 욕지기를 일으켰다. 의학사에서 거의 찾아볼 수 없을 정도로 강렬하고 극심한 구역질이었다. 그 약물 치료를 받은 환자는 평균 하루에 12번 구토를 했다. (1970년대에 효과적인 구역질약이 몇 종류 있었다. 대다수 환자는 욕지기를 하는 사이에 정맥 주사로 그 약물을 투여받아야 했다. 일부는 약한 진토제인 마리화나를 화학요법 병동에 몰래 들여와서 썼다.)

마거릿 에드슨의 희곡 「위트(Wit)」는 한 여성이 난소암과 벌이는 싸움을 통렬하게 묘사한다.[17] 화학요법을 받는 영문학 교수는 병실 바닥에 놓인 구토 대야를 움켜쥔 채 목에서 웩웩 고통스러운 소리(그녀는 잊혀지지 않을 그 상황을 모면하고자 즉시 주의를 딴 데로 돌리려고 한다. "내 앵글로색슨족 어휘가 조금 나아졌다고 생각할지도 모르겠네요"[18])를 내며 속을 비운다. 이 장면의 배후에 언급되지 않은 채 숨어 있는 약학적 범인이 바로 시스플라틴이다. 1980년대 초(그 약의 효과를 다소 덜어줄 새로운 항구토제가 등장하기 전) 환자들을 돌보았던 종양학 병동의 간호사들은 환자가 갑작스럽게 격렬한 욕지기를 느끼고 바닥으로 꺽꺽 속을 전부 비우는 광경을 지금까지도 생생하게 떠올렸다. 간호사들의 속어로 그 약물은 "시스플래튼(cisflatten, 바닥에 납작 몸을 숙이는)"이 되었다.

이런 부작용들은 아무리 고역스러워도 기적의 약에 치르는 사소한 대가로 생각되었다. 1970년대 말, 시스플라틴은 화학요법의 전설적인 산물, 즉 환자를 죽음 직전까지 밀어붙임으로써 암을 치유할 수 있다는 것을 보여주는 핵심 사례로 선전되었다. 1978년에 시스플라틴 기반의 화학요법은 암 약리학의 첨단 유행이 되었다. 미국 전역에서 수많은 환자들을 대상으로 상상할 수 있는 온갖 약물 조합의 시험이 이루어졌다. 정맥 주사관을 통해서 레몬색의 화학물질이 똑똑 떨어지는 광경은 암 병동에서 흔히 볼 수 있었다. 그 직후 환자들이 구토 대야를 움켜쥐는 모습도.

그 사이에 NCI는 독물공장으로 변모하고 있었다. 국립 암법에서 쏟아져들어오는 예산은 연구소의 신약 발견 프로그램에 활기를 불어넣었다. 그 프로그램은 더욱 거대한 규모로 성장했고, 새로운 세포독성 약물을 찾아내기 위해서 해마다 수십만 종의 화학물질을 검사했다. 발견 전략은 경험적인 것이었지만 — 시험관에 든 암세포에 화학물질을 집어넣어서 암을 죽이는지 알아보는 식 — 이제는 거리낌 없이 도전적으로 그렇게 했다. 암의 생물학은 여전히 거의 이해가 되지 않은 상태였다. 그러나 종양학은 대체로 우연히 발견되는 상대적으로 무차별적인 세포독성 약물이 암을 완치시킬 것이라는 개념에 사로잡혔다. 백혈병 연구 초기에 프레이와 프레이레이치의 동료였던 하워드 스키퍼는 이렇게 시인했다. "우리는 더 나은 지침을 원하고 필요로 하며 찾고 있으며, 그것을 얻는 중이다. 그러나 오늘 수중에 있는 도구로 단계적인 발전을 이룰 수 있는 한, 마냥 앉아서 내

일의 약속만을 기다리고 있을 수 없다."[19] 에를리히의 착 달라붙는 어구인 "마법 탄환"을 연상시키는 듯했다. 이 전쟁에 필요한 것은 마력이 있든 없든 간에 암을 소멸시킬 단순한 "탄환"이었다.

그렇게 NCI 도가니에서는 각각 저마다 다른 개성을 가진 화학물질이 쏟아져 나왔다. 주목 100그루의 나무껍질에서 1그램을 추출하는 택솔(Taxol)도 그러했다.[20] 택솔의 분자 구조는 날개 달린 곤충과 비슷했다. 1969년에 발견된 아드리아마이신(adriamycin)은 핏빛(앨솝이 NCI 암 병동에서 보았던 붉은 기운이 감도는 오렌지색은 바로 이 화학물질에서 나온 것이었다)을 띠었다.[21] 치료에 쓰는 용량만으로도 심장에 돌이킬 수 없는 손상을 입힐 수 있었다.[22] 에토포사이드(etoposide)는 유독성 포도필룸(mayapple)의 열매에서 얻었고,[23] 경고 없이 폐에 상처를 입힐 수 있는 블레오마이신(bleomycin)은 곰팡이에서 얻은 항생제였다.[24]

"이런 화학물질로 암을 완치시킬 것이라고, 우리가 진짜로 믿었을까요?"[25] 조지 캐널로스는 회상했다. "진짜로 믿었어요. NCI는 의기충천한 곳이었어요. [주 브로드] 소장은 연구원들이 고형 종양 쪽으로 나아가기를 원했죠. 나는 난소암이 어떻겠냐고 했어요. 다른 사람들은 유방암을 제시했죠. 우리는 더 큰 임상 문제들을 다루고 싶었어요. 우리는 암 완치를 거의 다 된 일처럼 말하곤 했어요."

1970년대 중반, 고용량 복합 화학요법은 또다른 전선에서 승리를 거두었다.[26] 원래 동아프리카에서 발견된 종양인 버킷 림프종(미국과 유럽의 어린이와 청소년에게도 드물게 발견된다)이 질소 머스터드의 분자 사촌을 포함한 7가지 약물 칵테일로 완치된 것이다. NCI의 이언 매그래스와 존 지글러가 고안한 요법이었다.* 복합 화학요법으로 또 하나의 공격적 종양을 쓰러뜨리자, 연구소의 확신은 더욱 커졌다. 암의 "일반 해법"이 발견되었을 가능성을 다시 한번 역설한 것이었으니까.

의학계 바깥에서 일어난 사건들도 연구소에 새로운 피와 열정을 주입함으로써 종양학에 영향을 끼쳤다. 1970년대 초, 베트남 전쟁에 반대하는 젊은 의사들이 NCI로 밀려들었다. (모호한 법 조항 문구 때문에, NIH와 같은 연방 연구 프로그램에 지원하면 징병이 면제되었다.) 따라서 한 전투에 집중되지 않는 병사들을 다른 전투로 돌린 셈이었다. 캐널로스는 말했다. "지원자들이 급증했어요.

---

* NCI가 지원한 이 임상시험은 아이들에게 버킷 림프종이 풍토병인 우간다에서 많이 이루어졌다.

명석하고 활력 넘치는 젊은이들이 연구소의 새로운 동료가 되었죠. 그들은 새로운 임상시험, 약물들을 새롭게 조합한 시험을 해보고 싶어했어요. 의기가 하늘을 찔렀죠."[27] NCI와 전 세계의 산하 기관들에서는 요법의 명칭이 나름의 언어가 되었다. ABVD, BEP, C-MOPP, ChlaVIP, CHOP, ACT.

한 난소암 화학요법 의사는 1979년 학회에서 언론에 자신 있게 말했다. "치유 불가능한 암은 없습니다. 일부 사례에서는 가능성이 극히 적지만, 그래도 잠재된 가능성이 있습니다. 이것이 모든 환자가 알아야 하고, 또 알고 싶어할 내용이겠죠."[28]

크게 늘어난 NCI 금고는 여러 기관이 협력하여 진행하는 비용이 많이 드는 대규모 임상시험도 지원하여, 대학병원들이 세포독성 약물들의 더욱 강력한 조합을 만들도록 자극했다. NCI 지원금으로 커진 암 병원들은 효율적으로 작동하는 임상시험 기계로 변모했다. 1979년까지 NCI는 전국에 퍼져 있는 이른바 포괄 암 센터를 20곳으로 늘렸다. 외과의사와 화학요법 의사로 이루어진 전문가 집단이 운영하고 정신과 의사, 병리학자, 방사선과 의사, 사회복지사, 기타 직원들이 보조하는, 오직 암에 집중하는 대규모 병동을 갖춘 병원이었다. 인체 실험을 승인하고 조율하는 병원 부속 생명윤리위원회는 연구자들이 제도상의 장애물을 헤치고 파죽지세로 나아갈 수 있게 허용하는 쪽으로 개편되었다.

그것은 대규모의 시행착오였으며, 때때로 착오 쪽이 더 강조되는 듯했다. NCI가 지원했던 한 임상시험에서는 고환암에 시스플라틴의 용량을 2배로 늘려서 아인혼을 넘어서려고 시도했다. 그러나 독성만 2배로 늘었을 뿐, 추가적인 치료 효과는 없었다. 8가지를 한꺼번에(eight-in-one)라고 알려진 유달리 강력한 임상시험에서는 뇌종양에 걸린 아이들에게 하루에 8가지 종류의 약물을 투여했다.[29] 예상대로 끔찍한 합병증들이 일어났다. 환자 중 15퍼센트는 수혈을 받아야 했다. 6퍼센트는 목숨을 위협하는 감염 증세로 입원했다. 14퍼센트는 신장 손상으로 고통을 겪었다. 3명은 청력을 잃었다. 한 환자는 패혈 쇼크로 사망했다. 약물의 수와 용량을 그렇게 극심한 고통을 주는 수준까지 높였지만, 그 요법의 효과는 미미했다. 8가지를 한꺼번에 임상시험을 받은 아이들은 화학요법에 미미하게 반응했을 뿐, 대부분 그 직후에 사망했다.

이런 양상은 많은 유형의 암에서 지겨울 정도로 규칙적으로 되풀이되었다. 하나의 예로 복합 화학요법은 전이 폐암의 생존 기간을 3-4개월 더 늘리는 것으로 나타났다. 결장암은 6개월에 조금 못 미치는 정도, 유방암은 약 12개월 늘렸다. (여기서 12-13개월의 생존이 가진 의미를 얕보려는 뜻은 아니다. 암으로 사망선고를 받은 사람에게 늘어난 1년은 평생에 맞먹을 수 있다. 그러나 당시에는 이것이 "완치"와 거리가 멀다는 것을 인정하지 않으려는 열기에 넘친 광적인 양상을 보였다.) 가장 공격적인 형태의 화학요법 확산이 정점에 이른 1984-1985년에는 의학 학술지에 그 주제를 다룬 논문이 거의 6,000편이나 실렸다. 그러나 진행된 고형 암을 복합 화학요법만으로 완치시키는 새로운 전략을 내놓은 논문은 한 편도 없었다.

광적인 지도제작자처럼, 화학요법 의사들도 암을 박멸할 전략을 미친 듯이 제시하고 다시 제시했다. 호지킨병에 듣는다고 입증된 조합인 MOPP는 상상할 수 있는 온갖 조합을 통해서 유방, 폐, 난소의 암에도 적용되었다. 더 많은 조합이 임상시험에 들어갔다. 각각은 앞선 조합보다 더 공격적이었고, 거의 해독이 불가능한 비밀 명칭이 붙어 있었다. 로즈 쿠시너(이제 국립 암 자문위원회의 위원이었다)는 의사와 환자 사이의 단절이 점점 더 커져간다고 경고했다. "의사가 부작용이 견딜 만하다거나 받아들일 만하다고 말할 때, 그들은 목숨을 위협하는 것에 관해서 이야기하는 것이다. 당신이 그저 눈의 핏줄이 터질 정도로 심하게 토할 뿐이라면……그들은 그것을 언급할 거리로도 생각하지 않는다. 그리고 당신이 머리가 빠지는지도 전혀 개의치 않는다."[30] 그녀는 냉소적으로 썼다. "웃음 짓는 종양학자는 환자가 토하는지 여부조차 알지 못한다."[31]

고통의 언어는 "웃음 짓는 종양학자"와 그의 환자들, 양편으로 갈라졌다. 에드슨의 「위트」—의료계에 호의적이지 않은 작품—에서 권력의 오만함에 취한 젊은 종양학자는 그 분열을 상징한다. 그가 무의미한 약물들과 조합의 목록을 나열할 때, 그의 환자인 영문학 교수는 말없이 두려움과 분노를 느끼며 쳐다본다. "헥사메토포스파실에 빈플라스틴을 섞어서 약효를 강화할 겁니다. 헥스는 1제곱미터에 300밀리그램을 투여합니다. 빈은 100밀리그램이에요. 오늘은 두 주기로 갈 거고, 하루에 세 차례예요. 두 주기 다 최대 용량으로요."[32]

적을 알기

> 적을 알고 나를 알면 백 번 싸워 백 번 이길 것이다. 적을 모르지만 나를 알면 한 번 이기고 한 번 질 것이다. 적도 모르고 자신도 모르면, 싸울 때마다 질 것이다.
> —손자[1]

세포독성 요법들의 군대가 암과 더욱 공격적인 전투를 벌일 채비를 할 때, 주변부에서 이의를 제기하는 극소수의 목소리가 들려오기 시작했다. 이 반대의 목소리들은 두 가지 공통의 주제와 연결되어 있었다.

첫째, 이의 제기자들은 유독한 약물들을 연달아 쏟아붓는 무차별적 화학요법이 암을 공격하는 유일한 전략이 아닐 수 있다고 주장했다. 주류 정설과 반대로, 암세포는 정상 세포에 거의 영향이 없는 특정한 화학물질에 유달리 민감한, 독특하면서도 특수한 취약점을 가지고 있다는 것이다.

둘째, 그런 화학물질은 모든 암세포의 생물학을 깊이 이해함으로써만 발견할 수 있다는 것이었다. 암 특이요법이 존재하지만, 그것은 위로부터가 아니라 아래로부터 찾아내는 것이라고, 즉 세포독성 화학요법을 최대화하거나 세포독약을 경험적으로 발견하는 방법보다는 암의 각 유형의 생물학적 기본 수수께끼를 푸는 방법으로만 알아낼 수 있다는 주장이었다. 암세포를 콕 찍어서 공격하려면, 그것의 생물학적 행동, 유전적 조성, 독특한 취약점을 파악하는 일부터 시작할 필요가 있었다. 마법 탄환을 찾으려면 암이라는 마법 표적을 이해하는 일부터 시작해야 했다.

그런 목소리를 가장 강력하게 낸 사람은 가장 걸맞지 않게도 비뇨기 외과의사인 찰스 허긴스였다.[2] 세포생물학자도 암생물학자도 아닌, 선(腺) 분비를 다루는 생리학자가 말이다. 허긴스는 1901년에 노바스코티아에서 태어나, 1920년대 초에 하버드 의대를 다닌 뒤(그곳에서 파버와 잠시 마주치기도 했다) 미시간에서 일반 외과의사 과정을 마쳤다. 그는 1927년에 26세의 나이로, 시카고 대학교 비뇨기 외과의사로 임용되었다. 방광, 신장, 생식기, 전립선의 질병을 다루는 전문의로서였다.

허긴스의 임용은 외과의 자신감(그리고 오만함)을 상징했다. 그는 비뇨기과학 과정을 정식으로 배운 적도, 암 외과의사로 훈련을 받은 적도 없었다. 수술 전문 분야가 아직 유동적인 개념이던 시절이었다. 누군가가 충수나 림프절을 떼어낼 수 있다면, 신장을 떼어내는 법도 배울 수 있다는 논리였다. 그래서 허긴스는 약 6주일에 걸쳐서 교재를 끼고는 후닥닥 비뇨기과학을 공부했다. 그는 진료를 하느라고 바쁘게 돌아가는 생활을 기대하면서 낙관론에 빠진 채 시카고에 도착했다. 그러나 신고딕 양식의 석조 건물에 들어선 그의 새로운 진료실은 겨울 내내 텅 비어 있었다. (수술 전문 분야가 유동적이라는 논리는 아마도 환자들에게는 그다지 설득력이 없었던 모양이다.) 바람이 솔솔 새어드는 텅 빈 대기실에서 책과 잡지를 달달 외울 때까지 들여다보는 일에 지친 허긴스는 방향을 바꾸어서, 환자들이 병원으로 오기를 기다리는 동안 비뇨기 질병을 연구할 연구실을 세웠다.

의학 전공을 선택하는 것은 몸의 주요 체액을 선택하는 것이기도 하다. 혈액학자에게는 피가 있다. 간학자에게는 담즙이 있다. 허긴스에게는 전립선액이 있었다. 정자를 매끄럽게 하고 정자에 양분을 공급하는 밀짚 색깔의 줄줄 흐르는 염과 당의 혼합물이었다. 그것의 원천인 전립선은 남성의 요도관 출구 주위를 감싸는 살 깊숙이 묻혀 있는 작은 샘이다. (그것을 맨 처음 식별하여 인체 해부 구조에 포함시킨 사람은 베살리우스였다.) 호두 모양에다가 크기도 호두만 하지만, 그럼에도 그곳은 암이 맹렬하게 발생하는 장소이다. 전립선암은 남성의 암 발생률 중에서 세 번째를 차지한다. 백혈병과 림프종보다 6배 더 많다. 60세 이상의 남성 시신을 부검하면, 거의 3명 중 1명은 전립선에 악성 종양의 증거가 있을 것이다.

그러나 놀라울 만큼 흔한 암이지만, 전립선암은 임상 진행 양상이 놀라울 정도로 다양하다. 대다수는 무통성이다. 노령의 남성은 대개 전립선암 때문에 죽는 것이 아니라 전립선암을 가진 채로 죽는다. 그러나 이 병은 어떤 환자들에게서는 공격적이고 침습적인 양상을 띠면서, 진행된 전이 형태로 뼈와 림프절에 고통스러운 병터를 폭발적으로 일으킬 수 있다.

허긴스는 암보다는 전립선액의 생리학에 훨씬 더 관심이 있었다. 에스트로겐 같은 여성 호르몬은 유방 조직의 성장을 조절한다고 알려져 있었다. 그와 유사하게 남성 호르몬이 정상적인 전립선의 성장을, 따라서 그 샘의 주요 산물인 전립선액의 분비를 조절할까? 1920년대 말에 허긴스는 개의 전립선에서 한 방울씩 나오는 전립선액을 모으는 기구를 고안했다. (그는 방광에 도관을 집어넣어서 소변을 우회시키고 채집관을 전립선의 출구에 꿰매어 붙였다.) 그것이 그가 여생에 걸쳐서 고안한 유일한 외과적 혁신이었다.[3]

허긴스에게는 이제 전립선 기능을 측정하는 도구가 있었다. 그는 전립선에서 생산되는 액의 양을 정량화할 수 있었다. 그는 개의 고환을 수술로 제거하면—그럼으로써 테스토스테론 호르몬을 고갈시키면—전립선이 쪼그라들고 액의 분비도 급격히 말라버린다는 것을 발견했다. 거세한 개에게 정제한 테스토스테론을 투여하자, 그 외생 호르몬은 전립선이 쪼그라드는 것을 막았다. 따라서 전립선 세포의 성장과 기능은 테스토스테론 호르몬에 심하게 의존했다. 여성 호르몬은 유방 세포를 살아 있게 했다. 남성 호르몬은 전립선 세포에 비슷한 효과를 미쳤다.

허긴스는 테스토스테론 대사와 전립선 세포를 더 깊이 연구하고 싶었지만, 그의 실험은 한 가지 특이한 문제로 방해를 받았다. 전립선암이 생긴다고 알려진 동물은 개, 사람, 사자뿐이며, 연구하는 동안 상당한 크기의 전립선 종양을 가진 개들이 계속 연구실에 공급되어야 했다. "대사를 연구하는 동안 전립선 종양을 가진 개를 찾아내는 것은 성가신 일이었다."[4] 그는 처음에는 암에 걸린 개를 아예 연구에서 빼버리고 액체 채집에만 전념할 생각도 했다. 그러다가 머릿속에 한 가지 의문이 떠올랐다. 테스토스테론 결핍이 정상 전립선 세포를 쪼그라들게 할 수 있다면, 암세포에는 어떤 영향을 미칠까?

여느 자긍심 있는 암생물학자라면 그에게 알려주었을 것이다. 답은 거의 확실하다고, 거의 영향을 끼치지 않는다고 말이다. 어쨌거나 암세포는 정상이 아니고 억제되지 않고 변형된 것이었다. 그것은 가장 유독한 약물 조합에만 반응했다. 정상 세포를 조절하는 신호와 호르몬은 무시한 지 오래였다. 남은 것은 정상일 때의 모든 기억을 지운 채 병리학적으로 자동적으로 분열하여 마구 증식하는 세포뿐이었다.

그러나 허긴스는 이 원리에 따르지 않는 특수한 유형의 암이 있다는 것을 발견했다. 예를 들면, 갑상선암의 변이 형태들은 정상적인 갑상선이 분비하는, 성장을 자극하는 분자인 갑상선 호르몬을 계속 만들었다. 암이라고 할지라도, 이 세포들은 예전의 자아를 여전히 기억했다. 허긴스는 전립선 암세포도 자신이 기원한 생리학적 "기억"을 간직한다는 것을 알았다. 그가 전립선암에 걸린 개의 고환을 제거하자, 따라서 암세포가 받는 테스토스테론을 급격히 고갈시키자, 종양도 며칠 사이에 쪼그라들었다. 사실 정상 전립선 세포가 테스토스테론에 의존해서 생존한다면, 악성 전립선 세포는 그 호르몬에 거의 중독되어 있었다. 그 호르몬의 급격한 감소가 상상할 수 있는 가장 강력한 치료약처럼 작용할 정도로 말이다. 허긴스는 "암이 반드시 자율적이고 자체 추진력을 가진 것은 아니다"라고 썼다.[5] "암의 성장은 숙주의 호르몬 기능을 통해서 유지되고 전파될 수 있다."[6] 정상 세포의 성장-유지와 암세포의 성장-유지의 관계는 지금까지 상상했던 것보다 훨씬 더 밀접했다. 암은 우리 자신의 몸을 통해서 양육되고 부양될 수 있었다.

다행히도 전립선 암세포를 굶기는 방법이 외과적 거세만 있는 것은 아니었다. 허긴스는 추론했다. 남성 호르몬이 이런 암세포의 성장을 이끈다면 남성 호르몬을 제거하기보다는 테스토스테론의 효과를 억누름으로써 암세포가 몸을 "여성"이라고 생각하도록 속여 넘길 수도 있지 않을까?

1929년에 생화학자 에드워드 도이지는 여성의 월경 주기에 관여하는 호르몬 인자들을 찾으려고 애썼다.[7] 도이지는 거대한 구리 양동이에 임신한 여성의 소변을 수백 리터 모은 뒤, 호르몬 몇 밀리그램을 추출하는 데에 성공했다. 바로 에스트로겐이었다. 도이지가 추출에 성공하자, 에스트로겐이나 그 유사물질을 대량으로 생산하려는 경주가 벌어졌다. 1940년대 중반까지 몇몇 연구소와 제약회사는 "여성성의 정수(essence of femininity)" 시장을 차지하기 위해서 에스트로겐 유사 물질을 합성하거나 에스트로겐을 효율적으로 정제하는 새로운 방법을 찾는 경쟁에 몰두했다. 그 약물의 가장 널리 쓰이는 두 형태는 런던의 생화학자들이 화학적으로 합성한 인공 에스트로겐인 디에틸스틸베스트롤(diethylstilbestrol, DES)과 몬트리올에서 말의 소변에서 정제한 천연 에스트로겐인 프레마린(Premarin)이었다.[8] (합성 유사물질인 DES는 뒤에서 더 불길한 모습으로 다시 등장할 것이다.)

프레마린—이 이름은 임신한 암말 소변(pregnant mare urine)에서 땄다—과 DES는 처음에 폐경기를 치료할 특효약으로 팔렸다.[9] 허긴스는 합성 에스트로겐을 전혀 다른 용도로 쓸 수 있다는 것을 알았다. 그것을 주입해서 남성의 몸을 "여성화"하여 전립선암 환자의 테스토스테론 생산을 중단시킬 수 있었다.[10] 그는 이 방법을 "화학적 거세"라고 했다. 이번에도 놀라운 반응이 나타났다. 공격적인 전립선암을 가진 환자는 외과적 거세와 마찬가지로, 여성 호르몬으로 화학적 거세시켰을 때 최소한의 부작용만 보이면서 그 치료에 활발하게 반응했다. (남성들 사이에서 가장 눈에 띄는 불평은 폐경기에 든 듯이 얼굴 홍조가 일어난다는 것이었다.) 전립선암은 이런 스테로이드로 완치되지는 않았다. 환자들은 필연적으로 재발했고, 그때는 암이 호르몬 요법에 내성을 띠었다. 그러나 몇 개월 동안 이어지는 완화 상태는 호르몬 조작으로 호르몬 의존성 암의 성장을 막을 수 있다는 것을 입증했다. 암을 완화시키기 위해서 반드시 해로운 무차별적인 세포독(시스플라틴이나 질소 머스터드 같은)이 필요한 것은 아니었다.

테스토스테론을 끊음으로써 전립선암을 거의 굶겨죽일 수 있다면, 호르몬 박탈을 다른 호르몬 의존성 암을 굶기는 데에도 적용할 수 있지 않을까? 확실한 후보가 적어도 하나 있었다. 바로 유방암이었다. 1890년대 말, 모험심 가득한 스코틀랜드 외과의사 조지 빗슨은 유방암을 치료할 새로운 수술법을 고안하려고 애쓰던 중에, 스코틀랜드 고지대의 양치기들로부터 소의 난소를 제거하면 젖의 품질이 달라지고 젖을 분비하는 능력도 달라진다는 말을 들었다. 빗슨은 이 현상의 토대를 이해하지 못했지만(도이지가 난소 호르몬인 에스트로겐을 발견하기 전이었으니까), 난소와 유방의 불가해한 관계에 흥미가 동해서 유방암에 걸린 세 여성의 난소를 수술로 제거해보았다.[11]

난소와 유방 사이의 호르몬 회로가 어설프게조차도 알려지기 전이었기 때문에, 이것은 이루 말할 수 없이 비정통적인 수술이었다. 뇌의 병터를 치유하기 위해서 폐를 떼어내는 것이나 다름없었다. 그러나 놀랍게도 세 환자는 모두 난소 제거에 뚜렷한 반응을 보였다. 유방 종양이 급격히 줄어든 것이다. 그러나 런던의 외과의사들이 빗슨의 발견을 더 많은 여성들을 대상으로 재현하자, 더 미묘한

결과가 나왔다. 유방암을 가진 여성 중에서 약 3분의 2만이 반응한 것이다.[12]

혜택이 제멋대로 나왔기 때문에, 19세기의 생리학자들은 갈피를 잡지 못했다. 한 외과의사는 1902년에 "어떤 혜택이 수술의 결과인지 아닌지를 미리 말하기가 불가능하며, 그 효과가 아주 불확실하다"고 썼다.[13] 멀리 떨어진 기관을 수술로 제거하는 것이 어떻게 암의 성장에 영향을 끼칠 수 있는 것일까? 그리고 왜 감질나게 환자들 중의 일부만 반응한 것일까? 이 현상은 몸을 순환하는 신비한 체액인자를 떠올리게 했다. 갈레노스의 검은 담즙 말이다. 그러나 이 체액인자는 왜 유방암을 가진 특정한 여성들에게서만 활성을 띠었을까?

약 30년 뒤, 도이지가 발견한 에스트로겐은 첫 번째 질문에 일부 해답을 제공했다. 에스트로겐은 난소가 분비하는 주요 호르몬이다. 테스토스테론이 정상 전립선에 중요한 역할을 하듯이, 에스트로겐도 정상 유방 조직의 유지와 성장에 핵심적인 역할을 하는 호르몬이라는 것이 곧 드러났다. 난소의 에스트로겐이 유방암도 부양할까? 그렇다면 빗슨의 수수께끼는? 왜 일부 유방암은 난소가 제거되면 줄어드는 반면, 전혀 반응하지 않는 유방암도 있는 것일까?

1960년대 중반에 허긴스와 긴밀히 협력하던 시카고의 젊은 화학자 엘우드 젠슨이 빗슨의 수수께끼를 거의 풀었다.[14] 젠슨은 먼저 암세포가 아니라 에스트로겐의 정상 생리를 연구했다. 그는 호르몬이 대개 표적 세포의 수용체에 결합함으로써 작용한다는 것은 알았지만, 스테로이드 호르몬인 에스트로겐의 수용체는 아직 밝혀지지 않은 상태였다. 그는 방사성 표지를 붙인 호르몬을 미끼로 써서 1968년에 마침내 에스트로겐 수용체를 발견했다. 에스트로겐과 결합한 뒤, 그 신호를 세포로 중계하는 분자였다.

이제 유방암 세포도 이 수용체를 고루 가지는지 살펴볼 차례였다. 뜻밖에도 일부는 가진 반면, 일부는 그렇지 않았다. 사실 유방암 환자들은 깔끔하게 두 부류로 나눌 수 있었다. 이 수용체가 높은 수준으로 나타나는 암세포와 낮은 수준으로 나타나는 암세포로 말이다. 전자를 "ER-양성", 후자를 "ER-음성" 종양이라고 했다.

젠슨의 연구는 빗슨 수수께끼의 가능한 해결책을 하나 시사했다. 난소를 제거했을 때 유방암 세포의 반응이 뚜렷이 갈리는 것은 암세포가 에스트로겐 수용체를 가지느냐 그렇지 않느냐에 달려 있다는 것이었다. 수용체를 가진 ER-양성 종양은 에스트로겐 "욕구"를 간직했다. 그러나 ER-음성 종양은 수용체와 호르몬 의존성, 두 가지를 모두 버렸다. 따라서 ER-양성 종양은 빗슨의 수술에 반응한 반면, ER-음성 종양은 반응하지 않았다는 것이다.

이 이론을 증명하는 가장 단순한 방법은 실험을 해보는 것이었다. 즉 ER-양성 종양과 ER-음성 종양을 가진 여성들에게 빗슨의 수술을 한 뒤, 암세포의 수용체 상태에 따라서 예측한 대로의 반응이 나타나는지 파악하는 것이었다. 그러나 그 수술은 이미 구식으로 인식되었다. (난소 제거는 골다공증을 비롯한 많은 심각한 부작용을 낳았다.)[15] 한 가지 대안은, 약물로 에스트로겐 기능을 억제하는 것이었다. 허긴스의 화학적 거세의 여성판인 셈이었다.

그러나 젠슨에게는 그런 약물이 없었다. 테스토스테론은 듣지 않았고, 개발 중인 합성 "항에스트로겐" 같은 것도 없었다. 제약회사들은 폐경기 치료제나 새로운 피임약(합성 에스트로겐을 이용한)을 개발하느라고 바빠서 항에스트로겐 개발은 포기한 지 오래였고, 암 치료를 위해서 항에스트로겐을 개발하는 일에는 전혀 관심이 없었다. 세포독성 화학요법의 약속에 홀려 있던 시대에, 젠슨의 말처럼 "암을 치료할 내분비[호르몬] 요법을 개발하는 일에 관심을 가질 리가 만무했다."[16] "복합 화학요법이 유방암뿐만 아니라 다른 고형 암들을 치유하는 데에 성공할 가능성이 더 높다고 인식되었다." 여성에게 젊음을 안겨주는 만병통치약에 대항하는 약물인 항에스트로겐을 개발한다는 것은 노력, 돈, 시간을 낭비하는 것이라고 생각되었다.

거의 아무도 눈여겨보지 않는 상황에서 1962년 9월 13일, 임페리얼 화학산업(Imperial Chemical Industries, ICI) 소속의 재능 있는 영국 화학자 연구진이 ICI 46474라는 이름의 화학물질에 특허를 출원했다. 바로 타목시펜(tamoxifen)이었다.[17] 원래 피임약으로 개발된 타목시펜은 호르몬 생물학자 아서 월폴과 합성화학자 도라 리처드슨이 이끄는 연구진이 합성했다.[18] 두 사람 모두 ICI의 "산아제한 프로그램" 소속이었다. 구조적으로 강력한 에스트로겐 자극제가 되도록 설계했음에도 불구하고―에스트로겐의 벌린 양팔에 완벽하게 끼워지도록 날개 달린 새 같은 구조였다―타목시펜은 정반대 효과를 발휘하는 것으로 드러났다.[19]

피임약의 전제조건이라고 할 에스트로겐 신호를 켜는 대신에, 놀랍게도 그 약물은 많은 조직에서 그 신호를 껐다. 즉 그것은 에스트로겐 길항제였다. 따라서 거의 쓸모없는 약이라고 생각되었다.

그러나 월폴은 임신 촉진제와 암의 연관성에 관심이 많았다.[20] 그는 전립선암 치료를 위해서 외과적 거세를 했던 허긴스의 실험을 알고 있었다. 또 빗슨의 수수께끼와 젠슨이 그것을 거의 풀었다는 것도 알았다. 그는 자신의 신약이 가진 항에스트로겐 특성이 흥미로운 가능성을 제시한다고 생각했다. ICI 46474는 피임약으로는 쓸모가 없을지 몰라도, 에스트로겐 민감성 유방암에는 유용하지 않을까?

그 생각을 검증하기 위해서, 월폴과 리처드슨은 임상 협력자를 찾았다. 그런 임상시험을 하기에 알맞은 곳이 어디인지는 금방 드러났다. 앨덜리 파크에 있는 ICI 연구소에서 체셔의 언덕지대를 지나 조금만 가면 나오는 맨체스터의 세계적인 암 센터인 대형 크리스티 병원이었다. 그리고 거기에는 딱 맞는 협력자가 있었다. 유방암에 특히 관심이 많은 맨체스터 출신의 종양학자이자 방사선과 의사인 메리 콜이었다.[21] 그녀는 환자들과 동료들로부터 모야라는 애칭으로 불렸으며, 환자들에게 헌신적인 세심하고 의욕 넘치는 의사라는 평판이 자자했다. 그녀의 병동에는 진행된 전이 유방암 환자가 가득했고, 그들 중 상당수는 빠르게 죽음을 향해서 다가가고 있었다. 모야 콜은 그 환자들의 목숨을 구하기 위해서 기꺼이 무엇이든 시도하려고 했다. 설령 버려진 피임약이라도.

콜의 임상시험은 1969년 늦여름에 크리스티 병원에서 시작되었다. 유방암에 걸린 여성 46명이 ICI 46474 알약을 처방받았다. 콜은 그 약에 별 기대를 하지 않았다. 기껏해야 약간의 반응이 있겠거니 하고 생각했다. 그러나 환자 10명에게서 거의 즉시 뚜렷한 반응이 나타났다. 유방의 종양이 눈에 띄게 줄어들었다. 폐로 전이된 종양도 줄어들었다. 뼈의 통증도 잦아들었고, 림프절도 부드러워졌다.

허긴스의 전립선암 환자들처럼, 이 약물에 반응했던 여성 중 상당수는 결국 재발했다. 그러나 임상시험이 성공했다는 것은 논란의 여지가 없었고, 그것은 역사적인 원리 증명이었다. 암세포의 특정한 대사 경로를 표적으로 삼아서 설계된 약물—시행착오를 통해서 경험적으로 발견한 세포독이 아닌 약물—이 전이 종양을 완화 상태로 이끄는 데에 성공한 것이다.

타목시펜의 여정은 매사추세츠 슈루즈버리의 거의 알려지지 않은 제약 연구실까지 이어졌다. 1973년에 우스터 재단(새로운 피임약 개발에 전념하는 연구소)의 실험실에서 일하는 생화학자인 V. 크레이그 조던은 타목시펜 요법에 반응하거나 반응하지 않는 암들의 배후에 놓인 패턴을 조사했다.[22]

조던은 단순한 분자 기법으로 유방암 세포를 염색하여 엘우드 젠슨이 시카고에서 발견한 에스트로겐 수용체를 찾아냈다. 그리고 마침내 빗슨 수수께끼의 해답을 얻었다. 에스트로겐 수용체를 발현시키는 암세포는 타목시펜에 강하게 반응한 반면, 에스트로겐 수용체가 없는 세포는 반응하지 않았다. 거의 한 세기 전에 영국에서 유방암 여성들의 반응이 제멋대로였던 이유가 마침내 명확해졌다. 에스트로겐 수용체를 발현하는 세포는 타목시펜과 결합할 수 있었고, 에스트로겐 길항제인 그 약물은 에스트로겐 반응을 차단함으로써 세포 성장을 막았다. 그러나 ER-음성 세포는 그 약물의 수용체가 없었기 때문에 그 약물에 아무런 반응도 하지 않았다. 이 체계는 흡족할 정도로 단순했다. 암 역사상 처음으로 하나의 약물, 하나의 표적, 하나의 암세포가 핵심 분자 논리로 연결된 것이다.

홀스테드의 재

> 나는 먼지보다는 차라리 재가 되련다. ―잭 런던[1)]

> 호전되지 않으면 내 삶을 끝내줄래요?
> ―1960년대에 어느 암 환자가 의사에게 한 말[2)]

 모야 콜의 타목시펜 임상시험은 원래 진행된 전이 유방암 여성들을 치료하기 위한 것이었다. 그러나 임상시험이 진행됨에 따라서, 콜은 대체 전략에도 생각이 미치기 시작했다. 대개 새로운 약물의 임상시험은 점점 더 심하게 앓는 환자들 쪽으로 향하는 경향이 있다. (새로운 약물이 나왔다는 소식이 퍼지면, 더욱더 절실한 환자들이 지푸라기라도 잡으려는 심정으로 몰려들기 때문이다.) 그러나 콜은 반대 방향으로 나아가고 싶었다. 타목시펜으로 더 이른 단계의 종양을 치료하면 어떨까? 어떤 약물이 다른 부위로 퍼진 전이성의 공격적인 4기 암 진행을 멈출 수 있다면, 주변 림프절에만 퍼진 암, 즉 더 국소적인 2기 유방암에는 더 잘 듣지 않을까?
 콜은 자신도 모르는 사이에 홀스테드의 논리를 따라갔다. 홀스테드는 초기 유방암을 철저히 단호하게 공격할 필요가 있다는 전제하에 근치 유방절제술을 창안했다. 눈에 띄는 암이 없다고 할지라도 그 병의 상상할 수 있는 모든 저장소를 수술로 "청소함으로써" 말이다. 그 결과가 바로 재발과 먼 기관으로의 전이를 막겠다며, 작고 국소적으로 한정된 종양을 가진 여성들에게까지 무차별적으로 행한 끔찍하게 외모를 훼손시키는 근치 유방절제술이었다. 그러나 지금 콜은 홀스테드가 지극히 옳은 의도로 암의 불결한 마구간을 청소하려고 시도했다고 생각하고 있었다. 다만 잘못된 도구를 가지고서 말이다. 수술은 암의 보이지 않는 저장소를 제거할 수 없었다. 필요한 도구는 강력한 화학물질이었다. 1932년에 윌리 마이어가 꿈꾼 "후치료(after treatment)" 전신 요법이었다.

이 개념의 한 형태는 타목시펜이 등장하기 이전에 NCI의 한 이단자 무리가 생각해냈었다. 모야 콜이 맨체스터에서 실험을 끝내기 거의 10년 전인 1963년, NCI의 33세 종양학자 폴 카본은 초기 단계의 1차 종양을 수술로 완전히 제거한 뒤에 화학요법을 쓰면 효과가 있을지 알아보는 임상시험을 시작했다.3) 즉 몸에 눈에 보이는 종양이 전혀 남아 있지 않은 여성들에게 말이다. 카본은 NCI 이단자들의 성인(聖人)에게 영감을 받았다. 바로 눈에 보이는 종양이 사라진 지 한참 뒤까지도 메토트렉세이트를 투여하여 태반 종양을 가졌던 여성들을 치료했다는 이유로 연구소에서 쫓겨난 연구자 리민치우였다.

리는 불명예스럽게 밀려났지만, 그를 몰락시킨 그 전략─화학요법으로 몸에서 잔류 종양을 "청소한다"─은 연구소에서 점점 더 지지를 받고 있었다. 카본은 소규모 임상시험을 통해서 수술 후 추가되는 화학요법이 유방암 재발률을 낮춘다는 것을 알아냈다. 이런 유형의 치료에 붙일 마땅한 이름을 찾던 카본 연구진은 "돕는다"는 뜻의 라틴어에서 따온 **보조**(adjuvant)라는 말을 붙였다. 카본은 보조 화학요법이 외과의사의 작은 조력자가 될 수 있다고 생각했다. 그것은 수술 뒤에 남은 작은 암 덩어리들을 없앰으로써, 초기 유방암 환자의 몸에 남은 악성 저장소들을 근절시킬 것이었다. 본질적으로 홀스테드가 스스로 시작한 영웅적인 암 청소 작업을 마무리하는 역할이었다.

그러나 외과의사들은 남의 도움을 받는 데에 전혀 관심이 없었다. 화학요법 의사의 도움은 더욱 그러했다. 1960년대 중반에 근치 수술이 점점 더 진열을 가다듬자, 대다수 유방 외과의사는 화학요법 의사를 아무것도 믿지 못할, 수술 결과를 개선한다는 측면에서는 더욱더 믿지 못할 이질적인 경쟁자로 보기 시작했다. 그리고 외과의사가 유방암 분야를 대체로 주도하고 있었으므로(또 모든 환자를 진단했다) 카본은 임상시험을 진행할 수 없었다. 환자를 모으기가 거의 불가능했으니까. "이따금 NCI에서 유방절제술을 받는 여성을 빼면……그 연구는 결코 본궤도에 오르지 못했어요."4)

그러나 카본은 대안을 찾아냈다. 외과의사들에게 외면당한 그는, 자신의 동료들에게 외면받은 외과의사에게로 눈을 돌렸다. 근치 유방 수술의 검증이라는 논란에 휘말렸던 버나드 피셔였다. 피셔는 카본의 생각을 듣자마자 혹했다. 사실 피셔도 비슷한 계통의 임상시험, 즉 화학요법을 외과적 유방절제술과 결합한 것을 시도하려고 한 적이 있었다. 그러나 피셔도 한 번에 한 가지 싸움만 할 수 있었다. 자신의 임상시험인 NSABP-04(근치 수술 대 비근치 수술을 검증하는 임상시험)조차도 힘겨운 상태였기 때문에, 그는 다른 외과의사들에게 유방암에 화학요법과 수술을 결합한 임상시험에 참여하라고 설득할 수가 없었다.[5]

그때 구원자가 등장했다. 한 이탈리아 연구진이었다. 1972년에 NCI가 수술 뒤의 "보조 화학요법"을 검증할 수 있을 만한 장소를 찾고 있을 때, 종양학자 잔니 보나돈나가 베데스다의 연구소를 방문했다.[6] 상냥하고 품위 있고 세련되고 밀라노 최신 유행 정장을 말쑥하게 차려입은 보나돈나는 NCI에 깊은 인상을 남겼다. 그는 드비타, 캐널로스, 카본에게서, 진행된 유방암을 치료할 약물 조합을 검사해왔으며 가장 잘 작용할 조합을 발견했다는 말을 들었다. 사이톡산(질소 머스터드의 사촌), 메토트렉세이트(파버의 아미노프테린의 변이체), 플루오로우라실(DNA 합성 억제제)의 혼합물이었다. CMF라는 이 요법은 상대적으로 최소한의 부작용을 보이면서도 미세한 종양을 없앨 만큼 활성을 띠었다. 유방암 보조요법으로 쓰기에 이상적인 조합이었다.

보나돈나는 암 연구원(Istituto Tumori)이라는 밀라노의 대형 암 센터에서 일했는데, 그곳의 수석 유방 외과의사 움베르토 베로네시와 매우 친했다. 카본(미국에서 아직 비슷한 임상시험을 실시하기 위해서 애쓰고 있었다)에게 설득당한, 보나돈나와 베로네시는 초기 단계 유방암의 수술 후 화학요법을 연구할 대규모 무작위 임상시험을 제안했다. 서로 말도 섞지 않을 듯한 외과의사와 화학요법 의사로 이루어진 유일한 한 쌍이었다. 그들은 곧바로 NCI로부터 임상시험 계약을 따냈다.

연구소의 연구자들은 이 계약에 담긴 역설을 놓칠래야 놓칠 수가 없었다. 미국에서 내부의 불화가 암의학의 경관에 너무 깊이 생채기를 내는 바람에, 암과의 전쟁을 선포한 이후에 NCI가 지원하는 가장 중요한 세포독성 화학요법 임상시험을 외국에서 해야 한다는 것을 말이다.

보나돈나는 1973년 여름에 임상시험을 시작했다. 그해 초겨울까지 그는 거의 400명의 여성을 무작위로 반으로 나누어서, 한쪽은 아무 치료도 하지 않고 다른 한쪽은 CMF 치료를 했다. 베로네시는 중요한 지지자였지만, 아직 다른 유방 외과의사들은 거의 관심을 보이지 않았다. 보나돈나는 회고했다. "외과의사들은 그냥 회의적인 수준이 아니었어요. 적대적이었죠. 그들은 아예 알려고 하지 않았어요. 화학요법 의사가 얼마 없는데다가 높은 평가를 받지 못한 시절이었고, 외과의사들의 태도는 이랬죠. '화학요법 의사는 진행된 질병에 약물을 투여하는 반면, 외과의사는 수술을 하며 환자의 여생 동안 완전히 완화 상태를 유지시킨다.'…… 외과의사는 환자를 다시 보는 일이 거의 없었어요. 나는 그들이 수술만 받고 실패한 환자들이 얼마나 많은지 듣고 싶지 않았기 때문이라고 생각해요. 그것은 특권의 문제였어요."[7]

1975년 겨울의 어느 흐린 아침, 보나돈나는 유럽 종양학자들의 학회에서 결과를 발표하기 위해서 비행기를 타고 브뤼셀로 향했다. 임상시험은 2년차를 막 끝낸 상태였다. 보나돈나는 두 집단이 확연히 갈라졌다고 발표했다. 아무런 요법도 받지 않은 여성은 거의 절반이 재발했다. 반면에 보조요법을 받은 여성은 3분의 1만이 재발했다. 보조 화학요법은 치료받은 여성 6명 중 약 1명꼴로 유방암 재발을 막았다.

너무 예기치 않았던 소식이었기 때문에 청중은 쥐죽은 듯이 조용했다. 보나돈나의 발표는 암 화학요법의 토대를 뒤흔들었다. 이윽고 보나돈나에게 임상시험에 관한 질문이 쇄도하기 시작한 것은 밀라노로 돌아가는 비행기 안에서였다. 3,000미터 상공에서 같은 비행기에 탄 연구자들이 앞다투어서 그에게 질문을 던졌다.

잔니 보나돈나의 놀라운 밀라노 임상시험은 거의 답을 간청하는 듯한 의문을 남겼다. 보조 CMF 화학요법이 초기 단계 유방암 환자의 재발률을 줄일 수 있다면, 콜 연구진이 검증한 유방암에 효과를 보이는 다른 약물인 타목시펜도 국소 ER-양성 유방암의 수술 뒤 재발률을 줄일 수 있지 않을까? 초기 단계 유방암을 항에스트로겐 요법으로 치료하려는 모야 콜의 본능이 옳았다면?

버나드 피셔도 그런 의문을 품었다. 그는 몇 가지 다른 임상시험에 정신이 없었지만, 답을 얻으려는 충동에 저항할 수 없었다. 콜이 타목시펜과 전이암의 연구 결과를 발표한 지 5년 뒤인 1977년 1월, 피셔는 암이 겨드랑이 림프절까지만 번진 에스트로겐 수용체 양성(ER-양성) 유방암 환자 1,891명을 모았다. 그는 그중 절반은 타목시펜 보조요법으로 치료하고, 나머지 절반은 타목시펜 치료를 하지 않았다. 1981년이 되자, 두 집단은 뚜렷이 갈렸다. 수술 뒤에 타목시펜 치료를 받은 집단은 암 재발률이 거의 50퍼센트 줄었다. 50세 이상의 여성들에게서 효과가 훨씬 더 두드러졌다. 표준 화학요법이 더 잘 듣지 않고 공격적인 전이 유방암이 재발할 가능성이 가장 높은 여성들에게서 말이다.[8]

3년 뒤인 1985년에 피셔가 두 집단의 서로 멀리 갈라지는 재발률과 생존율 곡선을 재분석하자, 타목시펜 치료의 효과는 더욱 극적인 양상을 띠었다. 각 집단에 할당된 50세 이상의 여성 500여 명에게서, 타목시펜은 재발률과 사망률을 55퍼센트 억제했다. 피셔는 주요 부작용이 거의 없는 표적 호르몬 약물을 이용하여 수술 뒤의 유방암 생물학에 변혁을 일으킨 것이었다.

그리하여 1980년대 초의 낡은 패러다임의 재에서 최신 치료 패러다임이 솟아났다. 초기 단계의 암을 공략한다는 홀스테드의 환상은 보조요법으로 재탄생했다. 에를리히의 암 "마법 탄환"은 유방암과 전립선암의 호르몬 요법이라는 새로운 몸을 얻었다.

두 치료법은 결코 완치 방법이라고 공언하지 않았다. 보조요법과 호르몬 요법은 대개 암을 없애지 못했다. 호르몬 요법은 몇 년 혹은 수십 년까지 이어질 수 있는 장기 완화 상태를 낳았다. 보조요법은 주로 몸에서 잔류 암세포를 제거하는 청소법이었다. 생존 기간을 늘리긴 했지만, 많은 환자들은 결국 재발했다. 때로 완화 상태로 수십 년이 지난 뒤, 사전 조치에도 불구하고, 치료 때 확립된 평형을 내팽개치고 화학요법 내성과 호르몬 내성을 띤 암이 성장했다.

이 대안들이 비록 결정적인 완치를 이루지 못했을지라도, 이 강력한 임상시험들은 암생물학과 암 요법의 몇 가지 중요한 원리들을 확고히 정립했다. 첫째, 캐플런이 호지킨병에서 발견했듯이, 이런 임상시험들은 암이 대단히 이질적이라는 점을 확실히 각인시켰다. 유방암과 전립선암은 다양한 형태로 나타나며, 저마다 독특한 생물학적 행동을 보인다. 그 이질성은 유전적인 것이었다. 예를 들면, 유방암에서 일부 변이 형태들은 호르몬 치료에 반응한 반면, 다른 변이 형태들은 호르몬에 반응하지 않았다. 그리고 그 이질성은 해부적인 것이기도 했다. 즉 일부 암은 검출된 유방에 국소 한정된 반면, 먼 기관으로 퍼지는 성향을 띠는 암도 있었다.

둘째, 그 이질성의 이해는 심오한 결과를 낳았다. "너의 적을 알라"라는 격언이 말해주듯이, 피셔와 보나돈나의 임상시험은 암을 치료하러 나서기 전에 가능한 한, 상세히 암을 "아는" 것이 대단히 중요하다는 점을 보여주었다. 예를 들면, 보나돈나의 연구에서는 유방암을 각 단계별로 세심히 구분하는 것이 핵심 선결 조건이었다. 초기 유방암을 말기 유방암과 똑같은 방식으로 치료할 수는 없었다. 피셔의 연구에서는 ER-양성 암과 ER-음성 암을 세심히 구분하는 것이 아주 중요했다. 타목시펜을 ER-음성 유방암을 상대로 무차별적으로 시험했다면, 그 약물은 아무 혜택도 없다고 버려졌을 것이다.

이런 임상시험들을 통해서 암의 미묘한 차이점들을 이해하는 것이 중요하다는 점이 드러나면서 암의학에 심각한 영향이 미쳤다. 1985년에 NCI 소장 프랭크 라우셔는 이렇게 말했다. "우리는 10년 전보다 더 모른다. 우리는 약물의 단일한 적용이 극적인 혜택을 가져올 것이라고 기대했다. 이제 우리는 실상이 훨씬 더 복잡하다는 것을 이해한다. 사람들은 낙관적이지만 우리는 이제 홈런을 기대하지 않는다. 지금 사람들은 1루타나 2루타를 연달아 쳐도 기뻐할 것이다."[9]

그러나 상대적으로 무차별적으로 암과 싸워서 박멸한다("하나의 원인, 하나의 치유법")는 개념이 가진 비유적인 힘은 여전히 종양학을 움켜쥐고 있었다. 보조 화학요법과 호르몬 요법은 전투 중에 휴전을 선언한 것과 같았고, 그것은 그저 더 맹렬한 공격이 필요하다는 신호였다. 세포독성 약물 일체를 투입하여 몸을 죽음 직전까지 내몰아서 악성 조직을 제거한다는 생각은 여전히 거부할 수 없는 매력이 있었다. 그래서 암의학은 돌격했다. 설령 그것이 존엄함, 제정신, 안전을 포기한다는 의미라고 해도 말이다. 자신감에 충만하고, 자만심에 우쭐해지고, 의학의 잠재력에 홀린 종양학자들은 환자들을 —그리고 자기 분야를 — 재앙의 문턱까지 밀어붙였다. 생물학자 제임스 왓슨은 1977년에 암의 미래를 경고했다. "1막의 분위기가 그렇게 지독하다면, 아무리 예의 바른 사람이라고 해도 연극을 끝까지 보고 싶지 않을 것이다."[10]

1막에 사로잡힌 많은 암 환자들에게는 그 지독한 연극이 끝날 때까지 지켜보는 것밖에는 선택의 여지가 거의 없었다.

"다다익선이죠." 한 환자의 딸이 나에게 무뚝뚝하게 말했다. (나는 일부 암 환자에게는 "적을수록 더 나을 수도 있다"고 신중하게 그녀에게 말했다.) 환자는 간암에 걸린 나이든 이탈리아 여성이었는데, 배 전체로 폭넓게 전이가 일어난 상태였다. 그녀는 화학요법이나 수술 또는 방사선 요법—가능하다면 세 가지를 모두—을 받기 위해서 매사추세츠 종합병원에 왔다. 그녀는 단어 사이사이에 숨을 고르기 위해서 멈추곤 하면서 심한 억양의 영어로 헐떡거리며 말했다. 피부는 황회색을 띠었다. 나는 종양이 담낭관을 완전히 막아서 담즙 색소가 혈액을 채우기 시작하여 황달로 발전하지 않을지 걱정스러웠다. 내가 검사를 하는 동안에도 그녀는 지쳐서 깜빡깜빡 잠이 들곤 했다. 나는 그녀에게 차를 세우는 것처럼 양손바닥을 위로 똑바로 들어보라고 요청했다. 간 기능 상실에 앞서 나타나는 미묘하게 까딱거리는 움직임이 나타나는지 보기 위해서였다. 다행스럽게도 떨림은 전혀 없었지만, 배에 악성 세포가 가득 들어찬 것처럼, 안에서 액체가 들어찬 둔중한 소리가 났다.

딸은 내과의사였고, 내가 검사를 끝낼 때까지 매의 눈을 하고 뚫어지게 지켜보았다. 그녀는 어머니에게 헌신적이었다. 어머니와 딸의 역할이 바뀌기 시작하는 중년의 통렬한 시기에 드러나는 역전된 그리고 두 배로 매서운 모성 본능이었다. 딸은 어머니에게 가능한 최고의 치료를 받게 하고자 했다. 최고의 의사, 최고로 멋진 비컨힐 경관이 한눈에 내려다보이는 최상의 병실, 돈과 특권으로 살 수 있는 최고이자 가장 강력하고 가장 지독한 의학까지.

그러나 그 할머니는 가장 약한 약조차도 거의 견디지 못할 터였다. 간의 기능은 상실되지 않았지만 그렇게 되기 직전이었고, 미묘한 징후들은 신장도 거의 제 기능을 못하고 있다는 것을 시사했다. 나는 완화 약물을 시도해보자고 제안했다. 치유 불가능한 병을 치유하려고 시도하는 더 고된 요법을 밀어붙이기보다는 그저 증상을 완화시킬지 모를 한 가지 화학요법 약물이 어떻겠냐고 말이다.

딸은 마치 미쳤냐는 표정으로 나를 쳐다보았다. "나는 치료를 받으러 온 거지, 호스피스 어쩌고저쩌고 위로의 말이나 들으러 온 게 아니에요." 이윽고 그녀는 분노를 불태우면서 말했다.

나는 더 경험 많은 의사들의 말을 들어본 뒤에 다시 생각해보겠다고 약속했다. 아마 너무 성급하게 신중한 태도를 취했던 모양이다. 그러나 몇 주일 뒤,

나는 그녀와 딸이 다른 의사를 찾아갔다는 것을 알았다. 아마 자신들의 요구에 더 쉽게 응한 의사였을 것이다. 나는 그 할머니가 암 때문에 죽었는지, 치료 때문에 죽었는지 알지 못한다.

그러나 1980년대에 종양학에서 이의를 제기하는 제3의 목소리가 등장했다. 몇 세기 동안 암의 주변부에 있던 목소리였다. 임상시험들이 진행된 암의 사망률을 줄이는 데에 실패를 거듭하자, 환자들을 치유하지 못한 한 세대에 걸친 외과의사들과 화학요법 의사들은 환자를 돌보는 기술을 배우기(다시 배우기) 시작했다.

그것은 변덕스럽고 불편한 교훈이었다. 증상의 경감과 위안에 초점을 맞춘 의학 분야인 완화 의료는 암 요법의 반물질, 긍정적인 암 요법의 부정적인 측면, 성공의 수사학에 대한 실패의 인정이라고 인식되어왔다. **완화**(palliate)라는 단어는 "덮다"라는 라틴어 팔리아레(palliare)에서 왔으며, 고통을 줄이는 것은 질병의 본질을 덮는 것으로, 질병을 공격하기보다는 증상을 덮어두는 것이라고 생각되었다. 그래서 1950년대에 고통 경감에 관한 글을 썼던 한 보스턴 외과의사는 이렇게 추론했다. "병터 자체를 수술로 직접 공격해도 덜어낼 수 없는 지속적인 통증이 있다면……경감은 감각 통로를 수술로 차단함으로써만 얻을 수 있다."[11] 수술의 대안은 오직 수술뿐이라는 것이었다. 맞불을 놓는 것이었다. 모르핀이나 펜타닐 같은 통증을 줄이는 아편제는 의도적으로 부정했다. 그는 이렇게 말을 이었다. "수술을 보류한다면, 아픈 환자는 아편 중독, 몸 악화, 더 나아가서 자살에 이를 것이다." 역설적인 점은 홀스테드 자신이 근치 수술 이론을 고안할 때, 코카인 중독과 모르핀 중독 사이를 오락가락했다는 사실이다.

충분히 예상할 수 있듯이, 암 환자의 삶이 다할 때까지 제정신과 존엄함을 유지하려는 운동은 치유에 강박적으로 집착하는 미국이 아니라 유럽에서 나왔다. 창립자는 영국에서 간호사였다가 의사가 된 시슬리 손더스였다. 1940년대 말, 손더스는 런던에서 암으로 죽어가는 바르샤바에서 온 유대인 난민을 돌보았다. 그는 손더스에게 "[그녀] 집의 창문"[12]이 되고 싶다는 말과 함께, 자신의 전 재산인 500파운드를 남겼다. 1950년대에 런던 이스트엔드에 있는 버려지다시피 했던 암 병동을 들어가서 살펴본 뒤에야 손더스는 그 수수께끼 같은 소원이 어떤 의미였는지를 비로소 실감했다. 그녀는 존엄성, 통증 완화, 심지어는 때로 기본적인 의료조치도 거부당한 말기 환자들과 마주쳤다. 그들의 삶은 때로 말 그대로 창문 하나 없는 방에 갇혀 있었다. 손더스는 이 "가망 없는" 환자들이 전투와 승리라는 수사학 속에 들어갈 자리가 없는 종양학의 유형자들, 다쳐서 무용지물이 된 병사들처럼 눈과 마음에 보이지 않는 곳으로 치워버린 사람들이라는 것을 알아차렸다.

손더스는 반분야를 창설함으로써, 아니 부활시킴으로써 대응했다. 바로 완화의학(palliative medicine)이었다. (그녀는 완화 의료[palliative care]라는 말을 피했다. 의료는 의학계에서 결코 존중을 받지 못하는 "부드러운 단어"이기 때문이라고 했다.)[13] 그녀는 종양학자들이 말기 환자들에게 의료를 제공할 의사가 없다면, 다른 전문가들—정신과 의사, 마취의, 노인병 의사, 물리치료사, 신경학자—의 도움을 받아서 환자가 고통 없이 품위 있게 세상을 떠날 수 있게 하자고 결심했다. 그리고 죽어가는 사람을 종양학 병동에서 나오게 할 수도 있을 터였다. 1967년에 그녀는 말기 환자와 죽어가는 환자를 전문적으로 돌볼 호스피스를 런던에 세웠다. 이름은 죽음의 수호성인이 아니라 여행자의 수호성인의 이름을 따서 세인트 크리스토퍼 호스피스라고 지었다.

손더스의 운동이 미국에 들어와서 낙관론이 팽배한 종양학 병동에 침투하기까지는 꼬박 10년이 걸렸다. 한 병동 간호사는 회고한다. "완화 의료를 환자에게 제공하는 데에 저항이 어찌나 심했는지 우리가 목숨을 구하려는 시도를 멈추고 대신에 존엄성을 회복하는 일을 시작하자고 권하면 의사들은 우리를 쳐다보려고도 하지 않았어요.……의사들은 죽음의 냄새에 알레르기가 있었죠. 죽음은 실패, 패배를 뜻했어요. 그들 자신의 죽음, 의학의 죽음, 종양학의 죽음을 의미했죠."[14]

임종 의료를 제공하는 일은 엄청난 규모의 재상상(再想像)과 재창안(再創案) 행위를 필요로 했다. 통증과 통증 경감에 관한 임상시험—신약이나 새로운 수술법을 검증하는 것에 못지않은 엄밀함과 정확성을 갖추고 실행되는 임상시험—은 통증에 관한 몇 가지 교조적인 견해를 무너뜨렸고, 새롭고 예기치 않은 기본 원리들을 드러냈다. 암 환자에게 온정적으로 자유로이 쓰이는 아편제는 중독, 악화, 자살을 일으키지 않았다. 대신에 불안, 통증, 절망의 지독한 악순환에서 해방시켰다. 화학요법을 받는 환자들의 삶을 크게 향상시키는 새로운 항구토제들도 쓰였다. 미국에서 최초의 호스피스는 1974년에 예일 대학교에 설립된 뉴헤이븐 병원이었다. 1980년대 초까지 손더스의 모형을 토대로 전 세계에서 암 환자를 위한 호스피스가 우후죽순 생겨났다. 영국이 가장 두드러졌다. 1980년대가 저물 무렵, 영국에서는 거의 200곳에 달하는 호스피스 센터가 운영되었다.

손더스는 이 일이 암과 "맞서" 싸운다는 식으로 인식되는 것을 거부했다. 그녀는 이렇게 썼다. "말기 의료……제공을 암에 대한 공격의 본질적으로 부정적인 부분이자 별개의 것으로 생각해서는 안 된다. 이것은 생각하기도 어렵고 보상도 받기 어려운, 그저 패배의 단계가 아니다. 비록 그 보상은 다를지라도, 여러 면에서 이것의 원리들은 의료와 치료의 다른 모든 단계들의 토대에 놓인 것과 똑같이 근본적이다."[15]

그러므로 이것 역시 적을 알아가는 것이었다.

암을 세다

> 우리는 죽은 사람의 수를 셀 때와 똑같이 관심을 기울여서 산 사람의 수를 세는 법을 배워야 한다. —오드리 로드[1)]

> 수를 세는 것은 이 세대의 종교이다. 희망이자 구원이다.
> —거트루드 스타인[2)]

1985년 11월, 종양학이 냉엄한 현실과 과장된 과거의 약속이 만나는 중대한 교차로에 서 있을 때, 존 케언스라는 하버드 생물학자는 암과의 전쟁에서 얼마나 진전이 이루어졌는지를 측정하는 과제를 부활시켰다.

부활이라는 단어는 매장을 전제로 한다. 1937년에 「포춘」 기사 이래로 암과의 전쟁에 대한 복합적인 평가는 거의 매장된 채였다. 기이하게도 정보가 압도적일 정도로 넘치는 상황에서 말이다. 사소한 발자국 하나하나, 미약한 걸음 하나하나를 언론에서 너무 강박적일 정도로 기사화하는 바람에 그 분야 전체의 궤적을 파악하기가 거의 불가능해졌다. 케언스는 지난 10년의 **지나치게 파편화한** 견해에 얼마간 반발하고 있었다. 그는 세세한 것들에서 벗어나서 새처럼 한눈에 조망하고 싶었다. 암 환자들이 일반적으로 전보다 더 오래 살아남을까? 1971년 이래로 암과의 전쟁에 쏟아부은 엄청난 투자의 실체가 확실한 임상적 성취로 이어졌을까?

모호한 계량 기준이라는 것이 이미 널리 알려진, "진보"를 정량화하기 위해서 케언스는 제2차 세계대전 이래로 존재했던 곰팡내 나는 낡은 기록을 소생시키는 일부터 시작했다. 암으로 사망한 사람의 사망 원인을 암의 종류별로 세분하여 적은 각 주(州)의 통계 기록인 암 등록부였다. 케언스는 「사이언티픽 아메리칸 (Scientific American)」에 이렇게 썼다. "이 등록부는 암의 자연사를 다소 정확히 보여주며, 치료에 관한 모든 논의에 반드시 필요한 출발점이다."[3] 그 기록을 깊이 파고듦으로써, 그는 며칠 혹은 몇 주일이 아니라, 수십 년에 걸친 시간별로 암의 초상화를 그릴 수 있기를 바랐다.

케언스는 암 등록부를 이용하여 1950년대 이래로 종양학의 발전으로 목숨을 구한 사람의 수를 추정하기 시작했다. (수술과 방사선 요법은 1950년대 이전부터 있었지만 제외시켰다. 케언스는 1950년대 이래로 생명의학 연구의 급격한 팽창에서 나온 발전에 더 관심이 있었다.) 그는 치료의 발전을 여러 범주로 나눈 뒤, 각각이 암 사망률에 미친 효과를 수치로 추정해냈다.

이 범주 중 첫 번째는 "치유" 화학요법이었다. NCI의 프레이 그리고 프레이레이치와 인디애나의 아인혼 연구진이 옹호한 접근법이었다. 화학요법으로 치유 가능한 암 유형들의 일반적인 완치율이 약 80-90퍼센트라고 가정하고, 케언스는 급성 림프구성 백혈병에 걸린 아이 700명, 호지킨병에 걸린 남녀 약 1,000명, 진행된 고환암에 걸린 남성 300명, 융모암에 걸린 여성 20-30명, 즉 해마다 2,000-3,000명이 목숨을 구했다고 추정했다. (1986년까지 복합 화학요법으로 치유 가능했던 비호지킨 림프종 변이 형태들을 포함하면 2,000명이 더 추가되어서 총 5,000명까지 늘어날 수 있지만, 케언스는 초기 집계에서 이 치유법은 포함시키지 않았다.)

"보조" 화학요법—보나돈나와 피셔가 유방암 임상시험에서 했던 것처럼 수술 뒤에 쓰는 화학요법—은 해마다 1-2만 명을 구했다. 마지막으로 케언스는 초기 단계에서 암을 검출하는 팝 스미어 검사(Pap smear, 파파니콜라우 도말검사)와 유방촬영사진(mammogram) 같은 선별 전략들을 계산에 넣었다. 그는 이런 조기 검사들로 대강 연간 1-1만5,000명의 암 환자가 목숨을 구했다고 추정했다. 따라서 일반적으로 말해서, 연간 총 3만5,000-4만 명이 목숨을 구했다.

이 수치는 1985년의 연간 암 발병률—미국인 10만 명 중 448명, 즉 해마다 약 100만 명이 새로 암이라는 진단을 받았다—그리고 1985년의 암 사망률—해마다 10만 명당 211명, 즉 50만 명—과 극명한 대조를 이루었다. 요약하면, 목숨을 구한 사람의 수를 비교적 후하게 추정한다고 해도, 요법과 선별 검사의 발전을 통해서 혜택을 본 사람이 미국에서 암 진단을 받은 환자 20명 중에서 1명도 채 되지 않고, 암으로 죽을 환자 전체의 10분의 1도 되지 않는다는 것이었다.

케언스는 이 빈약한 수치에 놀라지 않았다. 사실 그는 자긍심을 가진 역학자라면 그래야 한다고 주장했다. 의학사에서 어떤 치료 프로그램 하나가 중요한 질병을 근절한 사례는 전혀 없었다. 예를 들면, 결핵의 사망자 수가 줄어드는 그래프를 그려보면, 새로운 항생제가 등장하기 이미 수십 년 전부터 감소 추세가 나타난다는 것을 알 수 있다. 유럽과 미국에서 결핵 사망률을 떨어뜨리는 데에 어떤 기적의 의학보다 훨씬 더 강력한 역할을 한 것은 상대적으로 인정을 받지 못한 도시 기반 설비의 변화였다. 즉 영양 상태, 주거, 위생, 하수 설비와 환기 시설의 개선이었다. 소아마비와 천연두도 백신 접종으로 줄어들었다. 케언스는 이렇게 썼다. "미국에서 말라리아, 콜레라, 장티푸스, 결핵, 괴혈병, 펠라그라를 비롯한 과거 천형들의 사망률은 인류가 그런 병을 **예방**하는 법을 터득함에 따라서 줄어들어왔다.……대부분의 노력을 치료에 집중하는 것은 그 모든 선례를 부정하는 것이다."

케언스의 논문은 정책 결정자들에게 두루 영향을 미쳤지만, 통계적 결정타가 부족했다. 여러 해에 걸쳐서 암 사망률의 추세를 **비교할** 척도가 부족했다. 즉 1985년이 1975년에 비해서 암으로 죽은 사람이 더 많은지 아니면 더 적은지 여부를 판단할 기준이 없었다. 케언스의 논문이 나온 지 1년도 채 되지 않은 1986년 5월, 하버드에 있는 그의 동료 두 명이 「뉴잉글랜드 의학회지」에 바로 그런 분석을 실었다. 존 베일러와 일레인 스미스였다.[4]

베일러-스미스 분석을 이해하려면, 그것이 무엇이 아닌가부터 이해할 필요가 있다. 베일러는 환자들에게 가장 친숙한 계량 기준을 처음부터 거부했다. 바로 시간에 따른 생존율 변화 말이다. 5년 생존율은 특정한 암 진단을 받은 환자 중 진단을 받은 지 5년 뒤에 살아 있는 사람의 비율을 나타내는 척도이다. 그러나 생존율 분석의 한 가지 중요한 함정은 그것이 편향에 민감해질 수 있다는 것이다.

이런 편향 중 하나를 이해하기 위해서, 인구가 같고 암 사망률도 같은 두 이웃 마을이 있다고 상상하자. 두 마을에서 암이라는 진단을 받는 나이는 평균 70세이다. 환자들은 진단 뒤 10년을 살다가 80세에 사망한다.

이제 한쪽 마을에 고도로 정밀한 새로운 암 진단 기법이 도입된다고 하자. 혈액에 든 프리벤틴이라는 단백질 농도를 암의 표지로 삼는 검사법이다. 프리벤틴이 완벽한 검사법이라고 가정하자. 따라서 프리벤틴 "양성"인 사람은 즉시 암에 걸린 사람이라고 집계된다.

프리벤틴이 아주 민감한 검사법이며 아주 초기의 암도 검출한다고 하자. 따라서 그것이 도입된 직후에 1번 마을에서 암 진단을 받는 평균 연령은 70세에서 60세로 뚝 떨어진다. 이 놀라운 첨단 검사를 통해서 암이 점점 더 일찍 발견되기 때문이다. 그러나 프리벤틴 검사가 도입된 뒤에도 이용할 만한 치료법이 없으므로, 평균 사망 연령은 두 마을에서 동일한 상태로 남아 있다.

잘 모르는 사람에게는 이 시나리오가 기이한 효과를 낳는다. 1번 마을에서는 프리벤틴 선별 검사가 활발하여 암은 이제 60세에 검출되고 환자는 80세에 사망한다. 즉 생존 기간이 20년이다. 프리벤틴 선별 검사가 없는 2번 마을에서는 암이 70세에 검출되고, 사망 연령은 80세이다. 즉 생존 기간은 10년이다. 그러나 그 "늘어난" 생존 기간은 진짜가 아니다. 어떻게 아무런 치료도 없이 그저 프리벤틴이 존재한다는 이유만으로 생존 기간이 늘어날 수 있는 것일까?

답은 금방 알 수 있다. 물론 생존 기간 증가는 인위적인 산물이다. 비록 실제로 증가한 것은 선별 검사에서 비롯된 **진단에서 사망까지의 기간**이지만, 생존 기간은 증가한 듯이 보인다.

이런 편향을 피하는 한 가지 단순한 방법은 생존율이 아니라, 전체 사망률을 측정하는 것이다. (위의 사례에서 조기 진단 검사법이 도입된 뒤에도 사망률은 변하지 않는다.)

그러나 여기에도 심각한 방법론적 결함이 있다. "암 관련 사망"은 암 등록부상의 가공되지 않은 자료값, 즉 환자의 사망선고를 내릴 때 의사가 기입하는 진단에서 비롯되는 통계값이다. 오랜 기간에 걸친 이 날자료값들을 비교할 때의 문제점은 미국 인구(여느 인구와 마찬가지)가 그 기간 전체에 걸쳐서 서서히 노령화하고 있으며, 암 관련 사망률도 그에 따라서 자연히 증가한다는 것이다. 조류에 떠 있는 표류물처럼 고령은 불가피하게 암과 함께 간다. 고령자의 비율이 더 높은 나라는 설령 실제 암 사망률은 변하지 않았다고 해도 더 젊은 국민들이 많은 국가보다 더 암이 만연한 듯이 보일 것이다.

오랜 세월에 걸쳐 있는 표본들을 비교하려면, 두 집단을 같은 기준에 맞게 **정규화하는** 어떤 수단이 필요하다. 사실상 어느 한쪽을 다른 쪽에 맞게 통계적으로 "줄이는" 것이다. 바로 이 점이 베일러의 분석이 이룬 혁신의 핵심이다. 이 규모 조정을 이루기 위해서 그는 연령 보정(age-adjustment)이라는 아주 효과적인 정규화 방법을 썼다.

연령 보정을 이해하기 위해서, 전혀 다른 두 집단을 상상해보자. 한 집단은 젊은 남녀 쪽으로 뚜렷이 치우쳐 있다. 두 번째 집단은 나이든 남녀 쪽으로 치우쳐 있다. 암 사망의 "날"자료를 측정한다면, 나이든 쪽으로 치우친 집단이 암 사망률이 뚜렷이 더 높을 것이다.

이제 이 연령 치우침을 제거하기 위해서 두 번째 집단을 정규화한다고 상상하자. 첫 번째 집단은 참조 기준이 되고, 두 번째 집단이 보정된다. 즉 연령 치우침을 제거하고 사망률도 그에 맞추어 줄어든다. 두 집단은 이제 연령이 보정되어 똑같은 연령 분포를 보이며, 사망률도 그에 맞추어 보정됨으로써 동일한 암 관련 사망률을 보인다. 베일러는 20여 년 동안 쌓인 간의 자료를 이 방법으로 보정했다. 그는 각 해의 인구를 동년배 집단—20-29세, 30-39세, 40-49세 등—으로 나눈 뒤, 1980년(임의로 기준으로 삼은)의 인구 분포를 기준으로 다른 모든 해의 인구 분포가 같은 분포를 보이도록 변환시켰다. 암 비율도 그에 따라 보정되었다. 모든 분포가 동일한 표준 인구 분포에 맞추어지자, 이제 시간별로 인구를 연구하고 비교할 수 있었다.

베일러와 스미스는 1986년 5월에 논문을 발표했다. 논문은 종양학계를 뿌리째 뒤흔들었다. 온건한 비관론자였던 케언스도 그 기간에 암 관련 사망률이 최소한 조금이라도 줄었을 것이라고 기대했다. 베일러와 스미스는 케언스조차 지나치게 관대했다는 것을 보여주었다. 1962년에서 1985년 사이에 암 관련 사망률은 오히려 8.7퍼센트 **증가했다**. 그 증가에는 많은 요인들이 반영되었다. 그중에서 가장 강력했던 요인은 폐암을 증가시키는 결과를 낳은 1950년대의 흡연율 증가였다.

한 가지는 섬뜩할 정도로 명백했다. 미국의 암 사망률은 줄어들지 않고 있다는 것이었다.[5] 베일러와 스미스는 암울하게 썼다. "암 치료의 발전을 위해서 약 35년에 걸쳐 집중적이고 많은 노력을 쏟아부었음에도 불구하고, 임상 결과의 가장 근본적인 척도인 죽음에 전반적으로 큰 효과를 미쳤다는 증거는 전혀 없다. 우리는 몇몇 드문 형태의 [소아 백혈병과 호지킨병 같은] 암에서는 발전을 이루었고, 인생에서 생산적인 해를 늘리고 통증을 완화시키는 데에는 개선을 이루었지만, 암과의 전쟁에서 지고 있다.……치료를 개선하는 일에 주로 초점이 맞추어진 약 35년간의 집중적인 노력은 조건부 실패로 판정날 것이 분명하다."[6]

점잖은 학술적 낌새를 풍기는 "조건부 실패(qualified failure)"라는 말은 의도적으로 택한 것이었다. 그 말을 씀으로써 베일러는 나름의 선전포고를 했다. 기존 암 진영에 맞서서, NCI에 맞서서, 10억 달러의 암 치료 산업에 맞서서 말이다. 한 기자는 그를 "국립 암연구소 측의 가시"라고 묘사했다.[7] 의사들은 베일러를 냉소주의자, 허풍꾼, 비관론자, 패배자, 괴짜라고 부르면서 그의 분석에 맞서서 혼연일체가 되었다.

예상대로 의학 학술지마다 온갖 반박이 쏟아졌다. 한 비판가 진영은 베일러-스미스 분석이 암울해 보이는 것은 암 치료가 효과가 없기 때문이 아니라 충분히 공격적으로 치료를 수행하지 않기 때문이라고 반론을 폈다. 이 비판가들은 화학요법을 쓰는 것이 베일러와 스미스가 상상도 하지 못할 대단히 복잡한 과정이라고 주장했다. 너무 복잡해서 대다수 종양학자들조차 최대 용량 요법을 쓸 생각에 종종 새파래질 정도라는 것이다. 그들은 암 의사 중 3분의 1만이 유방암에 가장 효과적인 복합요법을 쓴다고 추정한 1985년의 설문 조사를 증거로 제시했다.[8] 한 유명한 비판자는 이렇게 썼다. "나는 유방암 초기에 복합 화학요법을 공격적으로 쓰면, 현재 무시할 수 있는 수치인 수천 명에 불과한 수준에 비해서 훨씬 더 많은 1만 명의 목숨을 구할 수 있을 것이라고 추정한다."

원칙적으로 이 말은 옳았을지도 모른다. 1985년의 설문 조사가 시사하듯이, 많은 의사들은 사실 저용량 화학요법을 쓰고 있었다. 적어도 대다수 종양학자들이나 심지어 NCI가 내세우는 표준 용량보다 더 적었다. 그러나 그 이면 개념인 **최대화한 화학요법**이 생존율을 최대화할 것이라는 개념도 검증이 되지 않기는 매한가지였다. 일부 형태의 암(예를 들면, 유방암의 몇몇 하위 유형들)에는 용량을 세게 하면, 이윽고 효과가 증가하는 결과가 나오기도 했다. 그러나 대다수 암에서는 표준 화학요법 약물을 더 집중 투여한다고 해서 반드시 생존율이 더 높아지는 것은 아니었다. NCI가 소아 백혈병 치료 경험에서 얻은 교리인 "세게 그리고 일찍 쳐라"는 모든 형태의 암에 대한 일반 해법이 되지 못했다.

베일러와 스미스의 분석을 더 세밀하게 비판한 사람은 뜻밖에도 UCLA 역학자인 레스터 브레슬로였다. 브레슬로는 연령 보정 사망률이 암과의 전쟁을 평가하는 한 가지 방법이긴 하지만, 그것이 진보 또는 실패의 유일한 척도는 결코 아니라고 했다. 사실 단 하나의 척도를 집중 조명함으로써, 베일러와 스미스는 나름의 오류를 저질렀다. 진보의 척도를 너무 단순화했다는 것이다. 브레슬로는 썼다. "단일한 진보 척도에 의존할 때의 문제점은 척도가 바뀔 때 받은 인상도 극적으로 달라질 수 있다는 것이다."[9]

논지를 설명하기 위해서 브레슬로는 대안 척도를 제안했다. 그는 화학요법이 5세 아이의 ALL을 치유한다면, 잠재 여생의 65년을 구하는 것이라고 주장했다(기대수명이 약 70세라고 할 때). 대조적으로 65세 남성을 화학요법으로 치유하는 것은 70세라는 기대수명을 고려할 때 고작 5년을 기여할 뿐이다. 그러나 베일러와 스미스가 택한 계량법인 연령 보정 사망률은 이 두 사례의 차이를 간파할 수 없었다. 림프종이 완치되어 추가로 50년을 더 사는 젊은 여성과, 유방암이 완치되었지만 내년에 다른 사망 원인에 굴복할지 모를 노인을 똑같은 계량법으로 판단한 것이다. "구한 햇수"를 암에 대한 진보의 척도로 삼는다면, 훨씬 더 구미에 맞는 수치가 나왔다. 이제 우리는 암과의 전쟁에서 지고 있는 것이 아니라 이기고 있는 듯이 보였다.

브레슬로는 하나의 셈법 대신에, 다른 셈법을 콕 찍어서 권하지는 않았다. 그의 논지는 측정 자체가 주관적임을 보여주려는 것이었다. "우리가 이런 계산을 한 목적은 누군가의 결론이 척도의 선택에 얼마나 민감한지를 보여주고자 함이다. 1980년에 암은 미국에서 65세까지 잠재 수명의 18억2,400만 년을 줄였다. 그러나 1950년의 암 사망률이 유지되었다면, 잠재 수명의 20억9,300만 년이 줄었을 것이다."[10]

브레슬로가 주장한 것은 질병의 측정이 본질적으로 주관적인 활동이라는 것이다. 그것은 불가피하게 우리 자신의 척도가 된다. 객관적인 결정은 규범적인 결정에 토대를 둔다. 케언스나 베일러는 암 요법이 얼마나 많은 목숨을 구했는가 혹은 잃었는가를 말해줄 수 있었다. 그러나 암 연구 투자가 그만 한 "가치"가 있었는지를 판단하려면, "가치"라는 개념 자체에 의문을 제기하는 것부터 시작할 필요가 있었다. 즉 5년이라는 수명 연장이 60년의 수명 연장보다 더 "가치"가 있었을까? 베일러와 스미스의 "임상 결과의 가장 근본적인 척도"인 죽음조차도 근본적인 것과는 거리가 멀었다. 죽음(혹은 적어도 죽음의 사회적 의미)은 다른 잣대들로 재고 또 잴 수 있었고, 때로 전혀 다른 결론이 나올 수도 있었다. 브레슬로는 질병의 평가가 우리의 자기 평가에 의존한다고 주장했다. 사회와 질병은 때로 나란히 놓인 거울에서, 각자 서로의 로흐샤흐 검사지(잉크 얼룩을 보고 떠올리는 생각을 통해서 심리를 판단하는 검사에 쓰이는 잉크 얼룩이 찍힌 검사 용지/역주)를 든 채로 서로를 본다.

베일러는 이런 철학적 논지에는 기꺼이 양보했을지 모르겠지만, 그가 염두에 둔 의제는 더 실용적인 것이었다. 그는 그 수치들을 이용하여 하나의 원리를 증명했다. 케언스가 이미 지적했듯이, 한 집단 수준에서 한 질병—어떤 질병이든 간에—의 총 사망률을 줄인다고 알려진 조치는 예방뿐이었다. 설령 암에 대한 우리의 진보를 평가하기 위해서 다른 척도들을 택한다고 할지라도, 베일러는 NCI가 더욱 광적으로 치료법을 추구하기 위해서 전략적으로 예방을 무시했다는 것이 의심의 여지가 없는 사실이라고 주장했다.

연구소 지원금의 대다수인 80퍼센트는 암의 치료 전략으로 향했다. 예방 연구에는 약 20퍼센트가 돌아갔다.[11] (1992년까지 이 비율은 30퍼센트로 증가했다.[12] NCI의 연구 예산 20억 달러 중에서 6억 달러가 예방 연구에 쓰이고 있었다.) 1974년에 NCI 소장 프랭크 라우셔는 메리 래스커에게 NCI의 포괄적인 활동을 기술하면서, 암에 대한 세 갈래 접근법을 설명했다.[13] "치료, 재활, 지속적인 의료"였다. 예방이나 조기 검출에 대해서는 한마디 언급도 없었다는 것은 시사적이었다. 연구소는 암 예방을 핵심 동력으로 고려조차 하지 않았다.

민간 연구 기관들에서도 비슷한 편향이 존재했다. 한 예로 1970년대에 뉴욕의 메모리얼 슬로언케터링의 거의 100곳에 달하는 연구실 중에 예방 연구 프로그램을 다루던 곳은 단 하나뿐이었다.[14] 한 연구자가 1960년대 초에 많은 동년배 의사들을 상대로 설문 조사를 했을 때, 그는 "암 예방에 관한 생각이나 실마리, 혹은 이론"을 제시할 수 있는 사람이 "한 사람도 없다"는 것을 알고 놀랐다.[15] 그는 예방이 "시간제 업무"로 이루어진다고 심드렁하게 적었다.*[16]

---

* 비록 이런 계통의 문제 제기가 예방 연구와 치료 연구의 상호 연관성을 인정하지 않는다는 점에서 본질적으로 결함이 있을지도 모르지만 말이다.

베일러는 이런 우선순위의 치우침이 1950년대 과학의 계획적인 산물이라고 주장했다. 불가능할 정도로 고상한 목표를 앞세운 가브의 「암의 완치」 같은 책, 10년 안에 암을 완치시킬 수 있다는 래스커주의자들의 거의 최면에 걸린 듯한 확신, 파버 같은 연구자들의 불굴의 고집스러운 열정이 빚어낸 것이었다. 그 전망은 자신이 좋아하는 어구인 "마법 탄환"이라는 기호학적 마법에 몸을 숨긴 에를리히에게로 거슬러올라갈 수 있다. 점진적이고 낙관적이고 합리적인 이 전망—마법 탄환과 기적의 치유법이라는 전망—은 암을 둘러싼 비관론을 치워버리고 종양학의 역사를 근본적으로 바꿔놓았다. 그러나 암에 대한 단일한 해결책으로서의 "치유"라는 개념은 불변의 교리로 변질되었다. 베일러와 스미스는 이렇게 썼다. "앞으로 암에 맞서서 실질적인 진보를 이루려면 치료 연구에서 예방 연구로 연구의 주안점을 옮길 필요가 있을 듯하다.……언제나 손이 닿을락말락하게 생각되는 치유법을 찾는 일을 더 진행하려면, 먼저 과거의 실망을 객관적이고 솔직하고 포괄적인 방식으로 다루어야 한다."[17]

제4부
예방이 곧 치료

그러나 먼저 1960-1970년대가 암의 환경 원인과 생활양식 원인에 초점을 맞춘 예방 접근법을 힘겹게 출산한 것이 아니라, 이런 가능한 원인들에 관심을 가졌던 옛 전통을 힘겹게 재창조했다는 점에 주목해야 한다. —데이비드 캔터[1]

예방 의학 개념은 조금 비(非)미국적이다. 그것은 우선 적이 우리임을 인정하는 것을 의미한다. —「시카고 트리뷴」, 1975년[2]

우유 섭취에도 똑같은 상관관계를 끌어댈 수 있다.……어떤 종류의 면담도 환자로부터 흡족한 결과를 얻어낼 수 없다.……아무것도 증명되지 않았으므로, 실험 연구가 이런 방향으로 진행되어야 할 이유도 전혀 없다. —미국 공중보건국장 레너드 셸러가 흡연과 암의 연관성에 대해서 한 말[3]

"검은 관"

내가 아주 어릴 때 어머니가 돌아가셨고,
아버지는 나를 팔았어요. 내 혀가 아직
청소 청소 청소도 제대로 외치지 못할 때.
굴뚝을 청소하고 검댕 속에서 잠을 자고……

그러자 그는 조용해졌고, 바로 그날 밤이었어요.
잠이 든 톰은 보았어요.
딕, 조, 네드, 잭, 수천 명의 굴뚝 청소부가
모두 검은 관에 갇힌 광경을.

—윌리엄 블레이크[1]

에를리히가 화학요법을 꿈꾸거나 피르호가 암세포 이론을 생각하기 한 세기도 더 이전인 1775년에 세인트 바솔로뮤 병원의 외과의사 퍼시벌 포트는 자신의 병원에 음낭암 환자가 부쩍 늘었다는 것을 알아차렸다. 포트는 질서 정연하고 강박적이고 세상과 거리를 두는 사람이었고, 예상할 수 있겠지만 그가 처음 느낀 충동은 그 종양을 제거하는 멋진 수술법을 고안해보자는 것이었다. 그러나 자신의 런던 진료실로 환자들이 계속 밀려들자, 그는 더 큰 추세가 있다는 것을 깨달았다. 환자들이 거의 예외 없이 "기어오르는 소년들" 즉 굴뚝 청소부였다. 청소부의 도제살이를 하는 가난한 고아들로서, 그들은 때로 거의 벌거벗고 기름 범벅이 된 채 굴뚝으로 올라가서 연도(煙道)의 재를 청소했다. 포트는 그 상관관계에 놀랐다. 그는 그것이 "특정한 부류에 고유한" 병이라고 썼다. "내 말은 굴뚝 청소부의 암이라는 뜻이다. 그것은 언제나 음낭의 아랫부분을…… 먼저 공격하는 병이다. 그러면 가장자리가 딱딱하고 튀어나온, 얕고 아프고 울퉁불퉁하고

병들어 보이는 궤양이 생긴다.……나는 사춘기 연령이 되지 않은 아이에게서는 이것을 본 적이 없다. 그것이 바로 환자와 외과의사 모두가 대개 이것을 성병이라고 생각하는 한 가지 이유라고 본다. 그래서 수은제로 치료하는데, 그러면 즉시 심하게 악화된다."[2]

포트는 유행하는 설명을 쉽사리 받아들였을지 모른다. 조지 시대의 영국에서 굴뚝 청소부 소년들은 대체로 질병의 시궁창—더럽고 폐병, 매독, 발진의 온상—으로 인식되었고, 성적 접촉으로 옮는 병 탓이라고 인식되던 "울퉁불퉁한 병들어 보이는 궤양"은 대개 유독한 수은 함유 화학물질로 치료하거나 그냥 방치했다. (당시에 떠도는 말이 있었다. "매독은 하룻밤 불장난이요, 그 뒤 천 일 밤을 수은과 함께 지새리라.")[3] 그러나 포트는 더 심오하고 더 체계적인 설명을 찾았다. 그는 그 병이 성병이라면, 무엇보다도 왜 한 가지 직업만 선호하는지에 의문을 가졌다. 그것이 성적 "궤양"이라면, 왜 표준 완화제로 "더 악화되는" 것일까?

좌절한 포트는 마지못해서 역학자 일까지 하게 되었다. 그는 이런 음낭 종양을 수술할 새로운 방법을 고안하기보다는 이 특이한 질병의 원인을 탐색하기 시작했다. 그는 굴뚝 청소부가 몇 시간씩 검댕과 재를 몸에 묻힌 채 지낸다는 점에 주목했다. 그는 보이지 않는 작은 검댕 입자가 며칠 동안 피부 밑에 틀어박혀 있을 수 있고, 음낭암이 대개 그들의 속어로 검댕 사마귀라고 하는 표피 상처에서 솟아난다고 기록했다. 이런 관찰 사항들을 가려낸 끝에 포트는 만성적으로 피부에 박혀 있는 굴뚝 검댕이 음낭암의 원인일 가능성이 가장 높다고 추정했다.

포트의 관찰은 파도바 의사 베르나르디노 라마치니의 연구를 확장한 것이었다. 1713년에 라마치니는 특정한 직업군을 중심으로 나타나는 수십 가지 종류의 질병을 기술한 『직업병(*De Morbis Artificum Diatriba*)』이라는 기념비적인 저서를 펴냈다.[4] 그는 이런 병을 인간이 만든 병(morbis artificum)이라고 했다. 포트는 검댕암이 그런 인간이 만든 병 중의 하나라고 주장했다. 유발 원인을 파악할 수 있는 유일한 인위적인 병이라고 말이다. 비록 포트에게는 그것을 제대로 표현할 어휘가 없었지만, 그는 사실상 발암물질(carcinogen)을 발견했다.*

포트의 연구는 엄청난 의미를 함축하고 있었다. 어떤 수수께끼 같은 신비적인 체액(갈레노스가 말한)이 아니라 검댕이 음낭암을 일으킨다면, 두 가지 사실이

---

* 검댕은 여러 화학물질의 혼합물로서, 서너 종류의 발암물질이 들어 있다는 것이 나중에 밝혀진다.

참이어야 했다. 첫째, 몸속 체액들의 불균형이 아니라 외부 원인물질이 암형성의 뿌리에 놓여 있어야 했다. 그 이론은 당시 너무 급진적이어서 포트조차 믿기를 주저했다. 갈레노스의 이론을 훼손하는 한편, 그에게 은밀히 경의를 표하면서 그는 이렇게 썼다. "이 모든 사항들을 고려할 때(언뜻 볼 때) 그것은 시간이 흐를수록 체액에서 쉰내가 나는 노인에게 나타나는 암과 전혀 다른 사례이다."[5]

둘째, 외래물질이 진정으로 원인이라면, 암은 예방이 가능했다. 몸에서 체액을 뽑아낼 필요가 전혀 없었다. 그 병을 인간이 만든 것이라면, 해결책도 인간이 만들 수 있었다. 발암물질을 제거하면 된다. 그러면 암은 더 이상 나타나지 않을 것이다.

그러나 발암물질을 제거하는 가장 단순한 수단이 있었어도, 아마 그것은 실행에 옮기기가 가장 어려운 일이었을 것이다. 18세기의 영국은 공장, 석탄, 굴뚝의 땅이었다.[6] 그리고 그런 공장과 굴뚝을 닦아내는 굴뚝 청소부와 아동 노동의 땅이기도 했다. 비록 아이들에게는 아직 비교적 드문 직업이었지만, 굴뚝 청소—1851년에 영국에는 15세 이하의 굴뚝 청소부가 약 1,100명이었다—는 영국 경제가 아동 노동에 심하게 의존하고 있다는 것을 상징했다. 때로 4-5세의 고아들까지 쥐꼬리만 한 대가를 받고 청소부의 "도제살이"를 했다. (디킨스의 「올리버 트위스트[*Oliver Twist*]」에 나오는 악독한 굴뚝 청소부 갬필드 씨는 말한다. "도제를 하나 원해요. 그를 데려가겠소."[7] 운명의 장난으로 올리버는 갬필드에게 팔려가는 일을 모면한다. 갬필드의 도제 2명은 이미 굴뚝에서 질식해 죽었다.)

그러나 18세기 말에 런던 굴뚝 청소부 소년들의 비참한 생활이 대중에게 드러나고, 영국의 사회 개혁가들이 그 직업을 규제할 법률을 제정하려고 애쓰면서, 정치적 풍향이 바뀌었다. 1788년에 굴뚝 청소부가 8세 미만의 아이를 고용하는 것을 금지하는(8세 이상은 도제살이가 허용되었다) 굴뚝 청소부법이 의회를 통과했다.[8] 1834년에 금지 연령은 14세로 올라갔고, 1840년에는 16세가 되었다. 1875년이 되자, 아이를 굴뚝 청소부로 쓰는 행위는 전면 금지되었고, 위반 행위를 막기 위해서 강력한 단속이 이루어졌다. 포트는 폐렴에 걸려서 1788년에 사망했기 때문에 그런 변화를 보지 못했지만, 굴뚝 청소부 사이에 유행하던 인간이 만든 음낭암은 수십 년 사이에 사라졌다.

만약 검댕이 암을 일으킬 수 있다면, 그런 예방 가능한 원인—그리고 그 "인위적인" 암—이 세상에 흩어져 있지 않을까?

포트가 검댕암 연구 결과를 발표하기 10여 년 전인 1761년, 런던의 아마추어 과학자이자 약제사인 존 힐은 다른 무해해 보이는 물질 속에 숨어 있는 그런 발암물질을 하나 발견했다고 주장했다.9) 「코담배의 무분별한 사용에 대한 경고(*Cautions against the Immoderate Use of Snuff*)」라는 제목의 소책자에서 힐은 코담배가 입술, 입, 목에 암을 일으킬 수 있다고 주장했다.

힐이 내세운 증거는 포트가 내놓은 것보다 더 약하지도 더 강하지도 않았다. 그도 습관(코담배 이용), 노출(담배), 특정한 유형의 암 사이의 연관성을 추정해 냈다. 그가 범인으로 지목한, 때로 씹기도 하고 태우기도 하는 그 물질은 심지어 검댕과 비슷해 보이기도 했다. 그러나 힐—자칭 "식물학자, 약제사, 시인, 무대배우, 아니 원하는 어떤 직업이라도 가져다 붙일 수 있는 자"—은 영국 의학계의 궁정 어릿광대, 자기를 내세우기 좋아하는 아마추어 학자, 반은 학자이고 반은 익살꾼 취급을 받는 인물이었다.10) 검댕암을 다룬 포트의 엄숙한 논문이 영국 의학 연보를 통해서 회람되면서 감탄과 찬사를 받고 있을 때, 의학 당국의 아무런 지원도 받지 않은 채 힐이 더 앞서 펴낸 현란한 구어체로 쓰인 소책자는 시시한 나부랭이로 치부되었다.

그 와중에 영국에서 담배는 전국적으로 빠르게 탐닉하는 것이 되었다. 술집, 끽연실, 커피점—"꽉 막힌 연기가 자욱하고 덥고 나른한 방"11)—에는 밤낮을 가리지 않고 가발, 스타킹, 주름 옷깃 차림의 남성들이 모여들어서 파이프 담배나 시가를 피워대거나 멋들어지게 장식된 담배상자에서 코담배를 꺼내 코로 들이마셨다. 정부나 식민지 정부는 이 습관이 엄청난 돈벌이가 되리라는 것을 놓치지 않았다. 담배가 처음에 발견된 곳이자 담배를 재배하기에 거의 최적의 조건을 갖춘 대서양 건너편에서는 10년마다 생산량이 기하급수적으로 늘어났다. 1700년대 중반까지 버지니아 주는 해마다 수천 톤의 담배를 생산했다.12) 1700년에서 1770년 사이에 영국의 담배 수입량은 3,800만 톤에서 1억 톤 이상으로 거의 3배 폭증했다.13)

담배 소비를 더욱 급격히 증가시킨 것은 불에 타는 반투명한 종이에 담배를 마는 비교적 사소한 혁신이었다. 속설에 따르면, 1855년의 크림 전쟁 때 한 터키 병사가 보급받은 점토 파이프를 다 쓰자 담배를 신문 쪼가리에 말아서 피웠다고 한다.[14] 그 이야기는 출처가 의심스러우며, 담배를 종이에 만다는 생각은 분명히 새로운 것이 아니었다. (종이말이 담배는 이탈리아, 스페인, 브라질을 거쳐 터키까지 이미 들어와 있었다.) 그러나 중요한 것은 맥락이었다. 그 전쟁은 세 대륙의 병사들을 비좁고 갑갑한 반도에 몰아넣었고, 참호 속에서는 어떤 습관과 버릇이 바이러스처럼 금세 퍼지기 마련이었다. 1855년이 되자, 영국, 러시아, 프랑스 병사들은 모두 배급받은 담배를 종이에 말아 피우고 있었다. 병사들은 전쟁이 끝나고 고향으로 돌아갈 때 그 습관도 가지고 갔고, 그 습관은 바이러스처럼 그들의 고향에서 급속히 퍼졌다.

감염이라는 비유는 특히 잘 들어맞는다. 흡연은 곧 전염병이 맹위를 떨치듯이 모든 국가로 퍼졌고 대서양을 건너서 미국으로 향했다. 1870년에 미국의 1인당 담배 소비량은 연간 1개비도 되지 않았다.[15] 겨우 30년 뒤, 미국인은 연간 35억 개비의 담배와 60억 개비의 시가를 소비했다.[16] 1953년에 연간 평균 담배 소비량은 1인당 3,500개비에 이르렀다. 평균적으로 성인 미국인은 하루에 10개비를 피웠고, 영국인은 12개비, 스코틀랜드인은 거의 20개비를 피웠다.[17]

또 바이러스처럼 담배도 돌연변이를 일으키면서 다양한 맥락에 맞게 적응했다. 소련의 강제 노동수용소에서 담배는 비공식적인 화폐가 되었다. 영국의 여성 참정권자들에게는 대항의 상징이었다. 미국의 교외 거주자들에게는 거친 남성다움의 상징, 반항하는 젊은이들에게는 세대 단절의 상징이었다. 1850-1950년 격동의 한 세기 동안, 세상은 갈등, 원자화, 방향 상실을 제공했다. 담배는 정반대로, 동지애, 소속감, 습관의 친숙함이라는 같은 규모의 위안을 제공했다. 암이 근대성의 핵심 산물이라면, 그것의 예방 가능한 주된 원인도 그러했다. 바로 담배였다.

담배의 의학적 위험을 거의 알아차리지 못한 것은 담배가 이렇게 바이러스처럼 빠르게 확산되었기 때문이다. 사람의 눈이 사물의 가장자리에 예민하듯이, 통계적 상관관계를 대할 때 우리의 직관도 가장자리에서 가장 예민하게 반응한다. 희귀한 사건과 희귀한 사건이 겹쳐서 나타나면, 두 가지의 연관성은 뚜렷이 와닿을 수 있다. 한 예로, 포트는 굴뚝 청소(직업)와 음낭암(질병)이 모두 흔하지 않아서 두 가지의 겹침이 특이한 두 사건이 정확히 겹쳐 나타는 월식처럼 눈에 띄는 것이었기 때문에, 음낭암과 굴뚝 청소의 연관성을 발견했다.

그러나 담배 소비가 급증하여 국가적인 탐닉 대상이 될수록, 그것과 암의 연관성을 식별하기는 점점 더 어려워졌다. 20세기 초가 되자, 남성(여성도 곧 그 뒤를 따른다) 5명 중 1명—세계의 일부 지역에서는 거의 10명 중 9명—이 담배를 피웠다.[18] 그리고 어떤 질병의 위험인자가 그렇게 집단 내에 만연하게 되면, 그것은 역설적으로 배경의 백색 소음이 되어서 사라지게 된다. 옥스퍼드의 역학자 리처드 페토가 말했듯이, "1940년대 초에는 담배와 암의 연관성을 묻는 것이, 앉아 있는 것과 암의 연관성을 묻는 것과 같았다."[19] 거의 모든 남성이 담배를 피우고 그중 일부만 암에 걸린다면, 둘 사이의 통계적 연관성을 어떻게 끄집어 낼 수 있단 말인가?

심지어 폐암을 가장 자주 접하는 외과의사들도 아무런 연관성을 알아차릴 수 없었다. 1920년대에 폐절제술(폐를 잘라내어 종양을 제거하는 수술법)의 선구자인 세인트 루이스의 저명한 외과의사 에바츠 그레이엄은 흡연이 폐암 발생률을 증가시키는지 질문을 받자, 경멸조로 대꾸했다. "그렇다면 나일론 스타킹도 그렇겠지요."[20]

그리하여 나일론 스타킹처럼 담배의 암 역학(epidemiology)도 예방 의학의 시야에서 사라졌다. 그리고 의학적 위험이 거의 숨겨진 채, 흡연율은 더욱 가파르게, 서구 전역에서 어지러울 정도로 빠르게 증가했다. 담배가 세계에서 가장 치명적인 발암물질 운반자라는 주장과 함께 다시 시야에 들어왔을 때에는 이미 때가 너무 늦었다. 폐암은 곧 대유행했고, 역사가 앨런 브랜트가 콕 찍어 말했듯이, 세계는 "담배의 세기"에 헤어날 수 없이 깊이 빠져들었다.[21]

황제의 나일론 스타킹

> 논리적으로 엄밀히 따져서, 역학만으로 이 현대적 의미에서의 인과관계를 증명할 수 있는지 의문을 제기할지도 모르겠지만, 동물 실험에도 분명히 같은 말을 할 수 있다.
> —리처드 돌[1]

1947년 초겨울, 영국 정부의 통계학자들은 영국에서 예기치 않은 "유행병"이 서서히 출현하고 있다고 보건부에 경고했다. 이전의 20년에 비해서 폐암 사망률이 거의 15배나 증가했다.[2] 호적 부담당관은 "연구해야 할 문제"라고 썼다.[3] 영국 특유의 절제된 어조로 썼지만, 그 문장은 반응을 일으킬 만큼 강력했다. 1947년 2월, 매서운 겨울 한파의 와중에 보건부는 의학연구위원회에 이 불가해한 폐암 증가율을 연구하고 원인을 찾아내기 위한 전문가 총회를 런던 외곽에서 개최하도록 요청했다.[4]

총회 현장은 어이없는 희극이었다. 한 전문가는 대도시(담배 소비량이 가장 많은)가 마을(소비량이 가장 적은)보다 폐암 발생률이 훨씬 높다고 말하면서, "유일하게 흡족한 설명은 대기 매연이나 오염"이라고 결론지었다.[5] 다른 전문가들은 저마다 독감, 안개, 햇빛 부족, 엑스 선, 도로 타르, 감기, 석탄불, 산업 오염, 가스 공장, 자동차 배출 가스를 탓했다. 한마디로 흡연을 제외하고, 들이마실 수 있는 모든 독소가 거론되었다.

견해가 너무 중구난방이어서 곤혹스러웠던 위원회는 1940년대에 무작위 임상시험을 설계했던 저명한 생물통계학자 오스틴 브래드퍼드 힐에게 폐암의 위험 인자를 찾아내는 더 체계적인 연구 방법을 고안해달라고 요청했다. 그러나 그 연구에 쓰일 자원은 우스꽝스러울 만큼 적었다.[6] 1848년 1월 1일, 위원회는 시간제로 일하는 1명의 학생에게 지불할 600파운드, 2명의 사회복지사 각각에게 지불할 350파운드, 부대비용과 비품에 들어갈 300파운드의 예산을 승인했다. 힐은 36세의 의학 연구자 리처드 돌을 고용했다. 돌은 그 정도의 규모나 중요성을 가진 연구를 한번도 한 적이 없었다.

대서양 너머에서도 흡연과 암의 연관성은 신참자들에게만 보이는 듯했다. 수술과 의학에 "무지한" 젊은 인턴과 전공의만이 두 가지를 직관적으로 연관지었다. 1948년 여름, 뉴욕에서 외과 순회진료 중이던 의대생 언스트 와인더는 잊지 못할 사례와 마주쳤다.[7] 폐의 기도에 생긴 암인 기관지 유래 암종으로 죽은 42세의 남성이었다. 남자는 흡연자였고, 흡연자를 부검하면 으레 그렇듯이, 그의 시신에도 만성 흡연의 징표들이 있었다. 타르로 변색된 기관지와 검댕으로 검어진 폐 말이다. 부검한 외과의사는 그 점에 전혀 주목하지 않았다. (대다수 외과의사에게 그랬듯이, 그에게도 그 연관성이 보이지 않았을 가능성이 높다.) 그러나 그런 사례를 본 적이 없었던 와인더에게는 검댕으로 변색된 폐에서 암이 자라는 장면이 잊혀지지 않았다. 그 연관성이 그를 빤히 쳐다보는 듯했다.

와인더는 세인트 루이스로 돌아갔다. 그곳에서 의대에 근무하면서 흡연과 폐암의 연관성을 연구하겠다고 연구비를 신청했다. 그러나 그 연구는 "헛수고"일 것이라는 퉁명스러운 답변이 돌아왔다. 그는 그런 연관성을 가설로 제시한 이전의 연구들을 인용하면서 미국 공중보건국장에게 편지를 썼지만, 아무것도 증명할 수 없을 것이라는 대답이 돌아왔다. "우유 섭취에도 똑같은 상관관계를 끌어낼 수 있다.……어떤 종류의 면담도 환자로부터 흡족한 결과를 얻어낼 수 없다.……아무것도 증명되지 않았으므로, 실험 연구가 이런 방향으로 진행되어야 할 이유도 전혀 없다."[8]

공중보건국을 설득하려는 시도가 좌절되자, 와인더는 믿어지지 않게도 세인트 루이스에서 강력한 정신적 스승을 끌어들였다. "나일론 스타킹" 발언으로 유명한 에바츠 그레이엄이었다. 그레이엄은 흡연과 암의 연관성을 믿지 않았다. 매주 수십 건의 폐암을 수술하는 뛰어난 그 폐 외과의사도 매일 담배를 끼고 살았다. 그러나 그는 와인더의 연구를 돕기로 했다. 부분적으로는 그 연관성을 결정적으로 **반증하여** 그 문제가 더 이상 논란거리가 되지 않도록 하겠다는 의도가 있었다. 또한 그레이엄은 그 임상시험을 통해서 와인더가 연구 설계의 복잡성과 미묘함을 깨닫고, 앞으로 폐암의 진짜 위험인자를 찾아내는 임상시험을 설계할 수 있을 것이라고 보았다.

와인더와 그레이엄의 임상시험은 단순한 방법론을 따랐다.[9] 먼저 폐암 환자군과 암이 없는 대조군에게 질문을 해서 흡연 경험의 역사를 알아냈다. 그런 뒤에 두 집단에서 흡연자와 비흡연자의 비율을 측정하여 흡연자가 다른 환자들에 비해서 폐암 환자군에 더 많은지를 추정했다. 사례대조군 연구(case-control study)라는 이 방식은 방법론상으로는 새롭다고 생각되었지만, 그 임상시험 자체는 그다지 중요하게 받아들여지지 않았다. 와인더가 멤피스의 폐생물학 학회에서 미리 이러한 생각을 발표했을 때, 청중은 단 한마디의 질문도, 논평도 하지 않았다.[10] 대부분 발표 내내 잠을 자거나 그 주제가 야기할 내용에 거의 관심이 없었다. 대조적으로 와인더의 발표 뒤에 양의 폐선종증이라는 잘 알려지지 않은 질병을 다룬 발표는 30분 동안 열띤 토론을 불러일으켰다.

세인트 루이스의 와인더와 그레이엄처럼, 돌과 힐의 런던 연구도 거의 아무런 관심을 불러일으키지 못했다.[11] 힐이 속한 통계학과는 런던 블룸즈버리 가의 좁은 벽돌 건물에 있었다. 현대 컴퓨터의 전신인 육중한 브룬스비가 계산기들이 방에서 긴 나눗셈을 수행할 때마다 시계처럼 울리면서 찰각 차르릉 소리를 냈다. 유럽, 아메리카, 오스트레일리아에서 역학자들이 모여들어서 통계학 세미나를 열기도 했다. 몇 걸음 떨어진 런던 열대의학교의 금박 입힌 난간에는 19세기의 선구적인 역학적 발견들―모기가 말라리아의 매개체라거나 모래파리가 흑열병의 매개체라는 등―을 기념하는 명판(名板)과 비명(碑銘)이 놓여 있었다.

그러나 많은 역학자들은 그런 인과관계는 오직 한 질병의 병원체(pathogen)와 매개체(vector)가 알려져 있는 감염병에서만 확립될 수 있다고 주장했다. 말라리아는 모기, 수면병은 체체파리 하는 식으로 말이다. 암과 당뇨병 같은 만성적인 비감염병은 너무 복잡하고 너무 다양하여 "예방 가능한" 원인은커녕 어느 한 매개체나 원인과 관련지을 수 없다. 그 발코니 중 한 곳에 놓인 역학 트로피처럼 금박을 입혀서 걸어도 좋을 만한, 즉 만성 질병이 자신의 "매개체"를 가진다는 개념은 헛소리로 치부되었다.

이 무겁고 암울한 분위기에서, 힐과 돌은 연구에 몰두했다. 그들은 별난 이인조였다. 젊은 돌은 격식을 차리고 무미건조하고 냉정한 반면, 나이가 많은 힐은 활달하고 기발하고 익살스러웠다. 진지한 영국인과 익살맞은 동료였다. 전후 경제는 허약했고, 정부 금고는 위태로운 상황이었다. 세입을 늘리고자 담배 가격을 1실링 올렸을 때, 스스로를 "상용자"라고 선언한 사람들에게는 "담배 토큰"이 발행되었다.[12] 그 자신이 "상용자"였던 돌은 장시간 바쁘게 일하다가 잠시 짬을 내어 건물 밖으로 나와서 허겁지겁 담배를 피우곤 했다.

돌과 힐의 연구는 처음에 주로 방법론을 연습하기 위해서 고안된 것이었다. 런던 안팎의 20개 병원에서 폐암 환자("사례") 대 다른 질병에 걸린 환자("대조군")를 모아서 병원마다 사회복지사가 찾아가서 면담을 했다. 그리고 돌조차 담배가 진정한 범인일 가능성이 없다고 믿고 있었음에도 불구하고, 그 연관성의 여부를 폭넓게 조사했다. 조사 항목에는 환자의 집 주위에 가스 공장이 있는지, 튀긴 생선을 얼마나 자주 먹는지, 튀긴 베이컨, 소시지, 햄을 즐겨 먹는지 같은 질문을 포함시켰다. 그리고 그런 갖가지 질문들 사이에 돌은 흡연 습관에 관한 질문을 슬며시 끼워넣었다.

1948년 5월 1일, 156건의 면담지가 모아졌다.[13] 돌과 힐이 예비로 답변들을 추려냈을 때, 폐암과 논란의 여지가 없는 확고한 통계적 연관성을 보인 것은 단 하나, 바로 흡연뿐이었다. 매주 면담지가 계속 밀려들었고, 통계적 연관성은 더욱 강해졌다. 개인적으로는 도로 타르 노출이 폐암의 원인이라는 견해를 더 선호했던 돌조차도 더 이상 자신의 자료에 반박할 수 없었다. 조사를 할수록 불안감이 엄습했기 때문에, 결국 그는 담배를 끊었다.

한편 세인트 루이스의 와인더-그레이엄 연구진도 비슷한 결과를 얻었다. (두 대륙에서 서로 다른 두 집단을 대상으로 수행된 두 연구가 내놓은 위험의 크기는 거의 똑같았다. 그것은 그 연관성이 얼마나 강한지를 증언했다.) 돌과 힐은 서둘러 논문을 학술지에 보냈다. 그해 9월, "흡연과 폐의 암종(Smoking and Carcinoma of the Lung)"이라는 이 선구적인 논문은 「영국 의학회지(*British Medical Journal*)」에 실렸다. 와인더와 그레이엄은 이미 몇 개월 앞서서 「미국 의학협회 회지(*Journal of the American Medical Association*)」에 논문을 발표했다.

돌, 힐, 와인더, 그레이엄이 폐암과 흡연의 연관성을 다소 힘들이지 않고 증명했다고 주장하고 싶은 유혹이 든다. 그러나 사실 그들이 증명한 것은 다소 다른 것이었다. 그 차이—그리고 그것이 대단히 중요하다는 점—를 이해하기 위해서, 사례대조군 연구라는 방법론으로 돌아가보자.

사례대조군 연구에서는 위험을 사후적으로(post hoc) 추정한다. 돌의 사례와 와인더의 사례에서는 폐암 환자들에게 담배를 피웠는지를 물음으로써 그렇게 했다. 종종 인용되는 통계적 유추를 들어서 말하면, 이것은 차 사고 희생자에게 취한 상태에서 운전을 했는지 묻는 것과 비슷하다. 사고가 난 **후**에 면담을 하는 것이다. 물론 그런 실험에서 이끌어낸 수치들이 사고와 술의 잠재적인 연관성에 관해서 우리에게 알려준다는 것은 분명하다. 그러나 그것은 음주자가 실제 사고를 당할 확률은 말해주지 않는다. 그것은 마치 뒷거울로 본 듯한 위험, 역으로 산정한 위험이다. 그리고 모든 왜곡이 그렇듯이, 그런 추정에는 미묘한 편견이 스며들 수 있다. 운전자가 사고 당시의 자신의 취기를 과대평가(혹은 과소평가)하는 경향이 있다면? 혹은 (돌과 힐의 사례로 돌아가서) 면담자가 폐암 환자에게 흡연 습관을 물을 때는 자신도 모르게 더 공격적으로 대한 반면, 대조군에게 물을 때는 비슷한 습관을 경시했다면?

힐은 그런 편향을 없앨 가장 단순한 방법을 알고 있었다. 그가 그것을 창안했으니까. 한 무리의 사람들을 두 집단에 **무작위로** 할당하여 한 집단은 담배를 피우게 하고 다른 집단은 피우지 않게 하면, 두 집단을 시간별로 추적하면서 흡연 집단에서 폐암이 더 높은 비율로 나타나는지 판단할 수 있을 것이다. 그러나 그렇게 하면 인과관계는 증명이 되겠지만, 그러한 잔인한 인체 실험은 의료 윤리의 근본 원칙들을 위반하지 않으면서 산 사람들에게 수행할 수 있기는커녕, 상상조차 할 수 없는 일이다.

그러나 그 실험이 불가능함을 인정하고 그 다음의 최선의 대안에 정착할 수 있다면? 반쯤 완벽한 실험에? 무작위 할당을 논외로 할 때, 돌과 힐의 연구가 가진 문제점은 위험을 소급하여 추정했다는 것이다. 그러나 시간을 되돌려서 실험 대상자들에게 암이 생기기 **전에** 연구를 시작할 수 있다면? 발생학자가 알의 부화를 지켜보는 것처럼, 역학자가 폐암 같은 질병을 발생 순간부터 지켜볼 수 있을까?

1940년대 초에 옥스퍼드의 괴짜 유전학자 에드먼드 포드도 비슷한 생각에 사로잡혔다.[14] 다윈 진화를 굳게 믿는 포드였으나, 그럼에도 불구하고 다윈 이론이 중요한 한계를 안고 있다는 것을 알았다. 여태껏 진화는 화석 기록으로부터 간접적으로 추론해왔지, 생물 집단을 통해서 직접 보여준 적이 없었다. 물론 화석의 문제는 화석화되었다는 것, 즉 정적이고 시간적으로 고정되어 있다는 것이다. 진화의 점진적이고 구분되는 세 단계를 나타내는 세 가지 화석 A, B, C는 화석 A가 B를 낳고, 화석 B가 C를 낳았다는 것을 시사할지도 모른다. 그러나 이 증명은 소급적이고 간접적이다. 즉 세 가지 진화 단계가 존재한다는 것은 한 화석이 다음 화석의 생성 원인이었다는 것을 시사하긴 하지만, 증명할 수는 없다.

시간이 흐르면서 집단이 정해진 유전적 변화를 겪는다는 사실을 증명하는 정식 방법은 오직 실시간으로, 즉 순행적으로 현실 세계의 변화를 포착하는 것뿐이다. 포드는 다윈의 수레바퀴가 움직이는 것을 지켜보는 그런 순행 실험을 고안하는 일에 점점 집착했다. 이 일을 위해서 그는 몇몇 학생에게 옥스퍼드 근처의 습지들을 돌아다니면서 나방을 채집하도록 했다. 나방을 잡으면 사인펜으로 표시를 한 뒤에 다시 놓아주도록 했다. 해마다 포드의 학생들은 방수 덧신을 신고 나방 포충망을 들고 나가서 이전 해에 표시했던 나방들과 표시가 되지 않은 후손들을 잡아서 연구했다. 사실상 야외에서 야생 나방의 "통계 조사"를 한 셈이었다. 그러면서 나방 코호트에서 일어나는 날개 무늬의 변화나, 크기, 모양, 색깔의 변이 같은 사소한 변화를 해마다 꼼꼼히 기록했다. 그런 변화를 거의 10년에 걸쳐서 도표로 작성함으로써, 포드는 진화가 작용하는 것을 지켜보았다. 그는 나방 표피의 색깔에 일어나는 점진적인 변화(따라서 유전자의 변화), 집단에서 일어나는 큰 규모의 요동, 나방 포식자들의 자연선택의 징후를 기록했다. 습지에서 거시세계를 포착한 것이다.*

돌과 힐은 이 연구를 깊은 관심을 가지고 지켜보았다. 그리고 1951년 겨울, 힐의 머릿속에 이와 비슷한 사람 코호트를 이용한다는 착상이 떠올랐다.[15] 대다수 위대한 과학적 착상이 그렇듯이, 목욕을 하던 중에 떠올랐다고 한다. 포드의 방식대로, 대규모 사람 집합에 어떤 기상천외한 사인펜으로 표시를 한 뒤에 10년 단위로 살펴본다고 가정하자. 그 집단은 자연스럽게 흡연자와 비흡연자가 섞

---

* 포드의 학생인 헨리 B. D. 케틀웰은 이 나방 표식 기법을 이용하여 짙은 색깔의 나방―오염으로 검어진 나무에서 위장이 더 잘 되는 나방―이 포식자인 새에게 잘 들키지 않는 경향이 있음을 보여줌으로써, "자연선택"이 작용한다는 것을 예증했다.

여 있을 것이다. 흡연이 실험 대상자에게 정말로 폐암을 일으키는 경향이 있다면(밝은 색깔의 날개를 가진 나방이 포식자에게 사냥당하는 경향이 있는 것과 흡사하게), 흡연자는 더 높은 비율로 암에 걸리기 시작할 것이다. 역학자는 그 코호트를 시간별로 추적함으로써, 즉 인간 병리학이라는 자연 습지를 자세히 들여다봄으로써, 흡연자 대 비흡연자의 상대적인 폐암 위험을 정확히 계산할 수 있을 것이다.

그러나 충분한 규모의 코호트를 어떻게 찾아낼 수 있을까? 이번에도 우연의 일치가 생겨났다. 영국에서 건강 관리를 국가 차원에서 하려는 노력이 이루어지면서 모든 의사들을 중앙정부에서 등록하고 관리하기 시작한 것이다. 6만 명이 넘는 의사들이 등록되었고, 사망하면 등록부에 기재가 되었다. 때로는 사망 원인까지 비교적 상세히 기록되었다. 그 결과, 돌의 공동 연구자이자 학생인 리처드 페토의 말처럼 코호트 연구를 위한 "뜻밖의 실험실"이 생겼다. 1951년 10월 31일, 돌과 힐은 약 5만9,600명의 의사에게 설문 조사지를 동봉한 편지를 보냈다. 질문은 일부러 짧게 했다. 그저 흡연 습관, 피우는 양, 그밖의 사항 몇 가지만 답하면 되었다. 대다수 의사는 채 5분도 걸리지 않고 답할 수 있었다.

놀랍게도 4만1,024명의 의사가 답장을 보냈다. 런던에서 돌과 힐은 의사 코호트의 종합 목록을 작성했고, 그들을 흡연자와 비흡연자로 나누었다. 매번 코호트에서 사망자가 생길 때면, 그들은 등록국에 접촉하여 정확한 사망 원인을 파악했다. 폐암 사망자는 흡연자 대 비흡연자로 나누어서 표로 작성했다. 돌과 힐은 이제 편안히 앉아서 암이 실시간으로 펼쳐지는 것을 지켜볼 수 있었다.

1951년 10월에서 1954년 3월 사이의 29개월 동안 돌과 힐의 원래 코호트에서 789명이 사망했다. 그중 36명이 폐암으로 사망했다. 이 폐암 사망자들을 흡연자 대 비흡연자로 나누자, 거의 그 즉시 상관관계가 튀어나왔다. 36명 모두가 흡연자였던 것이다. 두 집단의 차이가 너무 컸기 때문에, 돌과 힐은 그것을 파악하기 위해서 복잡한 통계 기법을 적용할 필요조차 없었다. 가장 엄격한 통계 분석을 통해서 폐암의 원인을 찾아내도록 설계된 시험이었건만, 그 논점을 입증할 초보적인 수학조차 거의 불필요했다.[16]

"밤도둑"

> 그런데 [내 암은] 다른 모든 흡연자들의 폐암과 똑같아 보이는 편평세포암일세. 나는 어쨌든 끊을 때까지 약 50년을 피웠기 때문에 누군가 내 앞에서 흡연과 인과관계가 있다는 개념에 반대하는 강력한 주장을 펼칠 수 있으리라고는 생각하지 않아.
> ─에바츠 그레이엄이 언스트 와인더에게, 1957년[1]

> 우리는 우리가 만드는 제품들이 건강에 해를 끼치지 않는다고 믿습니다. 우리는 공중보건을 지키는 일을 하는 사람들과 늘 긴밀히 협력하고 있으며 앞으로도 언제나 그럴 것입니다.
> ─"흡연자에게 바치는 솔직한 선언", 1954년 담배산업계가 낸 전면 광고[2]

리처드 돌과 브래드퍼드 힐은 1956년에 폐암 순행연구 결과를 발표했다. 미국의 성인 인구 중 흡연자의 비율이 45퍼센트라는 최고 수준에 달한 해였다. 암 역학에서 신기원이 이루어진 10년이었지만, 마찬가지로 담배에서도 신기원이 이루어진 10년이었다. 전쟁은 일반적으로 두 산업, 즉 군수산업과 담배산업을 부양하며, 사실 양차대전은 이미 한껏 팽창한 담배산업을 더욱 강력하게 부양했다. 담배 판매량은 1940년대 중반에 하늘 높이 치솟았고, 1950년대에도 추세가 계속되었다.[3] 1864년의 사례를 대규모로 재연하듯이, 담배에 중독된 군인들은 민간인으로 돌아왔을 때 자신들의 중독 증상을 대중에게 널리 각인시켰다.

전후 시기의 폭발적인 성장에 더 불을 지피기 위해서, 담배산업은 수천만, 이어서 수억 달러를 광고에 쏟아부었다.[4] 그리고 과거에 광고가 담배산업을 변화시켰다면, 이제는 담배산업이 광고를 변화시켰다. 이 시대의 가장 놀라운 혁신은 담배 광고가 고도로 계층화한 소비자들을 표적으로 삼았다는 것이다. 마치

고도로 특정하여 공략하려는 듯이 말이다. 이전에는 지극히 일반적으로, 모든 소비자를 대상으로 담배 광고를 했다. 그러나 1950년대 초가 되자, 담배 광고와 담배 상표는 도시 노동자, 주부, 여성, 이민자, 아프리카계 미국인 등으로 구분된 집단에 "맞추어서" 제공되었다. 그리고 선제적으로 고양이 목에 방울을 다는 식으로 의사들을 상대로도 광고를 했다. 한 광고는 "더 많은 의사들이 카멜을 피웁니다"라고 소비자에게 환기시킴으로써, 자기네 담배가 안전하다고 환자들을 안심시켰다.[5] 의학 학술지에는 으레 담배 광고가 실렸다. 1950년대 초, 미국 의학회의 연례총회에서는 담배가 의사들에게 공짜로 제공되었고, 의사들은 담배 부스 바깥에 길게 줄을 섰다.[6] 1955년에 필립 모리스가 오늘날까지도 그 회사의 가장 성공한 흡연 인물상인 말보로맨을 도입했을 때, 그 상표의 판매량은 8개월 사이에 무려 5,000퍼센트나 급증했다.[7] 말보로는 담배와 남성다움의 거의 성적인 찬미를 하나의 유혹적인 포장지 속에 담았다. "남자다운 맛의 정직한 담배가 나온다. 부드럽게 빨리는 필터는 당신의 입에 착 달라붙는 느낌을 준다. 잘 걸러내면서도 방해하지 않는다."[8] 1960년대 초가 되자, 미국에서 담배의 연간 총 판매량은 담배의 역사상 유례없는 수치인 거의 50억 달러에 달했다.[9] 평균적으로 미국인은 연간 거의 4,000개비, 즉 하루에 약 11개비를 소비했다.[10] 깨어 있는 시간 동안 거의 한 시간에 1개비씩이었다.

1950년대 중반, 미국의 공중보건 기관들은 돌과 힐의 연구에 기술된 담배와 암의 연관성에 그다지 동요하지 않았다. (비록 곧 바뀌지만) 그 연구를 항암 운동의 일부로 내다본 기관은 거의 없었다. 그러나 담배산업계는 좌불안석이었다. 타르, 담배, 암의 연관성이 점점 더 긴밀해지면서 이윽고 소비자들이 겁을 먹고 떠날 것을 우려한 담배 제조사들은 "안전" 조치로 담배 끝에 붙인 필터의 혜택을 선제적으로 광고하기 시작했다. (올가미와 문신이라는 초남성적인 차림의 상징적인 말보로맨이 필터를 붙인 담배를 피우는 광고는 그 담배에 사내답지 못한, 즉 계집애 같은 측면이라고는 전혀 없다는 것을 입증하고자 고안한 정교한 미끼였다.)

돌의 순행연구가 공표되기 3년 전인 1953년 12월 28일, 몇몇 담배 회사의 대표자들이 선제 대응을 하기 위해서 뉴욕 플라자 호텔에서 만났다.[11] 좋지 않은 평판이 저 멀리 지평선에서 어른거렸다. 과학적 공격에 맞서려면, 같은 규모로 역공을 가할 필요가 있었다.

그 역공의 핵심은 1954년에 몇 주일에 걸쳐서 400군데 이상의 신문 지면에 동시에 실리면서 언론 매체를 도배한 "솔직한 선언(A Frank Statement)"이라는 제목의 광고였다.[12] 담배 제조사들이 대중에게 보낸 공개 편지라고 할, 이 선언의 취지는 폐암과 담배 사이의 가능한 연관성에 관한 두려움과 소문을 해명하려는 것이었다. 약 600개의 단어로 이루어진 이 선언은 담배와 암에 관한 연구를 거의 전부 고쳐 썼다.

"솔직한 선언"은 결코 솔직하지 않았다. 거짓 주장은 첫 문장부터 바로 시작되었다. "최근의 생쥐 실험 보고서들은 흡연이 어떤 식으로든 사람의 폐암과 연관이 있다는 이론을 널리 알리고 있습니다." 사실 이보다 더 진실과 거리가 먼 주장은 없을 것이다. "최근의 실험들" 중 가장 파괴적인 것(그리고 확실히 "가장 널리 알려진 것")은 돌/힐과 와인더/그레이엄의 역행연구였는데, 두 가지 모두 생쥐가 아니라 인간을 대상으로 이루어졌다. 이 문장들은 과학을 모호하고 난해하게 보이게 함으로써, 그 결과도 마찬가지로 난해하게 만들고자 했다. 또 진화적 거리는 감정적 거리도 강요할 터였다. 어쨌거나 생쥐가 폐암에 걸리든 말든 누가 관심이 있겠는가? (이 모든 괴팍한 주장의 극치는 10년 뒤에 등장한다. 인간을 대상으로 한 최고 수준의 연구들이 점점 늘어나자, 담배 압력단체는 놀랍게도 흡연이 생쥐에게 폐암을 일으킨다고 실질적으로 밝혀진 사례가 전혀 없다고 반론을 편다.)

그러나 사실 혼동시키기는 1차 방어선에 불과했다. 더 독창적인 형태의 조작은 과학의 자기 회의적인 태도를 물고 늘어지는 것이었다. "흡연과 질병의 연관성을 주장하는 통계는 현대 생활의 다른 많은 측면들 중 어느 것에라도 똑같이 유효하게 적용할 수 있습니다. 사실 많은 과학자들은 통계 자체의 타당성을 의문시합니다." 그 광고는 과학자들 사이의 실제적인 견해 차이를 반쯤 드러내고 반쯤 감춤으로써, 진실을 복잡한 겹겹의 장막으로 가렸다. "많은 과학자들이 의문시한" 것이 정확히 무엇인지(혹은 폐암과 "현대 생활"의 다른 특징들 사이에 있다고 주장하는 연관성이 무엇인지)는 전적으로 독자의 상상에 맡겨졌다.

여느 평범한 홍보 활동이라면 사실 혼동시키기와 자기 회의의 반영—담배 연기와 거울의 유명한 결합—으로도 충분했을지 모른다. 그러나 담배산업계의 최종 계략은 그 천재성에서 타의 추종을 불허했다. 담배 회사들은 담배와 암의 연관성을 더 이상 연구하지 못하게 방해하는 대신에, 과학자들이 더 많은 연구를 하도록 하자고 주장했다. "우리는 담배 이용과 건강의 모든 단계들에 대한 연구 노력에 지원과 도움을 줄 것이라고 맹세합니다.……이미 각 회사 차원에서 지원하고 있는 것 외에 별도로." 이 말은, 만약 연구가 더 필요하다면 그 문제는 여전히 의심의 구덩이에서 헤어나오지 못한 것이며, 따라서 미해결된 것이다라는 의미였다. 대중은 계속 담배에 탐닉하도록 하고, 연구자들도 자신의 연구에 탐닉하도록 하자.

이러한 세 갈래의 전략을 모아서 결실을 맺고자, 담배 압력단체는 이미 "연구위원회"를 구성했다. 담배산업 연구위원회(Tobacco Industry Research Committee, TIRC)였다. 겉으로 TIRC는 점점 더 적대적이 되어가는 학계, 점점 더 진용을 정비하는 담배산업계, 점점 더 혼란스러워 하는 대중 사이의 조정자 역할을 표방했다. 오래도록 끌었던 연구가 나온 뒤인 1954년 1월, TIRC는 마침내 위원장을 선임했다고 발표했다.[13] 과학계의 가장 깊숙한 곳에서 모셔온, 그 연구소를 대중에게 인지시키는 데에 결코 실패할 리가 없는 인물이었다. 마치 역설로 이어지는 원을 닫으려는 것처럼, 그들이 택한 인물은 클래런스 쿡 리틀이었다. 래스커주의자들이 미국 암억제학회 회장에서 물러나게 했던 그 야심적인 반대론자 말이다.

1954년에 담배 로비스트들이 클래런스 리틀을 발견하지 못했다면, 아마 그들은 그를 창조해야 했을 것이다. 그는 그들이 원하는 일들을 그대로 수행했다. 자기 주장이 강하고, 설득력 있고, 달변인 그는 원래 유전학자였다. 그는 메인 주 바하버에 넓은 동물 연구소를 세웠고, 그곳은 의학 실험용 생쥐 순종들을 공급하는 역할을 했다. 리틀은 순종과 유전학에 몰두했다. 그는 암을 포함한 모든 질병이 본래 유전적이며, 그런 병이 일종의 의학적 인종 청소의 형태로 그런 소인(素因)을 가진 사람들을 결국은 없앰으로써 질병에 내성을 띤 유전적으로 풍성한 집단이 남는다는 이론의 강력한 지지자였다. 이 개념—우생학의 아류라고 하자—은 폐암에도 똑같이 적용되었고, 그는 폐암을 주로 유전적 비정상의 산물이라고 생각했다. 그는 흡연이 단지 그 타고난 비정상을 드러내는 것일 뿐이라고 주장했다. 인체에서 나쁜 근원을 드러내어 펼쳐지게 한다는 것이었다. 따라서 담배가 폐암을 일으킨다고 비난하는 것은 우산이 비를 오게 한다고 비난하는 것과 같았다. TIRC와 담배 압력단체는 이 견해를 소리 높여 환영했다. 돌과 힐, 와인더와 그레이엄은 흡연과 폐암을 명확히 연관지었다. 그러나 리틀은 상관관계를 원인과 동일시할 수 없다고 주장했다. 1956년에 학술지 「암 연구(*Cancer Research*)」에 쓴 객원 사설에서 그는 담배산업이 과학적으로 부정직하다고 비난을 받는다면, 담배 반대 운동가들은 과학적으로 솔직하지 못하다는 비난을 받아들여야 한다고 주장했다.[14] 과학자들은 두 사건—흡연과 폐암—의 단순한 겹침을 어떻게 그렇게 쉽게 인과관계로 정리할 수 있단 말인가?

미국 암억제학회 시절부터 리틀을 알았던 그레이엄은 격분했다. 그는 편집장에게 신랄한 반박문을 써서 보냈다. "심한 흡연과 폐암의 인과관계는 그저 통계에 불과할 뿐인 천연두에 대한 백신의 효과보다 더 강력하다."[15]

사실 많은 역학자 동료들처럼, 그레이엄도 원인이라는 용어를 두고 지나치게 꼼꼼히 따지는 짓에 점점 더 분개했다. 그는 그 용어가 원래의 효용을 잃은 지 오래이고 골칫거리로 전락했다고 믿었다. 1884년에 미생물학자 로베르트 코흐는 어떤 질병의 "원인"이라고 정의되는 병원체는 적어도 세 가지 기준을 충족시킬 필요가 있다고 규정했다. 원인 병원체는 병에 걸린 동물의 몸에 존재해야 했다. 그리고 병에 걸린 동물로부터 분리되어야 했다. 마지막으로, 두 번째 숙주에 옮겼을 때 그 병을 전파할 수 있어야 했다. 그러나 코흐의 전제조건들은 결정적으로 감염병과 감염원 연구로부터 도출한 것이었다. 그것들을 많은 비감염병에 단순히 "전용할" 수는 없었다. 한 예로 폐암 사례에서, 노출된 지 몇 개월 혹은 몇 년이 지난 뒤에 암이 생긴 폐에서 발암물질을 분리하라는 것은 불합리한 일이었다. 생쥐에게 전파시키는 연구도 마찬가지로 좌절을 겪기 마련이었다. 브래드퍼드 힐이 주장했듯이, "우리는 생쥐나 다른 실험동물을 동화 속의 노인처럼 잠도 못자고 졸지도 못할 정도의 담배연기 공기 속에 집어넣을 수 있다. 그들은 번식할 수도, 먹을 수도 없다. 그리고 폐암은 상당한 정도로 발달할 수도, 그렇지 않을 수도 있다. 그래서 어떻다는 것인가?"[16]

정말로 그래서 어떻다는 것인가? 와인더와 공동 연구자들, 그레이엄은 생쥐를 유독한 "담배연기 공기" 혹은 적어도 상상할 수 있는 한, 그것과 가장 가까운 환경에 노출시키려고 했다. 생쥐에게 줄담배를 피우게 하는 일은 성공하지 못할 것이 뻔했기 때문에, 그레이엄은 세인트 루이스의 자기 연구실에서 기발한 실험을 했다. 그는 "흡연 기계"를 발명했다.[17] 온종일 담배 수백 개비를 피워서(그는 럭키스트라이크 담배를 택했다) 나오는 검은 타르 잔류물을 미로처럼 이어진 흡입관들을 통해서 아세톤이 든 증류 플라스크로 모으는 장치였다. 그레이엄과 와인더는 생쥐 피부에 이 타르를 연속으로 발라서 타르가 생쥐의 등에 종양을 일으킬 수 있다는 것을 발견했다. 그러나 이런 연구는 오히려 더욱 논란을 불러일으켰다. 「포브스(*Forbes*)」는 그레이엄에게 "담배의 타르를 증류하여 자기 등에 바르는 사람이 얼마나 되겠습니까?"라고 물음으로써 그 연구를 조롱했다.[18] 리틀 같은 비판자들이, 이 실험은 오렌지를 1조 분의 1로 줄어들 때까지 증류한 다음에 원래의 과일이 너무 유독해서 먹을 수 없다고 추론하는 것과 비슷한 실험이라고 비난한 것도 당연했다.

따라서 힐의 동화에 나오는 노인처럼, 역학 자체도 코흐의 전제조건이라는 갑갑한 체계에 맞서서 분개하고 있었다. 연관관계, 분리, 재전파라는 고전적인 삼인방으로는 충분하지 못했다. 예방 의학에는 나름의 "원인" 이해가 필요했다.

역학계의 저명인사인 브래드퍼드 힐이 이번에도 해결책을 제시했다. 힐은 암 같은 만성적이고 복잡한 인간 질병을 연구하려면, 전통적으로 이해해온 인과관계 개념을 더 확장하고 수정할 필요가 있다고 주장했다. 폐암을 코흐의 구속복에 끼워넣을 수 없다면, 구속복을 더 헐겁게 할 필요가 있었다. 힐은 인과관계를 둘러싸고 역학에서 지독한 방법론 논쟁이 벌어지고 있다는 것을 인정했지만—역학은 본질적으로 실험 학문이 아니었다—그것을 넘어섰다. 그는 적어도 폐암과 흡연의 사례에서는 그 연관관계에 몇 가지 부가적인 특징이 있다고 주장했다.

그것은 **강했다** : 흡연자에게서는 암 위험이 거의 5-10배 증가했다.

그것은 **모순이 없었다** : 돌과 힐의 연구, 와인더와 그레이엄의 연구는 서로 전혀 다른 맥락에서 전혀 다른 집단을 대상으로 이루어졌지만, 동일한 연관성에 도달했다.

그것은 **특이성을 띠었다** : 담배는 폐암, 즉 담배연기가 몸에 들어가는 바로 그곳에 생긴 암과 연관이 있었다.

그것은 **시간성을 띠었다** : 돌과 힐은 흡연 기간이 길수록 위험이 더 커진다는 것을 알아냈다.

그것은 "생물학적 기울기"가 있었다 : 흡연량이 많을수록, 폐암 위험은 더 컸다.

그것은 설득력이 있었다 : 흡입한 발암물질과 폐의 악성 변화 사이에 기계론적 연관성이 있다는 것을 믿기 어렵지 않았다.

그것은 일관성이 있었다 : 그것은 실험 증거를 통해서 뒷받침되었다. 역학적 발견과 그레이엄의 생쥐에 타르 바르기 실험 같은 실험실에서 이루어진 발견은 일치했다.

그것은 비슷한 상황에서 비슷하게 행동했다 : 흡연은 폐암과 상관관계가 있었으며, 입술, 목, 혀, 식도의 암과도 그러했다.

힐은 이런 기준들을 토대로 급진적인 주장을 내놓았다. 그는 역학자들이 이 9가지 기준 목록을 써서 인과관계를 **추론**할 수 있다고 주장했다.[19] 목록의 어느 한 항목이 인과관계를 입증하는 것은 아니었다. 힐의 목록은 일종의 요리 차림표 역할을 했다. 과학자들은 그중에서 항목들을 골라서 인과관계 개념을 강화할(혹은 약화시킬) 수 있었다. 과학적 순수주의자에게 이것은 로코코 양식 같았다. 그리고 모든 로코코 양식이 그렇듯이, 조롱받기도 너무 쉬웠다. 수학자나 물리학자가 9가지 기준이 적힌 "차림표"에서 골라서 인과관계를 추론한다고 상상해보라. 그러나 힐의 목록은 역학 연구에 실용적인 명쾌함을 부여했다. 힐은 인과관계의 형이상학적 개념(가장 순수한 의미에서 "원인"이란 무엇일까?)을 놓고 왈가왈부하기보다는, 그것의 기능적 혹은 조작적 개념 쪽으로 초점을 옮겼다. 힐은 원인이란 원인이 **하는** 그 무엇이라고 주장했다. 수사 사건에서 증거가 차지하는 비중처럼, 때로 하나의 결정적인 실험보다는 다수의 작은 증거들이 원인을 이룬다.

역학이 이렇게 논란 속에서 역사적으로 재편되고 있던 1956년 겨울, 에바츠 그레이엄은 갑자기 병에 걸렸다. 그는 독감이겠거니 하고 생각했다. 외과의사로서 그의 경력은 정점에 이르러 있었다. 그가 남긴 유산은 멀리까지 영향을 미쳤다. 그는 19세기에 결핵 병동에서 배운 수술법들을 하나로 모아서 폐암 수술을 혁신했다. 또 담배를 발암물질로 선택하여 암세포가 생기는 메커니즘을 조사했다. 그리고 와인더와 함께 담배와 폐암의 역학적 연관성을 확정지었다.

결국 에바츠 그레이엄을 파멸시킨 것은 자신이 입증했던 바로 그 이론을, 이전에는 그가 혐오한 탓이었다. 1957년 1월, "독감"이 나을 기미를 보이지 않자,

그레이엄은 반즈 병원에서 갖가지 검사를 받았다. 엑스 선 촬영으로 원인이 드러났다. 표면이 거친 커다란 종양이 세기관지 상부를 막고 있었고, 양쪽 폐에는 전이된 암 침착물 수백 개가 달라붙어 있었다. 그레이엄은 환자의 정체를 숨긴 채, 동료 외과의사에게 필름을 보여주었다. 동료는 엑스 선 필름을 보더니, 수술이 불가능하고 가망이 없다고 말했다. 그레이엄은 나직이 말했다. "내 거라오."

매주 상태가 악화되고 있던 2월 14일, 그레이엄은 친구이자 동료인 외과의사 앨턴 옥스너에게 편지를 썼다. "아마 최근에 내가 밤도둑처럼 내 몸에 침입한 양쪽 기관지 유래 암종으로 반즈 병원에 입원했다는 소식을 들었겠지요.……내가 담배를 끊은 지 5년이 넘었다는 것도 알겠지만, 문제는 내가 50년 동안 담배를 피웠다는 것이지요."[20]

2주일 뒤, 그레이엄은 면도를 하다가 어지러움을 느끼고 토한 뒤에 혼미해졌다. 그는 다시 반즈 병원으로 실려와서 자신이 그토록 아끼던 수술실에서 몇 층 위에 위치한 병실에 입원했다. 질소 머스터드를 정맥 주사하는 화학요법을 썼지만, 아무 소용이 없었다. "도둑"은 이미 폭넓게 약탈을 한 상태였다. 암은 그의 폐, 림프절, 부신, 간, 뇌에서 자라고 있었다. 2월 26일, 그는 혼미하고 깜빡깜빡 정신을 잃고 횡설수설하다가 혼수상태에 빠진 뒤에 사망했다. 향년 74세였다. 그의 요구에 따라서, 시신은 학생들의 부검 표본으로 쓰도록 해부학과에 기증되었다.

불시에 사망하기 3년 전인 1954년 겨울, 그는 「흡연과 암(Smoking and Cancer)」이라는 제목의 책에 놀라운 선견지명을 담은 글을 실었다.[21] 그는 글의 끝부분에서 미래에 인류 사회가 담배의 확산에 어떻게 맞서 싸워야 할지를 걱정했다. 그는 의학이 담배의 확산을 저지하기에는 힘이 부족하다고 결론지었다. 학계 연구자들은 위험에 관한 자료를 제공하고 증거와 인과관계에 관해서 끊임없이 주장할 수 있지만, 해결책은 정치적인 것일 수밖에 없었다. "[정책 결정자들의] 완고함도 나름의 중독성이 있다고 결론내리지 않을 수 없다.……그것은 그들의 눈을 멀게 한다. 그들은 볼 수 있는 눈이 있지만, 흡연을 포기할 의지나 능력이 없기 때문에 보지 못한다. 이 모든 것은 이런 질문으로 이어진다.……라디오와 텔레비전에서 담배 광고가 나오도록 계속 허용해야 할까? 국민 건강의 공식 수호자인 미국 공중보건국이 적어도 경고 성명을 낼 때가 아닐까?"

"경고 성명"

> 우리는 피고 쿠퍼가 다양한 형태의 광고에 표현된 내용을 믿고 캐멀 담배를 피운 뒤에……치명적인 폐암이 생길 수 있었다는 가정을 사실상 믿는다.
> —쿠퍼 사건에서 배심원단 평결, 1956년[1]

> 20세기 후반기에 미국에서 살면서, 진짜든 상상한 것이든 간에 주장되고 있는 흡연의 위험을 알아차리지 못하려면 귀가 먹고, 말도 못하고, 눈도 멀어야 할 것이 분명하다. 그러나 개인이 흡연하기로 하는 선택은……맥주에 취한 운전자가 전봇대로 향하는 것과 같은 종류의 선택이다.
> —담배산업계가 보낸 공개 편지, 1988년[2]

그레이엄이 사망한 지 7년 뒤인 1963년 여름, 세 사람이 오스카 아워백의 연구실을 방문하기 위해서 뉴저지 주 이스트 오렌지로 왔다.[3] 말수가 적은 신중한 인물인 아워백은 최근에 흡연자와 비흡연자의 시신 1,522구를 부검하여 폐 표본을 비교한 기념비적인 연구를 완성함으로써 폐병리학자들로부터 널리 존중을 받고 있었다.

자신이 발견한 병터들을 기술한 아워백의 논문은 암형성의 이해에 이정표가 되었다.[4] 아워백은 완전히 자란 형태의 암을 연구하는 대신에, 암의 생성을 이해하고자 애썼다. 그는 암이 아니라 암의 이전 화신, 즉 전구 병터인 전암(precancer)을 연구했다. 그는 흡연자의 폐에서 폐암이 증상을 드러내면서 뚜렷이 자라기 오래 전에, 암형성의 선사시대 셰일처럼 진화의 여러 단계들을 보여주는 전암 병터들이 폐에 층층이 들어 있는 것을 발견했다. 변화는 기관지 기도에서 시작되었다. 담배연기가 폐 속으로 이동할 때, 가장 고농도의 타르에 노출된 맨 바깥층은 두꺼워지고 붓기 시작했다. 이 두꺼워진 층 속에서 아워백은 악성 진화의 다음 단계를 발견했다. 헝클어지거나 검은 핵을 가진 비정형 세포들이 불규칙한 반점을 이루었다. 더 적은 비율의 환자들에게서는 이 비정형 세포들이 세포학적으로 암 특유의 변화를 보여주었다. 부풀어오른 비정상적인 핵이 때로 격렬하게 분열했다. 마지막 단계에서는 이 세포 덩어리들이 바닥막의 얇은 내층을 뚫고 진정한 침습 암종으로 변했다. 아워백은 암이 시간이 흐르면서 서서히 펼쳐지는 병이라고 주장했다. 그것은 달리는 것이 아니라 처음부터 느릿느릿 걸었다.

그날 아침, 아워백의 세 손님은 암의 느린 걸음을 가능한 한 철저히 이해하고자 현장 학습을 온 사람들이었다.[5] 하버드의 엄밀한 통계학자 윌리엄 코크런, 공중보건국의 폐전문의 피터 해밀, 병리학자인 이매뉴얼 파버*였다. 아워백 연구실까지의 항해는 그들의 기나긴 과학 모험 여행의 시작이었다. 코크런, 해밀, 파버는 미국 공중보건국장이 임명한 10명으로 구성된 자문위원회의 위원이었다. (해밀은 위원회의 의료 조정관이었다.) 위원회의 임무는 공중보건국장이 흡연과 폐암에 관한 공식 보고서―그레이엄이 국가에 내놓으라고 촉구했지만 오래 미루어진 "경고 성명"―를 낼 수 있도록, 폐암과 흡연을 연결하는 증거들을 검토하는 것이었다.

1961년에 미국 암학회, 미국 심장학회, 전국 결핵협회는 흡연과 건강의 연관성을 조사할 국립 위원회를 설치해달라고 요청하는 공동 편지를 케네디 대통령에게 보냈다.[6] 편지는 위원회가 "이 건강 문제에서 산업의 자유나 개인의 행복을 가장 적게 방해할 해결책"을 찾아야 한다고 권고했다. 믿기 어렵게도, 그 "해결책"은 공격적이면서도 타협적일 것을 의미했다. 즉 암, 폐병, 심장병, 흡연의 연관성을 확실히 널리 알리면서도 담배산업의 자유에 결코 명백히 위협이 되지 않도록 한다는 것이었다. 해결 불가능한 과제가 아닐까 하는 의구심을 품으면서, 케네디(담배산업으로 부유한 남부에서 정치적 기반이 취약한)는 그 일을 곧바로 공중보건국장인 루서 테리에게 위임했다.

테리는 앨라배마 출신으로서 어릴 때부터 담배를 피웠으며, 말을 부드럽게 하고 타협적이고 거의 싸우는 법이 없는 인물이었다. 아주 어릴 때부터 의학을 공부하겠다고 마음먹은 그는 1935년에 털레인 대학교를 졸업한 뒤 세인트 루이스에서 인턴 생활을 했다. 그곳에서 외과 수장이었던 가공할 인물인 에바츠 그레

---

* 시드니 파버와는 무관한 인물이다.

이엄과 만난 적이 있었다. 테리는 졸업한 뒤에 공중보건국에 들어갔다가, 1953년에 NIH로 옮겼다. 그곳에서 그의 연구실은 주브로드, 프레이, 프레이레이치가 백혈병과 전투를 벌였던 병원 건물 바로 옆 임상 센터에 있었다. 따라서 테리는 어린 시절은 담배의 곁에서 보내고, 학자 생활은 암의 곁에서 보냈다.

케네디에게 임명장을 받은 테리에게는 세 가지 선택이 있었다. 첫째, 그 문제를 조용히 덮을 수 있었다. 국가의 세 곳의 주요 의학단체들의 분노를 불러일으키면서 말이다. 둘째, 공중보건국장 집무실에서 담배의 건강 위험에 관한 일방적인 성명을 발표할 수도 있었다. 그 보고서를 무효화시키기 위해서 금방 강력한 정치세력들이 몰려들 것임을 알면서 말이다. (1960년대 초에 공중보건국은 거의 알려지지 않은 힘없는 기관이었다. 대조적으로 담배를 재배하는 주와 담배 판매 회사는 엄청난 힘, 돈, 영향력을 행사했다.) 아니면 셋째, 과학의 영향력을 어떻게든 등에 업고, 담배와 암의 연관성을 대중의 눈앞에 다시 들이밀 수도 있었다.

처음에는 머뭇거렸지만 점점 더 확신을 가지고 테리—NCI 소장 케네스 엔디콧은 나중에 그를 "망설이는 용"이라고 했다[7]—는 세 번째 경로를 택했다. 그는 언뜻 거의 반동적으로 보이는 전략을 고안했는데, 흡연과 폐암의 연관성에 관한 증거를 취합할 자문위원회를 구성할 것이라고 발표한 것이었다.[8] 그는 위원회 보고서가 과학적으로 중복되리라는 것을 잘 알았다. 돌과 와인더의 연구가 나온 지 거의 15년이 흘렀고, 그들의 연구 결과가 타당함을 확인하고 재확인한 연구 결과도 수십 건이 나왔으니까. 이미 대다수 연구자들이 간접흡연을 암의 위험인자로 보기 시작했을 정도로 담배와 암의 연관성은 의학계에서 해묵은 뉴스거리였다. 그러나 테리 위원회는 증거를 "재검토"함으로써 그것에 활기를 불어넣게 된다. 그것은 진짜 임상시험들로부터 여론 조작용 재판을 의도적으로 창출함으로써, 담배의 비극을 다시 대중의 눈앞에 들이밀게 된다.

테리는 위원회 위원 10명을 임명했다. 텍사스 대학교의 찰스 르메스트르는 폐생리학의 권위자로서 뽑혔다. 가장 고참 위원은 머리가 세고 턱수염을 기른 세균학자인 스탠호프 베인-존스였는데, 이미 NIH의 다른 몇몇 위원회에서 의장직을 맡은 경력이 있었다. 하버드 대학교의 유기화학자 루이스 피저는 화학적 암형성의 전문가였다. 컬럼비아 대학교의 병리학자 제이콥 퍼스는 암유전학의 권위자였다. 존 히컴은 심장과 폐의 생리학에 유달리 관심이 많은 임상전문의였다. 그리고 유타의 외과의사 월터 버넷, 널리 존경받는 역학자 레너드 슈먼, 약학자 모리스 시버스, 하버드 대학교의 통계학자 윌리엄 코크런, 세포 증식이 전공인 병리학자 이매뉴얼 파버가 있었다.

위원회는 13개월에 걸쳐서, NIH 구내의 현대식 콘크리트 건물인 국립 의학도서관의 네온 불빛이 비치는 휑한 방에서 아홉 차례의 회의를 열었다. 탁자에는 담배꽁초가 수북한 재떨이가 여기저기 놓여 있었다. (위원회는 흡연자와 비흡연자가 정확히 5 대 5로 갈렸다. 흡연자들은 흡연의 암형성 문제를 고심할 때에도 흔들리지 않을 정도로 심각한 담배 중독이었다.) 위원회는 수십 군데의 연구실을 방문했다. 그들은 약 6,000편의 논문, 1,200종의 학술지, 155명의 생물학자, 화학자, 의사, 수학자, 역학자 등으로부터 자료, 면담, 의견, 증언을 모았다.[9] 보고서를 위해서 모은 임상시험 자료들에는 총 약 112만3,000명에 관한 연구 결과가 들어 있었다. 지금까지 역학 보고서 작성을 위해서 분석한 최대 코호트에 속했다.

각 위원은 저마다 나름의 통찰력을 통해서 그 수수께끼에 독특한 차원을 부여했다.[10] 정확하고 세심한 코크런은 임상시험들을 판단할 새로운 수학적 시각을 제시했다. 그는 어느 특정한 연구에 특권을 부여하기보다는 집합의 모든 임상시험의 총계를 내서 얻은 합성수로 상대적인 위험을 평가하는 방법을 쓸 수 있을 것이라고 추론했다. (메타 분석이라는 이 방법은 그 뒤에 학계의 역학에 깊은 영향을 끼쳤다.) 유기화학자인 피저도 마찬가지로 분발했다. 담배연기에 든 화학물질을 다룬 그의 논의는 그 주제에 관한 가장 권위 있는 문헌 중의 하나로 남아 있다. 그는 동물 실험, 부검 자료, 36건의 임상 연구, 그리고 가장 중요한 사항인 7건의 독립된 순행 임상시험들로부터 증거를 취합했다.

서서히 논란의 여지가 거의 없으며 일관된 그림이 나타났다. 위원회는 흡연과 폐암의 관계가 암 역학의 역사에서 가장 강한 축에 속한다는 것을 알았다. 놀라울 정도로 유의미하고, 다양한 집단들 사이에서 놀라울 정도로 유지되며, 시간의 흐름에 놀라울 정도로 영속성을 띠며, 임상시험마다 놀라울 정도로 재현되는 관계였다. 흡연과 폐암의 인과관계를 보여주는 동물 실험은 아무리 좋아도 결론적이지 못했다. 그러나 필요하지 않았던 실험은 전혀 없었다. 적어도 연구실 실험이라는 단어의 전통적인 의미에서 볼 때 그랬다. 힐의 앞선 연구에 깊이 의존한 그 보고서에는 이렇게 적혀 있었다. "'원인'이라는 단어는 어떤 병원체와 연관된 장애 혹은 숙주의 질병 사이의 유의미하면서 유효한 관계라는 개념을 전달할 수 있다.······이런 복잡성을 인정하더라도, 위원회는 흡연과 건강에 관한 특정한 결론들에서······심사숙고 끝에 '단일한 원인' 또는 '하나의 주요 원인'이라는 용어를 쓰기로 결정했다는 점을 확실히 밝힌다."[11]

그 하나의 명쾌한 문장으로, 보고서는 3세기에 걸친 의심과 논란을 잠재웠다.

가죽 장정으로 된 387쪽의 "폭탄"(그는 그렇게 불렀다)인 루서 테리의 보고서는 1964년 1월 11일에 기자들이 가득 모인 방에서 발표되었다.[12] 워싱턴의 추운 토요일 아침이었다. 일부러 주식시장이 열리지 않는 날(보고서에 뒤따를 것으로 예상되는 금융 혼란을 막기 위해서였다)을 택했다. 폭탄이 유출되지 않도록, 기자들이 모두 들어간 뒤에 국무부 강당의 문은 굳게 잠겼다. 테리가 연단에 올랐다. 그의 뒤쪽에는 자문위원회 위원들이 검은 양복에 이름표를 붙이고 앉아 있었다. 테리가 문장을 신중하게 잘 가려서 발표를 하는 동안, 방에서는 오직 기자들이 빠르게 글을 적어가는 둔탁한 소리만이 들렸다. 테리는 다음 날 아침에 보고서가 "미국과 해외 여러 나라의 신문 전면과 모든 라디오와 텔레비전의 머리기사로 실렸어요"라고 회상했다.

암에 강박 관념을 가진 나라에서, 하나의 주요 암의 대부분이 예방 가능한 하나의 원인에서 생긴다는 결론은 즉시 강력한 반응을 불러일으킬 것이라고 예상되었다. 그러나 언론의 전면을 장식했음에도 불구하고, 워싱턴은 이례적으로 미적지근한 반응을 보였다. 공보관 조지 와이스먼은 필립 모리스 사의 조지프 컬먼 회장에게 으스대는 어조로 편지를 썼다. "······그 선전이 입힌 타격이 엄청나긴 하지만, 대중의 반응은 우려했던 것만큼 심각하지 않고 감정 동요도 그리 심하지 않은 것 같군요. 금연론자들에게 도끼를 들고 나가서 술집을 부수게 만들 만한 정도는 아닌 모양입니다."[13]

보고서가 일시적으로 과학적 논쟁을 첨예하게 만들긴 했어도, 금연론자들의 입법상의 "도끼"는 오랫동안 무뎌져 있었다. 금주법 시대에 술을 규제하려는 유달리 결함이 많았던 시도 이래로, 의회는 산업을 규제하려는 연방 기관의 능력을 심하게 무력화시켰다. 그래서 어떤 산업에 직접 통제권을 발휘하는 연방 기관은 거의 없었다. (식품의약청[FDA]은 이 규칙의 가장 중요한 예외였다. 약품은 식품의약청이 엄격히 규제했지만, 담배는 가까스로 "약품"으로 규정되지 않았다.) 따라서 설령 공중보건국 보고서가 담배산업을 규제할 완벽하게 합리적인 근거를 제공했다고 할지라도, 워싱턴의 정부에 그 목표를 달성하려는 의지—아니 더 중요하게도 할 능력—가 거의 없었다.

담배에 도전하는 일을 총괄하는 업무는 전혀 엉뚱하게도 워싱턴의 별 볼 일 없던 기관에 맡겨졌다. 연방 통상위원회(Federal Trade Commission, FTC)는 원래 다양한 제품들의 광고와 주장을 규제하기 위해서 설립되었다. 카터의 간 알약이 정말로 간을 보호하는지, 대머리에 효과가 있다고 광고한 제품이 정말로 새로운 머리카락을 자라게 하는지 말이다. 대체로 FTC는 권위가 사라지고, 이빨 빠진 호랑이 신세가 된 빈사 상태의 무력한 기관으로 인식되었다. 한 예로 돌/힐과 와인더/그레이엄의 발표가 의학계에 충격파를 일으킨 해인 1950년에 그 위원회의 눈에 띄는 입법 활동은 강장제를 기술하는 다양한 용어를 적절히 사용하거나 (아마 더 긴요할) 바닥 왁스를 기술하는 "미끄럼 방지"와 "미끄럼 저항" 대 "미끄럼 저지"라는 용어를 올바로 쓰도록 하는 정책을 수립하는 것이었다.[14]

FTC의 운명은 1957년 여름에 바뀌었다. 1950년대 중반이 되자, 흡연과 암의 연관성을 우려하고도 남을 정도가 된 많은 담배 제조사는 이미 담배 끝에 새로운 필터를 붙인 담배를 광고하기 시작했다. 필터가 발암물질을 걸러서 담배를 "안전하게" 만든다는 식이었다. 1957년에 미네소타 주의 화학 교사에서 의원이 된 존 블래트닉은 FTC가 이 주장의 진위를 조사하는 일을 소홀히 하고 있다고 비판했다.[15] 블래트닉은 연방 기관들이 담배를 직접 규제할 수 없다는 것을 인정했다. 그러나 FTC의 역할이 담배 광고를 규제하는 것이므로, 분명히 FTC는 "필터" 담배가 정말로 광고하는 것처럼 안전한지를 조사할 수 있었다. 그것은 고양이 목에 방울을 달려는 용감하고 혁신적인 시도였지만, 담배 규제가 으레 그렇듯이, 그 뒤에 이어진 실제 청문회는 기호학적 서커스와 같았다. 클래런스 리틀도 증언 요청을 받았고, 으레 그렇듯이 시선을 끄는 뻔뻔한 태도로, 그는 어쨌거나 걸러낼 해로운 것이 전혀 없으므로 필터의 효과를 검증하는 문제는 중요하지 않다고 주장했다.

따라서 블래트닉 청문회는 1950년대 말에 직접적인 결과를 거의 내놓지 못했다. 그러나 6년이라는 부화 기간을 거친 끝에, 결국 강력한 결과를 도출했다. 1964년에 간행된 공중보건국장 보고서는 블래트닉 논의를 부활시켰다. FTC는 이미 젊고 능률적인 기관으로 재편되고 있었으며, 보고서가 나온 지 며칠 지나지 않아서 한 젊은 의원들의 모임이 워싱턴에 모여서 담배 광고를 규제한다는 개념을 재검토하기 시작했다.[16] 일주일 뒤인 1964년 1월에 FTC는 자신들이 주도할 것임을 선언했다.[17] 담배와 암의 연관성—최근에 공중보건국장 보고서가 인정한 것처럼 인과관계—을 고려할 때, 담배 제조사들은 제품을 광고할 때 이 위험을 직접적으로 인정할 필요가 있었다. 위원회는 이 위험을 소비자에게 경고하는 가장 효과적인 방법이 그 내용을 제품 자체에 인쇄하는 것이라고 느꼈다. 그리하여 담배 포장지에 경고 : 흡연은 건강에 위험합니다. 암과 그밖의 질병으로 사망에 이르게 할 수도 있습니다라는 문구가 찍혔다. 인쇄매체에 실리는 모든 광고에도 같은 경고 문구가 따라 붙었다.

FTC가 대책을 제시했다는 소식이 워싱턴으로 흘러들자, 담배산업계는 공황 상태에 빠졌다. 그런 경고 문구를 막아달라는 담배 제조업자들의 로비와 운동이 극에 달했다. FTC라는 괴물을 저지하기 위해서 필사적이 된 담배산업계는 존슨 대통령의 친구이자 법률 자문관인(그리고 곧 대법관이 된다) 에이브 포터스와 1959년에 TIRC에서 리틀의 후임자가 된, 전직 켄터키 주지사 얼 클레먼츠에게 기댔다. 클레먼츠와 포터스의 주도로, 담배 제조사들은 언뜻 볼 때 직관에 반하는 듯한 전략을 고안했다. FTC의 규제를 받기보다는 차라리 의회가 규제해달라고 요구하는 것이었다.[18]

그 책략은 깊이 계산된 논리에 따른 것이었다. 잘 알려져 있다시피, 의회는 본래 담배 제조사들의 이해관계에 더 공감할 터였다. 담배는 남부 주들의 경제적 생명줄이었고, 담배산업은 정치인들을 매수해왔고 부정적인 정치 활동 따위는 상상도 하지 못할 정도로 오랜 세월 폭넓게 선거 비용을 대왔다. 반대로 FTC의 담배에 대한 일방적인 조치는 정치가들에게 짜증날 정도로 당혹스러운 것이었기 때문에, 담배산업계는 의회가 담배에 미치는 타격을 어느 정도 완화시키면서, 최소한 상징적으로라도 그 자경단 위원회를 비판할 것이라고 기대했다. 그 효과는 이중의 혜택이 될 터였다. 의회의 통제를 자발적으로 요구함으로써, 담배산업계는 정치적 곡예를 했다. 위원회라는 적대적인 불길을 뛰어넘어서 의회라는 훨씬 더 온화한 프라이팬으로 뛰어드는 곡예였다.

그리고 실제로 그렇다는 것이 입증되었다. FTC의 권고안은 의회에서 이 청문회 저 청문회를 거치고, 위원회에서 소위원회로 옮겨가면서 완화되고 또 완화됨으로써, 그 법안의 원래 자아의 김빠지고 희박해진 그림자에 불과해졌다. 1965년에 연방 담배문구 광고법(Federal Cigarette Labeling and Advertising Act, FCLAA)이라는 제목을 단 그 법은, FTC의 경고 문구를 경고 : 흡연은 건강에 해로울 수 있습니다로 바꾸었다.[19] 원래 문구의 무시무시하고 강력한 언어—암, 원인, 죽음이라는 단어들이 가장 눈에 띄던—는 삭제되었다. 통일성을 확보하기 위해서, 각 주의 법률도 FCLAA의 테두리 안에서 제정되도록 했다. 사실상 미국의 어느 주에서든 더 강력한 경고 문구가 존재할 수 없게 만든 것이었다. 그 결과, 기자 엘리자베스 드루가 「애틀랜틱 먼슬리(Atlantic Monthly)」에 썼듯이, "민간산업을 정부 규제로부터 보호하는 뻔뻔스러운 법"이 되었다. 정치가들은 공중보건이라는 폭넓은 이익보다 담배산업이라는 협소한 이익을 훨씬 더 보호했다. 담배 제조사들은 굳이 보호 필터를 발명할 필요가 없어졌다. 드루는 의회가 "아직 최고의 필터"라는 것이 드러났다고 비꼬았다.

FCLAA 법은 실망스러웠지만, 그것은 담배 반대세력을 결집시켰다. 통상법의 알려지지 않은 한 조항을 담배를 규제하는 올가미로 변형시킨 것은 상징적이자 전략적이었다. 설령 부분적으로 그렇게 했을지라도, 규제 불가능한 산업을 복종시킨 것이었다. 1966년에 법학 대학원을 갓 나온 젊은 변호사 존 반자프는 그 전략을 더욱 밀고 나갔다. 무모하고 자신감 넘치고 전통 타파적인 반자프가 1966년 추수감사절에 집에서 빈둥거리고 있을 때 모호한 법조항 하나가 머릿속에 떠올랐다. 1949년에 의회는 "공정성 원칙(fairness doctrine)"을 내놓았다. 공중 방송 매체는 논란이 되는 현안의 상반되는 견해들에 "공정한" 방송시간을 허용해야 한다는 것이었다. (의회는 방송 매체가 공공자원—전파—을 이용하므로, 공공의 기능을 수행함으로써, 즉 논란이 있는 현안에 균형 잡힌 정보를 제공함으로써 보답해야 한다는 근거를 댔다.) 이 원칙은 거의 알려지지도, 쓰이지도 않았다. 그러나 반자프는 그것을 담배 광고에 적용할 수 있지 않을까 하고 생각했다. FTC는 앞서서 담배 광고의 부정직성을 공격했다. 언론 매체에 등장하는 담배 광고의 비형평성을 공격하는 병행 전략을 쓸 수도 있지 않을까?

1967년 초여름, 반자프는 뉴욕 텔레비전 방송국이 담배 반대 광고는 전혀 내보내지 않으면서 형평성 없이 담배 광고만 방송하고 있다고 비판하는 편지를 연방 통신위원회(Federal Communication Commission, FCC, 공정성 원칙을 집행하는 기관)에 보냈다.[20] 그 비판은 그다지 유별나지 않았기 때문에 당시 4주일간의 크루즈 여행을 하고 있던 반자프는 별 반응이 없을 것이라고 예상했다. 그러나 반자프의 편지가 도착했을 때, 놀랍게도 공감한 사람이 있었다. 오래 전부터 공익 방송에 관심이 많았던 야심적인 개혁가인 FCC 법률 자문위원 헨리 겔러는 담배 광고를 어떻게 하면 공격할 수 있을지 은밀히 조사하던 중이었다. 바하마에서 돌아온 반자프는 겔러가 보낸 편지를 발견했다.

"해당 광고는 분명히 특정한 담배의 이용이 매혹적이고 즐길 만한 것이라고 선전하고 있습니다. 다른 목적은 전혀 없습니다. 우리는 그런 광고를 내보내는 방송국이 시청자에게 공익적 측면에서 중요한 논란이 있는 현안의 반대쪽 모습을 알릴 의무가 있다고 믿습니다. 즉 아무리 즐길 만한 것이어도, 그런 흡연이 흡연자의 건강에 해로울 수 있다는 것을 말입니다."[21]

반자프는 겔러의 동의를 받아서 텔레비전 방송국을 상대로 법원에 소송을 제기했다. 예상대로 담배 회사들은 소리 높여 항의했다. 이런 종류의 법적 행동이 언론의 자유에 심각한 영향을 미칠 것이라고 주장하면서 끝까지 싸울 것이라고 선언했다. 법정 싸움이 길게 이어질 것이라고 예상한 반자프는 미국 암학회, 미국 폐학회 등 여러 공중보건 단체들과 접촉하여 지원을 요청했다. 그러나 모두 거절했다.

반자프는 그래도 재판을 계속하기로 결심했다. 1968년에 법정에 간 그는 "커프스 단추를 채운 세로줄무늬 정장을 입고 줄줄이 앉아 있는 전국에서 가장 많은 대가를 받는 변호사들"[22]과 맞섰다. 그리고 소송에서 이김으로써 담배산업계에 큰 충격을 안겼다. 법원은 "담배 옹호 광고와 반대 광고에 균형 잡힌 방송시간(proportional airtime)"을 제공해야 한다고 판결했다. FCC와 겔러는 그 싸움터로 다시 뛰어들었다. 1969년 2월, 그 위원회는 "균형 잡힌 방송시간"이라는 구절을 엄격하게 집행할 것이며, 담배의 공중보건 위해성을 고려할 때 텔레비전에서 담배 광고를 전면 금지하는 방안을 강구하겠다고 공표했다. 담배 제조사들은 반자프 판결에 항고하고 상고도 했지만, 대법원은 그 판결이 옳다는 결정을 내렸다.

담배산업계는 공격적인 반대 운동을 전개하려고 시도했다. 눈앞에 어른거리는 FCC의 광고 금지 위협에 맞서서 1969년에 작성된 미공개 내부 보고서는 이렇게 결론을 지었다. "의심이 우리의 상품이다. 그것이 '사실'과 맞서는 최고의 수단이기 때문이다."[23] 그러나 담배 반대 진영도 담배업계의 책략을 이미 터득한 상태였다. 담배 판매사들이 대중의 마음에 뿌릴 "의심"을 가지고 있다면, 담배 반대 진영도 마찬가지로 본능에 호소하는 것, 즉 두려움을 가지고 있었다. 특히 궁극적인 질병에 대한 두려움이었다. 그들은 텔레비전에 담배 반대 광고를 일제히 퍼부었다. 1968년에 노련한 배우이자 예전에 흡연자였던 윌리엄 탤먼이 뼈만 앙상하게 남은 쇠약한 모습으로 방송 광고의 황금 시간대에 나와서 자신이 폐암으로 죽어간다고 선언했다.[24] 진통제에 취한 탓에 말이 어눌했지만, 그럼에도 탤먼은 대중에게 뚜렷한 메시지를 전했다. "담배를 피운다면, 당장 끊으세요. 패배자가 되지 마세요."

1970년 말, 부정적인 홍보 활동에 매일 같이 공격을 받자, 담배 제조사들은 방송 매체에 하던 담배 광고를 스스로 철회했다(그럼으로써 담배 반대 광고를 균형 있게 방송할 필요성도 사라졌다). 마지막 담배 광고는 새해 첫날 밤인 1971년 1월 1일 오후 11시 59분에 방송되었다. 자기, 먼 길을 왔네라는 버지니아슬림 담배 광고가 텔레비전 화면에 잠시 깜박이더니, 영구히 사라졌다.[25]

탤먼은 살아서 그 마지막 광고를 보지 못했다. 그는 간, 뼈, 뇌로 전이된 폐암으로 1968년에 이미 사망했다.[26]

따라서 1970년대 중반은 담배산업의 호황기가 끝나는 시점이었다. 공중보건국장 보고서, FCLAA 경고 문구, 담배 광고에 대한 공격은 한때 거의 난공불락이라고 인식되었던 산업에 심각한 연쇄 타격을 가했다. 이 개별 전략들이 정확히 얼마나 영향을 미쳤는지 정량화하기는 어렵지만, 그런 공격들이 가해진 시기와 담배 소비의 궤적에 뚜렷한 변화가 일어난 시기는 일치했다. 거의 60년 동안 쉴 새 없이 증가했던 미국의 연간 담배 소비량은 1인당 약 4,000개비에서 안정세를 이루었다.[27]

이제 담배 반대 운동 진영이 이런 승리를 굳게 다지고 대중의 마음을 사로잡으려면 마지막 전략이 필요했다. 언론인 폴 브로더가 썼듯이, "통계는 눈물을 닦아낸 인간"이며, 담배 반대 운동이 많은 통계를 제공하긴 했지만, 담배 희생자에 관한 통계는 다소 지워진 상태였다. 소송과 규제도 추상적인 수준에서 이루어졌다.[28] FCLAA 경고 문구 조치와 공정성 원칙 사례는 담배 "희생자"를 위해서 싸운 것이었지만, 그 희생자들은 얼굴도, 이름도 없었다. 담배에 대한 법적 공격의 마지막 단계는 미국 대중에게 드디어 담배의 진짜 희생자들을 소개하는 것이 될 터였다. 의회가 담배 포장지에 아홉 단어로 된 문장을 넣는 문제로 찬반 논쟁을 벌이며 심사숙고하는 동안, 폐암으로 소리 없이 죽어간 사람들을 말이다.

뉴욕 로즈 드프란체스코에서 태어난 로즈 시폴론은 1942년, 10대에 처음 담배를 맛보았다. 그녀는 가파르게 상승하는 곡선의 중간 지점에 해당했다.[29] 즉 1940-1944년에 미국에서 여성 흡연자의 비율은 15퍼센트에서 36퍼센트로 2배 이상 치솟았다. 그 경이로운 증가세는 미국의 광고 역사상 표적을 정해서 공략한 가장 성공한 사례라고 할 선전의 산물이었다. 즉 여성에게 담배를 피우도록 설득하는 것이었다. 여기에서 담배는 훨씬 더 깊은 사회 변화에 올라탔다. 여성들—개인의 정체성, 육아, 집안일, 직장 사이에서 곡예를 부려야 하는 여성들—에게 점점 불안정한 곳으로 변하는 세계에서, 담배는 정상을 회복하고 안정감을 주며 더 나아가 해방시키는 힘으로서 판매되었다. 캐멀 담배의 광고에는 높은 파도 속에서 어뢰를 발사하는 해군 장교가 그려져 있었지만, 집에 있는 그의 아내는 그녀의 불안한 신경을 담배로 달랬다. 광고 문구는 이랬다. "그저 신경을 안정시키기 위한 게임이다. 그러나 요즘 그렇지 않은 것이 어디 있겠는가. 우리 모두가 최고로 바쁘게 싸우고 일하고 살아가는 시대에."[30] 전시에 여성성의 상징이었던 리벳공인 로지(제2차 세계대전 때 군수공장에서 일하던 여성들을 상징하는 인물/역주)는 이제 흡연자 로지로 배역을 바꾸어서, 체스터필드 광고에 담배를 한 손에 든 모습으로 등장했다. 흡연은 일종의 국가에 대한 봉사였으며, 강한 압박을 가하는 표정("결코 떨지도 초조해하지도 불안해하지도 말기를"이라는 광고 노래가 흐르면서)을 하고 있는 로지의 항구적인 침착함까지도 그녀의 담배가 마음을 가라앉힌다는 점을 강조하는 역할을 했다.[31]

자기 머리 위 6미터 크기의 광고판에 실물보다 더 크게 그려진 자기 이름을 딴 로지처럼, 시폴론도 체스터필드 담배로 마음을 가라앉히는 쪽을 택했다. 그녀는 학생 때 흡연을 시작했다. 반항기에 수업 후에 여기저기 숨어서 몰래 몇 개씩 피었다. 그러나 1930년대에 경기가 나빠지고 침체되자, 그녀는 학교를 그만두고 목도리 제조공장에서 포장 일을 했다. 그러다가 회계원이 되었고, 흡연량도 크게 늘었다. 몇 년 지나지 않아서 하루에 수십 개비를 피울 정도가 되었다.

시폴론이 초조해하거나 불안해한 적이 있다면, 담배가 건강에 해롭다는 경고를 접하는 아주 드문 순간이었을 것이다. 결혼한 뒤에 그녀의 남편 앤서니 시폴론은 조용히 담배 반대 운동을 펼쳤다. 그녀에게 흡연의 갖가지 위험을 경고하는 신문을 오려서 모아주었다. 그녀는 몇 번이나 끊으려고 했지만, 매번 더욱 담배에 의존하게 되었다. 담배가 다 떨어지면, 그녀는 쓰레기통을 뒤져서 꽁초를 주워 피웠다.

시폴론에게 골칫거리는 자신의 중독이 아니라, 기이하게도 필터 선택이었다. 1955년에 리게트 회사가 L&M이라는 필터를 붙인 새로운 담배를 출시하자, 그녀는 광고에 "더 부드럽고 타르와 니코틴이 적은"이라고 했으니 좀더 안전하겠지 하고 기대하면서 피우던 담배를 바꾸었다. "안전한 담배"를 찾는 일은 이제 시폴론에게 사소한 강박증이 되었다. 담배의 연속 일부일처제주의자처럼, 그녀는 자신을 지켜줄 담배를 찾아내기를 희망하면서, 계속 이 담배에서 저 담배로 바꾸었다. 1960년대 중반에는 버지니아슬림 담배로 바꾸었다. 여성 전용으로 판매되는 담배라면 타르가 적게 들었겠지 하는 생각에서였다. 1972년에 그녀는 이번에는 팔러먼트 담배로 바꾸었다. 흡연자의 입술을 연기 끝과 "보호한다"는 더 길고 깊숙한 필터를 썼다고 해서였다. 2년 뒤에는 트루 담배로 바꾸었다. 그 이유는 나중에 법정에서 배심원단을 깜짝 놀라게 했다. "의사가 권했어요.······'담배를 피운다면 이걸 피우는 게 좋겠어요'라고 말하면서 자기 외투 주머니에서 담뱃갑을 꺼냈어요."

1981년 겨울, 시폴론은 기침을 하기 시작했다. 증상을 알아보기 위해서 통상적인 가슴 엑스 선을 찍자, 오른쪽 허파 위엽에 덩어리가 보였다. 생검을 해보니 폐암으로 드러났다. 1983년 8월에 시폴론의 전신에서 전이 폐암이 발견되었다. 폐, 뼈, 간에 악성 덩어리들이 있었다. 그녀는 화학요법을 받기 시작했지만, 별 반응이 없었다. 암이 골수로 들어가고 뇌와 척수로 파고들자, 그녀는 통증을 덜어주는 모르핀을 맞으면서 온종일 침대에 누워 있어야 했다. 그녀는 1984년 10월 21일에 58세의 나이로 사망했다.

뉴저지 주의 변호사 마크 에덜은 시폴론이 사망하기 11개월 전에 그녀의 암 진단 소식을 들었다.[32] 야심적이고 빈틈없고 쉴 새 없이 일하는 인물인 그는 불법 행위 소송에 해박했고(그는 1970년대에 제조물 책임 소송에서 석면 제조업자들을 변호했다) 담배에 법적 공격을 하기 위해서 상징이 될 만한 흡연 "피해자"를 찾고 있었다. 1983년 여름에 에덜은 리틀 페리라는 조용한 교외 소도시로 로즈 시폴론 가족을 방문했다. 그녀가 죽어가고 있다는 것을 알고, 그는 로즈가 많이 피운 세 곳의 담배 제조사들을 상대로 소송을 제기하라고 가족들을 재촉했다. 리게트, 로릴러드, 필립 모리스였다.

1983년에 제기된 에덜 사건은 독창적으로 진행되었다. 담배 회사들을 상대로 한 이전 소송 사건들은 다소 전형적인 양상으로 전개되었다. 고소인은 개인적으로 흡연의 위험을 알아차리지 못했다고 주장했다. 담배 제조사들은 피해자가 그 점을 알아차리지 못했다면 "귀가 먹고 말도 못하고 눈도 멀어야" 할 것이라고 반박했고, 배심원단은 으레 포장지 문구가 소비자에게 충분한 경고를 했다고 인정하면서 담배 제조사의 편을 들곤 했다.[33] 고소인 입장에서는 정말로 의욕을 꺾는 기록이었다. 1954년에서 1984년까지 30년 동안, 담배 회사를 상대로 300건이 넘는 제조물 책임 소송이 제기되었다.[34] 그중 재판까지 간 것은 16건이었다. 담배 회사에 불리한 판결이 난 사례는 단 한 건도 없었고, 소송 없이 화해한 사례도 없었다. 담배산업계는 거의 절대적인 승리를 선언해왔다. 한 보고서에는 의기양양하게 적혀 있었다. "원고측 변호사는 벽에 적힌 글을 읽을 수 있다. 승소한 사례가 없다고."[35]

그러나 에덜은 벽에 적힌 글 따위는 읽지 않았다. 그는 로즈 시폴론이 흡연의 위험을 알고 있었다고 공개적으로 인정했다. 그렇다, 그녀는 담뱃갑과 남편이 그토록 수고스럽게 오려낸 수많은 잡지 기사의 경고 문구를 읽었다. 그러나 습관을 다스릴 수 없었기 때문에, 그녀는 계속 담배를 탐닉했다. 에덜은 시폴론이 전혀 몰랐다고 말할 수는 없다고 인정했다. 그러나 중요한 것은 로즈 시폴론이 담배의 위험을 얼마나 많이 알고 있었느냐가 아니었다. 중요한 것은 **담배 제조사**들이 무엇을 알고 있었고, 자신들이 아는 암 위험을 로즈 같은 소비자들에게 얼마나 많이 알렸느냐 하는 것이라고 했다.

담배회사들은 그 주장에 경악했다. 에덜은 담배 제조사들이 흡연 위험에 관해서 아는 내용은 자신도 알 필요가 있다고 주장했기 때문에, 법원에 필립 모리스, 리게트, 로릴러드의 내부 자료를 보여달라는 유례없는 요청을 할 수 있었다. 이 내부 자료들을 조사할 수 있다는 법원의 강력한 명령으로 무장하고서, 에덜은 전설적인 사악한 행위의 무용담을 발굴했다. 많은 담배 제조사들은 담배의 암 위험과 니코틴의 강력한 중독성을 알고 있었을 뿐만 아니라, 그것을 입증하는 내부 연구를 중단시키기 위해서 적극적으로 시도했다. 서류마다 담배산업계가 위험을 숨기려고 필사적으로 애썼다는 사실이 담겨 있었다. 때로는 직원들까지 도덕적인 불쾌함을 느낄 정도로.

담배 연구소의 홍보 책임자인 프레드 팬저는 회장인 호레이스 코너게이에게 쓴 편지에서, 담배산업계의 세 갈래 판매 전략을 설명했다. "실제로 부정하지 않으면서 건강 책임에 관한 의심을 품게 하고, 실제로 대중에게 담배를 피우도록 촉구하지 않으면서 대중의 흡연권을 옹호하고, 객관적인 과학 연구를 건강 위해성 문제를 해결할 유일한 방법으로 장려한다."[36] 또한, 한 내부 비망록("기밀"이라고 찍혀 있었다)에는 거의 웃음을 터뜨릴 법한 별난 주장들이 담겨 있었다. "어떤 의미에서 담배산업은 제약산업의 특화한, 고도로 의례화하고 양식화한 부문이라고 생각할 수 있다.[37] 담배 제품은 특히 다양한 심리적 효과를 가진 강력한 약물인 니코틴을 함유하고 전달한다."

니코틴의 약학적 연구는 로즈 시폴론 같은 여성들이 왜 그렇게 담배를 끊기가 어려운지를 명확히 설명한다. 그들이 의지가 약하기 때문이 아니라, 니코틴이 의지 자체를 파괴하기 때문이라고 말이다. 필립 모리스의 한 연구자는 이렇게 썼다. "담뱃갑을 니코틴 하루 공급량을 담은 저장 용기로 생각하자. 담배를 니코틴 1회 투여량 공급기로 생각하자.……담배연기를 니코틴 운반체로 생각하자."[38]

특히 기억에 남을 한 논쟁에서, 에덜은 리게트의 회장에게 그 회사가 담배가 생쥐의 등에 종양을 일으킬 수 있다는 것을 보여주기 위해서 거의 500만 달러를 투자해놓고, 그것이 사람의 암형성에 어떤 의미를 가지는지는 철저히 무시하는 쪽을 택한 이유가 무엇인지 물었다.[39]

　에덜 : 이것[실험]의 목적은 무엇이었나요?
　데이 : 생쥐 등에 난 종양을 줄이려는 것이었죠.
　에덜 : 그것이 사람의 건강이나 복지와는 아무런 관계도 없었단 거죠? 맞나요?
　데이 : 맞습니다…….
　에덜 : 그러면 쥐를 구하려고 했던 거였군요, 맞나요? 아니면, 생쥐인가요? 종양 발생 문제에서 생쥐를 구하기 위해서 이 모든 돈을 썼군요.

　이런 논쟁은 담배산업계의 문제점들을 요약했다. 담배산업계의 전문가들이 에덜의 반대 심문을 얼렁뚱땅 넘어갈수록, 그 업계의 변호사들조차도 두려움에 움츠릴 정도로 사기 행위는 끝없이 깊어졌다. 은폐한 것은 그 위에 무의미한 통계 수치로 더 덮었다. 거짓말은 다른 거짓말들 속에 감추었다. 에덜에게 담배 제조사들의 내부 서류를 파헤치도록 허용한 명령은 역사적인 법적 선례가 되었다. 그 뒤로 다른 사람들도 불법행위 사건에서 마찬가지로 공포의 방을 습격하여 나름의 검댕투성이 증거물들을 꺼낼 수 있었다.
　4년간의 법적 실랑이가 끝에, 1987년에 시폴론 암 공판이 법정에서 열렸다.[40] 많은 사람들의 희망과 예측에도 불구하고, 평결은 에덜과 시폴론 가족을 몹시 낙심시켰다. 배심원단은 로즈 시폴론이 자신의 암에 80퍼센트의 책임이 있다고 했다. 그녀가 1966년 이전(즉 경고 문구가 의무화하기 전)에 피운 담배 제품의 제조사인 리게트는 나머지 20퍼센트의 책임을 부담했다. 필립 모리스와 로릴러드는 책임을 면했다. 배심원단은 앤서니 시폴론이 받을 피해 배상금을 40만 달러로 정했다. 4년 동안의 강박적인 소송에 들어간 사무경비도 거의 채우지 못할 액수였다. 담배산업계가 신이 나서 지적했듯이, 이것을 승리라고 한다면, 말 그대로 피로스의 승리(너무 많은 희생을 치러서 진 것이나 다름없는 승리/역주)였다.
　그러나 시폴론 사건의 진정한 유산은 법적으로 승리냐 패배냐와 거의 관계가 없었다. 의지가 약하고 제대로 알지 못하며 담배의 "명백한" 위험을 이해하지도 못한 멍청한 중독자로 법정에서 비아냥거림을 당했던 로즈 시폴론은, 그럼에도 불구하고 자신의 질병과 싸운 암 희생자의 영웅적인 상징이 되었다. 무덤에 묻힌 뒤에도 말이다.

시폴론 사건 이후로 많은 소송 사건들이 잇달았다. 담배산업계는 담뱃갑에 적힌 경고 문구를 자신들의 책임을 무시할 수 있다는 증거로 반사적으로 제시하면서, 이런 사건들에서 격렬하게 자신을 변호했다. 그러나 이런 사건들이 이룬 선례들은 더욱 많은 불법행위 소송에 불을 지폈다. 부정적인 여론에 시달리고 기가 꺾이고 망연자실한 담배 제조사들은 점점 더 포위당하고 점점 더 비난과 책임의 표적이 되고 있다는 것을 알았다.

1994년까지 미국의 1인당 담배 소비량은 20년 동안 계속 줄어들었다(1974년 4,141개비에서 1994년 2,500개비). 역사상 가장 극적인 흡연율 하락이었다.[41] 길고도 느린 소모전이었다. 어떤 조치가 단독으로 담배를 없앤 것이 아니라, 과학적 증거, 정치적 압력, 법적 창의성의 누적된 힘이 10년에 걸쳐 그 산업을 쇠약하게 했다.

그러나 오랜 죄악은 그만큼 길게 그림자를 드리우기 마련이며, 발암물질이라는 죄악은 특히 더 그러하다. 담배 노출과 폐암 사이에는 거의 30년이라는 시간 지체가 있으며, 미국에서 폐암은 흡연율이 떨어진 뒤에도 오래 유행할 것이다. 남성의 연령 보정 폐암 발병률은 1984년에 10만 명당 102명으로 정점에 이르렀다가 2002년에 77명으로 줄어들었다.[42] 그러나 여성에게서는 그 유행병이 아직 약해지지 않고 있다. 로즈 시폴론 세대 여성들에게서 급증한 흡연율은 여전히 폐암의 대량 학살 장면을 펼치고 있다.

마크 에덜이 뉴저지 법정에서 특이한 소송을 낸 이래로 27년이 흘렀고, 담배 회사를 상대로 한 불법행위 소송은 이제 큰 흐름이 되었다. 1994년에 미시시피 주가 가장 두드러진 폐암을 비롯하여 흡연 관련 질병에서 주가 부담한 보건 의료비 10억 달러를 상환하라고 몇몇 담배 회사에 소송을 제기함으로써 담배 소송의 역사에 또 하나의 기념비적 사례가 나타났다.[43] (미시시피 주의 법무장관 마이클 무어는 담배 회사에 대한 주장을 이렇게 요약했다. "당신이 건강 위기를 가져왔으니, 당신이 비용을 대라.")[44] 플로리다, 텍사스, 미네소타 등 몇몇 주들

도 뒤를 따랐다.[45]

1997년 6월에 유사한 소송들의 집중 포화에 직면한 담배 회사들은 총괄 합의를 제안했다.[46] 1998년에 46개 주들은 최대 담배 제조사 네 곳—필립 모리스, R. J. 레이놀즈, 브라운 앤드 윌리엄슨, 로릴러드—과 주요 화해 협약(Master Settlement Agreement, MSA)에 서명했다. (1998년 이래로 추가로 47개 담배 제조회사들이 협약에 참여했다.) 협약은 담배 광고를 강력히 규제하고, 동업 조합들과 업계 압력단체들을 해산하고, 내부 연구 자료에 자유롭게 접근할 수 있도록 한다는 내용을 포함하며, 담배의 건강 위험을 대중에게 가르칠 전국 포럼을 창설하자는 제안을 담고 있다. MSA는 지금까지 이루어진 최대의 책임 협약 중의 하나이며, 아마 더 깊이 들어가면 담배산업의 역사에서 공모와 죄를 가장 공개적으로 인정한 사례일 것이다.

MSA가 로즈 시폴론이 오랫동안 기다렸던 담배에 대한 법적 승리를 의미할까? 어떤 면에서는 꼭 그렇다고 할 수 없다. 사실상 그 합의도 1970년대에 FCLAA의 "경고 문구법"을 괴팍스럽게 재연하면서 담배산업에 또 하나의 안전한 항구를 만들어준 듯하다. 장래의 법적 행동으로부터 상대적으로 보호를 받고, 담배 광고를 제한하고, 서명한 기업들이 가격을 정하는 것을 허용함으로써, 그 협약은 MSA에 서명한 기업들에게 거의 독점권을 제공한다. 소규모 독립 제조사들은 감히 그 산업에 진입하거나 경쟁할 수 없기 때문에, 대형 담배 회사들은 더욱더 커지게 된다. 담배 제조사들로부터 매년 정산금을 받는 주들은 급증하는 의료비 증가분을 그 돈으로 메우는 "고객"이 된다. 사실 그 합의의 실제 비용은 지금 담배를 사기 위해서 더 많은 돈을 쓰고, 삶까지 저당잡히는 중독된 흡연자들에게서 나온다.

게다가 MSA는 지구 전체로 볼 때 담배산업에 조종을 울린 것도 아니었다. 미국에서 포위 공격에 시달리자 말보로맨은 새로운 말보로 국가들을 찾아나섰다. 법적 비용이 상승하고 시장과 이익이 줄어들자, 담배 제조사들은 점점 더 개발도상국을 새로운 시장으로 삼아서 공략했고, 그에 따라서 그런 나라들 중 상당수에서 흡연자의 수가 증가했다. 흡연은 이제 인도와 중국에서 예방 가능한 주요 사망 원인이다.[47] 옥스퍼드 대학교의 역학자이자 리처드 돌의 긴밀한 공동 연구자(2005년에 돌이 사망할 때까지)였던 리처드 페토는 인도에서 성인의 흡연

관련 사망자 수가 2010년대에 연간 100만 명으로 증가할 것이며, 그 다음 10년 동안에도 같은 추세가 계속될 것이라고 추정했다.[48] 중국에서는 이미 폐암이 주된 사망 원인 중 하나이며, 남성의 흡연 탓이다.[49]

이렇게 꾸준히 담배로 개발도상국을 공략할 때, 막후에서는 대담한 정치적 책략이 함께 펼쳐졌다. 2004년에 담배 회사들은 멕시코 보건부와 거의 알려지지 않은 협약을 맺었다. 담뱃갑 경고 문구와 광고의 규제를 대폭 완화한 보답으로 담배 제조사들이 공공 건강 보험 프로그램에 후한 "기부금"을 제공한다는 협약이었다. 최근의 한 사설에 적힌 것처럼, 사실상 "페드로에게 빼앗아서 파울로에게 준다"는 것과 다름없었다.[50] 한 연구에 따르면, 1990년대 초에 브리티시 아메리칸 토바코는 독점 생산을 대가로 우즈베키스탄 정부와 비슷한 협정을 맺었다고 한다. 당시 담배 광고를 금지하는 최근의 법안들을 부결시키기 위해서 극심한 로비가 벌어졌다.[51] 그 회사가 투자한 뒤로 우즈베키스탄의 흡연율은 한 해에 약 8퍼센트가 증가했고, 담배 판매량은 1990-1996년 사이에 50퍼센트가 늘어났다.[52]

샌프란시스코에 있는 캘리포니아 대학교의 역학자 스탠튼 글랜츠는 최근 「영국 의학회지」에 쓴 사설에서 이것을 곧 닥칠 또 하나의 대재앙이라고 했다.[53] "다국적 담배 회사는 전 세계로 질병과 죽음을 퍼뜨리는 매개체 역할을 한다. 그것은 주로 담배산업이 흡연을 부추기는 환경을 조성하도록 자신의 부를 이용해서 정치가들에게 영향력을 발휘하기 때문이다. 담배산업은 광고와 판촉에 대한 규제를 최소화하고 높은 담배세, 담뱃갑에 새기는 강렬하게 와닿는 시각적 경고 문구, 직장과 공공장소의 금연, 공격적인 불매 운동, 광고 금지와 같은 효과적인 담배 억제 공공정책을 방해함으로써 그렇게 한다. 또다른 세계적인 질병 매개체인 모기와 달리, 담배 회사는 세계의 한 지역에서 배운 정보와 전략을 재빨리 다른 지역들로 전달한다."

나는 암 병동에서 흡연 때문에 이루 말로 표현할 수 없을 정도로 황폐해진 환자들을 보아왔다. 활력 넘치고 나무랄 데 없이 쫙 빼입은 한 젊은 광고회사 경영인은 처음에 신경을 안정시키기 위해서 담배를 피웠다가, 결국 침습성 설암을 제거하기 위해서 턱뼈를 잘라내야 했다. 손자들에게 담배를 가르치고 나중에는 그들과 함께 담배를 피운 할머니는 식도암 진단을 받았다. 말기 폐암인 한 성직자는 자신이 극복할 수 없었던 유일한 악덕이 흡연이었다고 맹세했다. 이런 환자들이 자신의 습관에 대해서 궁극적인 대가를 치르고 있음에도 불구하고, 그중 일부는 여전히 경악스러울 정도로 담배 때문이 아니라고 부정했다. 나의 환자들 중의 상당수는 암 치료를 받는 동안에도 여전히, 때로 몰래 담배를 피웠다(나는 그들이 화학요법 동의서에 서명을 할 때, 그들의 옷에서 풍기는 역한 담배 냄새를 맡을 수 있었다). 폐암 발병률이 섬뜩할 정도로 치솟던 시대인 1970년대에 영국에서 일했던 한 외과의사는 처음 병동에 근무할 때 암 수술을 받고 깨어난 환자들이 밤에 좀비처럼 복도를 돌아다니면서 간호사에게 담배를 달라고 간청하는 모습을 보곤 했다고 회고했다.

그러나 이러한 중독과 그것의 장기적인 결과가 심각하다는 것이 분명한데도, 담배 소비량은 지금도 거의 억제되는 기미 없이 증가하고 있다. 지난 수십 년 동안 정체 상태에 있던 흡연율은 특정한 연령 집단에서 다시 증가하기 시작했으며, 김빠진 금연 운동은 대중의 상상을 사로잡지 못하고 있다. 위협과 대처 사이의 간격이 점점 더 벌어지고 있다. 거의 모든 신약을 잠재적인 발암물질로 보고 엄격히 정밀 검사를 하며, 어떤 물질이 암과 연관이 있다는 기미가 조금이라도 보이면 대중적인 히스테리와 언론의 불안이 대폭발을 일으키는 나라인 미국에서, 인류에게 알려진 가장 강력하고 가장 흔한 발암물질 중 하나가 모든 구멍가게에서 푼돈을 내고 자유롭게 살 수 있다니 정말 희한하고 불편하기 그지없다.

종양 속의 체액

암을 최초로 의학적으로 기술한 내용은 기원전 2500년에 쓴 이집트 문헌에 있다. "유방에 볼록한 종양······둥글게 뭉친 포장지를 만지는 것 같고." 이 고대 문헌에는 치료법을 논의하는 부분에 이렇게 적혀 있다. "없음."(출처: Courtesy of the New York Academy of Medicine)

해부학자 안드레아스 베살리우스(1514-1564)는 암을 일으킨다고 인식되던 체액인 검은 담즙의 근원을 찾으려고 애썼다. 그것을 찾을 수 없자, 그는 암의 진정한 원인과 치유법을 새롭게 찾아나섰다.

중세 외과의사는 원시적인 수술법으로 암을 공격했다. 요하네스 스쿨테투스(1595-1645)는 불, 산(酸), 가죽 끈을 써서 유방암을 제거하는 수술인 유방절제술을 묘사했다.

근치 수술의 등장

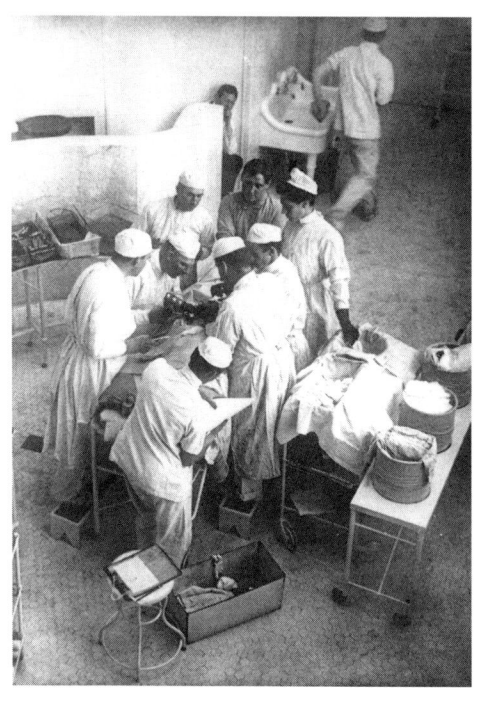

1800-1900년, 외과의사들은 몸에서 암의 뿌리를 제거하기 위해서 점점 더 공격적인 수술을 고안했다. 1890년대에 존스 홉킨스 대학교의 윌리엄 스튜어트 홀스테드는 근치 유방절제술을 창안했다. 유방뿐만 아니라, 유방 밑의 근육, 연결된 림프절까지 들어내는 수술이었다.

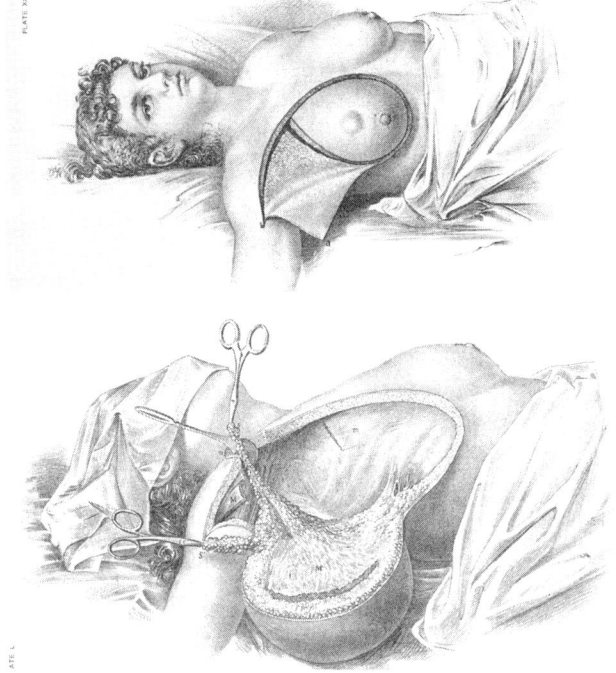

"환자는 내가 외모를 훼손하기가 너무 싫었던 젊은 숙녀였다"라고 홀스테드는 적었다. 이 판화에서 홀스테드는 환자를 이상화시켜서 표현했다. 진짜 암 환자들은 이 근치 수술을 견디기가 훨씬 더 어려웠던, 더 큰 종양을 가진 더 나이든 여성들이었다.

전쟁터의 새로운 무기

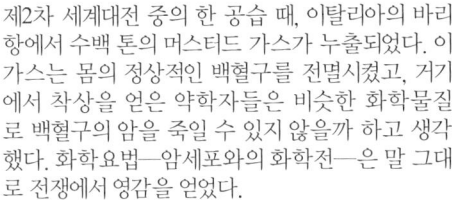

제2차 세계대전 중의 한 공습 때, 이탈리아의 바리 항에서 수백 톤의 머스터드 가스가 누출되었다. 이 가스는 몸의 정상적인 백혈구를 전멸시켰고, 거기에서 착상을 얻은 약학자들은 비슷한 화학물질로 백혈구의 암을 죽일 수 있지 않을까 하고 생각했다. 화학요법―암세포와의 화학전―은 말 그대로 전쟁에서 영감을 얻었다.

마리 퀴리와 피에르 퀴리가 라듐을 발견하자, 종양학자들과 외과의사들은 고선량의 방사선을 종양에 쬐기 시작했다. 그러나 방사선 자체가 발암성을 띠었다. 마리 퀴리는 수십 년 동안 엑스 선에 노출되어서 생긴 백혈병으로 사망했다.

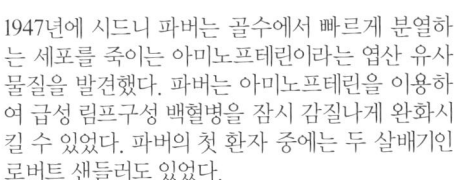

1947년에 시드니 파버는 골수에서 빠르게 분열하는 세포를 죽이는 아미노프테린이라는 엽산 유사 물질을 발견했다. 파버는 아미노프테린을 이용하여 급성 림프구성 백혈병을 잠시 감질나게 완화시킬 수 있었다. 파버의 첫 환자 중에는 두 살배기인 로버트 샌들러도 있었다.

체계를 세우다

전설적인 기업가, 사교계 명사, 로비스트, 활동가였던 메리 래스커는 뉴욕 시에 있는 흰색 일색인 자신의 아파트에서 나와서, 국가 차원의 암 전쟁이 시작되도록 도왔다. 래스커는 암 연구의 "요정 대모"가 되었다. 그녀는 어르고 달래어서, 국가가 암과의 전쟁을 시작하도록 만들었다.

파버의 환자인 야구광 에이너 구스타프손—"지미"라고 알려졌다—은 소아암의 비공식적인 마스코트가 되었다. 1948년에 테드 윌리엄스를 후원자로 삼아서 설립한 지미 기금은 가장 강력한 암 치료 옹호 기관 중 하나가 되었다.

래스커의 막역한 친구이자 정신적 스승이자 공모자인 시드니 파버는 암과의 전쟁에 의학적 정당성을 제공했고, 보스턴에 새로운 암 병동을 세웠다.

초기의 승리

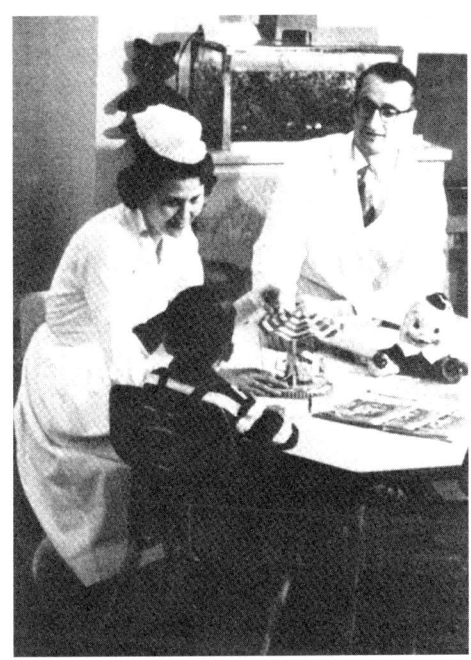
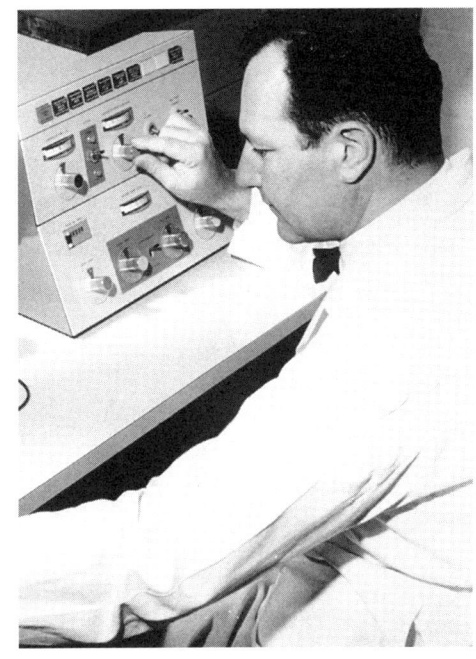

1960년대에 국립 암연구소(NCI)에서 의사인 에밀 프레이(왼쪽)와 에밀 프레이레이치(오른쪽)는 고독성 약물들을 써서 급성 림프구성 백혈병을 치료하는 전략을 고안했다.

의사이자 과학자인 헨리 캐플런은 방사선 요법으로 호지킨 림프종을 완치시켰다. 림프구성 백혈병과 호지킨 림프종의 완치는 파버의 "보편 치유법"의 가능성을 높임으로써, 암과의 전쟁에 활기를 불어넣었다.

전쟁의 정치

래스커와 파버가 이끄는 암 치료 옹호자들은 화학요법의 초기 승리에 자극을 받아서 국가가 암과의 전쟁에 나서라고 촉구했다. 1970년에 래스커주의자들은 자신들의 전쟁을 지원하도록 닉슨을 구워삶는 전면 광고를 「뉴욕 타임스」에 실었다.

많은 과학자들은 정치적 치유법이 의학적 치유법으로 이어지지 않을 것이라고 주장하면서, 암과의 전쟁이 시기상조라고 비판했다.

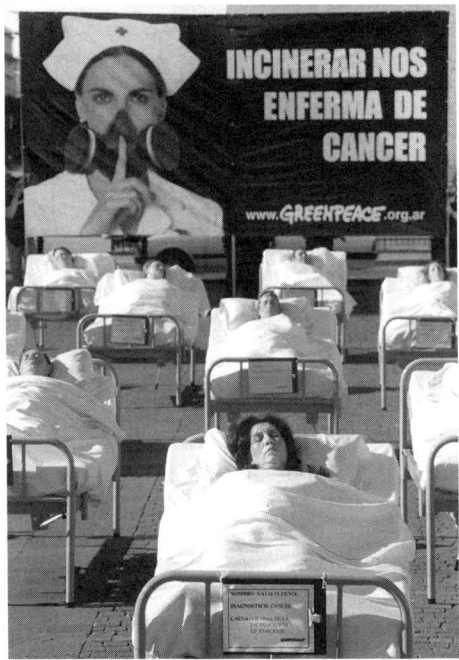

래스커가 활용한 세심한 광고와 강력한 이미지는 그린피스를 포함하여 여러 세대의 활동가들에게 여전히 영감을 주고 있다.

예방이 곧 치료

1775년에 런던의 외과의사 퍼시벌 포트는 음낭암이 사춘기 굴뚝 청소부들에게서 유달리 많이 생긴다는 것을 간파하고 검댕과 음낭암의 연관성을 주장했다. 그럼으로써, 환경에서 예방 가능한 발암물질을 찾는 사냥이 시작되었다.

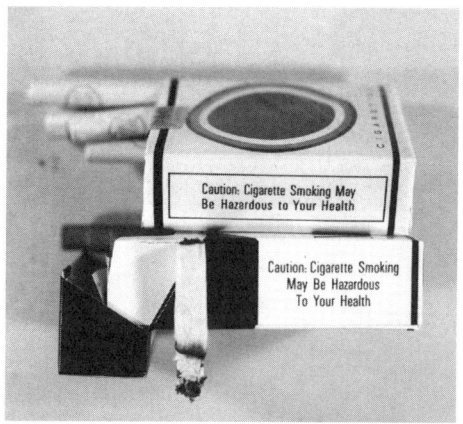

1950년대의 혁신적인 연구로 흡연과 폐암의 연관성이 확립되었다. 그러나 1960년대에 담뱃갑에 찍힌 초기 경고 문구에는 "암"이라는 단어가 빠졌다. 명시적인 경고 문구가 의무적으로 삽입된 것은 수십 년이 더 흐른 뒤였다.

비록 대다수의 선진국에서는 흡연율이 감소해왔지만, 담배산업은 적극적인 영업 활동과 대담한 정치 로비로 새로운 세대의 흡연자들(그리고 미래의 암 희생자들)을 만들면서 다른 여러 나라들에서 번영을 누리고 있다.

오랜 노력의 결실

해럴드 바머스와 마이클 비숍은 암이 모든 정상 세포에 존재하는 내생 전구 유전자의 활성화로 생긴다는 것을 발견했다. 바머스는 암이 우리의 정상 자아의 "일그러진 형태"라고 썼다.

MIT의 로버트 와인버그는 전 세계의 공동 연구자들과 함께 생쥐와 인간의 암세포에서 일그러진 유전자들을 발견했다.

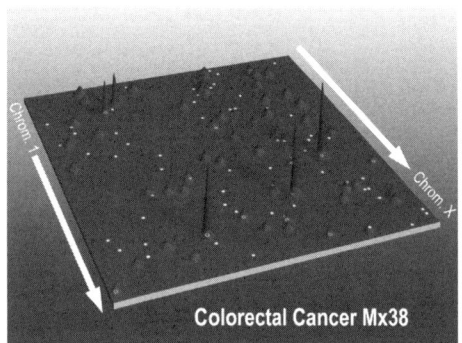

과학자들은 유전체 전체(유전자 2만3,000개)의 서열을 해독함으로써, 모든 유전적 변화(정상 유전자에 대해서)를 기록할 수 있게 되었다. 점은 결장암에서 발견되는 유전자들의 돌연변이를 나타내며, 흔한 돌연변이를 가진 유전자는 "언덕"과 "산"으로 보인다.

1990년대에 바버라 브래드필드는 유방암 세포만 골라서 공격하는 약물인 허셉틴 치료를 받은 최초의 여성 중의 한 사람이었다. 그녀는 그 치료를 받고 가장 오래 살아 있는 생존자이며, 그녀의 몸에 암이 남아 있다는 징후는 전혀 없다.

"신기하고 또 신기해"

> 당신은 많은 스트레스를 받고 있어요. 사실 특별히 잘못된 것은 없어요. 항우울제를 드릴 겁니다.
>
> —1960년대에 배리 마셜이
> 전암성 병터인 위염에 걸린 여성들을 치료하면서[1]

담배연기를 강력한 발암물질로 분류한 것—그리고 1980년대에 담배를 규제하기 위해서 서서히 밀려든 힘들—은 암 예방의 선구적인 승리 중의 하나로 생각되어야 마땅하다. 그러나 그것은 암 역학에 중요한 빈틈이 하나 있다는 것도 드러냈다. 암의 위험인자를 파악하는 통계 방법은 특성상 메커니즘적이라기보다는 기재적이다. 즉 그것은 원인이 아니라 상관관계를 기재한다. 그리고 사전 지식에 어느 정도 의존한다. 미지의 위험인자를 파악하기 위해서 전통적인 "사례대조군" 임상시험을 하려면, 역설적으로 역학자는 물어야 할 질문을 알아야 한다. 돌과 힐도 고전적인 사례대조군 순행연구를 고안할 때, 담배와 암의 가능한 연관성에 관한 수십 년—존 힐의 소책자까지 넣는다면 수 세기—에 걸쳐서 쌓인 사전 지식에 의존했다.

그렇다고 이것 때문에 사례대조군 방법의 경이로운 힘이 줄어드는 것은 아니다. 1970년대 초에 중피종(中皮腫, mesothelioma)이라는 희귀한 치명적인 형태의 폐암의 위험인자를 확실히 파악하기 위해서 일련의 연구가 이루어졌다.[2] 중피종 "사례"를 "대조군"과 비교했을 때, 이 암은 단열 설비업자, 소방대원, 조선소 일꾼, 난방 설비업자, 감람석 광부라는 특정한 직업군에 몰려 있는 것처럼 보였다. 포트의 음낭암처럼, 드문 직업과 희귀한 종양의 통계적 결합으로, 이 암의 원인이 금방 파악되었다. 바로 석면 노출이었다. 곧 불법행위 소송과 연방정부의 단속이 따랐고, 직업상의 석면 노출이 급격히 줄어들자, 중피종 위험도 따라서 줄어들었다.

1971년에 그러한 또 하나의 연구로 더욱 특이한 발암물질을 찾아냈다.[3] 디에틸스틸베스트롤(DES)이라는 합성 호르몬 약물이었다. DES는 1950년대에 조산을 예방하기 위해서 임신부에게 널리 처방되었다(비록 그 처방의 혜택은 미심쩍었지만). 한 세대 뒤, 질암과 자궁암에 걸린 여성들에게 에스트로겐 노출에 관한 질문을 하자, 특이한 패턴이 출현했다. 그들은 그 화학물질에 직접 노출되지 않았지만, 그들의 어머니가 노출되었다. 발암물질이 세대를 건너뛰었던 것이다. 그 약물은 DES 치료를 받은 여성이 아니라 자궁에서 그것에 노출된 그들의 딸에게 암을 일으켰다.

그러나 암을 일으키는 행동이나 노출이 전혀 알려지지 않은 상태라면 어떨까? 중피종의 자연사나 에스트로겐과 질암의 연관성을 아예 모른다면, 환자들에게 직장 경력이나 석면 혹은 에스트로겐에 노출되었는지를 물을 수 있을까? 암에 걸린 집단의 통계 분석을 통해서가 아니라 모든 발암물질의 어떤 본질적인 특성을 통해서 선험적으로 발암물질을 발견할 수 있을까?

1960년대 말, 버클리의 브루스 에임스라는 세균학자는 전혀 상관없는 문제를 연구하던 중에 화학적 발암물질 검사법을 찾아냈다.[4] 에임스는 세균의 한 속(屬)인 살모넬라(*Salmonella*)의 돌연변이를 연구하고 있었다. 여느 세균처럼 살모넬라도 특정한 조건에서 성장할 수 있는 유전자들을 가진다. 예를 들면, 갈락토오스를 "소화시키는" 유전자는 갈락토오스가 유일한 당분 공급원인 배양접시에서 세균이 살아남는 데에 대단히 중요하다.

에임스는 이런 핵심 유전자들에 생기는 돌연변이가 배양접시에서 세균의 성장을 가능하게 하거나 불가능하게 할 수 있다는 것을 알았다. 이를테면 정상적으로는 갈락토오스로 살아갈 수 없는 살모넬라 균주에 그 배지에서 성장할 수 있는 유전자 돌연변이가 일어날 수 있다. 성장이 가능해지면, 세균 한 마리는 배양접시에 작은 군체를 형성할 것이다. 에임스는 성장 가능한 군체의 수를 셈으로써, 어떤 실험에서든 돌연변이율을 정량화할 수 있었다. 어떤 물질에 노출된 세균은 그런 군체를 6개 형성하고, 다른 물질에 노출된 세균은 60개를 형성할 수 있다. 그것은 두 번째 물질이 유전자에 변화를 일으키는 능력이 10배 더 크다는 의미였다. 즉 돌연변이율이 10배였다.

에임스는 이제 수천 종류의 화학물질을 검사하여 돌연변이율을 증가시키는 화학물질, 즉 돌연변이원의 목록을 작성할 수 있었다. 그리고 목록을 작성하다가, 그는 한 가지 선구적인 관찰을 했다. **검사에서 돌연변이원이라고 드러난 화학물질이 발암물질이기도 한 경향을 보인다는 것이었다.** 강력한 인간 발암물질로 알려진 염료 유도체들은 수백 개의 세균 군체를 형성함으로써 높은 점수를 얻었다. 엑스 선, 벤젠 화합물, 니트로소구아니딘 유도체가 그러했다.[5] 모두 쥐와 생쥐에게 암을 일으킨다고 알려진 것들이었다. 모든 탁월한 검사법이 그렇듯이, 에임스의 검사법도 관찰과 측정이 불가능한 것을 관찰과 측정이 가능한 것으로 바꿔놓았다. 1920년대에 라듐 여성들을 죽인 보이지 않는 엑스 선은 이제 배양접시의 복귀 돌연변이 군체 형태로 "볼" 수 있었다.

에임스 검사법은 완벽한 것과는 거리가 멀었다. 즉 알려진 모든 발암물질이 검사에서 높은 점수를 받는 것은 아니었다.[6] DES나 석면은 살모넬라에 뿌렸을 때, 돌연변이 세균의 수를 유의미한 수준으로 늘리지 않았다. (대조적으로 담배 연기의 화학물질 성분들은 세균에 돌연변이를 일으켰다. 그 검사를 했던 몇몇 담배 제조사들은 당혹스럽게도 양성 반응이 나오자 재빨리 결과를 은폐했다.) 이런 결함이 있기는 했지만, 에임스 검사법은 암 예방의 순수한 기재 접근법과 메커니즘 접근법 사이에 중요한 연결 고리를 제공했다. 에임스는 발암물질들이 한 가지 독특한 공통의 기능적 특성을 가진다고 주장했다. 유전자를 변형시킨다는 것이었다. 에임스는 이 관찰 뒤에 숨은 더 심오한 이유, 즉 왜 돌연변이를 일으키는 능력이 암을 유도하는 능력과 연관되어 있는지는 알아낼 수 없었다. 그러나 그는 발암물질을 실험을 통해서 찾아낼 수 있다는 것을 보여주었다. **역행적으로**(실험 대상자인 사람들의 사례와 대조군을 조사함으로써)가 아니라 **순행적으로** 꽤 단순하고 우아한 생물학적 검사를 통해서 돌연변이를 일으킬 수 있는 화학물질을 파악함으로써 말이다.

그러자 화학물질만이 발암물질은 아니라는 사실이 드러났다. 게다가 에임스 검사법이 그런 인자를 찾아내는 유일한 방법도 아니었다. 1960년대 말, 필라델피아에서 일하는 생물학자 바루크 블룸버그는 사람 간염 바이러스로 생기는 만성적인 소모성 염증이 암을 일으킬 수 있다는 것을 발견했다.

1950년대에 옥스퍼드에서 생화학을 공부하던 학생인 블룸버그는 인류 집단 사이의 유전적 변이를 연구하는 학문인 유전인류학에 관심을 가졌다.[7] 1950년대에 전통적인 생물인류학은 주로 인간해부학 표본을 모으고 측정하고 목록을 작성하는 일을 했다. 블룸버그는 사람의 **유전자**를 모으고 측정하고 목록을 작성하고 싶었다. 그리고 인간의 유전적 변이를 질병 감수성과 연관짓고 싶었다.

블룸버그가 곧 알아차렸듯이, 문제는 측정하거나 분류할 인간 유전자가 없다는 점이었다. 1950년대에 세균유전학은 유아기—아직 DNA의 구조나 유전자의 본질 같은 것도 거의 발견되지 않은 시기였다—에 있었고, 찾아냈거나 분석한 인간 유전자도 없었다. 인간유전학에서 변이를 시사하는 자료는 우연한 관찰에서 나온 것들뿐이었다. 혈액 항원이라고 하는 혈액 속의 단백질은 개인마다 다르고 집안에 유전되므로, 이 변이에는 유전적 근원이 있다는 것을 의미했다. 이런 혈액 단백질은 비교적 단순한 검사법을 이용해서 측정하고 집단끼리 비교할 수 있었다.[8]

블룸버그는 이 달에는 아프리카의 풀라니족의 혈청을 시험관에 담고, 다음 달에는 바스크족 양치기의 혈청을 담으면서, 혈액을 찾아서 세계 오지를 쏘다녔다.[9] NIH에서 종신 재직권을 얻고 얼마 뒤인 1964년에 그는 자신이 목록으로 작성한 다양한 혈액 항원들을 체계적으로 분류하기 위해서 필라델피아의 암연구소(나중에 폭스 체이스 암 센터로 이름이 바뀐다)로 옮겼다.[10] 그것을 인간의 질병과 연관지을 수 있기를 바라면서 말이다. 그것은 사전에서 단어를 찾은 뒤에 그 단어가 들어갈 자리가 있는지 단어 퍼즐을 들여다보는, 희한하게 뒤집힌 접근법이었다.

그가 흥미를 보인 어느 혈액 항원은 몇몇 오스트레일리아 원주민 부족들에게 있고, 아시아와 아프리카의 집단에서는 흔하지만, 유럽과 아메리카 집단에는 대개 없었다.[11] 이 항원이 집안에 대물림되는 고대 유전인자의 지문이라고 추측한 블룸버그는 그것을 오스트레일리아 항원, 줄여서 *Au*라고 했다.

1966년에 블룸버그 연구실은 이 원주민 항원의 특징을 더 상세히 분석하는 일에 착수했다.[12] 그는 곧 한 가지 기이한 상관관계가 있다는 것을 발견했다. *Au* 항원이 있는 사람들은 간에 생기는 염증인 만성 간염에 걸리곤 했다.[13] 병리학적 연구 결과, 이런 염증이 있는 간은 손상과 수선이 만성적으로 되풀이되는 징후를 보였다. 즉 일부 부위의 세포들이 죽고 다른 부위의 간세포들이 수선하고 재생하여 보완하려는 시도가 일어나면서 간에 흉터가 생기고 움푹 파이고 탄 듯한 자국이 났다. 만성 간경화라는 증상이었다.

고대 항원과 간경화가 연관성이 있다는 것은 유전적으로 간 질환에 걸리기 쉬운 사람이 있다는 것을 시사했다. 그 이론에 사로잡힌 블룸버그는 오랫동안 별 소득이 없는 방향으로 연구를 계속했다. 그러다가 한 우연한 사건으로 그 이론은 뒤집히고 블룸버그의 연구 경로도 전면 바뀌었다. 연구실은 뉴저지의 정신병원에 있는 한 젊은 환자의 뒤를 추적해왔다. 처음에 그 남자는 Au 항원에 음성 반응을 보였지만, 1966년 여름에 채취한 일련의 혈액 중의 하나에서 그의 혈청이 갑자기 "Au 음성"에서 "Au 양성"으로 바뀌어 있었다. 간 기능을 측정하자, 급성 간염이 발견되었다.

그러나 "타고난" 유전자가 어떻게 갑자기 혈청 전환과 간염을 일으킬 수 있었을까? 어쨌거나 유전자는 대개 마음 내키는 대로 켜지거나 꺼지는 것이 아니었다. 블룸버그의 아름다운 유전자 변이 이론은 그 추한 사실에 도륙당했다. 그는 Au가 인간 유전자의 타고난 변이를 나타낼 수 없다는 것을 깨달았다. 사실 Au는 인간 단백질도 혈액 항원도 아니라는 것이 곧 드러났다. Au는 혈액에 떠다니는 바이러스 단백질 조각, 즉 감염의 징후였다. 그 뉴저지 남성은 이 미생물에 감염되어서 Au 음성에서 양성으로 바뀐 것이었다.

블룸버그는 이제 감염을 일으키는 그 생물을 분리하는 일에 몰두했다. 1970년대 초에 그의 연구실은 공동 연구자들과 함께 새로운 바이러스 입자를 분리했다. 그는 그것을 B형 간염 바이러스(Hepatitis B Virus, HBV)라고 했다. 바이러스의 구조는 단순했다. "대강 원형인……지름이 약 42나노미터이며, 사람에게 감염되는 가장 작은 DNA 바이러스에 속한다."[14] 그러나 이 단순한 구조물은 아주 복잡한 행동을 보였다. HBV가 인체에 들어오면, 무증상 감염부터 급성 간염에서 만성 간경화에 이르기까지 폭넓은 질병 스펙트럼이 나타났다.

새로운 사람 바이러스가 발견되자 역학자들은 활발하게 연구에 뛰어들었다. 1969년에 일본 연구자들(그리고 이어서 블룸버그 연구진)은 바이러스가 수혈을 통해서 사람들 사이에 전파된다는 것을 알아냈다.[15] 따라서 수혈 전에 선별함으로써—이제 친숙해진 *Au* 항원을 혈청의 초기 생물 표지자로 이용함으로써—혈액을 통한 감염을 차단하여 B형 간염 위험을 줄일 수 있었다.

곧 또다른 질병이 HBV와 관련이 있다는 것이 드러났다.[16] 아시아와 아프리카 특정 지역의 풍토병인 치명적인 잠행성 간암이 만성 바이러스 감염이 일어난 지 수십 년 뒤에 흉터투성이의 잿빛 간에서 생겨난다는 것이었다. 간세포암 사례를 고전적인 통계 방법을 이용하여 대조군과 비교하자, HBV 만성 감염과 그에 따른 간세포의 손상과 수선 주기가 명확한 위험인자라는 것이 드러났다. 감염되지 않은 대조군보다 약 5-10배나 더 위험이 높았다. 따라서 HBV는 발암물질이었다. 한 숙주에서 다른 숙주로 옮겨갈 수 있는 살아 있는 발암물질이었다.

HBV가 발견되자 NCI는 곤란한 지경에 처했다. 그 연구소의 바이러스 암 특별 계획은 구체적으로 표적을 정해서 집중적으로 연구비를 투자하면서 수천 마리의 원숭이에게 인간 암 추출물을 접종했어도, 아직까지 암과 관련된 바이러스를 단 하나도 찾아내지 못했다. 그런데 원주민 항원을 찾아다닌 유전인류학자가 아주 흔한 인간 암과 관련된 아주 흔한 바이러스를 찾아내다니 말이다. 블룸버그는 NCI의 곤경과 자신의 연구가 우연히 찾아온 행운이라는 것을 잘 알았다. 비록 환대를 받으며 나오긴 했지만, 1964년에 그가 NIH를 떠난 것은 바로 그런 갈등 때문이었다. 그의 학제간 호기심은 "자기 분야의 경계를 엄격히 지키려는 산하 연구소들의 태도와 충돌했다."[17] 그중에서 목표 지향적으로 암 바이러스 사냥에 나선 NCI가 최악이었다. 암 바이러스 이론의 가장 강력한 지지자들을 더욱 낙심시킨 것은 블룸버그의 바이러스가 암의 근접 원인이 아닌 것 같다는 점이었다. 암을 일으키는 것은 바이러스가 간세포에 일으킨 **염증**과 그와 관련된 죽음과 수선의 주기인 듯했다. 그것은 바이러스가 직접 암을 일으킨다는 개념에 타격을 주었다.*

그러나 블룸버그는 이런 갈등에 관심을 기울일 여유가 없었고, 바이러스와 암 문제에 휘두를 이론적 도끼 같은 것도 가지고 있지 않았다. 실용주의자였던 그는 연구진을 이끌어서 HBV의 백신을 개발하는 일에 몰두했다. 1979년에 그의

---

* HBV는 경화되지 않은 간에 암을 일으킬 수 있다. 지금은 이 바이러스가 직접적인 발암 효과도 가진다고 본다.

연구진은 백신을 만들었다.[18] 혈액 선별 전략처럼, 그 백신은 물론 발생한 암의 진행 경로를 바꾸는 것이 아니라, 감염되지 않은 사람의 HBV 감염 감수성을 크게 줄이는 것이었다. 그리하여 블룸버그는 원인과 예방 사이에 중요한 연결 고리를 만들었다. 그는 바이러스 발암물질을 파악했고, 전염되기 전에 그것을 검출할 방법을 발견했으며, 전염을 막을 수단까지도 찾아냈다.

그러나 새롭게 발견된 "예방 가능한" 발암물질 중 가장 기이한 것은 바이러스도 화학물질도 아닌 세포로 된 생물, 즉 세균이었다. 블룸버그의 B형 간염 백신이 미국에서 임상시험에 들어간 해인 1979년, 오스트레일리아 로열 퍼스 병원의 2년차 전공의 배리 마셜과 위장병 학자 로빈 워런은 환자들을 소화궤양과 위암에 걸리기 쉽게 한다고 알려진, 위염의 원인을 조사하기 시작했다.

수 세기 동안 위염은 스트레스와 신경증 탓이라고 다소 모호하게 둘러대졌다. (소화불량을 뜻하는 영어 단어 "dyspeptic"는 지금도 화를 잘 내고 허약한 심리 상태라는 뜻으로도 쓰인다.) 그 개념을 확장하면 위의 암은 신경증적 스트레스로 분출한 암이었다. 본질적으로 갈레노스가 주장한 막힌 멜란콜리아 이론의 현대판이었다.

그러나 워런은 위염의 진정한 원인이 아직 알려지지 않은 세균 종이라고 확신했다. 그 가설에 따르면, 아주 혹독한 산성을 띤 위장 안에서도 생존할 수 있는 생물이었다. "약 100년 전, 의생물학의 초창기부터 세균은 위장에서 살지 못한다고 가르쳤다. 내가 학생이었을 때, 그것은 언급할 가치도 없는 명백한 것으로 간주되었다. 그것은 '알려진 사실'이었다. '모든 사람이 지구가 편평하다는 것을 알고 있듯이.'"[19]

그러나 워런에게는 위염의 편평한 지구 이론이 도무지 와닿지 않았다. 위염이나 위궤양에 걸린 사람들을 생검했을 때, 그는 위장의 궤양 부위에 분화구처럼 움푹 들어간 곳이 흐릿하게 파란 층으로 덮여 있는 것을 발견했다. 그 푸르스름한 층을 더 자세히 살펴본 그는 그 안에서 우글거리는 나선형 생물들을 보았다.

아니면 혹시 상상이었을까? 워런은 이 생물들이 위염과 위궤양을 일으키는 새로운 세균 종이라고 확신했지만, 온갖 배양액과 배지와 배양접시를 모두 써봐도 그 세균을 분리할 수가 없었다. 다른 사람에게 그 생물을 보여줄 수가 없었다.

워런은 그것을 키울 수가 없었다. 위장의 분화구 위에서 외계 생물체가 흐릿한 푸르스름한 막을 형성하면서 자란다는 그 이론은 과학 소설을 연상시켰다.

대조적으로 배리 마셜은 검증하거나 반증할 애지중지하는 이론을 가지고 있지 않았다. 칼굴리 지역의 보일러 제조공과 간호사의 아들로서 퍼스에서 의학을 공부한 그는 연구 과제를 찾는 별 볼 일 없는 젊은 연구자였다. 워런의 자료에 흥미를 느낀(비록 허깨비 같은 미지의 세균과 연관이 있다는 말에는 회의적이었지만) 그는 세균이 자라기를 바라면서, 궤양에 걸린 환자들의 위장을 솔로 문질러 모아서 배양접시에 발랐다. 그러나 워런과 마찬가지로, 어떤 세균도 배양하지 못했다. 매주 배양기에 마셜의 배양접시들이 쌓였다가 며칠 후 검사를 거친 뒤에 대량으로 버려졌다.

그러다가 우연한 행운이 찾아왔다. 1982년의 부활절 주말 동안, 병원에 환자들이 가득해져서 너무 바쁜 나머지 마셜은 배양접시들을 검사하는 것을 잊은 채 배양기에 그냥 방치했다. 나중에 배양접시가 생각나서 돌아와 검사해본 그는 한천 배지 위에 작고 투명한 진주 같은 세균 군체들이 자라는 것을 발견했다. 배양 기간을 오래 늘리는 것이 핵심이었다. 현미경으로 보니, 배양접시에서 자라는 세균은 나선형 꼬리를 가진 작고 서서히 자라는 허약한 생물이었다. 미생물학자들이 기재한 적이 없는 종이었다. 워런과 마셜은 그것을 헬리코박터 필로리(*Helicobacter pylori*)라고 했다. 헬리코박터는 모습을 뜻했고, 필로리는 "문지기"라는 라틴어 필로루스(pylorus)에서 따왔다. 위장의 출구 쪽에 살기 때문이었다.

그러나 단순히 그 세균이 존재한다고 해서, 더 나아가 그것이 궤양과 관련이 있다고 해서, 그것이 위염을 일으킨다는 충분한 증거는 되지 못했다. 코흐의 세 번째 전제조건은 어떤 질병의 진정한 원인으로 분류되려면, 멀쩡한 숙주에 넣었을 때 그 생물이 그 병을 재현할 필요가 있다고 규정했다. 마셜과 워런은 돼지에게 그 세균을 접종한 뒤에 일련의 내시경 검사를 했다. 그러나 몸무게가 300킬로그램인 돼지는 매주 내시경 검사에 호의적이지 않았을 뿐만 아니라, 궤양도 생기지 않았다. 그리고 사람을 대상으로 그 이론을 검사한다는 것은 윤리적으로 불가능했다. 위염을 일으키고 암의 소인이라는 것을 증명하겠다고, 특징이 제대로 밝혀지지도 않은 새로운 세균 종을 사람에게 감염시키는 것을 어떻게 정당화할 수 있겠는가?[20]

1984년 7월, 실험이 중단되고 연구비 신청도 기각될 위험에 처하자, 마셜은 궁극적인 실험을 시도했다. "그 실험을 하는 날 아침에 나는 아침식사를 걸렀다.……2시간 뒤에 닐 노크스가 헬리코박터를 가득 접종한 4일 된 배양접시를 긁어서 세균을 알칼리성 펩톤수(peptone water : 세균을 살아 있도록 하는 데에 쓰는 일종의 고기즙)에 넣고 저었다. 쫄쫄 굶고 있는데 오전 10시에 닐이 200밀리리터 비커에 약 4분의 1쯤 든 혼탁한 갈색 액체를 건넸다. 나는 단숨에 마신 뒤에 온종일 굶었다. 위장에서 몇 차례 꾸르륵 소리가 났다. 세균이 배가 고픈 걸까, 그냥 내가 배가 고픈 걸까?"[21]

　마셜은 "그냥 배가 고픈" 것이 아니었다. 탁한 세균 배양액을 삼킨 지 며칠 지나지 않아서 그는 욕지기가 일어나고 토하고 밤에 땀을 흘리고 오한이 나는 등 심하게 앓았다. 그는 동료에게 병리학적 변화를 기록하기 위해서 연속적으로 생검을 해달라고 부탁했다. 심한 활성 궤양이라는 진단이 내려졌다. 그의 위장과 궤양을 일으키는 분화구가 세균들로 빽빽하게 덮여 있었고, 워런이 그의 환자들에게서 발견한 것과 똑같았다.

　7월 말에 마셜은 로빈 워런을 공동 저자로 삼아서 「오스트레일리아 의학회지(Medical Journal of Australia)」에 자신의 사례(그는 "정상인 자원자가 그 생물의 순수 배양액을 삼켰다"라고 적었다)를 논문으로 제출했다. 비판자들은 마침내 침묵했다. 헬리코박터 필로리는 논란의 여지가 없이 위염의 원인이었다.

　헬리코박터와 위염의 연관성은 세균 감염과 만성 염증이 위암을 일으킬 가능성을 제기했다.* 사실 1980년대 말까지 H. 필로리로 유도된 위염이 위암과 연관이 있다고 말하는 역학 연구가 몇 건 발표되었다. 그 사이에 마셜과 워런은 H. 필로리 감염의 강력한 복합 약물요법을 찾아내기 위해서 항생제 요법들(예전에 폐기했던 연금술 약물인 비스무트를 포함하여)을 검사했다.† 위염과 H. 필로리 감염이 풍토병인 일본 서해안 지역에서 이루어진 무작위 임상시험은 항생제 치료가 위궤양과 위염을 줄인다는 결과를 내놓았다.

　그러나 암 항생제 요법의 효과는 더 복잡했다.[22] 젊은 남녀에게서 H. 필로리

---

* H. 필로리 감염은 위암과 점막 연관 림프종을 비롯하여 몇 종류의 암과 관련이 있다.
† 마셜은 나중에 그 요법으로 치료하여 감염을 제거했다.

감염을 박멸하면 위암 발병률이 줄었다. 수십 년 동안 만성 위염에 시달린 더 나이든 환자들에게서는 감염을 박멸해도 거의 효과가 없었다. 아마 이 나이든 환자들에게서는 이미 박멸해도 아무런 차이가 없는 수준까지 만성 염증이 진행되었을 것이다. 암 예방이 효과가 있으려면, 아워백의 행군—암의 전구 증상—을 일찍 멈춰야 했다.

비록 극도로 비정통적이긴 했어도, 배리 마셜의 "실험"—발암물질을 삼켜서 자신의 위장에 전암 상태를 만든 실험—은 암 역학자들 사이에 점점 퍼지고 있는 조급함과 좌절감을 고스란히 보여주었다. 원인을 깊이 이해함으로써 암 예방을 위한 강력한 전략이 나온다. 발암물질의 파악은 그 이해를 향한 첫 걸음에 불과하다. 암에 맞서 성공적인 전략을 수립하려면, 발암물질이 무엇인지뿐만 아니라, 발암물질이 하는 일이 무엇인지도 알 필요가 있다.

그러나 블룸버그에서 에이스를 거쳐서 워런과 마셜에 이르기까지 서로 독립된 별개의 관찰 결과들을 하나로 엮어서 일관된 암형성 이론으로 만들 수는 없었다. DES, 석면, 방사선, 간염 바이러스, 위장 세균이 서로 다른 집단과 신체 기관에 어떻게 모두 같은 병리학적 상태를 야기할 수 있는 것일까? 암을 일으키는 인자들의 목록은 미지의 약물을 삼킨 또다른 사람의 말처럼, "신기하고 또 신기해(curiouser and curiouser)"(「이상한 나라의 앨리스」에서 앨리스가 몸이 커지는 약물을 마시고 한 말/역주)지는 듯했다.

그렇게 경이로울 정도로 다양한 원인은 다른 질병에서 선례를 거의 찾아볼 수 없었다. 당뇨병은 복잡한 양상을 띠는 복잡한 질병이지만 그래도 근본적으로는 비정상적인 인슐린 신호 전달로 생기는 질병이다. 관상동맥 심장병은 죽상경화판의 파열과 염증으로 생긴 혈전이 심장의 혈관을 막을 때 생긴다. 그러나 암의 통일된 메커니즘을 기술하려는 연구는 전혀 이루어지지 않는 듯했다. 통제를 벗어난 비정상적인 세포 분열을 넘어서 암의 토대를 이루는 공통의 병리생리학적 메커니즘은 무엇일까?

이 질문에 답하려면 암생물학자들은 암의 탄생 시점으로, 세포가 악성으로 변신하는 여행의 첫 걸음을 내딛을 때로 돌아갈 필요가 있었다. 암형성으로 말이다.

"거미집"

암 치료에서 어떤 실질적인 개선이 이루어지기를 원한다면 필요한 것은 조기 진단이다. —존 록하트-머머리, 1926년[1]

보편적인 치료법 외에 인간의 암 문제에서 오늘날 우리에게 가장 절실히 필요한 것은 암의 존재를 증상의 어떤 임상적인 징후가 나타나기 전에 검출하는 방법입니다.
—시드니 파버, 에타 로젠손에게 보낸 편지에서, 1962년 11월[2]

"부인, 팝 하셨어요?" —「뉴욕 암스테르담 뉴스」, 팝 스미어 검사를 다루면서, 1957년[3]

암형성—초기 단계의 암 병터가 체계적이고 단계적으로 노골적인 악성 세포로 진행하는 과정—이 느리게 오래 행군하는 과정이라는 점에 착상을 얻어서 또 하나의 암 예방 전략이 등장했다. 아워백이 생각한 대로 암이 정말로 오래 꾸물거린 끝에야 탄생한다면, 암이 아니라 전암을 공격함으로써 어쩌면 가장 초기 단계에서 진행을 막을 수도 있을 것이다. 중간에서 암형성의 행군을 막을 수 있을까?

뉴욕 코넬 대학교의 그리스인 세포학자 게오르게 파파니콜라우만큼 암세포의 이 초기 전이를 깊이 연구한 과학자는 거의 없다.[4] 작지만 강인하고, 격식을 차리는 구세계 출신다운 인물인 파파니콜라우는 아테네와 뮌헨에서 의학과 동물학을 공부한 뒤, 1913년에 뉴욕으로 왔다. 무일푼으로 배에서 내린 그는 의학 연구실에 일자리가 있는지 알아보다가 결국 먹고 살기 위해서 어쩔 수 없이 33번가의 짐벌스 상점에서 융단을 파는 일을 했다. 몇 개월 동안 정말로 비현실적인 노동을 한 뒤(그는 융단 판매원 일에는 어느 모로 보나 소질이 없었다), 그는 융단 판매만큼 비현실적으로 생각될 법한 코넬 대학교의 연구원 자리를 구했다. 그가 맡은 일은 기니피그의 월경 주기를 연구하는 것이었다. 기니피그는 월경 때 피를 흘리지도 조직이 벗겨지지도 않는 종이었다. 그럼에도 불구하고 파파니콜라우는 코보개와 면봉을 써서 기니피그의 자궁경부 세포를 긁어내서 유리판에 물처럼 얇게 펴바르는 법을 터득했다.

그는 이 세포가 손목시계의 미세한 바늘처럼 행동한다는 것을 알았다. 기니피그의 호르몬 농도가 주기적으로 치솟았다가 낮아졌다가 함에 따라서, 기니피그의 자궁경부에서 나오는 세포도 주기적으로 모양과 크기가 달라졌다. 그는 세포의 형태를 안내자로 삼아서 때로 하루 단위까지도 정확히, 월경 주기를 예측할 수 있었다.

1920년대 말에 그는 그 기술을 환자에게까지 확대했다.[5] (그의 아내인 마리아는 아내로서의 인내심을 가장 소름 돋는 수준까지 보여준 사람에 속할 것이다. 매일 자궁경부 스미어 검사를 받았다고 전해지는 것을 보면 말이다.) 기니피그에서와 마찬가지로, 그는 사람의 자궁경부에서 떨어져나오는 세포들을 보고도, 여성의 월경 주기가 어느 단계에 있는지를 예측할 수 있다는 것을 알았다.

그러나 남들이 지적한 대로, 이 모든 연구는 정교하지만 다소 쓸모없는 발명이나 다름없었다. 한 부인과 의사가 짓궂게 말했듯이, "여성을 포함하여 영장류에게서는" 월경 주기의 단계나 시기를 계산할 때, 스미어 진단 검사가 거의 불필요했다.[6] 여성은 파파니콜라우의 세포학적 도움을 받지 않고서도 수 세기 동안 자신의 월경 주기를 잘 알았으니 말이다.

이런 비판에 낙심한 파파니콜라우는 다시 자신의 표본으로 눈길을 돌렸다. 그는 거의 10년 동안 강박적으로 정상적인 표본을 살펴보았다. 그러나 자기 검사법의 진정한 가치는 정상 표본이 아니라 **병리학적 표본**에 있지 않을까? 자신의 스미어 검사로 병리학적 상태를 진단할 수 있다면? 세포의 정상 상태를 응시하던 그 세월이 세포의 비정상 상태를 파악할 수 있게 해줄 서막이었다면?

그래서 파파니콜라우는 병리학적 상태라는 세계로 뛰어들었다.[7] 그는 섬유증, 낭종, 결절, 자궁과 자궁경부의 염증, 연쇄상구균 감염, 임균 감염, 포도상구균 감염, 자궁관 임신, 양성 혹은 악성 종양, 농양과 종기 등 온갖 부인과 질병에 걸린 여성들로부터 표본을 모았다. 벗겨져나온 세포에서 어떤 병리학적 표지를 발견하기를 기대하면서 말이다.

그는 암에서 비정상 세포가 아주 쉽게 떨어져나온다는 것을 알았다. 거의 모든 자궁경부암 사례에서 그는 자궁경부에서 세포를 긁어낼 때마다 정상 세포와 전혀 달라 보이는 비정상적으로 부푼 핵, 주름진 막, 쪼그라든 세포질을 가진 "이상하고 기이한 형태"를 발견했다.[8] 그는 악성 세포의 새로운 검사법을 찾아냈다는 것이 "아주 명백해졌다"고 썼다.

이 결과에 흥분한 그는 1928년에 "새로운 암 진단법"이라는 제목의 논문에 자신의 방법을 발표했다.[9] 그러나 그 논문은 처음에 "인종 개선"을 추구하는 별난 우생학 학회에서 발표된 탓에 병리학자들로부터 경멸만 더 받았다. 그는 그 방법을 팝 스미어 검사(Pap smear)라고 했는데, 그 기술은 정확하지도 그다지 민감하지도 않았다. 그의 동료들은 자궁경부암을 진단한다면, 설령 손이 많이 가고 침습적이라고 해도 훨씬 더 정확하고 결정적이라고 생각되는 세심한 과정인 자궁경부 생검을 하지, 지저분한 스미어 검사를 할 이유가 어디 있냐고 주장했다. 학회에서 전문가들은 그것이 엉성한 대안이라고 비웃었다. 파파니콜라우 자신도 그 비판에 거의 반박을 할 수가 없었다. 1928년에 그는 논문의 끝부분에서 자기 비하를 하듯이, "이 연구는 좀더 진척이 있어야 할 것이라고 본다"라고 적었다.[10] 20년에 걸쳐서 완벽하게 쓸모없는 발명 두 가지를 내놓은 그는 그 뒤로 거의 20년 동안 과학계의 무대에 거의 얼굴을 비치지 않았다.

1928년에서 1950년 사이에 파파니콜라우는 거의 수도사처럼 스미어 표본에 깊이 몰두했다.[11] 그의 세계는 틀에 박힌 일과들로 바뀌었다. 매일 마리아와 함께 자동차로 사무실까지 30분 거리를 오갔다. 주말에는 롱아일랜드의 집에서 서재와 현관에 하나씩 있는 현미경을 들여다보며 지냈다. 저녁에는 탁자에 오렌지주스가 담긴 컵을 놓고 축음기로 슈베르트의 음악을 들으면서 표본에 관한 논문을 타자기로 작성했다. 허버트 트라우트라는 부인과 병리학자가 표본을 해석하는 것을 도왔다. 그는 예전에 코넬 대학교의 동료였던 물고기와 새를 그리는 일본 화가인 하시메 무라야마를 고용하여 카메라 루시다를 보면서 표본을 수채화로 그리게 했다.[12]

파파니콜라우에게 이 심사숙고를 거듭한 사색의 시기는 기존 실험 주제를 재고하여 새로운 주제로 확대하는 개인적인 카메라 루시다와 같았다. 그는 10년에 걸쳐서 계속 같은 생각을 하고 또 했다. 자궁경부의 정상 세포가 시간이 흐르면서 단계적으로 서서히 형태가 변한다면, 암세포도 정상에서 악성으로 서서히 단계적으로 춤을 추면서 형태적 변화를 겪지 않을까? 아워백이 한 것처럼(그의 연구는 아직 발표되지 않았다), 그도 암의 중간 단계들—완전한 변신을 향해서 느릿느릿 나아가는 병터—을 파악할 수 있을까?

1950년 겨울의 크리스마스 파티 때, 연구실의 젊은 부인과 의사가 술김에 그에게 스미어 검사의 정확한 용도가 무엇이냐고 묻자, 그는 거의 10년 동안 머릿속을 맴돌고 있던 생각을 죽 펼쳐냈다.[13] 거의 분출하듯이 생각이 쏟아져나왔다. 팝 스미어 검사의 진정한 쓰임새는 암을 찾아내는 것이 아니라, 그 선조, 즉 전구체인 암의 징조를 검출하는 것이라고 말이다.

그의 제자 중 한 사람은 회고했다. "그것은 일종의 계시였어요. 팝 스미어 검사는 여성에게 예방 의료를 받도록 함으로써 암에 걸릴 가능성을 크게 줄일 기회를 제공할 수 있었죠."[14] 자궁경부암은 대개 자궁경부의 바깥층에서 생긴 뒤에, 겉으로 박편 모양의 나선을 그리며 자라다가 안으로 파고들어서 주변 조직으로 침투한다. 파파니콜라우는 무증상 여성의 표본을 채취하면, 비록 불완전하긴 해도 자신의 검사법이 그 병을 초기 단계에서 검출할 수 있을 것이라고 추측했다. 본질적으로 그는 진단 시계를 뒤로 돌릴 수 있었다. 치유 불가능한 침습적 암에서 치유 가능한 전침습적 악성 세포로 말이다.

1952년에 그는 국립 암연구소를 설득하여 자신의 스미어 검사법을 이용한 암 역사상 두 번째로 규모가 큰 예방 임상시험에 착수하도록 했다.[15] 테네시 주 셸비 카운티에 사는 성인 여성의 거의 전부—약 2,000제곱킬로미터의 면적에 사는 여성 15만 명—에게 팝 스미어 검사를 하고 시간이 흐르면서 상태를 지켜보기로 했다.[16] 저먼타운의 말 농장들 사이에 흩어진 단칸 의원에서 멤피스 시 곳곳에 있는 대형 도시병원에 이르기까지, 400곳에서 표본이 쏟아져들어왔다. 공장과 사무실 건물에는 임시 "팝 진료소"가 설치되었다. 모인 표본들은 테네시 대학교의 거대한 현미경 설비로 향했다. 그곳에서는 정상과 비정상 표본의 사진을 찍어서 벽에 걸었다. 연구원들은 밤낮으로 사진을 현미경으로 들여다보면서 해독했다. 가장 일감이 많을 때는 하루에 거의 1,000개의 표본을 해독했다.

예상대로 셸비 연구진은 진행된 암 병터를 꽤 많이 찾아냈다. 약 15만 명으로 이루어진 첫 코호트에서 침습성 자궁경부암을 가진 여성은 555명이었다. 그러나 파파니콜라우 원리가 옳았다는 것을 보여주는 진짜 증거는 또다른 발견이었다. 놀랍게도 557명이 전침습성 암을 가지고 있거나 더 나아가서 전암성 변화를 보이는 것으로 드러났다.[17] 비교적 단순한 수술로 치유할 수 있는 초기 단계의 국소 병터였다. 이 여성들은 거의 다 무증상이었다. 검사를 받지 않았다면, 그들은 전침습성 병터가 있다고 꿈에도 생각하지 못했을 것이다. 놀랍게도 그런 전침습성 병터가 있다고 진단이 내려진 여성의 평균 연령은 침습성 병터를 가진 여성의 평균 연령보다 약 20년 더 낮았다. 암형성이 기나긴 행군을 거친다는 것이 다시 한번 확인되었다. 팝 스미어 검사는 사실상 암 검출의 시계를 거의 20년 전으로 돌려놓았고, 자궁경부암의 스펙트럼을 주로 치유 불가능한 것에서 주로 치유 가능한 것으로 바꾸었다.

뉴욕의 파파니콜라우 연구실에서 몇 킬로미터 떨어진 곳에서는 팝 스미어 검사의 핵심 논리를 전혀 다른 형태의 암에까지 확장시키고 있었다. 역학자들은 예방이 두 가지 유형이라고 생각한다. 1차 예방은 원인을 공격하여 질병을 예방하는 것이다. 폐암에는 금연, 간암에는 B형 간염 백신 접종이 그렇다. 2차 예방(선별 검사라고도 한다)은 증상이 나타나기 이전의 초기 단계에서 선별 검사를 통해서 질병을 막는 것이다. 팝 스미어 검사는 자궁경부암의 2차 예방 수단으로 고안된 것이었다. 그러나 긁어낸 자궁 조직의 전증상 상태를 현미경으로 검출할 수 있다면, 암에 걸린 다른 기관의 초기 병터를 검출하여 암을 "보는" 다른 수단도 있지 않을까?

1913년에 베를린의 외과의사 알베르트 살로몬이 그런 시도를 한 적이 있었다.[18] 유방절제술을 고집스럽게 옹호했던 살로몬은 유방절제술을 끝낸 뒤에 잘라낸 거의 3,000개에 달하는 유방을 엑스 선 촬영실로 가져가서 암의 윤곽을 알아내기 위해서 사진을 찍었다. 그는 엑스 선 필름에서 암의 징표를 찾아냈다. 암 조직에 흩어져 있는 반짝이는 미세한 칼슘 알갱이들(훗날 방사선과 의사들은 이것을 "소금 알갱이"라고 부르곤 했다)이었다. 그것은 암이라는 단어의 어원을 떠올리게 하는 악성 세포의 흩어진 갑각류 새끼들 같기도 했다.

다음 단계는 당연히 선별 검사로서 수술 전에 유방을 촬영하는 것이었는데, 살로몬의 연구는 무례하게 중단되었다. 1930년대 중반에 나치가 그를 대학교에서 갑자기 내쫓았다. 살로몬은 암스테르담의 난민 수용소로 탈출했다가 지하로 사라졌다. 그의 유방 엑스 선 사진들도 사라졌다. 그가 유방촬영술(mammography)이라고 이름 붙인 그 방법은 외면당한 채 잊혀졌다. 그럴 만도 했다. 유방에 있는 작은 덩어리든 큰 덩어리든 간에 똑같이 큰 수술로 치료하는 근치 수술에 강박적으로 매달리던 시대에, 작은 병터를 선별 검사한다는 것은 별 의미가 없었.

그리하여 유방촬영술은 거의 20년 동안 의학의 변방, 즉 근치 수술의 영향력이 최소로 미쳤던 프랑스와 영국, 우루과이에서 숨어 지내야 했다. 그러나 1960년대 중반에 들어서 홀스테드의 이론이 토대부터 불안하게 기우뚱거리자, 유방촬영술은 미국의 엑스 선 진료실로 다시 들어왔다. 휴스턴의 로버트 이건 같은 선구적인 방사선기사들의 노력에 힘입어서 말이다. 이건도 파파니콜라우처럼 과학자라기보다는 완벽한 장인에 더 가까웠다. 사실 그는 가장 침투성이 강한 형태의 빛인 엑스 선으로 암의 사진을 찍는 촬영기사였다. 그는, 옆에서 지켜본 사람의 말처럼, "거미집처럼 가느다란 섬유 기둥"[19]을 화상으로 볼 수 있을 때까지 필름, 각도, 위치, 노출을 세밀하게 맞추었다.

그러나 퍼지는 것을 막을 수 있을 만큼 조기에 암을 그 그림자로 된 "거미집"에 가둘 수 있을까? 이건의 유방촬영사진은 이제 보리알만 한 크기인 몇 밀리미터 정도로 작은 종양까지 검출할 수 있었다. 그러나 선별 검사를 통해서 그런 초기 종양을 검출하여 수술로 종양을 제거함으로써 여성의 목숨을 구할 수 있을까?

암의 선별 검사 임상시험은 모든 임상시험 중에서 가장 애매한 축에 속한다. 수행하기도 어렵고, 오류가 일어나기도 쉽다고 악명이 높다. 왜 그런지를 이해하기 위해서, 연구실에서 암의 선별 검사가 이루어지는 병원까지 가는 여정을 생각해보자. 연구실에서 특정한 유형의 암의 초기, 전증상 단계를 검출하는 새로운 검사법을 창안했다고 하자. 이를테면 암세포가 혈청으로 분비하는 단백질의 농도를 측정함으로써 말이다. 그런 검사법이 맨 처음 해결해야 할 과제는 기술적인 것이다. 즉 현실에서 실제로 쓰일 때 일어나는 문제이다. 역학자들은 선별 검사가 두 가지 특징적인 수행 오류를 가진다고 본다. 첫 번째 오류는 과잉진단(overdiagnosis)이다. 즉 검사에서는 양성이라는 결과가 나오지만 암이 아닌 사례이다. 그런 사례를 "거짓 양성"이라고 한다. 거짓 양성 반응을 보인 사람들은 고통스러운 암의 낙인에 사로잡힌다. 그들은 불안과 두려움(그리고 "무엇이라도 하고 싶은" 충동)에 못 이겨서 더 많은 검사와 침습 치료를 받는 익숙한 악순환에 사로잡힌다.

과잉진단의 거울상은 과소진단(underdiagnosis)이다. 환자에게 실제로 암이 있지만 검사에서 양성으로 나오지 않는 오류이다. 과소진단은 환자에게 병이 없다고 잘못 안심시킨다. 이런 사람들(역학 전문용어로 "거짓 음성")은 선별 검사로 검출되지 않은 그 병이 이윽고 증상이 나타남으로써 알려지게 되면 또다른 고통스러운 주기—절망, 충격, 배신감—에 빠진다.

문제는 과잉진단과 과소진단이 시소의 양끝처럼 본질적으로 영구히 결합되어 있을 때가 종종 있다는 것이다. 환자를 양성으로 분류하는 기준의 범위를 좁힘으로써 과잉진단을 억제하려고 애쓰는 선별 검사는 종종 과소진단의 증가라는 대가를 치르곤 한다. 양성과 음성의 회색지대에 있는 환자들을 놓치기 때문이다. 이런 상쇄 효과를 잘 보여주는 사례를 하나 들어보자. 이건의 생생한 비유를 활용하여, 한 거미가 공중에서 파리를 잡는 완벽한 거미집을 창안하려고 애쓴다고 하자. 거미는 거미줄을 더 촘촘하게 배열하면 진짜 파리(진짜 양성)를 잡을 기회가 확실히 증가하지만, 공중에 떠다니는 쓰레기와 부스러기(거짓 양성)가 걸릴 가능성도 증가한다는 것을 안다. 반대로 거미줄을 더 성기게 배열하면, 진짜 먹이를 잡을 기회는 줄어들지만, 무엇인가가 잡힐 때 그것이 파리일 가능성은 더 높아진다. 과잉진단과 과소진단 두 가지 모두 치러야 할 대가가 큰 암에서는 절묘한 균형을 잡기가 불가능할 때가 많다. 우리는 모든 암 검사가 완벽한 특이성과 민감성을 가지기를 바란다. 그러나 선별 검사에 쓰이는 기술은 완벽하지 않다. 그래서 선별 검사는 이 예비 장애물조차 건널 수 없어서 으레 실패한다. 과잉진단과 과소진단의 비율이 용납할 수 없을 만큼 높기 때문이다.

그러나 우리의 새로운 검사법이 이 중요한 병목지점을 통과한다고 하자. 과잉진단과 과소진단의 비율이 용납할 수 있을 정도이며, 우리는 열의에 찬 자원자 집단을 대상으로 그 검사법을 선보인다. 이제 그 검사법이 공공의 영역으로 들어가서, 곧 의사들이 악성으로 변하기 이전의 양성으로 보이는, 즉 그 검사 이전에 보았던 공격적이고 빠르게 성장하는 종양과 극명히 대비되는 초기 병터를 검출한다고 하자. 그 검사를 성공적이라고 판단할 수 있을까?

그렇지 않다. 작은 종양을 단순히 검출하는 것만으로는 충분치 않다. 암은 행동의 스펙트럼을 보인다. 결코 완전한 악성 상태에 도달하지 못하도록 유전적으로 정해진, 본질적으로 양성인 종양도 있다. 그리고 본래 공격적이어서, 초기에 전증상 단계에서 개입해도 환자의 예후에 아무런 차이가 없는 종양도 있다. 암 본연의 행동 이질성을 규명하려면, 선별 검사는 더 나아가야 한다. 그것은 생존율을 높여야 한다.

이제 선별 검사가 생존율을 높이는지 여부를 판단할 임상시험을 설계한다고 상상하자. 호프와 프루던스라는 이웃에 사는 일란성 쌍둥이에게 임상시험 참가 제안이 왔다고 하자. 호프는 선별 검사를 받기로 한다. 프루던스는 과잉진단과 과소진단이 우려되어서 선별 검사를 거절한다.

호프와 프루던스가 알지 못하는 사이에, 두 쌍둥이에게 정확히 같은 시점, 즉 1990년에 똑같은 암이 발생한다. 호프의 종양은 1995년에 선별 검사를 통해서 발견되고, 그녀는 수술 치료와 화학요법을 받는다. 그녀의 생존 기간은 5년이 되고, 암이 발병한 지 10년 뒤인 2000년에 재발해서 사망한다. 반면에 프루던스는 1999년에 유방에서 자라는 혹을 느끼고서야 종양이 있다는 것을 알아차린다. 그녀도 치료를 받지만 약간의 효과만 있을 뿐, 재발하여 호프와 같은 시점인 2000년에 사망한다.

합동 장례식에서 똑같은 두 관 앞으로 조문객들이 이어질 때, 호프의 의료진과 프루던스의 의료진 사이에 논쟁이 벌어진다. 호프의 의료진은 호프의 종양이 1995년에 발견되었고 2000년에 사망했으니까 그녀의 생존 기간이 5년이라고 주장한다. 프루던스의 의료진은 프루던스의 종양이 1999년에 발견되었고 2000년에 사망했으니까 그녀의 생존 기간이 1년이라고 주장한다. 쌍둥이는 같은 종양으로 같은 시기에 사망했기 때문에, 양쪽 모두 옳을 수는 없다. 이 그럴 듯한 역설—조기발견 기간 치우침(lead-time bias)이라고도 한다—의 해결책은 뻔하다. 생존 기간을 선별 검사의 최종 목적으로 삼는 것은 조기 검출이 진단의 시계를 뒤로 돌리므로 결함이 있다. 호프의 종양과 프루던스의 종양은 정확히 똑같은 생물학적 행동을 한다. 그러나 의료진이 호프의 종양을 더 일찍 발견했기 때문에, 그녀가 더 오래 살고, 선별 검사가 혜택을 준 것처럼 잘못 인식된다.

따라서 우리 검사법은 이제 추가 장애물을 넘어야 한다. 그것은 생존 기간이 아니라 사망률을 낮추어야 한다. 호프가 받은 검사가 정말로 혜택을 주었는지를 판단하기에 알맞은 방법은 오직 호프가 진단 시점과 무관하게 더 오래 살았는지를 묻는 것이다. 호프가 2010년까지 살았다면(프루던스보다 10년 더), 그 검사의 혜택을 보았다고 정당하게 말할 수 있다. 그러나 두 여성이 똑같은 시점에 사망했으므로, 이제 우리는 선별 검사가 아무런 혜택도 주지 못했다는 것을 안다.

따라서 선별 검사는 성공하려면, 놀라울 정도로 길고 좁은 길을 가야 한다. 그것은 과잉진단과 과소진단이라는 함정을 피해야 한다. 조기 검출을 그 자체로 목적으로 삼으려는 협소한 유혹도 지나쳐야 한다. 그리고 편견과 선택이라는 방심할 수 없는 해협도 항해해야 한다. 혹할 정도로 단순한 "생존 기간"은 그것의 최종 목적지가 될 수 없다. 그리고 각 단계마다 충분히 무작위화를 하는 것이 중요하다. 이 모든 기준을 충족시킬 수 있는—과소진단과 과잉진단의 비율이 용납할 만한 정도이고 진정으로 무작위화를 한 상태에서 사망률에 혜택이 있다는 것을 입증하는—검사법만이 성공했다고 판단할 수 있다. 조건이 겹칠수록 확률이 급격히 낮아지므로, 이 정도 수준의 꼼꼼한 심사를 통과하여 암 환자에게 진정으로 혜택을 제공할 만큼 강력한 검사법은 거의 없다.

1963년 겨울에 세 사람이 유방촬영술로 대규모 무증상 여성 코호트를 선별하는 방법이 유방암 사망률을 줄이는지를 검증하는 일에 착수했다.[20] 모두 자기 분야에서 추방된 이 세 사람은 유방암을 연구할 새로운 방법을 찾고 있었다. 고전 전통하에서 훈련을 받은 외과의사 루이스 베넷은 그 분야의 표준이 된 외모를 손상시키는 대규모 근치 수술을 피할 수단으로서 초기 암을 공략하고 싶어했다. 통계학자인 샘 샤피로는 통계 임상시험을 수행할 새로운 방법을 창안하고자 했다. 그리고 아마 가장 애절한 이유를 가진 사람은 뉴욕 내과의사 필립 스트랙스였을 것이다. 그는 1950년대 중반에 말기 유방암으로 힘겨워하는 아내를 내내 돌보았다.[21] 그가 엑스 선을 이용하여 전침습성 병터를 찾아내고자 한 것은 아내의 삶을 앗아간 생물학적 시계를 되돌려놓으려는 사적인 전쟁이었다.

베넷, 스트랙스, 샤피로는 탁월한 임상시험가들이었다. 그들은 유방촬영술을 검증하려면 사망률을 기준으로 삼는 무작위적 순행 임상시험이 필요하리라는 점을 처음부터 알아차렸다. 방법론상으로 말하면, 그들의 임상시험은 1950년대에 이루어졌던 돌과 힐의 유명한 흡연 임상시험을 재현하는 것이 될 터였다. 그러나 그런 임상시험을 실제로 어떻게 수행해야 할까? 돌과 힐의 연구는 때마침 영국에서 보건 의료가 국가 사무가 되면서 나온 부산물이었다. 주로 영국 전역의 의사들을 등록한 국립 보건원의 "등록부"로 안정적인 코호트를 얻을 수 있었던 덕분이었다. 대조적으로 유방촬영술은 전후 미국을 휩쓴 민영화 바람이 임상시험을 수행할 기회를 제공했다. 1944년 여름, 뉴욕의 입법가들은 뉴욕의 고용인 집단에 가입자 기반의 건강 보험을 제공한다는 새로운 계획을 발표했다. 건강 보험 계획(Health Insurance Plan, HIP)이라는 이 안은 지금의 건강 관리 기구(Health Maintenance Organization, HMO)의 전신이었다.

HIP는 보험에 있던 큰 공백을 채웠다. 1950년대 중반까지 이민, 제2차 세계대전, 대공황이라는 세 가지 힘이 여성들을 집 밖으로 내몰았고 뉴욕 노동력의 거의 3분의 1이 그들로 채워졌다. 이 근로 여성들은 건강 보험을 원했고, 가입자들이 위험을 공유함으로써 비용을 줄이도록 했던 HIP가 자연스러운 해결책이었다. 1960년대 초까지 뉴욕에 31개 의료 집단이 결성되고, 그 계획에 가입한 사람은 30만 명을 넘어섰다.[22] 그중 여성이 거의 8만 명이었다.

스트랙스, 샤피로, 베넷은 이 자원의 중요성을 금방 알아차렸다. 바로 여기 선별 검사가 가능하고 장기적인 추적이 가능한 뉴욕과 그 교외 지역 전역에 흩어져 있는 명확히 정의된—"고정된"—여성 코호트가 있었다. 임상시험은 일부러 단순하게 했다. HIP에 가입한 40-64세의 여성들을 두 집단으로 나누었다. 한 집단은 유방촬영술로 선별 검사를 하는 반면, 다른 집단은 선별 검사를 하지 않았다. 1960년대에 선별 임상시험에 적용되던 윤리 기준을 적용하자 집단 구분은 더 단순해졌다. 선별 검사를 하지 않는 집단, 즉 유방촬영술을 받지 않는 집단에는 동의를 받을 것조차 요구하지 않았기 때문이다. 그저 그들을 임상시험에 수동적으로 참여시켜서 계속 지켜보기만 하면 되었다.

1963년 12월에 임상시험이 시작되자마자, 연구자들은 엄청난 업무에 시달렸다. 유방촬영술은 손이 많이 갔다. 기계는 다 자란 황소만 했다. 사진 건판은 작은 유리창만 했다. 그리고 암실에서 유독한 화학물질을 튀기며 출렁거려야 했다. 그 기술은 엑스 선 전문병원이 가장 뛰어났지만, 여성들을 그런 병원까지 가도록 하는 것은 불가능했다(그런 병원은 대부분 도심에 있었다). 이윽고 스트랙스와 베넷은 이동 밴에 엑스 선 장치를 실어서 맨해튼의 도심과 교외의 중간 지대에 아이스크림 트럭과 샌드위치 가판대 옆에 세워놓고서, 점심시간에 나오는 여성들을 모집했다.*23)

스트랙스는 강박적일 정도로 모집 운동을 벌였다. 대상자가 연구에 참가하지 않겠다고 하면, 전화를 걸고 편지를 쓰고 다시 전화를 걸고 해서 기어코 참가하도록 설득했다. 병원들은 하루에 여성 수천 명을 선별 검사할 수 있도록 기계처럼 정확히 조율되었다.

"시간당 5군데 × 12명 상담 = 60명.……탈의칸 : 시간당 16곳 × 6명 = 96명. 각 탈의칸은 탈의와 착의를 위한 면적을 1 × 1로 하고 옷장을 4개 설치하여 총 64개로 할 것. 다 '돌고' 나면, 같은 탈의칸으로 들어가서 옷을 입도록 할 것.……빨리빨리 순환되도록, 의자와 거울 같은 편의시설은 제외할 것."24)

커튼이 올라가고 내려갔다. 옷장이 열렸다 닫혔다. 의자도 거울도 없는 방에 여성들이 들어가고 나왔다. 매일 저녁 늦게까지 회전이 계속 이루어졌다. 세 사람은 6년이라는 경이로울 정도로 짧은 기간에 선별 검사를 끝냈다. 통상적으로는 20년이 걸려야 할 일을 말이다.

유방촬영술로 종양이 검출되면, 그 여성은 당시 통용되는 방법으로 조치를 받았다. 즉 수술, 대개 근치 유방절제술로 덩어리를 제거했다(혹은 수술 후 방사선 치료를 받기도 했다). 선별 검사와 조치로 이루어진 일이 모두 끝나자, 스트랙스, 베넷, 샤피로는 선별 검사를 받은 집단과 그렇지 않은 집단의 유방암 사망률이 시간이 흐르면서 어떻게 변하는지를 지켜볼 수 있었다.

연구가 시작된 지 8년째인 1971년에 스트랙스, 베넷, 샤피로는 HIP 임상시험의 첫 연구 내용을 발표했다.25) 언뜻 보면 선별 검사를 소리 높여서 옹호하는 듯했다. 임상시험에 참가한 여성은 6만2,000명이었다. 그중에서 약 절반이 유방촬영

---

* 여성들은 유방촬영술 외에 대개 외과의사가 하는 유방 검사도 덤으로 받았다.

술 선별 검사를 받았다. 유방촬영술 선별 검사를 받은 집단에서는 31명이 사망했고 대조군에서는 52명이 사망했다. 생존자의 절대적인 수는 미미하지만, 선별 검사를 통한 사망률 감소 비율을 보면 놀랍게도 거의 40퍼센트에 달했다. 스트랙스는 흥분해서 이렇게 썼다. "방사선과 의사는 여성들과 그들의 암의 잠재적인 구원자가 되었다."[26]

HIP 임상시험의 결과가 긍정적으로 나오자, 유방촬영술에 엄청난 파장이 미쳤다. 한 방사선과 의사는 이렇게 썼다. "5년 사이에 유방촬영술은 폐기된 기술에서, 널리 적용되는 기술의 문턱에까지 이르렀다."[27] 국립 암연구소에서도 선별 기술은 금방 열렬한 관심의 대상이 되었다. 미국 암학회의 선임 의료관인 아서 홀렙은 재빨리 그것을 팝 스미어 검사와 비교했다. 그는 1971년에 이렇게 선언했다. "팝 검사에 그랬듯이, 유방촬영술에도 사회가 대규모 프로그램을 실시할 때가 왔다.……우리는 더 이상 이 나라 국민들에게 지난 10년 동안 베트남 전쟁에서 잃은 목숨과 맞먹는 목숨을 해마다 유방암으로 잃는 것을 참으라고 요구할 수 없다. 더 큰 국가적 노력을 쏟을 때가 왔다. 나는 지금이 그때라고 굳게 믿는다."[28]

미국 암학회의 대규모 운동은 유방암 검출 시범 계획(Breast Cancer Detection and Demonstration Project, BCDDP)을 낳았다.[29] "시범"이라는 명칭이 시사하듯이 이것은 임상시험이 아니었다. 치료도 없고, 대조군도 없었다. 이 계획은 스트랙스가 3년에 걸쳐서 선별 검사한 인원의 거의 8배에 달하는 거의 25만 명의 여성을 한 해에 선별 검사하는 것이 목적이었다. 유방촬영술 선별 검사를 국가 차원에서 이끄는 것이 가능함을 보여주려는 것이 주된 의도였다. 메리 래스커는 이 계획을 적극 지지했고, 미국의 거의 모든 암 관련 기관들도 지지했다. "폐기된 방법"이었던 유방촬영술이 바야흐로 주류로 진입하려고 했다.

그러나 BCDDP가 진행될수록, HIP 연구에 대한 의구심도 쌓였다. 샤피로가 여성들을 "검사" 집단과 "대조군" 집단으로 나누어서 사망률을 비교함으로써 임상시험을 무작위화했다는 점을 떠올려보자. 그러나 1960년대에 으레 그러했듯이, 대조군에는 임상시험에 포함되었다는 것을 알리지 않았다. 따라서 대조군은 가상 집단, HIP 기록에서 얻은 코호트였다. 대조군에 속한 어떤 여성이 유방암으로 사망하면, 스트랙스와 샤피로는 충실하게 기록을 갱신했지만—통계라는 숲에서 쓰러지는 나무를 기록하듯이—대조군은 자신의 존재조차 모르는 추상적인 실체로 다루어졌다.

원리상 가상 집단을 실제 집단과 비교하는 것은 완벽하게 타당했을 것이다. 그러나 1960년대 중반에 임상시험에 사람들을 모집하면서, 스트랙스와 샤피로는 유방암이라는 진단을 이미 받은 여성들이 일부 임상시험에 포함되지 않았을까 하고 걱정하기 시작했다. 그런 여성은 이미 유방암을 가지고 있으므로 당연히 선별 검사가 아무 소용이 없을 터였다. 이 점을 바로잡기 위해서 샤피로는 양쪽 집단에서 그런 여성들을 선택적으로 제외시키기 시작했다.

유방촬영술 검사 집단에서는 그런 대상자를 빼내기가 비교적 쉬웠다. 방사선과 의사가 유방촬영술을 하기 전에 여성에게 병력을 물어보기만 하면 되었다. 그러나 대조군은 가상의 실체였으므로, 가상의 질문 같은 것은 할 수가 없었다. 따라서 "가상으로" 추려내야 했다. 샤피로는 공정하고 엄격하게 양쪽 집단에서 똑같은 수의 여성들을 제거하려고 애썼다. 그러나 결국에는 선택적으로 제거했을지도 모른다. 어쩌면 지나치게 수정을 했을지도 모른다. 즉 선별 검사를 받은 집단에서 유방암 환자를 더 많이 빼냈는지도 모른다. 차이는 적었다. 임상시험 참가자 3만 명 중에서 434명만이 제외되었다. 그러나 통계적으로 보면, 그 차이는 치명적이었다. 비판자들은 이제 선별 검사를 받지 않은 집단의 과도한 사망률이 미리 추려냄으로써 나타난 인위적인 수치라고 비판했다. 선별 검사를 받지 않은 집단에 사전 유방암 진단을 받은 환자가 잘못하여 더 많이 들어갔고, 그 집단의 과도한 사망률은 그저 인위적인 통계의 산물이라는 것이었다.

유방촬영술 열광자들은 망연자실해졌다. 그들은 공정한 재평가, 즉 재임상시험이 필요하다고 인정했다. 그러나 그런 임상시험을 어디에서 수행할 수 있단 말인가? 미국에서는 결코 할 수가 없었다. 20만 명의 여성이 이미 BCDDP에 참가했고(따라서 다른 임상시험에 들어갈 수 없었다), 앞서 나온 결과의 해석을 놓고 학계에서 논쟁이 벌어지고 있었기 때문이다. 그 논쟁에 맹목적으로 뛰어든 유방촬영술 분야 전체도 과잉 반응했다. 그들은 다른 실험을 토대로 방법론적으로 새로운 실험을 설계하기보다는 모두 앞다투어서 일제히 비슷한 임상시험들에 착수했다. 1976-1992년 유럽에서 비슷비슷한 유방촬영술 임상시험들이 대규모로 이루어졌다.30) 스코틀랜드의 에든버러와 스웨덴의 여러 곳, 즉 말뫼, 코파르베리, 외스테르 예틀란드, 스톡홀름, 예테보리에서 말이다. 그 와중에 캐나다 연구자들도 캐나다 국가 유방 선별 검사 연구(Canadian National Breast Screening Study, CNBSS)라는 나름의 무작위 유방촬영술 임상시험의 여파로 휘청거렸다.31) 유방암의 역사에서 종종 그러했듯이, 유방촬영술 임상시험도 각 집단이 남보다 더 나은 결과를 얻기 위해서 애쓰는 군비 경쟁으로 변했다.

에든버러는 재앙이었다.32) 수백 곳의 고립되고 단절된 병의원들로 분할된 그곳은 임상시험을 시작할 때부터 끔찍한 장소였다. 의사들은 임의적으로 보이는 기준에 따라서 여성들을 선별 검사 집단이나 대조군에 할당했다. 설상가상으로 여성들이 스스로 자신을 한 집단에 할당하기도 했다. 무작위화 원칙은 무너졌다. 임상시험이 진행되는 와중에 여성들이 한 집단에서 다른 집단으로 옮겨가기도 했다. 연구 전체가 의미 있는 해석이 불가능할 정도로 혼란에 빠졌다.33)

한편, 캐나다 임상시험은 세세한 수준까지 정확하고 꼼꼼하게 시행한 모범 사례였다.34) 1980년 여름, 편지, 광고, 전화를 통해서 참가를 독려하는 대규모의 전국적인 운동이 펼쳐지면서, 인가를 받은 15개 임상 센터에서 3만9,000명이 유방촬영술 선별 검사에 참가했다. 임상 센터에 여성이 찾아가면, 먼저 접수계원으로부터 몇 가지 사전 질문을 받고, 설문지를 작성한 뒤에 간호사나 의사의 검진을 받았다. 그런 뒤에야 기록부에 이름을 기입했다. 기록부는 대다수 병원에서 쓰이는 파란 줄이 쳐진 공책이었고, 이 사람 저 사람에게로 자유롭게 건네졌다. 무작위 할당은 기록부에 적힌 줄 순서로 번갈아 할당함으로써 이루어졌다. 한 여성을 선별 검사 집단에 할당하면, 다음 줄의 여성은 대조군에 할당하고, 세 번째 줄의 여성은 검사 집단에, 네 번째 줄의 여성은 대조군에 할당하는 식이었다.

사건들의 순서에 유념해야 한다. 즉 먼저 병력 파악과 검사를 받은 후에야 대개 무작위적으로 여성을 할당했다는 점을 말이다. 이 순서는 원래 계획서(각 센터에 보낸 상세한 업무 편람)에 규정된 것도, 예견된 것도 아니었다. 그러나 그 사소한 변화로 임상시험은 완전히 무용지물이 되었다. 간호사와 면담을 한 뒤에 이루어진 할당은 더 이상 무작위적이지 않았다. 유방이나 림프절 검사에서 비정상으로 나온 여성들은 편향되게 유방촬영술 검사 집단에 더 많이 할당되었다(검사 집단에는 17명, 대조군에는 5명). 이전에 유방암이라는 진단을 받은 적이 있는 여성들도 그랬다. 병력이나 보험금 청구를 토대로 "고위험"에 속한다고 파악된 여성들도 그랬다(검사 집단에 8명, 대조군에 1명).

이런 치우침이 일어난 이유는 아직도 오리무중이다. 간호사들이 긴가민가한 임상 검진이 맞는지를 확인하기 위해서 고위험 여성들을 유방촬영술 검사 집단에 할당했을까? 즉 엑스 선을 통해서 다시 소견을 얻기 위해서? 그런 일을 의식하고 한 것일까? 아니면 그저 고위험 여성들에게 유방촬영을 받도록 함으로써 돕고자 하는, 연민에서 나온 의도하지 않은 행동이었을까? 아니면 고위험 여성들이 기록부상에 알맞은 줄에 적히도록 일부러 대기실에서 순서를 바꾸었을까? 임상시험 진행자나, 검진한 의사나, 엑스 선 촬영기사나 접수계원이 그렇게 하라고 알려주었을까?[35]

그 뒤로 역학자들, 통계학자들, 방사선과 의사들, 적어도 법의학 전문가 한 사람이 낀 연구진들이 이름을 휘갈겨 적은 그 명부를 샅샅이 조사하여 이런 의문들의 답을 알아내고 무엇이 잘못되었는지를 파악하려고 애썼다. 그 임상시험의 선임 연구자 중 한 사람은 "아름다움과 마찬가지로 의심도 보는 사람의 눈에 달려 있다"고 반박했다.[36] 그러나 의문시되는 점이 많았다. 명부에는 군데군데 잘못 기재된 곳이 많았다. 이름을 고치거나, 신원이 바뀌거나, 하얗게 지운 뒤에 다른 이름으로 바꾸거나 고쳐 적은 곳도 있었다.

현장 직원들의 증언도 이런 조사 결과를 뒷받침했다. 한 센터에서는 임상시험 진행자가 자신의 친구들을 선택적으로 유방촬영 집단에 몰아넣었다(아마 생명을 구하는 데에 도움을 주고자 호의를 베풀었을 것이다). 또 한 센터에서는 한 연구원이 여성들에게 이쪽저쪽 집단으로 가라고 "참견함으로써" 무작위화를 훼손시켰다. 학술지마다 비판과 역공이 난무했다. 암 연구자인 노먼 보이드는 한 사설에서 경멸조로 썼다. "한 가지 교훈은 명확하다. 임상시험에서 무작위화는 훼손이 불가능한 방식으로 관리되어야 한다는 것이다."[37]

그러나 그런 신랄한 교훈을 빼면, 거의 모든 것이 불분명했다. 그 세부 사항들의 안개 속에서 출현한 것은 HIP 연구보다 더욱 균형을 잃은 연구였다. 스트랙스와 샤피로는 유방촬영 집단에서 고위험 환자들을 선택적으로 **제외시킴으로써** 허우적댔다. 회의론자들이 비난하듯이, 유방촬영 집단에 고위험 여성들을 선택적으로 더 많이 집어넣음으로써 CNBSS는 정반대의 죄악에 굴복하는 잘못을 저질렀다. CNBSS 결과가 뚜렷이 부정적으로 나온 것도 놀랄 일은 아니다. 선택 검사를 받지 않은 집단보다 유방촬영 검사를 받은 집단에서 유방암 사망자가 더 많았다.

이 파열음을 내던 여정이 마침내 끝이 난 것은 스웨덴에서였다. 2007년 겨울, 나는 1970년대 말에 스웨덴에서 유방촬영술 임상시험이 이루어진 곳 중의 하나인 말뫼를 방문했다. 스웨덴 반도의 거의 남쪽 끝자락에 자리한 말뫼는 특징 없는 회청색 경관 한가운데 자리한 밋밋한 회청색 산업 도시이다. 북쪽으로는 스코네의 헐벗은 평지가 죽 펼쳐 있고, 남쪽으로는 외레순드 해협의 물결이 출렁거린다. 1970년대 중반에 급격한 경기 쇠퇴에 직격탄을 맞은 뒤로, 이 지역은 거의 20년 동안 경제적으로나 인구학적으로나 동결된 상태였다. 도시 안팎으로의 인구 이동은 거의 20년 동안 2퍼센트라는 경이로운 수준으로 떨어졌다.[38] 말뫼는 고정된 남녀 코호트를 가진 잊혀진 도시였다. 다시 말해서 어려운 임상시험을 수행하기에 이상적인 장소였다.

1976년에 말뫼 유방촬영술 연구에 참가한 여성은 4만2,000명이었다.[39] 그 코호트의 절반(약 2만1,000명)은 해마다 도시 밖의 작은 병원인 말뫼 종합병원에서 선별 검사를 받았고, 나머지 절반은 받지 않았다. 그리고 연구자들은 두 집단을 상세히 관찰했다. 실험은 시계의 태엽장치처럼 진행되었다. 선임 연구자인 잉바르 안데르손은 이렇게 회고했다. "말뫼 전역에 유방병원은 딱 한 곳이었어요. 이 정도 규모의 도시치고는 특이했지요. 모든 여성은 해마다 같은 병원에서 선별 검사를 받았으니까, 대단히 일관성이 있고 통제된 연구 결과가 나왔죠. 더할 나위 없이 엄밀한 연구였어요."[40]

20년의 연구가 끝나고, 1988년에 말뫼 연구 결과가 발표되었다.[41] 선별 검사 집단에서는 588명, 대조군에서는 447명이 유방암이라는 진단을 받았다. 유방촬영술이 초기 암을 검출하는 능력이 있다는 것을 다시금 확인한 결과였다. 그러나 적어도 언뜻 볼 때, 조기 검출이 압도적인 수의 생명을 구하는 결과로 곧장 이어지지 않았다는 것이 뚜렷했다. 총 129명이 유방암으로 사망했는데, 선별 검사 집단이 63명이고 비선별 검사 집단이 66명으로 통계적으로 식별할 수 있는 차이가 전혀 나타나지 않았다.

그러나 그 사망자들에게는 하나의 패턴이 있었다. 집단을 연령별로 분석하자, 55세 이상의 여성은 유방암 사망률이 20퍼센트 줄어들어서 선별 검사로 혜택을 본 것으로 나타났다.[42] 반대로 더 젊은 여성층에서는 유방촬영술 선별 검사가 검출 가능한 혜택을 전혀 제공하지 않았다.

이 패턴—노령층에는 검출 가능한 혜택이 뚜렷이 있고 더 젊은 여성들에게는 검출 가능한 혜택이 거의 없는 패턴—은 말뫼 이후에 나온 수십 건의 연구 결과를 통해서 재확인되었다. 말뫼 실험이 시작된 지 26년이 된 2002년에 스웨덴에서 이루어진 모든 연구를 종합하여 포괄적으로 분석한 결과가 「랜싯(Lancet)」에 실렸다.[43] 이런 임상시험에 참가한 여성은 총 24만7,000명이었다. 총괄 분석은 말뫼 연구 결과가 옳다는 것을 재확인했다. 15년에 걸쳐서 유방촬영술은 55-70세 여성의 유방암 사망률을 20-30퍼센트 줄였다. 그러나 55세 미만의 여성들에게서는 혜택을 거의 검출할 수 없었다.

요컨대 유방촬영술은 모든 유방암 여성의 무조건적인 "구세주"가 되지 않을 듯했다. 통계학자 도널드 베리의 말처럼, 그 효과는 "특정한 연령대의 여성에게서는 논란의 여지가 없지만, 그 효과가 그 연령대에서 그리 크지 않다는 것도 논란의 여지가 없다."[44] 그는 또 이렇게 썼다. "선별 검사는 일종의 복권 추첨이다. 상금은 소수의 여성들이 나누어 가진다.……대다수 여성은 아무런 혜택도 보지 못하며, 검사를 받느라고 시간과 그에 수반되는 위험이라는 대가를 치른다.……50세가 넘을 때까지 유방촬영 검사를 받지 않을 때의 위험은 헬멧 없이 자전거를 15시간 탈 때의 위험과 거의 같다."[45] 전국의 모든 여성이 15시간 동안 계속 헬멧 없이 자전거를 타기로 한다면, 모두 헬멧을 쓸 때보다는 사망자 수가 몇 명쯤 더 늘어날 것이 확실하다. 그러나 일주일에 한 번씩 모퉁이 채소가게까지 헬멧 없이 자전거를 타는 여성 개인에게는 그 위험이 너무 작아서 그냥 내칠 사람들도 있을 것이다.

적어도 말뫼에서는 이 미묘한 의미가 아직 충분히 전달되지 않았다. 원래의 유방촬영 코호트 집단에 속한 여성 중 상당수는 사망했지만(다양한 원인으로), 한 말뫼 주민은 유방촬영술이 "이곳에서는 종교에 가깝다"고 말했다. 어느 바람 부는 겨울날 아침에 내가 병원 바깥에 서서 보니, 수십 명의 여성—55세가 넘은 여성도 있고, 그보다 분명히 더 젊은 여성도 있었다 — 이 종교 행사에 참석하듯이 연례적인 엑스 선 촬영을 하기 위해서 병원으로 왔다. 나는 그 병원이 다른 도시에서는 시도했다가 재앙으로 끝난 뒤에도, 암 예방 역사에서 가장 선구적이면서도 가장 어려운 임상시험 중의 하나를 엄밀하게 완수하도록 해준 바로 그 효율성과 근면성을 여전히 유지하고 있지 않을까 하고 추측한다. 환자들은 거의 오후에 간단한 볼일을 보듯이, 힘들이지 않고 줄지어 병원을 오갔다. 그중에는 자전거를 탄 이도 많았다. 베리의 경고는 안중에도 없는 듯이, 헬멧을 쓰지 않은 채 말이다.

왜 단순하면서 재현 가능하고 저렴하면서 쉽게 배울 수 있는 기술 — 엑스 선 사진으로 유방에서 작은 종양의 그림자를 검출하는 것 — 이 아무런 혜택도 줄 수 없다는 것이 밝혀지기까지 50년 동안 9차례나 임상시험을 거쳐야 했을까?

그것은 어느 정도는 조기 검출 임상시험의 복잡성에서 유래한다. 그 임상시험은 본래 애매하고 논란이 분분하며 오류가 일어나기 쉽다. 에든버러 연구는 무작위화의 결함 때문에 망쳤다. BCDDP는 무작위화가 이루어지지 않아서 망쳤다. 샤피로의 임상시험은 공정하고자 한 어긋난 욕구 때문에 망쳤다. 캐나다의 임상시험은 온정에 치우친 잘못된 배려 때문에 망쳤다.

비록 한 가지 중요한 점에서 어긋나긴 하지만, 과잉진단과 과소진단이라는 기존의 난제들의 탓도 어느 정도 있다. 유방촬영사진은 초기 유방암을 검출하는 데에 아주 좋은 도구는 아니다. 거짓 양성과 거짓 음성 결과가 나오는 비율로 볼 때, 그것은 이상적인 선별 검사와 거리가 멀다. 그러나 유방촬영술의 치명적인 결함은 이런 비율이 고정되어 있지 않다는 것이다. 그 비율은 나이에 따라서 변한다. 55세 이상의 여성은 유방암 발병률이 높아서 상대적으로 좋지 않은 선별 검사 도구도 초기 종양을 검출하여 생존 혜택을 줄 수 있다. 그러나 40-50세의 여성은 유방암 발병률이 낮아서 유방촬영사진에 검출된 "덩어리"가 종종 거짓 양성으로 판명이 난다. 시각적 비유를 들어보자. 작은 글자를 판독할 수 있게 해주는 확대경은 폰트 크기가 10이나 더 좋으면 6이 될 때까지도 완벽하게 잘 보이지만, 그 다음에는 한계에 부딪힌다. 특정 크기의 폰트에서는 글자를 제대로 읽을 가능성과 글자를 잘못 읽을 가능성이 거의 같아진다. 55세 이상의 여성은 유방암 발병률이라는 "폰트 크기"가 충분히 커서 유방촬영사진이 충분히 제 역할을 한다. 그러나 40-50세의 여성에게서는 유방촬영사진이 불편한 문턱을 넘보기 시작한다. 식별 검사법으로서의 본연의 능력을 넘어서는 것이다. 이 여성 집단에서는 유방촬영술로 아무리 집중적으로 검사를 한들, 그것이 좋지 않은 선별 검사 도구라는 점에는 변함이 없을 것이다.

마지막으로 그 문제가 우리가 암과 선별 검사를 어떻게 보느냐에 달려 있다는 것도 해답의 일부임이 분명하다. 우리는 시각적 종이다. 보면 믿게 되며, 시작되는 초기 형태의 암을 보면 우리는 그것이 암을 예방할 최선의 방법이 분명하다고 믿게 된다. 작가인 맬컴 글래드웰은 그 점을 잘 표현했다. "이것은 암과의 전쟁이 어떻게 이루어지고 있는지를 짐작케 하는 교과서적인 사례이다. 성능 좋은 카메라를 써라. 세밀한 사진을 찍어라. 가능한 한 일찍 종양을 찾아라. 그것을 즉시 공격적으로 치료하라.……종양이 가진 위험은 시각적으로 표현된다. 크면 나쁘다. 작으면 그보다 낫다."[46]

그러나 카메라 성능이 아무리 좋다고 할지라도, 암은 이 단순한 규칙을 깨뜨린다. 유방암 환자를 죽이는 것은 전이이므로, 전이되기 전의 종양을 검출하여 제거하는 능력이 여성의 목숨을 구한다는 말은 당연히 일반적으로 옳다. 그러나 종양이 작다고 해서 그것이 반드시 전이되기 전의 상태를 뜻하는 것이 아니라는 말도 옳다. 유방촬영술로 거의 검출이 되지 않는 비교적 작은 종양이라고 해도 빠르게 전이될 가능성이 아주 높은 유전자 프로그램을 가지고 있을 수 있으며, 반대로 큰 종양이 유전적으로 본래 양성일 수도 있다. 즉 침입하여 전이할 가능성이 적을 수도 있다. 다시 말해서, 크기는 중요하지만 어느 한도까지만 그렇다. 종양의 행동 차이는 양적 성장의 결과일 뿐만 아니라, 질적 성장의 결과이기도 하다.

정적인 그림은 이러한 양적 성장을 포착할 수 없다. "작은" 종양을 보고 그것을 몸에서 제거한다고 해서 우리가 암에서 해방된다고 보장할 수 없다. 우리는 여전히 그렇게 믿고자 애쓰지만 말이다. 결국 유방촬영사진이나 팝 스미어 검사는 유아기에 있는 암의 초상화이다. 모든 초상화가 그렇듯이, 그것도 대상의 본질적인 무엇인가, 즉 그것의 정신, 내면의 존재, 미래, **행동**을 포착하지 않을까 하는 희망을 가지고 그려진다. 예술가 리처드 애버턴은 이렇게 말하곤 했다. "모든 사진은 정확하다. 그러나 어느 것도 진실은 아니다."47)

그러나 모든 암의 "진실"이 그 행동에 각인되어 있다면, 이 수수께끼의 특질을 어떻게 해야 포착할 수 있을까? 과학자들은 암을 단순히 시각화하는 것에서 그것의 악성 잠재력, 취약성, 전파 양상, 더 나아가서 그것의 미래를 아는 쪽으로 어떻게 해야 나아갈 수 있을까?

1980년대 말까지, 암 예방이라는 분야 전체는 이 중요한 접점에서 멈춘 듯이 보였다. 이 퍼즐에는 암형성의 더 심오한 이해라는 조각이 빠져 있었다. 정상 세포가 암세포가 되는 방법을 설명할 메커니즘의 이해가 말이다. B형 간염 바이러스와 H. 필로리의 만성 염증은 암형성이라는 행군을 개시했다. 그러나 어떤 경로를 통해서일까? 에임스 검사는 돌연변이 유발성이 발암성과 연관이 있다는 것을 입증했지만, 어떤 유전자의 돌연변이가 어떤 메커니즘을 통해서 그렇게 하는 것일까?

그리고 그런 돌연변이가 알려져 있다면, 그것을 암을 예방하는 더 지적인 노력을 시작하는 데에 쓸 수 있지 않을까? 이를테면 유방촬영술 대규모 임상시험을 수행하는 대신에, 더 영리하게 유방촬영술 임상시험을 수행할 수 있지 않을까? 고위험 여성이 더 높은 수준의 관리를 받는 식으로 위험을 계층화함으로써 (유방암 소인인 돌연변이를 가진 여성들을 식별함으로써)? 이 전략을 더 나은 기술과 결합하면 단순한 정적인 초상화보다 더 정확히 암의 정체를 포착할 수 있을까?

암 치료학도 같은 병목지점에 도착한 듯했다. 허긴스와 월폴은 암세포의 내부 기구를 알면 특유의 취약성을 밝혀낼 수 있다는 것을 보여주었다. 그러나 그 발견은 아래로부터 나와야 했다. 즉 암세포로부터 치료법으로 나아가야 했다. NCI 암치료국 국장을 역임한 브루스 채브너는 이렇게 회고했다. "그 10년이 저물 때, 예방과 치유 양쪽으로 종양학 분야 전체가 마치 근본적인 지식의 한계에 부딪힌 듯했다. 우리는 암세포를 이해하지 못한 채, 암과 싸우려고 애쓰고 있었다. 그것은 내연기관을 이해하지 못한 채, 로켓을 발사하려고 하는 것과 같았다."48)

그러나 다른 사람들은 수긍하지 않았다. 선별 검사는 아직 휘청거리고, 발암 물질은 아직 모호하고, 암의 메커니즘 이해는 유아기에 있는 상태에서, 암에 대규모 치료 공격을 전개하려는 조급한 태도는 바야흐로 일촉즉발의 순간에 이르렀다. 화학요법의 독은 명백하기 그지없는 독이었고, 암세포를 독살시키고자 할 때 굳이 암세포를 이해할 필요는 없었다. 한 세대의 근치 수술 외과의사들이 주변과 담을 쌓고 자기 분야를 끔찍한 극한까지 밀어붙였던 것처럼, 한 세대의 근치적 화학요법 의사들도 그렇게 했다. 암을 제거하기 위해서 몸에서 분열하는 모든 세포를 없앨 필요가 있다면, 그렇게 했다. 그런 확신은 종양학을 가장 어두컴컴한 시기로 이끌었다.

STAMP

저는 그것들을 땅의 먼지처럼 박살내었고 길바닥의 흙덩이처럼 짓바수어 버렸다.
—"사무엘 하" 22 : 43[1)]

암 요법은 벼룩을 없애겠다고 몽둥이로 개를 때리는 것과 같아.
—애나 디버 스미스, 「나를 편히 눕게 해줘」[2)]

2월은 나에게 가장 잔인한 달이었다. 2004년 2월은 죽음과 재발의 일제 사격과 함께 다가왔고, 각각은 겨울 사격답게 놀랍고도 명징하게 확연한 흔적을 남겼다. 36세의 스티브 하먼은 위장 입구에서 자라는 식도암에 걸렸다. 6개월 동안, 그는 마치 고대 그리스 신화에 나오는 되풀이되는 형벌에 사로잡힌 것처럼 화학요법을 견뎌냈다. 그는 내가 환자들에게서 보았던 것 중에서 가장 심각한 형태의 구역질에 지쳐갔지만, 체중 감소를 피하기 위해서 계속 먹어야 했다. 한 주일 한 주일 지날수록 종양 때문에 피폐해져가던 그는 마치 체중이 0에 도달함으로써 자신이 사라질지도 모른다는 두려움에 사로잡힌 듯이, 체중을 그램 단위까지 측정하는 일에 병적으로 집착하게 되었다.

그 와중에 그가 병원을 찾을 때마다 함께 오는 식구들은 늘어났다. 게임기와 책을 들고 온 세 아이들은 어느 날 아침, 아버지가 오한에 몸을 떨자 참기 어렵다는 표정으로 쳐다보았다. 그의 형제는 스티브가 토하지 않게 우리가 약물을 흘려넣고 또 흘려넣을 때 의심스럽다는 듯이, 그 뒤에는 비난하듯이 주위를 맴돌았다. 전 과정이 진행되는 내내 용감하게 식구들을 통솔하던 부인은 마치 가족 여행이 끔찍하게 잘못되었다는 듯한 표정을 지었다.

어느 날 아침, 주사실의 안락의자에 스티브가 홀로 앉아 있는 것을 보고 나는 차라리 화학요법을 사실(私室)에서 혼자 받는 편이 어떻겠냐고 물었다. 식구들,

아이들이 너무 견디기 힘들지 않겠어요?

그는 짜증을 내듯이 시선을 돌렸다. "나도 통계가 뭔지 알아요." 착용 장비를 단단히 조이는 것처럼 그의 목소리에 팽팽하게 긴장이 서렸다. "나 혼자라면 이런 치료는 시도조차 안 할 겁니다. 내가 이 짓을 하는 건 애들 **때문이라고요**."

윌리엄 칼로스 윌리엄스는 이렇게 썼다. "사람이 죽는다면, 그것은 죽음 때문이다/먼저 그의 상상을 사로잡은."[3] 죽음은 그 달에 내 환자들의 상상을 사로잡았고, 내 일은 죽음으로부터 상상을 다시 빼앗아오는 것이었다. 그것은 도저히 말로는 표현하기가 어려운 일이었고, 약물을 처방하거나 수술을 하는 것보다 훨씬 더 미묘하고 복잡한 시술이었다. 차라리 거짓 희망을 줌으로써 상상을 되찾아오는 편이 더 쉬웠다. 미묘하기 그지없는 진실을 알려주면서 그렇게 하는 것은 훨씬 더 어려웠다. 그것은 심리적 인공호흡기에 세밀하게 측정하고 또 측정하면서, 산소를 채우고 또 채울 것을 요구했다. 너무 많이 "되찾아오면" 상상은 망상으로 치달을 수 있다. 너무 적게 되찾아오면 희망을 철저히 질식사시킬 수도 있다.

수전 손택의 아들 데이비드 리프는 어머니의 병을 다룬 애틋한 회고록에서 뉴욕에서 손택과 한 저명한 의사가 만난 일을 묘사한다.[4] 자궁암과 유방암에서 살아남은 손택은 골수이형성증(myelodysplasia)이라는 진단을 받았다. 종종 전면적인 백혈병으로 발전하는 전암성 병이었다. (손택의 골수이형성증은 그녀가 다른 암 때문에 받은 고용량 화학요법 때문에 생긴 것이었다.) 의사—리프는 그를 닥터 A라고 부른다—는 지극히 비관적이었다. 그는 가망이 전혀 없다고 딱 잘라 말했다. 그것만이 아니었다. 암이 골수에서 폭발하기를 마냥 기다리는 수밖에 없다고 했다. 모든 대안은 차단되었다. 그의 말—단어—은 최종적이고 절대 불변이며 정적이었다. 리프는 회고했다. "수많은 의사들이 그러했듯이, 그도 마치 우리가 어린아이인 것처럼 말을 했다. 세심한 어른이 아이에게 어떤 말을 할 때 적절한 단어를 고르는 식의 배려는 전혀 하지 않은 채."[5]

문제를 대하는 그 너무나도 흔들림 없는 태도와 끝이라고 선언할 때의 오만함은 손택에게 거의 치명적인 타격을 주었다. 가망이 없다는 말에 그녀는 숨조차 쉴 수 없었다. 두 배로 열정적으로 살아가고 싶은, 어느 누구보다도 두 배로 더 빨리 세상에 활력을 불어넣고 싶었던 여성이었기 때문에 더욱더 그랬다. 그녀에게 무위(無爲)는 곧 죽음이었다. 손택이 훨씬 더 사려 깊고 그녀의 정신세계와 기꺼이 타협하려는 자세를 보이는 다른 의사를 찾은 것은 몇 개월이 흐른 뒤였다. 물론 공식적이고 통계적인 의미에서는 닥터 A가 옳았다. 우울하고 음침한 백혈병은 결국 손택의 골수에서 분출했고, 의학적 대안이 거의 없다는 말도 옳았다. 손택의 새로운 의사도 정확히 똑같은 정보를 그녀에게 말해주었다. 그러나 기적적으로 증상이 완화될 가능성을 차단하지는 않았다. 그는 그녀에게 표준 약물, 이어서 실험 약물, 그 다음 완화 약물을 단계적으로 처방했다. 전 과정은 능숙하게 진행되었다. 그것은 죽음과 서서히 단계적으로 화해하는 과정이었다. 그럼에도 그것은 움직임이었다. 정지함이 없는 통계학이었다.

내가 전임의 시절에 만난 임상의 중에서 이 접근법의 대가는 폐암전문의인 토머스 린치였다. 나는 그가 진료를 볼 때, 종종 함께 있었다. 린치의 머리는 놀라울 정도로 헝클어진 백발이었지만, 그의 외모는 젊어 보였다. 그와 함께 하는 진료는 미묘하고 섬세한 의료 행위를 실습하는 시간이었다. 어느 날 아침, 폐에서 커다란 덩어리를 수술로 떼어낸 뒤에 막 회복된 66세의 할머니 캐서린 피츠가 진료를 받으러왔다. 덩어리는 암으로 드러났다. 대기실에 홀로 앉아 다음 단계의 소식을 기다리는 그녀를 보니, 두려움에 거의 긴장증을 일으킬 것 같았다.

내가 방으로 들어가려 할 때, 린치가 내 어깨를 잡고는 옆방으로 끌고 들어갔다. 그는 그녀의 신체 영상과 진료 기록을 훑었다. 잘라낸 종양은 어느 모로 보나 재발 위험이 높다는 것을 시사했다. 그러나 더 중요한 점은 피츠가 대기실에서 두려움에 움츠리고 있는 모습을 그가 보았다는 사실이었다. 그는 지금은 그녀에게 다른 것이 필요하다고 말했다. 그는 암호처럼 "소생"이라고 말한 뒤에 성큼성큼 방으로 들어갔다.

나는 그가 그녀를 소생시키는 광경을 지켜보았다. 그는 극복보다 과정이 중요하다고 역설했고, 거의 느낄 수 없을 정도의 가벼운 어조로 놀라울 정도로 많은 양의 정보를 전달했다. 그는 피츠에게 종양에 관해서 말하고, 수술에 관한 좋은 소식을 전하고, 식구들은 잘 있냐고 물은 뒤, 자신에 관한 이야기를 늘어놓았다. 그는 자기 아이가 학교에서 너무 오랜 시간을 보낸다고 투덜거린다는 이야기를 했다. 그러면서 물었다. 손자가 있으신가요? 아들이나 딸이 가까이 살고 있나요? 그런 뒤에 그는 솜씨 좋게 이야기 중간중간에 이런저런 숫자를 집어넣었다.

지켜보는 나는 경이로움을 느꼈다.

"아마 할머니께서 걸린 특이한 암이 국소 재발이나 전이 가능성이 높다는 내용을 어디선가 읽으셨을 수도 있겠죠. 50퍼센트나 60퍼센트까지도 될 거예요."

그녀는 긴장하면서 고개를 끄덕였다.

"그런 일이 일어날 때 우리가 돌볼 방법들이 있어요."

나는 그가 "일어난다면"이 아니라 "일어날 때"라고 말했다는 점을 유념했다. 숫자는 통계적 진리를 말했지만, 문장은 미묘한 의미를 담고 있었다. 그는 "우리가 제거할"이 아니라 "우리가 돌볼"이라고 말했다. 치유가 아니라 보살핌이었다. 대화는 1시간가량 이어졌다. 그의 손 안에서 정보는 살아 숨 쉬며 말랑말랑하게 녹았다. 어느 순간에 굳어서 단단한 형체를 이룰 준비를 한 채, 결정을 이루지만 융통성을 띤 무엇인가로 말이다. 그는 마치 유리 세공사의 손 안에 든 유리처럼 그것을 눌러가면서 모양을 빚어냈다.

3기 유방암에 걸린 걱정 가득한 여성은 수명을 연장시킬 가능성이 있는 화학요법을 받아들이기 전에 먼저 자신의 상상을 되찾을 필요가 있다. 약물 내성을 띤 치명적인 백혈병에 다시 공격적인 실험적 화학요법을 받으려고 하는 76세의 여성은 자신의 병이 치료할 수 없는 것이라는 현실과 자신의 상상을 화해시킬 필요가 있다. 예술은 길고 인생은 짧다. 히포크라테스는 우리에게 말한다. 의학이라는 예술은 길고, "인생은 짧다", "기회는 쏜살같이 지나가고, 실험은 위험하고, 판단은 어렵다."

암 치료학에 1980년대 중반과 말은 약속과 실망, 회복과 절망이 뒤섞인 유달리 잔인한 시기였다. 의사이자 작가인 에이브러햄 버기스는 "이 시기를 서양 의학계에서 거의 자만에 가까운 비현실적이고 유례없는 확신의 시대였다고 말하는 것조차도 과소평가이다"라고 썼다.[6] "치료의 결과가 좋지 않으면 그것은 환자가 나이가 많거나, 원형질이 허약하거나, 너무 늦게 찾아온 탓이었다. 결코 의학이 무능하기 때문은 아니었다.

"의학이 하지 못할 일은 거의 없는 듯했다.……톰 스타즐 같은 외과의사는……기증자에게서 간, 췌장, 십이지장, 공장(빈창자)을 통째로 떼어내서, 한때 암으로 가득했지만 지금은 이 장기 꽃다발을 받을 수 있도록 깨끗이 들어낸 텅 빈 환자의 뱃속에 이식하는 12-14시간에 걸친 '집단 수술'을 했다.

스타즐은 AIDS가 등장하기 이전, 하루하루가 야간 호출 소리로 가득했던 이 시기 의학의 상징적인 인물이었다."[7]

그러나 뱃속을 비웠다가 이런 "장기 꽃다발"을 이식받은 환자들조차 잘 지내지 못했다. 그들은 수술에서는 살아남았지만, 질병에서는 그렇지 못했다.

그 수술 공격—장기를 들어낸 뒤에 남의 장기를 이식하여 대체하는—의 화학요법 판본은 자가 골수 이식(autologous bone marrow transplant, ABMT)이라는 치료법이었다. 1980년대 중반에 전국적으로 그리고 세계적으로 유행한 수술이었다. ABMT는 본래 대담한 추측에 토대를 둔 치료법이었다. 1960년대에 고용량 복합 약물요법이 급성 백혈병과 호지킨병을 치료하는 데에 성공을 거둔 이래로, 화학요법 의사들은 유방암이나 폐암 같은 고형 암이 그저 투여하는 약물의 타격이 충분히 강하지 않기 때문에 화학요법을 통한 제거가 잘 듣지 않는 것이 아닐까 하는 의구심을 품었다. 일부에서 상상했듯이, 더욱 고용량의 세포독성 약물로 인체를 죽음의 고비에 더욱 가깝게 밀어붙일 수 있다면 어떻게 될까? 죽음의 고비에서 암을 뒤에 떨군 채 다시 끌어올 수 있다면? 약물의 용량을 2배, 더 나아가서 4배로 높일 수 있다면?

약물의 용량 한계는 정상 세포에 끼치는 독성을 토대로 정한다. 대다수 화학요법 약물에서 이러한 용량 한계는 주로 한 기관을 토대로 정한다. 바로 골수이다. 파버가 알아차렸듯이, 윙윙 돌아가는 이 세포공장은 대다수 약물에 극도로 예민하기 때문에 암을 죽이기 위해서 처방되는 약물에 남아나는 정상적인 조혈세포는 하나도 없었다. 그래서 잠시 동안은 골수의 세포독성 약물 민감성이 화학요법 용량의 바깥 한계선이라고 규정되었다. 골수는 독성의 변경지대, 말살시키는 화학요법을 펼칠 능력을 한정짓는 난공불락의 장벽을 나타냈다. 일부 종양학자는 그것을 "붉은 천장"이라고 했다.

그러나 1960년대 말이 되자, 그 천장을 더욱 높이 들어올릴 수 있는 것처럼 보였다. 파버의 초창기 제자였던 도널 토머스가 시애틀에서 골수도 신장이나 간과 흡사하게 한 환자에게서 떼어냈다가 다시 이식할 수 있다는 것을 보여주었다.[8] 같은 환자에게(자가 이식)도, 또는 다른 환자에게(동종 이식)도 가능했다.

동종 이식(즉 남의 골수를 환자에게 이식하는 것)은 까다로웠다. 미묘하고 변덕스럽고 때로 치명적이었다. 그러나 일부 암, 특히 백혈병에서는 그것이 치유 가능성을 가지고 있었다. 예를 들면, 고용량 화학요법으로 백혈병이 가득한 골수를 없앤 뒤에 다른 환자의 신선하고 깨끗한 골수를 이식할 수 있었다. 새로운 골수가 이식되면, 환자는 외래 골수가 골수에 남아 있던 잔류 백혈병뿐만 아니라 자신의 몸까지도 공격할 위험을 무릅써야 했다. 이식편대숙주병(graft-versus-host disease, GVHD)이라는 치명적인 합병증이었다. 그러나 일부 환자에게서는 이 3단 공격―말살시키는 화학요법, 골수 대체, 외부 세포의 종양 공격―을 암에 맞서는 아주 강력한 치료 무기로 동원할 수 있었다. 이 치료법은 심각한 위험을 수반했다. 토머스가 시애틀에서 했던 첫 임상시험에서는 환자 100명 중에서 12명만이 살아남았다.[9] 그러나 1980년대 초가 되자, 의사들은 난치성 백혈병, 다발성 골수종, 골수이형성증후군처럼 화학요법에 본래 내성을 띤 질병에 이 치료법을 썼다. 제한적인 성공을 거두었을 뿐이었지만, 적어도 일부 환자는 완치되었다.

자가 이식은 동종 이식의 더 가벼운 이란성 쌍둥이라고 할 수 있었다. 환자의 골수를 수확하여 냉동시켰다가 환자의 몸에 다시 이식하는 것이었다. 골수 기증자는 따로 필요 없었다. 주된 목적은 병에 걸린 골수를 대체하는(외래 골수를 써서) 것이 아니라, 화학요법 용량을 최대화하는 것이었다. 먼저 조혈 세포가 든 환자 자신의 골수를 채취(수확)하여 얼렸다. 그런 뒤에 지독할 정도로 고용량의 약물을 투여하여 암을 죽였다. 그리고 냉동한 골수를 해동시켜서 이식했다. 냉동한 골수는 화학요법의 예봉을 벗어나 있었으므로, 적어도 이론상으로 골수 이식을 이용하면 의사들은 화학요법의 용량을 극한까지 밀어붙일 수 있었다.

ABMT는 거대용량(megadose) 화학요법의 옹호자들을 위해서 중요한 최종 장애물을 제거했다. 이제 약물을 표준 용량보다 5배, 더 나아가서 10배로 투여하는 것이 가능해졌다. 예전에는 생존과 양립할 수 없다고 인식되었던 유독성 약물 칵테일과의 조합을 말이다. 톰 프레이는 이 전략을 맨 처음 가장 열렬히 지지한 사람 중의 하나였다. 신중하고 사리 분별이 뛰어난 그는 휴스턴에서 보스턴으로 옮겨서 파버 연구소 소장을 맡고 있었다. 1980년대 초, 프레이는 골수 이식에 자극을 받아서 거대용량 복합 요법이 상상할 수 있는 유일한 암 치료법이라고 확신했다.

이 이론을 검증하기 위해서 그는 화학요법 역사상 가장 야심적인 임상시험

중 하나를 시작하고자 했다. 귀에 쏙 들어오는 약어를 짓는 데에 일가견이 있던 그는 그 요법에 고형 종양 자가 골수 프로그램(Solid Tumor Autologous Marrow Program, STAMP)이라는 이름을 붙였다. 암의학의 격정과 분노를 고스란히 요약한 이름이었다. 야만적인 힘이 필요하다면, 야만적인 힘을 불러내리라. 맹렬히 치솟는 용량의 세포독성 약물로 STAMP는 암을 짓밟고 나아갈 것이다. 1982년 여름, 프레이는 한 동료에게 "우리는 유방암 치유법을 가지고 있어"라고 말했다.[10] 드러나지는 않았지만, 그의 낙관론은 이미 극단으로 치달아 있었다. 임상시험에 참가할 첫 환자조차 없었음에도 불구하고 말이다.

VAMP가 성공한 이유는 화학요법 약물들 사이의 독특한 상승 작용 때문만이 아니라, NCI 사람들의 독특한 상승 작용 때문이기도 하다고 프레이는 마음속으로 믿고 있었다. 1955-1960년에 베데스다에 모인 명민한 젊은 정신과 위험을 무릅쓴 육체의 칵테일 덕분이라고 말이다. 20년이 지난 뒤에 보스턴에서 프레이는 쓸모없는 사람들을 내보내고 신선한 젊은 피로 대체함으로서 똑같은 강력한 분위기를 재창조하는 일에 적극 나섰다. 종양학자인 로버트 메이어는 회고했다. "경쟁이 극심한 곳이었어요. 젊고 나이든 교수진으로 이루어진 압력밥솥이었죠."[11] 임상시험 수행은 학술 진흥의 주요 통화였으며, 연구소는 거의 운동경기를 하듯이 냉혹한 결정에 따라서 잇달아 일제히 임상시험에 착수했다. 전쟁이라는 비유는 파버 연구소에 깊이 배어 있었다. 암은 궁극적인 적이었고, 이곳은 암의 궁극적인 용광로, 전설이 될 전쟁터였다. 프레이는 하나의 대의에 헌신하는 고도로 정교하게 서로 얽혀 있는 기계라는 인상을 주기 위해서 모든 층에 걸쳐서 연구 공간과 임상 공간을 세심하게 뒤섞어놓았다. 연구실 벽에 걸린 칠판에는 암세포의 생명줄을 묘사한 화살표와 선이 이리저리 그려진 복잡한 그림이 그려져 있었다. 연구소의 좁은 복도를 걷다 보면, 거대한 지하의 작전 통제실에 들어와 있는 느낌을 받았다. 온갖 첨단 기술들이 눈앞에 펼쳐져 있고, 공기의 분자 하나하나까지 전투에 동원될 태세에 있는 듯했다.

 1982년에 프레이는 뉴욕 출신의 젊은 의사 윌리엄 피터스를 연구원으로 임용했다.[12] 피터스는 학계의 기린아였다. 그는 생화학, 생물물리학, 철학을 복수 전공하여 펜실베이니아 주립대학교를 졸업한 뒤에 컬럼비아 내외과대학에 들어가서 단시간에 의학박사와 철학박사 학위를 땄다. 붙임성이 좋고, 단호하며, 열정적이고, 야심적인 인물인 그는 파버의 젊은 교수진 중에서 가장 유능한 분대장으로 생각되었다. 프레이와 피터스는 거의 즉시 자석처럼 서로에게 끌렸다. 거의 아버지와 아들 같기도 했다. 피터스는 프레이의 명성, 창의성, 비정통적인 방법에 본능적으로 끌렸고, 프레이는 피터스의 활력과 열정에 끌렸다. 그들은 서로에게서 미래의 혹은 과거의 자신을 보았다.

파버의 연구원들과 교수진은 목요일 오후마다 16층의 회의실에 모였다. 회의실은 상징적으로 가장 높은 층에 마련했다. 보스턴의 상록수 소택지들이 내려다보이는 대형 창문들과 화사하게 빛을 반사하는 나무 패널을 덧댄 벽은 공중에 뜬 빛에 잠긴 보물상자 같은 인상을 심어주었다. 점심 식사도 제공되었다. 문이 닫혔다. 이제 아래층들의 연구실과 진료실에서 매일 바쁘게 벌어지는 일들과 단절된 채, 학술적인 생각에 몰두할 때였다.

프레이가 연구원들과 젊은 교수진에게 자가 골수 이식과 거대용량 복합 화학요법을 결합한다는 생각을 피력하기 시작한 것도 이런 오후 회의에서였다. 1983년 가을, 그는 자신의 초창기 연구에 깊은 영향을 끼친, 부드러운 말투의 "생쥐 의사" 하워드 스키퍼를 초청해서 강연을 맡겼다.[13] 스키퍼는 자신의 모델 생물인 생쥐에 세포독성 약물을 점점 더 고용량으로 투여했고, 그런 거대용량 요법으로 완치시킬 가능성을 열정적으로 설파했다. 그의 뒤를 이어서 프랭크 샤벨이라는 과학자가 골수에 치명적인 용량으로 약물들을 조합해서 투여하니 생쥐 종양에 상승 효과가 나타났다는 내용을 발표했다. 샤벨의 강연은 특히 활기를 북돋았다. 피터스는 "선구적인 사건"이라고 평했다.[14] 프레이는 그 발표가 끝나자, 회의실이 흥분에 휩싸여서 웅성거렸다고 회고했다. 샤벨은 그의 개념에 도취된 젊은 열정적인 연구자들에게 둘러싸였다. 그중 가장 젊고, 누구보다도 열정적인 사람은 빌 피터스였다.

그러나 프레이가 거대용량 화학요법을 점점 더 확신할수록, 그의 주위에 있는 몇몇 사람들은 점점 더 확신을 잃어가는 듯했다. 조지 캐널로스도 그랬는데, 사실 그는 처음부터 신중한 입장이었다.[15] 키가 크고 강단이 있으며 약간 구부정한 자세에 위풍당당한 아주 저음의 목소리를 가진 그는 연구소에서 프레이와 가장 대등한 입장에 있었고, 1960년대 중반, 초창기부터 NCI의 일원이었다. 그러나 프레이와 달리 캐널로스는 거대용량 화학요법의 옹호자에서 반대자로 전향했다. 어느 정도는 그가 장기적으로 황폐화시키는 부작용을 처음 목격한 사람 중의 하나였기 때문이기도 했다. 용량을 늘릴 때, 일부 화학요법 약물들은 골수를 아주 심하게 손상시켰고, 그런 요법은 머지않아서 골수이형성증이라는 전암 증후군을 일으킬 수 있었다. 백혈병으로 진행되는 경향을 보이는 증상이었다. 화학요법 치료를 받은 골수의 재에서 솟아난 그 백혈병은 마치 불길을 통과하면서 단련되어 불멸성을 획득한 것처럼, 거의 모든 약물에 내성을 띤 기괴하고 유별난 돌연변이를 가지고 있었다.

캐널로스와 프레이의 주장이 맞서면서, 연구소는 서로 심하게 반목하는 두 진영으로 갈라졌다. 그러나 피터스와 프레이의 열정을 제지하기란 불가능했다. 1982년 말, 프레이의 지도를 받아서 피터스는 STAMP 요법의 상세한 프로토콜을 작성했다. 몇 주일 뒤, 파버 생명윤리위원회는 STAMP를 승인함으로써, 피터스와 프레이가 임상시험을 시작할 수 있도록 초록 신호등을 켜주었다. 피터스는 회고했다. "우리는 앞으로 행군해서 승전고를 울리고자 했어요. 그것이 우리의 추진력이었죠. 역사를 바꿀 무엇인가를 하려면 자신을 믿어야 했어요."[16]

STAMP로 "역사를 바꿀" 첫 환자는 매사추세츠에서 온 유방암에 걸린 30세의 트럭 운전사였다.[17] 트럭 휴게소와 고속도로의 거친 문화에 단련되어서 험상궂고 단호한 표정의 억센 여성인 그녀는 표준 화학요법도 써보고 점점 더 용량을 증가시키면서 화학요법을 계속 받았다. 무르고 염증이 일어난 원반 모양의 조직인 그녀의 종양은 폭이 거의 6센티미터였고, 가슴벽에서 눈에 띄게 축 늘어져 매달려 있었다. 모든 기존 치료법이 "실패하자," 그녀는 연구소에 거의 찾아오지 않았다. 그녀의 사례는 말기라고 생각되었기 때문에, 다른 모든 실험요법에서도 제외된 상태였다. 그녀가 피터스의 요법을 받겠다고 서명할 때, 아무도 반대하지 않았다.

물론 골수 이식은 골수를 "수확하는" 것에서 시작한다. 첫 수확을 하는 아침, 피터스는 백혈병 진료실로 내려가서 양팔 가득 골수 바늘을 집어 들었다. 그는 첫 환자를 인접한 베스 이스라엘 병원의 수술실로 데리고 가서(파버에는 수술실이 없었다), 강철 뚫개를 엉덩이에 반복하여 찔러 넣어 세포를 뽑아내는 골수 채취를 시작했다. 엉덩이에 붉은 주사자국을 남기면서. 뽑을 때마다, 붉은 액체 몇 방울이 주사기에 모였다.

그러다가 재앙이 일어났다. 피터스가 표본을 채취하다가, 그만 골수 바늘이 부러져서 환자의 엉덩이에 강철 바늘 조각이 깊이 박히고 말았다. 몇 분 동안, 수술실에서 대혼란이 벌어졌다. 간호사들은 층마다 부리나케 전화를 걸어서 도와줄 외과의사를 찾았다. 1시간 뒤에 정형외과용 집게를 엉덩이에 깊이 집어넣어서 피터스는 바늘을 꺼낼 수 있었다.

그날 저녁 늦게야 피터스는 그 당시의 충격을 실감할 수 있었다. 정말 아슬아슬한 상황이었다. "화학요법 강화라는 궁극적인 임상시험이 낡은 바늘 하나에 거의 끝장날 뻔했어요."[18] 피터스와 프레이에게 그 사건은 현상유지의 노후화와 쇠퇴를 보여주는 매우 명백한 비유였다. 암과의 전쟁은 소심한 의사들(화학요법을 최대화하려는 의지가 없는)이 무디고 시대에 뒤떨어진 무기를 들고 벌이고 있었다.

첫 소동이 있은 후 몇 주일이 지나자, 피터스의 생활은 꽤 안정된 틀에 박힌 일과에 안착했다. 이른 아침에 그는 캐널로스와 다른 투덜거리는 회의론자들을 피해서 12층 맨 끝에 임상시험을 위해서 따로 마련한 몇 개의 병실에 있는 자신의 환자들을 살펴보았다. 저녁에는 집에서 「명작 극장(Masterpiece Theatre)」을 틀어놓고, 물리적으로는 바늘을 날카롭게 갈고 지적으로는 임상시험을 날카롭게 가다듬으면서 시간을 보냈다. 임상시험은 진행 속도가 빨라지면서, 사람들의 눈에 띄기 시작했다. 피터스가 처음에 받은 얼마 되지 않은 환자들은 가망 없는 말기 사례들이었다. 모든 약이 너무 듣지 않는 종양을 가지고 있어서 조금이라도 완화되기를 바라면서 최후의 수단으로 실험적인 임상시험에 기꺼이 참가한 여성들이었다. 그러나 환자들과 친구들의 인맥을 통해서 임상시험의 소문이 퍼지면서, 거대용량 전략을 미리 쓰겠다는 암 환자들이 피터스와 프레이에게 접촉했다. 더 많은 기존 요법이 실패한 뒤가 아니라, 다른 요법을 시도하기도 전에 말이다. 1983년 늦여름, 이전에 치료를 받은 적이 없는 전이 유방암 환자가 STAMP에 참가하자, 연구소 전체가 깜짝 놀랐다. 피터스는 "갑자기 모두가 하던 일을 멈추었고 혼란이 벌어졌어요"라고 회고했다.[19]

그녀는 36세의 매력적이고 세련된 여성이었는데, 1년 내내 병마와 싸우느라고 마음이 스프링처럼 꼬이고 팽팽해진 상태였다.[20] 그녀는 어머니가 기존 요법이 거의 듣지 않는 공격적인 유방암으로 죽는 모습을 지켜보았다. 그녀는 본능적으로 자신의 암도 똑같이 악성이고 치료가 듣지 않을 것이라고 확신했다. 그녀는 살고 싶었고, 어차피 실패할 것이라고 확신하는 갖가지 임상시험들을 거치지 않고, 가장 공격적인 요법을 미리 받고자 했다. 피터스가 STAMP를 제안하자, 그녀는 주저하지 않고 받아들였다.

그녀의 임상 치료 과정은 연구소의 역사상 가장 세밀하게 관찰된 사례에 속했다. 피터스에게는 다행스럽게도 화학요법과 이식이 순조롭게 이루어졌다. 거대용량 화학요법을 쓴 지 7일째에, 치료 후 첫 가슴 엑스 선 사진을 살펴보기 위해서 서둘러 지하실로 달려간 프레이와 피터스는 자신들이 늦었다는 것을 알았다. 이미 많은 의사들이 호기심을 이기지 못하고, 배심원단처럼 방에 모여서 필름 주위에서 웅성거리고 있었다. 선명한 형광등 불빛을 배경으로 그녀의 가슴 엑스 선 필름은 뚜렷한 반응이 일어났다는 것을 보여주었다. 폐에 흩어져 있던 전이성 침착물들도 눈에 띄게 줄어들었고, 주위의 부풀었던 림프절들도 확연히 작아졌다. 피터스가 회고하듯이, 그것은 "상상할 수 있는 가장 아름다운 완화"였다.[21]

그해가 저물 때까지, 피터스는 더 많은 환자들을 치료하고 이식했고, 아름다운 완화 상태를 얻었다. 1984년 여름이 되자, 패턴을 알아볼 수 있을 만큼 이식 사례의 자료가 충분히 많아졌다. 물론 예상한 대로 STAMP 요법의 합병증은 끔찍했다. 거의 치명적인 감염, 심한 빈혈, 폐렴, 심장 출혈이 나타났다. 그러나 수많은 엑스 선 필름, 혈액 검사, CT 영상 속에서 피터스와 프레이는 어렴풋이 무엇인가를 발견했다. 그들은 STAMP로 얻은 완화들이 모두 기존 화학요법으로 얻은 완화보다 더 지속성이 있다고 확신했으나, 그것은 그저 그들이 받은 인상, 기껏해야 추측에 불과했다. 피터스가 그 점을 입증하려면, 무작위 임상시험을 해야 했다. 1985년에 프레이의 격려하에 그는 노스캐롤라이나의 듀크 대학교에서 STAMP 프로그램을 시작하기 위해서 보스턴을 떠났다. 그는 파버의 "압력밥솥"을 벗어나서 평화롭게 임상시험을 할 수 있는 조용하고 안정된 학문의 전당을 원했다.

윌리엄 피터스가 거대용량 화학요법을 시험할 조용하고 안정된 환경을 꿈꾸고 있을 때, 의학 세계는 그와 무관해 보이는 예기치 않은 사건으로 뒤엎어졌다.

1981년 3월, 학술지 「랜싯」에 한 의사 연구진이 뉴욕의 한 남성 코호트에서 카포시 육종이라는 아주 특이한 암 8건이 발병했다고 보고했다.[22] 그 병은 새로운 것이 아니었다. 19세기 헝가리의 피부과 의사의 이름을 딴 카포시 육종은 이탈리아 노인들의 피부에 서서히 번지며 자라는 보라색의 무통 종양으로, 이따금 심각할 때도 있지만 다소 미화한 형태의 기태(奇態)나 큰 종기로 생각되었다. 그러나 「랜싯」의 사례들은 모두 그 병의 거의 알아볼 수 없는 형태였다. 출혈을 일으키는 전이성 검푸른 반점으로 발달하여 젊은 남성들의 전신으로 퍼지는 격렬하고 공격적인 형태였다. 이 8명은 모두 동성애자였다. 8번째 사례는 특히 우려와 관심을 끌었다. 머리와 등에 병터가 있는 이 남성은 주폐포자충이라는 생물 때문에 생기는 주폐포자충 폐렴(PCP)이라는 희귀한 폐렴이라는 진단도 받았다. 한 무리의 젊은 남성들에게서 어떤 모호한 질병이 발생했다는 것 자체가 이미 기이한 일이었다. 둘의 겹침은 더 심오하고 더 어두운 일탈을 시사했다. 그냥 질병만이 아니라 하나의 증후군이었다.

주폐포자충의 갑작스러운 출현은 뉴욕에서 멀리 떨어진 조지아 주 애틀랜타에 있는 질병 통제 센터(Centers for Disease Control, CDC)의 눈살을 찌푸리게 했다. CDC는 국가의 의료 레이더 화면, 즉 출현하는 질병의 패턴을 식별하고 전파를 억제하는 일을 하는 기관이다. 주폐포자충 폐렴은 오직 사람의 면역계가 심하게 위태로울 때에만 나타난다. 지금까지 주된 희생자는 화학요법으로 백혈구가 전멸한 암 환자들이었다. (드비타는 네 가지 약물 화학요법을 받은 호지킨병 환자들에게서 이 병을 접했다.) 그런데 새로운 PCP 환자들은 도무지 납득이 가지 않는 사례들이었다. 이 남성들은 젊고 건강했다가 면역계가 붕괴에 직면하면서 갑자기 PCP에 굴복했다.

그해 늦여름에 해안 도시들이 열파에 허덕일 때, CDC는 희박한 공기에서 역학적 재앙이 형성되고 있다는 것을 감지했다. 1981년 6-8월, 풍향계가 미친 듯이 빙빙 돌듯이 낯선 질병이 마구 발생했다. 미국 전역의 도시들에서 젊은 남성들 사이에 PCP, 카포시 육종, 크립토코쿠스 수막염, 희귀한 림프종이 추가로 발생했다. 이 모든 질병의 배후에 있는 공통의 패턴은 게이 남성들에게 주로 발생한다는 것 외에, 면역계가 대규모로 거의 총체적으로 붕괴한다는 것이었다. 「랜싯」에 실린 한 독자 투고는 이 병을 "게이 저하 증후군(gay compromise syndrome)"이라고 했다.23) 다른 사람들은 그것을 게이관련 면역결핍증(gay related immune deficiency, GRID)이나, 더 잔인하게 게이 암(gay cancer)이라고 불렀다. 원인을 아직 이해하지 못한 상태였지만, 1982년 7월에 그 병은 후천성 면역결핍 증후군(acquired immune deficiency syndrome, AIDS)이라는 지금의 이름이 되었다.24)

태어날 때부터 뚜렷이 쌍을 이루었던, AIDS와 암의 궤적은 여러 수준에서 서로 엇갈리고 교차할 운명이었다. 그리고 자신의 뉴욕 아파트에서 핵심을 꿰뚫는 글을 쓰던 손택(그녀는 베란다 창문 너머로 아래쪽 첼시 거리마다 AIDS가 휩쓰는 것을 지켜볼 수 있었다)은 이번에도 두 질병의 상징적인 유사성을 즉시 간파했다. 전작인 「은유로서의 질병」에 대한 응답 형식으로 쓴 통렬한 글에서 그녀는 AIDS가 암처럼 단지 생물학적 질병이 아니라 훨씬 더 큰, 그에 대한 형벌적 은유로 가득한 사회적, 정치적 범주가 되고 있다고 주장했다.25) 암 환자처럼 AIDS 환자도 그런 비유에 마비되고 가려졌다. 솔제니친의 「암 병동」에 갇힌 암 환자처럼 벌거벗겨진 뒤에 그 질병이라는 두려운 제복을 입어야 했다. 암에 붙는 낙인들—죄, 비밀, 수치—은 재활용되어서 AIDS에 맞게 재단되었다. 그것은 10배나 더 강력한 힘과 파급력을 획득했다. 성적 죄, 성적 비밀, 성적 수치로 말이다. 손택이 전에 말했던 것처럼, 암이 상한 병균, 미쳐 날뛰는 생물학적 변덕의 산물이라고 한다면, AIDS는 오염된 병균, 미쳐 날뛰는 사회적 변덕의 결과였다. 통상적인 사회 관습에 얽매이지 않은 남성들은 비행기로 해안에서 해안으로 전이하면서 질병을 전파하고 스스로를 황폐화시켰다. 그 결과, AIDS에 걸린 환자는 개인으로서의 존재를 잃고 즉시 상상 속의 원형으로 변신했다. 깨끗하게 목욕탕에서 나왔다가, 방탕함에 더러워지고 황폐해져서, 지금은 뉴욕이나 샌프란시스코의 병동에 이름 없이 누워 있는 젊은 게이 남성으로서 말이다.

손택이 간파한 것은 은유적 측면의 유사성이었지만, 실제 병동에서도 암과의 전쟁과 유사한 의학적 전쟁이 벌어졌다. 초기에 맨 처음 AIDS 환자들을 진찰하고 치료한 의사들은 종양학자였다. 면역결핍증의 "보초병"인 질병 중 하나가 카포시 육종이었다. 젊은 남성들의 몸에 경고도 없이 출현하는 폭발적인 변이 형태의 무통증 암이었다. 그랬기 때문에 그 유행병의 중심지인 샌프란시스코에서 AIDS 환자들을 맨 처음 받아들인 진료실은 육종 진료실이었다. 그곳에서 1981년 9월부터 피부과 의사인 마커스 코넌트와 종양학자인 폴 볼버딩이 매주 AIDS

환자들을 진료했다. 볼버딩은 두 질병의 운명의 교차를 상징하는 인물이었다. 그는 샌프란시스코의 캘리포니아 대학교에서 종양학을 전공한 뒤에 생쥐 레트로바이러스를 연구하는 실험실에 들어갔는데, 그 일이 기대했던 것과는 다르다는 사실을 깨닫고 좌절한 나머지 실험실을 떠나서 샌프란시스코 종합병원에서 임상종양학으로 방향을 바꾸었다.

볼버딩과 그가 처음 진료한 환자들 중 상당수에게 AIDS는 암이었다.[26] 볼버딩은 그 육종 환자들을 치료하기 위해서, NCI 프로토콜에서 다양한 화학요법을 빌려왔다.* 그러나 그가 빌린 것은 화학요법 프로토콜만이 아니었다. 말로 표현하기 어려운 무엇, 즉 기풍도 빌려왔다.[27] 샌프란시스코 종합병원의 리놀륨 바닥의 긴 복도 맨 끝에, 벽에서 페인트가 벗겨지고 천장에 매달린 전선에 전구가 그대로 드러나 있는 방에, 볼버딩 의료진은 세계 최초의 AIDS 병동을 세웠다. 5A 병동이라고 이름 붙인 그곳은 볼버딩 자신이 진료진의 일원으로서 보았던 암 병동을 그대로 본떴다. 그는 이렇게 회고한다. "여기에서 우리가 한 일은 종양학과에서 하는 일과 똑같았어요. 그저 초점만 AIDS에 맞추어져 있을 뿐이었죠.……그러나 그곳은 실제로 종양학과를 모델로 삼았어요. 복잡한 질병이 많은 정신사회적 요소와 겹치고, 복잡한 많은 약물이 쓰이고, 유능한 간호진과 정신사회적 지원을 담당하는 사람이 필요한 그런 곳 말이죠."[28]

상당수가 게이 남성들인 간호사들이 5A 병동에 몰려들어서 친구들을 돌보았다(혹은 더 가슴 아프게도, 유행병이 퍼짐에 따라서 그들 자신이 환자가 되기도 했다). 의사들은 자신들이 잘 이해하지 못하는 공동체인 이곳에서, 잘 헤아리지 못하는 적대적이고 수수께끼인 질병에 맞서서, 지혜를 모으며 의학을 재창안했다. 환자들이 유령 같은 기이한 열병에 시달림에 따라서, 규정들도 해체되고 재창안되었다. 그럼으로써 병동은 그곳에 입원한 남성들의 비정통적인 삶과 비슷해졌다. 문병 시간을 따로 정한 규정은 없앴다. 열기와 환각에 시달리는 밤에 환자를 도울 수 있도록 친구, 동료, 애인, 식구가 간이침대에서 함께 잠자는 것이 허용되었고, 더 나아가서 장려되었다. 일요일마다 샌프란시스코의 한 춤꾼이 깃털 목도리를 하고 탭댄스를 추면서 공들여 만든 마리화나가 든 초콜릿 케이크

---

* HIV에 약물 "칵테일"을 쓴다는 개념도 종양학에서 빌려왔다. 비록 몇 년 뒤에는 항HIV 약물이 등장했지만 말이다.

로 아침 겸 점심을 제공했다. 파버는 이런 혁신을 상상도 하지 못했겠지만, 슬픔에 잠긴 공동체에서는 이것이 "총괄 의료"에 대한 나름의 해석이었다.

AIDS 활동가들은 정치적으로도 암 로비스트의 언어와 전술을 빌려서, 그 언어에 나름의 긴박성과 힘을 불어넣었다. 1982년 1월 AIDS 환자들이 급증할 때, 한 무리의 게이 남성들이 뉴욕에서 게이 남성 건강 위기(Gay Men's Health Crisis, GMHC)라는 단체를 설립했다.[29] 지지, 로비, 선전, 항의를 통해서 AIDS와 맞서 싸우는 데에 헌신하는 자원봉사단체였다. 초기 자원봉사자들은 디스코장, 술집, 탈의실 앞에서 기부금을 모으고 전단지를 돌렸다. 첼시의 무너져가는 한 건물에 마련한 사무실에서 GMHC는 AIDS를 대중에게 널리 알리기 위해서 전국적인 운동을 지휘했다. 비록 회색 정장과 진주 목걸이는 없었지만, 이들은 AIDS계의 래스커주의자들이었다.

그 사이에 파리 파스퇴르 연구소의 한 연구실에서 AIDS 유행병의 과학적 돌파구가 될 선구적인 연구 성과가 나왔다. 1983년 1월, 뤼크 몽타니에 연구진은 카포시 육종에 걸린 젊은 게이 남성의 림프절 생검과 면역결핍증으로 사망한 자이레 여성의 몸에서 바이러스의 흔적을 찾아냈다.[30] 몽타니에는 이것이 유전자를 DNA로 바꾸어서 인간의 유전체에 끼울 수 있는 RNA바이러스, 즉 레트로바이러스라고 추론했다. 그는 그 바이러스에 면역결핍 연관 바이러스(immunodeficiency associated virus, IDAV)라는 이름을 붙이고서, 그것이 AIDS의 원인일 가능성이 높다고 주장했다.

미국 국립 암연구소에서도 로버트 갤로 연구진이 비록 다른 이름을 붙였지만, 같은 바이러스를 향해서 나아갔다. 1984년 봄, 양쪽의 노력이 극적으로 수렴되었다. 갤로도 AIDS 환자에게서 레트로바이러스를 발견했다.[31] 몽타니에의 IDAV였다. 몇 개월 뒤, 샌프란시스코의 다른 연구진이 그 바이러스의 정체를 확인했다. 1984년 4월 23일, 보건복지부 장관 마거릿 헤클러는 기자회견을 열어서 그 유행병의 미래에 대해서 대담한 선언을 했다.[32] 원인 병원체가 수중에 들어왔으니, 몇 걸음만 더 나아가면 치유법도 손에 들어올 듯했다. "예산, 의료진, 연구라는 화살은……표적을 맞추었습니다. 우리는 약 2년 안에 백신을 시험할 준비를 마칠 것이라고 기대합니다.……오늘의 발견은 끔찍한 질병에 맞선 과학의 승리를 뜻합니다."

그러나 마구 날뛰면서 자신들의 공동체를 전멸시키고 있는 유행병에 직면한 AIDS 활동가들은 기다릴 여유가 없었다. 1987년 봄, 한 무리의 자원봉사자들이 GMHC에서 갈라져나와서, AIDS 총력 발휘 연합(AIDS coalition to Unleash Power, ACT UP)이라는 새로운 단체를 만들었다.[33] 냉소적이며 대단히 논리 정연한 작가인 래리 크레이머가 이끄는 ACT UP은 의학의 역사상 유례가 없는 호전적인 행동주의를 통해서 AIDS 치료의 경관을 바꾸겠다고 선언했다. 크레이머는 많은 세력들이 그 유행병을 돕고 부추긴다고 비난했다. 그는 그것을 "방치를 통한 대량 학살"이라고 했다.[34] 그 방치하는 자들의 수장은 FDA였다. 크레이머는 「타임스」에 이렇게 썼다. "매일 AIDS 유행병의 공포 속에서 살아가는 우리 중 많은 이들은 FDA가 이 괴물 같은 죽음의 밀물 앞에서 왜 그렇게 옹고집을 피우는지 이해할 수 없다."[35]

그들이 말하는 옹고집의 한 가지 증상은 FDA가 생명을 구하는 AIDS 약물을 평가하고 승인하는 과정이었다. 크레이머는 그 과정이 지독히도 게으르고, 지독히도 느려터졌다고 했다. 그리고 지독히도 어리석었다. 크레이머는 느리고 심사숙고를 거듭하는 "학술적인" 약물 시험 과정이 생명을 구하기보다는 생명을 위협하는 것이 되고 있다고 투덜거렸다. 무작위화하고 속임약 대조군을 쓰는 시험은 냉정한 상아탑 속의 의학이 보기에는 지극히 타당했지만, 치명적인 병에 시달리는 환자들에게는 지금 당장 약물이 필요했다. ACT UP은 "약을 몸에, 약을 몸에"라고 소리 높여 외쳤다.[36] 속도를 빨리한 새로운 임상시험 모형이 필요했다. 크레이머는 뉴욕의 청중들에게 말했다. "FDA는 개판이고, NIH도 개판입니다.……이 쇼를 진행하는 자들은 어떤 시스템을 조작하든 간에 작동시킬 수 없습니다."[37] 그는 한 사설에서는 이렇게 주장했다. "이중 맹검 연구는 말기 질병을 염두에 두고 만든 것이 아니었다."[38] 그러면서 이렇게 결론지었다. "더 이상 잃을 것이 없는 AIDS 환자들은 얼마든지 기꺼이 기니피그가 될 것이다."[39]

크레이머도 그 말이 유별나다는 것을 잘 알았다. 어쨌거나 홀스테드의 유령은 영면에 든 적이 거의 없었으니까. 그러나 ACT UP 회원들이 FDA 관리자들의 종이 인형을 불태우며 분노를 터뜨리면서 뉴욕과 워싱턴의 거리를 행군하자, 그들의 주장은 언론과 대중의 상상을 마구 낚아챘다. 그리고 그 주장은, 마찬가지로 정치화한 다른 질병들에까지 자연스럽게 파급 효과를 미쳤다. AIDS 환자들이 약물과 치료를 곧바로 접하기를 요구한다면, 다른 말기 질병에 걸린 환자들도 비슷한 요구를 하지 말란 법이 없지 않은가? AIDS 환자들도 약물을 몸에 투여하고 싶어하는데, 암에 걸린 몸은 왜 약물 없이 기다려야 한단 말인가?

AIDS 유행병이 거의 전파되지 않은 도시인 노스캐롤라이나 더럼에서는 1987년 이런 시위의 소리와 분노가 멀리서 울리는 천둥소리쯤으로 들렸을지도 모른다. 듀크 대학교에서 거대용량 화학요법 임상시험에 깊이 몰두하고 있던 윌리엄 피터스는 이 폭풍이 남쪽으로 방향으로 돌려서 자신의 문을 강타하리라고는 전혀 예측할 수 없었을 것이다.

STAMP 요법―유방암의 거대용량 화학요법―은 매일 점점 더 속도를 높였다. 1984년 겨울까지 32명의 여성들이 1단계 "안전" 연구를 마쳤다.[40] STAMP가 안전하게 처방될 수 있는지를 밝히기 위한 임상시험이었다. 자료는 희망적인 듯했다. 비록 독성이 뚜렷하긴 했지만, 선정된 환자들은 그 요법에서 살아남을 수 있었다. (1단계 연구는 효능을 평가하도록 설계된 것이 아니었다.) 그해 12월, 텍사스 주 샌안토니오에서 열린 제5차 연례 유방암 심포지엄에서도 마찬가지로 효능에 관한 낙관론이 팽배했다. 통계학자 도널드 베리는 "암 학계가 어찌나 흥분했던지 일부는 이미 확신했다"라고 회고한다.[41] 피터스는 그 학회에서 소년답고 활력 넘치고 신중하지만 한결같이 긍정적인 본연의 매력을 드러냈다. 그는 학회 발표를 "작은 승리"라고 표현했다.

샌안토니오 이후에 초기 단계 임상시험에 속도가 붙었다. 긍정적인 반응에 용기를 얻은 피터스는 STAMP를 전이 유방암뿐만 아니라 진행된 국소 암(암에 걸린 림프절이 10개 이상인 환자)을 가진 고위험 환자의 보조요법으로 평가하는 쪽으로도 밀어붙였다. 피터스의 초기 관찰 결과가 나오자, 전국의 몇몇 의료진도 골수 이식을 겸한 거대용량 화학요법에 적극적으로 달려들었다. 2년 뒤에 초기 단계 임상시험이 성공적으로 끝나자, 무작위화와 맹검화를 통한 3단계 임상시험이 필요했다. 피터스는 여러 센터에서 무작위화한 최종 임상시험을 후원해 달라고, 임상시험의 중개소 역할을 하는 중앙 집권적인 기관인 암과 백혈병 그룹 B(Cancer and Leukemia Group B, CALGB)와 접촉했다.

겨울의 어느 날 오후, 피터스는 CALGB에 STAMP를 상세히 설명하고 승인을 받기 위해서 듀크 대학교에서 보스턴으로 날아갔다.[42] 예상대로 회의실에서는 격렬한 논쟁이 오갔다. 일부 임상의는 여전히 STAMP가 사실상 극단적인 형태의 세포독성 화학요법과 아무런 차이가 없다고 주장했다. 김빠진 포도주를 새로운 병에 담아서 팔 뿐이라는 것이었다. 반면에 암과의 화학요법 전투를 더 벼랑 끝까지 몰고 갈 필요가 있다고 주장하는 측도 있었다. 양측이 열띤 공방을 벌이면서 회의는 1시간, 2시간 계속 길어졌다. 이윽고 CALGB는 임상시험을 후원하기로 동의했다. 피터스는 안도하면서 매사추세츠 종합병원 6층의 회의실을 나왔다. 뒤에서 커다란 문이 닫히자, 그는 술집의 지저분한 소동에서 막 빠져나온 듯한 기분을 느꼈다.

지도와 낙하산

> 오이디푸스: 정화 의식이 뭐지? 어떻게 하는 건가?
> 크레온: 한 사람을 추방함으로써, 즉 피로써 피를 씻음으로써요.
> ―소포클레스, 「오이디푸스 왕」[1]

 윌리엄 피터스는 엄밀한 무작위 임상시험을 통해서 거대용량 화학요법이 효과가 있다는 확신을 얻으려고 애썼다. 그러나 다른 사람들은 이미 그렇다고 확신했다. 많은 종양학자들은 임상시험을 굳이 할 필요가 없을 만큼, 그 요법이 명백히 효과가 있다고, 이미 생각했다. 엄청난 용량의 약물로 골수의 가장 깊은 저장소까지 고갈시킬 수 있다면, 암이라고 어찌 저항할 수 있겠는가?

 1980년대 말까지 미국, 영국, 프랑스 전역에서 유방암에 골수 이식을 제공하는 병원과 의원이 계속 늘었고, 대기 환자만도 수백 명씩 늘어섰다. 거대용량 골수 이식 시술자 중 가장 눈에 띄고 가장 성공한 인물은 남아프리카 요하네스버그 비트바테르스란트 대학교의 종양학자 베르너 베조다였다. 그는 매달 수십 명의 여성을 자신의 임상시험에 끌어들였다. 이식은 큰 규모의 의학, 많은 돈, 대규모 하부구조, 큰 위험으로 이루어진 큰 사업이었다. 보스턴의 베스 이스라엘 병원 같은 큰 대학병원은 모든 층을 이식 업무에 맞게 개조했다. 매주 수십 건의 이식 표본이 오갔다. 창의적인 기법을 이용하여 절차의 위험을 최소화하려는 시도도 집중적으로 이루어졌다. 여성들에게 이식 수술을 하는 개인 의원들이 늘어났고, 그들은 그 과정을 "간이 이식", "간편 이식", 심지어 "드라이브스루(drive-thru) 이식"이라는 나름의 이름을 붙였다. 한 종양학자는 "이식 시술자가 병원의 신이 되었다"고 했다.[2]

 이 광란의 풍경은 환자들이 보험회사에 그 치료의 비용을 지불해달라고 요구함에 따라서 더욱 혼란에 빠져들었다. 환자가 그 치료를 받는 데에 드는 비용은

5만-40만 달러에 달했다. 1991년 여름, 캘리포니아 테메큘라의 공립학교 교사 넬렌 폭스는 진행 유방암이라는 진단을 받았다.3) 폭스는 38세였고, 세 아이의 어머니였다. 모든 기존 요법을 다 받은 뒤에 전이 유방암이 재발하자, 그녀의 의사는 자가 골수 이식을 최후 수단으로 써보자고 했다. 폭스는 그 제안을 덥석 받아들였다. 그러나 보험회사인 헬스넷에 이식 비용을 달라고 신청하자, 헬스넷은 그 수술이 아직 "시험적"이며, 따라서 HMO의 임상적으로 검증된 프로토콜 표준 목록에 들어 있지 않다고 하면서 거절했다.

그것이 1980년대가 아니었고 그것이 다른 질병이었다면, 폭스의 사례는 거의 대중의 주목을 받지 못했을지도 모른다. 그러나 AIDS 이후로 환자와 의학의 관계에 어떤 근본적인 변화가 일어난 상태였다. 1980년대 말까지, 실험적인 약물이나 과정은 말 그대로 실험적인 것으로 인식되었고, 따라서 일반 대중은 이용할 수 없다고 보았다. 그러나 AIDS 행동주의는 그 생각을 바꿔놓았다. AIDS 행동가들은 시험약이 더 이상 학계 의학이라는 고상한 온실에서만 재배되어야 하는 온상의 꽃이 아니라, 어쨌거나 그 약물이나 과정의 효능을 입증할 임상시험을 의사들이 끝낼 때까지 과학의 따뜻한 대기실에서 그저 기다리고 있을 뿐인 공공자원이라고 주장했다.

요컨대 환자들은 인내심을 잃은 상태였다. 그들은 임상시험을 원치 않았다. 그들은 약물과 치료법을 원했다. 뉴욕과 워싱턴의 거리를 행진하는 ACT UP은 FDA를, 시급히 필요한 의약품에 접근하지 못하게 지연시키는 것이 유일한 목적인, 엄격하지만 미칠 지경으로 느려터진 불분명한 태도의 관료주의적 할아버지로 만들었다. 그랬기 때문에 헬스넷이 넬렌 폭스의 이식 비용 청구를 거절했다는 소식을 듣자, 대중은 본능적으로 반발했다. 격분하고 필사적이 된 폭스는 수천 통의 편지를 써서 개인적으로 모금 운동을 펼치겠다고 결심했다. 1992년 4월 중순까지 폭스의 이식 비용을 구하기 위해서 엄청난 모금 활동이 펼쳐졌다. 골프장과 골동품 상점 위주의 조용한 작은 마을인 테메큘라가 모금이라는 임무에 몰두하게 되었다. 소프트볼 경기와 파이 판매점에서 돈이 쏟아져들어왔고, 레모네이드 가판대와 세차장에서도, 동네 씨즐러 레스토랑에서도, 수익의 일정 비율을 기부하는 요구르트 상점에서도 마찬가지였다. 6월 19일에는 폭스의 지지자들이 폭스의 이름과 함께 "이식, 이식"을 외치면서, 헬스넷 본사 앞에서 시위를 벌였다.⁴⁾ 며칠 뒤에 폭스의 남동생인 변호사 마크 히플러는 HMO(미국은 대형 의료보험사가 HMO라는 기구를 만들고 여기에 각 병원이 가입하여 해당 보험사의 보험을 든 환자를 진료한다/역주)가 누나의 이식 비용을 지급하라고 헬스넷을 상대로 소송을 제기했다. 히플러는 이렇게 썼다. "누나가 건강할 때 이 보장성 보험을 판매했으니, 누나가 아픈 지금 보장한 내용을 제공하십시오."⁵⁾

1992년 늦여름, 헬스넷이 다시 임상 증거가 없다고 말하면서 요구를 거절하자, 폭스는 스스로 헤쳐나가기로 결심했다.⁶⁾ 그때까지 그녀는 거의 2,500명에 달하는 친구, 이웃, 친척, 직장 동료 그리고 낯선 사람들로부터 22만 달러를 모금했다. 스스로 이식을 하기에 충분한 돈이었다.

1992년 8월, 넬렌 폭스는 수명을 연장할 수 있기를 기대하면서, 전이 유방암을 치료하기 위한 고용량 화학요법과 골수 이식을 받았다.

폭스가 이식을 받고 있던 로스앤젤레스 노리스 센터의 반들거리는 새로운 병동에도 베르터 베조다가 거대용량 화학요법으로 대성공을 거두었다는 이야기가 이미 널리 퍼졌다. 베조다의 손에서는 그 요법의 모든 사항이 완벽한 주문을 건 것처럼 잘 돌아가는 듯했다. 오즈의 마법사처럼 매력과 의구심을 동시에 자극하는 유능하고 열정적이면서 고독한, 땅딸막한 인물인 베조다는 자칭 자가 이식의 마법사였다. 그가 다스리는 요하네스버그의 비트바테르스란트의 임상 제국은 유럽, 아시아, 아프리카에서 환자들이 비행기를 타고 몰려오는 바람에 더욱 커졌다. 성공 사례가 계속 늘어남에 따라서, 그의 명성도 높아져 갔다. 1990년대 중반까지 그는 세계 각지에서 개최되는 학회와 모임에서 거대용량 화학요법 사례를 발표하기 위해서 뻔질나게 남아프리카에서 항공편으로 오곤 했다. 1992년에 베조다는 "용량을 제한하는 장벽이 극복되었다"고 대담하게 선언했다.⁷⁾ 그 순간, 그 자신과 그의 병원의 명성은 성층권까지 치솟았다.

그의 세미나에 빽빽하게 몰려든 종양학자, 과학자, 환자는 그의 결과에 매료당했다. 베조다는 이따금 특유의 곁눈질로 화면을 보면서, 임상종양학계에서 가장 흥분되는 관찰 결과를 마치 옛 소련 방송에서 저녁 뉴스를 읽는 양, 무표정하게 단조로운 어조로 느릿느릿 차분하게 발표했다. 그런 어울리지 않게 답답한 태도를 거의 일부러 보이는 듯한 느낌을 줄 때도 종종 있었다. 베조다도 자신의 결과가 놀랍다는 것을 잘 알고 있었으니 말이다. 1992년 5월에 샌디에이고에서 열린 종양학 연례총회의 포스터 발표 장소의 깜박거리는 불빛 아래, 임상의들이 그의 주위에 몰려들어서 찬사와 질문을 퍼부었다. 요하네스버그에서는 거대용량 요법을 받은 여성 중 90퍼센트 이상이 완전한 반응을 보였다.[8] 미국의 가장 뛰어난 대학병원에서도 도달할 수 없는 비율이었다. 베조다는 바야흐로 암과의 전쟁에서 수십 년 동안 넘지 못했던 난관 너머로 종양학을 이끌고 나아가려는 듯했다.

그러나 넬렌 폭스는 그렇게 운이 좋지 못했다. 그녀는 고용량 화학요법이라는 고통스러운 요법과 복합적인 합병증을 이겨냈지만, 이식한 지 1년이 채 지나기도 전에 유방암이 재발해서 폐, 간, 림프절, 가장 중요한 뇌에 이르기까지 전신으로 폭발적으로 퍼졌다. 베조다의 포스터가 샌디에이고 인근에 걸린 후 11개월 뒤인 4월 22일, 폭스는 테메큘라의 그늘진 막다른 골목에 있는 자기 집에서 숨을 거두었다.[9] 그녀의 나이는 겨우 40세였으며, 남편과 4세, 9세, 11세의 세 딸을 남긴 채였다. 그리고 헬스넷과의 소송은 아직 캘리포니아 사법 체계를 관통하며 나아가고 있었다.

베조다의 경이로운 결과는 폭스의 고통스러운 투쟁과 그녀의 때 이른 죽음과 서로 겹치면서, 더욱 엄청난 파급 효과를 낳은 듯했다. 암이 아니라 **지연된** 이식이 누나의 죽음을 앞당겼다고 확신한 히플러는 헬스넷과의 소송에서 청구 범위를 더 넓혔고 법정에서 격렬하게 상대방을 밀어붙였다. 히플러 소송의 핵심은 "시험적(investigational)"이라는 단어의 정의에 놓여 있었다. 그는 고용량 화학요법이 임상시험과 비임상시험 양쪽으로 전국의 거의 모든 주요 임상 센터에서 환자들에게 제공되고 있다면, 거의 "시험적" 과정이라고 볼 수 없다고 주장했다. 1993년에만 의학 학술지에 그 주제를 다룬 논문이 1,177편 실렸다.[10] 일부 병원에서는 병동 전체를 그 요법 전용으로 쓰고 있었다. 히플러는 "실험적(experimental)"이라는 꼬리표는 HMO가 보장을 거부함으로써 돈을 아끼기 위해서 붙인 것이라고 주장했다. "당신이 걸린 것이 그저 감기나 독감일 뿐이라면, 그들은 당신을 잘 돌볼 것이 확실하다. 그러나 당신이 유방암에 걸린다면 어떻게 될까? '시험적'이라고 주장할 것이다. '실험적'이라고 주장할 것이다."[11]

1993년 12월 28일 아침, 마크 히플러는 법정에서 거의 2시간 동안 누이의 말년의 황폐한 모습을 상세히 묘사했다.[12] 법정의 좌석은 폭스의 친구들과 지지자들, 환자들로 가득 들어찼다. 많은 이들이 분노와 연민에 눈물을 흘렸다. 배심원단이 심사숙고를 하는 데에는 2시간도 채 걸리지 않았다. 그날 저녁, 폭스 가족에게 890만 달러의 배상금을 지불하라는 평결이 내려졌다.[13] 캘리포니아 소송의 역사상 두 번째로 많은 금액이자 미국에서 의료 소송으로 받은 최대 액수였다.

890만 달러는 대체로 상징적인 금액이었지만(그 사건은 결국 법정 밖에서 미공개된 더 적은 액수에 합의가 이루어졌다), 그것은 HMO라면 쉽게 이해할 수 있는 종류의 상징적 의미이기도 했다. 1993년에 환자권익 옹호단체들은 여성들에게 전국에서 비슷한 소송을 걸어서 싸우라고 촉구했다. 이해할 수 있는 일이지만, 대다수 보험회사들은 온건한 태도를 취하기 시작했다. 매사추세츠에서는 47세의 간호사 샬럿 터너가 전이 유방암 진단을 받은 뒤에, 양팔에 의학 논문들을 한 아름 안은 채 휠체어를 타고 이 의원, 저 의원 사무실을 돌아다니면서 이식을 하게 해달라고 열정적인 로비를 벌였다.[14] 터너의 노력이 결실을 맺어서, 1993년 말에 매사추세츠 주 의회는 주 내에서 피선거권이 있는 환자들의 보험 보장 범위에 이식을 포함시킬 것을 규정한, 이른바 샬럿 법을 제정했다. 1990년대 중반까지 7개 주가 HMO에 골수 이식 비용을 지불하도록 법제화했으며, 7개 주에서는 비슷한 법률이 상정되었다. 1988-2002년에 이식을 거부한 HMO를 상대로 환자들이 제기한 소송은 86건이었고, 그중 47건에서 환자가 승소했다.[15]

이런 사태 전환—공격적인 화학요법과 골수 이식의 **법제화**—이 진정으로 특별한 사건이라는 것을 많은 관찰자들은 놓치지 않았다. 액면 그대로 보면, 그것은 많은 환자들과 환자권익 옹호자들에게는 해방의 순간이었다. 그러나 의학 학술지에는 그 프로토콜을 신랄하게 비판하는 내용이 가득했다. 한 논문은 그것이 "복잡하고 비싸며 위험이 잠재된 기술"이라고 콕 찍어서 비판했다.[16] 합병증의 목록은 끔찍했다. 감염, 출혈, 동맥과 간의 혈전, 심장 기능 상실, 폐와 피부와 신장과 힘줄의 흉터. 때로 영구 불임이 일어나기도 했다. 환자들은 몇 주일 동안 병원에 갇혔고, 아마 가장 불길한 점은 환자 중 5-10퍼센트는 그 치료 때문에 제2의 암이나 전암성 병터가 발달할 위험이 있다는 것이었다. 어떤 치료도 듣지 않는 끈덕진 암이 말이다.

그러나 암 사례에서 자가 이식이 폭발적으로 늘어서 주요 사업이 되자, 그 프로토콜의 과학적 평가는 더욱더 뒤로 밀려났다. 사실 임상시험 자체도 어찌할 수 없는 해묵은 곤경에 빠져 있었다. 모든 이들—환자, 의사, HMO, 옹호단체—이 원칙적으로는 임상시험을 원했다. 그러나 실제로는 어느 누구도 임상시험에 참가하려고 하지 않았다. 건강 보험 기구가 골수 이식을 위해서 수문을 더 열수록, 여성들은 일종의 동전 던지기를 통해서 치료를 받지 못하는 대조군에 할당될 것을 우려하여 임상시험에 더욱 참가하지 않으려고 했다.

1991-1999년에 전 세계에서 약 4만 명의 여성이 유방암 치료를 위해서 골수 이식을 받았고, 들어간 비용은 20-40억 달러로 추정된다(높은 쪽 추정치로 따지면 NCI 연간 예산의 약 2배에 해당한다).[17] 그 사이에 피터스가 했던 듀크 대학교의 임상시험을 비롯하여, 임상시험에 충원되는 환자는 거의 없을 정도로 줄어들었다. 그 괴리는 심각했다. 병원이 고용량 화학요법 치료를 받는 환자들로 넘치고 병동이 이식받은 환자들로 가득해도, 그 요법의 효과를 검증하려는 선구적인 임상시험은 마치 거의 사후약방문인 양, 뒷전으로 밀려났다. 로버트 메이어의 말처럼, "어디에서나 이식, 이식을 떠들었지만, 검증에 나서는 환자는 없었다."[18]

1999년 5월에 애틀랜타에서 열린 연례 암 학회에 돌아왔을 때, 베조다는 확연히 의기양양했다. 그는 소개할 때 자신의 이름이 잘못 발음된 데에 짜증이 난 척하면서 자신만만하게 연단에 올라서 발표 자료를 화면에 띄웠다. 베조다가 자료를 발표할 때—앞에 있는 수많은 얼굴들 위로 그의 단조로운 목소리가 펼쳐지면서—청중은 침묵의 주문에 사로잡혔다.[19] 지혜의 마법사는 다시 마법을 펼쳤다. 비트바테르스란트 병원에서 골수 이식 치료를 받은 젊은 고위험 유방암 여성들은 경이로운 성공 사례였다. 8년 반 동안, 거대용량/이식 치료를 받은 환자의 거의 60퍼센트는 아직 살아 있었고, 반대로 대조군에서는 20퍼센트만 살아남았다. 베조다 요법으로 치료를 받은 환자들의 생존 기간은 더 이상 사망자 수가 늘지 않은 채 약 7년으로 안정 상태를 유지했으며, 그것은 남아 있는 환자들의 상당수는 그냥 살아 있는 것이 아니라, 완치되었을 가능성이 높다는 것을 시사했다. 이식 시술자들 사이에서 박수갈채가 터졌다.

그러나 베조다의 위업은 기이하게 느껴졌다. 비트바테르스란트 결과가 놀랍다는 것은 분명했지만, 피터스의 사례를 비롯하여 그날 오후에 발표된 다른 세

임상시험은 모호하거나 부정적인 결과를 내놓았기 때문이다.[20] 듀크 대학교에서는 참가율이 낮아서 임상시험이 끝나지 않았음에도 불구하고, 몹시 당혹스러운 결과가 나왔다.[21] 이식의 생존 혜택을 평가하기에는 때가 너무 일렀지만, 그것의 어두운 측면은 매우 명백히 드러났다. 이식 집단에 무작위적으로 할당된 300명 남짓의 환자들 중에서 31명이 감염, 혈전, 장기 기능 상실, 백혈병 같은 합병증으로 사망했다. 필라델피아에서 온 소식은 더욱 침울했다. 연구자들이 우울하게 청중에게 알린 바에 따르면, 거대용량 화학요법은 "적당한 개선"은커녕 혜택이 있다는 단서조차 내놓지 못했다.[22] 환자들을 집단과 소집단으로 세분하여 시행한 스웨덴의 복잡하고 난해한 임상시험도 가시적인 뚜렷한 생존 혜택을 전혀 주지 못한 채 실패로 직행했다.[23]

그렇다면 이런 엄청나게 이질적인 결과들을 어떻게 조화시킬 수 있을까? 미국 임상종양학회(American Society of Clinical Oncology, ASCO) 회장은 토론자들에게 모든 모순되는 자료들을 잘 두드려서 하나의 일관성 있는 형태로 다듬어 달라고 요청했지만, 토론자들조차도 두 손을 들고 말았다. 한 토론자는 솔직히 당혹스럽다면서 말을 시작했다. "여기서 저의 목표는 방금 발표된 자료들을 비판하고, 이 분야의 신뢰성을 어느 정도 유지하며, 발표자와 토론자 양쪽과 계속 친구로 남아 있는 것입니다."[24]

그러나 그조차도 무리한 요구였다. 공개석상에서 그리고 비공개석상에서 발표자들과 토론자들은 사소한 점들을 물고 늘어지면서 서로의 임상시험을 격렬히 비판했다. 해소된 것은 전혀 없었고, 어떤 우애관계도 맺어지지 않았다. 저명한 유방종양학자이자 전국 유방암단체 총연합회(National Alliance of Breast Cancer Organizations, NABCO)의 회장인 래리 노턴은 「뉴욕 타임스」의 기자에게 이렇게 말했다. "이식하고 싶은 사람들은 계속 이식할 것이고, 그렇지 않은 사람들은 계속 그렇겠죠."[25] 학회는 재앙으로 끝났다. 지친 청중이 애틀랜타의 대강당을 빠져나갈 때, 바깥은 이미 어두컴컴했고, 후덥지근한 바람은 아무런 위안도 주지 못했다.

베조다는 혼란과 소동에 휩싸인 분야를 뒤로 한 채 서둘러서 애틀랜타 회의장을 떠났다. 그는 자신의 자료가 미친 영향을 과소평가했다. 이제 그것이 40억 달러에 달하는 산업은 말할 필요도 없이, 암 요법의 이론 전체를 떠받치고 있는 유일한 받침대가 되었다는 것을 말이다. 종양학자들은 명확한 결론을 얻기 위해서 애틀랜타에 왔다. 그들은 분개하고 혼란에 빠진 채 떠났다.

1999년 12월, 그 요법의 혜택이 아직 불확실하고 수천 명의 여성이 치료를 받겠다고 몰려들던 시기에, 한 미국 조사단이 비트바테르스란트의 베조다에게 요하네스버그로 가서 그의 임상시험 자료를 직접 조사할 수 있는지 묻는 편지를 썼다.[26] 베조다의 이식이 유일한 성공 사례였다. 그러니 아마 중요한 교훈을 배워서 미국으로 가지고 올 수 있을 터였다.

베조다는 흔쾌히 동의했다. 방문 첫날, 조사단이 연구에 참가한 환자 154명의 기록과 일지를 요청하자, 그는 58명의 서류만 보냈다. 이상하게도 임상시험의 치료군에 속한 환자들의 자료뿐이었다. 조사단이 대조군의 기록도 보여달라고 촉구하자, 베조다는 "잃어버렸다"고 답했다.

어리둥절해진 조사단은 더 면밀히 조사했고, 상황은 점점 더 불안하게 돌아갔다. 제공된 기록은 놀라울 만큼 조잡했다. 쪽마다 기록된 것은 6개월이나 8개월 동안 했다는 의료를 거의 나중에 요약하면서 제멋대로 휘갈겨 쓴 것이었다. 임상시험 참가 자격이 있는지 판단하는 기준도 거의 전부 누락되어 있었다. 베조다는 같은 수의 흑인과 백인 여성이 이식을 받았다고 주장했지만, 기록에 적힌 여성은 거의 전부 요하네스버그 힐브로 병원에서 치료받은 가난하고, 대부분이 문맹인 흑인들이었다. 조사단은 치명적인 결과가 나올 수 있다고 알려진 치료 과정에 참가하는 환자들에게 받아야 하는 동의서를 보여달라고 했지만, 그런 동의서는 어디에도 없었다. 그런 프로토콜에 안전판 역할을 해야 할 병원 생명윤리위원회에도 사본은 전혀 없었다. 그 과정을 승인하거나 그 임상시험에 관해서 조금이라도 알았던 사람은 아무도 없는 듯했다. 환자들 중 상당수는 후속 조치가 전혀 없이, 유방암이 진행된 버섯 모양 병터를 가진 채로 말기 의료 시설로 보내진 지 오래였고, 아마도 죽어가는 것으로 파악되었다. 치료군에 속했다고 적힌 한 여성은 어떤 약물로도 치료를 받은 적이 없었다. 또다른 환자의 기록은 근원을 역추적해보니, 유방암 환자도 아닌 어느 남성의 것이었다.[27]

모든 것이 사기이자 날조이자 가짜였다. 2000년 2월 말, 임상시험의 실체가 드러나고 조사의 올가미가 매일 같이 조여들자, 베르너 베조다는 비트바테르스란트 대학교의 동료들에게 연구에 위조된 부분이 있다는 것을 시인하는 짧은 편지를 타자로 쳐서 보냈다(나중에 그는 미국 연구자들이 임상시험에 더 "접근하기 쉽게" 하려고 기록을 변조했다고 주장했다). "나는 과학적 정직성과 성실성을 심각하게 위반했다."[28] 그런 뒤, 그는 대학교에 사직서를 내고 모든 질문은 변호사에게 하라고 말하면서, 더 이상 조사를 받지 않겠다고 거부했다. 2008년에 나는 인터뷰를 위해서 그와 접촉하려고 시도했다. 그러나 요하네스버그에 그의 전화번호는 없었다. 베르너 베조다는 어디에서도 찾을 수 없었다.

베르너 베조다의 전설적인 몰락은 거대용량 화학요법의 야심에 최종의 타격을 입혔다. 1999년 여름, STAMP가 여러 림프절로 퍼진 유방암 환자들의 생존율을 증가시키는지 알아보도록 설계된 최종 임상시험이 시작되었다. 4년 뒤, 답은 명확해졌다. 검출 가능한 혜택은 전혀 없었다. 고용량 집단에 할당된 환자 500명 중에서 9명은 이식 합병증으로 사망했다. 치료의 결과로 생긴, 몹시 공격적인 화학요법에 내성을 띤 급성 골수성 백혈병으로 또 9명이 사망했다. 처음에 있었던 암보다 훨씬 더 나쁜 암이었다. (비록 유방암과 많은 고형 암에서는 전혀 성공을 거두지 못했지만, ABMT는 그 뒤에 일부 림프종을 완치시킴으로써 다시금 암의 이질성을 보여주었다.)

로버트 메이어는 말했다. "1990년대 말에 이미 달콤한 시간은 지나갔다. 최종 임상시험은 그저 관에 못을 두드려 박기 위한 시험이었을 뿐이다. 우리는 거의 10년 전에 이미 결과를 예상했다."[29]

매기 케스윅 젱크스는 1995년에 이식 시대의 종말을 목격했다.[30] 젱크스는 스코틀랜드의 풍경화가로서, 환상적이고 황량한 정원을 창조하는 것으로 유명했다. 무질서한 자연력에 맞서 버티는 막대기, 호수, 돌, 흙으로 이루어진 미래주의적인 소용돌이 형태의 작품이었다. 1988년에 유방암 진단을 받은 그녀는 덩이질제술에 이어서 유방절제술을 받았다. 몇 개월 동안, 그녀는 자신이 완치되었다고 생각했다. 그러나 5년 뒤 52세 생일을 앞두고 있을 때, 간, 뼈, 등뼈에 전이 유방암이 재발했다. 그녀는 에든버러의 웨스턴 종합병원에서 고용량 화학요법과 자가 이식 치료를 받았다. 젱크스는 STAMP 임상시험이 궁극적으로 실패하리라는 것을 알지 못했다. 그녀는 완치를 희망하면서 "빌 피터스 박사가……이미 [이식으로] 수백 명을 치료했다"고 썼다. "그의 환자들의 치료 후 평균 완화 기간은 18개월이었다. 그것은 마치 평생처럼 느껴졌다." 그러나 젱크스의 완화는 평생으로 이어지지 않았다. 이식 후 18개월이 채 되지 않은 1994년에 암이 또다시 재발했다. 그녀는 1995년 7월에 사망했다.

「전선에서 본 모습(A View from the Front Line)」이라는 제목의 수필에서 젱크스는 암과 싸우는 일이 마치 날고 있는 제트기 안에서 억지로 깨어나서 낙하산을 멘 채 지도 하나 없이 낯선 풍경 속으로 내동댕이쳐지는 것과 같다고 묘사했다.

"미래의 환자인 당신은 다른 승객들과 함께 먼 목적지를 향해서 조용히 나아가고 있다. 그때 놀랍게도 당신 옆 바닥에 커다란 구멍이 열린다(왜 나야?). 흰 진료복을 입은 사람들이 나타나서 당신이 낙하산을 메도록 도와준다. 그리고 생각할 시간도 주지 않은 채 **당신을 밖으로 떠민다.**"[31]

"당신은 떨어진다. 땅에 닿는다.……그런데 적은 어디 있지? 적의 정체는? 대체 누가 적이야?……길도 없다. 나침반도 없다. 지도도 없다. 훈련도 받지 않았다. 당신이 알아야 하고 몰라야 하는 것이 있을까?"

"흰 진료복을 입은 사람들은 멀리 저 멀리서 다른 사람들에게 낙하산을 메준다. 때로 그들은 손을 흔들지만, 설령 당신이 그들에게 묻는다고 해도 **그들은 답을 모른다.** 그들은 낙하산을 만지작거리면서 저 위의 제트기 안에 있지만, 지도를 만들지는 않는다."

이 광경은 당시의 절망과 황량함을 잘 포착했다. 근치적이고 공격적인 요법에 사로잡힌 종양학자들은 점점 더 새로운 낙하산을 고안했지만, 곤경에 빠진 환자와 의사를 안내할 체계적인 지도는 전혀 가지고 있지 않았다. 암과의 전쟁은 졌을 뿐만 아니라 길을 잃었다.

여름은 속편의 계절이지만, 솔직히 어느 누구도 존 베일러의 속편을 보고 싶어 하지 않았다. 첫 논문인 "암에 맞선 발전?(Progress Against Cancer?)"으로 1986년 5월에 NCI의 얼굴에 깊은 상처를 입힌 이래로, 베일러는 시카고 대학교에 은둔한 채 조용히 자제하면서 지내고 있었다. 그러나 그 논문이 나온 지 11년이 지났으니, 암 하면 으레 떠오르는 전국적인 인물인 베일러가 언제든 최신 자료로 크게 한 방을 터뜨릴 것이라는 기대감이 팽배했다. 첫 논문이 나온 지 정확히

11년이 지난 1997년 5월, 베일러는 다시 「뉴잉글랜드 의학회지」에 암과의 전쟁에서 발전이 얼마나 이루어졌는지를 평가하는 논문을 실었다.[32]

역학자 헤더 고닉과 공동 집필한 베일러 논문의 핵심은 "암은 패배하지 않았다(Cancer Undefeated)"라는 제목에서부터 명백히 드러났다. 그는 처음부터 신랄했다. "저자 중 한 사람이 1986년에 미국의 1950-1982년 암 발병률 추세를 다룬 논문을 발표했을 때, 주로 치료에 초점을 맞춘 약 40년에 걸친 암 연구가 서서히 장기적으로 증가하는 사망률을 역전시키는 데에 실패했다는 사실이 명백히 드러났다. 우리는 여기서 그 분석을 1994년까지로 갱신한다. 우리의 평가는 1970년에서 시작하는데, 이전 논문과 어느 정도 겹치는 내용을 제공하려는 뜻도 있고, 한편으로는 1971년에 국립 암법의 통과로 국가가 암 연구에 쏟는 노력의 규모와 세기가 결정적으로 증가했기 때문이다."

방법론상은 베일러의 이전 분석과 달라진 것이 거의 없었다. 이전과 마찬가지로 베일러와 고닉은 1970년부터 1994년까지의 모든 해에 연령 분포가 정확히 똑같아지도록 미국 인구를 "연령 보정"(이 방법은 앞에서 상세히 다루었다)함으로써 시작했다. 각 연령대의 암 사망률도 그에 비례하여 보정됨으로써, 사실상 각 해의 암 사망률을 직접 비교할 수 있도록 고정된 정적인 인구 집단이 만들어졌다.

이 분석으로 나온 패턴은 정신이 번쩍 들게 했다. 1970-1994년에 암 사망률은 약간 **증가했다**. 인구 10만 명당 189명에서 201명으로 약 6퍼센트였다. 물론 지난 10년간 사망률은 다소 안정한 수준을 유지했지만, 그렇다고 할지라도 이것이 승리라고 해석될 여지는 거의 없었다. 베일러는 암이 아직 "패배하지 않고" 군림하고 있다고 결론지었다. 그래프로 표시하면, 암을 상대로 한 국가의 발전은 평탄한 직선으로 나왔다. 즉 암과의 전쟁은 지금까지 교착 상태에 빠졌던 것이다.

그러나 암 사망률의 그 평탄한 직선이 정말로 전혀 움직이지 않은 것일까? 물리학은 정적 평형과 동적 평형을 구분하라고 가르친다. 서로 크기가 같으면서 방향이 반대인 두 반응의 산물은 상반되는 힘들의 균형이 깨질 때까지 완벽하게 정지한 듯이 보일 수 있다. 암 사망률의 평탄한 직선도 상반되는 힘들이 서로 밀고 당기는 역동적인 평형 상태를 나타내는 것이라면?

베일러와 고닉이 자신들의 자료를 더 면밀히 분석하자, 거의 절묘할 정도로 정확히 서로 막상막하를 이루는 힘들이 드러나기 시작했다. 1970-1994년의 암 사망률을 두 연령 집단으로 나누자, 상쇄시키는 힘들이 즉시 뚜렷이 드러났다. 55세 이상의 남녀에게서는 암 사망률이 증가한 반면, 55세 미만의 남녀에게서는 정확히 같은 비율로 암 사망률이 감소했다. (이 이유 중 일부는 뒤에서 밝혀질 것이다.)

암 사망률을 암의 종류별로 재분석했을 때에도 비슷한 동적 평형이 뚜렷이 드러났다. 일부 암에서는 사망률이 낮아진 반면, 일부 암에서는 안정된 수준을 유지하거나 또다른 암에서는 증가함으로써, 감소는 정확히 같은 크기의 반대되는 증가로 거의 모두 상쇄되었다. 한 예로, 결장암의 사망률은 거의 30퍼센트, 자궁경부암과 자궁암의 사망률은 20퍼센트가 줄어들었다. 이 병들은 선별 검사로 검출할 수 있었고(결장암은 대장 내시경 검사로, 자궁경부암은 팝 스미어 검사로), 적어도 일부 사망률 감소는 조기 검출의 결과일 가능성이 높았다.

대다수 형태의 소아암에서도 1970년대에 사망률이 줄었을 뿐만 아니라 그 이후로도 사망률은 계속 줄었다. 호지킨병과 고환암의 사망률도 마찬가지였다. 비록 전체 암 사망률에서 그런 암의 사망률은 미미한 비율을 차지할 뿐이지만, 그래도 치료를 통해서 그런 암들의 경관은 근본적으로 바뀌었다.

이런 발전을 상쇄시켜서 평형을 유지하는 역할을 하는 가장 눈에 띄는 바닥짐은 폐암이었다. 폐암은 여전히 암 중에서 가장 강력한 살인자였다. 모든 암 사망자의 거의 4분의 1이 폐암 때문에 죽었다. 폐암의 총 사망률은 1970-1994년에 증가했다. 그러나 사망자 분포는 뚜렷이 달라졌다. 남성의 폐암 사망률은 1980년대 중반에 정점에 이른 뒤에 낮아졌다. 대조적으로 여성, 특히 나이든 여성의 폐암 사망률은 급격히 증가했으며, 여전히 계속 증가하는 중이었다. 1970년에서 1994년 사이에 55세 이상 여성의 폐암 사망률은 유방암과 결장암의 사망률 증가를 더한 것보다 더 많은 400퍼센트가 증가했다. 이 기하급수적인 사망률 상승은 폐암뿐만 아니라 다른 모든 암의 생존율 증가분을 거의 전부 상쇄시켰다.

폐암 사망률 패턴의 변화는 전체 연령 분포상의 암 사망률 변동을 통해서 어느 정도 설명이 되었다. 폐암 발병률은 55세 이상에서 가장 높았고, 55세 미만의 남녀에게서는 낮았다. 이것은 1950년대 이래로 흡연 행동이 변한 결과였다. 젊은 남녀의 암 사망률 감소는 나이든 남녀의 암 사망률 증가가 완벽하게 상쇄시켰다.

균형 잡힌 평가를 내리면, "암은 패배하지 않았다"는 제목이 내용을 속인 논문이었다. 암에 대한 국가적인 교착 상태는 진짜 교착 상태라고는 할 수 없고, 오히려 격렬하게 진행되는 죽음의 게임의 산물이었다. 베일러는 암과의 전쟁이 최종 정체에 접어들었다는 것을 입증하고자 분석을 시작했지만, 대신에 역동적이며 움직이는 표적에 맞서 한창 벌어지는 역동적이며 움직이는 전투의 연대기를 쓴 셈이었다.

따라서 그 전쟁의 가장 창의적이고 가장 맹렬한 비판가인 베일러조차도 이 전쟁의 열광적인 창의성을 부정할 수 없었다. 공중파 텔레비전 방송에서 재촉을 받자, 그는 마지못해서 그 점을 인정했다.[33]

기자 : 왜 약간 밀린다거나 정체 상태에 있다고 생각하십니까?
베일러 : 우리는 아마 1퍼센트쯤 밀려왔다고 생각합니다. 나는 이 내림세를 확인하려면 좀더 기다리고 싶습니다만, 지금 아직 그렇지 않다면, 앞으로…….
기자 : 말씀을 마저 하시죠.
베일러 : 잔이 반쯤 차 있다는 데에는 우리 모두 동의할 수 있겠죠.

어떤 하나의 예방이나 치료 전략이 일방적인 성공을 거둔 것은 아니었다. 그러나 이 "반쯤 차 있는 잔"이 암과 맞서 전개된 경이로울 정도로 창의적인 온갖 힘들의 산물이라는 점은 부정할 수 없었다. 1960년대와 1970년대의 허황된 약속과 1980년대의 투쟁은 더 현실에 토대를 둔 1990년대의 사실주의에 밀려났다. 그러나 이 새로운 현실도 나름의 약속을 내놓았다.

NCI 소장 리처드 클로스너는 패배라는 베일러와 고닉의 평가를 날카롭게 비판하면서 이렇게 지적했다.

"사실 암은 다양한 질병이다. 그것을 하나의 접근법에 굴복할 하나의 질병으로 보는 것은 신경정신병을 하나의 전략에 반응하는 하나의 실체로 보는 것만큼이나 비논리적이다. 우리가 암 치료의 '마법 탄환'을 곧 보게 될 것 같지는 않다. 암들의 스펙트럼 전체를 파괴할 예방이나 조기 검출이라는 마법 탄환이 있을 가능성도 마찬가지로 적다.……우리는 발전을 이루어가고 있다. 비록 여전히 갈 길이 멀긴 할지라도, 사망률에서 꾸준히 호전되는 추세가 정책의 미비나 우선순위의 잘못된 판단을 반영한다고 주장하는 것은 안이한 태도이다."[34]

종양학의 한 시대가 저물고 있었다. 이미 그 분야는 보편적인 해결책과 근치적인 치유법에 흠뻑 빠졌던 질풍노도의 청춘기를 벗어나서 암에 관한 근본적인 의문들을 붙들고 씨름했다. 특정한 암의 근원적인 행동을 통제하는 기본 원리는 무엇일까? 모든 암에 공통적인 것은 무엇이며, 유방암을 폐암이나 전립선암과 다르게 만드는 것은 무엇일까? 그와 관련하여 공통의 경로나 차이점이 암의 치유와 예방을 위한 새로운 도로 지도가 될 수 있을까?

그리하여 암과 싸우려는 노력은 안쪽으로, 기초 생물학 쪽으로, 근본 메커니즘 쪽으로 방향을 틀었다. 이런 의문들에 대답하려면, 우리도 안쪽으로 방향을 돌려야 한다. 결국 우리는 암세포로 돌아가야 한다.

제5부
"우리의 정상 자아의 일그러진 형태"

원인을 깊이 헤아리기 전까지 치유를 말하거나 치료약을 생각하는 것은 헛수고이다.……먼저 원인을 탐구하지 않는 한, 치료법은 불완전하고 불충분하고 무용지물일 것이 분명하다.
—로버트 버턴, 「우울증의 해부학」, 1893년[1]

무엇이 암을 일으키는지 알아보겠다고 실험을 할 수는 없다. 그것은 접근할 수 있는 문제가 아니며, 과학자들이 할 만한 종류의 일도 아니다. —I. 허먼, 암 연구자, 1978년[2]

이런 일이 일어나는 "이유"가 될 만한 것이 뭐가 있을까?
—페이턴 라우스, 암의 기원이라는 수수께끼를 말하면서, 1966년[3]

"단일한 원인"

2005년 봄, 임상종양학 전임의 생활도 전환점을 맞이했다. 우리의 경로가 서로 갈라질 때가 왔다. 3명은 매일 환자들을 진료하면서 주로 임상 연구에 초점을 맞추고 계속 병원에서 일할 것이다. 4명은 매주 소수의 환자만 보면서 병원에서 작은 역할만 맡은 채 연구실에서 암을 탐구할 것이다.

두 갈래 길 중에서 하나를 선택하는 과정은 본능적으로 이루어진다. 우리 중의 일부는 본래 자신이 임상의라고 생각한다. 일부는 자신을 주로 과학자로 본다. 인턴 생활을 처음 시작한 이래로 나의 성향은 거의 변하지 않았다. 나의 본능은 임상의학 쪽으로 향하지만, 나는 본래 암의 기초 생물학 주위를 맴도는 야행성 동물, 일종의 실험실 쥐나 다름없다. 나는 연구실에서 암의 유형을 연구하면 어떨까를 깊이 생각하며, 백혈병에 점점 더 끌린다는 것을 안다. 나는 연구실을 선택할 수도 있지만, 나의 연구 대상은 환자의 통제하에 있다. 칼라의 병은 나의 삶에 흔적을 남겼다.

게다가 병원에서 온종일 일한 뒤에 어스름이 깔릴 때, 임상의학이 나를 얼마나 놀라게 하고 매혹시킬 수 있는지를 떠올리게 하는 동요시키는 순간이 있다. 어느 날 저녁 늦게 우리는 전임의실에 모인다. 식사를 전달하는 운반대의 금속이 삐걱거리는 소리 외에 우리 주위의 병원은 침묵 속에 빠져 있다. 곧 비가 내리려는지 바깥 공기는 무겁다. 이제 가까운 친구가 된 우리 7명은 다음 학기의 전임의들에게 전달할 환자 명단을 정리한다. 그때 로렌이 자신의 명단을 큰 소리로 읽기 시작한다. 2년이라는 전임의 기간에 자신이 돌보다가 사망한 사람들의 이름을 하나하나 부르면서. 갑자기 퍼뜩 영감이 떠올랐는지 그녀는 잠시 멈추었다가, 각 이름에 일종의 묘비명이라고 할 문장을 덧붙인다.

그것은 즉석 추도사이며, 방에 어떤 분위기를 자극한다. 나도 덩달아서 죽어간 내 환자들의 이름을 부르면서 기억에 떠오르는 한두 문장을 덧붙인다.

케네스 아머, 62세, 위암에 걸린 내과의사. 임종 직전에 그의 소원은 오직 아내와 휴가를 떠나서 자신의 고양이들과 놀 시간을 가지는 것뿐이었음.

오스카 피셔, 38세, 소세포폐암. 태어날 때부터 인지 장애가 있었음. 어머니가 가장 애지중지하는 아이였음. 그가 죽었을 때 어머니는 그의 손가락 하나하나에 묵주를 걸었음.

그날 밤 나는 명단을 앞에 놓고 홀로 앉아서, 밤이 깊도록 그들의 이름과 얼굴을 떠올린다. 환자 한 사람, 한 사람을 어떻게 추모해야 할까? 그들은 내 친구이자, 대화 상대이자, 교사였고, 내 위탁 가족이었다. 나는 마치 장례식을 하듯이 책상 앞에 일어선다. 감정이 밀려들어서 귓불이 달아오르고 눈에 눈물이 차오른다. 나는 방 안의 텅 빈 책상들을 둘러본다. 빠르게 흘러간 지난 2년이 우리 7명 모두를 얼마나 변화시켰는지 생각한다. 독선적이고 야심적이고 영리한 에릭은 더 겸허해지고 더 내성적이 되어 있다. 첫 달에는 기이할 정도로 유쾌하고 낙천적이었던 에드윈은 사직서를 던지겠다고, 슬픔에 겹다고 대놓고 이야기한다. 전공이 유기화학인 릭은 임상의학에 너무 깊이 빠져서 과연 연구실로 돌아가야 할지 긴가민가하고 있다. 신중하고 원숙한 로렌은 종양학에 관한 농담으로 자신의 냉철한 판단에 생기를 불어넣는다. 암과의 만남은 우리의 모난 부분을 깎아냈다. 우리는 강의 돌처럼 매끄럽고 반질반질해졌다.

며칠 뒤, 나는 주사실에서 칼라를 만난다. 그녀는 마치 옛 친구를 만났다는 듯이, 간호사들과 격의 없이 수다를 떨고 있다. 멀리서 보면 그녀를 거의 알아보기가 어렵다. 그녀가 처음 병원에 왔을 때 내가 보았던 시트처럼 새하얗던 얼굴빛은 이제 붉은 기운이 퍼지면서 몇 도쯤 더 달아올라 있다. 주사를 계속 맞아서 팔에 생겼던 멍 자국들은 사라지고 없다. 아이들도 틀에 박힌 일상생활로 돌아갔고, 남편도 일터로 돌아갔다. 어머니는 플로리다의 집에 머물고 있다. 칼라의 삶은 거의 정상이다. 칼라는 그녀의 딸이 나쁜 꿈을 꾸는지 이따금 울면서 깬다고 말한다. 혹시 칼라가 한해 내내 병치레를 할 때 입었던 마음의 상처가 남아 있기 때문이 아닐까 하고 묻자, 그녀는 단호하게 고개를 내젓는다. "아뇨, 그냥 어둠 속에 있는 괴물 때문이에요."

그녀가 처음 진단을 받은 뒤로 1년 남짓이 흘렀다. 그녀는 아직 6-메르캅토퓨린과 메토트렉세이트 알약을 먹는다. 버치널의 약과 파버의 약이다. 혹시라도 남아 있을 암세포의 성장을 차단하기 위한 조합이다. 병의 가장 좋지 않은 면들을 떠올릴 때면 그녀는 혐오감에 치를 떨지만, 그녀의 내면에서 정상을 회복하고 치유하는 과정이 일어나고 있다. 그녀 자신의 괴물은 사라지고 있다. 오래된 멍처럼.

실험실에서 보낸 그녀의 혈구 수 검사 결과는 완전히 정상이다. 그녀의 완화 상태는 계속되고 있다. 나는 그 소식에 놀라고 신이 나지만, 최대한 무심한 태도를 유지하면서 신중하게 그녀에게 결과를 가져간다. 모든 환자가 그렇듯이, 칼라도 과도한 열의를 보면 깊이 의심을 품는다. 자그마한 승리에 걸맞지 않게 흥분하는 의사는 환자가 궁극적인 패배를 맞이하도록 준비시키는 바로 그 의사일 수 있다. 그러나 이번에는 의심을 품을 이유가 전혀 없다. 나는 혈구 수가 완벽해 보이며, 오늘은 더 이상 검사를 할 필요가 없다고 말한다. 그녀는 백혈병에서는 무소식이 최고의 희소식이라는 것을 안다.

그날 저녁 늦게 일지를 모두 적은 뒤, 나는 연구실로 돌아간다. 그곳은 부산하게 활동이 일어나는 벌집 같다. 박사후연구원들과 대학원생들이 현미경과 원심분리기 주위에서 서성거린다. 이따금 알아들을 수 있는 의학 용어와 구절이 들려오지만, 연구실의 대화는 의학의 대화와 거의 닮은 점이 없다. 마치 생활 풍습은 비슷하지만 전혀 다른 언어를 말하는 이웃 나라로 여행하는 것과 흡사하다.

"하지만 백혈병 세포 PCR을 했다면 띠가 나왔어야 해."
"젤 분리를 할 때 어떤 조건에서 했는데?"
"아가로스, 4퍼센트로."
"원심분리 때 RNA가 분해된 거 아닐까?"

나는 배양기에서 세포들이 든 배양접시를 하나 꺼낸다. 배양접시에는 384개의 작은 우물이 나 있다. 각 우물은 쌀알 2개가 겨우 들어갈 정도의 크기이다. 나는 각 우물에 200개의 백혈병 세포를 넣은 뒤에 검증되지 않은 수많은 화학물질 중에서 하나씩 골라서 첨가한다. 그와 더불어서 "쌍둥이" 배양접시도 마련해둔다. 각 우물에 사람의 정상적인 조혈 줄기 세포 200개를 넣고 똑같은 화학물질을 넣은 배양접시이다.

매일 몇 차례, 자동화한 현미경 카메라가 두 배양접시의 각 우물을 사진으로 찍고, 컴퓨터 프로그램이 백혈병 세포와 정상 줄기 세포의 수를 계산할 것이다. 이 실험은 정상 줄기 세포는 그대로 두고 백혈병 세포를 죽일 수 있는 화학물질을 찾아내려는 것이다. 백혈병에 대한 일종의 구체적인 표적요법이다.

나는 한 우물에서 백혈병 세포를 포함한 액체를 몇 밀리미터 빨아내서 현미경으로 살펴본다. 세포는 팽창한 핵과 그 주위를 얇게 둘러싼 세포질로 이루어진 기괴하게 부푼 모습이다. 편집광적인 목적에 맞추어서 하염없이 분열하고 또 분열하는 데에 몰두하는 세포의 징후이다. 이 백혈병 세포는 국립 암연구소에서 나의 연구실로 왔다. 국립 암연구소에서는 이들을 거의 30년 동안 증식시키면서 연구해왔다. 이 세포들이 여전히 음탕할 정도의 번식력을 가지고 자라고 있다는 사실은 이 질병이 얼마나 무시무시한 괴력이 있는지를 단적으로 보여준다.

기술적으로 말하면, 이 세포는 불멸이다. 예전에 이 세포를 채취했던 몸의 주인인 여성은 30년 전에 사망했다.

일찍이 1858년에 피르호는 이 증식의 힘을 인식했다.[1] 현미경으로 암 표본을 들여다본 피르호는 암이 세포의 과다 형성, 즉 세포가 어지럽게 병리학적으로 성장하는 것임을 이해했다. 그러나 비록 핵심인 비정상을 인식하고 기재했지만, 그 원인을 깊이 파고들 수는 없었다. 그는 염증 ― 붉어지고 부어오르고 면역계가 활성을 띠는 것이 특징인 해로운 손상에 대한 몸의 반응 ― 이 세포를 증식시켜서 악성 세포의 증식을 야기한다고 주장했다. 그의 말은 거의 옳았다. 수십 년에 걸쳐서 연기를 피워대는 만성 염증은 암을 일으키지만(간의 만성 간염 바이러스 감염은 간암을 일으킨다), 피르호는 원인의 본질을 놓쳤다. 염증은 손상에 반응하여 세포를 분열하게 하지만, 이러한 세포 분열은 세균이나 상처 같은 외부 원인에 대한 반응이다. 암에서는 세포가 **자연적으로** 증식한다. 즉 내부 신호에 따라서 분열한다. 피르호는 암을 세포 주위의 교란된 생리적 환경 탓으로 돌렸다. 그는 암세포 자체에 진정한 교란의 원인이 들어 있다는 것을 헤아리지는 못했다.

피르호의 베를린 연구소에서 남쪽으로 약 320킬로미터 떨어진 곳에서, 프라

하의 생물학자 발터 플레밍은 비정상 세포 분열의 원인을 밝혀내려고 애썼다.[2] 비록 사람의 세포가 아니라 도롱뇽 알을 연구 대상으로 삼기는 했지만 말이다. 세포 분열을 이해하려면, 세포의 내부 구조를 시각화해야 했다. 1879년에 그는 파울 에를리히가 쓴 만능 화학 염료인 아닐린으로, 분열하는 도롱뇽 세포를 염색했다. 그러자 세포핵 깊숙이 들어 있는 실 같은 물질이 파랗게 염색되어서 나타났다. 이 물질은 세포 분열 직전에 응축되어서 하늘색으로 밝게 빛났다. 플레밍은 파랗게 염색된 이 구조를 **염색체**, 즉 "염색이 된 물체"라고 했다. 그는 모든 종의 세포들이 저마다 다른 개수의 염색체를 가진다는 것(사람은 46개, 도롱뇽은 14개)을 알았다. 염색체는 세포 분열 때 복제되었다가 두 딸세포에 똑같이 나누어짐으로써, 세포 분열의 각 세대마다 염색체 수는 일정하게 유지되었다. 그러나 플레밍은 세포에 든 이 수수께끼의 파란 "염색이 된 물체"가 어떤 기능을 하는지는 알 수 없었다.

플레밍이 현미경 렌즈를 도롱뇽 알에서 피르호의 사람 세포 표본으로 옮겼다면, 암세포의 근원적인 비정상을 이해하는 데에 그 다음 단계의 중요한 개념적 도약을 이루었을지도 모른다. 플레밍과 피르호의 발자취를 따라가서 그 두 가지 사이의 논리적 도약을 이룬 사람은 피르호의 예전 조수였던 다비트 파울 폰 한세만이었다.[3] 폰 한세만은 아닐린 염료로 염색한 암세포를 현미경으로 살펴보다가, 플레밍의 염색체가 암세포에서 뚜렷이 비정상이라는 것을 발견했다. 그 세포는 갈라지고 해지고 뒤죽박죽이 된 염색체, 끊어지고 재결합된 염색체, 3중체, 4중체가 된 염색체를 가지고 있었다.

폰 한세만의 관찰로부터 한 가지 심오한 결론이 따라나왔다. 대다수 과학자들은 암세포에 있다는 기생체 사냥을 계속했다. (베넷의 자연적인 곪음 이론은 일부 병리학자들에게 여전히 음산한 매력을 풍겼다.) 그러나 폰 한세만은 암세포 내부에 있는 이 물체의 구조 속에 진정한 비정상이 있다고 주장했다. 염색체에, 따라서 암세포 자체에 있다고 말이다.

그러나 그것이 원인이었을까, 결과였을까? 암이 염색체의 구조를 바꾸었을까? 아니면 염색체의 변화가 암을 일으켰을까? 폰 한세만은 염색체 변화와 암의 상관관계를 관찰했다. 그에게 필요한 것은 이제 두 가지를 인과적으로 연결하는 실험이었다.

그 빠진 실험 고리는 피르호의 또다른 예전 조수인 테오도어 보베리의 연구실에서 나왔다. 플레밍과 마찬가지로 도롱뇽 세포를 연구하던 보베리는 방향을 바꾸어서 단순한 생물의 단순한 세포를 연구하기로 결심했다. 바로 성게의 알이었다. 나폴리 인근의 바람이 심한 해안에서 채취한 것이었다. 동물의 알이 대개 그렇듯이, 성게의 알도 엄격한 일부일처제를 택했다. 즉 일단 정자 하나가 알에 들어가면, 알은 즉시 장벽을 세워서 다른 정자가 들어가지 못하게 막았다. 수정된 뒤에 알은 분열하여 2개, 이어서 4개의 세포가 된다. 그리고 매번 염색체는 복제되었다가 갈라져서 두 딸세포에 똑같이 들어간다. 이 자연적인 염색체 분리를 이해하기 위해서, 보베리는 고도로 비자연적인 실험을 고안했다.[4] 그는 성게 알이 단 하나의 정자로 수정되도록 놔두지 않고, 화학물질로 알의 바깥막을 벗겨냄으로써 알이 2개의 정자로 수정되도록 했다.

보베리는 중복 수정이 염색체에 혼란을 일으킨다는 것을 알았다. 2개의 정자가 하나의 알을 수정시키자 염색체는 세 벌이 되어서 균등하게 나뉠 수 없었다. 염색체를 딸세포들에 균등하게 나누어넣을 수 없게 된 성게 알은 미친 듯이 내부 혼란에 빠졌다. 36개의 성게 염색체 모두가 제대로 조합되어서 정상적으로 발달한 세포도 희귀하게 있었다. 염색체들이 잘못 조합되어서 발달하지 못하거나 발달하다가 멈추어서 쪼그라들어 죽는 세포도 있었다. 보베리는 염색체가 세포의 적절한 발달과 성장에 아주 중요한 핵심 정보를 가지는 것이 분명하다고 결론지었다.

이 결론을 토대로 보베리는 암세포의 비정상에 관한, 조금 무리라고 볼 수도 있을 법한 대담한 추측을 내놓았다. 암세포가 현저하게 비정상적인 염색체를 가지고 있으므로, 보베리는 염색체 비정상이 암의 특징인 병리학적 성장의 원인일 수 있다고 주장했다.

보베리는 자신이 갈레노스에게로—모든 암이 공통적인 비정상과 연관되어 있다는 오래된 개념으로—돌아가고 있다는 것을 알았고, 그것을 "암종의 단일한 원인"이라고 했다.[5] 보베리는 암이 "서로 다른 질병들의 부자연스러운 집단"이 아니라고 썼다.[6] 대신에 모든 암의 배후에는 한 가지 공통의 특징이 숨어 있었다. 비정상 염색체에서 나오는, 따라서 암세포 **내부의** 동일한 비정상이 그것이었다. 보베리는 이 깊이 자리한 내부 비정상의 특성을 더 깊이 파헤칠 수는 없었지만, 암종의 "단일한 원인"은 이 혼란 속에 있었다. 검은 담즙의 혼돈이 아니라 파란 염색체의 혼돈 속에 말이다.

보베리는 1914년에 "악성 종양의 기원에 관하여(Concerning the Origin of Malignant Tumors)"라는 품위 있는 과학 소책자의 형태로 자신의 암 염색체 이론을 발표했다. 그것은 성게와 악성을 하나의 천으로 엮은 사실, 환상, 영감 어린 추측으로 이루어진 경이로운 작품이었다. 그러나 보베리 이론은 예기치 않은 문제에 직면했는데, 그 이론이 설명할 수 없는 몹시 모순되는 사실이 하나 있다는 것이었다. 보베리가 이론을 발표하기 4년 전인 1910년, 록펠러 연구소에서 일하는 페이턴 라우스는 닭의 암이 바이러스로 생길 수 있다는 것을 보여주었고, 그 바이러스는 곧 라우스 육종 바이러스(RSV)라는 이름을 얻었다.[7]

핵심 문제는 이것이었다. 병원(病源)으로서의 라우스의 바이러스와 보베리의 염색체는 양립할 수 없었다. 바이러스는 병원체, 외부 행위자, 세포의 외인성 침입자이다. 염색체는 내부의 실체, 세포 속에 깊숙이 들어 있는 내인성 구조물이다. 상반되는 두 가지의 것이 같은 질병의 "단일한 원인"이라고 주장할 수는 없었다. 내부 구조물인 염색체와 외부 감염체인 바이러스가 어떻게 모두 암을 일으킬 수 있단 말인가?

어느 이론도 확고한 증거가 없는 상태에서는 바이러스가 암의 원인이라는 이론이 훨씬 더 매력적이고, 믿을 만해 보였다. 1898년에 처음으로, 식물에 병을 일으키는 미세한 감염 미생물로서 분리된 바이러스는 점점 동물과 인간의 다양한 병을 일으키는 원인으로 인식되었다. 라우스가 암을 일으키는 바이러스를 분리하기 1년 전인 1909년, 카를 란트슈타이너는 바이러스가 소아마비의 원인이라는 것을 보여주었다.[8] 1920년대 초까지 우두(牛痘)와 사람 헤르페스 감염을 일으키는 바이러스들이 분리되어 연구실에서 배양됨으로써, 바이러스와 사람 및 동물의 질병 사이의 관계는 더욱 확고해졌다.

원인에 대한 믿음이 치료법에 대한 희망과 결부되는 것은 당연했다. 병의 원인이 외인성이고 감염성이라면, 암의 치료법이 나올 가능성도 더 높아지는 듯했다. 제너가 보여주었듯이, 우두 백신 접종은 훨씬 더 치명적인 천연두 감염을 예방했고, 라우스의 암을 일으키는 바이러스 발견(비록 닭에서이지만)은 즉각 치료용 암 백신이라는 개념을 불러일으켰다. 대조적으로 암이 실 같은 염색체에 숨어 있는 신비한 문제로 생긴다는 보베리의 이론은 희박한 실험 증거에 토대를 두었고, 치료법에 대한 아무런 전망도 제공하지 않았다.

암세포의 메커니즘 이해가 바이러스와 염색체 사이의 중간지대에 갇혀서 떠돌고 있는 사이에, 20세기 초에 정상 세포의 이해에 혁명이 일어남으로써 생물학 전체에 파급 효과를 미쳤다. 이 혁명의 씨앗은 오스트리아 브르노라는 외진 수도원에 은거한 근시 수도사가 뿌렸다. 그는 취미로 완두를 심고 교배했다. 1860년대 초, 홀로 일하면서 그레고어 멘델은 완두 순종들에서 한 세대에서 다음 세대로 유전되는 몇 가지 특징을 파악했다.[9] 꽃의 색깔, 씨의 표면의 결, 완두 식물의 키 등이었다. 멘델이 작은 집게를 이용하여 키 작은 식물과 키 큰 식물, 파란 꽃과 초록 꽃을 교배시키자, 놀라운 현상이 나타났다. 키 작은 식물과 키 큰 식물을 교배시키자, 중간키의 식물이 나오는 것이 아니라 키 큰 식물들이 나왔다. 주름진 씨와 매끄러운 씨를 교배시키자, 주름진 씨만 나왔다.

　멘델 실험은 훨씬 더 큰 의미를 함축했다. 멘델은 유전되는 형질이 보이지 않는 분리된 소포 형태로 전달된다고 주장했다. 생물은 이런 정보 소포를 전달함으로써 한 세포에서 자손 세포로 "명령문"을 전달한다.

　멘델은 이런 형질이나 특성을 기재하는 일만 할 수 있었다. 즉 색깔, 결, 키가 한 세대에서 다음 세대로 이동한다는 의미로만 말할 수 있었다. 그는 한 식물에서 자손으로 이 정보를 전달하는 것이 무엇인지 볼 수도, 깊이 파헤칠 수도 없었다. 세포의 내부조차 거의 들여다볼 수 없는, 램프 불빛을 이용하는 그의 원시적인 현미경은 유전의 메커니즘을 밝힐 능력을 전혀 갖추지 못했다. 멘델은 심지어 이 유전 단위에 붙일 이름조차 가지고 있지 않았다. 수십 년 뒤인 1909년에 식물학자들은 그것에 유전자(gene)라는 이름을 붙였다.[10] 그러나 그 이름은 아직 그저 이름일 뿐이었다. 즉 유전자의 구조나 기능에 관한 추가 설명을 전혀 제공하지 않았다. 멘델의 연구는 반세기 동안 생물학에 도발적인 의문을 하나 남겼다. 세포 안에 든 "유전자"—유전의 입자—는 육체적으로, 물질적으로 어떤 형태일까?

1910년에 뉴욕 컬럼비아 대학교의 발생학자 토머스 헌트 모건이 그 답을 찾아냈다.[11] 대상이 초파리라는 점이 달랐지만, 모건도 멘델처럼 강박적으로 교배에 몰두했다. 그는 컬럼비아 대학교 교정의 한쪽 구석에 있는 세칭 파리방에서 썩어가는 바나나로 초파리 수천 마리를 키웠다. 모건도 멘델처럼 유전성 형질이 초파리의 세대에서 세대로 보이지 않게 전달된다는 것을 알았다. 섞이지 않고 부모에게서 자손에게로 전달되는 눈 색깔, 날개 무늬 같은 형질이었다.

모건은 또다른 관찰도 했다. 그는 하얀 눈 색깔 같은 이따금 나타나는 희귀한 형질이 본질적으로 초파리의 성별과 관련이 있다는 데에 주목했다. 하얀 눈은 수컷에게서만 나타났다. 모건은 "수컷성"—성별의 유전—이 염색체와 연관되어 있다는 것을 알았다. 따라서 유전자는 염색체, 즉 30년 전에 플레밍이 파악한 실 같은 구조물에 담겨 있어야 했다. 플레밍이 기록한 염색체의 특성에 관한 초기 관찰들이 모건에게 이치에 맞게 와닿기 시작했다. 염색체는 세포 분열 때 복제되므로, 유전자도 마찬가지로 복제되어서 한 세포에서 다음 세포로, 한 생물에서 다음 생물로 전달된다는 것이 말이다. 염색체의 비정상은 성게의 성장과 발달의 비정상을 낳으므로, 비정상 유전자가 이런 기능 장애를 일으킨 것이 분명했다. 1915년에 모건은 멘델 유전 이론을 크게 발전시킬 중요한 주장을 했다. 유전자가 염색체에 있다는 것이었다. 유전자를 한 세포에서 그 자손으로 이동할 수 있도록 한 것은 세포 분열 때의 염색체 전달이었다.

"유전자"에 관한 세 번째 통찰력을 제공한 것은 뉴욕 록펠러 대학교의 세균학자 오즈월드 에이버리의 연구였다.[12] 멘델은 유전자가 한 세대에서 다음 세대로 이동할 수 있다는 것을 발견했다. 모건은 유전자가 염색체에 담겨서 그렇게 운반된다는 것을 입증했다. 1926년에 에이버리는 특정한 세균 종에서 유전자가 한 세균에서 이웃 세균으로, 두 생물 사이에 **수평** 전달이 될 수 있다는 것을 발견했다. 심지어 죽은 불활성 세균—화학물질의 혼합물이나 다름없다—도 살아 있는 세균으로 유전정보를 전달할 수 있었다. 이것은 불활성 화학물질이 유전자를 전달한다는 것을 의미했다. 에이버리는 열을 가해서 죽인 세균을 화학 성분별로 분리했다. 그리고 각 화학 성분이 유전자를 전달하는 능력이 있는지를 검사함으로써, 1944년에 에이버리 연구진은 디옥시리보핵산(deoxyribonucleic acid), 즉 DNA라는 화학물질이 유전자를 운반한다고 발표했다. 과학자들이 예전에 아무런 실제 기능도 없는 일종의 세포 충전재로 치부했던 것—생물학자 막스 델브뤼크는 경멸조로 그것을 "멍청이 분자"라고 부르기도 했다 — 이 세포 사이에 유전정보를 전달하는 중앙 컨베이어, 즉 화학 세계의 모든 분자 중에서 가장 덜 멍청한 것임이 드러났다.

생물학자들이 그 단어를 만든 지 30년이 지난 1940년대 중반이 되자, 유전자의 분자적 특성이 명확히 드러났다. 기능적으로 유전자는 한 세포에서 다른 세포로, 혹은 한 세대에서 다음 세대로 생물학적 형질을 운반하는 유전의 단위였다. 물리적으로 유전자는 세포 안에 염색체 형태로 들어 있었다. 화학적으로 유전자는 디옥시리보핵산, 즉 DNA로 이루어져 있었다.

그러나 유전자는 오직 정보만 전달한다. 유전자의 기능적, 물리적, 화학적 이해는 메커니즘의 이해로 이어져야 했다. 유전정보가 어떻게 세포 안에서 발현되는 것일까? 유전자는 무엇을 "할까?" 그리고 어떻게?

토머스 모건의 제자인 조지 비들은 이런 질문의 답을 찾기 위해서 모건의 초파리에서 더욱 원시적인 생물인 점균류로 연구 대상을 바꾸었다.[13] 그는 캘리포니아의 스탠퍼드 대학교에서 생화학자 에드워드 테이텀과 공동으로 유전자가 단백질 — 세포의 일꾼인 복잡한 다차원 거대분자 — 을 만드는 명령문을 가진다는 것을 발견했다.

연구자들은 1940년대에 단백질이 세포의 수많은 기능을 수행한다는 것을 알았다. 단백질은 세포의 생명 유지에 반드시 필요한 생화학 반응을 촉진하는 촉매인 효소를 만든다. 또 단백질은 다른 단백질이나 분자의 수용체가 되어서, 한 세포에서 옆 세포로 신호를 전달하는 일을 한다. 단백질은 세포가 공간에서 특정한 형태로 존재할 수 있도록, 분자 뼈대 등 세포의 구조적 성분을 만들 수 있다. 또 단백질은 다른 단백질들을 조절함으로써, 세포의 생활사를 조절하는 세포 속의 미세 회로를 만든다.

비들과 테이텀은 유전자가 단백질을 만드는 청사진을 제공함으로써 "일한다"는 것을 밝혀냈다. 단백질은 구현된 유전자이다. 유전자의 명령문에서 만들어진 기계이다. 그러나 단백질은 유전자에서 직접 만들어지지 않는다. 1950년대 말에 파리에서 일하는 자크 모노와 프랑수아 자코브, 칼텍의 시드니 브레너와 매슈 메셀슨, 케임브리지의 프랜시스 크릭은 유전자에서 단백질의 생성이 중간 단계를 요구한다는 것을 발견했다.[14] 리보핵산(ribonucleic acid), 즉 RNA라는 분자였다.

RNA는 유전자 청사진의 작업본이다. 유전자가 단백질로 번역되는 것은 RNA를 통해서이다. 유전자의 이 중간 RNA 사본을 유전자의 "메시지"라고 한다. 유전정보는 일련의 분리되고 통합된 단계들을 통해서 한 세포에서 다음 자손으로 전달된다. 우선 염색체에 자리한 유전자는 세포가 분열할 때 복제되어 자손 세포로 전달된다. 그 다음에 DNA 형태의 유전자는 RNA 사본을 만든다. 마지막으로 이 RNA 메시지는 단백질로 번역된다. 유전정보의 최종산물인 단백질은 유전자에 암호로 담겨 있던 기능을 수행한다.

멘델과 모건에게서 빌린 한 사례는 세포 정보 전달 과정을 이해하는 데에 도움을 준다. 붉은 눈 초파리는 붉은 색소 단백질을 만드는 정보를 담은 유전자를 가지기 때문에 빛나는 루비 색깔의 눈이 된다. 매번 세포가 분열할 때마다 이 유전자의 사본이 만들어지며, 따라서 이 유전자는 초파리 개체에서 난자로, 그런 뒤 자손 초파리의 세포로 전해진다. 이 유전자는 자손 초파리의 눈 세포에서 "판독된다." 즉 중간 RNA 메시지로 전환된다. 그리고 RNA 메시지는 눈 세포에게 붉은 색소 단백질을 만들라고 명령한다. 그럼으로써 다음 세대의 붉은 눈 초파리가 생긴다. 이러한 정보의 흐름을 어떤 식으로든 방해하면 붉은 눈 형질의 전달이 교란될 수 있으며, 그러면 색깔 없는 눈의 초파리가 나올 수 있다.

유전정보의 이런 일방적인 흐름—DNA → RNA → 단백질—은 세균에서 점균류와 초파리를 거쳐서 사람에 이르기까지 모든 생물에게 보편적인 것으로 드러났다. 1950년대 중반에 생물학자들은 이것을 분자생물학의 "중심 원리"라고 했다.

이 눈부신 생물학적 발견의 세기—1860년에 멘델의 유전자 발견에서 1950년대 말 모노의 유전자의 RNA 사본 발견에 이르는 세기—는 정상 세포의 내부 활동을 조명했다. 그러나 암세포의 활동이나 암의 원인은 거의 조명하지 않았다. 두 감질 나는 사례를 제외하고 말이다.

첫 번째는 사람 연구로부터 나왔다. 19세기 의사들은 유방암과 난소암 같은 몇몇 형태의 암이 집안에서 전해지는 경향이 있다는 것을 발견했다. 이것이 그 자체로 유전적인 원인임을 증명하는 것은 아니었다. 가족은 유전자뿐만 아니라 습관, 바이러스, 음식, 화학물질 노출, 신경증 행동—모두가 이 시대 혹은 저 시대에 암의 원인이라고 생각되었던 것들이다—을 공유한다. 그러나 이따금 원인이 대물림된다는 것(따라서 **유전적** 원인이 있다는 것)을 무시할 수 없을 정도로 가족력이 뚜렷하게 나타나기도 했다.

1872년에 리우에서 개업의로 일하는 브라질 안과의사 일라리우 데 고베아는 눈에 망막모세포종이라는 희귀한 암에 걸린 소년의 눈을 수술로 제거하여 치료했다.[15] 소년은 수술에서 살아남았고, 자라서 집안에 암 가족력이 전혀 없는 여성과 결혼했다. 부부는 아이를 몇 명 낳았는데, 딸 두 명이 양쪽 눈에 아버지와 같은 망막세포종이 발달하여 사망했다. 데 고베아는 이 사례를 당혹스러운 수수께끼라고 학계에 보고했다. 그는 유전학 언어는 가지지 못했지만, 후대 관찰자들에게 그 사례는 유전자에 "살아 있으면서" 암을 일으키는, 대물림되는 인자가 있다는 것을 시사했다. 그러나 그런 사례는 매우 희귀했기 때문에 이 가설을 실험으로 검증하는 것은 어려웠고, 데 고베아의 사례는 대체로 무시되었다.

과학자들이 두 번째로 암의 원인 주위를 맴돈 것—암형성의 핵심을 거의 건드릴 뻔했다—은 그 기이한 브라질 사례가 나온 지 수십 년이 지난 뒤였다. 1910년에 컬럼비아 대학교의 초파리 유전학자 토머스 헌트 모건은 초파리 떼에 이따금 돌연변이 초파리가 나타난다는 점에 주목했다. 생물학에서 돌연변이체는 정상과 다른 생물이라고 정의된다. 모건은 날개가 정상인 엄청나게 많은 수의 초파리 중에서 이따금 거친 날개, 즉 가장자리가 울퉁불퉁한 날개를 가진 "괴물"이 나온다는 것을 발견했다. 모건은 이 돌연변이가 유전자 변형의 결과이며, 한 세대에서 다음 세대로 전달될 수 있다는 것을 발견했다.

그러나 돌연변이의 원인은 무엇일까? 1928년에 모건의 학생인 허먼 조지프 멀러는 엑스 선이 초파리에게서 돌연변이율을 엄청나게 증가시킬 수 있다는 것을 발견했다.[16] 컬럼비아 대학교에서 모건은 돌연변이 초파리가 자연적으로 나타나기를 기다렸다. (세포 분열 중에 DNA가 복제될 때, 복제 오류로 이따금 유전자에 우발적인 변화가 일어나서 돌연변이가 나타난다.) 멀러는 이런 우연한 사건의 발생률을 촉진시킬 수 있다는 것을 알았다. 그는 초파리에 엑스 선을 쬐면 몇 개월 사이에 수백 마리의 돌연변이 초파리를 만들 수 있다는 것을 발견했다. 모건 연구진이 방대한 교배 프로그램을 이용하여 거의 20년에 걸쳐서 만들어낸 것보다 더 많았다.

엑스 선과 돌연변이의 연관성을 통해서 모건과 멀러는 암에 관한 중요한 점 하나를 거의 깨닫기 직전까지 갔다. 방사선이 암을 일으킨다는 것은 알려져 있었다. (마리 퀴리의 백혈병과 라듐 시계 제조공들의 혀암을 떠올려보라.) 엑스 선은 초파리 유전자에 돌연변이도 일으키므로, 암이 **돌연변이**의 질병일 수 있지 않을까? 그리고 돌연변이는 유전자를 바꾸므로, 유전적 변형이 암의 "단일한 원인"일 수 있지 않을까?

멀러와 모건, 제자와 스승이 그들의 가공할 과학적 실력을 하나로 모으기만 했다면, 그들은 이 질문에 답하고 돌연변이와 악성 사이의 본질적인 연관성을 밝혀냈을지도 모른다. 그러나 한때 가까운 동료였던 그들은 이때 서로 충돌하고 원한을 가진 경쟁자가 되어 있었다. 노년에 성미가 고약하고 깐깐해진 모건은 멀러의 돌연변이 유발 이론을 제대로 인정하지 않았다. 그는 그것이 대체로 파생된 관찰일 뿐이라고 보았다. 반면에 멀러는 예민하고 편집증이 있었다. 그는 모건이 자신의 생각을 훔쳤고, 부당하게 명예를 함께 누리고 있다고 느꼈다. 1932년에 텍사스로 연구실을 옮긴 멀러는 근처 숲으로 가서 수면제를 한 통 삼켜서 자살을 시도했다. 그는 살아났지만 불안과 우울증에 시달렸고, 그 뒤로 그의 과학적 생산성은 쇠락했다.

한편, 모건은 초파리 연구가 사람 질병을 이해하는 것과 관련이 있지 않냐는 주장에는 고집스럽게 비관적인 입장을 유지했다. 1933년에 모건은 방대한 초파리 유전학 연구로 노벨 생리의학상을 받았다. (멀러는 1946년에 따로 노벨상을 받았다.) 그러나 모건은 자신의 연구가 의학과 관련이 있냐는 문제에는 자기 비하적으로 썼다. "내 생각에 유전학이 의학에 끼친 가장 중요한 공헌은 지적인 것이다." 그는 미래의 어느 시점에는 의학과 유전학이 수렴될 것이라고 상상했다. "아마 그때는 의사가 유전학자인 친구에게 자문을 구하고 싶어할지도 모른다!"[17]

그러나 1940년대의 종양학자들에게 그런 "자문"은 억지스러워 보였다. 암의 내부에서 유전적 원인을 찾는 사냥은 보베리 이후로 중단되었다. 병리학적 체세포 분열은 암 조직에서 볼 수 있었지만, 유전학자와 발생학자 두 가지 모두 핵심 질문에 대답하지 못했다. 그렇게 절묘하게 조절되는 과정에서 그토록 갑작스럽게 체세포 분열을 혼돈으로 전환시킨 원인이 무엇일까?

더 깊은 차원에서 볼 때, 실패한 것은 일종의 생물학적 상상력이었다. 보베리의 마음은 성게에서 암종으로 너무 곡예를 부리듯이 도약했고, 모건도 완두에서 초파리로 그렇게 도약했다. 그것은 어느 정도는 생물학 자체가 생물에서 생물로 도약하면서 모든 생물계를 깊이 관통하는 체계적인 세포 청사진을 찾고 있었기 때문이기도 했다. 그러나 같은 청사진을 사람의 질병으로 확장하는 것은 훨씬 더 도전적인 과제라는 것이 드러났다. 컬럼비아에서 모건은 꽤 많은 초파리 괴물을 모았지만, 인간의 진짜 **질병**과 근소하게라도 비슷한 것은 전혀 없었다. 암 의사가 암의 병태생리학을 이해하는 데에 도움을 얻고자 "유전학자 친구"를 부른다는 개념은 우스꽝스러웠다.

암 연구자들이 다시 유전자와 돌연변이의 언어로 돌아간 것은 1970년대였다. 그러나 이 언어로, 그리고 암의 진정한 "단일한" 원인으로 돌아가는 여행은 새로운 생물학의 영역을 통해서 당혹스러울 정도로 멀리 우회하게 되고, 50년은 더 걸리게 된다.

바이러스라는 불빛 아래에서

미확인 비행접시, 혐오스러운 스노맨, 네스 호 괴물, 사람 암 바이러스
—「메디컬 월드 뉴스」, 1974년, 널리 보고되고 널리 알려져 있지만
결코 본 적은 없는 네 가지 "수수께끼"[1]

생화학자 아서 콘버그는 초창기 현대 생물학 분야가 한 남자가 가로등 아래에서 미친 듯이 열쇠를 찾고 있는 유명한 이야기에 나오는 주인공처럼 행동한다고 농담을 한 적이 있다.[2] 지나가던 사람이 열쇠를 잃어버린 곳이 그곳이 맞느냐고 묻자, 남자는 사실 집에서 잃어버렸다고 말한다. 그런데 왜 가로등 밑을 뒤지느냐고 하자, 남자는 이렇게 말한다. "여기 불빛이 가장 밝으니까요."

현대 생물학의 동이 아직 트기 전, 생물을 대상으로 한 실험은 너무 시행하기가 어려웠고, 결과도 너무 예측할 수 없었기 때문에, 과학자들은 실험 대상을 고를 때 심하게 제약을 받았다. 그래서 실험은 가장 단순한 모델 생물—초파리, 성게, 세균, 점균류—를 대상으로 이루어졌다. 거기 "불빛"이 가장 밝았으니까.

암생물학에서는 라우스 육종 바이러스가 유일하게 그런 불빛이 비치는 곳이었다. 물론 그것은 닭이라는 한 종에서 희귀한 암을 일으키는 희귀한 바이러스였다.* 그러나 그것은 살아 있는 생물에 진짜 암을 일으키는 가장 믿을 만한 수단이기도 했다. 암 연구자들은 엑스 선, 검댕, 담배연기, 석면이 사람의 암을 일으키는 훨씬 더 흔한 위험인자라는 것을 잘 알았다. 그들은 유전자에 망막모세포종을 가진 듯한 가족이 있다는 브라질의 기이한 사례도 들었다. 그러나 실험 환경에서 암을 다룰 수 있게 해주는 것은 라우스 바이러스뿐이었고, 따라서 그것은 각광을 한 몸에 받으며 중앙 무대에 서는 주인공이 되었다.

---

* SV 40과 인유두종 바이러스(human papilloma virus, HPV)와 같은 다른 암 유발 바이러스는 각각 1960년과 1983년에 발견된다.

라우스 바이러스 연구 자체는 매력적이었지만, 페이턴 라우스라는 인물의 가공할 위세 때문에 상황은 복잡해졌다. 독불장군에 설득력이 강하고 굽힐 줄 모르는 성격인 라우스는 자신의 바이러스에 거의 자식을 대하듯이 애착심을 가지게 된 나머지, 원인에 관한 다른 어떤 이론도 결코 수용하려고 하지 않았다. 그는 역학자들이 외인성 발암물질이 암과 상관관계가 있다는 것을 보여주었다(1950년에 나온 돌과 힐의 연구는 흡연이 폐암 증가와 관련이 있다는 것을 명확히 보였다)고 인정했다. 그러나 그것은 암 인과관계의 메커니즘을 전혀 설명하지 못했다. 라우스는 바이러스만이 해답이라고 느꼈다.

따라서 1950년대 초에 암 연구자들은 반목하는 세 진영으로 갈라져 있었다. 라우스가 이끄는 바이러스학자들은 바이러스가 암을 일으킨다고 주장했다. 비록 인체 연구에서 그런 바이러스를 전혀 찾아내지 못했을지라도 말이다. 돌과 힐 같은 역학자들은 외인성 화학물질이 암을 일으킨다고 주장했다. 비록 그 이론이나 결과의 메커니즘을 설명할 수는 없었지만 말이다. 테오도어 보베리의 계승자들로 이루어진 세 번째 진영은 가장 먼 변방에 있었다. 그들은 세포 안에 있는 유전자가 암의 원인일 수 있다는 미약한 정황 증거는 있었지만, 역학자의 강력한 인체 관련 자료도, 닭 바이러스학자의 절묘한 실험에서 얻은 통찰력도 없었다. 위대한 과학은 거대한 모순에서 출현하며, 여기에서도 암생물학의 중심을 가르며 나아가는 입을 쩍 벌린 단층이 있었다. 사람의 암은 감염체 때문에 생겼을까? 외인성 화학물질 때문에 생겼을까? 내부의 유전자 때문에 생겼을까? 세 과학자 집단은 어떻게 똑같은 코끼리를 만지면서 코끼리의 기본 해부 구조에 관해서 그렇게 서로 근본적으로 다른 견해를 내놓을 수 있었을까?

1951년 당시에 박사후연구원이었던 하워드 테민이라는 젊은 연구자가 캘리포니아 패서디나의 캘리포니아 공대에 초파리 유전학을 연구하러왔다. 쉴 새 없이 일하고 상상력이 풍부했던 테민은 곧 초파리에 싫증을 느꼈다. 그는 분야를 바꾸어서 레나토 둘베코의 연구실에서 라우스 육종 바이러스를 연구하기로 했다. 이탈리아 칼라브리아 출신의 유쾌하고 세련된 귀족인 둘베코는 칼텍에서 속세와 동떨어진 어렴풋이 귀족 집안의 분위기가 풍기는 연구실을 운영했다. 테민은 그 분위기에 완벽하게 들어맞았다. 둘베코가 동떨어지기를 원했다면, 테민은 독립을 원했다. 테민은 몇몇 젊은 과학자들(훗날 「사이언티픽 아메리칸」에 암과의 전쟁에 관한 기사를 쓸, 존 케언스를 포함하여)과 패서디나에 집을 구해서, 무거운 공동 취사도구로 별난 요리를 하고 밤늦게까지 생물학의 수수께끼를 놓고 수다를 떨며 시간을 보냈다.

연구실에서도 테민은 실패할 것이 거의 확실한 별난 실험을 구상했다.[3] 1950년대 말까지 라우스 육종 바이러스는 살아 있는 닭에게만 종양을 일으킨다고 알려져 있었다. 해리 루빈과 긴밀하게 협력하고 있던 테민은 그 바이러스가 어떻게 정상 세포를 암세포로 전환시키는지를 연구하고 싶었다. 그러려면 대단히 단순화한 체계, 즉 닭과 종양이 없이 배양접시에 담긴 세균과 비슷한 체계가 필요했다. 그래서 테민은 배양접시에서 암을 일으킨다는 상상을 했다. 둘베코 연구실에서 지낸 지 7년째인 1958년, 테민은 드디어 성공했다. 그는 라우스 육종 바이러스를 배양접시에 퍼진 정상 세포층에 뿌렸다. 감염된 세포는 통제 불가능하게 증식하면서 수백 개의 세포가 든 일그러진 작은 덩어리를 형성했다. 테민은 그것을 병터(foci, focus의 복수형)라고 했다. 테민은 암이 본질적이고 원초적인 형태로 증류된 것이 병터라고 추론했다. 즉 통제 불가능하고 멈출 수 없이 성장하는, 병리학적 체세포 분열을 하는 세포들이라고 말이다. 테민에게 작은 세포 덩어리를 살펴보고, 그 덩어리가 사람을 죽이는 것이며 퍼지는 전신 질병의 정수라고 재상상하게 만든 것은 상상력이라는 진정한 추진력이었다. 그러나 그는 세포, 그리고 그것과 바이러스의 상호작용이 악성 과정을 추진하는 데에 필요한 생물학적 성분의 전부라고 믿었다. 그 유령은 생물에서 나온다고 말이다.

테민은 이제 배양접시의 암을 이용하여 동물 자체를 대상으로는 거의 불가능했던 실험을 할 수 있었다. 1959년에 이 체계를 이용한 첫 실험 중의 하나는 뜻밖의 결과를 내놓았다. 보통 바이러스는 세포를 감염시키고, 더 많은 바이러스를 만들고, 더 많은 세포를 감염시키지만, 세포의 유전적 조성, 즉 DNA에 직접 영향을 끼치지는 않는다. 한 예로 독감 바이러스는 폐 세포를 감염시켜서 더 많은 독감 바이러스를 만들지만, 우리 유전자에 영구 지문을 남기지는 않는다. 그 바이러스가 사라질 때, 우리 DNA는 손상 없이 고스란히 남는다. 그러나 라우스 바이러스는 다르게 행동했다. 라우스 육종 바이러스는 세포에 감염되면 세포의 DNA에 **물리적으로** 달라붙음으로써, 세포의 유전적 조성, 즉 유전체에 변화를 일으켰다. 테민은 "기능적 의미뿐만 아니라 일부 구조적 의미에서 바이러스는 세포 유전체의 일부가 된다"라고 썼다.*4)

바이러스 유전자의 DNA 사본이 세포의 유전자에 구조적으로 결합될 수 있다는 관찰 결과에 테민과 둘베코는 흥미를 느꼈고, 그것은 더욱 흥미로운 개념상의 문제를 제기했다. 바이러스 중에는 유전자가 중간 형태인 RNA에 들어 있는 것들이 있다. 어떤 바이러스는 유전자의 DNA 원본 없이 RNA 형태의 유전체를 가지며, 바이러스가 세포에 감염되면 그 유전체가 직접 바이러스 단백질을 만든다.

테민은 다른 연구자들의 연구로부터 라우스 육종 바이러스가 그런 RNA 바이러스의 일종이라는 것을 알게 되었다. 그러나 바이러스 유전자가 RNA로 시작한다면, 자신의 유전자 사본을 어떻게 DNA로 바꿀 수 있는 것일까? 분자생물학의 중심 원리는 그런 전환을 금지했다. 그 원리에 따르면, 생물학적 정보는 오직 DNA에서 RNA를 거쳐서 단백질로, 일방통행로를 따라서 나아갈 뿐이었다. 테민은 궁금했다. 대체 어떻게 생물학적 정보의 일방통행로를 거꾸로 달려서, RNA가 자신의 DNA 사본을 만드는 곡예를 부릴 수 있는 것일까?

테민은 신념의 도약을 했다. 자료가 원리에 맞지 않는다면, 자료가 아니라 원리를 바꿀 필요가 있었다. 그는 라우스 육종 바이러스가 아주 특수한 성질, 여느 다른 생물에게 찾아볼 수 없는 특성을 가진다고 추정했다. 즉 RNA를 DNA로 되돌릴 수 있다고 말이다. 정상 세포에서 DNA를 RNA로 전환하는 과정을 전사(轉寫)라고 한다. 따라서 바이러스(혹은 감염된 세포)는 반대 능력, 즉 역전사(逆轉寫) 능력을 가져야 했다. "테민은 어렴풋이 감을 잡았지만, 그의 증거는 너무 정황적이고 너무 허약했기 때문에, 그는 거의 아무도 납득시키지 못했어요."5) 바이러스학자 마이클 비숍은 25년 뒤에 회고했다. "그 가설은 그에게 그저 비웃음과 슬픔만 안겨주었을 뿐이죠."6)

처음에 테민은 거의 자신조차 설득할 수가 없었다. 대담한 주장을 내놓긴 했지만, 증거가 필요했다. 1960년에 그는 실험 증거를 찾기로 결심하고, 위스콘신에 있는 맥아들 연구실로 옮겼다. 칼텍과 달리 매디슨은 물리적으로도, 지적으로

---

* 테민의 말은 추정이었지만, 거기에는 정곡을 찌르는 그의 생물학적 본능이 담겨 있었다. RSV 유전자가 세포 유전체에 구조적으로 결합된다는 공식 증거는 여러 해가 지난 뒤에야 나왔다.

도 고립된 얼어붙은 외진 곳이었다. 그러나 테민에게는 딱 맞았다. 분자 혁명이 임박했다는 것을 모른 채, 그는 침묵을 원했다. 그는 때로 눈이 수북이 쌓이곤 하는 레이크서 길을 매일 걸으면서, 이 정보 역행의 증거를 찾아낼 실험을 구상했다.

RNA에서 DNA로. 그 생각만 해도 그는 전율이 일었다. 역사를 거꾸로 쓸 수 있는, 가차 없이 앞으로 흐르는 생물학적 정보를 뒤로 돌릴 수 있는 분자가 있어야 했다. 그런 과정이 존재한다는 것을 증명하려면, 역전사를 할 수 있는 바이러스 효소를 시험관에 분리해서 그것이 RNA에서 DNA 사본을 만들 수 있다는 것을 증명할 필요가 있었다. 1960년대 초, 그 효소를 찾기 위해서 그는 사토시 미주타니라는 일본인 박사후연구원을 고용했다. 미주타니가 맡은 일은 바이러스에 감염된 세포에서 이 역전사 효소를 분리 정제하는 것이었다.

미주타니는 재앙이었다.[7] 한 동료의 회고에 따르면, 세포생물학자의 자질이 전혀 없었던 그는 세포를 오염시키고, 배지를 감염시키고 배양접시에서 곰팡이가 피어나게 했다. 좌절한 테민은 미주타니를 세포를 전혀 손댈 일 없는 과제로 옮겼다. 세포를 다룰 수 없다면, 바이러스에 감염된 세포에서 얻은 화학물질 추출물에서 효소를 분리하는 일은 할 수 있겠지 하는 생각에서였다. 과제를 바꾸자, 미주타니는 타고난 실력을 펼칠 수 있었다. 그는 놀라운 재능을 가진 화학자였다. 그는 하룻밤 사이에 RNA를 DNA로 전환할 수 있는 라우스 바이러스가 든 세포 추출물에서 미약하게 깜박거리는 효소 활동을 포착했다. 이 세포 추출물에 RNA를 첨가하자, 그는 그것이 DNA 사본을 만드는 것을 "볼" 수 있었다. 역전사가 일어났다. 테민은 마침내 증거를 얻었다. 라우스 육종 바이러스는 결코 평범한 바이러스가 아니었다. 그것은 유전정보를 거꾸로 쓸 수 있었다. 그것은 레트로바이러스(retrovirus)였다.*

보스턴의 MIT에서 또 한 사람의 젊은 바이러스학자 데이비드 볼티모어도 RNA → DNA 전환 활동의 단서를 포착했다.[8] 비록 다른 레트로바이러스에서였지만 말이다. 명석하고 무모하고 외골수인 그는 1940년대에 메인 주의 과학 여름 캠프에서 하워드 테민을 만나서 친구가 되었다. 그곳에서 테민은 조교였고, 볼티모어는 학생이었다. 그들은 거의 10년 동안 각자의 길을 갔지만, 그들의 지

---

* 레트로바이러스라는 용어는 나중에 바이러스학자들이 만들었다.

적 경로는 계속 교차했다. 테민이 매디슨에서 라우스 육종 바이러스로부터 역전사를 탐구하고 있을 때, 볼티모어도 자신의 레트로바이러스가 RNA에서 DNA로 전환할 수 있는 효소를 가졌다는 증거를 모으기 시작했다. 그도 효소를 분리하는 방향으로 나아갔다.

테민은 연구실에서 RNA → DNA 전환 효소가 있다는 첫 증거를 발견한 지 몇 주일 뒤인 1970년 5월 27일 오후, 제10회 국제 암 총회에서 자신의 연구를 발표하기 위해서 비행기를 타고 휴스턴으로 향했다. 다음 날 아침, 그는 휴스턴 시민회관의 동굴 같은 강당으로 들어갔다. 테민의 발표 제목은 "RNA 바이러스의 복제에서 DNA의 역할"이었다. 일부러 평범하게 쓴 제목이었다. 15분짜리 짧은 발표였다. 객석에는 주로 종양 바이러스 전문가들이 앉아 있었고, 많은 이들이 꾸벅꾸벅 졸고 있었다.

그러나 테민이 연구 성과를 발표하기 시작하자, 청중은 서서히 그것이 중요한 내용이라는 것을 알아차렸다. 한 연구자가 회상한 바에 따르면, 겉으로는 "너무 무미건조한 생화학이었다.……테민은 흥분한 기색이 전혀 없이, 평소의 비음이 섞인 높고 단조로운 목소리로 말했다."[9] 그러나 그 무미건조한 생화학적 단조로움 속에서 그 연구의 의미가 구체적으로 드러났다. 테민은 단순히 바이러스 이야기를 하는 것이 아니었다. 그는 생물학의 근본 원리 중의 하나를 체계적으로 무너뜨리고 있었다. 청중은 점점 들뜨고 허둥거리기 시작했다. 테민의 발표가 중간쯤에 이르자, 객석은 경외감에 빠져서 고요해졌다. 과학자들은 빠르게 휘갈기면서 한 장, 두 장 넘기며 열심히 필기를 했다. 테민은 회의장 바깥에 나갔을 때의 광경을 회상했다. "사람들이 전화통을 붙들고 있는 모습을 볼 수 있었죠.……저마다 자기 연구실 사람에게 전화를 하고 있었어요." 바이러스에 감염된 세포에서 오랫동안 찾고 있던 효소 활동을 파악했다는 테민의 선언으로, RNA가 DNA를 만들 수 있다는 이론은 거의 의심의 여지가 없어졌다. 암 유발 바이러스의 유전체는 세포 유전자의 물리적 일부가 될 수 있었다.

다음 날 아침, 매디슨으로 돌아간 테민은 연구실에 전화 메시지가 쇄도했다는 것을 알았다. 그중 데이비드 볼티모어에게서 온 것이 가장 다급했다. 볼티모어는 학회에 참석한 사람으로부터 테민의 소식을 어렴풋이 들었다. 테민은 그에게 전화를 했다.

"바이러스 입자에 [효소가] 있다는 걸 안다고?" 볼티모어가 말했다.

"알지." 테민이 대답했다.

자신의 연구를 계속, 철저히 비밀로 유지해온 볼티모어는 아연실색했다. "어떻게 알아?"

"우리가 찾아냈지."

볼티모어도 그것을 찾아낸 상태였다. 그도 바이러스 입자에서 RNA → DNA 효소 활동을 파악했다. 별개로 일하는 두 연구실에서 같은 결과를 내놓은 것이다. 테민과 볼티모어는 서둘러서 자신들이 관찰한 것을 발표했다. 그들의 쌍둥이 논문은 1970년 여름, 「네이처(*Nature*)」의 앞뒤 면에 나란히 실렸다.

테민과 볼티모어는 각자의 논문에서 레트로바이러스의 생활사에 관한 급진적인 새로운 이론을 제시했다.[10] 그들은 레트로바이러스의 유전자가 세포 바깥에서는 RNA로 존재한다고 추정했다. 이 RNA 바이러스가 세포에 감염되면, 그들은 자기 유전자의 DNA 사본을 만들어서 세포의 유전자에 끼워넣는다. 프로바이러스(provirus)라는 이 DNA 사본은 다시 RNA 사본을 만들고, 바이러스는 불사조처럼 새로운 바이러스를 만들면서 재생된다. 따라서 바이러스는 세포 유전체에서 솟아올랐다가 다시 떨어지기—DNA에서 RNA로, RNA에서 DNA에서 다시 RNA로—를 무한히 반복하는, 항구적인 왕복 상태에 있다.

암 과학자들은 테민의 연구를 암의 메커니즘을 다룬 가능성 있는 설명이라고 즉시 받아들인 반면, 임상종양학자들은 대체로 그것을 무시했는데, 그것은 당시에 널리 퍼진 분열증의 하나의 증후였던 것이 분명하다. 테민의 휴스턴 발표는 암에 관한 대규모 학회의 일부였다. 파버와 프레이도 학회에 참석하기 위해서 보스턴에서 날아왔다. 그러나 그 총회는 암 요법과 암 과학 사이의 거의 극복할 수 없는 단절을 여실히 보여주었다. 화학요법과 수술은 한 방에서 논의되었다. 바이러스 암형성은 다른 방에서 논의되었다. 마치 암 세계의 한가운데에 밀봉시킨 칸막이가 설치되어 있는 듯했다. 한쪽은 "원인", 다른 한쪽은 "치료"를 뜻했다. 두 격리된 세계를 건넌 과학자나 임상종양학자는 거의 없었다. 프레이와 파버는 암 치료에 관한 자기 생각의 궤도를 전혀 바꾸지 않은 채로 보스턴으로 돌아갔다.

그러나 총회에 참석한 일부 과학자들은 테민의 연구를 논리적 극단까지 밀어붙이면 암 메커니즘의 강력한 설명이 된다고, 따라서 치유법으로 나아가는 잘 정의된 경로라고 받아들였다. 불같은 열정과 지치지 않는 활력으로 유명한 컬럼비아 대학교의 바이러스학자 솔 스피겔먼은 테민의 발표를 듣자마자 거기에서 기념비적인 이론을 이끌어냈다. 지극히 논리적이었기 때문에, 스피겔먼은 그것을 거의 현실로 받아들였다. 테민은 RNA 바이러스가 세포 안으로 들어가서, 자기 유전자의 DNA 사본을 만들고, 스스로를 세포 유전체에 끼워넣을 수 있다고 주장했다. 스피겔먼은 아직 알려지지 않은 메커니즘을 통해서 이 과정이 바이러스 유전자를 활성화시킬 수 있다고 확신했다. 그 활성을 띤 바이러스 유전자는 감염된 세포가 증식하도록 유도할 것이 분명했다. 고삐가 풀린 병리학적 체세포 분열, 즉 암을 말이다.

그것은 대단히 흥미롭고 매혹적인 설명이었다. 암의 기원에 관한 라우스의 바이러스 이론을 보베리의 내부 유전적 이론과 융합시키는 것이었다. 테민은 그 바이러스가 세포의 유전자에 결합한 내인성 요소가 될 수 있다는 것을 보여주었고, 따라서 내부 이상과 외인성 감염 두 가지가 모두 암을 일으킬 수 있다는 것을 보여준 셈이었다. MIT 암생물학자 로버트 와인버그는 이렇게 회고했다. "스피겔먼이 새로운 종교(암 바이러스)로 개종하는 데에는 몇 분밖에 걸리지 않았다. [테민의 발표] 다음 날 그는 뉴욕의 컬럼비아 대학교의 연구실로 돌아와서 그 연구를 재현하는 일에 착수했다."

스피겔먼은 레트로바이러스가 사람 암을 일으킨다는 것을 증명하는 데에 몰두했다.[11] 와인버그는 "그것은 그가 외골수로 집착하는 것이 되었다"고 회상했다.[12] 그 강박증은 금방 결실을 맺었다. 스피겔먼의 개념이 들어맞으려면, 레트로바이러스 유전자를 가진 사람 암 속에 그 유전자가 숨어 있다는 것을 증명할 필요가 있었다. 신속하게 열정적으로 일하는 스피겔먼은 사람의 백혈병, 유방암, 림프종, 육종, 뇌종양, 흑색종 등 조사한 거의 모든 사람 암에서 레트로바이러스의 흔적을 찾아냈다. 1950년대에 사람 암 바이러스를 사냥하기 위해서 설립되었다가 20년 동안 가사 상태에 빠졌던 바이러스 암 특별 계획(SVCP)은 빠르게 소생했다. 그토록 오랫동안 발견되기를 기다렸던 수많은 암 바이러스가 드디어 여기 모습을 드러냈으니 말이다. SVCP 금고에서 스피겔먼 연구실로 돈이 쏟아져

들어왔다. 그것은 끝없이 쏟아지는 자금이 한없는 열정을 불붙이고 그 반대도 마찬가지인, 완벽한 공유 정신병(folie a deux)이었다. 암세포에서 레트로바이러스를 찾으면 찾을수록, 그는 더 많은 레트로바이러스를 발견했고, 더 많은 연구비가 그에게 쏟아졌다.

그러나 결국 스피겔먼의 노력은 체계적인 결함이 있는 것으로 드러났다. 사람 암 레트로바이러스를 사냥하는 일에 미친 듯이 몰두하다가, 그는 그만 바이러스 검출 검사를 너무 심하게 밀어붙였고, 그 결과 존재하지 않는 바이러스나 바이러스의 흔적을 보았다. 1970년대 중반에 전국의 다른 연구실들에서 그 연구를 재연하려고 애쓸 때, 스피겔먼의 바이러스는 어디에서도 발견되지 않았다. 단 하나의 사람 암만이 사람 레트로바이러스가 원인인 것으로 드러났다. 카리브 해 일부 지역의 풍토병인 희귀한 백혈병이었다. 와인버그는 이렇게 썼다. "원하던 사람 바이러스는 조용히 어둠 속으로 빠져나갔다. SVCP가 수억 달러를 썼음에도 불구하고……찾아낼 수 없었다. 로켓은 결코 발사대를 떠나지 못했다."[13]

사람 레트로바이러스에 관한 스피겔먼의 추측은 반은 옳았고 반은 틀렸다. 그가 찾고자 한 바이러스는 맞았지만, 살펴본 세포의 종류가 잘못되었다. 레트로바이러스는 다른 질병의 원인이라는 것이 드러났다. 스피겔먼은 1983년에 췌장암으로 사망했다. 뉴욕과 샌프란시스코의 게이 남성들과 수혈을 받은 사람들 사이에 기이한 질병이 폭발적으로 번진다는 소식이 들릴 때였다. 뉴욕에서 솔 스피겔먼이 사망한 지 1년 뒤, 마침내 그 병의 원인이 밝혀졌다. HIV라는 사람 레트로바이러스였다.

"사크 사냥"

> 스나크는 부줌이었으니까.　　　　　　　　　　　—루이스 캐럴[1]

솔 스피겔먼은 사람에게서 발암 레트로바이러스를 찾는 사냥에서 재고의 여지 없이 실패했다. 그의 실패는 일종의 증후군을 일으켰다. 1970년대 초에 사람 암 레트로바이러스의 존재에 그토록 열렬히 의지했던 암생물학, NCI, 표적을 정해 놓고 찾는 바이러스 암 특별 계획 모두가 그 바이러스의 실체를 찾는 데에 실패하자, 마치 자기 정체성이나 상상의 어떤 본질적인 부분이 잘려나간 듯했다. 사람 암 레트로바이러스가 존재하지 않는다면, 사람 암은 다른 어떤 수수께끼 같은 메커니즘으로 생겨야 한다. 암의 원인이 감염 바이러스라는 쪽으로 빠르게 향하던 진자는 마찬가지로 빠르게 반대 방향으로 멀어졌다.

테민도 1970년대 중반이 되자 레트로바이러스가 사람 암의 병원(病源)이라는 생각을 접었다. 그가 발견한 역전사는 확실히 세포생물학의 원리를 뒤엎었지만, 사람 **암형성**을 이해하는 데까지는 나아가지 않았다. 테민은 바이러스 유전자가 자신을 세포 유전자에 붙일 수 있다는 것을 알았지만, 그것으로는 바이러스가 어떻게 암을 일으키는지를 설명할 수 없었다.

이론과 자료의 또다른 불일치에 직면한 테민은 또다른 대담한 추정을 내놓았다. 이번에도 가장 희박한 증거에 토대를 둔 이었다. 그는 스피겔먼과 레트로바이러스 사냥꾼들이 사실과 유추를 혼합하고, 전령과 메시지를 혼동했다고 주장했다. 라우스 육종 바이러스는 바이러스 유전자를 세포에 삽입함으로써 암을 일으킬 수 있었다. 이것은 유전적 변형이 암을 일으킬 수 있다는 것을 증명했다. 그러나 테민은 유전적 변형이 바이러스에서 기원할 필요는 없다고 주장했다. 바이러스는 그저 **메시지**를 세포에 들였을 뿐이었다. 암의 생성을 이해하려면, 전령이 아니라 범인인 메시지를 파악할 필요가 있었다. 암 바이러스 사냥꾼들은 이번에는 새로운 질문을 가지고, 자신들의 불빛인 바이러스로 다시 돌아갈 필요가 있었다. 세포에 병리학적 체세포 분열을 일으킨 바이러스 유전자는 무엇이었을까? 그리고 그 유전자는 세포의 내부 돌연변이와 어떻게 관련을 맺었을까?

1970년대에 몇몇 연구실은 그 유전자를 향해서 나아갔다. 뜻밖에도 RSV의 유전체에는 유전자가 4개밖에 없었다. 그때쯤 암 바이러스 연구의 온상이 된 캘리포니아에서 바이러스학자 스티브 마틴, 피터 보그트, 피터 더스버그는 정상적으로 복제되지만 더 이상 종양을 만들 수 없는, 따라서 종양을 일으키는 유전자가 파괴되었다는 것을 시사하는 라우스 바이러스 돌연변이체를 만들었다. 연구진은 이 돌연변이 바이러스에서 변한 유전자를 분석한 끝에 RSV의 발암 능력이 한 유전자에 있다는 것을 알아냈다.[2] 그들은 이 유전자에 **육종**(sarcoma)이라는 말을 줄여서 사크(*src*)라는 이름을 붙였다.

따라서 *src*는 테민의 수수께끼, 즉 라우스 육종 바이러스가 가진 발암 "메시지"의 해답이었다. 보그트와 더스버그는 바이러스에서 *src*를 제거하거나 불활성화함으로써, *src*가 없는 바이러스가 세포 증식을 유도할 수도, 변형을 일으킬 수도 없다는 것을 보여주었다. 그들은 *src*를 RSV가 진화하면서 획득하여 정상 세포에 넣는 일종의 기형 유전자라고 추정했다. 그 유전자는 종양유전자(oncogene)라는 이름을 얻었다. 암을 일으킬 수 있는 유전자라는 뜻이었다.*

콜로라도 대학교의 레이 에릭슨 연구실에서 이루어진 우연한 발견으로 *src*의 기능은 더 명확히 드러났다.[3] 1960년대 초에 테민이 레트로바이러스를 발견했을 때, 에릭슨은 매디슨의 대학원생이었다. 그는 캘리포니아에서 *src* 유전자가 발견되자, 그것의 기능을 밝혀내는 연구에 매달렸다. 1977년에 그는 마크 콜레트, 조앤 브루그와 함께 *src*의 기능을 해독하는 일에 착수했다. 에릭슨은 *src*가 특이한 일을 하는 유전자라는 것을 알아차렸다. 그것은 작은 화학물질인 인산기(燐酸基, phosphate group)를 다른 단백질에 붙여서 그 단백질을 변형시키는 별난 기능을 가진 단백질을 만들었다. 본질적으로 분자 꼬리표를 다는 정교한 게임을 펼치는 단백질이었다.† 사실 과학자들은 이미 정상 세포에서 비슷한 단백

---

* 종양유전자라는 용어는 앞서 1969년에 NCI의 두 과학자 로버트 휴브너와 조지 토다로가 만들었다. 비록 증거는 희박했지만 말이다.
† UCSF의 마이크 비숍 연구실에서 아트 레빈슨도 이런 인산화 활동을 발견했다. 레빈슨의 발견은 뒤에서 다룰 것이다.

질을 많이 발견했다. 다른 단백질에 인산기를 붙이는 효소였다. 이런 효소를 "키나아제(kinase)"라고 하며, 곧 그런 효소가 세포 안에서 분자의 주 스위치(master switch)로 행동한다는 것을 발견했다. 인산기는 단백질에 붙음으로써 "켬" 스위치처럼 행동했다. 단백질의 기능을 활성화함으로써 말이다. 때로 한 키나아제가 다른 키나아제를 "켜고", 켜진 키나아제가 다른 키나아제를 켜는 식으로 죽 이어졌다. 이런 연쇄반응의 각 단계마다 신호가 증폭되어서, 이윽고 그런 많은 분자 스위치가 "켜짐" 위치로 설정되었다. 그런 많은 활성화한 스위치들이 함께 작동하면 세포의 "상태"를 변화시키는 강력한 내부 신호가 만들어졌다. 이를테면 미분열 상태에서 분열 상태로 전환시키는 신호였다.

*src*는 원형 키나아제였다. 비록 과잉 활동하는 키나아제이긴 하지만 말이다. 바이러스 *src* 유전자가 만드는 단백질은 세포에 중요한 많은 단백질을 비롯하여 주위에 있는 모든 것을 인산화하는 대단히 강력하고 과잉 활동하는 종류였다. *src*는 인산화라는 무차별적인 일제 사격을 해서, 수십 개의 분자 스위치를 "켜짐" 위치로 설정했다. *src*가 활성화한 일련의 단백질들은 결국 세포 분열을 통제하는 단백질들에 영향을 끼쳤다. 그럼으로써 *src*는 세포가 비분열 상태에서 분열 상태로 옮겨가도록 했고, 이윽고 암의 징표인 가속된 체세포 분열을 야기했다.

1970년대 말까지 생화학자들과 종양 바이러스학자들은 힘을 합쳐서 세포를 변화시키는 *src*의 능력을 설명하는 비교적 단순한 이론을 내놓았다. 라우스 육종 바이러스는 과잉 활동하는 원기왕성한 키나아제를 만드는 *src* 유전자를 세포에 집어넣음으로써 닭에 암을 일으켰다. 이 키나아제는 가차 없이 분열하게 만드는 일련의 세포 신호를 "켰다." 이 모든 것은 사려 깊고 세심하게 공들여 밝혀낸 아름다운 연구 성과였다. 그러나 이 연구에 사람 암 레트로바이러스는 전혀 포함되어 있지 않았기 때문에, 이 연구 중에서 사람 암과 직접 관련된 것은 없는 듯했다.

그러나 포기할 줄 모르는 테민은 바이러스 *src*가 사람 암의 수수께끼를 해결할 것이라고 느꼈다. 테민이 보기에 남은 미해결 수수께끼는 하나뿐이었다. 바로 *src* 유전자의 진화적 기원이었다. 바이러스는 그렇게 강력하게 날뛰는 특성을 가진 유전자를 어떻게 "획득"했을까? 한 바이러스 키나아제가 미쳐서 날뛰게 된 것일까? 아니면 여기저기서 모아서 만든 폭탄처럼 바이러스가 다른 유전자들의 조각에서 짜 맞춘 것일까? 테민은 진화를 통해서 기존 유전자들로부터 새로운 유전자가 만들어질 수 있다는 것을 알고 있었다. 그러나 라우스 육종 바이러스는 닭의 세포를 암세포로 만드는 유전자에 필요한 성분들을 어디에서 찾았을까?

샌프란시스코의 캘리포니아 대학교(UCSF)에서도 도시의 언덕 중 한 곳에 높이 자리한 건물에서 바이러스학자 J. 마이클 비숍이 바이러스 *src*의 진화적 기원에 몰두했다. 펜실베이니아 시골에서 루터파 성직자의 아들로 태어난 그는 게티스버그 대학에서 역사를 공부한 뒤, 인생행로를 급격히 변경하여 하버드 의대에 들어갔다. 그는 매사추세츠 종합병원에서 인턴 생활을 한 뒤, 전공을 바꾸어서 바이러스학자가 되었다. 1960년대에 비숍은 UCSF로 옮겨서 바이러스를 탐구하는 연구실을 차렸다.

UCSF 의대는 당시 거의 알려지지 않은 시골 학교였다. 비숍의 공동 연구실은 건물 구석의 좁은 공간에 있었는데, 방이 너무 작고 비좁았기 때문에 그가 자기 책상까지 들어가려면 동료는 일어서야 했다. 1969년 여름, NIH 출신의 깡마르고 자신감 넘치는 연구자 해럴드 바머스가 캘리포니아에서 도보여행을 하다가 레트로바이러스 연구를 하기 위해서 실험실에 합류할 수 있는지를 물으려고 비숍의 연구실 문을 두드렸다. 그는 그곳에 거의 서 있을 공간조차 없다는 것을 알았다.

바머스는 모험을 찾아서 캘리포니아로 왔다. 원래 문학을 전공한 대학원생이었던 그는 의학에 매력을 느껴서 뉴욕 컬럼비아 대학교에서 의학박사 학위를 땄다. 그런 뒤에 NIH에서 바이러스학을 공부했다. 비숍과 마찬가지로, 그도 중세 문학에서 의학을 거쳐서 바이러스학까지 섭렵한 학문 편력자였다. 루이스 캐럴의 「스나크 사냥(Hunting of the Snark)」은 스나크라는 보이지 않는 기이한 생물을 잡으려고 고생스러운 여행을 떠난 각양각색의 사람들로 이루어진 사냥꾼 무리의 이야기이다. 그 사냥은 끔찍하게 잘못된다. 1970년대 초, 바머스와 비숍이 희망이 보이지 않는 *src* 유전자의 기원을 이해하겠다고 나서자, 다른 과학자들은 그 계획에 "사크 사냥"이라는 별명을 붙여주었다.[4)]

바머스와 비숍은 단순한 기술을 이용하여 사냥을 시작했다. 어느 정도는 1960년 대에 솔 스피겔먼이 창안한 방법이었다. 그들의 목표는 바이러스 *src* 유전자와 미미하게 비슷한 세포 유전자를, 따라서 *src*의 진화적 선조를 찾는 것이었다. 대개 DNA는 강력한 분자력으로 서로 "달라붙어" 있는 음과 양처럼 상보적으로 쌍을 이룬 두 가닥으로 존재한다. 따라서 각 가닥은 분리되면 상보적인 구조를 이루는 상대 가닥에 다시 달라붙을 수 있다. DNA의 한쪽 분자를 방사능으로 꼬리표를 붙이면, 그것은 혼합물에서 상보적인 분자를 찾아서 그것에 달라붙음으로써, 상대 분자도 방사능을 띠게 한다. 달라붙는 능력은 방사능의 양으로 측정할 수 있다.

1970년대 중반에 비숍과 바머스는 이 "달라붙는" 반응을 이용하여 바이러스 *src* 유전자의 상동유전자를 사냥하기 시작했다. *src*는 바이러스 유전자였기 때문에, 그들은 정상 세포에서 *src*의 단편이나 조각만을 찾을 수 있으리라고 예상했다. 암을 일으키는 *src* 유전자의 조상이나 먼 친척을 말이다. 그러나 그 사냥은 곧 신비한 전환점을 맞이했다. 정상 세포를 들여다본 바머스와 비숍이 발견한 것은 *src*의 유전적 3촌이나 5촌이 아니었다. 그들은 바이러스 *src*와 거의 똑같은 판본이 정상 세포의 유전체에 확고히 자리잡고 있다는 것을 발견했다.

바머스와 비숍은 데버러 스펙터, 도미니크 스텔린과 함께 더 많은 세포를 조사했고, 그 세포들에서도 *src* 유전자를 찾아냈다. 오리 세포, 메추라기 세포, 거위 세포에서였다. 조류 세계 거의 전체에 *src* 유전자와 유연관계가 가까운 상동유전자들이 있었다. 바머스 연구진은 진화 가지를 위아래로 따라가며 살펴볼 때마다, *src* 유전자의 변이체를 발견했다. 곧 UCSF 연구진은 여러 종에서 *src* 상동유전자를 찾는 일에 매진했다. 그들은 꿩, 칠면조, 생쥐, 토끼, 어류의 세포에서 *src*를 발견했다. 새크라멘토 동물원의 막 태어난 에뮤에서 얻은 세포에도, 양과 소의 세포에도, *src*가 있었다. 가장 중요한 점은 사람의 세포에도 있었다는 사실이다. 바머스는 1976년에 보낸 한 편지에 이렇게 썼다. "*src*는……어디에나 있다."[5]

그러나 정상 세포에 있는 *src* 유전자는 바이러스 *src*와 똑같지 않았다. 뉴욕 록펠러 대학교의 일본인 바이러스학자 히데사부로 하나부사는 바이러스 *src* 유전자를 정상 세포의 *src* 유전자와 비교하여 두 *src* 형태의 유전암호에 중요한 차이가 있다는 것을 알아냈다. 바이러스 *src*는 기능에 극적인 영향을 미치는 돌연변이를 가지고 있었다. 에릭슨이 콜로라도에서 발견했듯이, 바이러스 *src* 단백질은 다른 단백질들에 무차별적으로 인산기 꼬리표를 붙임으로써 세포 분열에 영구적으로 "켜짐" 신호를 제공하는, 과잉 행동을 하는 교란된 키나아제였다. 세포 *src* 단백질도 같은 키나아제 활성을 가졌지만, 과잉 행동에는 훨씬 미치지 못했다. 바이러스 *src*와 대조적으로, 그것은 세포 분열 때 "켜짐"과 "꺼짐"을 오가면서 엄격하게 조절되었다. 반대로 바이러스 *src* 단백질은 세포를 분열 기계로 전환시키는 영구적으로 활성을 띤 스위치였다. 에릭슨은 그것을 "자동장치(automaton)"라고 묘사했다. 바이러스 *src*―암 유발 유전자―는 폭주하는 세포 *src*였다.

이런 결과들로부터 하나의 이론이 출현하려고 했다. 수십 년간의 서로 다른 관찰 결과들을 일거에 설명할 수 있는 매우 장엄하고 강력한 이론이었다. 암 유발 유전자의 전구체인 *src*는 아마도 세포에 내생하는 것일 것이다. 바이러스 *src*는 아마도 세포 *src*에서 진화했을 것이다. 레트로바이러스학자들은 오래 전부터 그 바이러스가 활성 *src*를 정상 세포에 넣어서 세포를 악성 세포로 전환시킨다고 믿었다. 그러나 그 *src* 유전자는 바이러스에서 기원한 것이 아니었다. 그것은 세포에, 모든 세포에 존재하는 전구체 유전자에서 기원했다. 비유적으로 말하면, 암생물학의 수십 년에 걸친 사냥은 닭에서 시작해서 달걀에서 끝났다. 모든 사람 세포에 든 조상 유전자에서 말이다.

따라서 라우스 육종 바이러스는 믿어지지 않는 진화 사건의 산물이었다. 테민이 보여주었듯이, 레트로바이러스는 RNA에서 DNA에서 다시 RNA로, 세포 유전체 안팎을 끊임없이 오간다. 이렇게 순환하는 동안, 그들은 따개비처럼 세포의 유전자 조각을 집어서 한 세포에서 다른 세포로 전달할 수 있다. 라우스 육종 바이러스는 한 암세포에서 활성을 띤 *src* 유전자를 집어서 바이러스 유전체에 간직하게 되었을 가능성이 높다. 더 많은 암을 만들면서 말이다. 그 바이러스는 사실상 암세포에서 기원한 유전자를 우연히 간직하게 된 배달부에 불과했다. 암을 통해서 기생화한 기생체였다. 라우스는 틀렸다. 그러나 눈부시게 틀렸다. 바이러스는 암을 일으켰지만, 대체로 세포에서 기원한 유전자 때문에 변화함으로써 암을 일으키는 것이었다.

흔히 과학은 반복적이고 누적되는 과정, 훨씬 더 큰 그림의 흐릿한 화소 몇 개에 해당하는 조각을 하나씩 풀어서 맞추어가는 퍼즐이라고 말한다. 그러나 과학에서 진정으로 강력한 새로운 이론의 출현은 반복적인 것과 거리가 먼 듯한 느낌을 받을 때가 종종 있다. 화소로 나뉜 한 단계에서 하나의 관찰이나 현상을 설명하기보다는, 관찰들로 이루어진 전체 분야가 갑자기 완벽한 전체로 결정화하는 듯하다. 마치 퍼즐이 저절로 풀리는 광경을 지켜보는 것과 거의 흡사하다.

바머스와 비숍의 실험은 암유전학에 바로 그렇게 결정화하고, 죽 하나로 엮는 효과를 주었다. 바머스와 비숍 실험의 핵심 의미는 암 유발 유전자의 전구체―비숍과 바머스는 그것을 "원종양유전자(proto-oncogene)"라고 했다 ―가 정상적인 세포 유전자라는 것이었다. 화학물질이나 엑스 선으로 유도된 돌연변이는 외부 유전자를 세포에 "삽입"해서가 아니라, 그런 **내생** 원종양유전자를 활성화함으로써 암을 일으켰다.

라우스는 1966년에 "자연이 때로 냉소적인 유머를 가진 듯하다"고 썼다.[6] 그리고 라우스 육종 바이러스의 최종 교훈은 그것의 가장 냉소적인 유머였다. 거의 60년 동안, 라우스 바이러스는 생물학자들을 잘못된 길로 유혹했다. 그중 가장 안타까운 인물이 스피겔먼이었다. 그러나 그 잘못된 길은 결국 빙 돌아서 올바른 목적지로 이어졌다. 바이러스 *src*에서 세포 *src*로, 그리고 정상 세포 유전체에 편재한 내부의 원종양유전자라는 개념으로 말이다.

루이스 캐럴의 시에서, 사냥꾼들이 현혹시키는 스나크를 마침내 잡았을 때, 그것은 이질적인 짐승이 아니라, 그것을 잡으라고 보낸 인간 사냥꾼 중 한 사람이었다는 것이 드러난다. 암도 그러했다. 암 유전자는 사람 유전체 **안**에서 왔다. 고대 그리스인들은 **온코스**라는 용어를 사용했다는 점에서 다시금 선견지명이 뛰어났다는 것이 드러났다. 암은 본래 우리 유전자에 활성화를 기다리면서 "실려" 있었다. 우리는 이 치명적인 짐을 우리 유전자에 가지고 다닐 운명이었다. 우리 자신의 유전적 "온코스"에 말이다.

바머스와 비숍은 1989년에 레트로바이러스 종양유전자의 세포 기원을 밝힌 공로로 노벨상을 받았다. 스톡홀름에서 열린 축하연에서 바머스는 과거의 문학도 생활을 떠올리면서 서사시 「베오울프(*Beowulf*)」에서 용을 살해하는 대목을 읽었다. "우리는 우리의 적인 암세포를 살해하거나, 그의 몸에서 팔다리를 상징적으로 떼어내지 않았습니다. 모험을 하면서 우리는 그저 우리의 괴물을 더 명확히 보고 그것의 비늘과 엄니를 새로운 방식으로 묘사했을 뿐입니다. 그렌델처럼, 암세포가 우리의 정상적인 자아의 일그러진 형태라는 것을 드러내는 방식으로요."[7]

나무에 부는 바람

> 세상의 혼돈을 가로지르며 나아가는 멋진, 아주 멋진 바람
> 멋진 것, 절묘한 끌, 삽입된 쐐기날처럼……
> ― D. H. 로렌스[1)]

1976년 여름에 이루어진 발전은 유전자를 중앙으로 되돌려놓으면서 암생물학 세계를 급격히 재편했다. 해럴드 바머스와 마이클 비숍의 원종양유전자 이론은 처음으로 설득력 있고 포괄적인 암형성 이론을 제공했다. 그 이론은 방사선, 검댕, 담배연기 등 다양하고 서로 관련이 없어 보이는 해로운 것들이 어떻게 모두 암을 일으킬 수 있는지를 설명했다. 돌연변이를 일으키고, 따라서 세포 내의 종양유전자 전구체를 활성화함으로써 암을 일으키는 것이었다. 이 이론은 브루스 에임스의 발암물질과 돌연변이원 사이의 독특한 상관관계도 납득하게 해주었다. DNA에 돌연변이를 일으키는 화학물질은 세포의 원종양유전자를 변형시키기 때문에 암을 일으키는 것이었다. 이 이론은 비록 비율은 다르긴 해도, 흡연자와 비흡연자에게 같은 종류의 암이 생기는 이유도 밝혔다. 흡연자와 비흡연자 모두 세포에 똑같은 원종양유전자를 가지고 있기 때문이었다. 그러나 담배의 발암물질이 이런 유전자의 돌연변이 속도를 증가시키기 때문에 흡연자에게 암이 발생하는 비율이 더 높다.

그러나 사람의 암 유전자는 어떻게 생겼을까? 종양 바이러스학자들은 바이러스에서 그리고 세포에서 *src*를 발견했지만, 사람 세포의 유전체에는 분명히 다른 내생 원종양유전자들도 흩어져 있었다.

유전학은 유전자를 두 가지 다른 방식으로 "본다." 첫 번째는 구조적인 것이다. 즉 유전자는 물리적 구조로 생각할 수 있다. 모건과 플레밍이 처음 상상했던 것처럼, 염색체를 따라서 놓여 있는 DNA 조각이다. 두 번째는 기능적인 것이다.

즉 멘델처럼, 유전자를 한 세대에서 다음 세대로 전달되는 형질의 대물림이라고 상상할 수 있다. 1970년에서 1980년까지 10년 동안, 암유전학은 암 유발 유전자를 이 두 불빛 아래에서 "보기" 시작했다. 각각의 시각은 암형성의 메커니즘을 더 깊이 이해하도록 함으로써, 점점 더 그 분야가 사람 암에서 핵심이 되는 분자 일탈을 이해하는 쪽으로 나아가도록 인도했다.

구조—해부 구조—가 먼저 나왔다. 바머스와 비숍이 처음 *src* 연구를 시작한 1973년, 시카고의 혈액학자 재닛 롤리는 물리적 형태로 사람 암 유전자를 보았다. 롤리는 암세포에서 염색체가 비정상인 부분을 찾기 위해서 세포 염색체를 염색할 때 나타나는 패턴을 연구했다.[2] 그녀가 완성한 염색체 염색법은 과학이자 그에 못지않게 예술이다. 또한 그것은 기이하게 시대착오적인 예술이다. 디지털 인쇄술의 시대에 있는 템페라 화와 흡사하다. 암유전학이 RNA, 종양 바이러스, 종양유전자의 세계를 탐사하려고 몰려갈 때, 롤리는 그 분야를 근원, 즉 파랗게 염색한 보베리와 플레밍의 염색체로 다시 끌고 가려고 했다. 시대착오에 시대착오를 겹치려는 것처럼, 그녀가 연구 대상으로 고른 암은 만성 골수성 백혈병(chronic myelogenous leukemia, CML)이었다. 베넷의 유명한 "피의 곪음" 말이다.

롤리의 연구는 앞서 CML을 조사한 필라델피아의 두 병리학자의 연구 결과를 토대로 했다. 1950년대 말에 피터 노웰과 데이비드 헝거퍼드는 이 백혈병에서 특이한 염색체 패턴을 발견했다.[3] 그 암세포는 한결같이 짧아진 염색체를 하나 가졌다. 사람의 세포는 부모 양쪽에게 물려받은 46개—둘씩 짝이 맞는 23쌍—의 염색체를 가진다. 노웰은 CML세포에서 22번 염색체 쌍 중 한쪽의 머리가 잘려나간 것을 발견했다. 그는 발견 지역의 이름을 따서, 이 비정상 사례를 필라델피아 염색체라고 했다. 그러나 노웰과 헝거퍼드는 머리 잘린 염색체가 어디에서 왔는지, 아니 "머리"가 어디로 사라졌는지 알 수 없었다.

롤리는 이 연구의 뒤를 이어서 자신의 CML 세포에서 머리 없는 염색체를 추적했다. 그녀는 CML 염색체를 절묘하게 염색하여 찍은 사진들을 수천 배 확대해서 늘어놓음으로써—그녀는 대개 사진들을 식탁에 펼쳐놓고는 몸을 굽힌 채 그 유명한 필라델피아 염색체의 잃어버린 조각을 찾았다—하나의 패턴을 발견했다. 22번 염색체의 잃어버린 머리는 다른 곳에 붙어 있었다. 9번 염색체의 끝이었다. 그리고 9번 염색체의 일부는 거꾸로 22번 염색체에 붙어 있었다. 이 유전적 사건을 전좌(轉座, translocation)라고 했다. 두 염색체 조각이 서로 자리를 바꾼 것이었다.

롤리는 CML 환자들을 한 명, 한 명 조사했다. 모든 사례에서 그녀는 세포에 똑같은 전좌가 일어났다는 것을 알았다. 암세포의 염색체가 비정상이라는 것은 폰 한세만과 보베리 시대 이래로 잘 알려져 있었지만, 롤리의 연구는 훨씬 더 심오한 논지를 펼쳤다. 암은 염색체의 무질서한 혼돈이 아니었다. 오히려 그것은 **조직된** 염색체 혼돈이었다. 특정한 유형의 암에 존재하는 일정하고 동일한 돌연변이였다.

염색체 전좌는 서로 다른 두 염색체에 있던 두 유전자를 융합하여 키메라(chimera)라는 새로운 유전자를 만들 수 있다. 이를테면 9번 염색체의 "머리"와 13번 염색체의 유전자 "꼬리"가 융합되는 식이다. 롤리는 CML 전좌로 그런 키메라가 만들어졌다고 추정했다. 롤리는 이 새로운 키메라 괴물의 정체와 기능을 알지 못했지만, 사람 암세포에 새롭고 독특한 유전적 변형 — 나중에 종양유전자로 밝혀진다 — 이 존재할 수 있고, 그것이 전적으로 염색체 구조 이상을 통해서 드러날 수 있다는 것을 보여주었다.

1970년대 초, 휴스턴에서도 칼텍에서 공부한 유전학자 앨프리드 크누드슨이 비록 다른 의미에서였지만, 사람 암 유발 유전자를 "보았다."

롤리는 암세포 염색체의 물리적 구조를 연구하여 암 유발 유전자를 시각화했다. 크누드슨은 오직 금욕적으로 유전자의 기능에만 초점을 맞추었다. 유전자는 유전의 단위이다. 즉 특성 — 형질 — 을 한 세대에서 다음 세대로 전달한다. 크누드슨은 유전자가 암을 일으킨다면, 멘델이 완두의 꽃 색깔이나 키의 유전을 연구하여 유전자 개념을 포착한 것과 흡사하게, 암의 유전 양상을 포착할 수도 있지 않을까 하고 추론했다.

1969년에 크누드슨은 텍사스의 MD 앤더슨 암 센터로 자리를 옮겼다.[4] 프레이레이치가 소아암 임상 센터를 세워서 활기를 불어넣은 곳이었다. 크누드슨에게는 "모델" 암, 즉 기본 유전 양상을 통해서 암 유발 유전자가 어떻게 작동하는지를 보여줄 유전적 악성 세포가 필요했다. 그가 선택한 것은 당연히 망막모세포종이었다. 브라질에서 데 고베아가 한 집안에 세대를 초월하여 튀어나오곤 하는 놀라운 경향이 있다는 것을 간파한 바로 그 희귀한 형태의 눈암이었다.

망막모세포종은 특히 비극적인 형태의 암이다. 아이들을 공격할 뿐만 아니라 유년기에 가장 중요한 기관을 공격하기 때문이다. 종양은 눈에서 자란다. 이 병에 걸린 아이는 주변 세계가 흐릿해지고 서서히 보이지 않기 시작할 무렵에 암이라는 진단을 받곤 한다. 그러나 때로 아이의 사진을 통해서 우연히 암이 발견된다. 카메라 플래시가 터질 때 아이의 눈이 고양이 눈처럼 기이하게 빛나면서 수정체 안에 종양이 숨어 있다는 것이 드러난다. 치료하지 않으면 종양은 눈구멍에서 더 뒤쪽의 시신경으로 기어갔다가 이윽고 뇌로 올라갈 것이다. 주된 치료 방법은 고선량의 감마 선으로 종양을 태우거나 수술로 눈구멍만 남긴 채 눈을 제거하는 것이다.

망막모세포종은 유전되는 "가족성" 형태와 산발성 형태, 두 종류가 있다. 데 고베아가 본 것은 가족성 형태였다. 이 가족성, 혹은 유전성 형태의 암에 걸린 아이의 가족력을 보면, 그 질병이 출현하는 경향—부계, 모계, 사촌, 형제자매, 친족에게서—이 강하며, 데 고베아가 리우에서 본 사례처럼 대개 종양이 양쪽 눈에서 발생한다. 반면에 이 질병의 가족력이 없는 아이에게서 망막모세포종이 생긴다면, 이 산발성 형태의 종양은 가족에게 대물림되지 않으며, 언제나 한쪽 눈에서만 종양이 발생한다.

크누드슨은 이 유전 양상에 흥미를 느꼈다. 그는 수학적 분석을 이용하면 암이 발달할 때 산발성 형태와 유전성 형태 사이에 있을 법한 미묘한 차이점을 식별할 수 있지 않을까 하고 생각했다. 그는 가장 단순한 실험을 했다. 산발성 형태에 걸린 아이들을 한 코호트로 묶고, 가족성 형태에 걸린 아이들을 다른 코호트로 묶었다. 그리고 병원의 옛 기록들을 뒤져서 두 집단에서 병에 걸린 나이를 표로 작성한 뒤에 그래프에 2개의 곡선으로 표시했다. 흥미롭게도 두 코호트에서 암이 발달하는 "속도"가 다르게 나왔다. 유전성 망막모세포종에서는 암이 빠르게 시작되었다. 대개 태어난 지 2-6개월 뒤에 진단을 받았다. 반면, 산발성 망막모세포종은 대개 태어난 지 2-4년 뒤에 나타났다.

왜 같은 질병이 두 집단에서 서로 다른 속도로 발달한 것일까? 크누드슨은 물리학과 확률 이론에서 빌린 수와 단순한 방정식을 이용해서 두 코호트의 암 발달 양상을 모형화했다. 그는 자료가 단순한 모형에 딱 들어맞는다는 것을 알았다. 유전성 형태의 망막모세포종에 걸린 아이들은 암이 발달하는 데에 단 하나의 유전적 변화만 있으면 되지만, 산발성 형태에 걸린 아이들은 2개의 유전적 변화가 필요하다는 것이었다.

이것은 또다른 흥미로운 의문을 불러일으켰다. 암이 발달하는 데에, 가족성 형태에서는 왜 하나의 변화만 필요하고, 산발성 형태에서는 왜 2개의 유전적 변화가 필요할까? 크누드슨은 단순하면서도 아름다운 설명을 떠올렸다. 그는 "유전학자는 2라는 수를 선호한다"고 회상했다.[5] 사람의 정상 세포는 모두 각 염색체를 2개씩 가지며, 따라서 각 유전자의 사본도 2개씩이다. 모든 정상 세포는 망막모세포종(retinoblatoma) 유전자 *Rb*의 정상 사본을 2개 가질 것이 분명하다. 크누드슨은 산발성 망막모세포종이 발달하려면, *Rb* 유전자의 각 사본에 돌연변이가 일어나서 그 유전자의 두 사본이 모두 불활성 상태가 될 필요가 있다고 추정했다. 따라서 산발성 망막모세포종은 좀더 늦은 나이에 발달한다. 2개의 독립적인 돌연변이가 같은 세포에 축적되어야 하기 때문이다.

반면에 유전성 망막모세포종인 아이는 *Rb*의 결함 있는 사본을 하나 가지고 태어난다. 즉 세포에 든 유전자 사본 중의 하나에 이미 결함이 있으며, 유전자 돌연변이가 하나만 더 추가로 일어나면 세포는 그 변화를 감지하고 분열을 시작한다. 따라서 이런 아이들은 그 암의 소인(素因)이 있으며, 더 빨리 암이 발달하여 크누드슨이 통계 도표에서 본 "빠른 속도"의 종양이 생긴다. 크누드슨은 이것을 암의 이중적중 가설(two-hit hypothesis)이라고 했다.[6] 특정한 암 유발 유전자가 세포 분열을 촉발하여 암을 형성하려면 2개의 돌연변이가 "적중"해야 했다.

크누드슨의 이중적중 가설은 망막모세포종의 유전 양상을 설득력 있게 설명했지만, 언뜻 볼 때 초창기에 암을 분자 수준에서 이해한 지식과 상충되는 듯했다. *src* 유전자가 통제 불능의 세포 분열을 촉발하려면 활성 유전자 사본 하나만 있으면 된다는 점을 생각해보라. 크누드슨의 유전자는 2개의 사본을 필요로 했다. *src*에서는 세포 분열을 촉발하는 데에 하나의 돌연변이로 충분한 반면, 왜 *Rb*에서는 2개가 필요할까?

답은 두 유전자의 기능에 놓여 있었다. *src*는 세포 분열에 관여하는 하나의 기능을 활성화한다. 레이 에릭슨과 히데사부로 하나부사가 발견했듯이, *src*의 돌연변이는 기능을 끌 수 없는 세포 단백질을 만든다. 영구적인 세포 분열을 촉발하는, 만족할 줄 모르고 과잉 행동을 하는 폭주하는 키나아제를 말이다. 크누드슨의 유전자인 *Rb*는 반대 기능을 수행한다. 그것은 세포 증식을 **억제하며**, 세포 분열의 재갈을 푸는 것은 그런 유전자의 불활성화(두 번의 적중을 통해서)이다. 따라서 *Rb*는 *src*와 정반대의 기능을 가진 암 억제 유전자이다. 크누드슨은 그것을 "항종양유전자(anti-oncogene)"라고 했다.

그는 이렇게 썼다. "두 부류의 유전자들이 소아암의 기원에 핵심적인 역할을 하는 것이 분명하다. 한 부류인 종양유전자는 비정상적이거나 고조된 활동을 통해서 작용한다.······또 한 부류인 항종양유전자[종양 억제 유전자]는 종양 형성을 억제한다. 이 유전자의 두 정상 사본이 돌연변이가 일어나거나 결실되면 암이 생긴다. 일부 아이들은 생식질에 그런 돌연변이를 가지고 있으며, 체세포 돌연변이 사건이 하나만 더 일어나면 되기 때문에 고도로 민감하다. 일부 아이들은 생식질에 그런 돌연변이를 가지고 있지 않을지라도 체세포 돌연변이 사건이 두 번 일어남으로써 종양에 걸릴 수 있다."[7]

통계적 추론만으로 자아낸 절묘하게 빈틈없는 가설이었다. 크누드슨은 자신의 공상적인 항종양유전자의 분자적 정체를 알지 못했다. 그는 이런 유전자를 "보기" 위해서 암세포를 들여다본 적이 없었다. 그는 *Rb*를 찾아내는 생물학 실험을 결코 하지 않았다. 멘델처럼 크누드슨도 유전자를 오직 통계적 의미로만 파악했다. 그 자신의 말처럼, 그는 "나무가 흔들리는 것을 보고 바람이 부는구나 추정하듯이" 유전자를 추정했다.

1970년대 말까지 바머스, 비숍, 크누드슨은 종양유전자와 항종양유전자의 행동들을 하나로 엮어서 통합함으로써, 분자 수준에서 암세포의 핵심이 되는 비정상을 기술하는 일을 시작할 수 있었다. 크누드슨은 암 유전자가 두 가지 특징을 가진다고 주장했다. *src* 같은 "양성" 유전자는 정상 세포 유전자의 돌연변이 활성 형태이다. 정상 세포에서 이런 유전자는 세포 분열을 가속시키지만, 세포가 적절한 성장 신호를 받을 때에만 그렇게 한다. 돌연변이 형태일 때 이런 유전자는 영구적인 과잉 활동 상태에 들어가서 세포 분열의 고삐를 통제 불가능하게 풀어버린다. 비숍의 비유를 빌리면, 활성을 띤 원종양유전자는 자동차의 "눌린 채 걸린 액셀러레이터"이다. 그런 눌린 채 걸린 액셀러레이터를 가진 세포는 체세포 분열을 멈출 수가 없어서 끊임없이 분열하고 또 분열하면서 세포 분열의 길을 무서운 속도로 질주한다.

Rb 같은 "음성" 유전자는 세포 분열을 억제한다. 정상 세포에서 이런 항종양 유전자, 즉 종양 억제 유전자는 세포 증식의 "브레이크"가 된다. 세포가 적절한 신호를 받을 때 세포 분열을 중단시킨다. 암세포에서는 돌연변이로 인해서 이런 브레이크가 작동 불능이 된다. 다시 비숍의 비유를 쓰면, 브레이크가 망가진 세포에서는 체세포 분열 "멈춤" 신호가 더 이상 받아들여질 수 없다. 세포는 멈추라는 모든 신호를 무시하고 분열을 계속한다.

활성 상태의 원종양유전자와 불활성 상태의 종양 억제 유전자("눌린 채 걸린 액셀러레이터"와 "분실된 브레이크")라는 이 두 비정상이 암세포의 핵심적인 분자 결함이다.[8] 비숍, 크누드슨, 바머스는 사람의 암을 일으키는 데에 그런 결함이 얼마나 많이 필요한지는 알지 못했다. 그러나 그들은 그것들이 겹쳐서 암을 일으킨다고 추정했다.

위험한 예측

> 그들은 모닥불로 동굴 벽에 비치는 자신의 그림자나 서로의 그림자만 볼 뿐이다.
> ―플라톤[1]

과학철학자 칼 포퍼는 과학자들이 검증되지 않은 이론을 증명할 때 쓰는 과정을 기술하기 위해서 위험한 예측(risky prediction)이라는 용어를 만들었다. 포퍼는 좋은 이론은 위험한 예측을 낳는다고 주장했다. 좋은 이론은 일어나지 않거나 틀리다고 입증될 진정한 위험을 무릅쓰고, 예측되지 않았던 사실이나 사건을 예견한다. 이 예측되지 않았던 사실이 참이라는 것이 입증되거나 그런 사건이 일어날 때, 그 이론은 신뢰와 견고함을 얻는다. 뉴턴의 중력 이해는, 그것이 1758년에 핼리 혜성의 귀환을 정확히 예견함으로써 가장 화려하게 입증되었다. 아인슈타인의 상대성 이론은, 1919년에 먼 별의 빛이 그 이론의 방정식이 예측한 그대로 태양의 질량에 "휜다"는 것을 보임으로써 입증되었다.

1970년대 말까지 바머스와 비숍이 주창한 암형성 이론도 그런 위험한 예측을 적어도 하나 내놓았다. 바머스와 비숍은 모든 정상 세포에 종양유전자의 전구체―원종양유전자―가 있다는 것을 보였다. 그들은 라우스 육종 바이러스에서 *src* 원종양유전자의 활성 형태를 찾아냈다. 그들은 그런 내부 유전자의 돌연변이가 암을 일으킨다고 주장했다. 그러나 증거의 핵심 조각이 아직 빠져 있었다. 바머스와 비숍이 옳다면, 그런 원종양유전자의 돌연변이 형태가 암세포 안에 들어 있어야 했다. 그러나 여러 과학자들이 레트로바이러스에서 온갖 종양유전자를 분리했음에도 불구하고, 암세포에서 활성을 띤 돌연변이 종양유전자를 분리한 사람은 아직 아무도 없었다.

암생물학자 로버트 와인버그는 말했다. "그런 유전자를 분리하는 것은 그림자들이 어른거리는 동굴에서 걸어나오는 것과 같을 것이다.⋯⋯과학자들은 이전까지는 간접적으로만 종양유전자를 보았지만, 그때부터는 암세포 안에 살아 있는 피와 살로 된 이런 유전자를 볼 수 있을 것이다."[2]

로버트 와인버그는 그림자에서 벗어나는 일과 특히 관계가 깊었다. 위대한 바이러스학자들의 시대에 바이러스학을 전공한 그는 1960년대에 소크 연구소의 둘베코 연구실에서 그런 유전자를 연구하기 위해서 원숭이 바이러스에서 DNA를 분리하는 일을 했다. 1970년에 테민과 볼티모어가 역전사 효소를 발견했을 때, 와인버그는 여전히 실험대 앞에서 원숭이 바이러스에서 유전자를 분리하는 일에 매진하고 있었다. 6년 뒤, 바머스와 비숍이 세포 *src*를 발견했다고 선언했을 때에도 와인버그는 여전히 바이러스에서 DNA를 분리하고 있었다. 와인버그는 마치 자신이 명성에 둘러싸여 있지만 자신은 결코 명성을 얻지 못하는 영구적인 그늘에 갇혀 있는 것처럼 느꼈다. 레트로바이러스 혁명은 그 모든 수수께끼와 보상을 간직한 채, 조용히 그의 옆을 스쳐지나갔다.

1972년에 와인버그는 암 유발 바이러스를 연구하기 위해서 볼티모어 연구실에서 문 몇 개를 지나면 있는 MIT의 작은 연구실로 옮겼다. "학과장은 나를 바보라고 생각했다. 착한 바보. 열심히 일하는 바보, 그래도 바보는 바보였다."[3] 와인버그의 연구실은 삐걱거리는 승강기 한 대뿐인 1960년대 브루탈리즘 양식 건물의 무기력하고 정체된 공간에 있었다. 찰스 강은 창문 너머로 보일락 말락 할 정도로 멀리 떨어져 있었지만, 그래도 겨울 교정에 매서운 바람을 불어보내지 못할 만큼은 아니었다. 건물 지하층에는 다른 연구실들을 위해서 기계를 수선하고 열쇠를 깎고 하는, 환기가 되지 않는 방들이 미로처럼 이어져 있었다.

연구실도 기계가 될 수 있다. 과학에서 그 말은 찬사보다는 경멸조로 쓰일 때가 더 많다. 기술적 성취를 이룬 고동치면서 효율적으로 돌아가는 연구실은 높낮이가 완벽하게 맞는 음들을 내지만, 결코 음악을 연주하는 것은 아닌 로봇 관현악단과 같다. 1970년대 중반까지 동료들 사이에서 와인버그는 세심하고 기술이 뛰어나지만 딱히 발전이 없는 과학자라는 평판을 얻었다. 그는 자신의 연구가 정체되었다고 느꼈다. 그에게 부족한 것은 단순하고 명확한 질문이었다.

어느 날 아침, 보스턴이 악명 높은 앞이 보이지 않는 눈보라에 휩싸여 있을 때, 그에게 그런 깨달음이 찾아왔다.[4] 1978년 2월의 어느 날이었는데, 일하려고 나가려던 와인버그는 엄청난 눈폭풍에 사로잡혔다. 대중교통은 마비되었지만,

와인버그는 모자와 덧신으로 무장하고 눈보라가 몰아치는 롱펠로 다리를 건너서, 집에서 연구실까지 진창길을 천천히 헤치면서 걸어가기로 결심했다. 눈이 모든 풍경을 지우고 모든 소리를 빨아들이는 바람에 마치 모두가 잠든 실내처럼 사방이 고요했다. 얼어붙은 강을 건너면서 그는 레트로바이러스, 암, 사람 암 유전자를 생각했다.

와인버그는 라우스 육종 바이러스가 겨우 4개의 유전자만 가지고 있기 때문에 *src*가 쉽게 분리되고 암 유발 유전자임이 밝혀졌다는 것을 잘 알았다. 레트로바이러스 유전체로 시선을 돌리면, 거의 종양유전자와 맞닥뜨릴 수밖에 없었다. 대조적으로 암세포는 약 2만 개의 유전자를 가지고 있기 때문에, 그 유전자의 눈보라 속에서 암 유발 유전자 1개를 찾는다는 것은 거의 가망이 없는 짓이었다.

그러나 종양유전자는 그 정의상 특수한 성질을 가진다. 그것은 정상 세포에 고삐 풀린 세포 증식을 야기한다. 테민은 배양접시에 든 암을 실험할 때 이 특성을 이용하여 세포가 "병터"를 형성하도록 유도했다. 그리고 종양유전자를 생각하면 할수록, 그의 생각은 계속 이 본질적인 특성으로 되돌아갔다.

와인버그는 암세포의 유전자 2만 개 가운데 대다수는 정상일 가능성이 높고, 소수만이 돌연변이가 일어난 원종양유전자일 것이라고 추론했다. 여기서 잠시, 암세포에 있는 2만 개의 유전자를 좋든 나쁘든 추하든 간에 전부 꺼내서 2만 개의 정상 세포에 한 개씩 골라 집어넣을 수 있다고 상상해보자. 돌연변이가 일어나지 않은 정상 유전자는 세포에 거의 영향을 미치지 않을 것이다. 그러나 우연히 종양유전자를 받은 세포는 그 신호에 자극을 받아서, 지치지 않고 성장하고 증식할 것이다. 10회쯤 분열하면, 이런 세포는 배양접시에 작은 덩어리를 형성할 것이다. 12회쯤 세포 분열을 하면, 그 덩어리는 눈에 띄는 "병터"를 형성할 것이다. 원초적인 형태로 증류된 암을 말이다.

눈폭풍은 와인버그에게 카타르시스를 안겨주었다. 그는 레트로바이러스를 떨쳐버렸다. 암세포 안에 활성 종양유전자가 존재한다면, 그 유전자를 정상 세포에 집어넣어서 분열하고 증식하도록 유도할 수 있어야 했다. 수십 년 동안 암생물학자들은 활성 *src*를 세포에 넣어서 세포 분열을 자극하고자 할 때 라우스 육종 바이러스를 이용했다. 그러나 와인버그는 라우스의 바이러스를 건너뛰기로 했다. 그는 암 유발 유전자를 **직접** 암세포에서 정상 세포로 옮길 수 있는지 알아보기로 결심했다. 다리 끝에 이르렀을 때도 여전히 눈보라가 와인버그의 몸을 휘감고 있었다. 그는 신호등이 아직 깜박거리는 텅 빈 교차로에 도착했다. 그는 교차로를 건너서 암 센터로 향했다.

와인버그가 당장 직면한 과제는 기술적인 것이었다. 어떻게 하면 암세포의 DNA를 정상 세포 집단으로 옮길 수 있을까? 운 좋게도 그것은 그가 정체된 10년 동안 연구실에서 그토록 고역스럽게 갈고 닦아서 완성한 기술 중의 하나였다. 그가 택한 DNA 전달 방법은 암세포로부터 DNA를 분리하는 것에서 시작했다. 그는 세포 추출물에서 우유 더껑이처럼 뜬 솜털이 엉긴 것 같은 몇 그램의 DNA를 분리했다. 그런 뒤에 이 DNA를 유전자를 한두 개 가진 수천 개의 조각으로 잘랐다. 이 DNA를 세포에 전달하려면 운반체가 필요했다. DNA를 세포 안으로 매끄럽게 들어가게 해줄 분자가 말이다. 여기서 와인버그는 묘책을 생각해냈다. 그는 DNA를 인산칼슘에 결합시켜서 아주 작은 하얀 알갱이로 만들었다. 세포는 이런 알갱이를 받아들이며, 세포가 그런 알갱이를 섭취할 때, 인산칼슘에 결합된 DNA도 함께 들어간다. 배양접시에 자라는 정상 세포층에 이 DNA와 인산칼슘으로 된 알갱이를 살포하는 광경은 스노글로브 안에서 하얀 눈송이들이 흩날리며 가라앉는 모습과 흡사하다. 와인버그가 보스턴에서 걸으면서 그토록 생생하게 상상했던 유전자들의 눈보라였다.

   DNA 눈보라를 세포에 살포하여 안으로 들어가게 하자, 와인버그는 단순한 실험을 떠올렸다. 종양유전자를 받은 세포는 고삐 풀린 듯 성장하여 증식하는 세포들로 이루어진 병터를 만들 것이다. 그런 병터를 떼어내서 증식을 유도한 DNA 조각을 분리한다. 그러면 진짜 사람 종양유전자를 포착할 수 있을 터였다.

   1979년 여름, 와인버그 연구실의 대학원생 치아호 시는 15가지 종류의 생쥐 암세포를 이용하여 정상 세포에서 병터를 형성하는 DNA 조각을 찾는 일을 시작했다.[5] 시는 말수 적고 자신을 잘 드러내지 않으며 종잡을 수 없고 변덕스러운 성격이었으며, 때로 자신의 실험에 병적으로 집착하는 인물이었다. 또한 고집도 셌다. 동료들은 그가 와인버그와 의견이 맞지 않으면, 억양을 더 심하게 쓰면서 영어를 이해하지 못하는 척하곤 했다고 회상한다. 평소에는 수월하고 유창하게 잘 쓰면서 말이다. 그런 온갖 기벽이 있긴 했어도 시는 타고난 완벽주의자였다. 그는 연구실 선배들로부터 DNA 전달감염 기법을 배웠다. 그러나 더 중요한 점은 정원사가 정상적인 성장과 비정상적인 성장을 거의 본능적으로 알아차리듯이, 그가 자신이 배양하는 세포들에 대한 본능적인 감각을 가지고 있었다는 점이다.

시는 배양접시에 엄청나게 많은 수의 정상 세포를 키우면서 매주 암세포에서 얻은 유전자를 분무했다. 연구실에 전달감염된 세포 배양접시들이 계속 쌓여갔다. 와인버그가 강을 건너면서 상상했듯이, 시는 곧 중요한 초기 관찰 결과를 얻었다. 그는 생쥐 암세포의 DNA가 전달감염된 정상 세포에서는 예외 없이 병터가 생성된다는 것을 알았다. 그 방법으로 종양유전자를 발견할 수 있다는 증거였다.*

어리둥절해하면서도 흥분한 와인버그와 시는 실험을 더욱 대담하게 변형시켰다. 여태까지는 생쥐 암세포주를 써서 DNA를 얻었다. 그들은 전술과 종을 바꾸어서 사람 암세포로 옮겨갔다. 와인버그는 회고했다. "그토록 고생하여 진짜 종양유전자를 사로잡을 수 있다면, 진짜 사람 암에서도 그것을 찾아낼 수 있을 것이라고 생각했다."[6] 시는 대너파버 암연구소까지 걸어가서 방광암으로 사망한 장기 흡연자인 얼 젠슨에게서 유래한 암세포주를 가지고 돌아왔다. 시는 이 세포에서 추출한 DNA를 조각낸 다음, 정상 사람 세포주에 전달감염시켰다. 그런 뒤에 현미경으로 배양접시들을 들여다보면서 병터를 찾았다.

이번에도 실험은 잘 돌아갔다. 생쥐 암세포주를 썼을 때처럼, 배양접시에 억제되지 않은 뚜렷한 병터가 나타났다. 와인버그는 시에게 정상 세포를 암세포로 전환시키는 유전자가 정확히 어떤 것인지 찾으라고 재촉했다. 와인버그 연구실은 이제 최초로 사람 종양유전자를 분리하여 파악하는 일에 매달렸다.

그는 곧 같은 경주에 나선 경쟁자들이 있다는 것을 알아차렸다. 건너편의 파버에서 테민의 제자였던 제프 쿠퍼도 암세포에서 얻은 DNA가 세포를 형질전환시킬 수 있다는 것을 보여주었다. 뉴욕 콜드 스프링 하버 연구소의 마이클 위글러도 그랬다. 그리고 와인버그, 쿠퍼, 위글러에게 또다른 경쟁자들도 있었다.

---

* 사실 와인버그가 사용한 "정상" 세포는 정확히 정상은 아니었다. 그 세포들은 이미 성장에 적응되어 있었기 때문에, 활성을 띤 하나의 종양유전자가 형질전환을 일으켜서 성장을 자극할 수 있었던 것이다. 와인버그가 나중에 발견하게 되지만, 진정한 "정상" 세포는 형질전환이 되려면 서너 개의 유전자가 필요하다.

NCI에서도 거의 알려지지 않은 스페인인 연구자인 마리아노 바바시드가 또다른 암세포주에서 얻은 DNA 조각이 정상 세포를 형질전환시킨다는 것을 알아냈다. 1981년 늦겨울, 네 곳의 연구실은 모두 결승선을 향해서 달려갔다. 그리고 초봄에 각 연구실은 그들이 찾던 유전자를 발견했다.

1982년에 와인버그, 바바시드, 위글러는 각자 발견한 것을 발표하고, 결과를 비교했다.[7] 예상하지 않았던 강력한 수렴이 일어났다. 세 곳의 연구실에서 모두 똑같은 DNA 조각을 분리했던 것이다. 각자의 암세포에서 찾아낸 조각에는 *ras*라는 유전자가 들어 있었다.* *src*와 마찬가지로 *ras*도 모든 세포에 있는 유전자였다. 그러나 *src*와 달리 정상 세포의 *ras* 유전자는 암세포에 있는 *ras*와 기능적으로 달랐다. 정상 세포의 *ras* 유전자는 세심하게 조절되는 스위치처럼 "켜짐"과 "꺼짐"이 치밀하게 조절되는 단백질을 만들었다. 바머스와 비숍이 예측한 그대로, 암세포에서는 그 유전자에 돌연변이가 일어나 있었다. 돌연변이 *ras*는 영구적으로 "켜짐" 위치에 고정되어서, 한없이 과잉 행동하는 폭주하는 단백질을 만들었다. 이 돌연변이 단백질은 세포가 분열하고 또 분열하도록, 끌 수 없는 신호를 생산했다. 그것이 바로 암세포라는 살과 피에서 포착한, 오랫동안 찾던 "본연의" 사람 종양유전자였다. 와인버그는 "우리가 암 유전자를 복제했으니, 세계가 우리 발치에 엎드리리라"라고 썼다.[8] 그 즉시 암형성을 이해할 새로운 깨달음들이 이어지고 치료법에도 새로운 길이 열렸다. 와인버그가 훗날 쓴 것처럼, "그 모든 것은 경이로운 몽상이었다."

와인버그가 암세포에서 돌연변이 *ras*를 분리하고 몇 개월 뒤인 1983년에 레이 에릭슨은 *src* 활동과 기능을 연구한 공로로 명성 있는 제너럴 모터스 상을 받기 위해서 워싱턴으로 향했다.[9] 그날 저녁에 톰 프레이도 백혈병 치료에 기여한 공로로 상을 받았다.

그날 저녁은 휘황찬란한 저녁이었다. 워싱턴의 한 연회장에서 우아한 촛불 아래 저녁 만찬을 한 뒤, 축하 연설과 축배가 이어졌다. 예전에 래커스주의자였던 많은 인물들을 포함하여 과학자, 의사, 정책 결정자가 리넨이 덮인 식탁 주위에

---

* 사실 *src*처럼 *ras*도 암 유발 바이러스에서 이미 이전에 발견되었다. 그것은 이런 바이러스들이 내생 종양유전자의 메커니즘을 드러내는 놀라운 능력을 가지고 있다는 것을 다시금 역설한다.

모였다.* 대화는 종양유전자의 발견과 완치시키는 화학요법의 창안 쪽으로 종종 흐르곤 했다. 그러나 10여 년 전 휴스턴의 학회에서 테민이 발표할 때 그러했듯이, 두 대화는 서로 봉인되고 분리된 두 우주에서 일어나는 듯했다. 백혈병을 치료한 공로로 받은 프레이의 상과 중요한 종양유전자의 기능을 밝힌 공로로 받은 에릭슨의 상은 거의 무관한 두 탐구에 주어진 듯했다. 에릭슨은 "임상의들에게서 암생물학자들에게 손을 뻗어서 암에 관한 지식의 양극을 통합하려는 열의를 전혀 느끼지 못했다"고 썼다.[10] 함께 향연을 즐기고 함께 대접을 받았던 암의 두 반쪽 진영은 서로 다른 택시를 타고 어둠 속으로 뿔뿔이 흩어졌다.

ras의 발견은 한 가지 도전 과제를 암유전학자들의 코앞에 들이밀었다. 그들은 암세포에서 돌연변이 종양유전자를 분리했지만, 그것은 또다른 도전 과제로 이어졌다. 이미 크누드슨의 이중적중 가설도 망막모세포종 암세포가 Rb 유전자의 불활성 사본 2개를 가지고 있다는 위험한 예측을 내놓았다. 와인버그, 위글러, 바바시드는 바머스와 비숍이 옳았다는 것을 입증했다. 이제 누군가가 크누드슨이 추정한 종양 억제 유전자를 분리하여 그것의 두 사본이 망막세포종에서 불활성화 상태임을 보여줌으로써 그의 예측을 입증할 차례였다.

그러나 이 도전 과제는 개념적으로 기이하게 왜곡된 형태로 등장했다. 종양 억제 유전자는 그 특성상 **없음**으로써 자신을 알린다. 종양유전자는 돌연변이가 일어나면, 세포에 성장하라는 "켜짐" 신호를 제공한다. 대조적으로 종양 억제 유전자는 돌연변이가 일어나면, 성장의 "꺼짐" 신호를 제거한다. 와인버그와 치아호 시의 전달감염 실험은 종양유전자가 정상 세포를 통제 불가능하게 분열하도록 함으로써 세포들의 병터를 형성할 수 있었기 때문에 성공했다. 그러나 세포에 전달감염된 항종양유전자가 "항병터"를 만들 것이라고는 기대할 수 없다. 와인버그는 이렇게 썼다. "암막 뒤에서 세포에 영향을 미치는 유령처럼 행동하는 유전자를 어떻게 포착할 수 있을까?"[11]

1980년대 중반에 암유전학자들은 Rb 유전자가 13번 유전자에 "산다"는 것을

---

* 래스커주의자들은 1971년에 국립 암법이 제정된 여파로 대부분 흩어졌다. 메리 래스커는 여전히 과학 정책에 관여했다. 비록 1960년대에 동원했던 힘과 활기는 어디에서도 찾아볼 수 없지만 말이다.

보여준 유전학자 재닛 롤리가 개발한 기법을 이용하여 망막세포종 암세포의 염색체를 분석함으로써, 그 종양의 "암막" 뒤에 숨은 것의 윤곽을 어렴풋이 파악했다. 그러나 염색체 하나에는 수천 개의 유전자가 들어 있다. 그 방대한 집합에서 하나의 유전자―특히 활성을 잃을 때에만 자신의 기능적 존재를 드러내는 유전자―를 분리하는 것은 불가능한 과제처럼 보였다. 암 유전자를 사냥하는 데에 필요한 전문 장비를 갖춘 대규모 연구실―신시내티의 웹스터 캐브니 연구실, 토론토의 브렌다 갤리 연구실, 보스턴의 와인버그 연구실―은 Rb를 분리할 전략을 찾는 일에 미친 듯이 뛰어들었다. 그러나 이런 노력은 정체되고 말았다. 와인버그는 회고했다. "우리는 Rb가 어디에 사는지 알았지만, Rb가 무엇인지는 전혀 알지 못했다."[12]

와인버그의 연구실에서 찰스 강을 건넌 곳에서, 안과의사에서 유전학자로 변신한 태드 드라이어도 Rb 사냥에 합류했다.[13] 드라이어의 연구실은 매사추세츠 안이과병원―전공의들 사이에서는 눈알(the Eyeball)이라는 속어로 불렸다―의 6층에 자리했다. 그 안과는 안질환의 임상 연구로 유명했지만, 실험실 기반 연구 쪽으로는 거의 인정을 받지 못했다. 와인버그의 화이트 헤드 연구소는 세포의 중심부를 들여다볼 수 있는 고성능 형광 현미경과 DNA 표본 수천 개의 서열을 분석할 수 있는 기계가 가득한 첨단 기술의 위용을 자랑했다. 대조적으로, 래커를 칠한 나무 테두리의 유리 장식장에 자랑스럽게 19세기의 안경과 렌즈를 전시한 눈알은 거의 자기 방종에 가까울 정도로 시대착오적이었다.

드라이어도 도무지 암유전학자 같지가 않았다. 그는 1980년대 중반에 보스턴의 그 병원에서 안과학 임상 연구원 생활을 마친 뒤, 도시를 지나서 어린이 병원의 과학 연구실로 향했다. 눈병의 유전학을 연구하기 위해서였다. 암에 관심을 가진 안과의사인 드라이어에게 표적은 뻔했다. 망막세포종이었다. 그러나 고질적인 낙천주의자인 드라이어조차도 Rb를 탐구하고자 할 때는 주저했다. "[Rb를 복제하려는] 브렌다 [갤리]와 웹 [캐브니]의 노력은 둘 다 진척이 없었어요. 느리고 좌절의 시간이었죠."

드라이어는 몇 가지 핵심 가정을 가지고 Rb 사냥을 시작했다. 그는 사람의 정상 세포에는 모든 염색체가 부모 양쪽에서 하나씩 받아서 쌍으로 들어 있으며(성염색체를 제외하고), 모두 23쌍, 총 46개가 있다는 것을 알았다. 따라서 모든 정상 세포는 *Rb* 유전자를 13번 염색체의 각 사본에 하나씩, 2개 가지고 있다.

크누드슨의 이중적중 가설이 옳다고 가정하면, 모든 눈 종양은 각 염색체에 하나씩 *Rb* 유전자에 2개의 독립적인 비활성 돌연변이를 가져야 했다. 드라이어는 돌연변이가 여러 형태로 나타난다는 것을 알고 있었다. 그것은 유전자를 활성화할 수 있는 DNA의 작은 변화일 수도 있고, 염색체의 큰 조각에 걸쳐서 일어나는 구조상의 커다란 결실(deletion)일 수도 있다. 망막모세포종을 유발하려면 *Rb* 유전자가 **불활성화**해야 하므로, 드라이어는 그것을 야기하는 돌연변이가 그 유전자의 결실일 가능성이 높다고 추론했다. 아무튼 유전자에서 상당한 크기의 조각을 제거하는 것이 그것을 마비시키고 불활성화하는 가장 빠르고 가장 엉성한 방법일 것이다.

드라이어는 대다수 망막세포종 세포에서는 *Rb* 유전자의 두 사본에 일어난 2개의 결실이 각 사본의 서로 다른 부위에서 일어났을 것이라고 추측했다. 돌연변이는 무작위적으로 일어나므로, 두 돌연변이가 유전자의 정확히 같은 부위에 생길 확률은 100개의 면이 있는 주사위를 굴려서 6이 두 번 나오는 것과 약간 비슷하다. 대개 결실 중 하나는 유전자의 앞쪽 끝에 "적중"하고, 다른 결실은 뒤쪽 끝에 적중할 것이다(양쪽 모두 기능상의 결과는 같을 것이다. *Rb*의 불활성화이다). 따라서 대다수 종양에서 두 "적중"은 비대칭적일 것이다. 즉 두 염색체에 있는 두 유전자의 서로 다른 부위에 영향을 끼칠 것이다.

그러나 설령 면이 100개인 주사위라도 매우 많이 굴리면, 6이 두 번 나올 수 있다. 드라이어는 아주 드물게 양쪽의 적중이 두 자매 염색체의 두 유전자의 정확히 똑같은 부위를 결실시킴으로서 종양이 생길 수 있다고 보았다. 그럴 때는 그 염색체 부위가 세포에서 완전히 사라지고 없을 것이다. 그리고 망막세포종 종양 세포의 13번째 염색체에서 어느 부위가 완전히 사라졌다는 것을 알아내는 방법을 찾아낼 수만 있다면, 즉시 *Rb* 유전자를 찾을 수 있을 것이다. 그것은 가장 단순한 전략이었다. 드라이어는 없어진 기능을 가진 유전자를 사냥하기 위해서 없어진 구조를 찾기로 했다.

빠진 조각을 찾아내려면, 13번 염색체를 따라서 구조적 이정표들을 세울 필요가 있었다. 방법은 탐침이라는 작은 DNA 조각들을 염색체를 따라서 군데군데 죽 늘어세우는 것이었다. 그는 바머스와 비숍이 1970년대에 썼던 것과 같은 일종의 "달라붙는" 반응에 이 DNA 탐침을 이용했다. 상보적인 DNA 조각이 종양 세포에 있다면, 탐침은 달라붙을 것이다. 그 조각이 없다면, 탐침은 달라붙지 않을 것이므로, 세포에서 어느 조각이 빠졌는지 알아낼 수 있다. 드라이어는 그런 탐침들을 모았다. 그러나 탐침말고도 필요한 자원이 또 있었는데, 마침 그는 그것을 가지고 있었다. 엄청나게 많은 종양을 냉동시켜서 보존한 은행이었다. 양쪽 염색체에서 *Rb* 유전자의 같은 부위가 결실된 사례를 찾을 가능성은 희박했으므로, 하나를 찾으려면 엄청나게 많은 표본을 검사할 필요가 있었다.

따라서 토론토와 휴스턴에 수많은 전공 연구실들이 있다는 것은 그에게 아주 중요한 이점이었다. 연구실 과학자들은 사람 표본을 찾아서 연구실 밖으로 나가는 모험을 감행하는 일이 거의 없었다. 임상의인 드라이어에게는 그런 표본이 가득한 냉동고가 있었다. 그는 수집가 특유의 어린아이 같은 신나는 어조로 말했다. "나는 종양을 강박적으로 보관했어요. 나는 환자들과 의사들에게 망막모세포종 사례를 찾고 있다고 널리 알렸어요. 누군가 사례를 보기만 하면, 이렇게 말했죠. '드라이어한테 보내.' 그러면 나는 차를 타거나 비행기를 타거나 심지어 걸어서라도 가서 표본을 여기로 가져왔어요. 심지어 환자의 이름까지 알아야 했죠. 그 병이 가족 내력이니까, 망막모세포종에 걸린 형제나 자매 또는 사촌이 있는지 알아보기 위해서 그들의 집에 전화를 했죠. 의사들이 [종양에 관해서] 알기도 전에 내가 먼저 알 때도 있었어요."14)

매주 드라이어는 종양에서 염색체를 추출하여 탐침이 붙는지 알아보았다. 탐침이 결합되면, 대개 필름에 표시가 나타났다. 탐침이 전혀 붙지 않으면, 표시가 나타나지 않아서 빈칸이 되었다. 12가지의 망막 세포 종양을 조사하던 어느 날, 연구실에 온 드라이어는 얼룩 표시가 찍힌 필름을 창문에 비추고, 마치 피아노 연주자가 악보를 읽듯이 좌우로 시선을 옮기면서 한 종양에서 자동적으로 한 줄, 한 줄 표시된 얼룩을 훑었다. 그러던 그의 눈에 빈칸이 보였다. H3-8이라고 이름 붙인 탐침이 그 종양의 양쪽 염색체에서 빠져 있었다. 그는 갑자기 환희에 온몸이 달아오르는 것을 느꼈다. 들뜬 마음은 가라앉지 않았다. "그 순간에 나는 우리가 유전자를 손에 쥐었다고 느꼈습니다. 드디어 망막세포종에 가닿았다고요."15)

드라이어는 종양세포에서 빠진 DNA 조각을 찾아냈다. 이제 정상 세포에 존재하는 그에 상응하는 조각을 찾아서, *Rb* 유전자를 분리할 필요가 있었다. 위험할 정도로 가까이 마지막에 다가간 드라이어는 밧줄의 마지막 남은 구간에서 공중곡예를 부리고 싶었다. 그의 방 한 칸짜리 연구실은 한계에 다다를 정도로 팽팽한 긴장 속에 잠겼다. 그는 유전자를 분리할 실력이 되지 않았고, 자원도 부족했다. 유전자를 분리하려면 도움이 필요했기 때문에, 그는 다시 한번 정면 돌파를 하기로 했다. 그는 와인버그 연구실의 연구자들도 망막세포종 유전자를 사냥하고 있다는 소식을 들었다. 그가 할 수 있는 선택은 뻔했다. 와인버그와 공동 연구를 할 수도 있었고, 혹은 홀로 유전자를 분리하려고 시도하다가 경주에서 완패를 당할 수도 있었다.

와인버그 연구실에서 *Rb*를 분리하려고 애쓰는 과학자는 스티브 프렌드였다. 의학을 전공했다가 분자유전학자가 된 재치 있고 너그럽고 유쾌한 성격의 프렌드는 한 학회에서 자신이 *Rb*에 관심이 있다고 드라이어에게 무심코 말한 적이 있었다. 점점 더 늘어나는 종양 표본들을 가지고 연구하던 드라이어와 달리, 프렌드는 *Rb* 유전자가 온전히 있는 정상 세포를 수집했다. 프렌드는 정상 망막세포에 있는 유전자들을 찾은 뒤, 망막세포종 종양에서 비정상적인 것을 파악하려는 방법을 써왔다. 거꾸로 드라이어를 향해서 오는 것이었다.

드라이어가 보기에, 두 접근법이 상보적이라는 것은 명백했다. 그는 종양에서 DNA의 빠진 조각을 찾아냈다. 프렌드와 와인버그가 이제 정상 세포에서 온전한 길이의 유전자를 분리할 수 있을까? 그들은 두 연구실이 어떤 식으로 협력할지 개괄적인 틀을 마련했다. 1985년의 어느 날 아침, 드라이어는 탐침 H3-8을 들고 거의 뛰다시피 롱펠로 다리(이때쯤 종양 형성의 중앙 고속도로가 된)를 건너서 화이트 헤드 연구소에 있는 프렌드의 실험대로 가져갔다.

프렌드는 그것을 받아서 재빨리 드라이어의 탐침을 검사하는 실험에 들어갔다. 그 DNA를 "달라붙는" 반응에 이용하여 프렌드는 H3-8 탐침에 달라붙는 정상 세포 유전자를 찾아내서 분리했다. 예상대로 분리된 유전자는 13번 염색체에 "살고 있었다." 자신의 종양 표본 은행에서 후보 유전자들을 더 검사한 드라이어는 10여 년 전에 크누드슨이 가설로 세웠던 바로 그것을 발견했다. 모든 망막세포종 세포는 그 유전자의 양쪽 사본이 불활성 상태 — 이중적중 — 에 있는 반면,

정상 세포는 그 유전자의 정상 사본 2개를 가지고 있었다. 프렌드가 분리한 후보 유전자는 논란의 여지가 없이 *Rb*였다.

1986년 10월, 프렌드, 와인버그, 드라이어는 「네이처」에 연구 성과를 발표했다. 논문은 와인버그의 *ras* 논문을 완벽하게 보완했다. 활성 원종양유전자(*ras*)의 분리와 항종양유전자(*Rb*)의 확인은 음과 양처럼 짝을 이루었다. 와인버그는 "15년 전에 크누드슨은 종양 발달을 촉발하려면 최소한 두 번의 유전적 사건이 필요하다고 주장함으로써 망막세포종 종양 형성의 이론적 토대를 제공했다"고 썼다. "우리는 이 유전자 부류 중의 하나가 확실한 [사람 유전자를] 분리했다."[16] 바로 종양 억제 유전자였다.

정상 세포에서 *Rb*가 어떤 일을 하는지는 아직 밝혀내야 할 수수께끼이다. 그것의 이름은 아주 잘못 붙인 것임이 밝혀졌다. *Rb*, 즉 레티노블라스토마(retinoblastoma)는 어린이의 희귀한 눈 종양에서만 돌연변이가 일어난 것이 아니었다. 드라이어, 프렌드, 와인버그가 분리한 유전자를 1990년대 초에 다른 암들에서 조사한 과학자들은 그것이 널리 성인의 폐, 뼈, 식도, 방광의 암에서도 돌연변이가 일어났다는 것을 발견했다.[17] *ras*와 마찬가지로, 그것도 거의 모든 분열하는 세포에서 발현된다. 그리고 여러 악성 세포에서는 불활성이다. 따라서 그것을 망막세포종 유전자라고 부르는 것은 이 유전자의 영향, 깊이, 활약을 지나치게 과소평가하는 것이다.

망막세포종 유전자는 *Rb*라는 같은 이름의 단백질을 만든다. 이 단백질은 깊은 분자 "주머니"를 가지고 있다. *Rb*의 주된 기능은 다른 몇몇 단백질에 결합하여 그것을 주머니에 단단히 봉인함으로써 그 단백질들이 세포 분열을 활성화시키지 못하게 막는 것이다.[18] 세포는 분열하기로 결정하면, *Rb*에 인산기로 꼬리표를 붙인다. 꼬리표는 그 단백질을 비활성화하는, 즉 그 단백질에게 결합한 상대를 풀어주라고 강요하는 분자 신호이다. 즉 *Rb*는 세포 분열이 활성화할 때마다 일련의 주요 분자 수문들을 열고 세포 분열이 끝나면 수문들을 와락 닫는, 세포 분열의 문지기 역할을 한다. *Rb*에 생긴 돌연변이는 이 기능을 불활성화한다. 암세포는 자신의 수문들이 영구적으로 열려 있다고 인식하기 때문에 분열을 멈출 수가 없다.

*ras*와 *Rb* ─종양유전자와 항종양유전자 ─의 분리는 암유전학에 하나의 전환점이었다. 1983년에서 1993년까지 10년 사이에 사람 암에서 다른 많은 종양유전자와 항종양유전자(종양 억제 유전자)가 우후죽순으로 파악되었다.[19] *myc, neu, fos, ret, akt*(모두 종양유전자), p53, VHL, APC(모두 종양 억제 유전자). 우연히 종양유전자의 운반자가 된 레트로바이러스는 저 멀리 사라졌다. 바머스와 비숍의 이론─종양유전자가 활성화한 세포 유전자라는 이론─은 많은 유형의 암에서 널리 들어맞는다고 인정되었다. 그리고 이중적중 가설─종양 억제 유전자가 양쪽 염색체에서 불활성화할 필요가 있다는 가설─도 암에 널리 적용될 수 있는 것으로 드러났다. 암형성의 다소 일반적인 개념적 기본 얼개가 서서히 명확해졌다. 암세포는 고장 나고 미친 기계였다. 종양유전자는 암세포의 눌린 채 걸린 액셀러레이터였고 불활성화한 종양 억제 유전자는 그것의 분실된 브레이크였다.*

1980년대 말, 과거로부터 부활한 또다른 연구 흐름이 암과 연관된 유전자들을 더 많이 밝혀냈다. 1872년에 데 고베아가 브라질 가족의 눈 종양을 보고한 이래로, 유전학자들은 유전자에 암을 가진 듯한 가족들을 더 밝혀냈다. 이런 가족의 이야기는 친숙하면서도 비극적인 내용을 담고 있었다. 암은 부모, 아이, 손자에게 반복해서 나타났고, 세대를 거치면서 그들을 괴롭혔다. 이런 가족의 병력에는 두 가지 특징이 있었다. 첫째, 유전학자들은 각 집안에서 암의 스펙트럼이 제한되어 있고, 종종 판에 박힌 양상을 띤다는 것을 알았다. 한 가족에게서는 결장암과 난소암이 나타나고, 다른 가족에게서는 유방암과 난소암이 나타나며, 또다른 가족에게서는 육종과 백혈병과 신경교종이 계속 나타나는 식이다. 둘째, 각 집안별로 비슷한 양상이 이따금 반복해서 나타남으로써, 집안 특유의 공통의 유전적 증후군이 있다는 것을 시사했다. 린치 증후군(명민한 종양학자 헨리 린치가 네브라스카의 한 가족에게서 발견하여 처음 보고한)에서는 결장암, 난소암, 위암, 담관암이 세대를 거치면서 재발한다. 리프라우메니 증후군에서는 뼈와 내장의 육종, 백혈병, 뇌종양이 반복된다.

---

* 비록 보편적으로 암이 바이러스로 인해서 생기는 것은 아니지만, 특정한 바이러스는 특정한 암을 일으킨다. 자궁경부암을 일으키는 인유두종 바이러스(human papilloma virus, HPV)가 그렇다. 1990년대에 이 암을 일으키는 메커니즘이 밝혀졌다. HPV는 *Rb*와 p53의 신호를 불활성화하는 것으로 드러났다. 즉 바이러스 유발 암에서도 내생 유전자는 중요한 역할을 한다.

1980-1990년대에 암유전학자들은 강력한 분자유전학 기법을 써서, 이런 암 연관 유전자들 중의 일부를 분리하여 파악할 수 있었다. 이런 가족성 암 유전자 중에는 *Rb*처럼 종양 억제 유전자가 많았다(비록 이따금 종양유전자도 발견되긴 했다). 그런 유전자는 대개 가뭄에 콩 나듯이 드물었다. 그러나 이따금 유전학자들은 집단에서 아주 빈번하게 나타나는 암에 걸리기 쉽게 하는 유전자 변형도 찾아냈다. 그중에서 가장 놀라운 것은 아마도 유전학자 메리 클레어-킹이 처음 제시하고 미리어드 제네틱스라는 제약회사의 마크 스콜닉 연구진이 결정적으로 분리한 BRCA-1일 것이다. 이 유전자는 유방암과 난소암에 걸리게 하는 경향이 강하다. BRCA-1(나중에 다시 다룰 것이다)은 집단에 따라서는 그것을 가진 여성의 비율이 1퍼센트에 달하기도 하므로, 사람에게서 발견된 암 연관 유전자 중에서 가장 흔한 축에 속한다.

따라서 1990년대 초까지 이루어진 암생물학의 발견들은 페이턴 라우스의 닭 종양과 진정한 사람 암 사이의 틈새를 메웠다. 그러나 순수주의자들은 여전히 불만이었다. 로베르트 코흐의 까다로운 유령은 아직 암의 유전 이론에 달라붙어 있었다. 코흐는 어떤 병원체가 한 질병의 "원인"이 되려면, (1) 병에 걸린 생물에 존재해야 하고, (2) 병에 걸린 생물로부터 분리될 수 있어야 하며, (3) 그 병에 걸린 생물로부터 옮겼을 때 두 번째 숙주에게서 그 병을 재현해야 한다고 했다. 종양유전자는 처음 두 기준을 충족시켰다. 그것은 암세포에 존재한다는 것이 밝혀졌고, 암세포로부터 분리되었다. 그러나 암 유전자 그 자체가 홀로 동물에게서 진정으로 종양을 형성할 수 있는지는 아무도 보여주지 못했다.

1980년대 중반에 일련의 놀라운 실험을 통해서 암유전학자들은 코흐의 마지막 기준을 충족시킬 수 있었다. 1984년에 줄기 세포를 연구하던 생물학자들은 외래 유전자를 생쥐 초기 배아에 집어넣어서 그 변형된 배아에서 살아 있는 생쥐를 만들 수 있는 새로운 기술을 창안했다. 이 기술로 그들은 "형질전환 생쥐"를 만들 수 있었다. 하나 이상의 유전자를 인위적으로 영구히 변형한 생쥐였다. 암유전학자들은 이 기회를 놓치지 않았다. 유전공학을 이용하여 맨 처음 생쥐에 이식한 유전자 중에 *c-myc*도 있었다. 림프종 세포에서 발견된 종양유전자였다.

하버드의 필립 레더 연구진은 형질전환 생쥐 기술을 써서 생쥐에 있는 *c-myc* 유전자를 변형시키면서, 한 가지 변화를 주었다.[20] 영리하게도 그들은 생쥐의 유방 조직에서만 그 유전자가 과다 발현되도록 조치했다. (*myc*는 모든 세포에서 활성을 띨 수 없었다. *myc*가 배아에서 영구 활성을 띠면, 배아는 과다 증식하는 세포들의 덩어리로 변했다가 알려지지 않은 메커니즘으로 퇴화하여 죽었다. 살아 있는 생쥐의 *myc*를 활성화하는 방법은 오직 세포의 한 부분집합에서만 활성화하도록 제한하는 것이었다. 레더 연구실은 유방암을 연구하고 있었으므로, 그는 유방 세포를 택했다.) 레더는 자신의 생쥐를 온코마우스(OncoMouse)라고 했다. 1988년에 그는 온코마우스에 특허를 신청했고, 온코마우스는 역사상 최초로 특허를 받은 동물이 되었다.[21]

레더는 자신의 형질전환 생쥐에 암이 마구 퍼질 것이라고 예상했지만, 놀랍게도 온코마우스에는 그저 생쥐다운 암이 자랐을 뿐이었다. 공격적인 종양유전자가 염색체에 끼워졌음에도 불구하고, 생쥐에게는 한쪽 유방에만 작은 유방암이 자랐고, 그것도 말년이 되어서야 생겼다. 더욱 놀라운 점은 레더의 생쥐가 대개 임신을 한 뒤에야 암에 걸렸다는 것이다. 그것은 유방 세포의 완전한 형질전환이 이루어지려면 호르몬 같은 환경의 영향이 반드시 필요하다는 것을 시사했다. 레더는 이렇게 썼다. "활성 *myc* 유전자만으로는 이런 종양을 발달시키는 데에 충분하지 않은 듯하다. 그것만으로 충분하다면, 종양을 가진 동물 5마리 모두에게서 양쪽 [유방]선 전체에서 종양 덩어리가 똑같이 발달할 것이라고 예상해야 한다. 그러나 우리의 연구 결과는 적어도 두 가지 요구조건이 더 충족되어야 한다는 것을 시사한다. 하나는 또다른 변형 사건일 가능성이 높다.……또 하나는 이 초기 연구에서는 시사적일 뿐이지만, 임신과 관련된 호르몬 환경인 듯하다."[22]

레더는 다른 종양유전자들과 환경 자극의 역할을 살펴보기 위해서, 두 번째 온코마우스를 만들었다.[23] 이 생쥐는 2개의 활성화한 원종양유전자 *ras*와 *myc*를 염색체에 집어넣어서 유방 세포에서 발현되도록 한 것이었다. 몇 개월이 지나지 않아서, 이 생쥐들의 유방선에 다발성 종양이 생겼다. 임신에 따른 호르몬 환경 변화라는 요구 사항은 어느 정도 완화된 셈이었다. 그러나 *ras-myc* 생쥐에게는 몇 개의 암 덩어리만이 따로따로 자랐다. 각 생쥐의 유방 세포 수백만 개는 똑같이 활성 *ras*와 *myc*를 가지고 있었다. 그런데 가장 강력한 종양유전자를 가진 그 수백만 개의 세포 중에서, 수십 개만이 진정한 살아 있는 종양으로 변한 것이었다.

그렇긴 해도, 이 실험은 하나의 이정표가 되었다. 동물에게서 암을 인위적으로 만들어냈기 때문이다. 유전학자 클리프 태빈은 회고한다. "암유전학은 새로운 변경을 넘었다. 그것은 이제 실험실에서 몇 개의 유전자와 경로, 인위적인 덩어리를 다루는 것이 아니라, 동물의 몸에서 진짜로 자라는 종양을 다룬다."[24] 페이턴 라우스가 그 분야와 벌인 기나긴 논쟁—한정된 세포 유전자 집합을 변화시키는 식으로는 살아 있는 생물에 결코 암을 일으킬 수 없다는 논쟁—은 마침내 지나치게 오랫동안 미루었던 영면을 취했다.

암의 징표

> 나는 작품을 통해서 불멸성을 얻고 싶지 않다. 나는 죽지 않음으로써 불멸성을 얻고 싶다.
> ―우디 앨런[1]

하버드 의대의 교정 꼭대기에 있는 사육장에서 쪼르르 돌아다니는 필립 레더의 온코마우스는 그 작은 몸에 큰 의미를 함축하고 있었다. 그 생쥐는 암유전학의 성숙을 상징했다. 과학자들이 동물의 몸에서 *ras*와 *myc*라는 두 유전자를 인위적으로 조작함으로써, 진짜 살아 있는 종양(배양접시에 있는 추상적인, 병든 기미가 보이는 병터가 아니라)을 만들어냈기 때문이었다. 그러나 레더의 실험은 암의 생성에 관한 더 많은 의문들을 불러일으켰다. 암은 단순히 몸에 있는 덩어리가 아니다. 그것은 이동하고, 진화하고, 기관을 침략하고, 조직을 파괴하고, 약물에 저항하는 질병이다. 2개의 강력한 원종양유전자를 활성화했어도, 생쥐의 모든 세포에서 암의 증후군이 완전히 재현되지는 않았다. 암유전학은 암의 생성에 관해서 많은 것을 밝혀냈지만, 아직 이해해야 할 것이 많이 남아 있었다.

두 종양유전자가 암을 생성하는 데에 불충분하다면, 활성 원종양유전자와 불활성 종양 억제 유전자가 얼마나 많이 있어야 할까? 정상 세포를 암세포로 바꾸려면 얼마나 많은 유전적 단계를 거쳐야 할까? 사람 암에서는 이런 의문들을 실험을 통해서 해결할 수 없다. 무엇보다도 사람 암을 "만들어서" 유전자들의 활성화와 불활성화를 추적하는 것이 허용될 리가 없다. 그러나 지난 사례들을 돌이켜봄으로써 그런 의문들에 답할 수는 있을 것이다. 1988년에 볼티모어의 존스 홉킨스 의대의 의사이자 과학자인 버트 보겔스타인은 사람의 세포 표본을 이용하여 암을 촉발하는 데에 필요한 유전적 변화의 개수를 알아내는 일에 착수했다. 보겔스타인은 다양한 모습을 취해온 그 질문에 거의 20년 동안 몰두했다.

보겔스타인은 1950년대에 게오르게 파파니콜라우와 오스카 아워백이 관찰한 사례들에 자극을 받았다. 서로 다른 암을 연구하던 파파니콜라우와 아워백은 암이 정상 세포에서 곧바로 생기는 것이 아니라는 것을 발견했다. 대신에 암은 완전한 정상 세포와 확연한 악성 세포 사이에 구분되는 전이 단계들을 거치면서 서서히 탄생을 향해서 나아갔다. 자궁경부암이 사나운 침습성 화신으로 진화하기 전의 수십 년 동안, 암을 향한 으스스한 행군의 첫 걸음을 내딛기 시작하는 비침습성 악성 세포 무리를 조직에서 관찰할 수 있었다. (팝 스미어 검사는 암이 퍼지기 전에 이 전악성 단계의 세포를 검출하여 제거하려고 하는 것이다.) 마찬가지로 아워백은 폐암이 생기기 오래 전부터 흡연자의 폐에서 전악성 세포가 관찰된다는 점을 발견했다. 사람의 결장암도 선종이라는 비침습성 전악성 병터에서 침습암종이라는 고도로 침습적인 말기에 이르기까지, 구분되는 단계적 변화를 거치면서 진행되었다.

보겔스타인은 결장암의 이 진행 양상을 연구하기로 결심했다. 그는 환자들로부터 결장암의 각 단계를 나타내는 표본을 모았다. 그런 뒤에 사람 암 유전자 4개—종양유전자와 종양 억제 유전자—를 모아서 암의 각 단계를 보여주는 표본들을 대상으로 이 4개 유전자의 활성과 불활성 상태를 조사했다.*

모든 암이 이질적이라는 것을 알면, 모든 환자의 암이 저마다 다른 유전자 돌연변이 서열과 독특한 돌연변이 유전자 집합을 가진다고 소박하게 가정할지도 모르겠다. 그러나 보겔스타인은 결장암 표본들에서 놀라울 정도로 일관적인 패턴을 하나 발견했다. 많은 표본들과 환자들에게서, 암의 단계적인 전이에 따라서 유전자도 그에 발맞추어 똑같이 단계적인 전이를 거쳤다. 암세포에서 유전자들은 무작위로 활성을 띠거나 잃는 것이 아니었다. 반대로 전악성 단계에서 침습 암으로의 전이는 틀에 박힌 엄격한 순서에 따라서 일어나는 유전자들의 활성화와 불활성화와 정확히 연관지을 수 있었다.

1988년에 보겔스타인은 「뉴잉글랜드 의학회지」에 "네 가지 분자 변형은 종양의 임상적 진행에 발맞추어서 축적되었다"고 썼다.[2] 그는 이렇게 주장했다. "신생물 발달 과정의 초기에 한 결장 세포가 동료들보다 더 크게 자라서 작은 양성 신생물을 형성하는 듯하다. [이] 세포들이 성장하는 동안 종종……*ras* 유전자에

---

* 1988년에 정체가 정확히 파악된 유전자는 *ras* 하나뿐이었다. 다른 3개의 유전자는 사람 항종양 유전자로 추정되었다. 그들의 정체는 나중에야 밝혀지게 된다.

돌연변이가 하나 일어나곤 한다. 마지막으로, 암종 종양 억제 유전자의 상실은……선종에서 확연한 암종으로의 진행과 관련이 있을 수 있다."

보겔스타인은 4개의 유전자를 미리 선택했기 때문에, 암의 행군에 필요한 유전자가 총 몇 개인지 셀 수 없었다. (1988년 당시의 기술로는 그런 분석이 불가능했을 것이다. 그가 그런 기술을 손에 넣고자 했다면 20년은 기다려야 했을 것이다.) 그러나 그는 한 가지 중요한 점, 즉 그런 단계적인 유전적 행군이 존재한다는 것을 입증했다. 파파니콜라우와 아워백은 암의 병리학적 전이가 전악성에서 시작하여 침습 암으로 거침없이 행군하는 다단계 과정이라고 묘사했다. 보겔스타인은 암의 유전적 진행도 다단계 과정이라는 것을 보여주었다.

이것은 하나의 구원이었다. 1980-1990년에 사람 유전체에서 무려 약 100개에 달하는 원종양유전자와 종양 억제 유전자가 발견되었다. 수가 많아지면서 한 가지 불편한 의문이 떠올랐다. 유전체에 난폭한 유전자들—마치 스위치가 탁 켜지면 세포를 암으로 내몰기 위해서 대기하고 있는 듯한 유전자들—이 그렇게 많이 우글거린다면, 왜 매순간 인체에서 암이 분출하지 않는 것일까?

암유전학자들은 이미 이 질문의 답을 두 가지 알고 있었다. 첫째, 돌연변이로 원종양유전자가 활성화할 필요가 있는데, 돌연변이는 드문 사건이다. 둘째, 종양 억제 유전자가 불활성화할 필요가 있지만, 대개 각 종양 억제 유전자는 사본이 2개씩 있으므로 하나의 종양 억제 유전자를 불활성화하려면 두 번의 독립된 돌연변이가 일어나야 하며, 그것은 더욱 드문 사건이다. 보겔스타인은 세 번째 답을 제공했다. 그는 어느 한 유전자의 활성화 또는 불활성화는 암형성으로 나아가는 첫 걸음에 불과하다고 추정했다. 암의 행군은 길고도 느리며, 많은 유전자에서 많은 돌연변이가 많이 반복되어 일어나면서 진행된다는 것이었다. 유전학 용어를 쓰면, 우리 세포는 암의 심연의 가장자리에 앉아 있는 것이 아니었다. 구분되는 단계들을 거치면서 심연으로 끌려가는 것이었다.

버트 보겔스타인이 한 유전자 돌연변이에서 다음 유전자 돌연변이로 암의 느린 행군을 기술하고 있을 때, 암생물학자들은 그런 돌연변이의 기능을 연구하고 있었다. 그들은 암 유전자 돌연변이를 간단히 두 범주로 기술할 수 있다는 것을 알았다. 원종양유전자의 활성화 또는 종양 억제 유전자의 불활성화였다. 그러나 비록 조절이 불가능한 세포 분열이 암의 병리학적 징표라고 할지라도, 암세포는 분열만 하는 것이 아니다. 암세포는 몸 전체로 이동하며, 다른 조직을 파괴하고, 기관을 침략하고, 먼 곳에 정착한다. 암의 증후군을 제대로 이해하려면, 암세포의 유전자 돌연변이를 그 세포의 복잡하고 다면적인 비정상 행동과 연관지어야 했다.

유전자는 단백질의 암호를 가지며, 단백질은 종종 작은 분자 스위치처럼 작동한다. 세포 안에서 분자 스위치들이 "켜짐" 혹은 "꺼짐" 상태로 바뀔 때, 어떤 단백질들은 활성화하고 어떤 단백질들은 비활성화한다. 따라서 그런 단백질들을 개념적으로 도식화할 수도 있다. 단백질 A가 B를 켜고, B는 C를 켜고 D를 끄며, D는 E를 켠다는 식으로 말이다. 이 분자 연쇄반응을 단백질의 신호 전달 경로라고 한다. 세포에서는 그런 경로들이 계속 활동하면서 신호를 전달하고 차단함으로써 세포가 자기 환경에서 제 기능을 하도록 한다.

암생물학자들은 원종양유전자와 종양 억제 유전자가 그런 신호 전달 경로의 중심에 놓여 있다는 것을 알게 되었다. 예를 들면, Ras는 Mek라는 단백질을 활성화한다. 그 Mek는 이어서 Erk를 활성화하고, Erk는 몇몇 중간 단계를 거쳐서 궁극적으로 세포 분열을 촉진한다. Ras-Mek-Erk 경로라는 이 연쇄 단계는 정상 세포에서 치밀하게 조절되며, 그럼으로써 세포 분열도 치밀하게 조절된다. 암세포에서는, 활성을 띤 "Ras"가 만성적이고 영구적으로 Mek를 활성을 띠게 하고, 이어서 Mek는 Erk를 영구적으로 활성을 띠게 함으로써, 통제되지 않는 세포 분열이 일어난다. 병리학적 체세포 분열이 일어나는 것이다.

그러나 활성을 띤 *ras* 경로(Ras → Mek → Erk)는 세포 분열만을 촉진하는 것이 아니다. 그 경로는 다른 경로들과 교차하면서 암세포가 몇 가지 다른 "행동"도 할 수 있도록 한다. 1990년대에 보스턴 어린이 병원에서 외과의사이자 과학자인 주더 포크먼은 암세포에서 활성을 띤 특정한 신호 전달 경로들, 그중에서 *ras* 경로가 이웃한 혈관을 자라도록 유도할 수 있다는 것을 밝혀냈다. 따라서 종양은 음험하게 자기 주위로 혈관 망이 형성되도록 자극하여 혈액 공급을 "확보"하고 그 혈관 주위에서 포도송이처럼 자랄 수 있었다.[3] 포크먼은 이 현상을 종양 혈관 형성(tumor angiogenesis)이라고 했다.

포크먼의 하버드 대학교 동료인 스탠 코스마이어는 암세포에서 또다른 활성 경로를 발견했다.[4] 돌연변이 유전자들에서 기원한 이 경로는 세포 죽음을 막음으로써, 죽음 신호에 저항할 능력을 암세포에 부여한다. 암세포가 한 조직에서 다른 조직으로 옮겨갈 능력인 이동성을 획득하도록 하는 경로도 있었다. 전이가 시작될 수 있도록 하는 경로였다. 또 암세포가 혈관을 통해서 이동하여 다른 기관을 침략하고, 자신의 생존에 알맞게 설계되지 않은 환경에서도 거부되거나 파괴되지 않도록 하는 식으로 적대적인 환경에서의 생존력을 높이는 유전자 사슬들도 있었다.

한마디로 암은 기원만 유전적인 것이 아니었다. 암은 그 자체가 유전적이었다. 비정상적인 유전자는 암 행동의 모든 측면을 통제했다. 돌연변이 유전자에서 기원한 비정상 신호의 사슬은 암세포 내에서 퍼지면서, 생존을 강화하고, 성장을 촉진하고, 이동성을 갖추게 하고, 혈관을 충원하며, 영양 공급을 강화하고, 산소를 끌어왔다. 즉 암의 생명을 유지시켰다.

중요한 점은 이런 유전자 사슬이 정상 환경에서 몸이 사용하는 신호 전달 경로의 왜곡이라는 사실이었다. 예를 들면, 암세포에서 활성화한 "이동성 유전자"는 면역 세포가 감염 지점으로 이동할 필요가 있을 때처럼, 정상 세포가 몸에서 이동할 필요가 있을 때 쓰는 바로 그 유전자이다. 종양 혈관 형성은 상처 치유를 위해서 혈관이 만들어질 때 쓰는 바로 그 경로를 이용한다. 새로 창안되는 것은 전혀 없다. 바깥에서 들어오는 것도 전혀 없다. 암의 생명은 몸의 생명의 재현이며, 그것의 존재는 우리 자신의 병리학적 거울상이다. 수전 손택은 질병에 은유라는 과중한 부담을 주지 말라고 경고했다. 그러나 이것은 은유가 아니다. 타고난 분자적 고갱이에 이르기까지, 암세포는 우리 자신의 과잉 행동하고 생존력을 갖추고 투지가 넘치고 마구 번식하는 창의적인 사본이다.

1990년대 초가 되자, 암생물학자들은 암의 생성을 유전자의 분자적 변화라는 관점에서 모형화하는 일을 시작할 수 있었다. 그 모형을 이해하기 위해서, 정상 세포에서 출발해보자. 한 40세의 소방 안전 설비업자의 왼쪽 폐에 든 폐 세포를 상상해보자. 1968년의 어느 날 아침, 소방 자재에서 떨어져나온 미세한 가느다란 석면 조각 하나가 공기를 타고 빨려들어가서 그 세포 바로 옆에 내려앉는다. 그의 몸은 그 조각에 염증으로 반응한다. 조각 주위의 세포들은 미세한 상처를 치유하려는 것처럼 맹렬히 분열하기 시작하고, 그 자리에 처음의 세포에서 유래한 작은 세포 덩어리가 솟아난다.

그 덩어리에 있는 하나의 세포의 *ras* 유전자에 우연히 돌연변이가 일어난다. 돌연변이는 *ras*의 활성 형태를 만든다. 그 돌연변이 유전자를 가진 세포는 이웃 세포들보다 더 빨리 성장하고 원래의 세포 덩어리 안에서 새로운 덩어리를 만든다. 그것은 아직 암세포가 아니지만, 부분적으로 고삐가 풀린 통제되지 않은 세포 분열이 일어나는 세포이다. 암의 원시 조상이다.

10년이 흐른다. *ras* 돌연변이 세포들의 작은 무리는 폐의 가장 주변부에서 들키지 않은 채 증식을 계속한다. 그 남자는 담배를 피우며, 타르에 섞인 발암물질이 폐의 그 주변부에 이르러서 *ras* 돌연변이 세포 덩어리에 부딪힌다. 이 덩어리에 있는 한 세포의 유전자에 두 번째 돌연변이가 일어나서 두 번째 종양유전자가 활성화한다.

다시 10년이 흐른다. 그 2차 세포 덩어리에 있는 또 하나의 세포가 길을 잘못 든 엑스 선의 진행 경로에 놓이는 바람에 돌연변이가 하나 더 생긴다. 이번에는 종양 억제 유전자가 불활성화한다. 그 세포가 그 유전자의 두 번째 사본을 가지고 있으므로 이 돌연변이는 거의 영향이 없다. 그러나 이듬해 다른 돌연변이로 그 종양 억제 유전자의 두 번째 사본이 불활성화한다. 그럼으로써 활성화한 종양유전자 2개와 불활성화한 종양 억제 유전자 1개를 가진 세포가 탄생한다.

이제 치명적인 행군이 시작된다. 실타래가 풀리기 시작한다. 이제 4개의 돌연변이를 가진 세포는 동료들을 제치고 자라기 시작한다. 자라면서 그 세포들은 추가 돌연변이를 획득하고 경로들을 활성화함으로써, 생존과 번식에 더욱 알맞게 적응한 세포들을 만들어낸다. 그 종양의 한 돌연변이는 혈관이 자라도록 자극한다. 이 혈액을 듬뿍 공급받는 종양에 생긴 또 한 돌연변이는 종양이 몸의 산소가 적은 부위에서도 생존할 수 있도록 한다.

돌연변이 세포는 돌연변이 세포를 낳고, 그 세포는 다시 돌연변이 세포를 낳는다. 그 세포의 이동성을 증가시키는 유전자가 한 세포에서 활성화한다. 이동성을 획득한 이 세포는 폐 조직을 벗어나서 혈액으로 들어갈 수 있다. 이 이동성 암세포의 한 후손은 뼈에서 살아남을 능력을 획득한다. 이 세포는 혈액을 따라서 돌아다니다가 골반의 바깥 주변부에 가닿는다. 그곳에서 그 세포는 또다른 생존, 선택, 이주 정착의 주기를 시작한다. 그것은 폐에서 기원한 종양의 첫 전이를 뜻한다.

남자는 이따금 숨이 가빠온다. 그는 폐 주변부가 욱신거리는 것을 느낀다. 이따금 걸을 때 갈비뼈 밑에서 무엇인가가 움직이는 듯이 느껴진다. 다시 한 해가 지나자, 그런 느낌이 더 자주, 더 심해진다. 남자는 일반의를 찾아가서 CT를 한다. 폐의 기관지 하나를 껍데기처럼 감싸고 있는 덩어리가 보인다. 생검을 해보니 폐암이다. 외과의사가 남자와 가슴 CT 결과를 살펴보고, 수술이 불가능하다는 판단을 내린다. 3주일 뒤, 남자는 다시 병원에 와서 갈비뼈와 엉덩이가 아프다고 호소한다. 뼈를 촬영해보니, 골반과 갈비뼈에 전이가 일어났다는 것이 드러난다.

정맥 주사를 통한 화학요법이 시작된다. 폐 종양의 세포들이 반응한다. 남자는 세포를 죽이는 고통스러운 복합 약물요법을 견뎌낸다. 그러나 치료를 받는 동안, 종양에 있는 한 세포가 다른 돌연변이를 획득하여 암 치료에 쓰이는 바로 그 약물에 내성을 띠게 된다. 첫 진단을 받은 지 7개월째에 종양이 전신에서 재발한다. 폐, 뼈, 간에서. 2004년 10월 17일 아침, 보스턴의 병원 침대에서 아편제에 깊이 취한 남자는 아내와 아이들에게 둘러싸인 채로 전이 폐암으로 숨을 거둔다. 폐의 주변부에 살포시 내려앉은 석면 조각 하나 때문에, 향년 76세의 나이로 말이다.

나는 시작할 때 이 암 이야기가 가상의 사례라고 했다. 이 이야기에 등장하는 유전자, 발암물질, 돌연변이의 순서는 분명히 모두 가상이다. 그러나 그 중심에 있는 몸은 현실이다. 이 남자는 내가 매사추세츠 종합병원에서 암의학 전임의 생활을 하면서 돌본 환자들 가운데 맨 처음 사망한 사람이었다.

나는 의학이 이야기하기에서 시작한다고 말했다. 환자는 병을 묘사하기 위해서 이야기를 한다. 의사는 그것을 이해하기 위해서 이야기를 한다. 과학은 병을 설명하기 위해서 자신의 이야기를 한다. 한 암의 생성에 관한 이 이야기—세포 유전자에 돌연변이를 일으키고 세포 내의 연쇄적인 경로들의 고삐를 풀고 세포가 돌연변이, 선택, 생존의 주기를 돌도록 하는 발암물질의 이야기—는 우리가 암의 탄생에 관해서 가진 가장 설득력 있는 요약본이다.

1999년 가을, 로버트 와인버그는 하와이에서 열린 암생물학 학회에 참석했다.[5] 어느 늦은 오후에 그는 암생물학자인 더글러스 해너핸과 함께 낮은 검은 산의 용암층을 걷다가 입을 쩍 벌리고 있는 화산 앞까지 왔다는 것을 알았다. 그들의 대화에는 좌절의 기미가 엿보였다. 너무 오랫동안, 암은 당혹스러운 혼돈의 뒤범벅인 것처럼 이야기가 되어온 듯했다. 종양의 생물학적 특징들은 어떤 신뢰할 만한 체계로 묶는 것조차 불가능할 만큼 잡다하다고 생각되었다. 짜임새 있게 엮을 규칙조차도 없어 보였다.

그러나 와인버그와 해너핸은 지난 20년에 걸쳐서 이루어진 발견들이 심오한 규칙과 원리를 시사하고 있다는 것을 알았다. 암의 입 속을 직접 들여다보고 있는 생물학자들은 이제 암이 가진 믿어지지 않을 정도의 이질성 아래에서 날뛰고 있는 것이 행동, 유전자, 경로라는 것을 알았다. 화산의 입까지 산책한 지 몇 개월 뒤인 2000년 1월, 와인버그와 해너핸은 이런 규칙들을 요약한 "암의 징표(The Hallmarks of cancer)"라는 논문을 발표했다.[6] 그것은 거의 한 세기에 걸쳐서 우회한 끝에 보베리의 "암종의 단일한 원인"이라는 원래 개념으로 회귀했다는 것을 알리는 야심적이고 상징적인 작업이었다.

"우리는 사람의 정상 세포에서 악성인 암으로의 전환을 지배하는 규칙들을……논의하고자 한다. 우리는 지난 수십 년 동안의 연구가 대다수 그리고 어쩌면 모든 유형의 사람 암에 공통된 소수의 분자적, 생화학적, 세포학적 형질들—획득된 능력들—을 밝혀냈다고 주장한다."[7]

그렇다면 와인버그와 해너핸은 100가지 종류가 넘는 유형과 하위 유형으로 나뉘는 종양들의 핵심 행동을 설명하는 데에 얼마나 많은 "규칙"을 동원했을까? 그 질문은 포괄성이라는 측면에서 대담했다. 그리고 답은 경제성이라는 측면에서 더욱 대담했다. 겨우 6개였으니 말이다. "우리는 대단히 긴 암세포 유전형 목록이 악성 성장을 총괄 규정하는 세포생리학상의 6가지 본질적인 변화의 발현 양상이라고 주장한다."[8]

1. 성장 신호의 자족성 : 암세포는 *ras*나 *myc* 같은 종양유전자의 활성화를 통해서 증식하려는 자율적인 충동—병리학적 체세포 분열—을 획득한다.
2. 성장 억제(항성장) 신호의 둔감성 : 암세포는 정상적일 때 성장을 억제하는

레티노블라스토마(*Rb*) 같은 종양 억제 유전자를 불활성화한다.
3. **프로그램된 세포 죽음(apoptosis, 세포 자살)의 회피** : 암세포는 정상적으로 세포를 죽게 하는 유전자와 경로를 억제하고 불활성화한다.
4. **한없는 복제 잠재력** : 암세포는 여러 세대에 걸쳐서 성장한 뒤에도 불멸성을 부여하는 특수한 유전자 경로를 활성화한다.
5. **지속적인 혈관 형성** : 암세포는 자신의 혈액과 혈관 공급을 이끄는 능력—종양 혈관 형성—을 획득한다.
6. **조직 침입과 전이** : 암세포는 다른 기관으로 이주하고, 다른 조직을 침략하고, 이런 기관들에 정착하여 몸 전체로 퍼지는 능력을 획득한다.

특히 와인버그와 해너핸은 이 6가지 규칙이 암 행동의 추상적인 서술이 아니라고 썼다. 이 6가지 행동 각각을 가능하게 하는 유전자와 경로 중에는 명확히 파악된 것이 많이 있다. *ras*, *myc*, *Rb*는 그중 몇 가지에 불과하다. 이제 과제는 암생물학의 이 인과적 이해를 치료법 탐구와 연관짓는 것이었다.

"일부에서는 이 병의 기원과 치료에 대한 탐구가 이미 거의 지나치게 복잡한 과학 문헌에 복잡성을 층층이 더 쌓음으로써, 최근에 이루어진 것과 거의 똑같은 식으로 앞으로 25년 동안 계속되리라고 주장할 것이다. 그러나 우리는 다르게 내다본다. 암 문제를 연구하는 사람들은 지난 25년 동안 우리가 경험한 것과 전혀 다른 종류의 과학을 수행할 것이라고 말이다."

와인버그와 해너핸은 메커니즘 측면에서 암 과학이 성숙하면 새로운 종류의 암의학이 탄생할 것이라고 단언했다. "메커니즘이 전반적으로 명확해지면서 암 진단과 치료는 현재의 의사들이 알아볼 수 없는 합리적인 과학이 될 것이다." 수십 년 동안 어둠 속에서 방황하던 과학자들은 마침내 암 이해의 개척지에 도달했다. 의학의 과제는 새로운 치료법을 향해서 그 여행을 계속하는 것이었다.

제6부
오랜 노력의 결실

우리는 이미 오랜 노력의 결실을 거두고 있습니다.
　　　　　　　—마이클 고먼이 메리 래스커에게, 1985년[1]

1971년 이래로 암을 연구하고 암과 싸우는 미국의 노력을 총괄해 온 국립 암연구소는 다음 10년을 위해서 야심적인 새로운 목표를 세워야 한다. 설령 전부는 아니라고 해도, 많은 주요 암을 평생 완치시켜줄 신약의 개발이 그것이다. 마침내 우리는 암의 진정한 유전적, 화학적 특징들을 대체로 알아냈기 때문에, 이제 암을 물리친다는 것은 현실적인 야심이다.　—제임스 왓슨, 2009년[2]

힘은 완벽해질수록, 억누르기가 더 어려운 법이다.
　　　　　　　　　　　　　　—성 아퀴나스(?)[3]

"헛수고한 사람은 아무도 없었다"

> 지미를 만나보셨나요?……지미는 전국, 아니 전 세계의 백혈병을 비롯한
> 온갖 암에 걸린 수많은 아이들 중 하나일 수 있습니다.
> ―지미 기금의 소책자에서, 1963년[1]

1997년 여름, 매사추세츠 주 빌러리카에 사는 필리스 클로슨이라는 여성이 대너 파버 암연구소로 편지를 보냈다.[2] 그녀는 파버의 마스코트였던 "지미"를 위해서 그 편지를 썼다. 지미가 메인 주에서 보스턴의 파버 진료실에 도착하여 창자의 림프종 진단을 받은 지 거의 50년이 흐른 시점이었다. 1950년대에 그와 함께 병동에 있었던 다른 모든 친구들처럼, 지미도 오래 전에 사망했다고 생각되고 있었다.

클로슨은 그 소문이 사실이 아니며, 지미는 잘 살고 있다고 썼다. 지미―에이너 구스타프손―는 그녀의 오빠이고, 메인 주에서 트럭 운전사로 살고 있으며, 세 아이의 아빠라고 했다. 50년 동안 그의 가족은 지미의 신원과 생존을 비밀로 했다. 오직 시드니 파버만이 알고 있었다.[3] 파버는 1973년에 자신이 사망할 때까지, 해마다 겨울에 크리스마스카드를 보냈다. 수십 년 동안 해마다 클로슨과 자매들은 지미 기금에 얼마씩 기부금을 보냈다. 기부를 요청하는 카드에 윤곽만 그려진 얼굴이 자기 오빠의 얼굴이라는 것을 어느 누구에게도 알리지 않은 채로 말이다. 그러나 50년이 흘렀기 때문에, 클로슨은 양심상 더 이상 비밀을 유지할 수 없다고 느꼈다. 그녀는 회고했다. "지미의 이야기는 내가 도저히 참고 들을 수 없는 이야기가 되었어요. 나는 오빠가 아직 살아 있을 때 편지를 써야 한다고 생각했어요."[4]

클로슨의 편지는 거의 쓰레기통으로 들어갈 뻔했다. 엘비스를 보았다는 목격담처럼, 지미 "목격담"도 종종 있었지만, 진지하게 받아들여진 적은 거의 없었

고, 모두 사기라는 것이 드러났다. 의사들도 지미 기금의 홍보부에 지미가 살아남았을 확률은 0이라고 말했기 때문에, 지미가 살아 있다는 주장은 대개 무시되기 마련이었다. 그러나 클로슨의 편지에는 그냥 내칠 수 없는 상세한 내용이 담겨 있었다. 그녀는 1948년 여름에 메인 주의 뉴 스웨덴에서 라디오로 랠프 에드워즈의 방송을 들었던 일을 썼다. 한겨울에 보스턴으로 갈 때는 때로 꼬박 이틀이 걸리곤 했는데, 지미는 야구복을 입은 채로 트럭 뒤쪽에서 인내심을 발휘하며 누워 있었다고 회고했다.

클로슨이 편지를 보냈다는 말을 오빠에게 하자, 그는 화를 내기보다는 안도했다. 그녀는 회고했다. "마치 오빠가 무거운 짐을 더는 것 같았어요. 오빠는 겸손한 사람이었죠. 남에게 자랑하고 싶지 않았기 때문에 계속 비밀로 간직했던 거예요."(그는 말했다. "사람들이 어딘가에서 나를 보았다는 기사를 읽을 때마다 빙긋 웃곤 했죠.")

클로슨의 편지는 지미 기금 개발국의 직원 캐런 커밍스의 눈에 띄었다. 그녀는 그 편지가 아주 중요하다는 것을 금방 알아차렸다. 그녀는 클로슨, 이어서 구스타프손과 접촉했다.

몇 주일 뒤인 1998년 1월, 커밍스는 보스턴 교외의 한 쇼핑센터 밖의 트럭 주차장에서 지미를 만나기로 약속했다.[5] 뼈를 에일 듯이 추운 겨울날 아침 6시, 구스타프손은 아내와 함께 커밍스의 따뜻한 차 안으로 들어왔다. 커밍스는 1948년에 지미가 부른 애창곡을 녹음한 테이프를 가지고 왔다. 그녀가 틀자 노래가 흘러나왔다.

    나를 야구장에 데려가줘요.
    나를 관중이 있는 곳으로 데려가줘요.
    땅콩과 팝콘을 사줘요.
    돌아오지 못한다고 해도 상관없어요.

구스타프손은 눈시울을 적시면서 자신의 목소리에 귀를 기울였다. 커밍스와 지미 아내의 눈도 촉촉이 젖어들었다.

그 달에 커밍스는 차를 몰고 뉴 스웨덴으로 향했다. 을씨년스러운 모난 집들이 더욱 황량한 풍경 속에 서 있는 메인 주 북부의 야생의 아름다움을 간직한 마을이었다. 나이든 토박이들은 구스타프손이 화학요법을 받으려고 보스턴까지 오갔다는 것을 기억했다. 구스타프손은 마을 사람들이 언제든 기꺼이 태워주고 태워오는 승용차나 트럭, 배달차를 얻어 타고서 보스턴까지 오갔다. 온 마을이 아이 하나를 구하는 일에 나섰던 것이다. 커밍스가 구스타프손의 부엌에 앉자, 그는 위층으로 올라가서 종이 상자를 하나 가지고 내려왔다. 그 안에 꽁꽁 감싸둔 것을 풀자, 에드워즈의 방송이 있던 날 밤에 지미가 받았던, 이제는 낡아버린 보스턴 브레이브스의 야구복이 나왔다. 커밍스에게 더 이상의 증거는 필요하지 않았다.

그렇게 하여 메인 주의 작은 마을에서 어린이 병원까지 스리피스 양복 차림의 격식을 차리는 별난 의사를 만나러온 지 거의 정확히 50년이 된 1998년 5월, 지미는 대환영을 받으며 지미 기금으로 돌아왔다.[6] 그의 병상 동료들—지라를 먹어치우던 난치성 백혈병에 걸린 샌들러 쌍둥이 한쪽, 텔레비전 옆의 머리를 땋은 금발 소녀, 백혈병에 걸린 꼬마 제니—은 오래 전에 보스턴 인근의 자그마한 무덤에 묻혔다. 구스타프손은 지미 기금 건물로 걸어들어갔다.* 낮고 긴 계단을 밟고 올라가서 시계태엽 열차가 산 속 터널을 지나서 달리던 방으로 말이다. 환자, 생존자, 간호사, 의사 모두가 그의 주위로 몰려들었다. 오랜 세월이 흐른 뒤에 마을로 돌아온 립 밴 윙클(미국 작가 워싱턴 어빙이 쓴 단편 소설의 주인공. 산에서 잠이 들었다가 깨어보니 20년이 흘렀다는 내용/역주)처럼, 그도 이해할 수 없는 너무 낯선 세계에 와 있다는 것을 알아차렸다. 클로슨은 그가 "모든 게 변했네"라고 말했다고 기억한다.[7] "방, 환자, 약." 무엇보다도 생존 상태가 변했다. "오빠는 암 병동이 많은 커튼이 있는 곳이라고 기억했어요. 아이들의 상태가 좋을 때는 커튼들을 활짝 열어놓았대요. 하지만 커튼들은 곧 닫혔죠. 커튼이 다시 열린 때면 아이들은 모두 사라지고 없었어요."

50년이 흐른 지금, 구스타프손은 벽에 걸린 색 바랜 만화 주인공들의 초상화가 걸린 긴 복도를 지나서 커튼들이 뜯겨나간 방으로 돌아와 있었다. 지미가 살

---

* 지미는 1948년에 어린이 병원에서 화학요법을 받기 시작했다가, 1952년부터 지미 기금 건물에서 치료를 받았다.

아남은 것이 수술 때문인지, 화학요법 때문인지, 아니면 그의 암이 본래 양성이었기 때문인지, 아는 것은 불가능했다. 그러나 그의 병력이 어떠했는지는 상관없었다. 그의 귀환은 상징적이었다. 지미는 자신도 모르게 뽑혀서 암에 걸린 아이의 상징이 되었다. 63세가 된 에이너 구스타프손은 암을 극복한 사람의 상징이 되어서 돌아왔다.

강제 수용소에서 살아남은 뒤, 지긋지긋한 독일에서 고향인 토리노까지 홀로 헤쳐나온 이탈리아 회고록 작가 프리모 레비는 강제 수용소의 가장 무시무시한 특성 중의 하나는 수용소 바깥에 그리고 그 너머에 삶이 있다는 생각 자체를 지워버리는 능력이라고 말했다. 개인의 과거와 현재도 당연히 말살되었지만—수용소에 들어간다는 것은 역사, 정체성, 인격을 잃는 것이다—가장 섬뜩한 것은 미래의 삭제였다. 레비는 그런 말살과 더불어서 감금이라는 현 상태를 영속시키는 도덕적, 영적 죽음이 찾아왔다고 썼다. 수용소 바깥에 어떤 삶도 존재하지 않는다면, 수용소를 운영하는 왜곡된 논리가 일상적인 삶이 된다.

   암은 수용소가 아니지만, 말살이라는 특성을 공유한다. 암은 그 너머와 바깥에 삶이 있을 가능성을 부정한다. 암은 모든 생활을 포섭한다. 환자가 하루하루 자신의 병에 점점 더 심하게 집착하게 됨에 따라서 주변 세계는 흐릿하게 사라진다. 쥐어짜낸 마지막 남은 기력까지 모두 병치레에 쓰인다. 언론인 맥스 러너는 자기 비장의 림프종에 관해서 이렇게 썼다. "그를 어떻게 이겨낼 것인가가 나의 강박 관념이 되었다. 그것이 하나의 전투라면, 나는 내가 가진 모든 것을 동원해서 맞서 싸워야 했다. 지식과 간계, 공개 수단뿐만 아니라 비공개 수단까지도."[8]

   칼라가 화학요법의 최악의 단계를 거칠 때, 매일 치러야 하는 일종의 생존 의식은 과연 살아남을 수 있을까 하는 생각 자체를 싹 지워버렸다. 내가 희귀한 근육 육종에 걸린 한 여성에게 병원 밖에서의 생활은 어떠한지 묻자, 그녀는 밤낮을 가리지 않고 그 병에 관한 소식을 인터넷에서 훑는 데에 모든 시간을 다 써버린다고 했다. "병원 바깥에 있을 때조차도 병원에 있는 거예요." 시인인 제이슨 신더는 "암은 자신의 얼굴을 자신의 사망이라는 유리에 대고 짓누를 엄청난 기회이다"라고 썼다.[9] 그러나 환자가 그 유리를 통해서 보는 것은 암 바깥의 세계가 아니라, 암에 잡아먹힌 세계이다. 암은 거울의 집처럼 무한히 자기 자신을 비춘다.

나 역시 이런 강박적인 몰입에 면역이 되어 있지 않았다. 2005년 여름에 전임의 생활이 막바지에 이르렀을 때, 나는 인생을 바꿔놓을 사건을 접했다. 딸이 태어난 것이다. 어느 따스한 밤에 매사추세츠 종합병원에서 환하게 빛나는 아름다운 천사 같은 릴라가 태어났다. 태어나자마자 릴라는 담요에 감싸여서 14층의 신생아실로 옮겨졌다. 신생아실은 암 병동 바로 맞은편이었다. (두 병동이 가까이 있는 것은 우연의 일치가 아니다. 의료 절차로서의 출산은 감염 합병증이 수반될 가능성이 가장 적기 때문에, 어떤 감염이든 치명적으로 날뛸 수 있는 화학 요법 병동에는 가장 안전한 이웃이다. 의학의 많은 것들이 그렇듯이, 두 병동의 병치는 전적으로 기능적인 것일 뿐만 아니라 지극히 깊은 의미를 가지고 있다.)

나는 대다수 아빠가 그렇듯이, 아내 옆에서 기다리면서 딸이 태어나는 기적의 순간을 직접 보고 싶었다. 그러나 현실의 나는 외과의사처럼 가운과 장갑을 착용했고, 내 앞에는 멸균한 파란 천이 펼쳐져 있었다. 나는 두 손으로 긴 주사기를 들고서 탯줄에서 쏟아지는 적혈구를 수확할 준비를 하고 있었다. 탯줄을 잘랐을 때, 나의 일부는 아빠였고, 나머지는 종양학자였다. 탯줄은 조혈 줄기 세포의 가장 풍부한 원천 중의 하나로 알려져 있다. 이 세포는 냉동기에 보관했다가 미래에 백혈병을 치료하는 골수 이식에 쓸 수 있다. 아주 소중한 자원이지만, 때로 출산 뒤에 병원의 하수구로 직행하기도 한다.

조산사들은 눈을 굴렸고, 오랜 친구인 산과의사는 때가 때인데 일 생각은 좀 집어치울 수 없냐고 농담처럼 물었다. 그러나 본능을 무시할 수 있을 만큼, 나는 혈액 연구에 아주 깊이 몰두해 있었다. 복도 바로 맞은편 골수 이식실에는 환자들이 있었고, 나는 그들의 생명을 구해줄지 모를 이런 줄기 세포 0.5-1리터를 구하기 위해서 전국의 조직 은행을 훑곤 했다. 삶을 가장 긍정하는 이 순간에도 악성—그리고 죽음—의 그림자는 내 머릿속에 계속 웅크리고 있었다.

그러나 모든 것이 암에 휘말려드는 것은 아니었다. 2005년 여름, 동료들의 진료실에서 어떤 변화가 일어나고 있었다. 죽음이라는 유리에 그토록 세게 얼굴을 짓눌리고 있던 나의 환자들 중에서 상당수가 암 너머의 내세를 어렴풋이 보기 시작했다. 앞서 말했듯이, 2월은 심연으로의 추락이 대세가 된 시기였다. 그 달에 암은 죽음의 꽃을 활짝 피웠다. 거의 매주 사망률이 정점을 찍었다는 소식이 들려왔고, 그 끝을 장식한 것은 스티브 하먼이 응급실에 도착했다가 곧바로 나선을 그리며 죽음의 심연에 빠져든 것이었다. 사무실을 나와서 내 서명을 기다리고 있는 사망 증명서 더미가 있는 팩스까지 가기 싫은 걸음을 옮기던 날이 얼마나 많았는지 모른다.

그러다가 유해한 바닷물이 빠지듯이, 나쁜 소식이 잦아들었다. 또 누군가 사망했다는 소식을 알리는 보스턴의 병원이나 응급실이나 호스피스 병동에서 울리는 야간 전화벨 소리("오늘 밤 선생님 환자가 의식이 혼미하고 숨을 제대로 쉬지 못해서 여기 들어왔다고 알리려고 전화를 했습니다")가 갑자기 멎었다. 마치 죽음의 장막이 걷힌 것 같았다. 그리고 그 아래에서 생존자들이 모습을 드러냈다.

벤 오먼의 호지킨 림프종은 확실히 완치되었다. 그러나 그것은 쉬운 항해가 아니었다. 화학요법이 한창일 때, 그의 혈구 수는 재앙의 수준으로 떨어졌다. 몇 주일 동안 림프종은 반응을 보이지 않는 듯했다. 암이 치료에 내성을 띤 치명적인 변이 형태라는 것을 알리는 좋지 않은 예후였다. 그러나 결국 그의 목에 난 덩어리와 가슴에 더 크게 난 덩어리들의 군도는 작은 흉터 조직을 흔적으로 남긴 채 모두 녹아서 사라졌다. 딱딱하기 그지없던 그의 태도도 눈에 띄게 누그러졌다. 2005년 여름에 마지막으로 만났을 때, 그는 법무법인에 자리가 생겨서 보스턴에서 로스앤젤레스로 이사할 예정이라고 했다. 그는 나중에 들르겠다고 다짐했지만, 나는 그다지 믿지 않았다. 오먼은 암의 내세를 한눈에 보여주었다. 마치 좋지 않았던 외국 여행의 기억을 잊으려는 것처럼, 병원과 그곳에서 치른 황폐한 의식 행사를 잊으려고 애쓰는 것이었다.

캐서린 피츠도 암 너머의 삶을 볼 수 있었다. 폐 종양이 기관지를 불길하게 감싸고 있던 피츠가 건너야 할 가장 큰 장애물은 암의 국소 통제였다. 그 덩어리는 놀라울 정도로 세심한 수술로 제거되었다. 그런 뒤에 그녀는 거의 12개월에 걸쳐서 보조 화학요법과 방사선 요법을 받았다. 국소 재발의 징후는 전혀 없었다. 그리고 한참 전에 두려움에 질린 채 진료실로 들어왔던 여성의 모습도 전혀 찾아볼 수 없었다. 종양이 제거되고 화학요법이 이루어지고 방사선이 그 뒤를 받치자, 그녀 영혼의 모든 꼭지에서 활기가 쏟아져나왔다. 그녀를 지켜보고 있으면, 마치 노즐을 통해서 개성이 뿜어지는 듯한 느낌을 받았다. 고대 그리스인들이 병을 체액이 병리학적으로 막힌 것이라고 생각한 이유가 아주 명쾌하게 와닿는 듯했다.

칼라는 2005년 7월에 다시 나를 찾았다. 한창 자라는 세 아이의 사진들을 들고서 말이다. 그녀가 다른 의사에게는 골수 생검을 받지 않겠다고 해서, 나는 따뜻한 아침에 연구실을 나와서 그 일을 하러갔다. 나를 보자 그녀는 안심한 듯했지만, 불안한 기색이 엿보이는 웃음을 지으면서 인사했다. 우리 사이에는 의식을 치르는 관계가 형성되어 있었다. 내가 그 행운의 의식을 모독하려고 했던 것일까? 생검 결과, 골수에는 백혈병이 전혀 없었다. 그녀의 완화 상태는 온전히 유지되고 있었다.

이런 사례들을 꼽은 이유는 그것이 "기적"이라서가 아니다. 오히려 정반대의 이유 때문이다. 그들은 생존자들의 평범한 스펙트럼을 나타낸다. 호지킨병은 복합 약물 화학요법으로 완치되었다. 국소 진행된 폐암은 수술, 화학요법, 방사선 요법으로 통제되었다. 림프구성 백혈병은 집중적인 화학요법으로 장기간 완화 상태에 놓였다. 내가 보기에 이런 사례들은 기적이라고 부를 만했다. 의학에 관한 오래된 불만 중의 하나는 그것이 죽음이라는 개념에 익숙해지게 만든다는 것이었다. 그러나 의학이 삶과 생존이라는 개념에 익숙해지게 만들 때면, 의학은 대실패를 겪곤 했다. 소설가 토머스 울프는 평생에 걸친 병과의 싸움을 떠올리면서 마지막 편지에 이렇게 썼다. "나는 긴 항해 끝에 낯선 나라에 이르렀고, 그 검은 남자를 아주 가까이에서 보았다."10) 나 자신은 그 여행을 하지 않았고, 남들의 눈에 비친 어둠만을 보았을 뿐이다. 그러나 반대 방향으로 나아가는 그 항해를 지켜보는 것, 낯선 나라에서 **돌아온** 사람들을 만나는 것은 내 임상 생활에서 가장 숭고한 순간이었다. 힘겹게 다시 기어올라온 사람들을 그토록 가까이에서 보는 것 말이다.

꾸준한 발전은 쌓여서 큰 변화를 일으킬 수 있다. 2005년, 학술지 등을 통해서 산사태처럼 쏟아진 논문들이 전하는 메시지는 놀랍게도 똑같은 내용을 담고 있었다.11) 국가의 암 경관이 미묘하지만 근본적으로 변했다는 것이다. 거의 모든 주요 암—폐암, 유방암, 결장암, 전립선암—의 사망률이 15년 동안 죽 떨어졌다는 것이다.[12] 극적인 전환 같은 것은 단 한번도 일어나지 않았지만, 꾸준히 강력하게 감소했다. 사망률은 해마다 약 1퍼센트씩 줄어들었다.[13] 미미한 비율처럼 들릴지 몰라도, 그것이 누적된 효과는 엄청났다. 1990년에서 2005년 사이에 암 관련 사망률은 거의 15퍼센트 줄어들었다.[14] 그 질병의 역사상 유례없는 감소였다. 물론 암의 제국은 여전히 방대하다. 2005년에 50만 명이 넘는 미국인이 암으로 사망했다.[15] 그러나 그 제국은 힘을 잃어가고 있었고, 국경선도 허물어지고 있었다.

이 꾸준한 감소를 이끈 것은 무엇이었을까? 답은 하나가 아니라 여럿이었다. 폐암에서는 1차 예방이 그 감소의 원동력이었다. 돌-힐과 와인더-그레이엄의 연구가 촉발하고, 공중보건국장의 보고서가 연료를 들이붓고, 정치적 행동주의(경고 문구를 넣게 한 FTC의 행동), 창의적인 소송(반자프와 시폴론의 사건), 환자권익 옹호 활동, 카운터마케팅(금연 광고)의 결합이 완전히 끓어오름으로써 서서히 진행된 마모였다.

결장암과 자궁경부암에서는 2차 예방, 즉 암 선별 검사가 거둔 성공 때문에 감소가 이루어진 것이 거의 확실했다. 결장암은 점점 더 초기 단계에서 검출되었고, 때로는 전악성 단계에서 검출되기도 했다. 그리고 비교적 가벼운 수술로 치료되었다. 파파니콜라우 스미어 기법을 이용한 자궁경부암 선별 검사는 전국의 1차 의료 기관에서 시행하며, 결장암과 마찬가지로 전악성 병터를 비교적 가벼운 수술로 제거했다.*

대조적으로 백혈병, 림프종, 고환암에서는 화학요법이 성공을 거두면서 사망률이 줄어들었다. 소아 ALL은 대개 완치율이 80퍼센트에 달했다. 호지킨병도 비슷한 수준으로 완치되었고, 일부 공격적인 대세포 림프종도 그랬다. 사실 호지킨병, 고환암, 소아 백혈병에서는 화학요법을 얼마나 *많이* 받아야 완치될 수 있는가가 아니라, 얼마나 *적게* 하면서 완치시키느냐가 가장 중요한 문제였다. 원래 프로토콜을 약화시켜서, 약물을 더 약하고 덜 독하게 투여하여 같은 수준의 완치율을 얻을 수 있을지를 알아내기 위해서 임상시험이 진행되었다.

가장 상징적이라고 할 유방암 사망률 감소는 이런 승리들의 누적적이며 협력적인 특성을 대변했다. 그리고 독립된 여러 방향에서 암을 공략하는 것이 중요

---

* 인유두종 바이러스 백신으로 발병률은 더 낮아졌다.

하다는 점도 잘 보여주었다. 1990년에서 2005년 사이에 유방암 사망률은 24퍼센트라는 유례없는 수준으로 떨어졌다. 유방암 사망률 감소를 이끈 것은 세 가지의 개입 조치였다. 유방촬영술(초기 유방암을 찾아내는 선별 검사로 침습성 유방암을 예방하는 것), 수술, 보조 화학요법(수술 뒤에 화학요법으로 잔류 암세포를 제거하는 것)이 그랬다. 텍사스 휴스턴의 통계학자 도널드 베리는 논란이 많은 문제의 해답을 찾는 일에 착수했다.[16) 유방촬영술과 화학요법이 각자 생존율에 과연 얼마나 기여했을까? 어느 쪽이 승리했을까? 예방일까? 아니면 치료 시술일까?*

베리의 답은 예방 옹호자들과 화학요법 지지자들 사이의 언쟁에 시달리던 분야에 뒤늦게 제공된 완화제였다. 베리가 통계 모형을 이용하여 각 개입 조치의 효과를 독립적으로 평가하자, 만족스러운 무승부라는 것이 드러났다. 암 예방과 화학요법은 유방암 사망률을 동등하게 줄였다. 유방촬영술이 12퍼센트, 화학요법이 12퍼센트로, 두 가지를 더하면 사망률이 24퍼센트 줄어들었다는 관찰된 결과가 나왔다. 베리가 성서 구절에 빗대어서 표현했듯이, "헛수고한 사람은 아무도 없었다."[17)

이것은 깊고 의미 있는 노력들을 통해서 나온 지극히 깊고 대담하고 의미 있는 승리였다. 그러나 사실 그것은 또다른 세대의 승리이기도 했다. 다시 말해서 1950-1960년대에 이루어진 발견들의 결과였다. 이런 치료 전략들을 낳은 개념상의 중요한 발전은 암의 세포생물학에서 이루어진 거의 모든 중요한 연구보다 앞서 일어났다. 단 20년 사이에 당혹스러울 정도로 쏟아낸 연구 결과들을 통해서 과학자들은 환상적인 신세계를 드러냈다. 각각 성장을 촉진하고 늦추는 기능에 문제가 생겨서 암의 고삐를 풀어놓는 종양유전자와 종양 억제 유전자, 머리가 잘리고 전좌가 일어나서 새로운 유전적 키메라를 만들 수 있는 염색체, 이상이 생겨서 암의 죽음을 막는 세포 경로로 이루어진 세계였다. 그러나 암 사망률의 느린 감소를 가져온 치료 쪽의 발전은 이런 새로운 암생물학을 전혀 활용하지 않았다. 한 손에는 새로운 과학이, 다른 한 손에는 기존 의학이 있었다. 예전

---

* 수술은 1990년 이전부터 이루어졌고, 거의 모든 여성이 수술로 치료를 받았기 때문에, 수술의 기여도는 판단할 수 없다.

에 메리 래스커는 암 분야에 획기적인 변화를 일으키고자 했다. 그러나 일어났던 그 변화는 이제 다른 시대의 것이 된 듯했다.

메리 래스커는 1994년에 코네티컷의 세심하게 꾸민 자택에서 심장 기능 상실로 사망했다.[18] 그녀는 워싱턴, 뉴욕, 보스턴의 바쁘게 돌아가는 암 연구와 정책 결정의 중심지에서 이미 발을 뺀 상태였다. 향년 93세였다. 그녀의 생애는 생의학이 가장 큰 폭의 변화를 겪은 격동의 한 세기에 거의 걸쳐 있었다. 그녀의 강한 활기는 생애의 마지막 10년에는 미약해졌다. 그녀는 암과의 전쟁이 빚어낸 성취(혹은 실망)에 관해서는 거의 말하지 않았지만, 자신의 생애에서 암의학이 더 많은 것을 성취할 것이라고, 파버의 "보편적인 치료법"을 향해서 더 확고하게 한걸음을 내딛고 그 전쟁에서 더 결정적인 승리를 이룰 것이라고 기대했다. 그러나 암의 복잡성, 끈기, 진정으로 장엄한 힘은 가장 헌신적이고 결연한 적수까지도 신중하고 겸허한 태도를 취하게 만든 듯했다.

래스커가 사망하기 몇 개월 전인 1994년, 암유전학자 에드 할로는 그 시대의 고뇌와 환희를 한꺼번에 포착했다.[19] 뉴욕 콜드 스프링 하버 연구소에서 열린 암생물학의 눈부신 성취 사례가 발표될 것이라는 기대감에 한껏 부푼 일주일간의 학회가 끝날 무렵, 연단에 선 할로는 찬물을 끼얹는 평가를 내렸다. "암의 분자 결함에 관한……우리 지식은 20년간 헌신적으로 이루어진 최고의 분자생물학 연구로부터 나온 것이다. 그러나 이 정보는 효과적인 치료로 이어지지 않고 있으며, 왜 현재의 치료법 중에서 어떤 많은 것은 성공을 거두고, 또다른 많은 것은 실패하는지도 전혀 이해하지 못하고 있다. 좌절의 시대가 아닐 수 없다."

10여 년이 흐른 뒤, 나는 매사추세츠 종합병원의 진료실에서 똑같은 좌절을 느꼈다. 어느 날 오후, 나는 폐암 임상의인 토머스 린치가 새로운 환자에게 암형성, 암유전학, 화학요법을 능란하게 요약하여 전달하는 모습을 지켜보았다. 기관지 폐포 세포암에 걸린 중년의 여성이었다. 그녀는 근엄한 태도와 예리한 식견을 갖춘 역사학 교수였다. 그는 그녀와 마주앉아서 종이에 그림을 그리면서 말했다. 그녀의 기관지에 있는 세포들의 유전자에 돌연변이가 일어나서 자율적으로 통제 불가능하게 자랄 수 있게 되었다. 그것들이 국소 암을 형성했다. 그것들은 돌연변이를 더 습득하는 성향이 있고, 습득하면 이동하고 조직을 침략하고 전이할 수도 있다. 방사선 치료로 보강한 카보플라틴과 택솔(두 가지 모두 표준 화학요법 약물) 화학요법을 쓰면 그 세포들은 죽을 것이고, 아마 다른 기관으로 이주하여 전이하는 것도 막을 수 있을 것이다. 최상의 시나리오대로 진행된다면, 돌연변이 유전자를 가진 세포들은 죽을 것이고, 암은 완치될 것이다.

그녀는 빠르게 움직이는 날카로운 눈으로 그의 펜이 적어가는 것을 지켜보았다. 설명은 논리적이고 체계적으로 들렸지만, 그녀는 그 논리의 사슬에서 언뜻 비친 부서진 조각을 포착했다. 이 설명과 제안하는 요법 사이에 무슨 관계가 있나요? 그녀는 카보플라틴이 돌연변이 유전자를 어떻게 "고치는지" 알고 싶어했다. 돌연변이 세포를 죽이려면 어느 세포가 돌연변이를 가지는지 택솔에게 알려주어야 할 텐데 어떻게 그렇게 하나요? 그 병의 메커니즘에 관한 설명이 의학적 개입과 어떻게 연결되는 거죠?

그녀는 종양학자들에게 매우 익숙한 괴리를 포착했다. 거의 10년 동안, 암의학을 펼치는 것은 가압통 속에서 생활하는 것과 비슷해졌다. 암의학은 암에 관한 점점 늘어나는 생물학적 지식의 힘에 한쪽으로 밀리면서, 이 생물학적 지식으로부터 현실적인 치료법을 전혀 이끌어내지 못하는 듯한 의학적 정체라는 벽에 막혀서 짓눌리는 신세가 되었다. 1945년 겨울, 버니바 부시는 루스벨트 대통령에게 이렇게 썼다.[20] "전시에 의학에서 이루어진 놀라운 발전은 오직 전쟁 이전 시기에 여러 과학 분야에서 기초 연구를 통해서 많이 축적된 과학 자료를 우리가 가지고 있었기 때문에 가능했던 것입니다."

암에서 "축적된 과학 자료"는 임계점에 도달해 있었다. 부시가 즐겨 상상했듯이, 과학이 끓으면 일종의 증기가 생기기 마련이었다. 오직 기술 속에서만 배출구를 찾을 수 있는 긴박하고 광적인 압력이었다. 암 과학은 새로운 종류의 암의학에서 배출구를 찾으라고 간청하고 있었다.

옛 암을 위한 새 약

> 파트로클로스 이야기에서
> 아무도 살아남지 못한다,
> 거의 신에 가까웠던 아킬레우스조차도
> 파트로클로스는 그와 닮았다
> 그들은 갑옷도 똑같았다
>
> ─루이스 글륔[1)]

> 완벽한 요법은 여태껏 개발되지 않았습니다. 우리 대다수는 그것이 유독한 세포독성 요법을 수반하지 않을 것이라고 믿습니다. 그것이 바로 우리가 종양 생물학의 더 근본적인 이해를 지향하는 기초 연구에 지원을 하는 이유입니다. 그러나……우리는 지금 우리가 가진 것으로 최선을 다해야 합니다.
> ─브루스 채브너가 로즈 쿠시너에게[2)]

신화에 따르면, 아킬레우스는 발꿈치 힘줄을 붙잡힌 채 스틱스 강에 넣어졌다. 거무스름한 물에 닿자마자 그의 몸은 어떤 치명적인 무기조차도 뚫을 수 없게 되었다. 물에 잠기지 않은 발꿈치 힘줄만 빼고 말이다. 트로이의 전쟁터에서 평범한 화살이 그 취약한 발꿈치를 맞춤으로써 결국 아킬레우스는 죽게 된다.

1980년대 이전까지, 모든 암 요법은 대체로 암세포의 두 가지 근본적인 취약점을 중심으로 구축되었다. 첫째는 대다수 암이 국소 질병으로 기원하여 전신으로 퍼진다는 것이다. 수술과 방사선 요법은 이러한 취약점을 이용한다. 암세포가 퍼지기 전에 국소 한정된 종양을 물리적으로 잘라내거나 엑스 선을 이용하여 강력한 에너지로 집중 공격해서 암세포를 태움으로써 그렇게 한다. 수술과 방사선은 몸에서 일괄적으로 암을 제거하려는 시도이다.

두 번째 취약점은 일부 암세포의 빠른 성장률이다.* 1980년대 이전에 발견된 화학요법 약물은 대부분 이러한 두 번째 취약점을 표적으로 삼는다. 파버의 아미노프테린 같은 항엽산제는 엽산의 대사를 방해하여 모든 세포가 세포 분열에 필요한 핵심 영양소를 얻지 못하게 굶긴다. 질소 머스터드와 시스플라틴은 DNA와 화학적으로 반응하며, DNA가 손상된 세포는 유전자를 복제할 수 없어서 분열할 수 없다. 매일초의 독인 빈크리스틴은 세포가 분열할 때 필요한 분자 "뼈대"를 만드는 능력을 파괴한다.

그러나 이러한 암의 전통적인 두 아킬레스건―국소 성장과 빠른 세포 분열―은 어느 정도까지만 표적이 될 수 있다. 수술과 방사선 요법은 본질적으로 국소 전략이며, 암세포가 수술로 제거할 수 있거나 방사선을 쬘 수 있는 한계를 넘어서 퍼졌을 때에는 실패한다. 따라서 1950년대에 근치 외과의사들이 알고 절망에 빠졌던 것처럼, 더 큰 수술이 완치를 더 이끄는 것은 아니다.

세포 성장을 표적으로 하는 치료도 생물학적 천장에 부딪혔다. 정상 세포도 자라야 하기 때문이다. 성장은 암의 징표일지 모르지만, 그것은 마찬가지로 생명의 징표이다. 빈크리스틴이나 시스플라틴 같은 세포 성장을 표적으로 하는 독약은 결국 정상적인 성장을 공격하며, 몸에서 가장 빠르게 성장하는 세포들이 화학요법의 담보 비용을 지불해야 한다. 머리카락이 빠진다. 피가 마른다. 피부와 창자의 막이 떨어져나간다. 1980년대에 근치 화학요법 의사들이 알고 절망에 빠졌던 것처럼, 더 많은 약물은 더 이상의 치유 없이 독성만 더 일으킨다.

과학자들과 의사들이 암세포를 표적으로 삼는 새로운 요법을 창안하려면, 암에만 있는 새로운 취약점을 찾아야 했다. 1980년대에 암생물학에서 이루어진 발견들은 이런 취약점들을 보는 훨씬 더 미묘한 관점을 제공했다. 암의 세 가지 새로운 아킬레스건을 대변하는 세 가지 새로운 원리가 출현했다.

첫째, 암세포는 DNA에 돌연변이가 축적됨으로써 성장한다. 이런 돌연변이는 내부의 원종양유전자를 활성화하고 종양 억제 유전자를 불활성화함으로써, 정상 세포 분열 때 작동하는 "액셀러레이터"와 "브레이크"의 고삐를 풀어버린다. 이 과잉 행동 유전자들을 표적으로 삼고, 조절되는 정상적인 전구체들은 건드리

---

* 모든 암이 빠르게 성장하는 것은 아니다. 느리게 성장하는 암은 성장을 표적으로 한 약물로 죽이기가 더 어려울 때가 많다.

지 않는 것이 암세포를 더 차별적으로 공격하는 새로운 수단이 될 것이다.

둘째, 원종양유전자와 종양 억제 유전자는 대개 세포의 신호 전달 경로의 중심에 놓인다. 암세포는 이 중요한 경로들의 신호를 항진시키거나 불활성화하기 때문에 분열하고 성장한다. 이 경로들은 정상 세포에 존재하지만 치밀하게 조절된다. 암세포가 그런 영구 활성을 띤 경로에 강하게 의존한다는 것이 암세포의 두 번째 가능한 취약점이다.

셋째, 돌연변이, 선택, 생존의 하염없는 순환을 통해서, 통제되지 않는 성장 외에 몇 가지 추가적인 특성을 획득한 암세포가 생긴다. 죽음 신호에 저항하고, 전신으로 전이하고, 혈관의 성장을 자극하는 능력이다. 이런 "암의 징표"는 암세포가 창안하는 것이 아니다. 그것은 대개 몸의 정상적인 생리작용 때 일어나는 비슷한 과정이 변질되어서 나타난다. 암세포가 이런 과정들에 대한 의존성을 획득했다는 것이 암의 세 번째 가능한 취약점이다.

따라서 최신 암의학의 핵심 치료 과제는 정상 세포와 암세포 사이의 엄청나게 많은 유사점들 가운데 유전자, 경로, 획득된 능력상의 미묘한 차이점을 찾아내는 것이었다. 그리고 그 새로운 뒤꿈치 힘줄에 독을 바른 말뚝을 박는 것이다.

아킬레스건을 찾아내는 것과 그것을 공격할 무기를 발견하는 것은 전혀 다른 문제였다. 1980년대 말까지 종양유전자의 활성화나 종양 억제 유전자의 불활성화를 되돌리는 약물은 전혀 없었다. 당시까지 발견된 가장 특이성을 띤 암 표적 약물인 타목시펜도 종양유전자나 종양유전자를 활성화한 경로를 직접 불활성화함으로써가 아니라, 특정한 유방암 세포가 에스트로겐에 의존한다는 점을 공략함으로써 작용한다. 그랬기 때문에 1986년에 최초로 종양유전자를 표적으로 한 약물이 발견되자, 암의학계는 즉시 흥분에 휩싸였다. 비록 거의 우연히 발견된 것이었지만, 그런 분자가 존재한다는 것 자체는 다음 10년에 걸쳐서 벌어질 대규모 약물 사냥 노력의 출발점이 되었다.

종양학의 중대한 교차로에 서 있던 그 병은 바로 급성 전골수성 백혈병(acute promyelocytic leukemia, APL)이라는 희귀한 형태의 백혈병이었다. 1950년대에 성인 백혈병의 별도의 형태라는 것이 처음으로 밝혀진 이 병은 한 가지 독특한 특징이 있다. 이 암의 세포는 단지 빠르게 분열하는 것만이 아니다. 그것은 놀랍게도 미성숙한 발달 단계에 머물러 있다. 골수에서 발달하는 정상 백혈구는 일련의 성숙 단계를 거쳐서 온전한 기능을 하는 어른 세포로 발달한다. 그 중간 세포 중 하나가 전골수 세포이며, 기능적으로 성숙하기 직전에 있는 청춘기 세포이다. 바로 이 미성숙한 전골수 세포의 악성 증식이 APL의 특징이다. 정상 전골수 세포는 유독한 효소와 과립을 가득 담고 있으며, 이 물질들은 대개 어른 백혈구가 된 뒤에 바이러스, 세균, 기생생물을 죽이기 위해서 방출된다. 전골수성 백혈병에 걸리면, 이런 독물을 담은 전골수 세포가 혈액을 가득 채운다. APL의 세포들은 제멋대로 변덕스럽고 급격하게 유독한 과립을 일시적으로 방출할 수 있다. 그러면 대량 출혈이 일어나거나 몸에 패혈 반응이 일어난다. 따라서 APL에서는 암의 병리학적 증식이 한 가지 심하게 일그러진 양상을 띠면서 이루어진다. 대다수 암은 성장을 멈추기를 거부하는 세포들을 가진다. APL의 암세포는 성장하기를 거부한다.

1970년대 초 이래로 과학자들은 APL의 이러한 성숙 정지에 영감을 얻어서 이 세포를 억지로 성숙시킬 화학물질을 찾아나섰다. 시험관에서 APL 세포를 대상으로 수많은 약물을 검사한 끝에 단 하나를 얻었다. 비타민 A의 산화된 형태인 레티노산이었다. 그러나 연구자들이 깨달았듯이, 레티노산은 짜증날 정도로 신뢰할 수 없는 반응물질이었다. 이번 실험에서는 APL 세포를 성숙시켰다가도, 다음 실험에서는 그렇지 못했다. 이런 변덕스럽고 종잡을 수 없는 반응에 좌절한 생물학자들과 화학자들은 처음에 열광했던 그 성숙화 화학물질로부터 관심을 돌렸다.

1985년 여름, 중국의 한 백혈병 연구진이 프랑스로 가서 오랫동안 APL을 연구한 파리 생루이 병원의 혈액학자 로랑 드고를 만났다.[3] 왕젠이가 이끄는 중국 연구진도 중국 상하이의 바쁜 도시 임상 센터인 뤼진 병원에서 APL 환자들을 치료했다. 드고와 왕은 표준 화학요법 약물―빠르게 성장하는 세포를 표적으로 하는 약물―을 써서 APL 환자들을 완화 상태로 이끌려고 시도했지만, 결과는 불행했다. 왕과 드고는 이 변덕스럽고 치명적인 병을 공격할 새로운 전략이 필요하다는 데에 동의했고, 그들의 논의는 APL 세포 특유의 미성숙과 그 병의 성숙화를 이끌 약물을 찾으려는 시도의 실패 쪽으로 계속 돌아갔다.

왕과 드고는 레티노산이 시스 레티노산과 트랜스 레티노산이라는 밀접하게 연관된 두 분자 형태로 존재한다는 것을 알고 있었다. 두 형태는 조성은 똑같지만, 분자 구조 중 한 군데가 약간 다르며, 분자 반응 때 서로 전혀 다르게 행동한다. (시스 레티노산과 트랜스 레티노산은 구성 원자들이 동일하지만, 원자들의 배치가 다르다.) 두 형태 중에서 시스 레티노산이 가장 집중적으로 검사되었고, 변덕스럽고 종잡을 수 없는 반응을 일으켰다. 왕과 드고는 혹시 트랜스 레티노산이 진정한 성숙화 물질이 아닐까 하고 생각했다. 기존 실험들의 신뢰할 수 없는 반응들이 모든 레티노산에 들어 있던, 트랜스 레티노 형태의 적지만 다양한 양 때문이었다면?

상하이의 프랑스계 예수회 학교에서 공부했던 왕은 경쾌하고 억양이 심한 프랑스어를 썼다. 두 혈액학자는 언어와 지리의 장벽을 극복하고, 국제적 협력을 하기로 합의했다. 왕은 상하이 외곽에 시스 레티노산이 섞이지 않은 순수한 트랜스 레티노산을 생산할 수 있는 제약공장이 있다는 것을 알았다. 그는 뤼진 병원의 APL 환자들에게 그 약물을 시험하기로 했다. 파리의 드고 연구진은 중국에서 1차 검사가 끝나면, 프랑스 APL 환자들을 대상으로 그 전략이 옳은지를 확인하기로 했다.

왕은 1986년에 24명의 환자를 대상으로 임상시험을 시작했다. 23명에게서 놀라운 반응이 나타났다. 혈액에 있는 백혈병 전골수 세포가 순식간에 백혈구로 성숙했다. 왕은 이렇게 썼다. "세포핵이 더 커졌고, 세포질에서 1차 과립들이 더 적게 관찰되었다. 배양 4일째에 이 세포들은 완전히 성숙한 과립구[로 발달했음을 시사하는]……특이적인, 즉 2차 과립을 가진 골수 세포를 형성했다."[4]

이어서 더욱더 뜻밖의 일이 일어났다. 완전히 성숙하자, 암세포들이 죽기 시작했다. 일부 환자들에게서는 분화와 죽음이 너무 폭발적으로 일어나는 바람에 분화한 전골수 세포들로 골수가 팽창했다가 몇 주일에 걸쳐서 암세포들이 가속된 성숙과 죽음의 주기를 반복함에 따라서 서서히 비어갔다. 암세포들이 갑작스럽게 성숙하면서 단기적으로 대사 혼란이 일어났지만, 그것은 약물로 통제가 가능했다. 트랜스 레티노산의 부작용은 입술과 입이 마르고 간혹 발진이 난다는 것뿐이었다. 트랜스 레티노산으로 얻은 완화 상태는 몇 주일, 때로 몇 개월까지 지속되었다.

그래도 급성 전골수성 백혈병은 재발했다. 대개 트랜스 레티노산 치료 후 약

3-4개월에 재발했다. 파리와 상하이의 연구진은 표준 화학요법 약물과 트랜스 레티노산을 결합하여 치료해보았다. 기존 약물과 새로운 약물의 칵테일이었다. 완화 상태는 추가로 몇 개월이 더 늘었다. 환자 중 약 4분의 3은 완화 상태가 1년까지 늘기 시작했고, 이어서 5년으로 늘었다. 1993년에 왕과 드고는 트랜스 레티노산과 표준 화학요법을 결합한 치료를 받은 환자 중 75퍼센트가 결코 재발하지 않을 것이라는 결론을 내렸다. APL의 역사상 듣도 보도 못한 비율이었다.

암생물학자들이 뤼진의 놀라운 반응을 분자 수준에서 설명하기까지는 다시 10년이 흘러야 했다. 설명의 열쇠를 제공한 것은 시카고의 세포학자 재닛 롤리가 시행한 탁월한 연구였다. 1984년에 롤리는 APL 세포의 염색체에서 독특한 전좌를 찾아냈다. 15번 염색체의 한 유전자 중 일부가 17번 염색체의 한 유전자 조각과 융합되어 있었다. 그럼으로써 전골수 세포의 증식을 추진하고 성숙을 차단하는 활성 "키메라" 종양유전자가 만들어졌고, APL 특유의 증후군이 나타났다.

상하이에서 왕의 임상시험이 이루어진 지 꼬박 4년 뒤인 1990년에 프랑스, 이탈리아, 미국의 세 연구진이 서로 독자적으로 이 범인 종양유전자를 분리했다. 과학자들이 찾아낸 APL 종양유전자는 트랜스 레티노산에 단단히 결합하는 단백질을 만든다. 이 결합이 일어나면, APL 세포에서 그 종양유전자의 신호가 즉시 꺼진다. 그것은 상하이에서 관찰된 빠르고 강력한 완화를 설명했다.

뤼진 발견은 놀라웠다. 트랜스 레티노산은 분자종양학이 오랫동안 추구했던 환상을 구현했다. 종양유전자를 표적으로 하는 암 치료약 말이다. 그러나 그 발견은 거꾸로 펼쳐진 환상이었다. 왕과 드고는 먼저 영감 어린 추정을 통해서 트랜스 레티노산과 마주쳤고, 그 분자가 종양유전자를 직접 표적으로 삼을 수 있다는 사실은 나중에야 밝혀졌다.

그러나 그 반대의 여행이 가능할까? 종양유전자에서 시작하여 약물로 나아가는? 사실 보스턴에 있는 로버트 와인버그의 연구실에서 이미 그 여행이 시작된 상태였다. 비록 와인버그 자신은 거의 알아차리지 못했지만 말이다.

1980년대 초까지 와인버그 연구실은 암세포에서 직접 암 유발 유전자를 분리하는 기술을 완벽하게 다듬었다. 와인버그의 기술을 써서 연구자들은 암세포에서 새로운 종양유전자 수십 종류를 분리했다. 1982년에 와인버그 연구실에서 박사후과정 연구원 생활을 하던 봄베이 출신의 과학자 락슈미 샤론 파디는 쥐의 종양인 신경모세포종(neuroblastoma)에서 그런 종양유전자를 또 하나 분리했다고 보고했다.[5] 와인버그는 그 유전자가 든 종양의 이름을 따서 그 유전자에 neu라는 이름을 붙였다.

neu는 점점 길어지는 종양유전자 목록에 하나가 더 추가된 것에 불과했지만, 한 가지 특이한 점이 있었다. 세포는 많은 약물의 진입을 막는 일종의 기름 장벽 역할을 하는 지질과 단백질로 이루어진 얇은 막으로 둘러싸여 있다. ras와 myc처럼 여태껏 발견된 종양유전자들은 대부분 세포 안에 격리되어 있어서(ras 단백질은 세포막에 붙어 있지만 세포 안쪽을 향해 있다) 세포막을 투과할 수 없는 약물은 접근이 불가능하다. 그러나 대조적으로 neu 유전자의 산물은 세포 안쪽 깊숙이 숨어 있는 것이 아니라 모든 약물이 자유롭게 접근할 수 있는 바깥쪽으로 커다란 조각이 튀어나온 채 세포막에 박혀 있는 새로운 단백질이었다.

락슈미 샤론 파디는 시험할 "약물"까지 가지고 있었다. 1981년에 그 유전자를 분리하는 와중에 그는 새로운 neu 단백질의 항체를 만들었다. 항체는 다른 분자에 결합하도록 고안된 분자이며, 항체가 결합하면 그 단백질은 막히거나 활성을 잃을 수 있다. 그러나 항체는 세포막을 통과할 수 없고, 결합하려면 세포 밖으로 노출된 단백질이 필요하다. 따라서 세포막 바깥으로 감질나게 튀어나온 부분, 일종의 긴 분자 "발"을 가진 neu는 완벽한 표적이었다. 파디가 neu 항체를 신경모세포종 세포에 첨가하여 결합의 효과를 알아보는 실험을 했다면, 오후 반나절이면 충분했을 것이다. 나중에 와인버그는 회고한다. "하룻밤이면 검사했을 것이다. 안타깝기 그지없는 일이다. 내가 더 신중하고 더 집중하고, 당시에 가졌던 생각에 외골수적으로 집착하지 않았다면, 그것을 연관지었을 것이다."[6]

유혹적인 단서 주위를 맴돌고 있었음에도 불구하고, 파디와 와인버그는 결코 그 실험을 하지 않았다. 생각하고 문헌을 뒤지면서 하루 또 하루, 시간이 흘렀다. 겨울에 파디는 닳아서 얇아진 코트를 입고 연구실을 오가면서 남들에게 거의 말하지 않고 남몰래 자신의 실험을 했다. 그리고 파디의 발견이 유력한 학술지에 발표되었지만, 그가 잠재적인 항암제를 발견했을 수도 있다는 점을 눈치챈 과학자는 거의 없었다(neu 결합 항체는 논문에서 모호한 그림 속에 묻혀 있었다).[7] 현기증이 일어날 정도로 속속 발견되는 새로운 종양유전자들에 매료되고 암세포의 기초 생물학에 강박적으로 매달려 있던 터라, 와인버그조차도 *neu* 실험에 관해서 그냥 잊어버렸다.*

와인버그는 종양유전자와 아마도 종양유전자를 차단할 약물까지 가지고 있었지만, 그 두 가지는 (사람의 세포나 몸에서) 결코 만나지 못했다. 그의 배양기에서 분열하는 신경모세포종 세포에서 *neu*는 외골수적으로, 단 한 가지 목적만을 가지고, 무적처럼 보이면서 날뛰었다. 그러나 그것의 분자 발은 저 유명한 아킬레스건처럼, 노출되고 취약한 상태로 세포막 표면 바로 바깥에서 계속 흔들리고 있었다.

---

* 1986년 제프리 드레빈과 마크 그린은 *neu* 항체 치료가 암세포의 성장을 억제한다는 것을 보여주었다. 그러나 이 항체를 사람의 항암제로 개발한다는 생각을 했던 사람은 아무도 없었다.

실들의 도시

> 에르실리아에서는 도시의 삶을 지탱할 관계를 확립하기 위해서, 주민들이 혈연, 거래, 상하, 행위의 관계에 따라서 흰색이나 검은색이나 회색 또는 흑색과 백색이 섞인 실을 집의 구석에서부터 뻗어서 잇습니다. 실들의 수가 너무 많아져서 더 이상 그 사이로 지나다닐 수 없게 되면, 주민들은 떠납니다. 집들은 무너집니다. ─이탈로 칼비노[1]

와인버그는 *neu*가 치료법에 어떤 의미가 있는지를 잠시 잊었을지 모르지만, 종양유전자는 본래 쉽게 잊혀질 리가 없었다. 이탈로 칼비노는 저서 「보이지 않는 도시들(*Le città invisibili*)」에서 한 집과 이웃 사이의 모든 관계가 두 집 사이에 뻗어 있는 색실로 표시되는 허구의 대도시를 묘사한다.[2] 대도시가 성장함에 따라서, 실들의 그물은 점점 촘촘해지고, 각 집은 흐릿해진다. 결국 칼비노의 도시는 색실들이 얽힌 망과 다름없어진다.

누군가가 사람의 정상 세포에 있는 유전자들 사이의 관계를 비슷한 지도로 그린다면, *ras*, *myc*, *neu*, *Rb* 같은 원종양유전자와 종양 억제 유전자가 이 세포 도시의 중심에 자리하고, 색실의 그물이 사방으로 뻗어갈 것이다. 원종양유전자와 종양 억제 유전자는 세포의 분자 회전축이다. 그것들은 세포 분열의 문지기이며, 세포의 분열은 우리 생리작용의 중심에 있기 때문에 이 과정을 조정하는 유전자와 경로는 우리 생물학의 거의 모든 측면과 교차한다. 연구실에서 우리는 이것을 암의 6단계 법칙이라고 말한다. 즉 심장 기능 상실이 무엇 때문에 일어나는지, 지렁이는 왜 늙는지 혹은 새는 어떻게 노래를 배우는지 같이, 제아무리 동떨어져 보이는 생물학적 질문이라도 유전적으로 보면 6단계에 도달하기 전에 원종양유전자나 종양 억제 유전자와 연결될 것이다.

따라서 *neu*가 와인버그의 연구실에서 거의 잊혀졌을 때, 그것이 다른 곳에서 소생한 것도 그리 놀랄 일은 아니다. 1984년 여름, 와인버그와 공동 연구를 하던 한 연구진이 사람에게서 *neu* 유전자의 상동유전자를 발견했다.[3] 그것이 앞서 발견된 다른 성장 조절 유전자—사람 EGF 수용체(HER)—와 유사하다는 점에 주목한 연구진은 그 유전자를 *Her-2*라고 했다.

한 유전자는 다른 어떤 이름으로 불려도 여전히 같은 유전자일 수 있지만, *neu* 이야기에서는 어떤 중요한 것이 달라졌다. 와인버그의 유전자는 학계 연구실에서 발견되었다. 와인버그의 관심은 대체로 *neu* 종양유전자의 분자 메커니즘을 해부하는 데에 초점이 맞추어져 있었다. 대조적으로 *Her-2*는 제약회사 제넨텍의 널찍한 구내에서 발견되었다. 발견 장소의 차이, 그럼으로써 빚어진 목표의 차이가 이 유전자의 운명을 극적으로 바꾸었다. 와인버그에게 *neu*는 신경모세포종의 기초 생물학을 이해하는 경로를 뜻했다. 제넨텍에 *Her-2*는 신약 개발로 나아가는 길을 의미했다.

샌프란시스코 남쪽 가장자리에 스탠퍼드, UCSF, 버클리의 뛰어난 연구실들과 실리콘 밸리의 벤처 기업들 사이에 낀 제넨텍(Genentech)—Genetic Engineering Technology를 줄여서 만든 명칭—은 심오한 연금술적 상징주의로 물든 한 착상에서 탄생했다. 1970년대 말, 스탠퍼드와 UCSF의 연구자들은 "재조합 DNA"라는 기술을 창안했다. 이 기술은 여태껏 상상도 못한 방식으로 유전자를 조작—가공—할 수 있게 해주었다. 이 기술은 유전자를 한 생물에서 다른 생물로 옮길 수 있게 했다. 소의 유전자를 세균에 집어넣거나 사람의 단백질을 개의 세포에서 합성할 수 있었다. 유전자들을 이어붙여서 새로운 유전자를 만들어서, 자연에 존재한 적이 없는 단백질을 만들 수도 있었다. 제넨텍은 이 유전자 기술을 지렛대로 삼아서 새로운 약물들을 개발할 꿈에 부풀었다. 1976년에 설립된 제넨텍은 UCSF로부터 재조합 DNA 기술 특허 사용권을 얻고 20만 달러라는 얼마 되지 않는 벤처 자금을 모아서 이런 신약 사냥에 나섰다.

순수한 개념상으로 볼 때, "약물"은 동물의 생리작용에 효과를 미칠 수 있는 모든 물질을 가리킨다. 단순한 분자도 약물이 될 수 있다. 적절한 상황에서는 물과 소금도 강력한 약리학적 효과를 미치는 물질로 작용할 수 있다. 또한 약물은 복잡하고 다면적인 화학물질일 수도 있다. 페니실린 같은 자연에서 얻은 분자나 아미노프테린 같은 인공 합성물질이 그렇다. 세포가 합성하는 분자인 사람의 생리작용에 다양한 효과를 미칠 수 있는 단백질은 의학에서 가장 복잡한 약물에 속한다. 췌장 세포가 만드는 인슐린은 혈당을 조절하고 당뇨병을 다스리는 데에 쓸 수 있다. 뇌하수체 세포가 만드는 성장 호르몬은 근육 세포와 뼈 세포의 대사활동을 증진시켜서 성장을 자극한다.

제넨텍이 등장하기 이전에 단백질 약물은 비록 강력하다는 것은 알려져 있었지만, 제조하기가 너무 어려웠다. 예를 들면, 인슐린은 소와 돼지의 내장을 갈아서 죽을 만든 뒤에 그 단백질을 추출하여 생산했다. 췌장 3.5톤을 갈아서 얻는 인슐린은 약 400그램에 불과했다. 왜소증의 한 유형을 치료하는 데에 쓰는 성장 호르몬은 수천 구의 사람 시신을 해부하여 꺼낸 뇌하수체에서 추출했다. 출혈 질환을 치료하는 혈액 응고제는 몇 리터 분량의 사람의 혈액에서 추출했다.

제넨텍은 재조합 DNA 기술을 이용하여 사람 단백질을 아예 새롭게 합성할 수 있었다. 동물과 사람의 기관에서 단백질을 추출하는 대신에, 이를테면 사람의 유전자를 세균에 넣는 "가공" 공정을 거쳐서 세균을 단백질을 대량 생산하는 생물공장으로 만들 수 있었다. 이 기술은 큰 변화를 일으켰다. 1982년에 제넨텍은 최초의 "재조합" 사람 인슐린을 선보였다.[4] 1984년에는 혈우병 환자의 출혈을 억제하는 데에 쓸 응고인자를 생산했다.[5] 1985년에는 재조합 기술로 사람 성장 호르몬을 만들어냈다. 모두 유전공학적으로 세균이나 동물의 세포에서 사람 단백질을 생산하여 얻었다.[6]

이런 과정을 거쳐서 제넨텍은 처음에 경이로운 성장세를 보였지만, 1980년대 말이 되자 재조합 기술로 대량생산할 기존 약물을 더 이상 찾기가 어려워졌다. 아무튼 그 회사가 처음에 거둔 성공은 제품이 아니라 **공정** 덕분이었다. 즉 기존 의약품을 생산하는 근본적으로 새로운 방법을 찾아낸 덕분이었다. 이제는 맨땅에서 신약을 발명하는 일에 나서야 했기 때문에, 성공 전략을 수정하지 않을 수 없었다. 약물의 표적을 찾을 필요가 있었다. 어떤 질병의 생리작용에 핵심적인 역할을 하는 세포 내의 단백질을 말이다. 그러면 재조합 DNA 기술로 그 단백질을 생산하여 질병을 통제할 수 있을 터였다.

제넨텍에서 일하는 독일 과학자 악셀 울리히가 와인버그의 유전자, 즉 세포막에서 달랑거리는 종양유전자 *Her-2/neu*를 재발견한 것은 이 "표적 발견" 프로그램의 지원을 받아서였다.*⁷⁾ 그러나 유전자를 발견하긴 했지만, 제넨텍은 그것으로 무엇을 할 수 있을지 알지 못했다. 제넨텍이 여태껏 합성에 성공한 약물들은 어떤 단백질이나 신호가 없거나 적어서 생기는 사람의 질병을 치료하도록 고안된 것이었다. 당뇨병의 인슐린, 혈우병의 응고인자, 왜소증의 성장 호르몬이 전부 그랬다. 종양유전자는 정반대였다. 즉 잃어버린 신호가 아니라 과잉 신호였다. 제넨텍은 잃어버린 단백질을 세균 세포에서 만들 수 있었지만, 사람 세포에서 과잉 활동하는 단백질을 불활성화하는 법은 아직 알지 못했다.

1986년 여름, 제넨텍이 아직 종양유전자를 불활성화하는 방법을 찾고 있을 때, 울리히는 로스앤젤레스의 캘리포니아 대학교에서 열린 세미나에 참석했다.[8] 검은 정장을 빼입은 화려하고 원기왕성한 울리히는 뛰어난 강연자이기도 했다. 그는 *Her-2*를 분리하는 과정을 다룬 내용과 발견한 유전자가 와인버그가 앞서 내놓은 연구 결과와 뜻밖에 같은 것이었다는 이야기로 청중을 사로잡았다. 그러나 그는 결정타가 될 연구는 청중에게 맡겼다. 제넨텍은 제약회사입니다. 그런데 그 약물은 어디에 있을까요?

UCLA의 종양학자 데니스 슬래먼은 1986년 그날 오후에 울리히의 강연을 들었다.[9] 애팔래치아 지역 석탄 광부의 아들인 슬래먼은 시카고 대학교 의대를 졸업한 뒤에 UCLA로 와서 종양학 연구원으로 일했다. 그는 유들유들함과 끈기가 독특하게 결합된, 한 기자의 표현에 따르면, "벨벳 착암기(velvet jackhammer)"였다.[10] 학계에 입문할 때 그는 암을 치유하겠다는 자칭 "살인적인 결심"을 품었지만, 그것은 결심에 불과했지 여태껏 아무런 결과를 내놓지 못했다.[11] 시카고에서 슬래먼은 사람 암을 일으킨다는 것이 밝혀진 유일한 레트로바이러스인 HTLV-1이라는 사람 백혈병 바이러스를 대상으로 일련의 탁월한 연구를 수행했다.[12] 그러나 HTLV-1은 아주 희귀한 암의 원인일 뿐이었다. 슬래먼은 살인하는 바이러스가 암을 치유하지 않는다는 것을 잘 알았다. 그에게는 종양유전자를 죽일 방법이 필요했다.

울리히의 *Her-2* 이야기를 듣자, 슬래먼의 두뇌는 곧바로 직관적으로 연결 고리

---

* 울리히는 실제로 생쥐 *neu* 유전자의 사람 상동유전자를 발견했다. 독자적인 두 연구진이 같은 유전자를 발견한 것이다.

를 하나 만들었다. 울리히는 종양유전자를 가졌다. 제넨텍은 약물을 원했다. 그러나 중간 고리가 빠져 있었다. 질병이 없는 약물은 쓸모없는 도구였다. 항암제를 가치 있는 것으로 만들려면, *Her-2* 유전자가 과잉 활동하는 암이 필요했다. 슬래먼에게는 *Her-2* 과잉 활동을 검사할 수 있는 다양한 암 표본이 있었다. 보스턴의 태드 드라이어처럼 강박적인 수집가였던 슬래먼은 UCLA에서 수술을 받은 환자들의 암 조직 표본을 수집하여 커다란 냉동고에 보관하고 있었다. 슬래먼은 단순한 공동 연구를 제안했다. 제넨텍의 울리히가 *Her-2*의 DNA 탐침을 보내주면, 자신의 암세포 표본들을 대상으로 과잉 활동하는 *Her-2*가 있는지 검사하겠다고 했다.[13] 그럼으로써 종양유전자와 사람 암 사이의 틈새를 연결하겠다고 말이다.

울리히는 동의했다. 1986년에 그는 암 표본들을 대상으로 검사할 *Her-2* 탐침을 슬래먼에게 보냈다. 몇 개월 뒤에 슬래먼은 비록 완전히 이해하지는 못했지만 독특한 패턴을 하나 발견했다고 울리히에게 알렸다.[14] 만성적으로 한 유전자의 활동에 의존하여 성장하는 암세포는 염색체에 그 유전자의 사본을 많이 만들어서 그 유전자를 증폭시킬 수 있다. 이 현상—한 약물을 점점 더 많이 사용함으로써 탐닉하는 중독자처럼 되는 것—을 종양유전자 증폭(oncogene amplification)이라고 한다. 슬래먼은 *Her-2*가 유방암 표본에서 심하게 증폭되었지만, 모든 유방암에서 그렇지는 않다는 것을 알아냈다. 염색 패턴을 토대로, 유방암은 *Her-2*가 증폭되는 유형과 *Her-2*가 증폭되지 않는 유형으로 깔끔하게 나눌 수 있었다. *Her-2* 양성과 음성이었다.

이 "켜짐-꺼짐" 패턴에 흥미를 느낀 슬래먼은 한 연구원에게 *Her-2* 양성 종양이 *Her-2* 음성 종양과 다르게 행동하는지를 알아보라고 했다. 연구 결과, 또 하나의 특이한 패턴이 나타났다. 울리히 유전자가 증폭된 유방 종양은 더 공격적이고 더 전이성을 띠고 더 잘 죽이는 경향을 보였다. *Her-2* 증폭은 최악의 예후를 가진 종양을 뜻했다.

슬래먼의 자료는 제넨텍의 울리히 연구실에 연쇄반응을 일으켰다. *Her-2*와 암의 한 하위 유형—공격적인 유방암—이 관련이 있다는 것을 알아차리자마자, 그들은 한 가지 중요한 실험에 착수했다. 울리히는 *Her-2* 활성을 어떤 식으로든 차단할 수 있다면, 어떤 일이 벌어질지 알고 싶었다. 암이 증폭된 *Her-2*에 정말로 "중독되어" 있을까? 그렇다면 항*Her-2* 약물로 중독 신호를 끄면, 암세포의 성장을 막을 수 있지 않을까? 울리히는 와인버그와 파디가 하는 것을 잊어버린 바로 그 오후 반나절 실험의 주변을 맴돌고 있었다.

울리히는 *Her-2* 기능을 끌 약물을 어디에서 찾아야 할지 알았다. 1980년대 중반에 제넨텍은 놀라울 정도로 고스란히, 대학교를 흉내내는 방향으로 체제를 개편했다. 샌프란시스코 남쪽의 교정은 학과, 학회, 강의, 소집단을 갖추었고, 심지어 잔디밭에서는 짧은 청바지를 입은 연구원들이 원반 던지기를 하며 놀았다. 어느 날 오후, 울리히는 제넨텍의 면역학과로 향했다. 면역학과는 면역 분자를 만드는 일에 집중했다. 울리히는 그 학과에 *Her-2*에 결합하여 그 신호를 없앨 약물을 설계할 만한 사람이 있는지 알고자 했다.

울리히는 특정한 유형의 단백질을 염두에 두고 있었다. 바로 항체였다. 항체는 뛰어난 친화력과 특이성을 보이면서 표적에 결합하는 면역 단백질이다. 면역계는 세균과 바이러스에 있는 특정한 표적에 결합하여 그들을 죽이는 항체를 합성한다. 항체는 자연의 마법 탄환이다. 1970년대 중반에 케임브리지 대학교의 두 면역학자 세사르 밀스테인과 게오르게스 쾰러는 암세포에 물리적으로 융합시킨 잡종 면역 세포를 이용하여 단일 항체를 대량 생산하는 방법을 고안했다.[15] (면역 세포는 항체를 분비했고, 무절제한 성장의 전문가인 암세포는 그것을 공장으로 바꾸었다.) 학계는 그것이 암 치료제로 나아가는 길이 될 것이라고 즉시 환영했다. 그러나 항체를 치료제로 이용하려면, 암세포에만 있는 표적을 찾아내야 했고, 그런 암 특이성을 띤 표적을 찾아내기가 지극히 어렵다는 것이 드러났다. 울리히는 자신이 그런 표적을 하나 찾아냈다고 믿었다. 일부 유방 종양에서 증폭되지만 정상 세포에서는 거의 보이지 않는 *Her-2*가 아마도 쾰러가 놓친 표적일지 몰랐다.

그 와중에 UCLA의 슬래먼은 *Her-2*가 발현된 암을 대상으로 또다른 중요한 실험을 했다. 그는 이 암을 생쥐에 이식했다. 그러자 암세포는 공격적인 사람 암을 재현하듯이, 흩어지기 쉬운 전이성 종양을 폭발적으로 형성했다. 1988년에 제넨텍의 면역학자들은 *Her-2*에 결합하여 불활성화시키는 생쥐 항체를 만드는 데에 성공했다. 울리히는 맨 처음 생산된 항체를 슬래먼에게 보냈고, 슬래먼은 일련의 중요한 실험에 들어갔다. 배양접시에서 자라는 *Her-2* 과잉 발현 유방암 세포에 항체를 첨가하자, 암세포는 즉시 성장을 멈추더니 쪼그라들어서 죽었다.

더 놀랍게도 종양을 가진 살아 있는 생쥐에 *Her-2* 항체를 투여하자, 종양도 사라졌다. 그러나 울리히가 더 이상 바랄 수 없는 완벽한 결과였다. 동물 모델에서 *Her-2* 억제가 제대로 작용했다.

슬래먼과 울리히는 이제 암의 표적요법에 필요한 세 가지 핵심 성분을 모두 확보했다. 종양유전자, 그 종양유전자가 특히 활성화한 형태의 암, 그것을 구체적으로 표적으로 한 약물이었다. 두 사람은 제넨텍이 종양유전자의 과잉 활동 신호를 없앨 새로운 단백질 약물을 생산할 기회를 즉시 움켜쥘 것이라고 예상했다. 그러나 울리히는 *Her-2* 연구에 너무 깊이 몰두하다 보니 연구실 바깥에서 벌어지는 회사의 궤도 수정을 알아차리지 못했다. 그는 제넨텍이 암에 대한 관심을 접었다는 것을 그제야 알아차렸다. 1980년대 내내 울리히와 슬래먼이 암세포 특유의 표적을 사냥하고 있는 사이에, 다른 몇몇 제약회사들은 암세포의 성장을 추진하는 메커니즘에 관한 제한된 지식을 토대로 항암제를 개발하려고 애썼다. 예상할 수 있겠지만, 그렇게 나온 약물들은 대개 무차별적—암세포와 정상 세포에 모두 유독했다—이었고, 역시 예상할 수 있겠지만, 임상시험에서 모두 비참하게 실패했다.

울리히와 슬래먼의 접근법—종양유전자와 종양유전자를 표적으로 삼는 항체—은 훨씬 더 정교하고 구체적이었지만, 제넨텍은 또다른 항암제 개발에 돈을 퍼부었다가 실패하여 회사 재정이 나빠질 것을 우려했다. 다른 회사들의 경험에서 교훈을 얻은—제넨텍 소속 한 연구자의 말처럼, "암에 알레르기 증상을 보인"16)—제넨텍은 대다수 암 과제의 연구비를 삭감했다.

그 결정은 회사 내부에 깊은 골을 만들었다. 소수의 고위직 과학자들은 암 프로그램을 강력히 지지했지만, 경영진은 더 단순하고 더 수익이 나는 약물에 집중하기를 원했다. *Her-2*는 그 싸움의 한가운데에 놓였다. 울리히는 지치고 낙심하여 제넨텍을 떠났다.17) 그는 나중에 독일의 한 대학교 연구실에 들어갔다. 그곳에서 그는 자신의 학문을 속박하는 제약회사의 변덕스러운 압력을 받지 않은 채, 암유전학에 몰두했다.

이제 홀로 일하게 된 UCLA의 슬래먼은 제넨텍에 고용된 신분이 아니었음에도 불구하고, 그 회사의 *Her-2* 연구가 계속되도록 갖은 노력을 다했다. 제넨텍의 의학 이사인 존 커드는 "그 말고는 아무도 관심이 없었다"고 회상했다.18) 슬래먼은 제넨텍의 기피 인물이 되었다. 이따금 로스앤젤레스에서 비행기로 날아와서 자신의 생쥐 항체에 관심을 가질 만한 사람이 있는지를 찾아서 몰래 복도로 숨어드는 고집스럽고 강박적인 쇠파리 취급을 받았다. 대다수 과학자는 이미 흥미를 잃었다. 그러나 슬래먼은 제넨텍에 소수의 과학자 집단이 있을 것이라는 믿음을 버리지 않았다. 어떤 문제가 난치성이라는 바로 그 점 때문에 그것을 택했던 초창기의 개척 정신을 동경하는 과학자들이 있을 것이라고 말이다.

제넨텍에서 MIT 출신의 유전학자 데이비드 보트스타인과 분자생물학자 아트 레빈슨은 *Her-2* 계획의 강력한 지지자였다. (레빈슨은 UCSF의 마이클 비숍 연구실에 있다가 제넨텍으로 왔다. 비숍 연구실에서 *src*의 인산화 기능을 연구할 때 그는 종양유전자를 자신의 일부로 받아들였다.) 슬래먼과 레빈슨은 연줄과 자원을 동원하여 *Her-2* 계획을 계속 진행할 소규모 모험적인 연구진을 꾸리는 데에 성공했다.

제넨텍 경영진의 눈에 거의 띄지 않은 채, 그 연구는 쥐꼬리만 한 예산을 받아서 가까스로 진행되었다. 1989년에 제넨텍의 면역학자 마이크 셰퍼드는 *Her-2* 항체의 생산 과정과 순도를 개선했다. 그러나 슬래먼은 그 정제된 생쥐 항체가 사람에게 쓸 약물과는 거리가 멀다는 것을 알았다. "외래" 단백질인 생쥐 항체는 사람에게 강력한 면역반응을 일으키므로 사람에게 약물로 쓰면 끔찍한 일이 벌어진다. 이 반응을 피하려면 사람의 항체와 더 비슷한 단백질이 되도록 그 항체를 변형할 필요가 있었다. 항체의 "인간화"라고 하는 이 과정은 소설을 번역하는 것과 다소 비슷한, 섬세한 기술이다. 중요한 것은 내용이 아니라, 항체의 형언할 수 없을 만큼 중요한 본질, 즉 형식이다. 제넨텍에서 인간답게 만드는 일을 담당한 "교화 전문가"는 폴 카터였다. 케임브리지에서 면역 세포와 암세포를 융합시켜서 그런 항체를 처음 만든 과학자인 세사르 밀스테인의 밑에서 그 기술을 배운 말수 적은 29세의 영국인이었다. 슬래먼과 셰퍼드의 지도를 받아서 카터는 생쥐 항체를 인간화하는 데에 착수했다. 1990년 여름, 카터는 임상시험에 쓸 준비가 된 완전히 인간화한 *Her-2* 항체를 만들어냈다. 후보 약물이 된 그 항체는 곧 허셉틴(Herceptin)이라고 불리게 된다. *Her-2*, 차단하다(intercept), 억제자(inhibitor)를 조합한 이름이었다.*

---

* 이 약은 약물명인 트라스투주맙(Trastuzumab)으로도 알려져 있다. 접미사인 "ab"는 이 약물이

그렇게 순탄치 못하게 갖은 상처를 안고 탄생한 신약이다 보니, 그 성과가 얼마나 엄청난 것인지를 잊기가 십상이다. 슬래먼은 1987년에 유방암 조직에서 *Her-2* 증폭을 발견했다. 카터와 셰퍼드는 1990년에 그것의 인간화한 항체를 만들었다. 놀랍게도 겨우 3년 만에 그들은 암에서 표적을 거쳐서 약물까지 나아갔다. 암 역사상 유례없는 속도였다.

1990년 여름, 캘리포니아 버뱅크에 사는 48세의 여성 바버라 브래드필드는 유방에 덩어리가 만져지고 겨드랑이에도 혹이 있다는 것을 알았다. 생검 결과는 그녀가 이미 의심하던 것을 확인해주었다. 림프절까지 퍼진 유방암이었다. 그녀는 양쪽 유방절제술을 받고 이어서 거의 7개월 동안 화학요법을 받았다. 그녀는 "그 모든 치료를 끝냈을 때, 마치 비극의 강을 건넌 것 같았어요"라고 회상했다.[19]

그러나 건너야 할 강은 또 있었다.[20] 또다른 말로 표현할 수 없는 비극이 브래드필드의 삶을 강타했다. 1991년 겨울, 집에서 멀지 않은 고속도로를 운전하고 가던 임신한 23세의 딸이 끔찍한 사고로 사망했다. 몇 개월 뒤의 어느 날 아침, 성서 공부반에서 추위에 곱은 상태로 앉아 있던 브래드필드는 무심코 손가락으로 목 옆을 훑었다. 빗장뼈 바로 위에 새로 포도알만 한 덩어리가 생겨 있었다. 유방암이 재발하여 전이된 것이었다. 거의 확실한 죽음의 전령이었다.

버뱅크의 종양학자는 그녀에게 화학요법을 더 받으라고 권했지만, 그녀는 거부했다. 그녀는 약초를 쓰는 대체요법을 택했고, 야채즙을 구입하고 멕시코로 여행을 떠날 계획을 짰다. 그때 그녀의 종양학자가 다른 의사의 소견을 얻고 싶으니 유방암 표본을 UCLA의 슬래먼 연구실로 보내도 괜찮은지 물었다. 그녀는 마지못해서 동의했다. 그녀는 멀리서 자신의 종양 표본으로 낯선 검사를 하는 의사가 자신에게 별 영향을 미칠 수 없다는 것을 잘 알았다.

1991년 여름의 어느 날 오후, 브래드필드는 슬래먼이 건 전화를 받았다. 그는 그녀의 표본을 분석한 연구자라고 자신을 소개했다. 슬래먼은 브래드필드에게 *Her-2*에 관해서 말했다. 그녀는 "그의 어조가 달라지더군요"라고 회상했다.[21] 그는 그녀의 종양이 지금까지 본 것 중에서 가장 최고 수준에 이른 *Her-2* 증폭 상태라고 말했다. 그러면서 *Her-2*에 결합하는 항체로 임상시험을 시작하려는 중

항체임을 뜻한다.

인데, 그녀가 그 신약의 이상적인 후보자라고 했다. 브래드필드는 거절했다. "나는 종착지에 와 있어요. 그리고 이미 어쩔 수 없다는 것을 받아들였고요."[22] 슬래먼은 잠시 그녀에게 논리적으로 설명하려고 애썼지만, 그녀는 뜻을 굽히지 않았다. 그는 시간을 내주셔서 감사하다고 말하고 전화를 끊었다.

그러나 다음 날 아침 일찍, 슬래먼은 다시 전화를 걸었다. 그는 방해해서 죄송하다고 사과하면서도 그녀의 결정이 마음에 걸려서 밤새 잠을 이루지 못했다고 했다. 그가 살펴본 모든 *Her-2* 증폭 형태들 중에서 그녀의 표본은 정말로 특이했다는 것이다. 브래드필드의 종양은 그 종양유전자에 거의 인사불성으로 취한 것처럼, *Her-2*로 꽉 들어차 있었다. 그는 임상시험에 참가해달라고 다시 한번 간청했다.

조앤 디디언은 "생존자들은 뒤돌아보면서 징조를, 자신이 놓친 메시지를 본다"고 썼다.[23] 브래드필드에게는 슬래먼의 두 번째 전화가 징조였고, 그녀는 그것을 놓치지 않았다. 대화 속의 무엇인가가 그녀가 자신의 주위에 둘러쌓았던 방어벽을 꿰뚫었다. 1992년 8월의 따뜻한 아침에 브래드필드는 UCLA에 있는 슬래먼의 진료실을 찾았다.[24] 그는 복도에서 그녀를 맞이하여 방으로 안내했다. 그는 그녀의 몸에서 떼어낸 유방암 조직을 현미경으로 보여주었다. *Her-2*에 표지를 붙인 세포들이 검게 작은 고리처럼 배열되어 있었다. 그는 흰 칠판에 지금까지 전개되어온 전설적이라고 할 만한 과학적 여정을 한 단계씩 그림으로 그렸다. *neu*의 발견에서 시작하여, 울리히 연구실에서 이루어진 그것의 재발견, 약물을 생산하기 위한 투쟁, 셰퍼드와 카터가 아주 공들여서 이어붙여서 만든 항체에 이르기까지 말이다. 브래드필드는 종양유전자에서 약물로 이어지는 선을 보면서 생각에 잠겼다. 이윽고 그녀는 임상시험에 참가하기로 했다.

그것은 정말로 다행스러운 결정이었다. 슬래먼의 전화를 받은 날로부터 허셉틴이 처음 투여될 때까지 4개월 사이에 브래드필드의 종양은 폭발하여 폐에 16개의 새로운 덩어리를 퍼뜨린 상태였기 때문이다.

1992년에 브래드필드를 포함하여 여성 15명이 UCLA에서 슬래먼의 임상시험에 참가했다. (나중에 37명으로 늘어났다.) 우선 9주일 동안, 그 약물을 유방암 세포를 죽이는 데에 쓰는 표준 화학요법 약물인 시스플라틴과 함께 정맥 주사를 통해서 투여하기로 했다. 편의상 슬래먼은 모든 여성을 같은 날에 같은 방에서 치료할 계획을 세웠다. 그러자 마치 연극이 공연되는 듯한 효과가 나타났다. 사면 초가에 몰린 배우들이 등장하는 무대가 마련된 것 같았다. 어떤 여성들은 친구와 친척을 동원하여 애걸하고 계교를 써서 간신히 임상시험에 참가했다. 반면에 브래드필드 같은 여성들은 제발 참가해달라는 요청을 받았다. 브래드필드는 말했다. "우리 모두는 빌린 시간을 살고 있다는 것을 잘 알았어요. 그러니까 두 배로 더 살아 있다는 것을 느꼈고, 두 배로 더 열심히 살았죠." 50대의 한 중국인 여성은 자신을 지금까지 살게 해준 것이라며 전통 약초와 연고를 계속 숨겨서 들여왔고, 가장 고대의 약을 함께 먹을 수 있도록 할 때에만 종양학의 가장 최신 약물인 허셉틴도 투여받았다. 30대의 마르고 허약한 한 여성은 골수 이식을 받은 뒤에 최근에 유방암이 재발했는데, 구석에서 조용히 진지하게 인상을 찌푸린 채 앉아 있었다. 일부는 공손히 치료를 받았고, 일부는 어리둥절해 하면서 받았으며, 물론 성깔을 부리면서 받은 사람도 있었다.

보스턴에서 온 50대 중반의 한 어머니는 자신의 암을 놓고 음탕한 농담을 해댔다. 그들은 온종일 주사를 맡고 피검사를 받으면서 지쳐갔다. 모든 검사를 마치고 저녁 늦게야 여성들은 각자 흩어져서 돌아갔다. 브래드필드는 집으로 가서 기도를 했다. 한 여성은 마티니에 흠뻑 취했다.

브래드필드의 목의 혹—이곳 여성들의 종양 중에서 물리적으로 만지고 재고 지켜볼 수 있었던 유일한 것—은 임상시험의 나침반이 되었다. *Her-2* 항체를 처음 정맥 주사하는 날 아침, 모든 여성이 브래드필드에게 와서 한 명씩 그녀의 빗장뼈를 손으로 훑으면서 혹을 만져보았다. 그것은 매주 되풀이되는 독특하게 친밀한 의식이 되었다. 첫 항체가 투여된 지 2주일째에 여성들은 줄지어서 브래드필드의 혹을 다시 만졌다. 논란의 여지가 없을 만큼 변화가 일어나 있었다. 그녀의 종양은 부드러워지고 눈에 띄게 줄었다. 브래드필드는 회상했다. "우리는 여기서 무엇인가 일어나고 있다고 믿기 시작했어요. 갑자기 우리가 얼마나 큰 행운을 잡았는지 실감하게 되었죠."

그러나 모두가 브래드필드처럼 운이 좋았던 것은 아니었다. 전이암이 재발한 젊은 여성은 어느 날 저녁, 기력이 없어지고 구역질을 느껴서 몸의 수분을 보충하는 데에 필요한 액체조차도 마실 수가 없었다. 그녀는 밤새 토했고, 그런 뒤에 너무 피곤해서 아무것도 마시지 못하고, 너무 아파서 그것이 어떤 결과를 미칠

지 깨닫지 못한 채, 그대로 쓰러져서 잠이 들었다. 그녀는 그 다음 주에 신장 기능 상실로 사망했다.

브래드필드의 놀라운 반응은 계속되었다. 임상시험을 시작할 때부터 CT도 계속했는데 2개월째가 되자 목의 종양이 거의 사라졌고, 폐에 전이된 종양도 크기와 수가 줄어들었다. 다른 13명 중에서는 더 모호한 반응을 보인 여성이 많았다. 임상시험이 중간에 이른 3개월째, 슬래먼은 제넨텍을 비롯하여 외부 임상시험 관찰자들과 함께 자료를 검토했다. 단호한 결정이 필요하다는 것이 명백했다. 일부 여성들에게서는 종양의 크기가 변하지 않았다. 줄어들지는 않았지만, 커지지도 않았다. 이것을 긍정적인 반응에 포함시켜야 할까? 뼈에 전이가 일어난 몇몇 여성은 뼈의 통증이 줄었다고 말했지만, 통증은 객관적으로 판단할 수 없었다. 장시간 격렬한 논쟁을 벌인 끝에, 임상시험 조정관들은 여성 7명을 탈락시키자고 제안했다. 반응을 정량화할 수 없다는 것이었다. 한 여성은 스스로 약물을 끊었다. 원래 코호트 중에서 브래드필드를 포함한 5명만이 6개월이라는 완료 시점까지 임상시험을 계속했다. 나머지 사람들은 분개하고 낙심한 채, 자기 지역의 종양학자에게로 돌아갔다. 어떤 기적의 약물이 다시 나오기를 바라면서 말이다.

바버라 브래드필드는 1993년에 18개월에 걸친 치료를 끝냈다. 그녀는 지금까지 살아 있다. 수정 같은 회청색 눈에 머리가 하얗게 센 그녀는 시애틀 인근의 푸얄루프라는 소도시에 산다. 종종 인근의 숲을 걷고, 교회에서는 토론 모임을 이끈다. 그녀는 로스앤젤레스 진료실에 다닐 때의 일을 생생하게 기억한다. 뒤편의 약간 어둑하게 만든 방에서 간호사들이 약물을 투여하고, 다른 여성들이 기이할 정도로 친밀하게 자기 목을 만지는 느낌을 말이다. 물론 슬래먼도 기억한다. "데니스는 나의 영웅이에요. 그의 첫 전화는 거절했지만, 그 뒤로 그가 말하는 것은 결코 한번도 거절한 적이 없어요." 그녀의 목소리에 담긴 활기와 힘이 마치 전류가 흐르듯이 전화선을 지직거리게 했다. 그녀는 나에게 어떤 연구를 하는지를 물었다. 나는 시간을 내주셔서 감사하다고 했다. 그러자 그녀는 오히려 내 정신을 산만하게 했다고 미안해했다. 그리고 그녀는 웃으면서 말했다. "어서 일하러 가세요. 새로운 발견을 기다리는 사람들이 있잖아요."

약, 몸, 증거

> 죽어가는 사람에게는 시간도 활력도 없다. 우리는 한 번에 한 여성, 한 약물, 한 회사, 이런 식으로 계속할 수가 없다. ─그라시아 버플벤[1]

> 마치 우리가 정확히 표적을 정하고, 독성이 덜하고 더 효과적인 복합 요법이라는 멋진 신세계에 들어온 듯했다. ─「유방암 행동 소식지」, 2004년[2]

1993년 여름, 슬래먼의 초기 임상시험 소식은 유방암 환자들의 모임을 통해서 들불처럼 퍼지면서 공식적, 비공식적 통로를 통해서 널리 확산되었다. 대기실, 치료실, 종양학자의 진료실에서 환자들은 다른 환자들에게 그 특이하지만 유례없는 반응과 완화 사례를 이야기했다. 유방암 후원단체들이 발행하는 소식지들은 허셉틴에 관한 과장된 내용을 전하면서 희망을 한껏 부풀렸다. 기대라는 화약통은 결국 폭발하기 마련이었다.

쟁점은 "온정적 사용(compassionate use)"이었다. *Her-2* 양성 유방암은 그 병 중에서 가장 치명적이고 가장 빠르게 진행하는 형태에 속하며, 환자들은 임상 혜택을 볼 수 있는 치료법이라면 무엇이든 기꺼이 시도했다. 곧 유방암 활동가들이 제넨텍의 문 앞에 모여들어서 다른 요법이 듣지 않는 *Her-2* 양성 암에 걸린 여성들에게 약을 제공하라고 촉구했다. 활동가들은 이 환자들이 그 약을 얻기 위해서 언제 끝날지도 모를 검사를 마냥 기다릴 수는 없다고 주장했다. 그들은 목숨을 구해줄 수 있는 약을 **지금 당장** 원했다. 어느 작가가 1995년에 썼듯이, "이 새로운 약이 실제로 몸에 들어갈 때에야 진정한 성공이 이루어진다."[3]

그러나 제넨텍의 쪽에서는 "진정한 성공"을 정의하는 기준 자체가 전혀 달랐다. 허셉틴은 FDA의 승인을 아직 받지 않았다. 그것은 아직 젖먹이 단계에 있는 분자였다. 제넨텍은 초기 임상시험을 더 꼼꼼하게 하고 싶었다. 신약을 그냥 몸에 집어넣는 것이 아니라, 관찰과 감시가 꼼꼼하게 이루어지는 임상시험 속에서 관찰과 감시가 꼼꼼하게 이루어지는 약물을 관찰과 감시가 꼼꼼하게 이루어지는 몸에 투여하는 식으로 말이다. 제넨텍은 1993년에 시작되는 허셉틴의 다음 단계 임상시험도 소규모로 집중적으로 하고 싶어했다. 이 임상시험에 참가하는 여성의 수도 최소한으로 유지했다.[4] 슬로언케터링에 27명, UCSF에 16명, UCLA에 39명으로, 회사가 시간의 경과에 따른 변화를 깊이 세심하게 추적할 수 있는 작은 코호트였다. 커드는 한 언론인에게 "우리는 온정적 사용 프로그램을 제공하지 않습니다"라고 퉁명스럽게 말했다.[5] 초기 임상시험에 참여한 의사들도 대부분 동의했다. UCSF 임상시험을 지휘하는 한 사람인 데부 트리패시는 이렇게 말했다. "예외를 만들고 프로토콜에서 벗어나기 시작하면, 약물이 효과가 있는지 없는지를 이해하는 데에 도움이 되지 않는 결과가 나오는 환자들이 많아진다. 그것은 대중이 그 약을 얻을 수 있는 시기를……지연시킬 뿐이다."[6]

그러나 제넨텍의 깊숙이 틀어박힌 연구실 바깥에서, 그 논쟁은 대폭발을 일으켰다. 물론 온정적 사용 대 집중적인 연구라는 이런 현안은, 샌프란시스코에서 결코 낯선 것이 아니었다. 1980년대에 AIDS가 그 도시에서 발생하여 폴 볼버딩의 5A 병동이 수십 명의 환자들로 가득 찼을 때, 게이 남성들은 연대하여 ACT UP 같은 단체를 만들어서, 온정적 사용 프로그램의 일환으로 약을 더 빨리 접하게 해달라고 요구했었다. 유방암 활동가들은 이런 예전의 싸움에서 자기 투쟁의 침울한 반영을 보았다. 한 소식지에 적힌 것처럼, "유방암으로 죽어가는 여성들이 수명을 늘릴 수 있는 실험 약물을 구하기가 왜 그렇게 어렵단 말인가? 오랫동안 AIDS 활동가들은 해당 요법이 아직 임상시험 중임에도 불구하고, 새로운 HIV 약을 얻기 위해서 제약회사 그리고 FDA와 협상을 해왔다. 표준 치료법이 듣지 않는 전이 유방암 여성들도 실험 약물의 온정적 사용 프로그램에 관해서 알아야 하며 접근할 수 있어야 한다."[7]

혹은 또다른 작가가 썼듯이, "과학적 불확실성을 핑계로 삼아서 손을 놓고 있을 수는 없다.……우리는 증거가 나올 때까지 마냥 기다릴 수가 없다."[8]

마티 넬슨도 증거를 기다릴 여유가 없었다.[9] 검은 머리의 사교적인 인물인 캘리포니아의 부인과 의사 넬슨은 33세에 불과했던 1987년에 유방에서 악성 덩어리를 발견했다. 그녀는 유방절제술을 받고 여러 주기에 걸쳐서 화학요법을 받은 뒤에, 샌프란시스코의 한 의원에서 다시 진료를 시작했다. 종양은 사라졌다. 흉터도 아물었다. 넬슨은 완치되었나보다고 생각했다.

첫 수술을 받은 지 6년이 지난 1993년, 넬슨은 유방에 난 흉터가 딱딱해지기 시작했다는 것을 알았다. 그녀는 별 것 아니겠거니 치부했지만, 유방의 윤곽을 따라서 딱딱해진 조직의 선은 재발한 유방암이었다. 암세포는 흉터 선을 따라서 꾸물꾸물 은밀히 뻗어나가며 융합하여 가슴에 헝클어진 작은 덩어리들을 형성했다. 넬슨은 유방암의 임상 문헌들을 강박적으로 훑다가 Her-2 소식을 들었다. 자신의 종양이 Her-2 양성일 것이라고 추정한 그녀는 직접 표본을 채취해서 그 유전자를 검사하려고 시도했다.

그러나 넬슨은 곧 자신이 카프카식의 악몽 속에 빠져 있다는 것을 알았다. 그녀가 가입한 HMO는 허셉틴이 임상시험 중이므로 Her-2를 살펴보겠다고 종양을 검사하는 것은 쓸데없는 짓이라고 주장했다. 한편 제넨텍은 Her-2 상태를 확인하지 않고서는 그녀에게 허셉틴에 접근할 권한을 주는 것은 부당하다고 주장했다.

1993년 여름, 넬슨의 암은 매일 같이 진행하면서 폐와 골수로 전이되고 있었기 때문에, 싸움은 긴박하고 정치적인 방향으로 선회했다. 넬슨은 ACT UP과 연계된 샌프란시스코 지역단체인 유방암 행동(Breast Cancer Action, BCA)에 접촉하여 자신의 종양을 검사할 사람을 구하고 온정적 사용을 근거로 허셉틴을 얻을 수 있게 도와달라고 했다. BCA는 활동가 인맥을 동원하여 샌프란시스코 안팎의 몇몇 연구실에 넬슨의 종양을 검사해달라고 요청했다. 1994년 10월, 마침내 UCSF에서 Her-2 발현 검사가 이루어졌다. 놀랍게도 Her-2 양성이었다. 그녀는 그 약물에 맞는 이상적인 후보자였다. 그러나 이미 때는 지나 있었다. 9일 뒤, 제넨텍으로부터 허셉틴 승인이 나기를 기다리던 중에, 마티 넬슨은 혼수상태에 빠져 사망했다. 그녀의 나이 41세였다.

넬슨의 죽음은 유방암 행동의 활동가들에게 분수령이 되었다. 분노하고 절망한 BCA 소속의 여성들이 1994년 12월 5일에 제넨텍 구내에 난입하여, 넬슨이 사망하기 전에 화학요법을 받을 때의 터번을 쓴 모습이 담긴 현수막을 들고, 자동차

15대로 넬슨을 위한 "장례 행렬"을 펼쳤다. 여성들은 잘 손질된 잔디밭으로 차를 몰면서 구호를 외치고 경적을 울렸다. 유방암에 걸린 간호사이자 BCA에서 가장 거침없는 지도자에 속하는 그라시아 버플벤은 주요 건물 한 곳 앞에 차를 세운 뒤에 운전대에 자신을 묶었다. 연구실 건물 한 곳에서 한 연구자가 분개하여 뛰쳐나와서 소리쳤다. "나는 AIDS 치료제를 연구하는 과학자요. 여러분은 왜 이리 왔습니까? 너무 시끄럽단 말입니다." 과학자와 환자 사이에 놓인 드넓고 점점 더 커지는 골을 고스란히 보여준 말이었다.

마티 넬슨의 "장례"는 제넨텍에 새로운 현실을 일깨워주었다. 점점 고조되고 자칫하다가는 홍보 활동에 재앙을 빚어낼 분노와 맞닥뜨린 제넨텍에는 선택의 여지가 없었다. 활동가들을 침묵시킬 수 없다면, 그들에게 합류해야 했다. 커드도 다소 마지못해서 하는 기색이긴 했지만, BCA가 "거친 집단이며 그들의 행동주의가 잘못된 방향은 아니다"라고 인정했다.

그래서 1995년 소수의 제넨텍 과학자들과 중역들이 워싱턴으로 날아가서 암 활동가들의 강력한 전국적인 연대 기구인 전국 유방암 연대(National Breast Cancer Coalition, NBCC)의 의장 프랜시스 비스코를 만났다. NBCC를 회사와 샌프란시스코의 지역 유방암 활동가들 사이의 중립적인 조정자로 삼을 수 있기를 바라면서 말이다. 실용주의적이고 카리스마가 넘치는 노련한 전직 변호사인 비스코는 거의 10년 동안 요동치는 유방암의 정치 세계에 몸담아왔다. 비스코는 제넨텍에 한 가지 제안을 했는데, 어조는 확고했다. 제넨텍이 허셉틴에 확장된 접근 프로그램을 제공해야 한다는 것이었다. 종양학자가 임상시험 외부의 환자들을 치료할 수 있게 해줄 프로그램이었다. 그에 대한 보답으로 NBCC는 제넨텍과 분노하고 소외된 암 환자 공동체 사이의 중재자 역할을 하겠다고 했다. 비스코는 허셉틴 3단계 임상시험의 기획위원회에 참여하고, NBCC의 넓은 인맥을 활용하여 임상시험에 참가할 환자를 모집하는 일을 돕겠다고 제안했다. 제넨텍으로서는 너무 뒤늦게 얻은 교훈이었다. 회사는 유방암 환자를 **대상으로** 임상시험을 수행하기보다는 유방암 환자와 **함께** 임상시험을 하는 법을 배운 것이다. (결국 제넨텍은 온정적 접근 프로그램을 독립된 기관이 운영하는 추첨제 방식에 맡겼다. 여성들이 추첨을 신청하고 치료받을 권리를 "뽑는" 식이므로, 회사는 윤리적으로 어려운 의사결정에서 해방되었다.)

학계 연구자, 제약업계, 환자권익 옹호자라는 세 군데 세력의 불편한 삼각관계는 하나의 치명적인 질병으로 하나가 되었다. 제넨텍의 다음 단계 임상시험은 전이성 *Her-2* 양성 암 환자 수천 명을 대상으로 허셉틴 치료와 속임약 치료를 비교하는 대규모 무작위화 연구였다. 비스코는 NBCC의 방대한 전자우편 시스템을 이용하여 환자들에게 소식지를 발송했다. 연대 회원이자 역학자인 케이 디커신은 임상시험의 자료 안전성 모니터링 위원회에 참여함으로써 제넨텍과 연대 사이, 학계 의학과 활동가 사이의 새로운 협력관계를 돋보이게 했다. 그리고 임상시험을 수행하기 위해서, 슬로언케터링의 래리 노턴, 컬럼비아의 캐런 앤트먼, 하버드의 대니얼 헤이스, 물론 UCLA의 슬래먼까지 최고의 유방종양학자들이 총동원된 연구진이 구성되었다.

1995년, 그토록 오랫동안 맞서왔던 바로 그 세력들의 지원을 받아서 제넨텍은 허셉틴을 검사하는 독립된 세 건의 3단계 임상시험을 시작했다. 세 건 중 가장 중요한 것은 648번이라는 임상시험이었다. 여기서는 새롭게 전이 유방암 진단을 받은 여성들을 표준 화학요법 집단 대 허셉틴 추가 화학요법 집단으로 무작위적으로 할당했다. 648번 임상시험은 전 세계의 유방암 병원 150곳에서 착수했다. 제넨텍은 1,500만 달러를 들여서 469명의 여성을 대상으로 그 임상시험을 수행했다.

1998년 5월, 8만 명의 암 전문가들이 제34회 미국 임상종양학회에 참석하기 위해서 로스앤젤레스에 모였다. 그곳에서 제넨텍은 648번 임상시험을 비롯하여 허셉틴 임상시험 자료를 공개할 예정이었다. 학회 3일째인 5월 17일 일요일, 기대에 부푼 수천 명의 사람들이 유방암의 *Her-2/neu*만을 다루는 특별 발표회에 참석하기 위해서 환기가 잘 되지 않는 중앙 대강당에 모였다.[10] 슬래먼이 마지막 발표자로 예정되었다. 초조했는지 콧수염을 씰룩거리는 특유의 표정을 지으면서 그는 연단에 섰다.

미국 임상종양학회의 임상 발표는 대개 생존 곡선과 통계 분석을 통해서 나온 최종 결과를 파란 바탕에 흰 글씨의 파워포인트 슬라이드를 이용하여 보여주기 때문에 산뜻하고 위생적이다. 그러나 슬래먼은 숫자와 통계가 아니라, 1987년에 자신의 대학생 중의 한 사람이 실험한 젤(gel)에 생긴 49개의 흐릿한 띠들을 보여주면서 시작했다. 이 중요한 순간을 즐기면서 말이다. 종양학자들은 천천히 필기를 했고, 기자들은 겔에 난 띠들을 보기 위해서 눈을 가늘게 떴다.

그는 그 겔이 가계도가 없는, 즉 역사도 기능도 메커니즘도 없는 한 유전자를 파악한 것임을 청중에게 상기시켰다. 그것은 유방암 환자 중 일부에게서 보이는 고립되고 증폭된 신호에 불과했다. 슬래먼은 자기 경력을 결정짓는 가장 중요한 시기에 그 띠들을 걸고 도박을 했다. 몇몇이 그 도박에 합류했다. 울리히, 셰퍼드, 카터, 보트스타인, 레빈슨, 비스코와 활동가들, 제약회사 중역과 임상의, 제넨텍이었다. 그날 오후에 발표될 임상시험 결과는 그 도박의 결과를 의미했다. 그러나 슬래먼은 강당의 모든 이들에게 그 약의 순탄하지 않았던 역사를 상기시키지 않고서는 그 여행의 종점으로 달려가지 않을 터였다. 아니 달려갈 수가 없었다.

슬래먼은 임상시험의 결과를 공개하기 전에 극적인 효과를 높이기 위해서 잠시 말을 멈추었다. 주축이 된 648번 연구에서는 469명이 표준 세포독성 화학요법(아드리아마이신과 사이톡산의 조합 또는 택솔)을 받았고, 허셉틴이나 속임약을 처방하기 위해서 무작위화를 했다.[11] 상상할 수 있는 모든 반응 지표에서, 허셉틴 추가 치료를 받은 여성들은 명확하고 측정할 수 있는 혜택을 보았다. 표준 화학요법에 대한 반응률은 150퍼센트까지 올라갔다. 종양이 줄어든 여성은 대조군에서는 3분의 1인 반면, 허셉틴 치료군에서는 절반이었다. 유방암 진행도 4개월에서 7개월 반으로 늦춰졌다. 아드리아마이신과 사이토판을 쓰는 표준 화학요법에 심하게 저항하는 종양을 가진 환자들이 가장 두드러진 혜택을 보았다. 허셉틴과 택솔 조합은 반응률을 거의 50퍼센트 높였다. 최근 임상 사례에서 듣도 보도 못한 수준이었다. 생존율도 같은 추세를 따랐다. 허셉틴 치료를 받은 여성들은 대조군 여성들보다 4-5개월 더 살았다.

수치 자체만 보면, 수명을 겨우 4개월 늘렸을 뿐이기 때문에 이 혜택 중의 일부는 미미해 보일 수도 있다. 그러나 이 초기 임상시험에 참가한 여성들은 주로 앞서 표준 화학요법으로 몹시 고통스러운 치료를 받았지만 어떤 약물도 듣지 않은 말기 전이암 환자들이었다. 가장 공격적인 형태의 최악의 유방암에 걸린 여성들이었다. (이 양상은 전형적인 것이다. 암의학에서는 종종 가장 많이 진행된 난치성 환자들부터 임상시험에 들어간다. 약물의 미미한 혜택조차도 위험을 무릅쓸 만한 것이 되기 때문이다.) 허셉틴 효능의 진정한 척도는 치료를 받은 적이 없는 환자들, 즉 아직 아무런 치료도 받은 적이 없는 초기 유방암 진단을 받은 여성들을 치료하는 데에 달려 있을 터였다.

2003년, 치료를 받은 적이 없는 초기 유방암 환자를 대상으로 허셉틴을 시험하는 두 건의 대규모 다국적 연구가 시작되었다.12) 첫 번째 연구에서 허셉틴 치료군이 속임약 대조군보다 유방암 4년 생존율이 무려 18퍼센트나 증가했다. 비록 중간에 중단되었지만, 두 번째 연구도 비슷한 수준의 혜택을 보여주었다. 임상시험 결과들을 통계적으로 종합하자, 허셉틴 치료를 받은 여성들의 총 생존율은 33퍼센트 증가했다. *Her-2* 양성 암의 화학요법 역사에서 유례없는 수준이었다. 한 종양학자는 이렇게 평했다. "그 결과는……발전적이 아니라 혁명적이라고 할 정도로 엄청났다. 분자 표적요법의 이론적 발전은 유방암 요법이 앞으로 계속 나아갈 방향을 알려준다. 다른 표적들과 다른 약물들이 잇따를 것이다."13)

1998년 5월 17일, 슬래먼이 미국 임상종양학회에서 648명의 임상시험 결과를 발표하여 청중을 경악시킨 뒤, 제넨텍은 로스앤젤레스 언덕지대에 자리한 노천 식당인 할리우드 테라스에서 대규모 칵테일파티를 열었다. 포도주가 무한정 제공되었고, 유쾌하고 흥겨운 대화가 오갔다. 바로 며칠 전에 FDA는 슬래먼의 연구를 포함하여 세 건의 허셉틴 임상시험 자료를 심사했고, 허셉틴의 "신속 승인 절차"가 마무리되기 직전이었다. 그것은 마티 넬슨에게는 안타까운 사후 승리였다. 그녀의 목숨을 구했을 가능성이 높은 그 약은 더 이상 임상시험이나 온정적 사용에만 한정되지 않고, 곧 모든 유방암 환자들이 이용할 수 있게 되었다.

언론인 로버트 바젤은 이렇게 썼다. "그 회사는 제넨텍의 *Her-2* 연구진 대부분을 포함하여, 모든 연구자를 초청했다. 활동가들도 초대받았다. 샌프란시스코의 메릴린 맥그리거와 밥 어윈[마티 넬슨의 남편], 전국 유방암 연대의 프랜 비스코도."14)

기분 좋고 맑고 화려한 저녁이었다. "샌 페르난도 밸리 너머로 저무는 해의 따스한 오렌지 빛이 축제의 분위기와 매우 잘 어울렸다. 모두가 엄청난 성공을 축하했다. 여성들은 목숨을 구할 것이고, 엄청난 행운이 뒤따를 것이다."

이상하게도 한 사람이 파티에 모습을 보이지 않았다. 데니스 슬래먼이었다. 미국 임상종양학회에서 유방종양학자들과 허셉틴의 다음 단계 임상시험 계획을 짜면서 오후 시간을 보낸 뒤, 그는 자신의 낡은 자동차를 타고 집으로 향했다.

벽을 깨다

비독성 치료 화합물은 아직 발견되지 않았지만, 꿈조차 꾸지 말란 법은 없다.
—제임스 홀랜드[1]

생물학이 그토록 발전에 발전을 거듭하고 있는데, 왜 새로운 기적의 약은 아직도 나오지 않고 있냐는 질문을 받는다면?……이를테면 분자생물학과 폐암 요법은 여전히 확연한 비대칭을 보인다.
—루이스 토머스, 「세포의 삶」, 1978년[2]

1990년 여름, 허셉틴의 첫 임상시험이 시작되었을 때, 종양유전자를 표적으로 하는 또 하나의 약물이 진료실로 나아가는 기나긴 여행을 시작했다. 암의 역사상 다른 어떤 약보다도 더, 심지어 허셉틴보다도 더, 이 약물의 개발—암에서 종양유전자를 거쳐서 표적요법과 사람을 대상으로 한 연쇄적인 임상시험에 이르는 개발—은 암의학에 새로운 시대의 도래를 알리는 신호가 된다. 그러나 이 새로운 시대에 이르려면, 암생물학자들은 빙 돌아서 다시 오래된 관찰로 돌아갈 필요가 있었다. 존 베넷이 "피의 곪음"이라고 했고, 1847년에 피르호가 바이세스 블루트(weisses Blut)로 재분류했으며, 후대 연구자들이 다시금 만성 골수성 백혈병(chronic myeloid leukemia, CML)이라고 재분류했던 특이한 질병으로 말이다.

피르호의 바이세스 블루트는 한 세기 넘게 종양학의 변두리에서 생활했다. 그러다가 1973년에 만성 골수성 백혈병은 갑자기 중앙 무대로 치고 올라왔다. 만성 골수성 백혈병을 연구하던 재닛 롤리는 그 백혈병 세포를 들여다볼 때마다 독특한 염색체 이상을 발견했다. 이른바 필라델피아 염색체라는 이 비정상 염색체는 22번 염색체의 "머리"와 9번 염색체의 "꼬리"가 융합하여 새로운 유전자를 만든, 전좌의 결과였다.[3] 롤리의 연구는 만성 골수성 백혈병 세포가 식별되는 독특한 유전적 비정상을 가졌다는 것을 시사했다. 어쩌면 최초의 사람 종양유전자일 수 있었다.

롤리의 관찰로부터 9 : 22 융합으로 생긴 수수께끼의 키메라 유전자를 사냥하는 기나긴 여정이 시작되었다. 그 유전자의 정체는 10년에 걸쳐서 조금씩 드러났다.4) 1982년에 암스테르담의 네덜란드 연구진은 9번 염색체에서 그 유전자를 분리했다. 그들은 그것을 *abl*이라고 했다.* 그 연구진은 1984년에 메릴랜드의 미국 연구자들과 공동으로 22번 염색체에서 abl의 짝이 되는 유전자를 분리했다. 이 유전자는 *Bcr*이라는 이름을 얻었다. 만성 골수성 백혈병 세포에서 이 두 유전자가 융합되어서 생긴 종양유전자에는 *Bcr-abl*이라는 이름이 붙었다. 1987년에 보스턴의 데이비드 볼티모어 연구실은 혈구에 활성 *Bcr-abl* 종양유전자를 가진 생쥐를 "유전공학적으로" 만들어냈다. 이 생쥐는 한 세기도 더 전에 베넷이 스코틀랜드 슬레이트공에게서 보았고, 피르호가 독일인 요리사에게서 보았던, 비장을 숨 막히게 하는 바로 그 치명적인 백혈병에 걸렸다.5) *Bcr-abl*이 만성 골수성 백혈병 세포의 병리학적 증식을 일으킨다는 것이 증명되었다.

여느 종양유전자 연구가 그렇듯이, 이제 구조에서 기능 쪽으로 연구 방향이 바뀌었다. *Bcr-abl*이 무슨 짓을 했길래 백혈병이 생겼을까? 그 이상이 생긴 *Bcr-abl* 종양유전자의 기능을 조사한 볼티모어 연구진과 오웬 위트 연구진은 *src*처럼 그 종양유전자도 키나아제를 만든다는 것을 알았다. 다른 단백질에 인산기 꼬리표를 붙여서 세포 안에서 연쇄 신호를 촉발하는 단백질 말이다. 정상 세포에서 *Bcr*과 *abl* 유전자는 따로 존재했다. 두 가지 모두 세포 분열 때 치밀하게 조절되었다. 만성 골수성 백혈병 세포에서는 전좌가 일어나서 새로운 키메라가 만들어졌다. 세포에 끊임없이 분열하라고 강요하는 경로를 활성화하는, 과잉 활동하고 활력이 넘치는 키나아제인 *Bcr-abl*이었다.

1980년대 중반, 만성 골수성 백혈병의 분자유전학이 출현하고 있다는 것을 거의

---

* *abl*도 처음에는 바이러스에서 발견되었고, 나중에야 사람 세포에도 있다는 것이 밝혀졌다. *ras*와 *src* 이야기의 재현인 셈이다. 레트로바이러스는 한번 더 사람 암 유전자를 "약탈하여" 암 유발 바이러스로 바뀌었다.

알지 못한 채, 스위스 바젤에 있는 제약회사인 시바가이기의 화학자들은 키나아제를 억제할 약물을 개발하려고 애썼다.[6] 사람의 유전체에는 약 500개의 키나아제 유전자(그중 약 90개는 *src*, *Bcr-abl*과 같은 하위 집단에 속한다)가 있다. 모든 키나아제는 세포에서 특정한 단백질 집합에 인산기 꼬리표를 붙인다. 따라서 키나아제는 세포 안에서 어떤 경로들은 켜고 어떤 경로들은 끔으로써, 분자의 주 스위치 역할을 한다. 그럼으로써 세포에 성장하거나 줄어들거나 움직이거나 멈추거나 죽으라는 통합 조정되는 내부 신호 집합을 제공한다. 시바가이기 연구진은 키나아제가 세포의 생리작용에 핵심적인 역할을 한다는 것을 인식하고, 키나아제를 선택적으로 활성화하거나 억제함으로써 세포의 주 스위치를 조작할 수 있는 약물을 발견하고자 했다. 연구진을 이끄는 인물은 키가 크고 내성적이며 신랄한 스위스 의사이자 생화학자인 알렉스 마터였다. 1986년에 영국 리즈 대학교 출신의 생화학자 닉 라이든이 마터의 선택적 키나아제 억제제 사냥에 합류했다.

약화학자들은 분자를 얼굴과 표면의 관점에서 생각하곤 한다. 그들의 세계는 위상학적이다. 그들은 맹인의 고도로 민감한 촉감으로 분자를 만진다고 상상한다. 어떤 단백질의 표면이 밋밋하고 특징이 없다면, 그 단백질은 대개 "약물이 작용할 수 없는(undruggable)" 것으로 분류된다. 밋밋한 포커페이스 위상은 약물의 표적으로 맞지 않다. 반면에 단백질의 표면에 깊은 틈새와 주머니가 있다면, 그 단백질은 다른 분자가 결합할 매력적인 표적이 되는 경향이 있다. 따라서 "약물이 작용할 수 있는(druggable)" 표적이 된다.

우연히도 키나아제들은 그런 약물이 작용할 수 있는 깊은 주머니를 적어도 하나 이상 가진다. 1976년에 해양 세균에서 독물을 찾던 한 일본 연구진이 우연히 스타우로스포린(staurosporine)이라는 분자를 발견했다. 한쪽으로 치우친 몰타 십자가처럼 생긴 이 커다란 분자는 대다수 키나아제에 있는 하나의 주머니에 결합했다. 스타우로스포린은 수십 종류의 키나아제를 억제했다. 그것은 독으로서는 뛰어났지만, 약으로서는 끔찍했다. 대다수 세포에서 어떤 키나아제가 활성인지 비활성인지, 좋은지 나쁜지를 식별할 능력이 거의 없었기 때문이다.

스타우로스포린은 마터에게 영감을 주었다. 해양 세균이 비특이적으로 키나아제를 차단하는 약물을 합성할 수 있다면, 화학자들도 세포에서 특정한 키나아제만을 차단하는 약물을 만들 수 있을 것이 분명했다. 1986년에 마터와 라이든은 중요한 실마리를 하나 찾아냈다. 그들은 수많은 후보 분자들을 검사한 끝에, 스타우로스포린처럼 키나아제 단백질의 홈에 끼워져서 기능을 억제하는, 기본 뼈대가 되는 화학물질을 발견했다. 그러나 스타우로스포린과 달리, 이 뼈대 구조는 훨씬 단순한 화학물질이었다. 마터와 라이든은 이 화학물질의 변이체 수십 종을 만들어서 어느 것이 특정한 키나아제에 더 잘 결합하는지를 조사할 수 있었다. 그것은 1890년대에 아닐린 염료들로부터 특이성을 서서히 구슬려서 신약의 우주를 창조했던 파울 에를리히의 자의식적 모방이었다. 역사는 반복된다. 그러나 마터와 라이든은 화학은 더 끈덕지게 반복된다는 것을 알았다.

그것은 수고를 요하는 반복 게임이었다. 화학은 시행착오를 반복해야 했다. 마터 연구진의 재능 있는 화학자 유르크 침머만은 그 모분자로부터 수천 종의 변이체를 만들어서 세포생물학자인 엘리자베트 부흐둥거에게 넘겼다.[7] 부흐둥거는 세포를 대상으로 이 새로운 분자들을 검사하여 불용성이나 독성을 띤 것을 솎아낸 뒤에 침머만에게 재합성하라고 돌려보냈다. 이렇게 더 특이적이고 무독성인 화학물질을 향한 계주는 계속되었다. 침머만은 말했다. "딱 맞는 열쇠를 만들어야 할 때, 열쇠공이 하는 바로 그런 일이었어요. 열쇠의 모양을 바꾸어서 시험을 해보죠. 맞나? 아니면 다시 모양을 바꾸죠."[8]

1990년대 초까지, 이 다듬고 또 다듬는 과정을 거쳐서 마터의 원래 키나아제 억제제와 구조적으로 연관된 새로운 분자 수십 종이 만들어졌다. 이 억제제들을 세포에서 찾아낸 다양한 키나아제들을 대상으로 검사한 라이든은 이 분자들이 특이성을 가진다는 것을 알았다. 어느 분자는 *src*를 억제하고 다른 모든 키나아제는 놔두는 반면, 다른 분자는 *abl*을 차단하고 *src*는 그냥 놔두는 식이었다. 이제 마터와 라이든에게는 이 화학물질 집합을 적용할 질병이 필요했다. 특이성을 띤 키나아제 억제제를 써서 죽일 수 있는 자물쇠가 잠긴 채로 과잉 활동하는 키나아제가 이끄는 암이 필요했다.

1980년대 말, 닉 라이든은 바젤에서 합성한 키나아제 억제제 중 하나가 한 특정한 암의 성장을 억제하는지를 알아보기 위해서 보스턴의 대너파버 암연구소에 왔다. 라이든은 그곳에서 막 종양학 연구원 생활을 끝내고 보스턴에서 독자적인 연구실을 꾸릴 예정인 젊은 교수 브라이언 드러커를 만났다. 드러커는 만성 골수성 백혈병에 특히 관심이 많았다. *Bcr-abl* 키나아제가 이끄는 암 말이다.

드러커는 라이든의 키나아제 특이 억제제 이야기를 듣자마자 논리적 비약을 했다. 그는 이렇게 회상했다. "나는 의대생일 때 아미노프테린을 다룬 파버의 논문을 읽고서 종양학에 끌렸어요. 그 논문은 나에게 깊은 영향을 미쳤죠. 파버의 시대에는 경험을 토대로 암세포를 적중시키려고 애썼지만, 암의 메커니즘을 거의 이해하지 못했기 때문에 실패했어요. 파버의 생각은 옳았지만, 시대가 맞지 않았던 거죠."9)

드러커는 딱 맞는 시대에 옳은 생각을 가지고 있었다. 슬래먼과 울리히가 그랬듯이, 다시 한번 퍼즐의 양쪽 절반이 하나로 모였다. 드러커에게는 특이적인 과잉 행동 키나아제가 이끄는 종양에 감염된 만성 골수성 백혈병 환자들이 있었다. 라이든과 마터에게는 바젤의 시바가이기 회사의 냉동고에 보관된 키나아제 억제제 집합이 있었다. 드러커는 그 시바 억제제 중에 자신이 꿈꾸는 약물, 즉 *Bcr-abl*에 특이적 친화력을 가진 키나아제 억제제가 숨어 있다고 보았다. 드러커는 환자를 대상으로 키나아제 억제제들을 검사하기 위해서 시바가이기와 대너 파버 암연구소 사이의 야심적인 협력을 제안했다. 그러나 협상은 결렬되었다. 바젤과 보스턴의 양쪽 법무팀은 동의할 만한 조건을 찾는 데에 실패했다. 약물들은 특이적으로 키나아제를 알아보고 결합할 수 있었지만, 과학자들과 법률가들은 이런 약물을 환자에게 가져다주기 위해서 서로 협력하지 못했다. 그 계획은 끝없이 이어지는 법적 서류만 만들어내다가 소리 없이 무산되었다.

그러나 드러커는 집요했다. 그는 1993년에 보스턴을 떠나서 포틀랜드의 오리건 보건과학 대학교(OHSU)에 자신의 연구실을 마련했다.10) 공동 연구를 가로막았던 연구소에서 마침내 해방되자, 그는 즉시 라이든과의 관계를 복원시켰다. 라이든은 시바가이기 연구진이 더 많은 억제제들을 모았으며, *Bcr-abl*과 아주 특이적이고 선택적으로 결합할 만한 분자도 찾았다고 알려주었다. 그 분자는 CGP57148이라고 했다. 드러커는 최대한 평정심을 유지하면서—보스턴에서 배운 교훈이었다—OHSU 법무과로 걸어들어갔다. 그는 그 화학물질들의 가능성에 약간 관심이 있는 척하면서, 법률가들이 별 생각 없이 점선 위에 서명을 하는 모습을 지켜보았다. 그는 회상했다. "모두 그냥 내 비위를 맞춰주었어요. 이 약물이 효과가 있을지도 모른다는 생각을 조금이라도 하는 사람은 아무도 없었죠."11) 2주일이 지나기 전에 그는 바젤에서 소포를 받았다. 그의 연구실에서 검사할 키나아제 억제제 표본들이었다.

그 와중에 만성 골수성 백혈병의 임상 세계는 실망스러운 결과를 계속 내놓았다. CGP57148이 라이든의 바젤 연구실에서 대서양을 건너서 오리건에 있는 드러커의 수중에 들어가기 몇 개월 전인 1992년 10월, 대규모의 백혈병 전문가들이 만성 골수성 백혈병에 관한 국제회의에 참석하기 위해서 이탈리아의 유서 깊은 도시 볼로냐에 상륙했다.12) 눈부시면서도 역사를 환기시키는 도시였다. 그 옛날 베살리우스는 이곳의 대학 강의실과 대강당에서 강의하고 가르치면서 갈레노스의 암 이론을 서서히 무너뜨렸다. 그 회의가 열린다는 소식은 별 감흥을 일으키지 않았다. 1993년에 만성 골수성 백혈병의 주된 치료법은 1960년대에 시애틀에서 도널 토머스가 주창한 프로토콜인 동종 골수 이식이었다. 다른 사람의 골수를 환자의 몸에 이식하는 동종 이식은 만성 골수성 백혈병 환자의 생존율을 증가시킬 수 있었지만, 수명 연장 효과가 크지 않을 때가 종종 있었기 때문에 그것을 알아내려면 대규모 임상시험이 필요했다. 볼로냐에서 이식 전문가들조차도 혜택이 미미하다는 점을 침울하게 인정했다. 한 연구는 이렇게 결론을 내렸다. "비록 골수 이식을 통해서만 백혈병에서 해방될 수 있다고 할지라도, 골수 이식이 총 생존율에 미치는 유익한 효과는 오직 환자들의 한 부분집합에서만 검출할 수 있으며······그 생존율에 미치는 효과를 평가하려면, 수많은 환자들과 10년이라는 기간이 필요할 것이다."13)

대다수 백혈병 전문가들처럼 드러커도 이런 비관적인 견해를 매우 잘 알고 있었다. "암은 복잡해요라고 모든 사람이 생색내듯이 내게 계속 말했다. 마치 내가 복잡하지 않다고 주장한 것처럼."14) 그는 만성 골수성 백혈병은 아마도 본래 화학요법에 저항하는 질병일 것이라는 주장이 점점 더 위세를 떨치고 있다는 것을 잘 알았다. 설령 그 백혈병은 *Bcr-abl* 유전자를 만드는 단 하나의 전좌로 촉발된다고 할지라도, 실제 환자에게서 그 병이 완전히 만발하여 검출될 무렵에는 이미 많은 추가 돌연변이가 쌓여서 화학요법 의사의 무딘 무기인 이식조차도 아무 소용이 없을 정도로 혼란스러운 유전적 태풍을 일으켰다. *Bcr-abl* 키나아제의 자극은 이미 오래 전에, 더욱 강력하게 몰아대는 돌연변이들에 밀려났을 가능성이 높았다. 드러커는 키나아제 억제제로 이 병을 억제하려고 시도하는 것이 성냥불이 산불을 일으킨 지 한참 뒤에 그 성냥불을 불어서 끄려고 시도하는 꼴이 되지나 않을까 하고 걱정했다.

1993년 여름에 라이든의 약물을 손에 넣자, 드러커는 약간의 효과라도 얻었으면 좋겠다고 바라면서 그것을 배양접시에서 자라는 만성 골수성 백혈병 세포에 첨가했다.[15] 놀랍게도 세포주는 빠르게 반응했다. 약물을 처리한 만성 골수성 백혈병 세포는 하룻밤 사이에 죽었고, 조직배양 플라스크에는 쪼그라든 백혈병 세포 찌꺼기가 가득 떠 있었다. 드러커는 경악했다. 그는 만성 골수성 백혈병 세포를 생쥐에 이식하여 살아 있는 진짜 종양을 만든 뒤에 생쥐를 그 약물로 치료했다. 첫 실험에서 종양은 며칠 사이에 줄어들었다. 그 반응은 특이성도 있다는 것을 시사했다. 즉 생쥐의 정상 혈구는 고스란히 남아 있었다. 드러커는 세 번째 실험을 했다. 그는 만성 골수성 백혈병에 걸린 환자 몇 명으로부터 골수 표본을 채취하여, 배양접시에 키우면서 CGP57148을 첨가했다. 골수의 백혈병 세포들은 즉시 죽었다. 배양접시에 남아 있는 세포는 정상 혈구뿐이었다. 그는 배양접시에서 백혈병을 완치시켰다.

드러커는 학술지 「네이처 메디슨(Nature Medicine)」에 결과를 발표했다.[16] 그것은 겨우 5차례의 산뜻하고 잘 설계된 실험으로 이루어졌으며, 숨도 들이킬 새 없이 단순한 결론으로 이어지는 힘차고 압축된 연구였다. "이 화합물은 *Bcr-abl* 양성 백혈병의 치료에 유용할 수 있다." 논문의 제1저자는 드러커였고, 라이든이 선임 저자, 부흐둥거와 침머만은 주요 기여자로 실렸다.

드러커는 시바가이기가 이 결과에 기뻐하며 날뛸 것이라고 예상했다. 무엇보다도 이것은 종양학의 궁극적인 꿈이 아니었던가? 암세포의 종양유전자에 절묘하게 특이성을 보이는 약물이니까. 그러나 바젤의 시바가이기는 내부 혼란에 빠져 있었다. 회사는 강 건너편에 자리한 최대 정적이었던 거대 제약회사 산도스와 합병하여 노바티스라는 거대 공룡 회사가 되었다. 노바티스로서는 CGP 57148의 절묘한 특이성이 치명적인 파멸의 원인이 될 수 있었다. CGP57148을 사람에게 쓸 임상 약물로 만들려면 더 많은 검사를 해야 했다. 동물 연구와 임상시험에 1-2억 달러는 들어갈 터였다. 그러나 해마다 미국에서 만성 골수성 백혈병에 걸리는 환자는 수천 명에 불과했다. 고작 수천 명에게 혜택을 줄 분자에 그런 엄청난 돈을 쏟아붓는다는 생각에 노바티스는 겁을 먹었다.

이제 드러커는 자신이 학계 연구자가 제약회사에 자신의 산물을 임상시험하라고 간청해야 하는 뒤집힌 세계에 들어왔다는 것을 알았다. 노바티스에는 핑곗거리가 아주 많았다. "그 약물은……절대로 듣지 않을 것이다, 독성이 너무 강할 것이다, 돈벌이가 되지 않을 것이다 등."[17] 1995년에서 1997년 사이에 드러커는 바젤과 포틀랜드를 오가면서 그 약물의 임상 개발을 계속하도록 노바티스를 설득하려고 애썼다. "임상시험에 들어가든지, 아니면 내게 권리를 줘요. 결정하세요." 드러커는 노바티스가 약을 만들지 않겠다면, 그 일을 맡을 다른 화학자를 찾을 수 있을 것이라고 생각했다. "이도 저도 안 되면, 우리 집 지하실에서 내가 만들자는 생각도 했어요."

계획을 진행시키기 위해서, 그는 만성 골수성 백혈병 환자들을 대상으로 그 약물의 임상시험을 수행할 만한 의사들을 모았다. UCLA의 찰스 소여스, 휴스턴의 혈액학자 모쉬 탈파즈, 런던 해머스미스 병원의 존 골드먼으로, 모두 만성 골수성 백혈병 분야에서 대단히 존경받는 권위자였다. 드러커는 말했다. "우리 병원에는 효과적인 치료 대안이 전혀 남아 있지 않는 만성 골수성 백혈병 환자들이 있었어요. 매일 퇴근하면서 다짐했죠. 노바티스를 조금만 더 밀어붙이자."

1998년 초, 마침내 노바티스의 태도가 누그러졌다.[18] 회사는 CGP57148 몇 그램을 합성하여 풀었다. 약 100명의 환자를 대상으로 겨우 임상시험을 할 정도의 양이었다. 드러커도 1병을 받기로 했다. 고작 1병이었다. 노바티스가 볼 때, 그 회사의 가장 야심적인 약물 발견 프로그램의 산물인 CGP57148은 이미 실패였다.

나는 2002년 가을에 드러커의 약물 이야기를 처음 들었다. 매사추세츠 종합병원 응급실에서 환자들을 분류하는 전공의로 일하고 있을 때였는데, 한 인턴이 전화를 걸어서 만성 골수성 백혈병 병력이 있는 중년 남성이 발진이 나서 왔다고 알려주었다. 나는 거의 본능적으로 무슨 말인지 알아들었고, 금방 결론을 내렸다. 나는 그 환자가 외래 골수 이식을 받았을 것이고, 발진은 재앙이 닥쳐온다는 것을 알리는 첫 증상이라고 추측했다. 외래 골수의 면역 세포가 그의 몸을 공격하는 이식편대숙주병이었다. 그의 예후는 암울했다. 스테로이드와 면역억제제를 투여하고, 즉시 이식 병동에 입원해야 할 것이 분명했다.

그러나 내 생각은 틀렸다. 붉은 표지의 서류철을 훑어보니, 이식 기록은 전혀 없었다. 검사실의 삭막한 네온등 아래에서 그가 검사받을 손을 내밀자, 겨우 몇 개 흩어져 있는 발진이 보였다. 무해해 보이는 구진(丘疹)이었다. 이식 반응의 전령인 거무스름하고 얼룩덜룩한 돌기와는 전혀 달랐다. 다른 설명을 찾기 위해서, 나는 그가 처방받은 약 목록을 빠르게 훑었다. 적혀 있는 약은 하나뿐이었다. 글리벡(Gleevec). 드러커의 약물인 CGP57148의 새로운 이름이었다.*

발진은 그 약의 사소한 부작용이었다. 그 약의 주된 효과는 눈에 덜 띄지만, 매우 극적이었다. 2층의 병리학 연구실에서 현미경으로 보니, 그의 혈구는 지극히 정상으로 보였다. "적혈구 정상, 혈소판 정상, 백혈구 정상." 나는 세 줄에 걸쳐서 찍힌 검사 결과를 눈으로 천천히 훑으면서 중얼거렸다. 나의 눈앞에 보이는 혈구들을 원래의 진단과 조화시키기가 너무 어려웠다. 백혈병 모세포는 단 한 개도 보이지 않았다. 이 남자가 만성 골수성 백혈병이라면, 그는 그 병이 눈에 보이지 않을 정도로 거의 사라진 완화 상태였다.

1998년 겨울까지 드러커, 소여스, 탈파즈는 그런 완화 상태를 수십 건 목격했다. 글리벡 치료를 받은 드러커의 첫 환자는 오리건 해안에서 온 60세의 은퇴한 열차 차장이었다. 환자는 지역 신문에 실린 드러커를 다룬 기사를 읽고 그런 약이 있다는 것을 알았다. 그는 즉시 드러커에게 전화를 걸어서 "기니피그"가 되겠다고 자청했다. 드러커는 그에게 소량의 약물을 투여한 뒤, 독성의 징후가 있는지 초조하게 지켜보면서 오후 내내 그의 침대 곁을 지키고 서 있었다. 그날 하루가 지날 때까지 부작용은 전혀 나타나지 않았다. 남자는 여전히 살아 있었다. "그 분자가 사람 몸에 들어간 것은 처음이었고, 대혼란을 빚어내기가 쉬웠을 텐데 그렇지 않았어요. 이루 말할 수 없는 안도감이 찾아왔죠."

드러커는 25, 50, 85, 140밀리그램으로 용량을 조금씩 늘렸다.[19] 환자 코호트도 늘어났다. 용량을 늘림에 따라서, 글리벡의 효과도 더욱 뚜렷해졌다. 포틀랜드 주민인 한 여성은 진료실에 왔을 때, 혈구 수가 정상보다 거의 30배 이상에 달했다. 혈관은 백혈병으로 가득했고, 비장은 백혈병 세포가 가득 들어차서 거

---

* 앞으로는 상품명인 글리벡을 쓰기로 한다. 그것이 환자들에게 가장 친숙하기 때문이다. CGP57148의 공식 명칭은 이마티닙(imatinib)이다. STI571이라고도 한다.

의 부풀어 있었다. 약물을 서너 차례 투여하자, 혈구 수가 급격히 떨어졌고, 일주일이 지나기 전에 정상으로 돌아왔다. UCLA의 소여스와 휴스턴의 탈파즈가 치료한 환자들에게서도 몇 주일 사이에 혈구 수가 정상으로 돌아오는 비슷한 반응이 나타났다.

그 약의 소식은 빠르게 퍼져나갔다. 글리벡은 인터넷에 생긴 환자 대화방과 나란히 발전했다. 1999년이 되자, 환자들은 온라인에서 임상시험에 관한 정보를 주고받았다. 많은 사례에서 환자가 자신의 의사에게 드러커의 약에 관한 정보를 알려주었고, 제대로 알지 못하는 자신의 의사를 믿을 수 없게 된 환자들은 직접 오리건이나 로스앤젤레스로 날아가서 글리벡 임상시험에 참가했다.

1단계 임상시험에서 그 약물을 고용량으로 투여받은 환자 54명 중에서 53명이 글리벡을 투여하기 시작한 지 며칠 만에 완전한 반응을 보였다.[20] 환자들은 몇 주일 동안, 이어서 몇 개월 동안 약을 계속 투여받았고, 악성 세포는 골수에서 다시 나타나지 않았다. 치료하지 않은 만성 골수성 백혈병은 백혈병의 기준에서 볼 때만 "만성"이다. 병이 진행될수록, 증상들은 더 옥죄면서 더 빠르게 악화되며, 대다수 환자는 3-5년밖에 살지 못한다. 글리벡 치료를 받은 환자들은 병의 진행이 눈에 띄게 느려지는 것을 경험했다. 정상 세포와 악성 세포의 균형이 회복되었다. 그것은 피의 *비곪음*이었다.

1999년 6월까지 처음 치료받은 환자 중에서 상당수가 여전히 깊은 완화 상태에 있었고, 글리벡이 성공했다는 것은 의심의 여지가 없었다. 이 성공은 계속되었다. 글리벡은 만성 골수성 백혈병 환자의 표준 치료법이 되었다. 지금 종양학자들은 한때 치명적이었던 이 병을 이야기할 때면, "글리벡 이전 시대"와 "글리벡 이후 시대"라는 말을 쓴다. 텍사스 MD 앤더슨 암 센터의 백혈병 의사 하고프 칸타르지안은 최근 이 약이 만성 골수성 백혈병에 미친 영향을 요약했다. "2000년 이전까지 만성 골수성 백혈병 환자를 만나면, 우리는 아주 나쁜 병에 걸렸다고, 치명적으로 진행될 것이며, 예후가 좋지 않고, 평균 생존 기간이 아마 3-6년일 것이며, 첨단 요법은 동종 이식이고……차선책은 전혀 없다고 말했다.……이제 나는 만성 골수성 백혈병 환자를 보면, 예후가 좋고, 통증이 없는 백혈병이며, 글리벡 알약을 먹으면 대개 별 지장 없이 여생을 살아갈 것이라고 말한다."[21]

노바티스가 말했듯이, 만성 골수성 백혈병은 공중보건에 큰 피해를 입히는 질병이라고 하기 어렵다. 그러나 암은 상징성을 띤 질병이다. 선구적인 착상은 암생물학의 먼 변두리에서 시작되어서, 그 병의 더 흔한 유형들을 향해서 날아든다. 그리고 모든 암 가운데 백혈병은 종종 새로운 패러다임의 씨앗이 된다. 이 이야기는 1948년에 시드니 파버 진료실의 백혈병으로 시작했으니 다시 백혈병으로 돌아가야 한다. 바머스가 상기시켰듯이, 암이 우리의 혈액 속에 있다면, 점점 더 넓어지는 원을 그리면서 혈액의 암으로 계속 돌아가는 것이 적절해 보인다.

드러커 약물의 성공은 종양학 분야에 깊은 인상을 주었다. 브루스 채브너는 한 사설에서 이렇게 썼다. "1950년대 청소년 시절에 내가 일리노이에서 살 때, 스포츠계는 로저 배니스터가 이룬 업적에 큰 충격을 받았다.……1954년 5월 6일 그는 1마일 경주에서 4분 대의 장벽을 깼다. 세계 기록을 단 몇 초 단축한 것이지만, 그는 오후 반나절 사이에 장거리 달리기의 양상을 바꿔놓았다.……1950년대 말과 1960년대에 트랙 경기의 기록은 익은 사과처럼 떨어졌다. 암 치료 분야에도 같은 일이 일어날까?"[22]

채브너의 유추는 세심하게 고른 것이었다. 배니스터의 1마일 기록은 육상경기 역사의 이정표로 남아 있다. 그가 누구도 깰 수 없는 기록을 세웠기 때문이 아니다. 현재 가장 빠른 기록은 배니스터의 기록보다 무려 15초나 더 빠르다. 수세대 동안 4분은 타고난 생리적 한계를 나타낸다고 인식되었다. 마치 근육이 본래 더 빨리 움직일 수 없고, 폐가 더 깊이 호흡할 수 없다는 듯이 말이다. 배니스터가 증명한 것은 본질적인 한계라는 개념이 신화에 불과하다는 것이었다. 그가 영구히 깬 것은 한계가 아니라, 한계라는 개념이었다.

글리벡도 그러했다. 채브너는 계속했다. "그것은 하나의 원리를 증명한다. 그것은 하나의 접근법을 정당화한다. 그것은 고도의 특이성을 띤 무독성 요법이 가능하다는 것을 보여준다."[23] 글리벡은 암 치료학의 새로운 문을 열었다. 암세포를 죽일 분자―종양유전자만을 불활성화하도록 설계된 약물―의 이성적인 합성은 "특이적 친화력"이라는 에를리히의 환상이 옳다는 것을 입증했다. 암의 표적 분자 요법은 가능했다. 그저 암세포의 심오한 생물학을 공부함으로써 그것을 사냥하기만 하면 되었다.

마지막으로 한 가지만 더 이야기하면, 나는 만성 골수성 백혈병이 "희귀한"

질병이라고 말했다. 그 말은 글리벡 이전 시대에는 참이었다. 만성 골수성 백혈병 발병률은 예전이나 지금이나 변하지 않았다. 해마다 이 병이라는 진단을 받는 사람은 몇천 명에 불과하다. 그러나 만성 골수성 백혈병의 **유병률**(有病率)—인구 중에서 현재 그 병을 가진 채 살아 있는 환자의 비율—은 글리벡이 등장한 이후로 극적으로 변했다. 2009년을 기준으로, 글리벡 치료를 받은 만성 골수성 백혈병 환자들은 진단 뒤에 평균 30년을 더 살 것으로 예상된다. 하고프 칸타르지안은 생존율 수치를 토대로, 모두 표적요법을 받는다고 할 때, 다음 10년 내에 미국에서 만성 골수성 백혈병을 가진 채 살아가는 사람이 25만 명에 달할 것으로 추정했다. 드러커의 약물은 예전에 희귀했던 병을 비교적 흔한 병으로 바꿈으로써 암의 국가 지형을 바꿀 것이다. (드러커는 자신이 암의학의 목표를 완전히 뒤집었다고 농담한다. 그의 약은 전 세계에서 암의 유병률을 높여왔기 때문이다.) 우리 인맥의 범위가 대개 약 1,000명까지라는 점을 생각할 때, 우리 각자는 평균적으로 표적 항암제 덕분에 살아 있는 이 백혈병 환자를 1명은 알고 있는 셈이다.

붉은 여왕의 경주

> "음, 우리 나라에서는요," 앨리스가 아직 조금 숨을 헐떡이면서 말했다. "지금 한 것처럼 오랫동안 아주 빨리 뛰면, 대개 다른 곳으로 가게 돼요."
>
> 그러자 여왕이 말했다. "정말 느린 나라로구나! 여기서는 같은 곳에 머무르려면 있는 힘껏 계속 달려야 해. 다른 곳으로 가고 싶으면 적어도 두 배로 더 빨리 달려야 하지!"
>
> —루이스 캐럴, 「거울 나라의 앨리스」[1)]

2000년 8월, 루이지애나의 경찰관인 41세의 제리 메이필드는 만성 골수성 백혈병 진단을 받고 글리벡 치료를 받기 시작했다. 처음에 메이필드의 암은 재빨리 반응했다.[2)] 골수의 백혈병 세포 비율은 6개월에 걸쳐서 낮아졌다. 혈구 수는 정상으로 돌아왔고, 증상들도 나아졌다. 그는 다시 젊어진 듯한 기분을 느꼈다. "놀라운 약 덕분에 새 사람이 된 것 같았죠." 그러나 그 반응은 오래 지속되지 않았다. 2003년 겨울, 메이필드의 백혈병은 반응을 멈추었다. 휴스턴에서 메이필드를 치료하던 종양학자 모쉬 탈파즈는 백혈병을 앞지르기를 바라면서 글리벡 용량을 늘리고, 또 늘렸다. 그러나 그해 10월이 되어도 반응은 전혀 없었다. 백혈병 세포는 골수와 피에 다시 완전히 자리를 잡고, 비장을 침략했다. 메이필드의 암은 표적 치료에 내성을 띠게 되었다.

글리벡 임상시험 5년째에 접어든 탈파즈와 소여스는 메이필드와 같은 사례를 몇 건 목격했다. 드문 사례였다. 만성 골수성 백혈병 환자의 대다수는 다른 요법이 전혀 필요 없을 정도로, 그 약의 투여만으로 놀라울 만큼 깊은 완화 상태를 유지했다. 그러나 이따금 글리벡에 반응을 멈추고, 글리벡 내성 백혈병 세포가 다시 자라는 환자가 나타났다. 표적요법의 세계에 막 입문한 소여스는 재빨리 표적요법 너머의 분자 세계로 들어갔다. 암을 추진하는 종양유전자를 직접 억제하는 약물에 암세포가 어떻게 내성을 가지게 된 것일까?

비표적 약물의 시대에 암세포는 다양한 창의적인 메커니즘을 통해서 약물 내성을 띠게 된다고 알려졌다. 일부 세포는 분자 펌프를 활성화하는 돌연변이를 획득한다. 정상 세포에서 이런 펌프는 세포 안에서 밖으로 천연 독과 노폐물을 배출한다. 암세포에서 이런 활성을 띤 펌프는 화학요법 약물을 세포 밖으로 퍼낸다. 화학요법을 견디는 이 약물 내성 세포는 다른 암세포보다 더 잘 자란다. 일부 암세포는 약물을 파괴하거나 중화시키는 단백질을 활성화한다. 또 뇌에서 재발하는 림프구성 백혈병처럼, 약물이 침투할 수 없는 몸의 저장소로 이주하여 약물을 피하는 암도 있다.

소여스는 만성 골수성 백혈병이 더 교활한 메커니즘을 통해서 글리벡 내성을 띤다는 것을 알았다. 즉 세포는 *Bcr-abl*의 구조를 바꾸는 돌연변이를 획득하여, 백혈병의 성장을 추진하면서도 더 이상 약물이 결합할 수 없는 단백질을 만든다.[3] 본래 글리벡은 *Bcr-abl*의 중심에 있는 쐐기 같은 좁은 홈에 쑥 들어간다. 한 화학자는 "단백질의 심장 한가운데를 꿰뚫는 화살처럼"이라고 했다.[4] *Bcr-abl*에 생긴 글리벡 내성 돌연변이는 약물이 단백질의 결정적인 홈에 더 이상 접근할 수 없도록 *Bcr-abl* 단백질의 분자 "심장"을 바꿈으로써, 약물을 무력화한다. 메이필드 사례에서는 *Bcr-abl* 단백질에서 한 군데가 달라져서 그 단백질이 글리벡에 완전히 내성을 띰으로써, 백혈병이 갑자기 재발했다. 표적요법을 피하기 위해서, 암은 표적을 바꾸었다.

소여스가 보기에 이것은 글리벡 내성을 극복하려면 전혀 다른 공격을 가할 차세대 약물이 필요하다는 것을 의미했다. 글리벡 용량을 늘리거나 아주 비슷한 분자 변이체를 만드는 것은 소용이 없을 터였다. 돌연변이로 *Bcr-abl*의 구조가 변했으므로, 차세대 약물은 독립된 메커니즘을 통해서, 중요한 중앙 홈으로 들어갈 다른 진입로를 확보함으로써 단백질을 차단할 필요가 있었다.

2005년에 브리스톨 마이어스 스큅 제약회사의 화학자들과 공동으로 소여스 연구진은 글리벡 내성 *Bcr-abl*을 표적으로 하는 새로운 키나아제 억제제를 만들었다.[5] 예상대로 이 신약 다사티닙(dasatinib)은 글리벡의 단순한 구조적 유사체가 아니었다. 그것은 단백질 표면에 난 별도의 분자 틈새를 통해서 *Bcr-abl*의 "심장"에 접근했다. 소여스와 탈파즈가 다사티닙을 글리벡 내성 환자들에게 시험하자, 놀라운 결과가 나왔다. 백혈병 세포들이 다시 줄어든 것이다. 글리벡에 완전히 내성을 띠었던 메이필드의 백혈병도 2005년에 완화 상태로 돌아갔다. 그의 혈구 수는 다시 정상이 되었다. 백혈병 세포는 그의 골수에서 서서히 사라졌다. 2009년, 메이필드는 여전히 완화 상태를 유지하고 있다. 다사티닙 덕분에.

따라서 표적요법도 쫓고 쫓기는 게임이었다. 우리도 암의 아킬레스건을 향해서 계속 화살을 조준할 수 있지만, 암도 그저 발을 옮김으로써 한 취약점을 다른 취약점으로 바꿀 수 있다. 우리는 변덕스러운 상대와 맞붙는 영원한 싸움에 갇혀 있다. 만성 골수성 백혈병 세포가 글리벡을 내칠 때, 다른 분자 변이체만이 그것을 억제할 것이고, 암세포가 그 약물을 이기면 다음 세대의 약물이 필요할 것이다. 한순간이라도 경계를 늦추면, 싸움의 균형추는 옮겨갈 것이다. 루이스 캐럴의 「거울 나라의 앨리스(Through the Looking-Glass)」에서 붉은 여왕은 앨리스에게 세상이 발 아래에서 계속 빠르게 움직이기 때문에 제자리에 있으려면 계속 달려야 한다고 말한다. 그것이 바로 암과 맞선 우리의 상황이다. 우리는 제자리에 있기 위해서라도 계속 달릴 수밖에 없다.

글리벡이 발견된 이래로 10년 동안, 국립 암연구소에는 24가지 종류의 신약이 암 표적요법 목록에 올랐다.[6] 그리고 수십 가지 종류가 더 개발 중이다. 그 24가지 종류는 폐암, 유방암, 결장암, 전립선암, 육종, 림프종, 백혈병에 효과가 있는 것으로 드러났다. 다사티닙 같은 약물은 종양유전자를 직접 불활성화한다. 와인버그가 말한 "암의 징표"인 종양유전자 활성 경로를 표적으로 삼는 약물도 있다. 아바스틴은 혈관 성장을 자극하는 암세포의 능력을 공격함으로써 종양 혈관 형성을 방해한다. 보르테조밉, 즉 벨케이드는 암세포에서 특히 과잉 활동하는 단백질들의 노폐물 배출 메커니즘을 차단한다.

거의 모든 암 중에서 면역계 세포의 암인 다발성 골수종(multiple myeloma)만큼 이 새로 발견되는 표적요법의 영향을 잘 보여주는 것은 없다. 1980년대에 다발성 골수종은 고용량 표준 화학요법으로 치료했다. 암을 죽이는 것만큼 빠르게 결국 환자를 죽이곤 하는 다루기 어려운 약물들로 말이다. 10년에 걸쳐서 골수종의 새로운 표적요법이 세 가지 등장했다. 벨케이드, 탈리도마이드, 레블리미드로서 모두 골수종 세포의 활성 경로를 차단한다.[7] 현재 다발성 골수종 치료는 이런 약물을 표준 화학요법과 조합하여 투여하며, 종양이 재발하면 약물을 바꾸고, 또 재발하면 다시 바꾸는 식으로 이루어진다. 골수종은 어떤 하나의 약물이나 치료로 곧바로 완치되지 않는다. 골수종은 여전히 치명적인 병이다. 그러나 만성 골수성 백혈병에서처럼, 암과 쫓고 쫓기는 게임을 통해서 골수종 환자의 생존 기간도 늘어나왔다. 놀랄 만큼 늘어난 사례도 있다. 1971년에는 다발성 골수종 진단을 받은 환자의 약 절반이 진단을 받은 지 24개월 내에 사망했고, 나머지 절반은 10년 안에 사망했다. 2008년에는 신약들을 교체하면서 치료한 골수종 환자의 약 절반이 5년째에도 여전히 살아 있을 것이다. 이런 생존 추세가 이어진다면, 나머지 절반은 10년이 넘어도 여전히 살아 있을 것이다.

2005년에 다발성 골수종 진단을 받은 한 남성이 나에게 몇 개월 뒤에 딸아이의 고등학교 졸업식이 있는데 그때까지 살 수 있는지 물었다. 그는 2009년에 휠체어에 앉은 채로 딸의 대학 졸업식을 지켜보았다. 휠체어는 그의 암과 무관했다. 막내아들의 야구팀 코치를 하다가 넘어져서 다친 것이었다.

더 넓은 의미에서 붉은 여왕 증후군—제자리에 머물기 위해서 끊임없이 움직여야 하는 것—은 암 선별 검사와 예방을 포함하여 암과 벌이는 전투의 모든 측면에 똑같이 적용된다. 2007년 초겨울에 나는 우리가 암 예방을 바라보는 방식을 바꿔놓을 가능성이 높은 조사 지역을 방문하기 위해서 매사추세츠 주 프래밍엄으로 향했다. 한겨울의 얼어붙은 호수들로 둘러싸인 북동부의 소도시인 프래밍엄은 별 특징 없는 곳이지만, 의학사에서는 큰 의미를 가진 상징적인 곳이다. 1948년에 역학자들은 프래밍엄에 사는 남녀 약 5,000명을 코호트로 삼았다.[8] 그들은 이 코호트의 행동, 습성, 친족관계, 질병을 해마다 아주 상세히 기록했다. 그 결과, 이루 가치를 매길 수 없는 장기적인 자료가 쌓였고, 그것을 토대로 수백 건의 역학 연구가 이루어졌다. 영국의 추리작가 애거사 크리스티는 세인트 메리미드라는 허구의 마을을 모든 인간 군상의 축소판으로 삼곤 했다. 프래밍엄은 그 영국 마을의 미국 역학자 판본이었다. 그 매혹적인 코호트는 통계라는 세밀한 현미경 아래에서 살아가고, 번식하고, 늙고, 죽어가면서, 삶과 질병과 죽음의 자연사를 보여준 드문 사례가 되었다.

프래밍엄 자료는 위험과 질병에 관한 많은 연구를 낳았다. 콜레스테롤과 심근

경색의 연관성이 여기에서 공식적으로 확정되었고, 고혈압과 뇌졸중의 연관성도 그러했다. 그리고 최근에 이곳은 역학에 일어나는 개념적 변화의 전초 기지가 되어 있다. 역학자들은 대개 개인의 행동을 연구하여 만성적인 비감염성 질병의 위험인자를 측정한다. 그러나 최근 들어서 그들은 전혀 다른 방향으로 질문을 하고 있다. 위험이 사실은 각 행위자의 행동이 아니라 인간관계망에 있는 것이라면?

2008년 5월, 하버드의 역학자인 니컬러스 크리스타키스와 제임스 파울러는 이 개념을 이용하여 흡연의 동역학을 조사했다.[9] 먼저 파울러와 크리스타키스는 프래밍엄에서 알려진 모든 인간관계―친구, 이웃, 친척, 형제자매, 전처, 삼촌, 숙모―를 그림으로 그렸다. 빽빽하게 상호 연결된 그물이 나타났다. 추상적으로 보자, 이 망은 친숙하면서도 직관적인 패턴을 드러내기 시작했다. 망의 중심에는 여러 고리를 통해서 사람들을 치밀하게 연결하는 극소수의 인물―"마당발(socializer)"―이 있었다. 대조적으로 사회적 접촉을 거의 하지 않거나 일시적으로 할 뿐인 "외톨이(loner)"는 인간관계망의 변두리에서 머물러 있었다.

두 역학자가 흡연 행동을 이 망에 겹쳐놓고 수십 년에 걸쳐서 흡연 양상을 추적하자, 눈에 띄는 현상이 나타났다. 인간관계의 범위가 다른 어떤 인자보다 더 흡연 동역학의 강력한 예측자임이 드러난 것이다. 마치 회로 전체가 깜박거리다가 꺼지듯이 망 전체가 함께 흡연을 중단했다. 함께 흡연하는 가족은 함께 금연하는 가족이기도 했다. 모두와 고도로 연결된 "마당발"이 담배를 끊으면, 그 주위를 에워싼 치밀한 사교권도 하나의 집단으로서 서서히 담배를 끊었다. 그 결과, 흡연은 모든 망의 가장 먼 변두리에서만 볼 수 있게 되었다. 도시의 외지고 구석진 곳에서 조용히 연기를 내뿜는, 사회적 접촉이 거의 없는 "외톨이"에게서만 말이다.

내가 보기에 흡연망 연구는 암 예방의 단순 모형들에 가공할 도전장을 던진다. 이 모형은 종양유전자가 우리의 유전물질과 풀어낼 수 없이 치밀하게 뒤얽혀 있는 것과 마찬가지로, 흡연이 우리의 사회적 DNA와 뒤얽혀 있다고 주장한다. 여기서 흡연 유행병이 일종의 전이 행동에서 기원했다는 것을 떠올릴지도 모른다. 한 지역이 다른 곳에 흡연을 파종하고, 그곳이 다시 다른 곳에 파종하는 식으로 말이다. 귀향한 병사들은 전후 유럽에 흡연 습관을 퍼뜨렸다. 여성들은 다른 여성들에게 흡연을 권했다. 기회를 엿본 담배산업계는 담배가 개인들을 "풀칠하여" 끈끈한 집단을 이루게 하는 일종의 사회적 접착제라고 선전했다. 그렇게 흡연은 전이 능력을 획득했다. 흡연자들의 망 전체가 촉매 반응의 속도로 꺼질 수 있다면, 그 망은 촉매 반응의 속도로 켜질 수도 있다. 프래밍엄의 비흡연자들을 결속시키는 매듭을 끊으면(더 나쁘게는 그들을 개종시킬 흡연자를 대규모 인간관계망의 중심에 놓으면), 그 망 전체에 재난이라고 할 만한 변화가 일어날 수 있다.

이것이 바로 가장 성공적인 암 예방 전략조차도 이따금 빠르게 소멸될 수 있는 이유이다. 붉은 여왕의 발이 잠시라도 움직이는 것을 멈추면, 그녀는 자신의 위치를 유지하지 못한다. 그녀 주위의 세계가 반대 방향으로 움직이기 때문에 그녀는 균형을 잃는 것이다. 암 예방도 마찬가지이다. 최근 아메리카와 아시아의 10대들에게서 일어났듯이, 금연 운동이 효력이나 침투력을 잃으면, 흡연은 옛 역병처럼 돌아오곤 한다. 사회적 행동은 중심에서부터 소용돌이치면서 인간관계망의 변두리를 향해서 전이한다. 흡연 관련 암의 소규모 유행병도 어김없이 그 뒤를 따른다.

발암물질들의 경관도 정적이지 않다. 우리는 화학적 유인원이다. 분자를 추출하고 정제하고 반응시켜서 새롭고 놀라운 분자를 만드는 능력을 발견함으로써, 우리는 우리 주위에 새로운 화학적 우주를 자아냈다. 따라서 우리 몸, 우리 세포, 우리 유전자는 분자들의 변화하는 흐름에 잠기고 또 잠긴다. 살충제, 약, 플라스틱, 화장품, 에스트로겐, 식품, 호르몬, 심지어 방사선과 자기장 같은 새로운 유형의 물리적 자극에까지 말이다. 그중에서 일부는 불가피하게 발암물질일 것이다. 우리는 이 세계가 없어지기를 바랄 수는 없다. 따라서 우리의 과제는 경계심을 늦추지 않고 걸러내서 무해하고 유용한 구경꾼으로부터 진정한 발암물질을 분리하는 것이다.

말은 쉽지만 실행하기는 어렵다. 2004년에 무선 주파수 에너지를 발생시키는 휴대전화가 신경교종(glioma)이라는 치명적인 뇌암을 일으킬 수 있다는 것을 시사하는 예비 과학 연구 결과들이 쏟아졌다. 신경교종은 휴대전화를 주로 가져다 대는 쪽의 뇌에 생김으로써 그 연관성을 더 강화시켰다. 이 소식은 곧 언론을 통해서 퍼지면서 대규모 공황 사태를 불러일으켰다. 이것이 흔한 현상과 희귀한 질병, 즉 전화 이용과 신경교종의 겹침을 잘못 인식한 것이었을까? 아니면 역학자들이 디지털 시대의 "나일론 스타킹"을 놓친 것이었을까?

2004년에 이 불길한 예비 연구 결과를 확인하기 위해서 영국에서 대규모 연구가 시작되었다. 휴대전화 이용을 기준으로 "사례"—신경교종에 걸린 환자—를 "대조군"—신경교종이 없는 사람—과 비교했다. 2006년에 발표된 이 연구는 처음에는 오른쪽 귀에 휴대전화를 대는 남녀의 오른쪽 뇌암 위험이 증가한다는 것을 확증하는 듯했다. 그러나 연구자들이 자료를 꼼꼼하게 검토하자, 당혹스러운 패턴이 나타났다. 휴대전화의 오른쪽 이용이 오히려 **왼쪽** 뇌암 위험을 **줄이는** 것으로 나타난 것이었다. 이 현상을 가장 단순하게 설명하는 논리는 "회상 치우침(recall bias)"이었다. 즉 종양 진단을 받은 환자들이 머리의 한쪽에 휴대전화를 댄 것은 무의식적으로 과장하고, 반대쪽에 댄 것은 선택적으로 잊었다는 것이다. 논문 저자들이 이 치우침을 바로잡자, 전반적으로 신경교종과 휴대전화 사이에는 검출할 만한 상관관계가 전혀 없었다. 예방 전문가들과 휴대전화에 중독된 10대 청소년들은 기뻐했을지도 모른다. 그러나 그런 기쁨도 잠시였다. 연구가 끝날 무렵에는 이미 새로운 휴대전화들이 시장에 진입하여 기존 휴대전화들을 몰아낸 상태였다. 그러니 부정적인 결과조차 의문시되었다.

휴대전화 사례는 새로운 발암물질을 평가할 때 방법론적 엄밀함이 필요하다는 것을 냉정하게 상기시킨다. 암에 관한 불안감을 부추기기는 쉽다. 진정으로 예방 가능한 발암물질을 파악하고, 합리적인 용량과 합리적인 노출 수준에서 위험의 크기를 추정하고, 과학적이고 법률적인 개입을 통해서 노출을 줄이는 것—퍼시벌 포트의 유산을 간직하면서—은 훨씬 더 복잡한 일이다.

종양학자 해럴드 버스타인이 말했듯이, "현대의 암은 사회와 과학의 경계면에서 살아간다."[10] 그것은 하나가 아니라 두 가지 도전 과제를 제시한다. 첫 번째, 암의 "생물학적 도전"은 "환상적으로 늘어나는 과학 지식을 잘 다스려서……이 고대의 끔찍한 질병을 정복하는" 일을 수반한다. 그러나 두 번째, "사회적 도전"도 마찬가지로 첨예하다. 그것은 우리에게 자신의 관습, 의례, 행동을 억지로 직시하도록 한다. 불행히도 이런 관습이나 행동은 우리 사회나 자아의 변두리가 아니라 지극히 중요한 중심에 놓여 있다. 무엇을 먹고 마시는지, 무엇을 생산하고 환경으로 배출하는지, 언제 자식을 낳는지, 어떻게 나이를 먹는지에 말이다.

13개의 산

"모든 병은 음악적 문제라오"
노발리스는 그렇게 말했다.
"그리고 모든 치료법도 음악적 해법이지요."
—W. H. 오든[1]

암 연구에서의 혁신은 한 문장으로 요약될 수 있다. 암은 본질적으로 유전병이다.
—버트 보겔스타인[2]

이 책을 쓰기 시작한 2004년 초여름, 나는 끝을 어떻게 맺을 생각이냐는 질문을 종종 받았다. 대개 나는 그 질문에 답을 얼버무리거나 외면하곤 했다. 아직 모릅니다라고, 신중한 태도로 답하기도 했다. 혹은 확신이 서지 않았다고. 비록 그것을 인정할 용기는 없었지만, 사실 나는 확신했다. 나는 칼라의 재발과 죽음으로 끝을 맺게 될 것이라고 확신했다.

내가 틀렸다. 현미경으로 칼라의 골수를 들여다보고 그녀의 첫 완화를 확인한 지 정확히 5년 뒤인 2009년 7월, 나는 꽃다발을 준비하여 매사추세츠 입스위치에 있는 그녀의 집으로 차를 몰았다. 심하게 안개가 낀 흐린 아침이었다. 하늘은 비가 퍼부을 듯이 어두컴컴했지만, 어쨌든 비는 오지 않았다. 병원에서 떠나기 직전에 나는 2004년에 칼라의 입원 승낙서를 쓸 때 처음 적었던 내용을 흘깃 훑었다. 기억을 떠올려보니, 당혹스럽게도, 그것을 적을 때 나는 칼라가 화학요법 유도 단계에서도 살아남지 못할 것이라고 추측했다.

그러나 그녀는 견뎌냈다. 속이 시꺼멓게 타들어가는 사적인 전쟁은 막 끝이 났다. 급성 백혈병에서 재발 없이 5년이 지났다는 것은 거의 완치와 동의어이다. 나는 꽃을 건넸고 그녀는 자신이 거둔 승리의 규모에 거의 넋이 나간 듯이 말을 잃은 채 나를 쳐다보았다. 올해 초에 나는 임상 연구에 몰두하다가 그만 골수 생검 결과가 음성이라는 내용을 칼라에게 알리는 전화를 이틀이나 지체했다. 그녀는 결과가 나왔다는 말을 간호사에게 이미 들었기 때문에, 전화가 오지 않자 급격히 심한 우울증에 빠져들었다. 하루가 채 지나기도 전에 그녀는 백혈병이 다시 돌아왔으며 내가 전화를 망설이는 것이 임박한 운명을 알리는 신호라고 확신했다.

종양학자와 환자는 강한 아원자 힘으로 결속된 듯하다. 따라서 의미는 덜하지만, 이 사례는 내게도 승리였다. 나는 칼라의 식탁에 앉아서 그녀가 자신이 마실 물을 한 컵 따르는 모습을 지켜보았다. 그녀는 정수하지 않고, 싱크대 수도꼭지에서 곧바로 물을 받았다. 그녀는 마치 지난 5년 동안의 세월이 압축되어 내면의 영화 화면에 상영되는 것처럼 눈을 반쯤 감은 채 환한 표정을 지었다. 그녀의 아이들은 옆방에서 스코틀랜드 테리어와 놀고 있었다. 방금 엄마의 삶에서 이정표가 될 순간이 지나갔다는 것을, 속 편하게도 전혀 모른 채. 결국은 그 편이 모두에게 좋은 일이었다. 수전 손택은 「은유로서의 질병」에서 "내 책의 목적은 상상력을 누그러뜨리는 것이었지, 자극하는 것이 아니었다"라고 결론지었다.[3] 내 방문의 목적도 그러했다. 그녀의 병이 사라졌다고 선언하고, 그녀의 삶을 정상으로 되돌리고, 그럼으로써 5년 동안 우리를 묶어놓았던 힘을 끊는 것이 목적이었다.

나는 칼라에게 악몽에서 살아남은 것을 어떻게 생각하는지 물었다. 그날 아침, 병원에서 그녀의 집까지 심한 교통 체증을 뚫고 차를 몰고 가는 데에 1시간 반이 걸렸다. 그녀는 병원까지 차를 몰고 와서 혈액 검사가 진행되는 몇 시간 동안 방에서 기다렸다가, 혈구 수가 너무 적어서 화학요법을 받을 수 없다는 말을 듣고, 돌아갔다가 다음 날 다시 돌아와서 똑같은 일을 되풀이했던, 그 비참한 여름의 기나긴 날들을 어떻게 견뎌냈을까?

그녀는 아이들이 노는 방 쪽으로 거의 무의식적으로 몸을 움직이면서 말했다. "선택의 여지가 없었죠. 친구들이 이따금 병 때문에 내 삶이 어떻게든 비정상이 된 것 같은 느낌을 받지 않았냐고 물었어요. 나는 늘 같은 대답을 해주었죠. 아픈 사람에게는 그것이 새로운 정상이라고."

2003년에 과학자들은 한 세포의 "정상 상태"와 암세포의 "비정상 상태" 사이의 주된 차이가 암세포의 징표인 행동을 해방시키는 유전적 돌연변이—*ras*, *myc*,

Rb, neu 등―의 축적에 있다는 것을 알았다. 그러나 암에 대한 이 묘사는 불완전했다. 그것은 불가피하게 한 가지 질문을 불러일으켰다. 진짜 암은 그런 돌연변이를 총 얼마나 가지고 있을까? 각각의 종양유전자와 종양 억제 유전자가 분리되었지만, 진짜 사람 암에는 그런 돌연변이 유전자가 얼마나 들어 있을까?

사람의 정상 유전체 서열을 완전히 분석한 인간 유전체 계획은 2003년에 완성되었다.[4] 그 뒤를 이어서 훨씬 덜 알려졌지만, 훨씬 더 복잡한 계획이 출범한다. 몇 종류의 사람 암세포 유전체 서열 전체를 밝히는 계획이다. 암 유전체 지도(the Cancer Genome Atlas)라는 이 계획이 완료된다면, 인간 유전체 계획은 왜소하게 생각될 것이다.[5] 서열 분석에는 전 세계 수십 곳의 연구진이 참여한다. 맨 처음 서열 분석에 들어갈 암은 뇌암, 폐암, 췌장암, 난소암이다. 인간 유전체 계획은 암의 비정상 유전체를 겹쳐보고 대조할 수 있는 정상 유전체를 제공할 것이다.

인간 유전체 계획의 책임자인 프랜시스 콜린스의 말처럼, 그 결과는 암의 "거대한 지도책"이 될 것이다. "가장 흔한 형태의 암들에서 돌연변이된 모든 유전자를 집대성한 책이다. 가장 흔한 암 50가지 종류에 적용된다면, 이 노력은 서열 분석된 DNA의 양으로 볼 때 인간 유전체 계획 1만 개 이상에 해당하는 것이 될 수도 있다. 따라서 그 꿈은 더 영리한 전쟁을 수행할 갓 싹튼 과학적 기회의 야심적이지만 현실적인 평가와 조화시켜야 한다."[6] 이 계획을 적절히 묘사할 수 있는 비유는 지질학적인 것밖에 없다. 암 유전체 지도는 유전자 하나하나를 통해서 암을 이해하기보다는 암의 전체 영역을 도표화할 것이다. 몇몇 종양 유형의 유전체 전체를 서열 분석함으로써, 돌연변이 유전자를 모두 파악할 것이다. 그것은 매기 젱크스가 마지막 수필에서 그토록 인상적으로 예언했던 포괄 "지도"의 시작을 가리킬 것이다.

두 집단이 암 유전체의 서열을 분석하기 위해서 속도를 내왔다. 한쪽은 암 유전체 지도 컨소시엄으로, 몇몇 국가의 몇몇 연구실에서 일하는 서로 연결된 연구진들로 이루어져 있다. 다른 한쪽은 존스 홉킨스의 버트 보겔스타인 연구진이다. 그곳은 자체 암 유전체 서열 분석 설비를 갖추고, 민간 기금을 모아서, 유방, 결장, 췌장의 종양 유전체의 서열을 먼저 분석하기 위해서 노력하고 있다. 2006년에 보겔스타인 연구진은 유방암과 결장암 표본 11개에서 1만3,000개의 유전자를 분석함으로써 서열 분석에 첫 번째 이정표를 세웠다.[7] (사람의 유전체에는 총 약 2만 개의 유전자가 있지만, 보겔스타인 연구진이 처음에 가진 설비로는 1만3,000개의 유전자만을 살펴볼 수 있었다.) 2008년에 보겔스타인 연구진과 암 유전체 지도 컨소시엄은 양쪽 모두 뇌종양 표본 수십 개에서 수백 개의 유전자를 서열 분석함으로써 연구를 확대했다.[8] 2009년 현재, 난소암, 췌장암, 흑색종, 폐암, 백혈병 몇 종류의 유전체 서열이 분석되어서 각 종양의 완전한 돌연변이 목록이 나왔다.

아마 버트 보겔스타인 만큼 꼼꼼하게 헌신적으로 암 유전체를 연구한 사람은 없을 것이다. 청바지와 구겨진 블레이저코트 차림의 활달하고 비꼬기를 잘하고 불손한 인물인 보겔스타인은 최근에 매사추세츠 종합병원의 강당에 가득 들어찬 청중 앞에서 엄청난 발견들을 단 몇 개의 슬라이드에 요약하려고 하면서 암 유전체에 관해서 강연했다. 그의 도전 과제는 풍경화가의 것과 같았다. 어떻게 하면 붓질 몇 번으로 한 지역의 게슈탈트(여기서는 한 유전체라는 "지역")를 전달할 수 있을까? 어떻게 해야 그림이 한 장소의 본질을 묘사할 수 있을까?

보겔스타인은 고전주의 풍경화가들에게 오랫동안 친숙했던 통찰력에서 이런 질문들에 대한 답을 빌려온다. 허공간(虛空間)은 확장을 전달하고, 실공간(實空間)은 세부 사항을 전달하는 데에 쓸 수 있다는 것이다. 그는 암 유전체의 풍경을 파노라마처럼 조망하기 위해서, 인간 유전체 전체를 마치 네모난 종이 위에 지그재그로 뻗은 실로 만든 작품처럼 펼쳤다. (과학은 소용돌이치면서 자신의 과거로 향한다. 여기서 다시 체세포 분열(mitosis)—그리스어로 "실"을 뜻한다—이라는 단어가 떠오른다.) 보겔스타인의 그림에서는 인간 유전체의 1번 염색체에 있는 첫 번째 유전자가 종이의 왼쪽 위에 놓이고, 두 번째 유전자는 그 아래 놓이는 식으로 지그재그로 죽 나아가다가 23번 염색체의 마지막 유전자가 오른쪽 아래에 놓이면서 끝난다. 이것은 거대하게 펼쳐진 돌연변이가 없는 정상적인 인간 유전체로서, 암이 출현할 "배경"이 된다.

이 허공간이라는 배경 앞에 보겔스타인은 돌연변이를 놓았다. 매번 암에서 유전자 돌연변이와 마주칠 때마다, 그 돌연변이 유전자를 종이에 점으로 표시했다. 어느 유전자의 돌연변이 빈도가 증가할 때면, 점의 높이가 올라가서 낮고 높은 언덕을 거쳐서 산이 되었다. 따라서 유방암 표본에서 돌연변이가 가장 흔한 유전자는 까마득히 솟은 봉우리로 표현되고, 돌연변이가 거의 일어나지 않은 유전자는 낮은 언덕이나 편평한 점으로 표시되었다.

이렇게 할 때, 암 유전체는 언뜻 보면 우울한 곳이다. 염색체들에 돌연변이가 흩어져 있다. 유방암과 결장암의 각 표본에서는 50-80개의 유전자에 돌연변이가 일어나 있다. 췌장암에서는 약 50-60개, 좀더 이른 나이에 발병하곤 하므로 돌연변이가 더 적게 쌓였을 것으로 예상되는 뇌암조차도 약 40-50개의 돌연변이 유전자를 가진다.

오직 극소수의 암만이 이 규칙의 주목할 만한 예외 사례이다.[9] 유전체 전체에 비교적 돌연변이가 적은 사례들이다. 그중 하나가 우리의 오래된 범인인 급성 림프구성 백혈병이다. 그것은 유전자 변형이 일어난 곳이 겨우 5-10군데에 불과하며, 그 외에는 원시적인 유전체 경관을 그대로 간직하고 있다.* 사실 이 백혈병에서 비교적 유전자 변형이 적게 일어났다는 바로 그 점이, 이 종양이 세포독성 화학요법에 그렇게 쉽게 굴복하는 한 가지 이유일지도 모른다. 과학자들은 유전적으로 단순한 종양(즉 돌연변이가 적은)이 본질적으로 약물에 더 잘 굴복하며, 따라서 본래 더 잘 치유된다고 추정한다. 그렇다면 그것이 고용량 화학요법이 백혈병을 완치시키는 데에는 성공한 반면, 다른 대다수 암을 치유하는 데에는 실패한 기이한 불일치를 밝혀줄 심오한 생물학적 설명일 수 있다. 암의 "보편적인 치료법" 탐구는, 유전적으로 말해서 보편적인 것과는 거리가 멀었던 한 종양 때문에 난국에 빠졌던 셈이다.

보겔스타인은 백혈병과 대조적으로, 더 흔한 유형에 속한 암들의 유전체가 돌연변이에 돌연변이가 쌓이고 또 쌓임으로써 유전적 혼란으로 가득하다는 것을 안다. 43세 여성에게서 채취한 한 유방암 표본은 127개의 유전자에 돌연변이가 일어났다. 인간 유전체에 있는 유전자 약 200개에 1개꼴이다. 한 종류의 종양 내에서도 돌연변이는 엄청난 이질성을 보인다. 두 유방암 표본을 비교해보면, 양쪽의 돌연변이 유전자 집합이 전혀 다르다는 것을 알 수 있다. 보겔스타인은 말한다. "결국 암 유전체 서열 분석은 100년에 걸친 임상 관찰 결과들이 옳았다는 것을 확인해준다. 모든 환자의 암은 독특하다. 모든 암 유전체가 독특하기 때문이다. 생리학적 이질성은 유전적 이질성이다."[10] 정상 세포는 똑같이 정상

* 그래서 여태껏 ALL 유전체의 서열 분석은 완료되지 않았다. 본문에서 말한 변형은 유전자의 결실 또는 증폭이다. 서열이 상세히 분석되면, 돌연변이 유전자의 수가 늘어날 수도 있다.

이다. 불행히도 악성 세포는 저마다 독특한 방식으로 악성이다.

그러나 남들이 난장판이 된 유전적 경관에서 오직 엄청난 혼돈만을 보고 있을 때, 보겔스타인은 그 혼돈에서 패턴이 출현하는 것을 본다. 그는 암 유전체의 돌연변이가 두 가지 유형이라고 믿는다. 일부는 수동적이다. 암세포가 분열할 때면, 때로 DNA 복제 사고로 돌연변이가 일어나서 쌓인다. 그러나 이런 돌연변이는 암의 생물학에 아무런 영향도 미치지 않는다. 그것들은 유전체에 달라붙은 채로 세포가 분열할 때마다 수동적으로 전달된다. 알아볼 수는 있지만 대수롭지 않은 것들이다. 이들은 "구경꾼" 돌연변이 혹은 "승객" 돌연변이이다. (보겔스타인의 말처럼, "그들은 무임승차한다.")

한편, 수동적인 참가자가 아닌 돌연변이도 있다.[11] 승객 돌연변이와 달리, 이 변형된 유전자들은 암세포의 성장과 생물학적 행동을 직접 자극한다. 이들은 암세포의 생물학에서 핵심적인 역할을 하는 돌연변이, "운전사" 돌연변이이다.

모든 암세포는 운전사 돌연변이 집합과 승객 돌연변이 집합을 가진다. 127개의 돌연변이를 가진 43세 여성의 유방암 표본에서, 실제 종양의 성장과 생존에 직접 기여하는 것은 약 10개에 불과하고, 나머지는 암세포의 유전자 복제 오류 때문에 획득했을 수 있다. 그러나 기능이 다르다고 해도, 이 두 돌연변이 유형을 구별하는 것은 쉽지 않다. 과학자들은 암 유전체를 이용하여 암의 성장을 직접 부추기는 몇몇 운전사 유전자를 파악할 수 있다. 승객 돌연변이는 무작위적으로 일어나므로, 유전체 전체에 무작위적으로 흩어져 있다. 반면에 운전사 돌연변이는 핵심 종양유전자와 종양 억제 유전자에 일어나므로, 유전체에 그런 유전자의 수는 한정되어 있다. 이런 돌연변이—*ras*, *myc*, *Rb* 같은 유전자에 있는 돌연변이—는 조사하는 표본마다 나타난다. 그것들은 보겔스타인의 지도에서 높은 산으로 나타나는 반면, 승객 돌연변이는 대개 계곡으로 표시된다. 그러나 아직 알려지지 않은 유전자에 돌연변이가 일어난다면, 그 돌연변이가 중요한지 대수롭지 않은지, 운전사인지 승객인지, 따개비인지 엔진인지를 예측하기는 불가능하다.

암 유전체에서 "산"—즉 특정한 유형의 암에서 가장 돌연변이가 잦은 유전자—은 또다른 특성을 가진다. 그것들은 암의 핵심 경로를 구성할 수 있다. 홉킨스 의대의 보겔스타인 연구진은 최근 또다른 전략을 써서 암 유전체에 존재하는 돌연변이들을 재분석한 일련의 연구 결과들을 내놓았다.[12] 그들은 암에서 돌연변이된 개별 유전자에 초점을 맞추는 대신에, 암세포에서 돌연변이된 경로의 수를 세었다. Ras-Mek-Erk 경로의 어느 구성 요소를 이루는 유전자에 돌연변이가 일어나면, "Ras 경로" 돌연변이라고 분류했다. 마찬가지로 *Rb* 신호 전달 경로의 어느 구성 요소에 돌연변이가 있으면, 그 세포는 "Rb 경로 돌연변이체"로 분류했다. 그런 식으로 모든 운전사 돌연변이를 경로로 재구성했다.

암세포에서 대개 얼마나 많은 경로에 조절 장애가 일어났을까? 보겔스타인은 대체로 11-15개, 평균 13개라는 것을 알아냈다. 유전자 하나 수준에서도 돌연변이는 엄청난 복잡성을 띠었다. 어떤 종양이든 유전체 전체에 수십 개의 돌연변이를 가지고 있었다. 그러나 설령 각 경로를 파괴하는 유전자가 종양마다 다르다고 할지라도, 어떤 종양에서든 간에 조절 장애가 일어난 핵심 경로들은 같았다. *Ras*는 한 방광암 표본에서 활성을 띨 수 있다. 다른 표본에서는 *Mek*가, 세 번째 표본에서는 *Erk*가 활성을 띨 수 있다. 그러나 각 표본에서 조절 장애가 일어난 곳은 Ras-Mek-Erk 경로의 어느 핵심 부분이었다.

즉 암 유전체의 난장판 같은 모습은 기만적인 것이다. 꼼꼼히 살펴보면, 거기에는 조직 원리가 있다. 암의 언어는 문법적이고, 질서정연하며, 이런 표현을 쓰기가 망설여지긴 하지만, 아무튼 대단히 아름답다. 유전자는 유전자에, 경로는 경로에 완벽한 음조로 말을 함으로써, 점점 더 빨라지면서 죽음의 리듬으로 빠져드는 친숙하면서도 낯선 음악을 빚어낸다. 대단히 다양해 보이는 겉모습 아래에는 심오한 유전적 통일성이 있다. 겉으로는 크게 달라 보이는 암들이지만, 이상이 생긴 경로는 똑같거나 비슷할 때가 종종 있다. 최근에 한 과학자가 말했듯이, "암은 사실 경로 질병이다."[13]

이것은 아주 좋은 소식이거나 아주 나쁜 소식이다. 암 비관론자는 13이라는 불길한 수를 보면서 낙심한다. 11-15개의 핵심 경로 조절 장애는 암 치료학에 엄청난 도전 과제를 안겨준다. 종양학자는 암세포를 "정상화"하려면 13개의 독립된 경로를 공격할 13가지 약물이 필요할까? 요리조리 빠져나가는 암세포의 특성을 고려할 때, 13가지 약물 조합에 세포가 내성을 띠면, 13가지 약물이 더 필요할까?

그러나 암 낙관론자는 13이 유한한 수라고 주장한다. 그것은 안도감을 준다.

보겔스타인이 이 핵심 경로들을 파악하기 전까지, 암의 돌연변이 양상은 거의 무한히 복잡해 보였다. 사실 어느 한 유형의 종양에서 유전자들이 경로로 편제된 계층 조직을 이루고 있다는 것은 더 깊은 계층 구조가 있을 수 있다는 것을 시사한다. 어쩌면 유방암이나 췌장암 같은 복잡한 암을 공격할 때, 13개의 경로를 모두 표적으로 삼을 필요는 없을지도 모른다. 어쩌면 그 핵심 경로 중의 일부가 요법에 특히 더 반응할지도 모른다. 바버라 브래드필드의 종양이 바로 그런 대표적인 사례일 것이다. *Her-2*에 너무 깊이 중독된 덕분에 이 핵심 종양유전자를 표적 삼아서 공략하자 종양은 녹아서 사라졌고, 10년 넘게 완화 상태가 이어졌다.

유전자 하나하나, 그리고 이제는 경로 하나하나를 통해서 우리는 암의 생물학을 어렴풋이 파악하고 있다. 많은 종양 유형들의 완전한 돌연변이 지도(언덕, 계곡, 산이 있는)가 곧 완성될 것이고, 돌연변이가 일어난 핵심 경로들도 완전히 파악될 것이다. 그러나 옛 속담이 말하듯이, 산 너머에는 또 산이 있다. 일단 돌연변이를 파악하면, 다음은 돌연변이 유전자들이 세포의 생리작용에 어떤 기능을 하는지를 파악해야 할 것이다. 우리는 과거의 주기를 반복하는 갱신된 지식의 주기를 따라가야 할 것이다. 해부학에서 생리학을 거쳐서 치료학으로 말이다. 암 유전체 서열 분석은 암의 유전적 해부학을 나타낸다. 그리고 피르호가 19세기에 베살리우스의 해부학에서 암의 생리학으로 중요한 도약을 했듯이, 과학은 암의 분자해부학에서 분자생리학으로 도약을 해야 한다. 우리는 곧 돌연변이 유전자가 **무엇인지** 알게 될 것이다. 진정한 도전 과제는 돌연변이 유전자가 무슨 일을 **하는지** 이해하는 것이다.

암의 기재생물학에서 기능생물학으로의 이 선구적인 전환은 암의학에 세 가지 새로운 방향을 제시할 것이다.

첫 번째는 암 치료학의 방향이다. 어느 암에서 중요한 운전자 돌연변이들이 일단 파악되면, 우리는 그런 유전자를 겨냥한 표적요법을 찾는 일에 나서야 할 것이다. 이것이 전적으로 환상적인 희망인 것은 아니다. 많은 암에서 돌연변이된 13개의 핵심 경로 중 일부를 표적으로 삼는 억제제들이 이미 임상 세계로 들어와 있다. 지금까지 이 억제제들 중의 일부는 개별적으로 투여했을 때 보통 수준의 반응률만 보였다. 이제 도전 과제는 그런 약물들을 어떻게 조합해야 정상 세포를 놔둔 채 암의 성장을 억제하는지 알아내는 것이다.

2009년 여름, 「뉴욕 타임스」에 실린 기사에서 DNA 구조의 공동 발견자인 제임스 왓슨은 놀랍게도 자신의 견해를 바꾸었다.[14] 왓슨은 1969년에 의회에서 증언할 때, 암과의 전쟁이 바보 같은 성급한 짓이라고 호되게 비판했다. 40년 뒤, 그는 훨씬 덜 비판적인 태도를 보였다. "곧 우리는 성가시게 우리를 괴롭히는 주요 암들의 토대를 이루는 유전적 변화들을 모두 알아낼 것이다. 우리는 암을 유발하는 신호가 세포 속에서 전달되는 주요 경로를 전부는 아니라고 해도 대부분 이미 알아냈다. 처음 생쥐에서 암을 차단한다는 것이 드러난 이래로 약 20가지의 신호 차단 약물들이 현재 임상시험 중이다. 허셉틴과 타세바 같은 몇몇 약물은 식품의약청의 승인을 받아서 널리 쓰이고 있다."

두 번째로 새로운 방향은 암 예방이다. 지금까지 암 예방은 예방 가능한 발암물질을 파악하려고 애쓰는 두 가지 서로 별개의 양극화한 방법론에 의지했다. 먼저 흡연을 폐암의 위험인자로 파악한 돌과 힐의 연구처럼, 특정한 유형의 암을 어떤 위험인자와 연관짓는 집중적이고, 때로 대규모인 인체 연구가 이루어졌다. 그리고 화학적 돌연변이원을 파악하는 브루스 에임스의 실험이나 헬리코박터균이 위암의 원인이라는 것을 알아낸 마셜과 워런의 실험처럼, 세균에 돌연변이를 일으키는 능력이나 동물과 사람에게 전암을 유발하는 능력을 토대로 발암물질을 파악하는 실험실 연구도 이루어졌다.

그러나 이러한 두 전략으로 검출되지 않는 예방 가능한 중요한 발암물질들도 있을 수 있다. 암의 미묘한 위험인자는 대규모 집단 연구를 필요로 한다. 효과가 더 미묘할수록, 더 큰 집단이 필요하다. 그런 다루기 어렵고 방법론적으로도 힘든 대규모 연구는 연구비를 확보하여 착수하는 것부터 쉽지가 않다. 반면에 연구실의 실험을 통해서 쉽게 포착되지 않는 중요한 암 유발원도 몇 가지 있다. 에바츠 그레이엄이 발견하고 실망했듯이, 사람에게는 가장 흔한 발암물질인 담배연기가 생쥐에게는 쉽사리 폐암을 일으키지 않는다. 브루스 에임스의 세균 검사는 석면을 돌연변이원으로 보지 않는다.*

---

* 생쥐는 타르의 발암 성분들을 많이 걸러낸다. 석면은 몸에서 흉터를 형성하는 염증 반응을 일으켜서 암을 유발한다. 세균은 이런 반응을 일으키지 않기 때문에 석면에 "면역이 되어" 있다.

최근에 벌어진 두 가지 논쟁은 역학의 그런 맹점들을 뚜렷이 드러냈다. 2000년에 영국의 이른바 100만 여성 연구(Million Women Study)는 폐경기 증후군을 완화시키기 위해서 여성에게 호르몬 대체요법으로 처방되는 에스트로겐과 프로게스테론이 에스트로겐 양성 유방암의 발병률과 사망률을 높이는 주요 위험인자라는 결과를 내놓았다.[15] 과학적으로 말해서, 당혹스러운 결과였다. 에스트로겐은 브루스 에임스 검사에서 돌연변이원으로 나오지 않는다. 게다가 저용량일 때 동물에게 암을 유발하지도 않는다. 그러나 두 호르몬은 1960년대 이래로 ER-양성 유방암의 병리학적 활성제로 알려져 있었다. 빗슨의 수술과 타목시펜은 에스트로겐을 차단함으로써 유방암의 완화를 유도하므로, 외래 에스트로겐이 유방암을 일으킬 수 있다는 말도 일리가 있다. 암생물학에서 나온 발견들을 통합하여 암 예방을 더 종합적으로 접근하는 방식은 이런 암 유발 행동을 예측하고, 100만 명이 연합하는 연구의 필요성을 없애고, 수많은 여성의 생명을 구할 수 있을 것이다.

두 번째 논란도 1960년대에 이미 선례가 나와 있다.[16] 1962년에 레이첼 카슨의 「침묵의 봄」이 나온 이래로, 환경 운동가들은 살충제의 무분별한 남용이 미국의 암 발병률 증가에 어느 정도 책임이 있다고 목소리를 높였다. 이 이론은 수십 년에 걸쳐서 격렬한 논쟁, 행동, 대중 운동을 불러일으켰다. 그러나 비록 이 가설이 설득력이 있다고 할지라도, 특정한 살충제를 발암물질과 직접 관련짓는 대규모 사람 코호트 실험은 진척이 느렸고, 동물 연구는 확실한 결론을 내놓지 못했다. DDT와 아미노트리아졸은 고용량일 때 동물에게 암을 일으킨다는 것이 밝혀졌지만, 발암물질이라고 주장되는 수천 종의 화학물질은 검증되지 않은 상태로 남아 있다. 여기서도 통합 접근법이 필요하다. 암세포의 핵심 활성 경로를 파악하고 나면, 동물 연구에서 발암물질을 발견하는 데에 쓰일 더 예민한 검출 방법이 도출될 수도 있다. 어느 화학물질이 동물 연구에서 뚜렷이 암을 일으키지 않을지도 모르지만, 암 연관 유전자와 경로를 활성화한다는 것이 밝혀짐으로써 잠재적 발암성의 거증 책임이 옮겨질 수도 있다. 마찬가지로 우리는 현재 영양과 특정한 암의 위험 사이에 관련이 있다는 것을 알고 있지만, 이 분야는 아직 유아기에 머물러 있다. 섬유질이 적고 붉은 살코기가 많은 식단은 결장암 위험을 증가시키며, 비만은 유방암과 관련이 있지만, 이런 연관성에 관해서는 아직 밝혀지지 않은 사항이 더 많다. 분자 수준에서는 더욱 그렇다.

2005년에 하버드의 역학자 데이비드 헌터는 전통적인 역학, 분자생물학, 암유전학이 통합되어서 암 예방 능력이 훨씬 더 강해진 새로운 형태의 역학이 나올 것이라고 주장했다.[17] "전통적인 역학은 노출과 암 발병의 상관관계를 파악하는 일에 중점을 두며, 원인(노출)과 결과(암) 사이의 모든 것은 일종의 '블랙박스'로 취급한다.……분자역학에서는 역학자들이 노출과 질병 발생이나 진행 사이의 중간 사건들을 조사하여 그 '블랙박스'를 열 것이다."

암 예방처럼 암 선별 검사도 암의 분자적 이해를 통해서 다시 활기를 띨 것이다. 사실 이미 그렇게 되고 있다. 유방암의 BRCA 유전자 발견은 암 선별 검사와 암유전학의 통합을 상징한다. 1990년대 중반, 앞서 10년간에 걸쳐서 이루어진 발전들을 토대로 연구자들은 유방암 발생 위험을 크게 증가시키는 서로 연관된 두 유전자 BRCA-1와 BRCA-2를 분리했다.[18] BRCA-1의 한 돌연변이를 물려받은 여성은 평생에 걸쳐서 유방암에 걸릴 확률이 50-80퍼센트 더 높다(이 유전자는 난소암 위험도 증가시킨다). 정상 위험 수준보다 약 3-5배 더 높은 수준이다. 오늘날 이 유전자 돌연변이 검사는 예방 조치의 한 부분을 이룬다. 이러한 두 유전자의 돌연변이가 양성으로 나온 여성은 유방 MRI 같은 더 민감한 촬영 기술을 이용하여 더 집중적인 선별 검사를 받는다. BRCA 돌연변이를 가진 여성은 임상시험에서 효과가 있다고 나온 전략인 타목시펜 약물을 투여하여 유방암을 예방하는 쪽을 택할 수도 있다. 아니면 가장 근치적으로, 예방 차원에서 암이 발생하기 전에 양쪽 유방과 난소를 제거하는 쪽을 택할 수도 있다. 유방암 발병 가능성을 대폭 줄이는 또 하나의 전략이다. 한쪽 유방에 암이 생긴 뒤에 이 전략을 택한, BRCA-1 돌연변이를 가진 한 이스라엘 여성은 내게 자신의 선택이 어느 정도는 상징적인 것이라고 말했다. "나는 내 몸에서 암을 퇴치하는 거예요. 내 유방은 내게 그저 암이 생길 자리에 불과한 것이 되었어요. 그것은 내게 더 이상 쓸모가 없었어요. 내 몸, 내 생존을 위협했죠. 그래서 의사한테 가서 양쪽을 모두 제거해달라고 했어요."[19]

암 의학의 세 번째이자 가장 복잡하다고 할 수 있는 새로운 방향은 일탈한 유전자와 경로에 관한 이해를 통합하여 암의 **행동**을 전체적으로 설명함으로써, 지식,

발견, 치료적 개입의 주기를 새롭게 하는 것이다.

어느 한 유전자나 경로의 활성화로는 설명이 불가능한, 암세포의 가장 도발적인 행동 중의 하나는 불멸성이다. 빠른 세포 증식, 성장 억제 신호에 대한 둔감성, 종양 혈관 형성은 모두 암세포에서 *ras*, *Rb*, *myc* 같은 경로들이 비정상적으로 활성을 띠거나 불활성 상태에 들어간다는 것으로 대개 설명할 수 있다. 그러나 과학자들은 암이 어떻게 한없이 계속 증식하는지를 설명할 수 없다. 대부분의 정상 세포는, 빠르게 성장하는 세포조차도 몇 세대에 걸쳐서 증식하고 나면 분열하는 능력을 전부 써버릴 것이다. 암세포가 지치거나 소진되지 않은 채, 세대를 거치면서 한없이 분열할 수 있도록 하는 것은 과연 무엇일까?

비록 논란이 심하긴 하지만, 막 나오기 시작한 한 가지 답은 암의 불멸성도 정상 생리작용에서 빌렸다는 것이다. 사람의 배아와 많은 성체 기관들은 불멸의 재생 능력을 가진 소규모 줄기 세포 집단을 가진다. 줄기 세포는 몸의 재생 저장소이다. 한 예로 사람의 혈액 전체는 아주 강력한 하나의 조혈 줄기 세포에서 생길 수 있다. 그 세포는 대개 골수 깊숙이 숨어서 살아간다. 정상적인 조건에서는 이 조혈 줄기 세포 중의 일부만이 활동하고, 나머지는 깊이 침묵한다. 즉 잠들어 있다. 그러나 상처나 화학요법으로 혈액이 갑자기 고갈되면, 줄기 세포들은 깨어나서 경악할 번식력을 발휘하면서 분열을 시작하여 수많은 혈구를 만들고 또 만든다. 몇 주일 사이에 하나의 조혈 줄기 세포가 사람의 몸 전체에 다시 새로운 혈액을 채울 수 있다. 그런 뒤에 아직 밝혀지지 않은 메커니즘을 통해서 그 세포는 다시 잠에 빠진다.

몇몇 연구자는 이 과정과 비슷한 일이 암에서 혹은 적어도 백혈병에서, 꾸준히 일어난다고 믿는다. 1990년대 중반, 토론토의 캐나다 생물학자 존 딕은 사람 백혈병에서 소수의 세포 집단이 이런 무한한 자기 재생 행동을 한다고 추정했다.[20] 이 "암 줄기 세포"는 암을 무한정 생산하고 재생산하는 암의 영구 저장소 역할을 한다. 화학요법으로 암세포 덩어리가 죽을 때, 본질적으로 죽음에 더 저항하는 것으로 생각되는 남은 소규모의 이러한 줄기 세포 집단은 암을 재생하고 갱신함으로써, 화학요법 뒤에 흔히 일어나는 암의 재발을 촉진한다. 사실 암 줄기 세포는 정상 줄기 세포를 불멸로 만드는 바로 그 유전자들과 경로들을 활성화함으로써 정상 줄기 세포의 행동을 획득한 것이다. 정상 줄기 세포와 달리 생리학적 수면 상태로 되돌아갈 수 없다는 점만 **빼고** 말이다. 따라서 암은 말 그대로 재생하는 기관을, 아니 더 불온하게 재생하는 **생물**을 흉내내려고 애쓴다. 암의 불멸성 추구는 우리 자신의 불멸성 추구의 거울상이다. 우리의 배아와 우리 기관의 재생 속에 숨겨진 추구 말이다. 언젠가 암이 성공한다면, 암은 숙주보다 훨씬 더 완벽한, 불멸성과 증식하려는 충동을 모두 가진 존재를 낳을 것이다. 30년 전에 사망한 여성에게서 유래한 나의 실험실에서 자라는 백혈병 세포가 이미 그런 형태의 "완벽함"을 획득했다고 주장할 수도 있을 것이다.

극단적인 논리를 취하면, 정상 생리작용을 끊임없이 흉내내고 타락시키고 일탈시키는 암세포의 능력은 과연 "정상"이 무엇이냐는 불길한 의문을 불러일으킨다. 칼라는 "암이 새로운 정상"이라고 했다. 마찬가지로 암은 우리의 정상일 수 있다. 우리는 본래 악성인 종말을 향해서 어기적거리며 나아갈 운명인지도 모른다. 사실 암에 걸린 사람의 비율이 일부 국가에서 4명 중 1명에서 3명 중 1명을 거쳐서 2명 중 1명으로 꾸준히 상승함에 따라서, 암은 정말로 새로운 정상이 될 것이다.[21] 불가피한 것이 되는 것이다. 따라서 우리가 물어야 할 질문은, 우리가 생전에 이 불멸의 질병과 맞닥뜨릴 것인가가 아니라, 언제 마주칠 것인가이다.

아토사의 전쟁

우리는 100년이나 늙었고 이 몰락은
고작 1시간 만에 일어났다, 한 차례의 뇌졸중으로.
—안나 아흐마토바, "고인을 기리며, 1914년 7월 19일"[1]

때가 왔다, 나 역시 떠날 때가. 동년배들보다 오래 살았고 내면의 서글픈 공허함을 느끼는 노인처럼, 코스토글로토프는 그날 저녁 병동이 더 이상 자신의 집이 아님을 느꼈다. 설령……똑같은 늙은 환자들이 전에 한번도 물은 적이 없는 양 똑같은 오래된 질문을 하고 또 하는 곳임에도……저들이 나를 낫게 해줄까요, 못할까요? 도움이 될 만한 다른 치료법이 뭐가 있나요?
—알렉산드르 솔제니친, 「암 병동」[2]

시드니 파버가 보스턴에서 사망한 지 7주일이 지난 1973년 5월 17일, 옛 친구인 하이럼 갠스는 추도식에서 스윈번의 "버려진 정원(A Forsaken Garden)"의 한 대목을 읽었다.[3]

여기 지금 그의 승리 앞에 모든 것이 벌벌 떠는 곳에
전리품 위에 누워 자신의 손을 펼친 채
자신의 기이한 제단 위에 자신을 살해한 신으로서
죽음이 죽어서 누워 있다

주의 깊게 들은 사람이라면 눈치챘을지 모르지만, 그것은 일부러 그 순간을 색다르게 뒤집은 것이었다. 곧 죽을—예법에 따라서 제단에 사지를 쭉 뻗은 시신이 될—존재는 암이었다. 죽어 누운 죽음이었다.

그 이미지는 파버와 그의 시대에 속한 것이지만, 그것의 본질은 여전히 오늘도 우리 곁에서 맴돈다. 결국 모든 전기는 주인공의 죽음과 대면해야 한다. 그렇다면 미래에 암이 종말을 맞이할 것이라고 상상할 수 있을까? 우리의 몸과 사회로부터 영구히 이 질병을 박멸하는 것이 가능할까?

이런 질문들의 답은 이 엄청난 질병의 생물학에 담겨 있다. 우리가 발견했듯이, 암은 우리 유전체에 꿰맨 것이다. 종양유전자는 세포의 성장을 조절하는 핵심 유전자들의 돌연변이로 생긴다. 돌연변이는 발암물질 때문에 DNA가 손상될 때 이런 유전자에 쌓이지만, 세포가 분열할 때 유전자 복제의 무작위적인 듯한 오류로도 생긴다. 전자는 예방이 가능할지 모르지만, 후자는 내인성이다. 암은 우리의 성장에 내재한 결함이다. 이 결함은 우리 자신에 깊이 뿌리박혀 있다. 우리는 우리의 생리작용에서 성장 — 노화, 재생, 치유, 번식 — 에 의존하는 과정들을 제거할 수 있어야만, 자기 자신에게서 암을 제거할 수 있다.

과학은 자연을 이해하려는 인간의 욕망을 구현한다. 기술은 그 욕망을 자연을 통제하려는 야심과 엮는다. 두 충동은 서로 관련이 있지만 — 자연을 통제하기 위해서 자연을 이해하고자 할 수도 있다 — 개입하려는 충동은 기술에만 있다. 따라서 의학은 근본적으로 기술 분야이다. 그 핵심에는 생명 자체에 개입함으로써 인간의 삶을 개선하려는 욕망이 놓여 있다. 개념상으로, 암과의 전투는 기술 개념을 극단까지 밀어붙인다. 개입할 대상이 우리 유전체이기 때문이다. 그러나 악성 성장과 정상 성장을 구분하는 개입이 가능한지조차 불분명하다. 아마 우리 자신의 호전적이고 다산성이고 침습적이고 적응적인 세포와 유전자의, 호전적이고 다산성이고 침습적이고 적응적인 쌍둥이인 암을 우리 자신과 분리하는 것은 불가능할 것이다. 아마 암은 우리 생존의 본질적인 바깥 한계를 정의할 것이다. 우리 세포가 분열하고 우리 몸이 나이가 들어감에 따라서, 그리고 돌연변이에 돌연변이가 가차 없이 쌓여감에 따라서, 암이 생물로서의 우리 발달의 종착점이 되는 것도 무리가 아니다.

그러나 우리의 목표가 더 온건한 것일 수도 있었다. 옥스퍼드의 리처드 페토 사무실 문 위쪽에는 돌이 애호하던 격언이 하나 걸려 있다. "노년의 죽음은 불가피하지만, 노년 이전의 죽음은 그렇지 않다." 돌의 개념은 암과의 전쟁에서 성공을 정의하는 훨씬 더 합당한 근접 목표를 나타낸다. 우리가 내다볼 수 있는 미래의 시점까지, 우리의 종은 어쩔 수 없이 암과 쫓고 쫓기는 게임을 하면서 이 고대의 질병과 치명적으로 결합될 가능성이 있다. 그러나 노년 이전의 암에 따른 죽음을 예방할 수 있다면, 치료, 내성, 재발, 또다른 치료의 끔찍한 게임을 점점 더 오래 펼칠 수 있다면, 우리가 이 고대 질병을 상상하는 방식이 바뀔 것이다. 암에 관해서 우리가 아는 것을 고려할 때, 그것만으로도 우리 역사의 여느 다른 것들과 달리, 우리는 기술적 승리를 거두었다고 할 수 있을 것이다. 그것은 우리 자신의 불가피성에 맞선 승리, 우리 유전체에 맞선 승리일 것이다.

그런 승리가 어떠한 것인지를 구체적으로 그려보기 위해서, 사고실험을 하나 해보자. 기원전 500년에 유방암에 걸렸을 가능성이 높은 페르시아 왕비 아토사를 떠올려보자. 그리고 그녀가 한 시대에 그리고 다음 시대에 다시 나타나면서, 시간을 따라서 여행한다고 상상하자. 그녀는 암의 도리언 그레이(오스카 와일드의 소설 「도리언 그레이의 초상」에 나오는 주인공. 그는 늙지 않는 대신에 그의 초상화가 늙어간다/역주)이다. 즉 그녀가 역사를 따라서 이동할 때, 그녀의 종양도 단계와 행동이 얼어붙은 상태로 그대로 남아 있다. 아토사의 사례는 암 요법 분야에서 이루어진 과거의 발전을 되새기고, 그것의 미래를 살펴볼 수 있게 해준다. 그녀의 치료와 예후가 지난 4,000년 동안 어떻게 변해왔으며, 새천년 이후에 아토사에게 어떤 일이 일어날까?

먼저 시간을 거슬러올라가서 기원전 2500년, 이집트 임호텝의 진료소로 아토사를 보내자. 임호텝은 자신의 질병에 우리가 발음할 수 없는 상형문자로 이름을 붙였다. 그는 진단을 내리긴 했지만, 겸허하게 "치료법 없음"이라고 쓰고는 덮어버렸다.

기원전 500년, 자신의 궁정에서 아토사는 그리스 노예에게 수술을 맡겨서, 가장 원시적인 형태의 유방절제술을 자가 처방한다. 200년 뒤에 트라키아에서 히포크라테스는 그녀의 종양이 카르키노스라고 파악함으로써, 미래에 계속 낭랑하게 울려 퍼질 그것의 이름을 그 병에 붙여주었다. 서기 168년, 클라우디오스 갈레노스는 보편적인 원인을 가정한다. 전신에 지나치게 많아진 검은 담즙, 종양으로 끓어넘친 갇힌 우울증.

1,000년이 쏜살같이 흐른다. 아토사의 갇혀 있던 검은 담즙은 그녀의 몸에서

퍼내지지만, 종양은 계속 자라고 재발하고 침입하고 전이한다. 중세 외과의사들은 아토사의 병에 관해서 거의 이해하지 못하지만, 크고 작은 칼로 그녀의 암을 잘라낸다. 개구리 피, 납판, 염소 똥, 성수, 게 연고, 부식성 화학물질을 치료제라고 내놓는 의사들도 있다. 1778년에 런던의 존 헌터 진료실에서 그녀의 암에 단계가 할당된다. 초기 국소 유방암이거나 진행된 말기 침습 암이다. 전자라면 헌터는 국소 수술을 권한다. 후자라면 "막연한 동정심"뿐이다.

아토사는 19세기에 재출현한다. 1890년에 홀스테드의 볼티모어 진료실에서 그녀는 수술의 신세계와 마주친다. 아토사의 유방암은 여태껏 받은 것 중에서 가장 대담하고 가장 결정적인 요법으로 치료를 받는다. 종양을 크게 잘라내고, 깊숙한 가슴 근육을 제거하고, 겨드랑이와 빗장뼈 밑의 림프절까지 들어내는 근치 유방절제술로 말이다.

20세기 초에 방사선 종양학자들은 엑스 선을 이용하여 종양을 국소 제거하려고 애쓴다. 1950년대에 이르자, 또다른 세대의 외과의사들은 비록 적절한 수준으로 완화했지만 두 전략을 결합하는 법을 터득한다. 아토사의 암은 단순 유방절제술로 국소 치료하거나 덩이절제술에 이은 방사선 요법으로 치료한다.

1970년대에 새로운 치료 전략이 출현한다. 아토사는 수술 후에 재발 가능성을 줄이기 위해서 보조 복합 화학요법을 받는다. 그녀의 종양은 에스트로겐 수용체 양성이라는 검사 결과가 나온다. 재발을 예방하기 위해서 항에스트로겐 약물인 타목시펜도 추가된다. 1986년에 그녀의 종양에 *Her-2* 증폭이 일어났다는 것이 발견된다. 수술, 방사선, 보조 화학요법, 타목시펜에 덧붙여서 그녀는 허셉틴을 이용한 표적요법 치료를 받는다.

이런 개입들이 아토사의 생존에 정확히 어떤 충격을 미쳤는지 하나하나 살펴보는 것은 불가능하다.[4)] 임상시험들의 변천하는 경관은 아토사의 기원전 500년의 운명과 1989년의 운명을 직접 비교하는 것을 어렵게 한다. 그러나 수술, 화학요법, 방사선, 호르몬 요법, 표적요법은 그녀의 생존 기간을 17년에서 30년 사이의 어느 기간만큼 늘렸을 가능성이 높다. 이를테면 40세에 진단을 받았다면, 아토사는 60세에 생일 축하 파티를 열 수 있다고 기대해도 좋을 것이다.

1990년대 중반에 아토사의 유방암 관리는 다시 전환점에 접어든다. 조기 진단과 아케메네스 혈통은 그녀가 BCRA-1이나 BCRA-2 유전자에 돌연변이를 가지고 있지 않을까 하는 의구심을 품게 한다. 아토사의 유전체 서열이 분석되고, 정말로 돌연변이가 발견된다. 그녀는 암에 걸리지 않은 쪽의 유방에도 종양이 있는지를 검출하는 집중 선별 검사는 받는다. 그녀의 두 딸도 검사를 받는다. BRCA-1 양성으로 드러나자, 딸들은 침습 유방암의 발달을 예방하기 위해서 집중 선별 검사나 예방 차원의 양쪽 유방절제술 혹은 타목시펜 투여를 제안받는다. 아토사의 딸들에게 선별 검사와 예방은 극적인 영향을 미친다. 유방 MRI에서 한 딸에게서 작은 덩어리가 검출된다. 유방암이라는 것이 드러나고 조기인 전침습 단계에 수술로 제거된다. 다른 딸은 예방을 위해서 양쪽 유방절제술을 받는 쪽을 택한다. 유방을 선제적으로 잘라낸 그녀는 여생을 유방암 없이 살아갈 것이다.

이제 아토사를 미래로 보내자. 2050년에 아토사는 모든 유전자의 모든 돌연변이가 파악된 암 유전체의 서열 전체가 담긴 엄지만 한 플래시드라이브를 가지고 유방종양학자의 진료실에 도착한다. 돌연변이들은 핵심 경로들을 구성할 것이다. 알고리듬으로 암의 성장과 생존에 기여하는 경로들이 파악될 수도 있다. 수술 후 종양의 재발을 예방하기 위해서 이런 경로들을 표적으로 삼는 요법이 제안될 것이다. 그녀는 특정한 표적 약물들의 조합으로 시작하여, 암이 돌연변이를 일으키면 두 번째 칵테일로 바꿀 것이고, 암이 다시 돌연변이를 일으키면 다시 약물 조합을 바꿀 것이다. 그녀는 여생을 위해서 질병을 예방하거나 치유하거나 완화할 약을 먹을 가능성이 높다.

의심할 여지없이 이것은 진보이다. 그러나 아토사의 생존에 너무 현혹되기 전에, 그것을 한번 멀리 놓고 볼 가치가 있다. 기원전 500년에 아토사에게 전이 췌장암을 주면, 그녀의 예후는 2,500년이 흐른다고 해도 몇 개월 이상 변할 가능성이 적다. 아토사가 수술을 할 수 없는 담낭암에 걸린다면, 그녀의 생존 기간은 그 세월에 걸쳐서 그저 약간 변할 뿐이다. 유방암도 결과를 보면 뚜렷하게 이질적이다. 아토사의 종양이 전이하거나, 에스트로겐 수용체 음성이고, *Her-2* 음성이고 표준 화학요법에 반응하지 않는다면, 그녀가 생존할 가능성은 헌터의 시대 이래로 거의 변하지 않을 것이다. 반면에 아토사에게 만성 골수성 백혈병이나 호지킨병을 준다면, 그녀의 수명은 30-40년이 늘어날 수 있다.

암의 미래 궤적을 예측할 수 없는 이유는 어느 정도는 이 이질성의 생물학적 토대를 우리가 모른다는 점 때문이다. 예를 들면, 우리는 췌장암이나 담낭암을 만성 골수성 백혈병이나 아토사의 유방암과 그토록 확연히 다르게 만드는 것이 무엇인지 아직 알 수 없다. 그러나 분명한 것은 암의 생물학적 지식조차도 우리 삶에서 암을 완전히 박멸해줄 가능성은 적다는 것이다. 돌이 주장하고 아토사가 여실히 보여주듯이, 우리는 죽음을 없애기보다는 수명을 연장하는 데에 초점을 맞추는 편이 더 나을지 모른다. 이 암과의 전쟁은 승리를 재정의함으로써 "이기는" 편이 최선일지 모른다.

아토사의 고생스러운 여행은 또한 이 책에 함축된 한 가지 의문을 제기한다. 암에 대한 우리의 이해와 치료가 시간이 흐를수록 계속 그토록 급격히 변화한다면, 암의 과거를 어떻게 미래 예측에 쓸 수 있을까?

1997년에 NCI 소장 리처드 클로스너는 암 사망률이 90년 동안 실망스럽게도 변하지 않았다는 발표에 맞서, 10년간의 의학적 현실은 다음 10년간의 현실과 거의 아무런 관계가 없다고 주장했다.[5] "훌륭한 예언자들보다는 훌륭한 역사가들이 훨씬 더 많다. 과학적 발견은 예측하기가 유달리 어렵다. 그것은 종종 예기치 않은 방향에서 나오는 선구적인 통찰력으로 추진된다. 플레밍이 곰팡이가 슨 빵에서 페니실린을 발견한 것과 그 우연한 발견이 끼친 기념비적인 영향이라는 고전적인 사례는 쉽게 예측할 수 없었던 것이며, 바이러스학의 기술 발달로 소아마비 바이러스의 배양과 백신 접종이 가능해져서 철폐 기술이 갑작스럽게 몰락한 일도 마찬가지이다. 역사를 미래로 확대 추정한다는 것은 정적인 발견의 환경을 전제로 한다. 그것은 모순어법이다."

클로스너의 말은 한 가지 제한적인 의미에서는 옳다. 진정으로 근본적인 발견이 일어날 때, 종종 그것의 영향은 덧붙여지는 식이 아니라, 격변과 패러다임 전환을 일으키는 식이다. 기술은 자신의 과거를 지워버린다. 소아마비 백신이 발견되기 전에 철폐회사의 주식 매입 선택권을 산 투기꾼이나 페니실린이 발견되기 직전에 세균성 폐렴이 치유 불가능하다고 생각한 과학자는 곧 역사에 바보로 비친다.

그러나 단순하거나 보편적이거나 결정적인 치유법이 보이지 않고, 그런 것이 나타날 가능성도 결코 없는 암에서는 미래와 과거가 끊임없이 대화를 한다. 옛 관찰들은 새로운 이론으로 귀결된다. 과거의 시간은 언제나 미래의 시간에 담겨 있다. 라우스의 바이러스는 수십 년 뒤에 내생 종양유전자의 형태로 환생했다. 스코틀랜드 양치기의 이야기에 영감을 받은, 난소 제거가 유방암 성장을 늦출 수 있다는 조지 빗슨의 관찰은 타목시펜이라는 10억 달러짜리 약물의 형태로 다시 포효한다. 베넷의 "피의 곪음", 즉 이 책을 시작하게 한 암은 이 책을 끝맺는 암이기도 하다.

그리고 이 이야기를 기억할 더 미묘한 이유가 있다. 의학의 내용은 계속해서 변하지만, 그것의 **형식**은 놀라울 정도로 그대로 남아 있다고 나는 추측한다. 역사는 되풀이되지만, 과학은 메아리친다. 우리가 미래에 암과 싸울 때 쓸 도구들은 50년 내에 극적으로 변하여 암 예방과 요법의 지형이 알아볼 수 없을 정도가 될 것이 분명하다. 미래의 의사들은 우리가 우리 종에 알려진 가장 원초적이고 위압적인 병을 죽이는 데에 쓴 원시적인 독물 칵테일을 보고 웃음을 터뜨릴지 모른다. 그러나 이 전투의 상당히 많은 부분은 변함없이 남아 있을 것이다. 가차 없음, 창의성, 회복력, 패배주의와 희망 사이의 불편한 오락가락, 홀린 듯이 보편적인 해답을 찾으려는 충동, 패배의 실망, 오만과 자만 등이 말이다.

고대 그리스인들은 종양을 기술하기 위해서 "덩어리"나 "짐"을 뜻하는 온코스라는, 무엇인가를 환기시키는 단어를 썼다. 그 단어는 그들이 상상했을 법한 것보다 훨씬 더 선견지명이 있었다. 암은 정말로 우리 유전체에 지워진 짐이며, 불멸성을 향한 우리의 열망의 반대편에 놓인 납 균형추이다. 그러나 고대 그리스에서 더 거슬러올라가서 고대 인도유럽어를 보면, 온코스라는 단어의 어원은 변한다. 온코스(onkos)는 네크(nek)라는 고대어에서 나왔다. 그리고 정적인 온코스와 달리, 네크는 짐이라는 단어의 활동적인 형태이다. 그것은 짐을 운반하고, 한 곳에서 다른 곳으로 옮기고, 무엇인가를 가지고 장거리를 움직여서 새로운 장소로 가져가는 것을 의미한다. 그것은 암세포의 이동하는 능력―전이―뿐만 아니라 아토사의 여행, 과학적 발견의 기나긴 여행을 포착하는 이미지이다. 그리고 그 여행에 담긴, 떼어낼 수 없이 인간적인, 인간을 능가하고, 인간보다 오래 살아남고 생존하는 정신까지도 포착한다.

2005년 봄의 어느 날 늦저녁, 전임의 생활의 첫 해가 끝날 무렵, 나는 병원 10층의 한 병실에서 죽어가는 여성의 곁에 앉아 있었다. 앨라배마 출신의 활기찬 심리학자인 저메인 번이었다. 1999년에 그녀는 마치 투석기에서 발사된 것처럼 갑자기 격렬한 욕지기와 함께 메스꺼움을 느꼈다. 더욱 거북했던 것은 그 욕지기에 마치 무엇인가를 끊임없이 게걸스럽게 먹어대는 것처럼, 왠지 속이 꽉 찬 느낌이 동반된다는 점이었다. 저메인은 차를 몰고 몽고메리에 있는 밥티스트 병원으로 향했다. 그곳에서 온갖 검사를 받고, CAT에서 12센티미터 크기의 덩어리가 위장 안으로 튀어나와 있는 것이 발견되었다. 2000년 1월 4일, 방사선과 의사가 덩어리 생검을 했다. 현미경으로 보니, 판처럼 배열된 방추 모양의 세포들이 빠르게 분열하고 있었다. 혈관을 침입하여 정상적인 조직을 밀어붙이는 이 종양은 위장관 기질 종양(gastrointestinal stromal tumor, GIST)이라는 희귀한 암이었다.

곧이어 더 나쁜 소식이 들렸다. 촬영 결과, 간에도 덩어리들이 있고, 림프절도 부어 있고, 왼쪽 폐에도 덩어리들이 흩어져 있었다. 암은 전신으로 전이된 상태였다. 수술은 불가능했고, 2000년에는 알려진 화학요법 중에서 그녀가 걸린 종류의 육종에 효과가 있는 것이 없었다. 앨라배마의 의사들은 그럭저럭 화학요법 약물들을 조합하여 내놓긴 했지만, 사실상 때가 오기를 기다렸다. 그녀는 이렇게 회고했다. "지인들에게 보낼 편지에 서명하고, 청구서를 전부 지불하고, 유언장을 썼어요. 사망선고를 받았다는 것은 의문의 여지가 없었으니까요. 집에 가서 편안히 죽음을 맞이하시라는 말도 들었죠."

2000년 겨울, 사망선고를 받은 저메인은 같은 병을 앓는 환자들의 가상 공동체에 참여했다. GIST 환자들이 웹사이트를 통해서 서로 이야기하는 곳이었다. 그곳의 대다수 누리꾼들처럼, 그 웹사이트도 필사적으로 치료법을 찾는 필사적인 사람들이 모여드는 기이하고 죽어가는 모임이었다. 그러나 4월 말, 신약이 나왔다는 소식이 이 공동체를 통해서 들불처럼 퍼지기 시작했다. 새로운 약물은 드러커가 만성 골수성 백혈병에 효과가 있다는 것을 발견한 바로 그 화학물질 이마티닙—글리벡—이었다.[6] 글리벡은 *Bcr-abl* 단백질에 결합하여 그것을 불활성화한다. 그런데 그 화학물질이 c-kit라는 티로신 키나아제도 불활성화한다는 것이 우연히 발견되었다. 활성 *Bcr-abl*이 암세포를 분열시켜서 만성 골수성 백혈병을 자라게 하는 것처럼, c-kit은 GIST의 운전사 유전자이다. 초기 임상시험에서 글리벡은 c-kit를 억제하는 효과가 뚜렷했으며, 따라서 GIST를 억제하는 효과가 있었다.

저메인은 인맥을 동원하여, 그 임상시험 중의 하나에 참가했다. 그녀는 설득하는 재주를 타고났다. 구슬리고 유혹하고 꾀고 어르고 달래고 간청하고 귀찮게 조르고 애걸하고 요구하는 능력이 탁월했다. 게다가 병은 그녀를 대담하게 만들었다. (한번은 내게 이렇게 말했다. "의사선생님, 나를 낫게 해줘요. 그러면 유럽 여행을 보내드릴게요." 나는 정중하게 거절했다.) 그녀는 기어코 임상시험 대상자들에게 약물을 투여하는 대학병원까지 길을 뚫었다. 그녀가 임상시험에 참가할 때쯤, 글리벡이 아주 효과가 좋다는 것이 드러났기 때문에 의사들은 더 이상 GIST 환자들에게 속임약을 투여하는 것을 정당화할 수가 없었다. 저메인은 2001년 8월에 글리벡을 투여받기 시작했다. 한 달 뒤, 그녀의 종양은 경이로운 속도로 물러났다. 활력도 돌아왔다. 구역질도 사라졌다. 그녀는 소생했다.

저메인의 회복은 의학적 기적이었다. 몽고메리 지역의 신문들은 그녀의 이야기를 실었다. 그녀는 다른 암 환자들을 위해서 조언을 했다. 그녀는 의학이 암을 따라잡고 있다고 썼다. 희망을 품을 근거가 있다고, 설령 완치가 눈앞에 보이지 않을지라도 새로운 세대의 약물이 암을 통제할 것이고, 첫 세대의 약물이 듣지 않으면 두 번째 세대의 약물이 굴복시킬 것이라고 말이다. 그러나 2004년 여름, 뜻밖의 회복이 이루어진 지 4년째를 축하하고 있을 때, 그녀의 종양 세포들이 갑자기 글리벡에 내성을 띠면서 자라기 시작했다. 4년 동안 휴면 상태에 있던 덩어리들이 복수하듯이 다시 싹을 틔웠다. 몇 개월이 지나지 않아서 그녀의 위장, 림프절, 폐, 간, 비장에서 덩어리가 다시 나타났다. 구역질도 예전처럼 다시 격렬하게 일어났다. 그녀의 뱃속 빈 공간마다 악성 체액이 가득 밀려들었다.

늘 그렇듯이 수완이 비상했던 그녀는 GIST 환자들의 임시 공동체로 돌아가서 조언을 구하는 등 웹을 뒤지고 다녔다. 그러다가 글리벡 유사물질인 차세대 약물이 보스턴을 비롯한 여러 도시에서 임상시험 중이라는 사실을 알아냈다. 2004년에 그녀는 미국 대륙 절반을 가로지르는 곳에 전화를 걸어서, 파버에서 막 시작된 SU11248이라는 그 약물의 임상시험에 참가했다.

새로운 약물은 일시적인 반응을 일으켰을 뿐, 오래 효과를 미치지 못했다. 2005년 2월, 저메인의 암은 통제할 수 없이 퍼졌다. 어찌나 빨리 자라는지, 그녀는 매주 저울에 올라갈 때마다 늘어난 종양의 무게를 잴 수 있을 정도였다. 이윽고 고통이 너무 심해서 침대에서 문까지 걸어가지 못할 지경이 되었고, 그녀는 입원하지 않을 수 없었다. 그날 저녁, 내가 저메인과 만난 것은 약물과 요법을 논의하기 위해서가 아니라, 그녀와 의학적 상태 사이의 정직한 화해를 도모하기 위해서였다.

그녀는 늘 그렇듯이, 그 점에서도 이미 나를 앞서 있었다. 내가 방에 들어가서 다음 수순을 이야기하려고 하자, 그녀는 위압적인 자세로 손을 저어서 내 말을 끊었다. 그녀는 더 이상의 임상시험도, 더 이상의 약물도 필요 없다면서, 지금 자신의 목표는 단순하다고 말했다. 1999년에서 2005년까지, 그녀가 늘린 6년이라는 생존 기간은 얼어붙은 정적인 세월이 아니었다. 그 기간은 그녀의 마음을 예리하고 명료하게 다듬었고 정화시켰다. 그녀는 남편과의 관계를 정리했고, 남동생인 종양학자와의 유대감은 더 강해졌다. 1999년에 10대였던 그녀의 딸은 이제 보스턴의 한 대학의 2학년생이었고, 기이할 정도로 성숙한 모습이었다. 딸은 그녀의 우군이자 속을 터놓는 상대였고, 때로는 간호사이자 가장 친한 친구였다. (저메인은 말했다. "암은 가족관계를 끊기도 하고 잇기도 하죠. 내 경우에는 양쪽 다였어요.") 저메인은 자신의 집행유예 기간이 마침내 끝나고 있다는 것을 알았다. 그녀는 1999년에 그럴 것이라고 예상했듯이, 앨라배마로, 자기 집으로 돌아가서 죽음을 맞이하고자 했다.

저메인과의 마지막 대화를 떠올릴 때면, 당혹스럽게도 대화보다는 그 방의 장면들이 더 생생하게 떠오르는 듯하다. 소독약과 손비누 냄새가 코를 찌르는 병실, 머리 위의 무정하고 밋밋한 불빛, 약봉지, 책, 오린 신문, 매니큐어, 보석, 우편엽서가 쌓인 바퀴 달린 나무 곁탁자. 몽고메리에 있는 그녀의 멋진 집과 정원에서 딴 과일을 들고 있는 딸의 사진으로 도배된 벽, 해바라기가 한 다발 꽂힌 채로 그녀 옆의 탁자에 놓인 병원 비품 플라스틱 물주전자. 나의 기억에 저메인은 한쪽 다리를 아무렇게나 침대 옆으로 늘어뜨린 채, 늘 그렇듯이 독특하고 커다란 보석류로 치장하고, 기이하면서도 시선을 끄는 옷차림을 하고, 머리는 세심하게 정돈되어 있었다. 그녀는 병실에서 죽음을 기다리는 사람의 사진처럼 격식을 갖춘 채 완벽한 자세로 붙박인 듯한 모습이었다. 그녀는 흡족해 보였다. 크게 웃고 농담을 했다. 끼고 있는 코위영양관이 무색할 정도로 위엄이 있었다.

몇 년이 흐른 뒤, 이 책을 쓰면서야 나는 그 만남에서 왜 그렇게 어색하고 초라한 기분을 느꼈는지를 말로 풀 수 있게 되었다. 그 방에서 그녀의 몸짓이 왜 그렇게 실제보다 더 크게 느껴졌는지, 왜 방 안의 사물들이 상징처럼 느껴졌는지, 왜 저메인이 어떤 배역을 연기하는 배우처럼 느껴졌는지를 말이다. 나는 어느 것 하나 우연의 산물이 아니었다는 것을 뒤늦게야 깨달았다. 그때 그토록 자연스럽고 충동적으로 보였던 그녀의 개성과 성격은 사실 계산된 것이었고, 자신의 질병에 대한 거의 반사작용이었다. 그녀의 옷은 헐거웠고 강렬했다. 그것은 배에서 자라면서 점점 겉으로 부풀어오르는 종양의 윤곽을 가리기 위한 미끼였으니까. 시선을 끌 정도로 커다란 목걸이도 암에서 딴 쪽으로 관심을 돌리기 위한 도구였다. 그녀의 병실은 꽃이 꽂힌 병원 물주전자, 벽에 붙인 카드 등 갖가지 물품들과 사진들로 혼란스러웠다. 그런 것들이 없었다면, 여느 병원의 여느 병실처럼 차가운 익명의 세계로 빠져들었을 테니까. 그녀는 정확한 각도로 다리를 늘어뜨리고 있었다. 그것은 종양이 척수로 침입하여 다른 쪽 다리를 마비시키기 시작해서 다른 자세로는 앉아 있을 수가 없었기 때문이었다. 태평한 태도는 연구된 것이었고, 농담도 연습된 것이었다. 그녀의 병은 그녀를 비참하게 만들려고 했다. 그녀를 익명의 존재이자 유머 감각을 잃은 사람으로 만들려고 했다. 집에서 수천 킬로미터 떨어진 차가운 병실에서 꼴사납게 죽으라고 선고했다. 그녀는 늘 한걸음 앞서 나아가고 지략으로 질병을 이기려고 애씀으로써 복수했다.

그것은 체스 게임에 얽매인 누군가를 지켜보는 것과 같았다. 저메인의 병이 한 수 움직여서 그녀에게 다시 끔찍한 제약을 가할 때면, 그녀도 똑같이 과감한 한 수로 맞섰다. 병은 반발했다. 그녀도 다시 맞섰다. 그것은 섬뜩한 최면성 게임이었다. 그녀의 목숨을 놓고 벌이는 게임이었다. 그녀는 한 차례 공격을 피했어도 다시 다음 공격을 받아야 했다. 그녀도 캐럴의 붉은 여왕처럼, 제자리에 계속 머무르기 위해서 격렬하게 페달을 밟았다.

그날 저녁, 저메인은 우리가 암과 벌이는 투쟁의 어떤 본질적인 면을 포착한 듯했다. 이 질병을 계속 따라잡으려면, 계속 전략을 창안하고 재창안하고, 배우고 다시 배워야 한다는 것을 말이다. 저메인은 강박적으로, 교활하게, 필사적이고 격렬하게, 미친 듯이, 명석하게, 열정적으로 암과 맞섰다. 마치 과거에 암과 싸웠고 미래에 암과 싸울 모든 세대의 모든 열정적이고 창의적인 에너지를 하나로 잇겠다는 듯이 그렇게 했다. 그녀는 치료법을 찾다가 인터넷 블로그와 대학병원을 거쳐서 미국의 절반을 가로질러서 화학요법과 임상시험을 받는 낯설고 기약 없는 여행을 했다. 자신이 상상한 것보다 훨씬 더 황량하고 절망적이고 불편한 경관을 헤치고 나아가기 위해서 젖 먹던 힘까지 모두 쓰고, 마지막 한 방울까지 용기를 쥐어짜고 또 짜내고, 의지와 재치와 상상을 동원했다. 그리고 그 마지막 날 저녁에 그녀는 자신의 자원과 회복력의 곳간을 들여다보고서 그곳이 텅 비어 있다는 것을 알았다. 잠 못 이루던 그 마지막 밤, 가느다란 실에 목숨이 간당간당하게 붙어 있는 상태에서 그녀는 남은 힘과 존엄성을 모조리 불러내서 휠체어를 타고 욕실이라는 내밀한 공간으로 향했다. 마치 4,000년에 걸친 전쟁의 본질을 캡슐에 봉인하겠다는 듯이.

— S. M., 2010년 6월

감사의 말

감사를 드려야 할 사람이 많다. 아내인 새러 체는 변함없는 믿음과 사랑, 인내심으로 이 책을 지원해주었다. 때로 이 책을 경쟁자로 생각했던 두 딸 릴라와 애리어에게도 고맙다는 말을 전한다. 그들은 여러 날 밤, 내가 격렬하게 자판을 두드리는 소리를 기계적인 자장가 삼아서 잠들었다가, 다음 날 아침에 깨어나서도 내가 계속 자판을 두드리고 있는 모습을 보았다. 내 계획서의 초안을 읽고 주석을 달아준 저작권 대리인 새러 챌펀트, "정신적 텔레파시"로 나와 의사소통하기 시작하고 쪽마다 자신의 생각을 적어서 붙여놓은 편집자 낸 그레이엄에게도 감사한다. 원고를 미리 읽은 독자들, 넬 브레이어, 에이미 월드먼, 닐 무케르지, 아쇽 레이, 킴 거쵸, 데이비드 서, 로버트 브루스타인, 프라샨트 아트룰리, 에레즈 칼리, 야리브 호브라스, 미치 에인절, 다이애너 베이너트, 대니얼 메네이커, 그리고 많은 스승들과 인터뷰 대상자들, 특히 이 책의 전개에 중요한 역할을 한 로버트 메이어에게 감사한다. 휴가 때나 가족이 모일 때면, 부모님 시베스바르와 찬다나 무케르지, 여동생 라누 바타차리야 식구들은 수많은 원고 더미에 시달렸다. 치아밍과 주디 체 부부는 내가 자주 보스턴을 방문할 때마다 숙식을 제공하고 도움을 주었다.

    모든 책이 그렇듯이, 이 책도 남들의 앞선 작품들에 토대를 둔다. 수전 손택의 감동적인 걸작인 『은유로서의 질병(*Illness as Metaphor*)』, 리처드 로즈의 『원자폭탄 만들기(*The Making of the Atomic Bomb*)』, 리처드 레티그의 『암 십자군(*Cancer Crusade*)』, 배런 러너의 『유방암 전쟁(*The Breast Cancer Wars*)』, 나탈리 앤지어의 『타고난 강박관념(*Natural Obsessions*)』, 로이스 토머스의 『세포의 삶(*The Lives of a Cell*)』, 조지 크라일의 『그런 식으로(*The Way It Was*)』, 애덤 위사트의 『셋 중 하나(*One in Three*)』, 알렉산드르 솔제니친의 『암 병동(*Rakovyi korpus*)』, 데이비드 리프의 강렬한 회고록인 『죽음의 바다에서 헤엄치기(*Swimming in a Sea of Death*)』, 로버트 바젤의 『Her-2(*Her-2*)』, 로버트 와인버그의 『길의 출발점을 향한 경주(*Racing to the Beginning of the Road*)』, 해럴드 바머스의 『과학의 예술과 정치(*The Art and Politics of Science*)』, 마이클 비숍의 『노벨상

을 받는 법(*How to Win the Nobel Prize*)」, 데이비드 네이선의 「암 치료 혁명(*The Cancer Treatment Revolution*)」, 제임스 패터슨의 「끔찍한 병(*The Dread Disease*)」, 토니 주트의 「전후시대(*Post War*)」가 그렇다. 많은 기록 보관소와 도서관은 이 책의 주된 자료원이었다. 메리 래스커의 자료, 베노 슈미트의 논문, 게오르게 파파니콜라우의 논문, 서 아우프더하이더의 논문과 표본, 윌리엄 홀스테드의 논문, 로즈 쿠시너의 논문, UCSF의 담배 자료, 에바츠 그레이엄의 논문, 리처드 돌의 논문, 조슈아 레더버그의 논문, 해럴드 바머스의 논문, 보스턴 공립도서관, 카운트웨이 의학 도서관, 컬럼비아 대학교 도서관, 아들인 토머스 파버를 비롯한 몇몇 개인과 기관이 보관한 시드니 파버의 개인적인 사진과 서신 등이었다. 로버트 메이어, 조지 캐널로스, 도널드 베리, 에밀 프레이레이치, 앨 크누드슨, 해럴드 바머스, 데니스 슬래먼, 브라이언 드러커, 토머스 린치, 찰스 소여스, 버트 보겔스타인, 로버트 와인버그, 에드 겔만은 원고를 읽고 수정하고 개정하는 데에 도움을 주었다.

특히 해럴드 바머스는 혜안이 담긴 놀라울 정도로 상세한 비평과 주석을 해주었다. 그는 내가 많은 과학자, 작가, 의사에게서 접한 경이로운 관대함을 상징적으로 보여주었다.

데이비드 스캐든과 게리 질릴런드는 하버드에서 아늑한 실험실 환경을 제공해주었다. 에드 겔만, 리카르도 달라파베라, 코리와 마이클 션은 컬럼비아 대학교에서 새로운 학문적 "고향"을 제공했고 이 책은 그곳에서 끝을 맺었다. 토니 주트의 리마크 연구소 포럼(나도 참가한 적이 있는)은 역사적 논의가 활발히 이루어질 독특한 환경을 제공했다. 사실 이 책은 그런 포럼 중의 하나가 열리던 스웨덴의 한 수정 같은 호수 위에서 지금의 형태로 구상되었다. 제이슨 로트하우저, 폴 휘틀래치, 제이미 울프는 원고를 읽고, 사실 자료와 숫자들을 점검하고 편집했다. 알렉산드라 트뤼트와 제리 마셜은 사진을 찾고 저작권 문제를 해결해주었다.

주

1) Susan Sontag, *Illness as Metaphor and AIDS and Its Metaphors* (New York: Picador, 1990), 3.

머리말

1) William Shakespeare, *Hamlet,* Act IV, Scene III.
2) June Goodfield, *The Siege of Cancer* (New York: Random House, 1975), 219.
3) Aleksandr Solzhenitsyn, *Cancer Ward* (New York: Farrar, Straus and Giroux, 1968).
4) Herodotus, *The Histories* (Oxford: Oxford University Press, 1998), 223.
5) John Burdon Sanderson Haldane, *Possible Worlds and Other Papers* (New York: Harper & Brothers, 1928), 286.

제1부 "검은색의, 끓지 않는"

1) Arthur Conan Doyle, *A Study in Scarlet* (Whitefish, MT: Kessinger Publishing, 2004), 107.

"피의 곪음"

1) Hilaire Belloc, *Cautionary Tales for Children* (New York: Alfred A. Knopf, 1922), 18-19.
2) William B. Castle, "Advances in Knowledge concerning Diseases of the Blood, 1949-1950," in *The 1950 Year Book of Medicine: May 1949-May 1950* (Chicago: Year Book Publishers, 1950), 313-26.
3) 파버 진료실의 아미노프테린에 관한 상세한 내용과 소포 도착 이야기는 몇 가지 자료에서 취합한 것이다. Sidney Farber et al., "The Action of Pteroylglutamic Conjugates on Man," *Science,* 106, no. 2764 (1947): 619-21; S. P. Gupta, 저자와의 인터뷰, February 2006; and S. P. K. Gupta, "An Indian Scientist in America: The Story of Dr. Yellapragada SubbaRow," *Bulletin of the Indian Institute of History of Medicine* (Hyderabad) 6, no. 2 (1976: 128-43; S. P. K. Gupta, and Edgar L. Milford, *In Quest of Panacea* (New Delhi: Evelyn Publishers, 1987).
4) John Craig, "Sidney Farber (1903-1973)," *Journal of Pediatrics* 128, no. 1 (1996: 160-62. 다음도 참조. "Looking Back: Sidney Farber and the First Remission of Acute Pediatric Leukemia," Children's Hospital, Boston, http://www.childrenshospital.org/gallery/index.cfm?G=49&page=2 (accessed January 4, 2010); H. R. Wiedemann, "Sidney Farber (1903-1973)," *European Journal of Pediatrics,* 153 (1994): 223.
5) John Laszlo, *The Cure of Childhood Leukemia: Into the Age of Miracles* (New Brunswick, NJ: Rutgers University Press, 1995), 19.
6) *Medical World News,* November 11, 1966.
7) John Hughes Bennett, "Case of Hypertrophy of the Spleen and Liver in Which Death Took Place from Suppuration of the Blood," *Edinburgh Medical and Surgical Journal* 64 (October 1, 1845): 413-23. 다음도 참조. John Hughes Bennett, *Clinical Lectures on the Principles and Practice of Medicine,* 3rd ed. (New York: William Wood & Company, 1866), 620.
8) Bennett, "Case of Hypertrophy of the Spleen." 다음도 참조. Bennett, *Clinical Lectures,* 896.
9) Rudolf Ludwig Karl Virchow, *Cellular Pathology: As Based upon Physiological and Pathological Histology,* trans. Frank Chance (London: John Churchill, 1860), 169-71, 220. 다음도 참조. Bennett,

Clinical Lectures, 896.
10) Charles J. Grant, "Weisses Blut," *Radiologic Technology* 73, no. 4 (2003): 373-76.
11) Randy Shilts, *And the Band Played On* (New York: St. Martin's), 171.
12) "Virchow," *British Medical Journal*, 2, no. 3171 (1921): 573-74. 다음도 참조. Virchow, *Cellular Pathology*.
13) William Seaman Bainbridge, *The Cancer Problem* (New York: Macmillan Company, 1914), 117.
14) Laszlo, *Cure of Childhood Leukemia*, 7-9, 15.
15) Biermer, "Ein Fall von Leukamie," *Virchow's Archives*, 1861, S. 552, cited in Suchannek, "Case of Leukaemia," 255-69.
16) Denis R. Miller, "A Tribute to Sidney Farber—the Father of Modern Chemotherapy," *British Journal of Haematology* 134 (2006): 4, 20-26.
17) 비록 정확한 기원은 모르지만, 모노가 했다는(아마도 출처불명이었기 때문에) 이 말은 분자생물학의 역사에 몇 차례 등장한다. 다음 예도 참조. Theresa M. Wizemann and Mary-Lou Pardue, eds., *Exploring the Biological Contributions to Human Health: Does Sex Matter?* (Washington, DC: National Academy Press, 2001), 32; Herbert Claus Friedmann, "From Butyribacterium to *E. coli*: An Essay on Unity in Biochemistry," *Perspectives in Biology and Medicine* 47, no. 1 (2004): 47-66.

"단두대보다 더 탐욕스러운 괴물"

1) Jonathan B. Tucker, *Ellie: A Child's Fight Against Leukemia* (New York: Holt, Rinehart, and Winston, 1982), 46.
2) John Laszlo, *The Cure of Childhood Leukemia: Into the Age of Miracles* (New Brunswick, NJ: Rutgers University Press, 1995), 162.
3) Michael B. Shimkin, "As Memory Serves—an Informal History of the National Cancer Institute, 1937-57," *Journal of the National Cancer Institute* 59 (suppl. 2) (1977): 559-600.
4) Eric Lax, *The Mold in Dr. Florey's Coat: The Story of the Penicillin Miracle* (New York: Henry Holt and Co., 2004), 67.
5) "Milestone Moments in Merck History," http://www.merck.com/about/feature_story/01062003_penicillin.html (site is no longer available but can be accessed through http://www.archive.org/web/web.php).
6) E. K. Marshall, "Historical Perspectives in Chemotherapy," *Advances in Chemotherapy* 13 (1974): 1-8. 다음도 참조. *Science News Letter* 41 (1942).
7) John Ehrlich et al., "Chloromycetin, a New Antibiotic from a Soil Actinomycete," *Science* 106, no. 2757 (1947): 417.
8) B. M. Duggar, "Aureomycin: A Product of the Continuing Search for New Antibiotics," *Annals of the New York Academy of Science* 51 (1948): 177-81.
9) *Time*, November 7, 1949.
10) John F. Enders, Thomas H. Weller, and Frederick C. Robbins, "Cultivation of the Lansing Strain of Poliomyelitis Virus in Cultures of Various Human Embryonic Tissues," *Science* 49 (1949): 85-87; Fred S. Rosen, "Isolation of Poliovirus—John Enders and the Nobel Prize," *New England Journal of Medicine* 351 (2004): 1481-83.
11) A. N. Richards, "The Production of Penicillin in the United States: Extracts and Editorial Comment," *Annals of Internal Medicine*, suppl. 8 (1969): 71-73. 다음도 참조. Austin Smith and Arthur Herrick, *Drug Research and Development* (New York: Revere Publishing Co., 1948).
12) Anand Karnad, *Intrinsic Factors: William Bosworth Castle and the Development of Hematology and Clinical Investigation at Boston City Hospital* (Boston: Harvard Medical School, 1997).
13) Edgar Sydenstricker, "Health in the New Deal," *Annals of the American Academy of Political*

    and Social Science 176, Social Welfare in the National Recovery Program (1934): 131-37.
14) Lester Breslow, *A Life in Public Health: An Insider's Retrospective* (New York: Springer, 2004), 69. 다음도 참조. Nicholas D. Kristof, "Access, Access, Access," *New York Times,* March 17, 2010.
15) Rosemary Stevens, *In Sickness and in Wealth* (New York: Basic Books, 1989), 204, 229.
16) Temple Burling, Edith Lentz, and Robert N. Wilson, *The Give and Take in Hospitals* (New York: Putnum, 1956), 9.
17) From *Newsweek* and *Time* advertisements, 1946-48. 다음도 참조. Ruth P. Mack, "Trends in American Consumption," *American Economic Review* 46, no. 2, (1956):55-68.
18) Herbert J. Gans, *The Levittowners: Ways of Life and Politics in a New Suburban Community* (New York: Alfred A. Knopf), 234.
19) Paul S. Boyer et al., *The Enduring Vision: A History of the American People* (Florence, KY: Cengage Learning, 2008), 980.
20) John Kenneth Galbraith, *The Affluent Society* (New York: Houghton Mifflin, 1958).
21) "Cancer: The Great Darkness," *Fortune,* May 1937.
22) Robert Proctor, *Cancer Wars: How Politics Shapes What We Know and Don't Know About Cancer* (New York: Basic Books, 1995), 20.
23) K. A. Sepkowitz, "The 1947 Smallpox Vaccination Campaign in New York City, Revisited," *Emerging Infectious Diseases* 10, no. 5 (2004): 960-61. 다음도 참조. D. E. Hammerschmidt, "Hands: The Last Great Smallpox Outbreak in Minnesota (1924-25)," *Journal of Laboratory and Clinical Medicine* 142, no. 4 (2003): 278.
24) Lucius Duncan Bulkley, *Cancer and Its Non-Surgical Treatment* (New York: W. Wood & Co., 1921).
25) Proctor, *Cancer Wars,* 66.
26) "U.S. Science Wars against an Unknown Enemy: Cancer," *Life,* March 1, 1937.
27) "Medicine: Millions for Cancer," *Time,* July 5, 1937; "Medicine: After Syphilis, Cancer," *Time,* July 19, 1937.
28) American Association for Cancer Research: "AACR : A Brief History," http://www.aacr.org/home/about-us/centennial/aacr-history.aspx (accessed January 4, 2010).
29) "A Cancer Commission," *Los Angeles Times,* March 4, 1927.
30) 69th Cong., 2nd sess., *Congressional Record,* 68 (1927): p3 2922.
31) Richard A. Rettig, *Cancer Crusade: The Story of the National Cancer Act of 1971* (Lincoln, NE: Author's Choice Press, 1977), 44.
32) "National Cancer Act of 1937," Office of Government and Congressional Relations, Legislative History, http://legislative.cancer.gov/history/1937 (accessed November 8, 2009).
33) Shimkin, "As Memory Serves," 559-600.
34) *Congressional Record,* appendix 84:2991 (June 30, 1939); Margot J. Fromer, "How, After a Decade of Public & Private Wrangling, FDR Signed NCI into Law in 1937," *Oncology Times* 28 (19): 65-67.
35) Ora Marashino, "Administration of the National Cancer Institute Act, August 5, 1937, to June 30, 1943," *Journal of the National Cancer Institute* 4: 429-43.
36) Shimkin, "As Memory Serves," 599-600.
37) Ibid.
38) Ibid.
39) Jimmie C. Holland and Sheldon Lewis, *The Human Side of Cancer* (New York: Harper Collins, 2001).
40) House Foreign Affairs Committee, House Report 2565, 79th Cong., 2nd sess.와 다음을 참조. Report 1743 to the 79th Cong., 2nd sess., July 18, 1946; "Could a 'Manhattan Project' Conquer Cancer?" *Washington Post,* August 4, 1946.

41) J. V. Pickstone, "Contested Cumulations: Configurations of Cancer Treatments through the Twentieth Century," *Bulletin of the History of Medicine* 81, no. 1 (2007): 164-96.
42) Grant Taylor, *Pioneers in Pediatric Oncology* (Houston: University of Texas M. D. Anderson Cancer Center, 1990).
43) George Washington Corner, *George Hoyt Whipple and His Friends: The Life-Story of a Nobel Prize Pathologist* (Philadelphia: Lippincott, 1963), 187.
44) Taylor, *Pioneers in Pediatric Oncology,* 29; George R. Minot, "Nobel Lecture: The Development of Liver Therapy in Pernicious Anemia," *Nobel Lectures, Physiology or Medicine, 1922-1941* (Amsterdam: Elsevier Publishing Company, 1965).
45) Francis Minot Rackemann, *The Inquisitive Physician: The Life and Times of George Richards Minot* (Cambridge: Harvard University Press, 1956), 151.
46) George R. Minot and William P. Murphy, "Treatment of Pernicious Anemia by a Special Diet," *Journal of the American Medical Association,* 87 (7): 470-76.
47) Minot, "Nobel Lecture."
48) Ibid.
49) Lucy Wills, "A Biographical Sketch," *Journal of Nutrition* 108 (1978), 1379-83.
50) H. Bastian, "Lucy Wills (1888-1964): The Life and Research of an Adventurous Independent Woman," *Journal of the Royal College of Physicians of Edinburgh* 38:89-91.
51) Janet Watson and William B. Castle, "Nutritional Macrocytic Anemia, Especially in Pregnancy: Response to a Substance in Liver Other Than That Effective in Pernicious Anemia," *American Journal of the Medical Sciences* 211, no. 5 (1946): 513-30; Lucy Wills, "Treatment of 'Pernicious Anaemia' of Pregnancy and 'Tropical Anaemia,' with Special Reference to Yeast Extract as a Curative Agent," *British Medical Journal* 1, no. 3676 (1931): 1059-64.
52) Sidney Farber et al., "The Action of Pteroylglutamic Conjugates on Man," *Science* 106, no. 2764 (1947): 619-21. 다음도 참조. Mills et al., "Observations on Acute Leukemia in Children Treated with 4-Aminopteroylglutamic Acid," *Pediatrics* 5, no. 1 (1950): 52-56.
53) Thomas Farber, 저자와의 인터뷰, November 2007.
54) S. P. Gupta, "An Indian Scientist in America: The Story of Dr. Yellapragada Subbarao," *Bulletin of the Institute of Medicine* (Hyderabad), 6, no. 2 (1976): 128-43.
55) Corner, *George Hoyt Whipple,* 188.
56) Gupta, "Indian Scientist in America."

파버의 도전

1) William Seaman Bainbridge, *The Cancer Problem* (New York: Macmillan Company, 1914), 2.
2) "Cancer Ignored," *Washington Post,* August 5, 1946.
3) 자세한 인적 사항은 「보스턴 헤럴드」 1948년 4월 9일자에 실린 기사에서 인용했다. S. P. K. Gupta, "An Indian Scientist in America: The Story of Dr. Yellapragada SubbaRow," *Bulletin of the Indian Institute of History of Medicine* (Hyderabad), 6, no. 2 (1976): 128-43; and S. P. K. Gupta, 저자와의 인터뷰, February 2006. 샌들러의 도체스터 주소와 그의 아버지의 직업은 보스턴 공립도서관 1946년 보스턴 인명부에서 찾았다. 샌들러 사례는 아래 시드니 파버의 논문에 상세히 기술되어 있다.
4) Sidney Farber, "Temporary Remissions in Acute Leukemia in Children Produced by Folic Acid Antagonist, 4-Aminopteroyl-Glutamic Acid (Aminopterin)," *New England Journal of Medicine* 238 (1948): 787-93.
5) Robert Cooke, *Dr. Folkman's War: Angiogenesis and the Struggle to Defeat Cancer* (New York: Random House, 2001), 113.
6) Joseph E. Murray, *Surgery of the Soul: Reflections on a Curious Career* (Sagamore Beach, MA:

Science History Publications, 2001), 127.
7) Robert D. Mercer, "The Team," in "Chronicle," *Medical and Pediatric Oncology* 33 (1999): 405-10.
8) Thomas Farber, 저자와의 인터뷰.
9) Taylor, *Pioneers in Pediatric Oncology*, 88.
10) Mercer, "The Team."
11) Farber, "Temporary Remissions in Acute Leukemia," 787-93.
12) Ibid.
13) Ibid.
14) Denis R. Miller, "A Tribute to Sidney Farber—the Father of Modern Chemotherapy," *British Journal of Haematology* 134 (2006): 20-26.
15) Mercer, "The Team."

차마 알릴 수 없는 천벌

1) Stephen Jay Gould, *Full House: The Spread of Excellence from Plato to Darwin* (New York: Three Rivers Press, 1996), 7.
2) "Cancer: The Great Darkness," *Fortune*, May 1937.
3) Susan Sontag, *Illness as Metaphor and AIDS and Its Metaphors* (New York: Picador, 1990), 5.
4) "John Keats," *Annals of Medical History* 2, no. 5 (1930): 530.
5) Sontag, *Illness as Metaphor*, 20.
6) Sherwin Nuland, *How We Die: Reflections on Life's Final Chapter* (New York: Vintage Books, 1995), 202.
7) James Henry Breasted, *The Edwin Smith Papyrus:* Some Preliminary Observations (Paris: Librairie Ancienne Honore Champion, Edward Champion, 1922); also available online at http://www.touregypt.net/edwinsmithsurgical.htm (accessed November 8, 2009).
8) Breasted, *Edwin Smith Papyrus*. 다음도 참조. F. S. Boulos. "Oncology in Egyptian Papyri," in *Paleo-oncology: The Antiquity of Cancer*, 5th ed., ed. Spyros Retsas (London: Farrand Press, 1986), 36; and Edward Lewison, *Breast Cancer and Its Diagnosis and Treatment* (Baltimore: Williams and Walkins, 1955), 3.
9) Siro I. Trevisanato, "Did an Epidemic of Tularemia in Ancient Egypt Affect the Course of World History?" Medical Hypotheses 63, no. 5 (2004): 905-10.
10) Sergio Donadoni, ed., *The Egyptians* (Chicago: University of Chicago Press, 1997), 292.
11) Reddy D. V. Subba, "Tuberculosis in Ancient India," *Bulletin of the Institute of Medicine* (Hyderabad) 2 (1972): 156-61.
12) Herodotus, *The Histories* (Oxford: Oxford University Press, 1998), pt. VIII.
13) Arthur Aufderheide, *The Scientific Study of Mummies* (Cambridge: Cambridge University Press, 2003), 117; Arthur Aufderheide, 저자와의 인터뷰, March 2009. 다음도 참조. *Cambridge Encyclopedia of Paleopathology* (Cambridge: Cambridge University Press, 1998), 300
14) J. L. Miller, "Some Diseases of Ancient Man," *Annals of Medical History* 1 (1929): 394-402.
15) Mel Greaves, *Cancer: The Evolutionary Legacy* (Oxford: Oxford University Press, 2000).
16) Aufderheide, 저자와의 인터뷰, 2009.
17) Boris S. Ostrer, "Leprosy: Medical Views of Leviticus Rabba," *Early Science and Medicine* 7, no. 2 (2002): 138-54.
18) 다음의 예 참조. "Risk Factors You Can't Control," Breastcancer.org, www.breastcancer.org/risk/everyone/cant_control.jsp (accessed January 4, 2010). 다음도 참조. Report No. 1743, International Cancer Research Act, 79th Cong., 2nd Sess.; and "U.S. Science Wars against an Unknown Enemy: Cancer," *Life*, March 1, 1937.

19) William Osler and Thomas McCrae, *The Principles and Practice of Medicine: Designed for the Use of Practitioners and Students of Medicine,* 9th ed. (New York: D. Appleton and Company, 1921), 156.
20) Report No. 1743, International Cancer Research Act.
21) March 1, 1937, 11.
22) Shrestha et al., "Life Expectancy in the United States," CRS Report for Congress, 2006. 다음도 참조. Lewison, *Breast Cancer.*

온코스

1) Jeremiah Reedy, "Galen on Cancer and Related Diseases," *Clio Medica* 10, no. 3 (1975): 227.
2) Francis Carter Wood, "Surgery Is Sole Cure for Bad Varieties of Cancer," *New York Times,* April 19, 1914.
3) Mel Greaves, *Cancer: The Evolutionary Legacy* (Oxford: Oxford University Press, 2000), 5.
4) Charles E. Rosenberg, "Disease in History: Frames and Framers," *Milbank Quarterly* 67 (1989) (suppl. 1, *Framing Disease: The Creation and Negotiation of Explanatory Schemes*): 1-2.
5) 다음의 예를 참조. Henry E. Sigerist, "The Historical Development of the Pathology and Therapy of Cancer," *Bulletin of the New York Academy of Medicine* 8, no. 11 (1932): 642-53; James A. Tobey, *Cancer: What Everyone Should Know about It* (New York: Alfred A. Knopf, 1932).
6) Claudius Galen, *Methodus Medendi, with a Brief Declaration of the Worthie Art of Medicine, the Office of a Chirgion, and an Epitome of the Third Booke of Galen, of Naturall Faculties,* trans. T. Gale (London: Thomas East, 1586), 180-82.
7) Emile Littre's translation of the Hippocratic oath, *Oeuvres completes d'Hippocrate,* bk. VI, aphorism 38. Von Boenninghausen, *Homeopathic Recorder,* vol. 58, nos. 10, 11, 12 (1943). 다음도 참조. http://classics.mit.edu/Hippocrates/aphorisms.6.vi.html and http://julianwinston.com/archives/periodicals/vb_aphorisms6.php.
8) George Parker, *The Early History of Surgery in Great Britain: Its Organization and Development* (London: Black, 1920), 44.
9) Joseph-Francois Malgaigne, *Surgery and Ambroise Pare* (Norman: University of Oklahoma Press, 1965), 73.
10) 다음의 예를 참조. "The History of Hemostasis," *Annals of Medical History* 1 (1): 137; Malgaigne, *Surgery and Ambroise Pare,* 73, 181.
11) Lorenz Heister, "Van de Kanker der boorsten," in H. T. Ulhoorn, ed., *Heelkundige onderwijzingen* (Amsterdam, 1718), 2: 845-856 참조; 또한 다음에서 인용. James S. Olson, *Bathsheba's Breast: Women, Cancer, and History* (Baltimore: Johns Hopkins University Press, 2002), 50.
12) 다음의 예를 참조. William Seaman Bainbridge, *The Cancer Problem* (New York: Macmillan Company, 1914).

사라지는 체액

1) John Donne, "Love's Exchange," *Poems of John Donne,* vol. 1, ed. E. K. Chambers (London: Lawrence & Bullen, 1896), 35-36.
2) Andreas Vesalius, *The Fabric of the Human Body [De Fabrica Humani Corporis],* trans. W. P. Hotchkiss, preface. *Sourcebook of Medical History* (Mineola, NY: Dover, 1960), 134; and *The Illustrations from the Works of Andreas Vesalius of Brussels* (Mineola, NY: Dover, 1950), 11-13 참조.
3) Charles Donald O'Malley, *Andreas Vesalius of Brussels, 1514-1564* (Berkeley: University of California Press, 1964).

4) "Andreas Vesalius of Brussels Sends Greetings to His Master and Patron, the Most Eminent and Illustrious Doctor Narcissus Parthenopeus, First Physician to His Imperial Majesty," *The Illustrations from the Works of Andreas Vesalius of Brussels*, with annotations and translations by J. B. de C. M. Saunders and Charles D. O'Malley (Cleveland, OH: World Publishing Company, 1950), 233.
5) Matthew Baillie, *The Morbid Anatomy of Some of the Most Important Parts of the Human Body*, 2nd American ed. (Walpole, NH: 1808), 54.
6) Ibid., 93.
7) Ibid., 209.

"막연한 동정심"

1) Samuel Cooper, *A Dictionary of Practical Surgery* vol. 1 (New York: Harper & Brothers, 1836), 49.
2) John Hunter, *Lectures on the Principles of Surgery*(Philadelphia: Haswell, Barrington, and Haswell, 1839).
3) 에테르의 역사는 다음을 참조. http://www.anesthesia-nursing.com/ether.html (accessed January 5, 2010).
4) M. Percy, "On the Dangers of Dissection," *New Journal of Medicine and Surgery, and Collateral Branches of Science* 8, no. 2 (1819): 192–96.
5) Joseph Lister, "On the Antiseptic Principle in the Practice of Surgery," *British Medical Journal* 2, no. 351 (1867): 246.
6) Ibid., 247.
7) James S. Olson, *Bathsheba's Breast* (Baltimore: Johns Hopkins University Press, 2002), 67.
8) Edward Lewison, *Breast Cancer and Its Diagnosis and Treatment* (Baltimore: Williams and Walkins, 1955), 17.
9) Harold Ellis, *A History of Surgery* (Cambridge: Cambridge University Press, 2001), 104.
10) Theodor Billroth, Offenes schreiben an Herrn Dr. L. Wittelshofer, Wien Med Wschr (1881), 31: 161–65 참조; 다음도 참조. Owen Wangensteen and Sarah Wangensteen, *The Rise of Surgery* (Minneapolis: University of Minnesota Press, 1978), 149.
11) Owen Pritchard, " and Remarks on Upwards of Forty Operations for Cancer with Escharotics," *Lancet* 136, no. 3504 (1890): 864.

근치 개념

1) Mary Lou McCarthy McDonough, *Poet Physicians: An Anthology of Medical Poetry Written by Physicians* (Springfield, IL: Charles C. Thomas, 1945).
2) John Brown, *Rab and His Friends* (Edinburgh: David Douglas, 1885), 20.
3) W. G. MacCallum, *William Stewart Halsted, Surgeon* (Kessinger Publishing, 2008), 106. 다음도 참조. Michael Osborne, "William Stewart Halsted: His Life and Contributions to Surgery"; and S. J. Crowe, *Halsted of Johns Hopkins: The Man and His Men* (Springfield, IL: Charles C. Thomas).
4) W. H. Witt, "The Progress of Internal Medicine since 1830," in *The Centennial History of the Tennessee State Medical Association, 1830–1930*, ed. Philip M. Hammer (Nashville: Tennessee State Medical Association, 1930), 265.
5) Walter Hayle Walshe, *A Practical Treatise on the Diseases of the Lungs including the Principles of Physical Diagnosis*, 3rd ed. (Philadelphia: Blanchard and Lea, 1860), 416.
6) Lois N. Magner, *A History of Medicine* (New York: Marcel Dekker, 1992), 296.
7) MacCallum, *William Stewart Halsted*. 다음도 참조. D. W. Cathell, *The Physician Himself* (1905), 2.
8) Karel B. Absolon, *The Surgeon's Surgeon: Theodor Billroth: 1829–1894*, (Kansas: Coronado Press, 1979).
9) John L. Cameron, "William Stewart Halsted: Our Surgical Heritage," *Annals of Surgery* 225, no. 5 (1996): 445–58.

10) Donald Fleming, *William H. Welch and the Rise of Modern Medicine* (Baltimore: Johns Hopkins University Press, 1987).
11) Harvey Cushing, letter to his mother, 1898, Harvey Cushing papers at Yale University.
12) Charles H. Moore, "On the Influence of Inadequate Operations on the Theory of Cancer," *Medico-Chirurgical Transactions* 50, no. 245 (1867): 277.
13) Edward Lewison, *Breast Cancer and Its Diagnosis and Treatment* (Baltimore: Williams and Walkins, 1955), 16.
14) William S. Halsted, "A Clinical and Histological Study of Certain Adenocarcinomata of the Breast: And a Brief Consideration of the Supraclavicular Operation and of the Results of Operations for Cancer of the Breast from 1889 to 1898 at the Johns Hopkins Hospital," *Annals of Surgery* 28: 557-76.
15) W. M. Barclay, "Progress of the Medical Sciences: Surgery," *Bristol Medical-Chirurgical Journal* 17, no. 1 (1899): 334-36.
16) Halsted, "Clinical and Histological Study."
17) Westerman, "Thoraxexcisie bij recidief can carcinoma mammae," *Ned Tijdschr Geneeskd* (1910): 1686 참조.
18) from William Stewart Halsted, *Surgical Papers* (Baltimore: Johns Hopkins, 1924), 2:17, 22, 24.
19) Matas, "William Stewart Halsted, an appreciation," *Bulletin of the Johns Hopkins Hospital* 36, no. 2 (1925).
20) Halsted, "Clinical and Histological Study of Certain Adenocarcinomata of the Breast," *Annals of Surgery* 28: 560.
21) Ibid., 557.
22) Ibid., 557-76.
23) Ibid., 572.
24) William Stewart Halsted, "The Results of Radical Operations for the Cure of Carcinoma of the Breast," *Annals of Surgery* 46, no. 1 (1907): 1-19.
25) "A Vote for Partial Mastectomy: Radical Surgery Is Not the Best Treatment for Breast Cancer, He Says," *Chicago Tribune*, October 2, 1973.
26) Halsted, "Results of Radical Operations," 7. 다음도 참조, Halsted, "The Results of Radical Operations for the Cure of Cancer of the Breast," *Transactions of the American Surgical Association* 25: 66.
27) Ibid., 61.
28) Ellen Leopold, *A Darker Ribbon: Breast Cancer, Women, and Their Doctors in the Twentieth Century* (Boston: Beacon Press, 1999), 88.
29) *Transactions of the American Surgical Association* 49.
30) "Breast Cancer, New Choices," *Washington Post*, December 22, 1974.
31) Alexander Brunschwig and Virginia K. Pierce, "Partial and Complete Pelvic Exenteration: A Progress Report Based upon the First 100 Operations," *Cancer* 3 (1950): 927-74; Alexander Brunschwig, "Complete Excision of Pelvic Viscera for Advanced Carcinoma: A One-Stage Abdominoperineal Operation with End Colostomy and Bilateral Ureteral Implantation into the Colon above the Colostomy," *Cancer* 1 (1948): 177-83.
32) From George T. Pack's papers, quoted in Barron Lerner, *The Breast Cancer Wars: Hope, Fear, and the Pursuit of a Cure in Twentieth-Century America* (Oxford: Oxford University Press, 2003), 73.
33) Stanford Cade, *Radium Treatment of Cancer* (New York: William Wood, 1929), 1.
34) Urban Maes, "The Tragedy of Gastric Carcinoma: A Study of 200 Surgical Cases," *Annals of Surgery* 98, no. 4 (1933): 629.
35) Hugh H. Young, *Hugh Young: A Surgeon's Autobiography* (New York: Harcourt, Brace and

Company, 1940), 76.
36) Bertram M. Bernheim, *The Story of the Johns Hopkins* (Surrey: World's Work, 1949); A. McGehee Harvey et al., *A Model of Its Kind*, vol. 1, *A Centennial History of Medicine at Johns Hopkins University* (Baltimore: Johns Hopkins University Press, 1989); Leonard Murphy, *The History of Urology* (Springfield, IL: Charles C. Thomas, 1972), 132.
37) Harvey Cushing, "Original Memoirs: The Control of Bleeding in Operations for Brain Tumors. With the Description of Silver 'Clips' for the Occlusion of Vessels Inaccessible to the Ligature," *Annals of Surgery* 49, no. 1 (1911): 14-15.
38) Evarts G. Graham, "The First Total Pneumonectomy," *Texas Cancer Bulletin* 2 (1949): 2-4.
39) Alton Ochsner and M. DeBakey, "Primary Pulmonary Malignancy: Treatment by Total Pneumonectomy—Analysis of 79 Collected Cases and Presentation of 7 Personal Cases," *Surgery, Gynecology, and Obstetrics* 68 (1939): 435-51.

단단한 관과 약한 빛

1) "X-ray in Cancer Cure," *Los Angeles Times*, April 6, 1902.
2) "Last Judgment," *Washington Post*, August 26, 1945.
3) Wilhelm C. Rontgen, "On a New Kind of Rays," *Nature* 53, no. 1369 (1896): 274-76; John Maddox, "The Sensational Discovery of X-rays," *Nature* 375 (1995): 183.
4) Robert William Reid, *Marie Curie* (New York: Collins, 1974), 122.
5) Emil H. Grubbe, "Priority in Therapeutic Use of X-rays," *Radiology* 21 (1933): 156-62; Emil H. Grubbe, *X-ray Treatment: Its Origin, Birth and Early History* (St. Paul: Bruce Publishing, 1949).
6) "X-rays Used as a Remedy for Cancer," *New York Times*, November 2, 1901.
7) "Mining: Surplus of Radium," *Time*, May 24, 1943.
8) Oscar Carl Simonton, Stephanie Simonton, and James Creighton, *Getting Well Again: A Step-by-Step, Self-Help Guide to Overcoming Cancer for Patients and Their Families* (Los Angeles: J. P. Tarcher, 1978), 7.
9) "Medicine: Advancing Radiotherapy," *Time*, October 6, 1961.
10) "Atomic Medicine: The Great Search for Cures on the New Frontier," *Time*, April 7, 1952.
11) Claudia Clark, *Radium Girls: Women and Industrial Health Reform, 1910-1935* (Chapel Hill: University of North Carolina Press, 1997); Ross Mullner, *Deadly Glow: The Radium Dial Worker Tragedy* (Washington, DC: American Public Health Association, 1999).
12) 마리 퀴리의 병은 빠르고 격렬히 발달하는 "재생 불량 빈혈"이라는 진단을 받았지만, 지금은 재생 불량 빈혈과 비슷하고 치명적인 백혈병으로 진행하는 전백혈병 증후군인 골수이형성증의 일종이었을 것이라는 견해가 널리 퍼져 있다.
13) Otha Linton, "Radiation Dangers," *Academic Radiology* 13, no. 3 (2006): 404.
14) Willy Meyer, "Inoperable and Malignant Tumors," *Annals of Surgery* 96, no. 5 (1932): 891-92.

염색과 죽음

1) Michael B. Shimkin, "As Memory Serves—an Informal History of the National Cancer Institute, 1937-57," *Journal of the National Cancer Institute* 59 (suppl. 2) (1977): 559-600.
2) Martha Marquardt, *Paul Ehrlich* (New York: Schuman, 1951), 11. 다음도 참조. Frederick H. Kasten, "Paul Ehrlich: Pathfinder in Cell Biology," *Biotechnic & Histochemistry* 71, no. 1 (1996).
3) Phyllis Deane and William Alan Cole, *British Economic Growth, 1688-1959: Trends and Structure* (Cambridge: Cambridge University Press, 1969), 210.
4) Stanley D. Chapman, *The Cotton Industry: Its Growth and Impact, 1600-1935* (Bristol: Thoemmes, 1999), v-xviii.

5) A. S. Travis, *The Rainbow Makers: The Origins of the Synthetic Dyestuffs Industry in Western Europe* (Bethlehem, PA: Lehigh University Press, 1993), 13.
6) Ibid.
7) William Cliffe, "The Dyemaking Works of Perkin and Sons, Some Hitherto Unrecorded Details," *Journal of the Society of Dyers and Colorists* 73 (1957): 313-14.
8) Travis, *Rainbow Makers*, 195.
9) H. A. Colwell, "Gideon Harvey: Sidelights on Medical Life from the Restoration to the End of the XVII Century," *Annals of Medical History* 3, no. 3 (1921): 205-37.
10) "Researches Conducted in the Laboratories of the Royal College of Chemistry," *Reports of the Royal College of Chemistry and Researches Conducted in the Laboratories in the Years 1845-6-7* (London: Royal College of Chemistry, 1849), liv; Travis, *Rainbow Makers*, 35.
11) Friedrich Wohler, "Ueber kunstliche Bildung des Harnstoffs," *Annalen der Physik und Chemie* 87, no. 2 (1828): 253-56.
12) Paul Ehrlich, "Uber das Methylenblau und Seine Klinisch-Bakterioskopische Verwerthung," *Zeitschrift fur Klinische Medizin* 2 (1882): 710-13.
13) Paul Ehrlich, "Uber die Farbung der Tuberkelbazillen," *Deutsche Medizinische Wochenschrift* 8 (1882): 269.
14) Marquardt, *Paul Ehrlich*, 91.
15) Travis, *Rainbow Makers*, 97.
16) Felix Bosch and Laia Rosich, "The Contributions of Paul Ehrlich to Pharmacology," *Pharmacology* (2008): 82, 171-79 참조.
17) Linda E. Merians, ed., *The Secret Malady: Venereal Disease in Eighteenth-Century Britain and France* (Lexington: The University Press of Kentucky, 1996). 다음도 참조. Ehrlich, "A Lecture on Chemotherapeutics," *Lancet*, ii, 445.
18) M. Lawrence Podolsky, *Cures out of Chaos: How Unexpected Discoveries Led to Breakthroughs in Medicine and Health* (Amsterdam: Overseas Publishers Association, 1997), 273.
19) Richard Lodois Thoumin, *The First World War* (New York: Putnam, 1963), 175.
20) E. B. Krumbhaar and Helen D. Krumbhaar, "The Blood and Bone Marrow in Yellow Cross Gas (Mustard Gas) Poisoning: Changes Produced in the Bone Marrow of Fatal Cases," *Journal of Medical Research* 40, no. 3 (1919): 497-508.

독에 오염된 공기

1) William Shakespeare, *Romeo and Juliet*, act 4, scene 3 (Philadelphia: J. B. Lippincott, 1913), 229.
2) Robert Nisbet, "Knowledge Dethroned: Only a Few Years Ago, Scientists, Scholars and Intellectuals Had Suddenly Become the New Aristocracy. What Happened?" *New York Times*, September 28, 1975.
3) W. Pagel, *Paracelsus: An Introduction to Philosophical Medicine in the Era of the Renaissance*, 2nd ed. (New York: Karger, 1982), 129-30.
4) D. M. Saunders, "The Bari Incident," *United States Naval Institute Proceedings* (Annapolis: United States Naval Institute, 1967).
5) Guy B. Faguet, *The War on Cancer: An Anatomy of Failure, A Blueprint for the Future* (New York: Springer, 2005), 71.
6) Alfred Gilman, "Therapeutic Applications of Chemical Warfare Agents," *Federation Proceedings* 5 (1946): 285-92; Alfred Gilman and Frederick S. Philips, "The Biological Actions and Therapeutic Applications of the B-Chloroethyl Amines and Sulfides," *Science* 103, no. 2675 (1946): 409-15; Louis Goodman et al., "Nitrogen Mustard Therapy: Use of Methyl-Bis(Beta-Chlorethyl)amine Hydrochloride and Tris(Beta-Chloroethyl)amine Hydrochloride for Hodgkin's Disease,

Lymphosarcoma, Leukemia and Certain Allied and Miscellaneous Disorders," *Journal of the American Medical Association* 132, no. 3 (1946): 126-32.
7) Grant Taylor, *Pioneers in Pediatric Oncology* (Houston: University of Texas M. D. Anderson Cancer Center, 1990), 137. 다음도 참조. Tonse N. K. Raju, "The Nobel Chronicles," *Lancet* 355, no. 9208 (1999): 1022; Len Goodwin, "George Hitchings and Gertrude Elion—Nobel Prizewinners," *Parasitology Today* 5, no. 2 (1989): 33.
8) John Laszlo, *The Cure of Childhood Leukemia* (New Brunswick, NJ: Rutgers University Press, 1995), 65.
9) Gertrude B. Elion, "Nobel Lecture in Physiology or Medicine—1988. The Purine Path to Chemotherapy," *In Vitro Cellular and Developmental Biology* 25, no. 4 (1989): 321-30; Gertrude B. Elion, George H. Hitchings, and Henry Vanderwerff, "Antagonists of Nucleic Acid Derivatives: VI. Purines," *Journal of Biological Chemistry* 192 (1951): 505. 다음도 참조. Tom Brokaw, *The Greatest Generation* (1998; reprint, 2004), 304.
10) Joseph Burchenal, Mary L. Murphy, et al., "Clinical Evaluation of a New Antimetabolite, 6-Mercaptopurine, in the Treatment of Leukemia and Allied Diseases," *Blood* 8 no. 11 (1953): 965-99.

연예계의 선행

1) George E. Foley, *The Children's Cancer Research Foundation: The House That "Jimmy" Built: The First Quarter-Century* (Boston: Sidney Farber Cancer Institute, 1982).
2) Maxwell E. Perkins, "The Last Letter of Thomas Wolfe and the Reply to It," *Harvard Library Bulletin*, Autumn 1947, 278.
3) Philip Drinker and Charles F. McKhann III , "The Use of a New Apparatus for the Prolonged Administration of Artificial Respiration: I. A Fatal Case of Poliomyelitis," *Journal of the American Medical Association* 92: 1658-60.
4) 소아마비의 초기 역사를 다룬 문헌으로는 다음을 참조. Naomi Rogers, *Dirt and Disease: Polio before FDR* (Rutgers: Rutgers University Press, 1992). 다음도 참조. Tony Gould, *A Summer Plague: Polio and Its Survivors* (New Haven: Yale University Press, 1995).
5) Kathryn Black, *In the Shadow of Polio: A Personal and Social History* (New York: Perseus Books, 307), 25; Paul A. Offit, *The Cutter Incident: How America's First Polio Vaccine Led to the Growing Vaccine Crisis* (New Haven: Yale University Press, 2005); *History of the National Foundation for Infantile Paralysis Records; Volume II: Raising Funds to Fight Infantile Paralysis, Book 2* (March of Dimes Archives, 1957), 256-60.
6) Variety, the Children's Charity, "Our History," http://www.usvariety.org/about_history.html (accessed November 11, 2009).
7) Robert Cooke, *Dr. Folkman's War: Angiogenesis and the Struggle to Defeat Cancer* (New York: Random House, 2001), 115.
8) Foley, *Children's Cancer Research Foundation* (Boston: Sidney Farber Cancer Institute, 1982).
9) Phyllis Clauson, 저자와의 인터뷰, July 2009; Karen Cummins, 저자와의 인터뷰, July 2009. 다음도 참조. Foley, *Children's Cancer Research Foundation*.
10) 당시의 방송을 녹음한 내용은 지미 기금 웹사이트 http://www.jimmyfund.org/abo/broad/jimmy broadcast.asp에서 들을 수 있다. 다음도 참조. Saul Wisnia, *Images of America: The Jimmy Fund of the Dana-Farber Cancer Institute* (Charleston, SC: Arcadia, 2002), 18-19.
11) Foley, *Children's Cancer Research Foundation*.
12) "The Manhattan Project, An Interactive History," U.S. Department of Energy, Office of History, 2008 참조.

13) Mark Pendergrast, *For God, Country and Coca-Cola: The Definitive History of the Great American Soft Drink and the Company That Makes It* (New York: Basic Books, 2000), 212.

지미가 지은 집

1) Susan Sontag, *Illness as Metaphor and AIDS and Its Metaphors* (New York: Picador, 1990), 125.
2) *Medical World News*, November 25, 1966.
3) George E. Foley, *The Children's Cancer Research Foundation: The House That "Jimmy" Built: The First Quarter-Century* (Boston: Sidney Farber Cancer Institute, 1982).
4) Name withheld, a hospital volunteer in the 1950s to 1960s, 저자와의 인터뷰, May 2001.
5) "Braves Move to Milwaukee; Majors' First Shift since '03," *New York Times*, March 19, 1953.
6) "Dinner Honors Williams; Cancer Fund Receives $150,000 from $100-Plate Affair," *New York Times*, August 18, 1953.
7) Foley, *Children's Cancer Research Foundation*.
8) Robin Pogrebin and Timothy L. O'Brien, "A Museum of One's Own," *New York Times*, December 5, 2004.
9) "Medicine: On the Track," *Time*, January 21, 1952.
10) Jeremiah Goldstein, "Preface to My Mother's Diary," *Journal of Pediatric Hematology/Oncology* 30, no. 7 (2008): 481-504.
11) Sidney Farber, "Malignant Tumors of Childhood," *CA: A Cancer Journal for Clinicians* (1953): 3, 106-7.
12) Sidney Farber letter to Mary Lasker, August 19, 1955.

제2부 성급한 전쟁

1) Franz Kafka, *The Great Wall of China and Other Pieces* (London: Secker and Warburg, 1946), 142.
2) Sidney Farber, quoted in Guy B. Faguet, *The War on Cancer: An Anatomy of Failure, a Blueprint for the Future* (New York: Springer, 2005), 97.

"그들은 협회를 만든다"

1) Michael B. Shimkin, "As Memory Serves—an Informal History of the National Cancer Institute, 1937-57," *Journal of the National Cancer Institute* 59 (suppl. 2) (1977): 559-600.
2) Senator Lister Hill, "A Strong Independent Cancer Agency," October 5, 1971, Mary Lasker Papers.
3) Alexis de Tocqueville, *Democracy in America* (New York, Penguin), 296.
4) Mary Lasker Oral History Project, Part 1, Session 1, p. 3, http://www.columbia.edu/cu/lweb/digital/collections/nny/ laskerm/transcripts/laskerm_1_1_3.html.
5) Ibid., p. 56.
6) Stephen R. Fox, *The Mirror Makers: A History of American Advertising and Its Creators* (New York: William Morrow, 1984), 51.
7) Mary Lasker Oral History Project, Part 1, Session 3, p. 80.
8) J. Michael Bishop, "Mary Lasker and Her Prizes: An Appreciation," *Journal of the American Medical Association* 294, no. 11 (2005): 1418-19.
9) Mary Lasker Oral History Project, Part 1, Session 7.
10) "The Fairy Godmother of Medical Research," *BusinessWeek*, July 14, 1986.
11) Mary Lasker Oral History Project, Part 1, Session 5, p. 136, and Session 16, pp. 477-79.
12) Ibid., Session 16, pp. 477-79.
13) Ibid. 다음도 참조. Mary Lasker interview, October 23, 1984, in Walter Ross, *Crusade, the Official History of the American Cancer Society* (Westminster, MD: Arbor House, 1987), 33.

14) Mary Lasker Oral History Project, Part 1, Session 7, p. 183.
15) *Reader's Digest*, October 1945.
16) Letter from a soldier to Mary Lasker, 1949.
17) Richard A. Rettig, *Cancer Crusade: The Story of the National Cancer Act of 1971* (Lincoln, NE: Author's Choice Press, 1977), 21.
18) Letter from Cornelius A. Wood to Mary Lasker, January 6, 1949, Mary Lasker Papers, Box 210.
19) Ibid.
20) Letter from Mary Lasker to Jim Adams, May 13, 1945, Mary Lasker Papers.
21) 수치 자료는 메리 래스커의 서류에 있는 편지와 영수증을 통해서 얻었다.
22) Charles Cameron, *Cancer Control*, vol. 3, 1972.
23) James T. Patterson, *The Dread Disease: Cancer and Modern American Culture* (Cambridge, MA: Harvard University Press, 1987), 173. 다음도 참조. Rettig, *Cancer Crusade*, 22.
24) Letter from Frank Adair to ACS members, October 23, 1945.
25) Telegram from Jim Adams to Mary Lasker, 1947, Mary Lasker Papers.
26) Letter from Rose Kushner to Mary Lasker, July 22, 1988, Rose Kushner Papers, Harvard University.
27) "Doctor Foresees Cancer Penicillin," *New York Times*, October 3, 1953.
28) 예를 들면, 1948년 10월 15일자로 존 헬러가 메리 래스커에게 보낸 편지가 대표적이다. Mary Lasker Papers, Box 119; and Memorandum on Conversation with Dr. Farber, February 24, 1952, Mary Lasker Papers, Box 76.
29) Letter from Sidney Farber to Mary Lasker, August 19, 1955, Mary Lasker Papers, Box 170.
30) Ibid.
31) Robert Mayer, 저자와의 인터뷰, July 2008.
32) Rettig, *Cancer Crusade*, 26.
33) Letter from Sidney Farber to Mary Lasker, September 5, 1958.

"화학요법의 새로운 친구들"

1) Czeslaw Milosz, *New and Collected Poems: 1931-2001* (New York: Ecco, 2001), 431.
2) K. E. Studer and Daryl E. Chubin, *The Cancer Mission: Social Contexts of Biomedical Research* (Newbury Park, CA: Sage Publications, 1980).
3) Mary Lasker Oral History Project, Part 1, Session 9, p. 260.
4) Letter from Lowel Cogeshall to Mary Lasker, March 11, 1952, Mary Lasker Papers, Box 76.
5) "A. D. Lasker Dies; Philanthropist, 72," *New York Times*, May 31, 1952.
6) Senator Lister Hill, "A Strong Independent Cancer Agency," October 5, 1971, Mary Lasker Papers, Columbia University.
7) "Science and the Bomb," *New York Times*, August 7, 1945.
8) Vannevar Bush, *Science the Endless Frontier: A Report to the President by Vannevar Bush, Director of the Office of Scientific Research and Development, July 1945* (Washington, DC: United States Government Printing Office, 1945).
9) Daniel S. Greenberg, *Science, Money, and Politics: Political Triumph and Ethical Erosion* (Chicago: University of Chicago Press, 2001), 167.
10) Ibid., 419.
11) Stephen Parks Strickland, *Politics, Science, and the Dread Disease: A Short History of the United States Medical Research Policy* (Cambridge, MA: Harvard University Press, 1972), 16.
12) Ernest E. Sellers, "Early Pragmatists," *Science* 154, no. 3757 (1996): 1604.
13) Stanley Reimann, "The Cancer Problem as It Stands Today," *Transactions and Studies of the College of Physicians of Philadelphia* 13 (1945): 21.

14) C. G. Zubrod et al., "The Chemotherapy Program of the National Cancer Center Institute: History, Analysis, and Plans," *Cancer Chemotherapy Reports* 50 (1966): 349-540; V. T. DeVita, "The Evolution of Therapeutic Research in Cancer," *New England Journal of Medicine* 298 (1978): 907-10.
15) Letter from Sidney Farber to Mary Lasker, August 19, 1955, Mary Lasker Papers, Box 170.
16) Selman Waksman and H. B. Woodruff, "Bacteriostatic and Bacteriocidal Substances Produced by a Soil Actinomyces," *Proceedings of the Society for Experimental Biology and Medicine* 45 (1940): 609.
17) Sidney Farber, Giulio D'Angio, Audrey Evans, and Anna Mitus, "Clinical Studies of Actinomycin D with Special Reference to Wilms' Tumor in Children," *Annals of the New York Academy of Science* 89 (1960): 421-25.
18) Giulio D'Angio, "Pediatric Oncology Refracted through the Prism of Wilms' Tumor: A Discourse," *Journal of Urology* 164 (2000): 2073-77.
19) Jeremiah Goldstein, "Preface to My Mother's Diary," *Journal of Pediatric Hematology/Oncology* 30, no. 7 (2008): 481-504.

"푸줏간"

1) H. J. de Koning, "Mammographic Screening: Evidence from Randomised Controlled Trials," *Annals of Oncology* 14 (2003): 1185-89.
2) Michael LaCombe, "What Is Internal Medicine?" *Annals of Internal Medicine* 118, no. 5 (1993): 384-88.
3) John Laszlo, *The Cure of Childhood Leukemia: Into the Age of Miracles* (New Brunswick, NJ: Rutgers University Press, 1995), 118-20.
4) Emil Frei III, "Confrontation, Passion, and Personalization," *Clinical Cancer Research* 3 (1999): 2558.
5) Emil Frei III, "Gordon Zubrod, MD," *Journal of Clinical Oncology* 17 (1999): 1331. 다음도 참조. Taylor, *Pioneers in Pediatric Oncology*, 117.
6) Grant Taylor, *Pioneers in Pediatric Oncology* (Houston: University of Texas M. D. Anderson Cancer Center, 1990), 117.
7) Edward Shorter, *The Health Century* (New York: Doubleday, 1987), 192.
8) Andrew M. Kelahan, Robert Catalano, and Donna Marinucci, "The History, Structure, and Achievements of the Cancer Cooperative Groups," (May/June 2000): 28-33.
9) Robert Mayer, 저자와의 인터뷰, July 2008. 다음도 참조. Frei, "Gordon Zubrod," 1331; and Taylor, *Pioneers in Pediatric Oncology*, 117.
10) Austin Bradford Hill, *Principles of Medical Statistics* (Oxford: Oxford University Press, 1966); A. Bradford Hill, "The Clinical Trial," *British Medical Bulletin* 7, no. 4 (1951): 278-82.
11) Emil Freireich, 저자와의 인터뷰, September 2009.
12) Emil Frei III et al., "A Comparative Study of Two Regimens of Combination Chemotherapy in Acute Leukemia," *Blood* 13, no. 12 (1958): 1126-48; Richard Schilsky et al., "A Concise History of the Cancer and Leukemia Group B," *Clinical Cancer Research* 12, no. 11, pt. 2 (2006): 3553s-5s.
13) Frei et al., "Comparative Study of Two Regimens."
14) Emil Freireich, 개인적인 인터뷰.
15) Vincent T DeVita, Jr. and Edward Chu, "A History of Cancer Chemotherapy," *Cancer Research* 68, no. 21 (2008): 8643.

초기의 승리

1) Brian Vastag, "Samuel Broder, MD, Reflects on the 30th Anniversary of the National Cancer Act," *Journal of the American Medical Association* 286 (2001): 2929-31.

2) Emil J. Freireich, "Min Chiu Li: A Perspective in Cancer Therapy," *Clinical Cancer Research* 8 (2002): 2764-65.
3) Mickey Goulian, 저자와의 인터뷰, September 2007.
4) Ibid.
5) M. C. Li, R. Hertz, and D. M. Bergenstal, "Therapy of Choriocarcinoma and Related Trophoblastic Tumors with Folic Acid and Purine Antagonists," *New England Journal of Medicine* 259, no. 2 (1958): 66-74.
6) John Laszlo, *The Cure of Childhood Leukemia: Into the Age of Miracles* (New Brunswick, NJ: Rutgers University Press, 1995), 145-47.
7) Ibid.
8) Emil Freireich, 저자와의 인터뷰, September 2009.
9) Laszlo, *Cure of Childhood Leukemia*, 145.

생쥐와 인간

1) Margie Patlak, "Targeting Leukemia: From Bench to Bedside," *FASEB Journal* 16 (2002): 273E.
2) John Laszlo, *The Cure of Childhood Leukemia: Into the Age of Miracles* (New Brunswick, NJ: Rutgers University Press, 1995.
3) Ibid., 142.
4) Emil Freireich, 인터뷰, September 2009.
5) Norman R. Farnsworth, "Screening Plants for New Medicines," in *Biodiversity*, ed. E. O. Wilson (Washington, DC: National Academy Press, 1988), 94; Normal R. Farnsworth, "Rational Approaches Applicable to the Search for and Discovery of New Drugs From Plants," in *Memorias del 1er Symposium Latinoamericano y del Caribe de Farmacos Naturales, La Habana, Cuba, 21 al 28 de Junio, 1980*, 27-59 (Montevideo, Uruguay: UNESC O Regional Office Academia de Ciencias de Cuba y Comision Nacional de Cuba ante la UNESCO).
6) David Nathan, *The Cancer Treatment Revolution* (Hoboken, NJ: Wiley, 2007), 59.
7) Laszlo, *Cure of Childhood Leukemia*, 199-209.
8) 다음의 예를 참조. Howard E. Skipper, "Cellular Kinetics Associated with 'Curability' of Experimental Leukemias," in William Dameshek and Ray M. Dutcher, eds., *Perspectives in Leukemia* (New York: Grune & Stratton, 1968), 187-94.
9) Emil Frei, "Curative Cancer Chemotherapy," *Cancer Research* 45 (1985): 6523-37.

VAMP

1) William C. Moloney and Sharon Johnson, *Pioneering Hematology: The Research and Treatment of Malignant Blood Disorders — Reflections on a Life's Work* (Boston: Francis A. Countway Library of Medicine, 1997).
2) John Laszlo, *The Cure of Childhood Leukemia: Into the Age of Miracles* (New Brunswick, NJ: Rutgers University Press, 1995), 141.
3) Edward Shorter, *The Health Century* (New York: Doubleday, 1987), 189.
4) David Nathan, *The Cancer Treatment Revolution* (Hoboken, NJ: Wiley, 2007), 63 참조.
5) Emil Freireich, 저자와의 인터뷰, September 2009.
6) Laszlo, *Cure of Childhood Leukemia*, 143.
7) E. J. Freireich, M. Karon, and E. Frei III, "Quadruple Combination Therapy (VAMP) for Acute Lymphocytic Leukemia of Childhood," *Proceedings of the American Association for Cancer Research* 5 (1963): 20; E. Frei III , "Potential for Eliminating Leukemic Cells in Childhood Acute Leukemia," *Proceedings of the American Association for Cancer Research* 5 (1963): 20.

8) Laszlo, *Cure of Childhood Leukemia*, 143-44.
9) Mickey Goulian, 저자와의 인터뷰, September 2007.
10) 보스턴의 한 의사가 환자 K. L.(이름은 비공개)에게 보낸 편지, 저자와의 인터뷰, September 2009.
11) Jonathan B. Tucker, *Ellie: A Child's Fight against Leukemia* (New York: Holt, Rinehart, and Winston, 1982).
12) Freireich, 저자와의 인터뷰.
13) Goulian, 저자와의 인터뷰.
14) Freireich, 저자와의 인터뷰.
15) "Kids with Cancer," *Newsweek*, August 15, 1977.
16) Freireich, 저자와의 인터뷰.
17) Emil Frei, "Curative Cancer Chemotherapy," *Cancer Research* 45 (1985): 6523-37.
18) Harold P. Rusch, "The Beginnings of Cancer Research Centers in the United States," 74 (1985): 391-403.
19) Ibid.
20) Sidney Farber, letter to Etta Rosensohn, Mary Lasker Papers, Columbia University.

어느 해부학자의 종양

1) Vincent T. DeVita Jr. and Edward Chu, "A History of Cancer Chemotherapy," *Cancer Research* 68, no. 21 (2008): 8643-53.
2) Louis Rosenfeld, *Thomas Hodgkin: Morbid Anatomist & Social Activist* (Lanham, MD: Madison Books, 1993), 1. 다음도 참조. Amalie M. Kass and Edward H. Kass, *Perfecting the World: The Life and Times of Dr. Thomas Hodgkin, 1798-1866* (Boston: Harcourt Brace Jovanovich, 1988).
3) T. Hodgkin, "On Some Morbid Appearances of the Absorbent Glands and Spleen," *Medico-Chirurgical Transactions* 17 (1832): 68-114. 호지킨은 학회 회원이 아니었기 때문에 로버트 리가 학회에서 논문을 대신 낭독했다.
4) Hodgkin, "On Some Morbid Appearances," 96.
5) Marvin J. Stone, "Thomas Hodgkin: Medical Immortal and Uncompromising Idealist," *Baylor University Medical Center Proceedings* 18 (2005): 368-75.
6) Carl Sternberg, "Uber eine eigenartige unter dem Bilde der Pseudoleu Kamie Verlaufende Tuberkuloses des Lymphatischen Apparates," *Ztschr Heitt* 19 (1898): 21-91.
7) A. Aisenberg, "Prophylactic Radiotherapy in Hodgkin's Disease," *New England Journal of Medicine* 278, no. 13 (1968): 740; A. Aisenberg, "Management of Hodgkin's Disease," *New England Journal of Medicine* 278, no. 13 (1968): 739; A. C. Aisenberg, "Primary Management of Hodgkin's Disease," *New England Journal of Medicine* 278, no. 2 (1968): 92-95.
8) Z. Fuks and M. Feldman, "Henry S. Kaplan, 1918-1984: A Physician, a Scientist, a Friend," *Cancer Surveys* 4, no. 2 (1985): 294-311.
9) Malcolm A. Bagshaw, Henry E. Jones, Robert F. Kallman, and Joseph P. Kriss, "Memorial Resolution: Henry S. Kaplan (1918-1984)," Stanford University Faculty Memorials, Stanford Historical Society, http://histsoc.stanford.edu/pdfmem/KaplanH.pdf (accessed November 22, 2009).
10) Ibid.
11) George Canellos, 저자와의 인터뷰, March 2008.
12) R. Gilbert, "Radiology in Hodgkin's Disease [malignant granulomatosis]. Anatomic and Clinical Foundations," *American Journal of Roentgenology and Radium Therapy* 41 (1939): 198-241; D. H. Cowan, "Vera Peters and the Curability of Hodgkin's Disease," *Current Oncology* 15, no. 5 (2008): 206-10.
13) M. V. Peters and K. C. Middlemiss, "A Study of Hodgkin's Disease Treated by Irradiation,"

American Journal of Roentgenology and Radium Therapy 79 (1958): 114-21.
14) H. S. Kaplan, "The Radical Radiotherapy of Regionally Localized Hodgkin's Disease," *Radiology* 78 (1962): 553-61; Richard T. Hoppe, Peter T. Mauch, James O. Armitage, Volker Diehl, and Lawrence M. Weiss, *Hodgkin Lymphoma* (Philadelphia: Lippincott Williams & Wilkins, 2007), 178.
15) Aisenberg, "Primary Management of Hodgkin's Disease," 95.
16) H. S. Kaplan, "Radical Radiation for Hodgkin's Disease," *New England Journal of Medicine* 278, no. 25 (1968): 1404; H. S. Kaplan, "Clinical Evaluation and Radiotherapeutic Management of Hodgkin's Disease and the Malignant Lymphomas," *New England Journal of Medicine* 278, no. 16 (1968): 892-99.
17) Aisenberg, "Primary Management of Hodgkin's Disease," 93.

행군하는 군대

1) "Looking Back: Sidney Farber and the First Remission of Acute Pediatric Leukemia," Children's Hospital Boston, http://www.childrenshospital.org/gallery/index.cfm?G=49&page=1 (accessed November 22, 2009).
2) Kenneth Endicott, quoted in the Mary Lasker Papers, "Cancer Wars," National Library of Medicine.
3) R. C. Stein et al., "Prognosis of Childhood Leukemia," *Pediatrics* 43, no. 6 (1969): 1056-58.
4) George Canellos, 저자와의 인터뷰, March 2008.
5) V. T. DeVita Jr., *British Journal of Haematology* 122, no. 5 (2003): 718-27.
6) Ronald Piana, "ONI Sits Down with Dr. Vincent DeVita," *Oncology News International* 17, no. 2 (February 1, 2008), http://www.consultantlive.com/display/article/10165/1146581?pageNumber=2&verify=0 (accessed November 22, 2009).
7) Vincent T. DeVita Jr. and Edward Chu, "A History of Cancer Chemotherapy," *Cancer Research* 21: 8643 참조.
8) Vincent T. DeVita Jr. et al., "Combination Chemotherapy in the Treatment of Advanced Hodgkin's Disease," *Annals of Internal Medicine* 73, no. 6 (1970): 881-95.
9) Bruce Chabner, 저자와의 인터뷰, July 2009.
10) Henry Kaplan, *Hodgkin's Disease* (New York: Commonwealth Fund, 1972), 15, 458. 다음도 참조. DeVita et al., "Combination Chemotherapy in the Treatment."
11) Joseph V. Simone, "A History of St. Jude Children's Research Hospital," *British Journal of Haematology* 120 (2003): 549-55.
12) R. J. Aur and D. Pinkel, "Total Therapy of Acute Lymphocytic Leukemia," *Progress in Clinical Cancer* 5 (1973): 155-70.
13) Joseph Simone et al., "'Total Therapy' Studies of Acute Lymphocytic Leukemia in Children: Current Results and Prospects for Cure," *Cancer* 30, no. 6 (1972): 1488-94.
14) Aur and Pinkel, "Total Therapy of Acute Lymphocytic Leukemia."
15) "This Week's Citations Classic: R. J. A. Aur et al., "Central Nervous System Therapy and Combination Chemotherapy of Childhood Lymphocytic Leukemia," *Citation Classics* 28 (July 14, 1986).
16) Jocelyn Demers, *Suffer the Little Children: The Battle against Childhood Cancer* (Fountain Valley, CA: Eden Press, 1986), 17.
17) Donald Pinkel et al., "Nine Years' Experience with 'Total Therapy' of Childhood Acute Lymphocytic Leukemia," *Pediatrics* 50, no. 2 (1972): 246-51.
18) S. L. George et al., "A Reappraisal of the Results of Stopping Therapy in Childhood Leukemia," *New England Journal of Medicine* 300, no. 6 (1979):269-73.
19) Donald Pinkel, "Treatment of Acute Lymphocytic Leukemia" *Cancer* 23 (1979): 25-33.
20) Pinkel et al, "Nine Years' Experience with 'Total Therapy.'"

마차와 말

1) P. T. Cole, "Cohorts and Conclusions," *New England Journal of Medicine* 278, no. 20 (1968): 1126-27.
2) Letter from Sidney Farber to Mary Lasker, September 4, 1965.
3) Vincent T. DeVita Jr. and Edward Chu, "A History of Cancer Chemotherapy," *Cancer Research* 68, no. 21 (2008): 8643-53.
4) Vincent T. DeVita Jr., "A Selective History of the Therapy of Hodgkin's Disease," *British Journal of Hemotology* 122 (2003): 718-27.
5) Kenneth Endicott, quoted in "Cancer Wars," Mary Lasker Papers, Profiles in Science, National Libraries of Medicine. 다음도 참조. V. T. DeVita Jr., "A Perspective on the War on Cancer," *Cancer Journal* 8, no. 5 (2002): 352-56.
6) Ellen Leopold, *A Darker Ribbon: Breast Cancer, Women, and Their Doctors in the Twentieth Century* (Boston: Beacon Press, 1999), 269-70.
7) "Fanfare Fades in the Fight against Cancer," *U.S. News and World Report*, June 19, 1978.
8) Heather L. Van Epps, "Peyton Rous: Father of the Tumor Virus," *Journal of Experimental Medicine* 201, no. 3 (2005): 320; Peter K. Vogt, "Peyton Rous: Homage and Appraisal," *Journal of the Federation of American Societies for Experimental Biology* 10 (1996): 1559-62.
9) Peyton Rous, "A Transmissible Avian Neoplasm (Sarcoma of the Common Fowl)," *Journal of Experimental Medicine* 12, no. 5 (1910): 696-705; Peyton Rous, "A Sarcoma of the Fowl Transmissible by an Agent Separable from the Tumor Cells," *Journal of Experimental Medicine* 13, no. 4 (1911): 397-411.
10) Rous, "A Transmissible Avian Neoplasm."
11) Richard E. Shope, "A Change in Rabbit Fibroma Virus Suggesting Mutation: II. Behavior of the Varient Virus in Cottontail Rabbits," *Journal of Experimental Medicine* 63, no. 2 (1936): 173-78; Richard E. Shope, "A Change in Rabbit Fibroma Virus Suggesting Mutation: III. Interpretation of Findings," *Journal of Experimental Medicine* 63, no. 2 (1936): 179-84.
12) Denis Burkitt, "A Sarcoma Involving the Jaws in African Children," *British Journal of Surgery* 46, no. 197 (1958): 218-23.
13) "New Evidence That Cancer May Be Infectious," *Life*, June 22, 1962. 다음도 참조. "Virus Link Found," *Los Angeles Times*, November 30, 1964.
14) Letter from Mary Kirkpatrick to Peyton Rous, June 23, 1962, Peyton Rous papers, the American Philosophical Society, quoted in James T. Patterson, *The Dread Disease: Cancer and Modern American Culture* (Cambridge, MA: Harvard University Press, 1987), 237.
15) Nicholas Wade, "Special Virus Cancer Program: Travails of a Biological Moonshot," *Science* 174, no. 4016(1971): 1306-11.
16) Ibid.
17) Peyton Rous, "The Challenge to Man of the Neoplastic Cell," Nobel lecture, December 13, 1966, *Nobel Lectures, Physiology or Medicine, 1963-1970* (Amsterdam: Elsevier, 1972).
18) Peyton Rous, "Surmise and Fact on the Nature of Cancer," *Nature* 183, no. 4672 (1959): 1357-61.
19) "Hunt Continues for Cancer Drug," *New York Times*, October 13, 1963.
20) Letter from Sidney Farber to Mary Lasker, September 4, 1965, Mary Lasker Papers, Box 171.
21) Mary Lasker, "Need for a Commission on the Conquest of Cancer as a National Goal by 1976," Mary Lasker Papers, Box 111.
22) Solomon Garb, *Cure for Cancer: A National Goal* (New York: Springer, 1968).
23) Ibid.
24) "The Moon: A Giant Leap for Mankind," *Time*, July 25, 1969.
25) Buzz Aldrin, *Magnificent Desolation: The Long Journey Home from the Moon* (New York:

Harmony Books, 2009).
26) "Space: The Greening of the Astronauts," *Time*, December 11, 1972.
27) "The Moon," *Time*.
28) Glen E. Swanson, *Before This Decade Is Out: Personal Reflections on the Apollo Program* (Washington, DC: NASA History Office, 1999), 374.
29) Lasker, "Need for a Commission."
30) "Two Candidates in Primary in Alabama Count Ways They Love Wallace," *New York Times*, May 27, 1968.
31) "Conflicted Ambitions, Then, Chappaquiddick," *Boston Globe*, February 17, 2009.
32) Mary Lasker Oral History Project, Part II, Session 5, p. 125.

"암을 위한 달 탐사선 발사"

1) William Carey, "Research Development and the Federal Budget," Seventeenth National Conference on the Administration of Research, September 11, 1963.
2) Robert Semple, *New York Times*, December 26, 1971.
3) Advertisement from the American Cancer Society, *New York Times*, December 17, 1971.
4) Aleksandr Solzhenitsyn, *Cancer Ward* (New York: Farrar, Straus and Giroux, 1968).
5) Erich Segal, *Love Story*, DVD, directed by Arthur Hiller, 2001.
6) Mark Harris, *Bang the Drum Slowly*, DVD, directed by John D. Hancock, 2003.
7) Al Silverman, Gale Sayers, and William Blinn, *Brian's Song*, DVD, directed by Buzz Kulik, 2000.
8) Richard A. Rettig, *Cancer Crusade: The Story of the National Cancer Act of 1971* (Lincoln, NE: Author's Choice Press, 1977), 175.
9) "My Fight against Cancer," *Chicago Tribune*, May 6, 1973.
10) Renata Salecl, *On Anxiety* (London: Routledge, 2004), 4. Also Renata Salecl, 저자와의 인터뷰, April 2006.
11) Ellen Goodman, "A Fear That Fits the Times," September 14, 1978.
12) James T. Patterson, *The Dread Disease: Cancer and Modern American Culture* (Cambridge, MA: Harvard University Press, 1987), 149.
13) 닉슨의 말은 다음을 참조. National Archives and Records Administration, Nixon Presidential Materials Project, 513-14, June 7, 1971, transcribed by Daniel Greenberg. I. I. Rabi, quoted in Daniel S. Greenberg, *The Politics of Pure Science* (Chicago: University of Chicago Press, 1999), 3 참조.
14) Rettig, *Cancer Crusade*, 82.
15) Mary Lasker, "Need for a Commission on the Conquest of Cancer as a National Goal by 1976," Mary Lasker Papers, Box 111.
16) Rettig, *Cancer Crusade*, 74-89.
17) Letter from Ralph W. Yarborough to Mary Lasker, June 2, 1970, Mary Lasker Papers, Box 112.
18) 보고서는 1970년 11월에 두 건의 문서로 발표되었고, 1970년 12월과 1971년 4월에 재간행되었다. Senate Document 92-99, 1st sess. 참조, April 14, 1971. 다음도 참조. Rettig, *Cancer Crusade*, 105.
19) Benno Schmidt, quoted by Alan C. Davis (interview with Richard Rettig) in Rettig, *Cancer Crusade*, 109.
20) Ibid.
21) "Mary Woodard Lasker: First Lady of Medical Research," presentation by Neen Hunt at the National Library of Medicine, http://profiles.nlm.nih.gov/TL/B/B/M/P/ (accessed January 6, 2010).
22) Ask Ann Landers, *Chicago Sun-Times*, April 20, 1971.
23) Rick Kogan, *America's Mom: The Life, Lessons, and Legacy of Ann Landers* (New York: Harper Collins, 2003), 104.
24) "Ann Landers," *Washington Post*, May 18, 1971.

25) Ann Landers and Margo Howard, A Life in Letters (New York: Warner Books, 2003), 255.
26) Philip Lee. 다음도 참조. Committee on Labor and Public Welfare Report No. 92-47, June 28, 1971, p. 43. S. 1828, 92nd Cong., 1st sess.
27) Patterson, *Dread Disease*, 152.
28) James Watson, "To Fight Cancer, Know the Enemy," *New York Times*, August 5, 2009 참조.
29) James Watson, "The Growing Up of Cancer Research," *Science Year: The Book World Science Annual, 1973;* Mary Lasker Papers.
30) "Washington Rounds," *Medical World News*, March 31, 1972.
31) Irvine H. Page, "The Cure of Cancer 1976," *Journal of Laboratory and Clinical Medicine* 77, no. 3 (1971): 357-60.
32) "Tower Ticker," *Chicago Tribune*, January 28, 1971.
33) Benno Schmidt, oral history and memoir (gift and property of Elizabeth Smith, New York).
34) 로저스 법안의 자세한 내용은 다음을 참조. Rettig, *Cancer Crusade*, 250-75.
35) Iwan W. Morgan, *Nixon* (London: Arnold, 2002), 72.
36) "Nixon Signs Cancer Bill; Cites Commitment to Cure," *New York Times*, December 24, 1971.
37) "The National Cancer Act of 1971," Senate Bill 1828, enacted December 23, 1871 (P.L. 92-218), National Cancer Institute, http://legislative.cancer.gov/history/phsa/1971 (accessed December 2, 2009). Frank Rauscher, the director of the National Cancer Program, estimated the real numbers to have been $233 million in 1971, $378 million in 1972, $432 million in 1973, and $500 million in 1974. Frank Rauscher, "Budget and the National Cancer Program (NC P)," *Cancer Research* 34, no. 7 (1974): 1743-48.
38) Mary Lasker Oral History Project, Part 1, Session 7, p. 185.
39) Ibid., Part 2, Session 10, p. 334.
40) Ibid., Part 1, Session 7, p. 185; and Thomas Farber, 저자와의 인터뷰, December 2007.
41) "Mary Lasker: Still Determined to Beautify the City and Nation," *New York Times*, April 28, 1974.
42) *Chicago Tribune*, June 23, 1971, p. 16.
43) Denis R. Miller, "A Tribute to Sidney Farber—the Father of Modern Chemotherapy," *British Journal of Haematology* 134 (2006): 20-26; "Dr. Sidney Farber, a Pioneer in Children's Cancer Research; Won Lasker Award," *New York Times*, March 31, 1973. 다음도 참조. Mary Lasker, "A Personal Tribute to Sidney Farber, M.D. (1903-1973)," *CA: A Cancer Journal for Clinicians* 23, no. 4 (1973): 256-57.
44) Lasker, "A Personal Tribute."

제3부 "호전되지 않으면 내 삶을 끝내줄래요?"

1) William Shakespeare, *All's Well That Ends Well* (New York: Macmillan, 1912), act 2, scene 1, lines 145-47, p. 34.
2) T. S. Eliot, "The Love Song of J. Alfred Prufrock," lines 84-86, *The Norton Anthology of Poetry*, 4th ed. (New York: Norton, 1996), 1232.
3) Frank Rauscher, letter to Mary Lasker, March 18, 1974, Mary Lasker Papers, Box 118.

"신이라면 그냥 믿겠지만 그밖의 모든 것은 자료가 있어야 합니다"

1) "Knowledge Dethroned," *New York Times*, September 28, 1975.
2) G. Keynes, "Carcinoma of the Breast, the Unorthodox View," *Proceedings of the Cardiff Medical Society*, April 1954, 40-49.
3) Untitled document, 1981, Rose Kushner Papers, 1953-90, Box 43, Harvard University.
4) Cushman Davis Haagensen, *Diseases of the Breast* (New York: Saunders, 1971), 674.

5) W. S. Halsted, "The Results of Operations for the Cure of the Cancer of Breast Performed at the Johns Hopkins Hospital from June 1889 to January 1894," *Johns Hopkins Hospital Bulletin* 4 (1894): 497-555.
6) Haagensen, *Diseases of the Breast*, 674.
7) D. Hayes Agnew, *The Principles and Practice of Surgery, Being a Treatise on Surgical Diseases and Injuries*, 2nd ed. (Philadelphia: J. B. Lippincott Company, 1889), 3: 711.
8) Ibid.
9) G. Keynes, "The Treatment of Primary Carcinoma of the Breast with Radium," *Acta Radiologica* 10 (1929): 393-401; G. Keynes, "The Place of Radium in the Treatment of Cancer of the Breast," *Annals of Surgery* 106 (1937): 619-30. 그의 전기에 관한 자세한 내용은 다음을 참조. W. LeFanu, "Sir Geoffrey Keynes (1887-1982)," *Bulletin of the History of Medicine* 56, no. 4 (1982): 571-73.
10) "The Radiation Treatment of Carcinoma of the Breast," *St. Bartholomew's Hospital Reports*, vol. 60, ed. W. McAdam Eccles et al. (London: John Murray, 1927), 91-93.
11) Ibid.
12) Ibid., 94.
13) Roger S. Foster Jr., "Breast Cancer Detection and Treatment: A Personal and Historical Perspective," *Archives of Surgery* 138, no. 4 (2003): 397-408.
14) Ibid.; G. Crile Jr., "The Evolution of the Treatment of Breast Cancer," *Breast Cancer: Controversies in Management*, ed. L. Wise and H. Johnson Jr. (Armonk, NY: Futura Publishing Co., 1994).
15) Narendra Nathoo, Frederick K. Lautzenheiser, and Gene H. Barnett, "The First Direct Human Blood Transfusion: the Forgotten Legacy of George W. Crile," *Neurosurgery* 64 (2009): 20-26; G. W. Crile, *Hemorrhage and Transfusion: An Experimental and Clinical Research* (New York: D. Appleton, 1909).
16) Amitav Ghosh, *Dancing in Cambodia, at Large in Burma* (New Delhi: Ravi Dayal, 1998), 25.
17) Foster, "Breast Cancer Detection and Treatment"; George Crile, *The Way It Was: Sex, Surgery, Treasure and Travel* (Kent, OH: Kent University Press, 1992), 391-400.
18) George Crile Jr., "Treatment of Breast Cancer by Local Excision," *American Journal of Surgery* 109 (1965): 400-403; George Crile Jr., "The Smaller the Cancer the Bigger the Operation? Rational of Small Operations for Small Tumors and Large Operations for Large Tumors," *Journal of the American Medical Association* 199 (1967): 736-38; George Crile Jr., *A Biologic Consideration of Treatment of Breast Cancer* (Springfield, IL: Charles C. Thomas, 1967); G. Crile Jr. and S. O. Hoerr, "Results of Treatment of Carcinoma of the Breast by Local Excision," *Surgery, Gynecology, and Obstetrics* 132 (1971): 780-82.
19) J. Neyman and E. S. Pearson, "On the Use and Interpretation of Certain Test Criteria for Purposes of Statistical Inference. Part I," *Biometrika* 20A, nos. 1-2 (1928): 175-240; J. Neyman and E. S. Pearson, "On the Use and Interpretation of Certain Test Criteria for Purposes of Statistical Inference. Part II," *Biometrika* 20A, nos. 3-4 (1928): 263-94.
20) Haagensen, *Diseases of the Breast*, 674.
21) Kate Travis, "Bernard Fisher Reflects on a Half-Century's Worth of Breast Cancer Research," *Journal of the National Cancer Institute* 97, no. 22 (2005): 1636-37.
22) Bernard Fisher, Karnosfky Memorial Lecture transcript, Rose Kushner papers, Box 4, File 62, Harvard University.
23) Phillip Knightley, *Suffer the Children: The Story of Thalidomide* (New York: Viking Press, 1979).
24) *Roe v. Wade*, 410 U.S. 113 (1973).
25) "Breast Cancer: Beware of These Danger Signals," *Chicago Tribune*, October 3, 1973.
26) Ellen Leopold, *A Darker Ribbon: Breast Cancer, Women, and Their Doctors in the Twentieth*

Century (Boston: Beacon Press, 1999), 199.
27) Betty Rollin, *First, You Cry* (New York: Harper, 2000); Rose Kushner, *Why Me?* (Philadelphia: Saunders Press, 1982).
28) Rose Kushner papers, Box 2, File 22; Kushner, *Why Me?*
29) Fisher's NSABP biography at http://www.nsabp.pitt.edu/BC_PT_Speakers_Biographies.asp (accessed January 11, 2010) 참조.
30) Bernard Fisher, "A Commentary on the Role of the Surgeon in Primary Breast Cancer," *Breast Cancer Research and Treatment* 1 (1981): 17–26.
31) "Treating Breast Cancer: Findings Question Need for Removal," *Washington Post*, October 29, 1979.
32) "Bernard Fisher in Conversation," *Pitt Med Magazine* (University of Pittsburgh School of Medicine magazine), July 2002.
33) Bernard Fisher et al., "Findings from NSABP Protocol No. B-04: Comparison of Radical Mastectomy with Alternative Treatments. II. The Clinical and Biological Significance of Medial-Central Breast Cancers," *Cancer* 48, no. 8 (1981): 1863–72.

"웃음 짓는 종양학자"

1) Rose Kushner, "Is Aggressive Adjuvant Chemotherapy the Halsted Radical of the '80s?" *CA: A Cancer Journal for Clinicians* 34, no. 6 (1984): 345–51.
2) Georg Wilhelm Friedrich Hegel, *The Phenomenology of Mind* (New York: Humanities Press, 1971), 232.
3) James D. Hardy, *The World of Surgery, 1945–1985: Memoirs of One Participant* (Philadelphia: University of Pennsylvania Press, 1986), 216.
4) Mickey Goulian, 저자와의 인터뷰, December 2005.
5) Stewart Alsop, *Stay of Execution: A Sort of Memoir* (New York: Lippincott, 1973), 218.
6) Kathleen R. Gilbert, ed. *The Emotional Nature of Qualitative Research* (Boca Raton, FL: CRC Press, 2001).
7) Gerda Lerner, *A Death of One's Own* (New York: Simon and Schuster, 1978), 71.
8) "Cancer Ward Nurses: Where 'C' Means Cheerful," *Los Angeles Times*, July 25, 1975.
9) Alsop, *Stay of Execution*, 52.
10) Ibid., 84.
11) Barnett Rosenberg, Loretta Van Camp, and Thomas Krigas, "Inhibition of Cell Division in *Escherichia coli* by Electrolysis Products from a Platinum Electrode," *Nature* 205, no. 4972 (1965): 698–99.
12) Larry Einhorn, 저자와의 인터뷰, November 2009; 다음도 참조. *Cure*, Winter 2004; Craig A. Almeida and Sheila A. Barry, *Cancer: Basic Science and Clinical Aspects* (Hoboken, NJ: Wiley-Blackwell, 2010), 259; "Survivor Milks Life for All It's Worth," *Purdue Agriculture Connections*, Spring 2006; "John Cleland Carried the Olympic Torch in 2000 When the Relay Came through Indiana," Friends 4 Cures, http://www.friends4cures.org/cure_mag_article.shtml (accessed January 9, 2010).
13) John Cleland, *Cure*, Winter 2004.
14) Einhorn, 저자와의 인터뷰, December 2009.
15) Ibid.
16) Ibid. 다음도 참조. "Triumph of the Cure," *Salon*, July 29, 1999, http://www.salon.com/health/feature/1999/07/29/lance/index.html (accessed November 30, 2009).
17) Margaret Edson, *Wit* (New York: Dramatists Play Service, 1999).
18) Ibid., 28.
19) Howard E. Skipper, "Cancer Chemotherapy Is Many Things: G.H.A. Clowes Memorial Lecture," *Cancer Research* 31, no. 9 (1971): 1173–80.

20) Monroe E. Wall and Mansukh C. Wani, "Camptothecin and Taxol: Discovery to Clinic – Thirteenth Bruce F. Cain Memorial Award Lecture," *Cancer Research* 55 (1995): 753-60; Jordan Goodman and Vivien Walsh, *The Story of Taxol: Nature and Politics in the Pursuit of an Anti-Cancer Drug* (Cambridge, England: Cambridge University Press, 2001).
21) F. Arcamone et al., "Adriamycin, 14-hydroxydaimomycin, a New Antitumor Antibiotic from S. *Peucetius* var. *caesius*," *Biotechnology and Bioengineering* 11, no. 6 (1969): 1101-10.
22) C. A. J. Brouwer et al., "Long-Term Cardiac Follow-Up in Survivors of a Malignant Bone Tumor," *Annals of Oncology* 17, no. 10 (2006): 1586-91.
23) A. M. Arnold and J. M. A. Whitehouse, "Etoposide: A New Anti-cancer Agent," *Lancet* 318, no. 8252 (1981): 912-15.
24) H. Umezawa et al., "New Antibiotics, Bleomycin A and B," *Journal of Antibiotics* (Tokyo) 19, no. 5 (1966): 200-209; Nuno R. Grande et al., "Lung Fibrosis Induced by Bleomycin: Structural Changes and Overview of Recent Advances," *Scanning Microscopy* 12, no. 3 (1996): 487-94; R. S Thrall et al., "The Development of Bleomycin-Induced Pulmonary Fibrosis in Neutrophil-Depleted and Complement-Depleted Rats," *American Journal of Pathology* 105 (1981): 76-81.
25) George Canellos, 저자와의 인터뷰.
26) J. Ziegler, I. T. McGrath, and C. L. Olweny, "Cure of Burkitt's Lymphoma – Ten-Year Follow-Up of 157 Ugandan Patients," *Lancet* 3, no. 2 (8149) (1979): 936-38. 다음도 참조. Ziegler et al., "Combined Modality Treatment of Burkitt's Lymphoma," *Cancer Treatment Report* 62, no. 12 (1978): 2031-34.
27) Ibid.
28) "Cancer: The Chill Is Still There," *Los Angeles Times*, March 20, 1979.
29) J. Russel Geyer et al., "Eight Drugs in One Day Chemotherapy in Children with Brain Tumors: A Critical Toxicity Appraisal," *Journal of Clinical Oncology* 6, no. 6 (1988): 996-1000.
30) "Some Chemotherapy Fails against Cancer," *New York Times*, August 6, 1985.
31) Rose Kushner, "Is Aggressive Adjuvant Chemotherapy the Halsted Radical of the '80s?" 1984, draft 9, Rose Kushner papers. 이 구절은 1984년에 발표된 최종 논문에서는 삭제되었다.
32) Edson, *Wit*, 31.

적을 알기

1) Sun Tzu, *The Art of War* (Boston: Shambhala, 1988), 82.
2) Luis H. Toledo-Pereyra, "Discovery in Surgical Investigation: The Essence of Charles Brenton Huggins," *Journal of Investigative Surgery* 14 (2001): 251-52; Robert E. Forster II, "Charles Brenton Huggins (22 September 1901-12 January 1997)," *Proceedings of the American Philosophical Society* 143, no. 2 (1999): 327-31.
3) C. Huggins et al., "Quantitative Studies of Prostatic Secretion: I. Characteristics of the Normal Secretion; the Influence of Thyroid, Suprarenal, and Testis Extirpation and Androgen Substitution on the Prostatic Output," *Journal of Experimental Medicine* 70, no. 6 (1939): 543-56; Charles Huggins, "Endocrine-Induced Regression of Cancers." *Science* 156, no. 3778 (1967): 1050-54; Tonse N. K. Raju, "The Nobel Chronicles. 1966: Francis Peyton Rous (1879-1970) and Charles Brenton Huggins (1901-1997), *Lancet* 354, no. 9177 (1999): 520.
4) Huggins, "Endocrine-Induced Regression."
5) Ibid.
6) Ibid.
7) Edward A. Doisy, "An Autobiography," *Annual Review of Biochemistry* 45 (1976): 1-12.
8) E. C. Dodds et al., "Synthetic Oestrogenic Compounds Related to Stilbene and Diphenylethane. Part I," *Proceedings of the Royal Society of London, Series B, Biological Sciences* 127, no. 847

(1939): 140-67; E. C. Dodds et al., "Estrogenic Activity of Certain Synthetic Compounds," *Nature* 141, no. 3562 (1938): 247-48; Edward Charles Dodds, *Biochemical Contributions to Endocrinology: Experiments in Hormonal Research* (Palo Alto, CA: Stanford University Press, 1957); Robert Meyers, *D.E.S., the Bitter Pill* (New York: Seaview/Putnam, 1983).

9) Barbara Seaman, *The Greatest Experiment Ever Performed on Women: Exploding the Estrogen Myth* (New York: Hyperion, 2004), 20-21.

10) Huggins, "Endocrine-Induced Regression"; Charles Huggins et al., "Studies on Prostatic Cancer: II. The Effects of Castration on Advanced Carcinoma of the Prostate Gland," *Archives of Surgery* 43 (1941): 209-23.

11) George Thomas Beatson, "On the Treatment of Inoperable Cases of Carcinoma of the Mamma: Suggestions for a New Method of Treatment, with Illustrative Cases," *Lancet* 2 (1896): 104-7; Serena Stockwell, "George Thomas Beatson, M.D. (1848-1933)," *CA: A Cancer Journal for Clinicians* 33 (1983): 105-7.

12) Alexis Thomson, "Analysis of Cases in Which Oophorectomy was Performed for Inoperable Carcinoma of the Breast," *British Medical Journal* 2, no. 2184 (1902): 1538-41.

13) Ibid.

14) E. R. DeSombre, "Estrogens, Receptors and Cancer: The Scientific Contributions of Elwood Jensen," *Progress in Clinical and Biological Research* 322 (1990): 17-29; E. V. Jensen and V. C. Jordan, "The Estrogen Receptor: A Model for Molecular Medicine," *Clinical Cancer Research* 9, no. 6 (2003): 1980-89.

15) R. Sainsbury, "Ovarian Ablation as a Treatment for Breast Cancer," *Surgical Oncology* 12, no. 4 (2003): 241-50.

16) Jensen and Jordan, "The Estrogen Receptor."

17) Walter Sneader, *Drug Discovery: A History* (New York: John Wiley and Sons, 2005), 198-99; G. R. Bedford and D. N. Richardson, "Preparation and Identification of *cis* and *trans* Isomers of a Substituted Triarylethylene," *Nature* 212 (1966): 733-34.

18) M. J. Harper and A. L. Walpole, "Mode of Action of I.C.I. 46,474 in Preventing Implantation in Rats," *Journal of Endocrinology* 37, no. 1 (1967): 83-92.

19) A. Klopper and M. Hall, "New Synthetic Agent for Induction of Ovulation: Preliminary Trials in Women," *British Medical Journal* 1, no. 5741 (1971): 152-54.

20) V. C. Jordan, "The Development of Tamoxifen for Breast Cancer Therapy: A Tribute to the Late Arthur L. Walpole," *Breast Cancer Research and Treatment* 11, no. 3 (1988): 197-209.

21) M. P. Cole et al., "A New Anti-oestrogenic Agent in Late Breast Cancer: An Early Clinical Appraisal of ICI 46474," *British Journal of Cancer* 25, no. 2 (1971): 270-75; Sneader, *Drug Discovery*, 199.

22) V. C. Jordan, *Tamoxifen: A Guide for Clinicians and Patients* (Huntington, NY: PRR, 1996) 참조. 다음도 참조. V. C. Jordan, "Effects of Tamoxifen in Relation to Breast Cancer," *British Medical Journal* 6075 (June 11, 1977): 1534-35.

홀스테드의 재

1) Jack London, *Tales of Adventure* (Fayetteville, AR: Hannover House, 1956), vii.

2) Cicely Saunders, *Selected Writings, 1958-2004*, 1st ed. (Oxford: Oxford University Press, 2006), 71.

3) Vincent T. DeVita, "Paul Carbone: 1931-2002," *Oncologist* 7, no. 2 (2002): 92-93.

4) Paul Carbone, "Adjuvant Therapy of Breast Cancer 1971-1981," *Breast Cancer Research and Treatment* 2 (1985): 75-84.

5) B. Fisher et al., "Comparison of Radical Mastectomy with Alternative Treatments for Primary Breast Cancer. A First Report of Results from a Prospective Randomized Clinical Trial," *Cancer* 39 (1977): 2827-39.
6) G. Bonadonna et al., "Combination Chemotherapy as an Adjuvant Treatment in Operable Breast Cancer," *New England Journal of Medicine* 294, no. 8 (1976): 405-10; Vincent T. DeVita Jr. and Edward Chu, "A History of Cancer Chemotherapy," *Cancer Research* 68, no. 21 (2008): 8643-53.
7) Springer, *European Oncology Leaders* (Berlin, 2005), 159-65.
8) B. Fisher et al., "Adjuvant Chemotherapy with and without Tamoxifen in the Treatment of Primary Breast Cancer: 5-Year Results from the National Surgical Adjuvant Breast and Bowel Project Trial," *Journal of Clinical Oncology* 4, no. 4 (1986): 459-71.
9) "Some Chemotherapy Fails against Cancer," *New York Times*, August 6, 1985.
10) James Watson, *New York Times*, May 6, 1975.
11) J. C. White, "Neurosurgical Treatment of Persistent Pain," *Lancet* 2, no. 5 (1950): 161-64.
12) Saunders, *Selected Writings*, xiv.
13) ibid., 255.
14) Nurse J. N. (name withheld), 저자와의 인터뷰, June 2007.
15) Saunders, *Selected Writings*, 71.

암을 세다

1) Audre Lourde, *The Cancer Journals*, 2nd ed. (San Francisco: Aunt Lute, 1980), 54.
2) Gertrude Stein, *Everybody's Autobiography* (New York: Random House, 1937), 120.
3) John Cairns, "Treatment of Diseases and the War against Cancer," *Scientific American* 253, no. 5 (1985): 51-59.
4) J. C. Bailar III and E. M. Smith, "Progress against Cancer?" *New England Journal of Medicine* 314, no. 19 (1986): 1226-32.
5) 유럽 전역에서도 비슷한 우울한 통계가 나왔다. 1985년에 28개 선진국에서 독자적으로 이루어진 연령 보정 분석은 암 사망률이 약 15퍼센트 증가했다고 나왔다.
6) Bailar and Smith, "Progress against Cancer?"
7) Gina Kolata, "Cancer Progress Data Challenged," *Science* 232, no. 4753 (1986): 932-33.
8) E. M. Greenspan, "Commentary on September 1985 NIH Consensus Development Conference on Adjuvant Chemotherapy for Breast Cancer," *Cancer Investigation* 4, no. 5 (1986): 471-75 참조. 다음도 참조. Ezra M. Greenspan, letter to the editor, *New England Journal of Medicine* 315, no. 15 (1986): 964.
9) Lester Breslow and William G. Cumberland, "Progress and Objectives in Cancer Control," *Journal of the American Medical Association* 259, no. 11 (1988): 1690-94.
10) Ibid. 서술 목적상 인용문의 순서를 바꾸었다.
11) John Bailar interviewed by Elizabeth Farnsworth, "Treatment versus Prevention" (transcript), *NewsHour with Jim Leher*, PBS, May 29, 1997; Richard M. Scheffler and Lynn Paringer, "A Review of the Economic Evidence on Prevention," *Medical Care* 18, no. 5 (1980): 473-84.
12) Samuel S. Epstein, *Cancer-Gate: How to Win the Losing Cancer War* (Amityville, NY: Baywood Publishing Company, 2005), 59.
13) Letter from Frank Rauscher to Mary Lasker, March 18, 1974, Mary Lasker Papers, Box 118, Columbia University.
14) Ralph W. Moss, *The Cancer Syndrome* (New York: Grove Press, 1980), 221.
15) Edmund Cowdry, *Etiology and Prevention of Cancer in Man* (New York: Appleton-Century, 1968), xvii.
16) Moss, *The Cancer Syndrome*, 221.
17) Bailar and Smith, "Progress against Cancer?"

제4부 예방이 곧 치료

1) David Cantor, "Introduction: Cancer Control and Prevention in the Twentieth Century," *Bulletin of the History of Medicine* 81 (2007): 1-38.
2) "False Front in War on Cancer," *Chicago Tribune*, February 13, 1975.
3) Ernest L. Wynder letter to Evarts A. Graham, June 20, 1950, Evarts Graham papers.

"검은 관"

1) "The Chimney Sweeper," William Blake, *The Complete Poetry and Prose of William Blake*, ed. David V. Erdman (New York: Random House, 1982), 10.
2) Percivall Pott and James Earles, *The Chirurgical Works of Percivall Pott, F.R.S. Surgeon to St. Bartholomew's Hospital, a New Edition, with His Last Corrections, to Which Are Added, a Short Account of the Life of the Author, a Method of Curing the Hydrocele by Injection, and Occasional and Observations, by Sir James Earle, F.R.S. Surgeon Extraordinary to the King* (London: Wood and Innes, 1808), 3: 177.
3) Michael J. O'Dowd and Elliot E. Philipp, *The History of Obstetrics & Gynaecology* (New York: Parthenon Publishing Group, 2000), 228.
4) Bernardino Ramazzini, *De Morbis Artificum Diatriba* (Apud Josephum Corona, 1743).
5) Pott and Earles, *Chirurgical Works*, 3: 177.
6) Peter Kirby, *Child Labor in Britain, 1750-1870* (Hampshire, UK: Palgrave Macmillan, 2003) 참조. 굴뚝 청소부에 관한 자세한 내용은 다음을 참조. ibid., 9; and *Parliamentary Papers* 1852-52, 88, pt. 1, tables 25, 26.
7) Charles Dickens, *Oliver Twist, or The Parish Boy's Progress* (London: J. M. Dent & Sons, 1920), 16.
8) Joel H. Wiener, *Great Britain: The Lion at Home: A Documentary History of Domestic Policy, 1689-1973* (New York: Chelsea House Publishers, 1974), 800.
9) John Hill, *Cautions against the Immoderate Use of Snuff* (London: R. Baldwin and J. Jackson, 1761).
10) G. S. Rousseau, ed. *The Letters and Papers of Sir John Hill, 1714-1775* (New York: AMS Press, 1982), 4.
11) George Crabbe, *The Poetical Works of the Rev. George Crabbe: With his Letters and Journals, and His Life* (London: John Murray, 1834), 3: 180.
12) Paul G. E. Clemens, "From Tobacco to Grain," *Journal of Economic History* 35, no. 1: 256-59 참조.
13) Kenneth Morgan, *Bristol and the Atlantic Trade in the Eighteenth Century* (Cambridge University Press, 1993), 152.
14) Richard Klein, *Cigarettes Are Sublime* (Durham, NC: Duke University Press, 1993), 134-35 참조.
15) Jack Gottsegen, *Tobacco: A Study of Its Consumption in the United States* (New York: Pittman, 1940).
16) Ibid.
17) Harold F. Dorn, "The Relationship of Cancer of the Lung and the Use of Tobacco," *American Statistician* 8, no. 5 (1954): 7-13.
18) Richard Peto, 저자와의 인터뷰, September 2008.
19) Ibid.
20) John Wilds and Ira Harkey, *Alton Ochsner, Surgeon of the South* (Baton Rouge: Louisiana State University Press, 1990), 180.
21) Allan M. Brandt, *The Cigarette Century: The Rise, Fall, and Deadly Persistence of the Product That Defined America* (New York: Basic Books, 2007).

황제의 나일론 스타킹

1) Sir Richard Doll, "Proof of Causality: Deduction from Epidemiological Observation," *Perspectives in Biology and Medicine* 45 (2002): 499-515.
2) Richard Doll and A. Bradford Hill, "Smoking and Carcinoma of the Lung," *British Medical Journal* 2, no. 4682 (1950): 739-48.
3) Richard Peto, "Smoking and Death: The Past 40 Years and the Next 40," *British Medical Journal* 309 (1994): 937-39.
4) Ibid.
5) British Public Records Office, file FD. 1, 1989, as quoted by David Pollock, *Denial and Delay* (Washington, DC: Action on Smoking and Health, 1989); 전문은 흡연 보건 행동 홈페이지(www.ash.org)에 실려 있다.
6) Medical Research Council 1947/366 and Ibid.
7) Pollock, *Denial and Delay,* prologue. 다음도 참조. Sir Richard Doll, "The First Report on Smoking and Lung Cancer," in *Ashes to Ashes: The History of Smoking and Health*, Stephen Lock, Lois A. Reynolds, and E. M. Tansey, eds. (Amsterdam: Editions Rodopi B.V., 1998), 129-37.
8) Ernst L. Wynder, letter to Evarts A. Graham, June 20, 1950, Evarts Graham papers.
9) Ernst L. Wynder and Evarts A. Graham, "Tobacco Smoking as a Possible Etiologic Factor in Bronchiogenic Carcinoma: A Study of Six Hundred and Eighty-Four Proved Cases," *Journal of the American Medical Association* 143 (1950): 329-38.
10) Ernst L. Wynder, "Tobacco as a Cause of Lung Cancer: Some Reflections," *American Journal of Epidemiology* 146 (1997), 687-94. 다음도 참조. Jon Harkness, "The U.S. Public Health Service and Smoking in the 1950s: The Tale of Two More Statements," *Journal of the History of Medicine and Allied Sciences* 62, no. 2 (2007): 171-212.
11) Doll and Hill, "Smoking and Carcinoma of the Lung."
12) Richard Peto, 개인적인 인터뷰. 다음도 참조. Virginia Berridge, *Marketing Health: Smoking and the Discourse of Public Health in Britain* (Oxford: Oxford University Press, 2007), 45.
13) David Pollock, "Denial and Delay," 영국 흡연 보건 행동 문서 보관소에 있는 공중기록국 문서. 다음도 참조. the Action on Smoking and Health Tobacco Chronology, http://www.ash.org.uk/ash_669pax88_archive.htm (accessed January 21, 2010).
14) R. A. Fisher and E. B. Ford, "The Spread of a Gene in Natural Conditions in a Colony of the Moth *Panaxia diminula* L.," *Heredity* 1 (1947): 143-74.
15) Stephen Lock, Lois A. Reynolds, and E. M. Tansey, eds., *Ashes to Ashes* (Amsterdam: Editions Rodopi B.V., 1998), 137.
16) Richard Doll and A. Bradford Hill, "The Mortality of Doctors in Relation to Their Smoking Habits: A Preliminary Report," *British Medical Journal* 1, no. 4877 (1954): 1451-55.

"밤도둑"

1) Evarts Graham, letter to Ernst Wynder, February 6, 1957, Evarts Graham papers.
2) "A Frank Statement to Cigarette Smokers," *New York Times,* January 4, 1954.
3) 다음의 예를 참조. Richard Kluger, *Ashes to Ashes* (New York: Vintage Books, 1997), 104-6, 123, 125. 다음도 참조. Verner Grise, *U.S. Cigarette Consumption: Past, Present and Future,* conference paper, 30th Tobacco Workers Conference, Williamsburg, VA, 1983 (archived at http://tobaccodocuments.org).
4) 전후 담배 제조업자들의 광고 선전의 역사를 간략하게 다룬 문헌은 Kluger, *Ashes to Ashes*, 80-298을 보라.
5) 다음의 예를 참조. *Life,* October 6, 1952, back cover.

6) Martha N. Gardner and Allan M. Brandt, "'The Doctors' Choice Is America's Choice': The Physician in US Cigarette Advertisements, 1930-1953," *American Journal of Public Health* 96, no. 2 (2006): 222-32 참조.
7) The Making of an American Image," American Studies at the University of Virginia website, http://xroads.virginia.edu/~CLASS/marlboro/mman.html (accessed December 23, 2009).
8) Ibid.
9) Estimated from U.S. Surgeon General's report on per capita consumption rates for 1960-1970.
10) Jeffrey E. Harris, "Patterns of Cigarette Smoking," *The Health Consequences of Smoking for Women: A Report of the Surgeon General* (Washington, DC: U.S. Department of Health and Human Services, 1980), 15-342. 다음도 참조. Allan Brandt, *The Cigarette Century*, 97.
11) "Notes on Minutes of the Tobacco Industry Research Committee Meeting—December 28, 1953," John W. Hill papers, "Selected and Related Documents on the Topic of the Hill & Knowlton Public Relations Campaign Formulated on Behalf of the Tobacco Industry Research Committee," State Historical Society of Wisconsin, http://www.ttlaonline.com/HKWIS/12307.pdf (accessed December 23, 2009).
12) "Frank Statement," *New York Times*.
13) Brandt, *Cigarette Century*, 178.
14) C. C. Little, "Smoking and Lung Cancer," *Cancer Research* 16, no. 3 (1956): 183-84.
15) Evarts A. Graham, "To the Editor of *Cancer Research*," *Cancer Research* 16 (1956): 816-17.
16) Sir Austin Bradford Hill, *Statistical Methods in Clinical and Preventative Medicine* (London: Livingstone, 1962), 378.
17) Ernst L. Wynder, Evarts A. Graham, and Adele B. Croninger, "Experimental Production of Carcinoma with Cigarette Tar," *Cancer Research* 13 (1953): 855-64.
18) *Forbes* 72 (1953): 20.
19) Sir Austin Bradford Hill, "The Environment and Disease: Association or Causation?" *Proceedings of the Royal Society of Medicine* 58, no. 5 (1965): 295-300.
20) Letter from Evarts Graham to Alton Ochsner, February 14, 1957, Evarts Graham papers.
21) Alton Ochsner, *Smoking and Cancer: A Doctor's Report* (New York: J. Messner, 1954).

"경고 성명"

1) *Eva Cooper v. R. J. Reynolds Tobacco Company*, 256 F.2d 464 (1st Cir., 1958).
2) Burson Marsteller (PR firm) internal document, January 1, 1988. 시폴론의 사후 평결문은 UCSF Legacy Tobacco Documents Library에서 볼 수 있다.
3) Richard Kluger, *Ashes to Ashes*, 254-55 참조.
4) O. Auerbach and A. P. Stout, "The Role of Carcinogens, Especially Those in Cigarette Smoke, in the Production of Precancerous Lesions," *Proceedings of the National Cancer Conference* 4 (1960): 297-304.
5) Kluger, *Ashes to Ashes*, 254 참조.
6) "The 1964 Report on Smoking and Health," Reports of the Surgeon General, Profiles in Science: National Library of Medicine, http://profiles.nlm.nih.gov/NN/Views/Exhibit/narrative/smoking.html (accessed December 26, 2009); U.S. Surgeon General. "Smoking and Health," *Report of the Advisory Committee to the Surgeon General of the Public Health Service*, Public Health Service publication no. 1103 (Washington, DC: U.S. Department of Health, Education, and Welfare, Public Health Service, 1964).
7) Lester Breslow, *A History of Cancer Control in the United States, 1946-1971* (Bethesda, MD: U.S. National Cancer Institute, 1979), 4: 24.
8) U.S. Surgeon General's report: *Smoking and Health*, 1964.

9) Ibid.
10) Ibid. 다음도 참조. Kluger, *Ashes to Ashes*, 243-45.
11) U.S. Surgeon General's report: *Smoking and Health*.
12) "1964 Report on Smoking and Health."
13) George Weissman memo to Joseph Cullman III , January 11, 1964, Tobacco Documents Online, http://tobaccodocuments.org/landman/1005038559-8561.html (accessed December 26, 2009).
14) *Annual Report of the Federal Trade Commission* (Washington DC: United States Printing Office, 1950), 65.
15) "Making Cigarette Ads Tell the Truth," *Harper's*, August 1958.
16) "Government: The Old Lady's New Look," *Time*, April 16, 1965.
17) Federal Trade Commission, "Advertising and Labeling of Cigarettes. Notice of Rule-Making Proceeding for Establishment of Trade Regulation Rules," *Federal Register*, January 22, 1964, 29:530-32.
18) "The Quiet Victory of the Cigarette Lobby: How It Found the Best Filter Yet — Congress," *Atlantic*, September 1965.
19) Cigarette Labeling and Advertising Act, Title 15, chap. 36, 1965; "Quiet Victory of the Cigarette Lobby."
20) *John F. Banzhaf III v. Federal Communications Commission et al.*, 405 F.2d 1082 (D.C. Cir. 1968).
21) Ibid.
22) John Banzhaf, 저자와의 인터뷰, June 2008.
23) "Smoking and Health Proposal,"1969, Brown & Williamson Collection, Legacy Tobacco Documents Library, University of California, San Francisco.
24) 광고 비디오는 다음 사이트 참조. http://www.classictvads.com/smoke_1.shtml (accessed December 26, 2009).
25) Brandt, *Cigarette Century*, 271 참조.
26) "William Hopper, Actor, Dies; Detective in 'Perry Mason,' 54," *New York Times*, March 7, 1970.
27) U.S. Department of Agriculture, *Tobacco Situation and Outlook Report*, publication no. TBS-226 (Washington, DC: U.S. Department of Agriculture, Economic Research Service, Commodity Economics Division, April 1994) table 2; G. A. Glovino, "Surveillance for Selected Tobacco-Use Behaviors — United States, 1900-1994," *Morbidity and Mortality Weekly Report CDC Surveillance Summaries* 43, no. 3 (1994): 1-43.
28) Paul Brodeur, *Outrageous Misconduct: The Asbestos Industry on Trial* (New York: Pantheon Books, 1985).
29) "Women and Smoking," Report of the U.S. Surgeon General 2001, and prior report from 1980 참조.
30) 다음의 예를 참조. *Popular Mechanics*, November 1942, back cover.
31) Redd Evans and John Jacob Loeb, "Rosie the Riveter" (New York: Paramount Music Corp., 1942).
32) 시폴론 사건의 자세한 내용은 다음 문헌 참조. *Cipollone v. Liggett Group, Inc.*, 505 U.S. 504 (1992).
33) Ibid.
34) Burson Marsteller (PR firm), Position Paper, *History of Tobacco Litigation Third Draft*, May 10, 1988.
35) Burson Marsteller (PR firm), internal document, Cipollone postverdict communication plan, January 1, 1988.
36) David Michaels, *Doubt Is Their Product: How Industry's Assault on Science Threatens Your Health* (Oxford: Oxford University Press, 2008), 11. 다음도 참조. Brown and Williamson (B & W), "Smoking and Health Proposal," B & W document no. 680561778-1786, 1969, available at http://legacy.library.ucsf.edu/tid/nvs40f00.
37) "Research Planning Memorandum on the Nature of the Tobacco Business and the Crucial Role

of Nicotine Therein," April 14, 1972, Anne Landman's Collection, Tobacco Documents Online, http://tobaccodocuments.org/landman/501877121-7129.html (accessed December 26, 2009).
38) "Motives and Incentives in Cigarette Smoking," 1972, Anne Landman's Collection, Tobacco Documents Online, http://tobaccodocuments.org/landman/2024273959-3975.html (accessed December 26, 2009).
39) *Cipollone v. Liggett Group, Inc., et al.*, transcript of proceedings [excerpt], *Tobacco Products Litigation Reporter* 3, no. 3 (1988): 3.2261-3.268.
40) *Cipollone v. Liggett Group, Inc., et al.*, 893 F.2d 541 (1990); *Cipollone v. Liggett Group, Inc., et al.*, 505 U.S. 504 (1992) 참조.
41) "Trends in Tobacco Use," American Lung Association Research and Program Services Epidemiology and Statistics Unit, July 2008, http://www.lungusa.org/finding-cures/for-professionals/epidemiology-and-statistics-rpts.html (accessed December 27, 2009).
42) "Trends in Lung Cancer Morbidity and Mortality," American Lung Association Epidemiology and Statistics Unit, Research and Program Services Division, September 2008, http://www.lungusa.org/indingcures/for-professionals/epidemiology-and-statistics-rpts.html (accessed December 27, 2009).
43) "Mississippi Seeks Damages from Tobacco Companies," *New York Times*, May 24, 1994.
44) Ibid.
45) "Tobacco Settlement Nets Florida $11.3B," *USA Today*, August 25, 1997; "Texas Tobacco Deal Is Approved," *New York Times*, January 17, 1998.
46) 주요 화해 협약은 캘리포니아 법무장관 웹사이트에 실려 있다. http://www.ag.ca.gov/tobacco/msa.php (accessed December 27, 2009).
47) Gu et al., "Mortality Attributable to Smoking in China," *New England Journal of Medicine* 360, no. 2 (2009): 150-59; P. Jha et al., "A Nationally Representative Case-Control Study of Smoking and Death in India," *New England Journal of Medicine* 358, no. 11 (2008): 1137-47.
48) Ibid.
49) Gu et al., "Mortality Attributable to Smoking in China."
50) Samet et al., "Mexico and the Tobacco Industry," *BMJ* 3 (2006): 353-55.
51) Gilmore et al., "American Tobacco's Erosion of Health Legislation in Uzbekistan," *BMJ* 332 (2006): 355-58.
52) Ibid.
53) Ernesto Sebrie and Stanton A. Glantz, "The Tobacco Industry in Developing Countries," *British Medical Journal* 332, no. 7537 (2006): 313-14.

"신기하고 또 신기해"

1) 배리 마셜의 인터뷰 원고 중에서, National Health and Medical Research Council archives, Australia.
2) J. S. Harrington, "Asbestos and Mesothelioma in Man," *Nature* 232, no. 5305 (1971): 54-55; P. Enterline, P. DeCoufle, and V. Henderson, "Mortality in Relation to Occupational Exposure in the Asbestos Industry," *Journal of Occupational Medicine* 14, no. 12 (1972): 897-903; "Asbestos, the Saver of Lives, Has a Deadly Side," New York Times, January 21, 1973; "New Rules Urged For Asbestos Risk," *New York Times*, October 5, 1975.
3) Arthur L. Herbst, Howard Ulfelder, and David C. Poskanzer, *New England Journal of Medicine* 284, no. 15 (1971): 878-81.
4) Bruce N. Ames et al., "Carcinogens Are Mutagens: A Simple Test System Combining Liver Homogenates for Activation and Bacteria for Detection," *Proceedings of the National Academy of Sciences of the United States of America* 70, no. 8 (1973): 2281-85; Bruce N. Ames, "An Improved Bacterial Test System for the Detection and Classification of Mutagens and Carcinogens," *Proceedings*

of the National Academy of Sciences of the United States of America 70, no. 3 (1973): 82-786.
5) "Carcinogens as Frameshift Mutagens: Metabolites and Derivatives of 2-Acetylaminofluorene and Other Aromatic Amine Carcinogens," *Proceedings of the National Academy of Sciences of the United States of America* 69, no. 11 (1972): 3128-32.
6) DES에 관해서는 다음을 참조. Ishikawa et al., "Lack of Mutagenicity of Diethylstilbestrol Metabolite and Analog, (±)-Indenestrols A and B, in Bacterial Assays," *Mutation Research/Genetic Toxicology* 368, nos. 3-4 (1996): 261-65; 석면에 관해서는 다음을 참조. K. Szyba and A. Lange, "Presentation of Benzo(a)pyrene to Microsomal Enzymes by Asbestos Fibers in the Salmonella/Mammalian Microsome Mutagenicity Test," *Environmental Health Perspectives* 51 (1983): 337-41.
7) Marc A. Shampo and Robert A. Kyle, "Baruch Blumberg—Work on Hepatitis B Virus," *Mayo Clinic Proceedings* 78, no. 9 (2003): 1186.
8) Baruch S. Blumberg, "Australia Antigen and the Biology of Hepatitis B," *Science* 197, no. 4298 (1977): 17-25; Rolf Zetterstom, "Nobel Prize to Baruch Blumberg for the Discovery of the Aetiology of Hepatitis B," *Acta Paediatrica* 97, no. 3 (2008): 384-87; Shampo and Kyle, "Baruch Blumberg," 1186.
9) A. C. Allison et al., "Haptoglobin Types in British, Spanish, Basque and Nigerian African Populations," *Nature* 181 (1958): 824-25.
10) Zetterstom, "Nobel Prize to Baruch Blumberg."
11) Baruch S. Blumberg, Harvey J. Alter, and Sam Visnich, "A 'New' Antigen in Leukemia Sera," *Journal of the American Medical Association* 191, no. 7 (1965): 541-46.
12) Baruch S. Blumberg et al., "A Serum Antigen (Australia Antigen) in Down's Syndrome, Leukemia, and Hepatitis," *Annals of Internal Medicine* 66, no. 5 (1967): 924-31.
13) Blumberg, "Australia Antigen and the Biology of Hepatitis B."
14) Baruch Blumberg, *Hepatitis B: The Hunt for a Killer Virus* (Princeton: Princeton University Press, 2002), 115.
15) Baruch S. Blumberg, "Australia Antigen and the Biology of Hepatitis B."; K. Okochi and S. Murakami, "Observations on Australia Antigen in Japanese," *Vox Sanguinis* 15, no. 5 (1968): 374-85.
16) Blumberg, *Hepatitis B*, 155.
17) Ibid., 72.
18) Ibid., 134-46.
19) J. Robin Warren, "Helicobacter: The Ease and Difficulty of a New Discovery (Nobel Lecture)," *ChemMedChem* 1, no. 7 (2006): 672-85.
20) J. R. Warren, "Unidentified Curved Bacteria on Gastric Epithelium in Active Chronic Gastritis," *Lancet* 321, no. 8336 (1983): 1273-75; Barry J. Marshall and J. Robin Warren, "Unidentified Curved Bacilli in the Stomach of Patients with Gastritis and Peptic Ulceration," *Lancet* 323, no. 8390 (1984): 1311-15; Barry Marshall, *Helicobacter Pioneers: Firsthand Accounts from the Scientists Who Discovered Helicobacters, 1892-1982* (Hoboken, NJ: Wiley-Blackwell, 2002); Warren, "Helicobacter: The Ease and Difficulty"; Barry J. Marshall, "Heliobacter Connections," *ChemMedChem* 1, no. 8 (2006): 783-802.
21) Marshall, "Heliobacter Connections."
22) Johannes G. Kusters, Arnoud H. M. van Vliet, and Ernst J. Kuipers, "Pathogenesis of *Helicobacter pylori* Infection," *Clinical Microbiology Reviews* 19, no. 3 (2006): 449-90.

"거미집"
1) J. P. Lockhart-Mummery, "Two Hundred Cases of Cancer of the Rectum Treated by Perineal Excision," *British Journal of Surgery* 14 (1926-27): 110-24.

2) Sidney Farber, letter to Etta Rosensohn, November 1962.
3) "Lady, Have You Been 'Paptized'?" *New York Amsterdam News*, April 13, 1957.
4) 이에 대한 개관은 다음을 참조. George A. Vilos, "After Office Hours: The History of the Papanicolaou Smear and the Odyssey of George and Andromache Papanicolaou," *Obstetrics and Gynecology* 91, no. 3 (1998): 479-83; S. Zachariadou-Veneti, "A Tribute to George Papanicolaou (1883-1962)," *Cytopathology* 11, no. 3 (2000): 152-57.
5) Zachariadou-Veneti, "Tribute to George Papanicolaou."
6) Edgar Allen, "Abstract of Discussion on Ovarian Follicle Hormone," *Journal of the American Medical Association* 85 (1925): 405.
7) George N. Papanicolaou, "The Cancer-Diagnostic Potential of Uterine Exfoliative Cytology," *CA: A Cancer Journal for Clinicians* 7 (1957): 124-35.
8) Ibid.
9) G. N. Papanicolaou, "New Cancer Diagnosis," *Proceedings of the Third Race Betterment Conference* (1928): 528.
10) Ibid.
11) George A. Vilos, "After Office Hours," *Obstetrics and Gynecology* 91 (March 1998): 3.
12) George N. Papanicolaou, "The Cell Smear Method of Diagnosing Cancer," *American Journal of Public Health and the Nation's Health* 38, no. 2 (1948): 202-5.
13) Irena Koprowska, *A Woman Wanders through Life and Science* (Albany: State University of New York Press, 1997), 167-68.
14) Ibid.
15) Cyrus C. Erickson, "Exfoliative Cytology in Mass Screening for Uterine Cancer: Memphis and Shelby County, Tennessee," *CA: A Cancer Journal for Clinicians* 5 (1955): 63-64.
16) Harold Speert, "Memorable Medical Mentors: VI. Thomas S. Cullen (1868-1953)," *Obstetrical and Gynecological Survey* 59, no. 8 (2004): 557-63.
17) Ibid.
18) D. J. Dronkers et al., eds., *The Practice of Mammography: Pathology, Technique, Interpretation, Adjunct Modalities* (New York: Thieme, 2001), 256.
19) H. J. Burhenne, J. E. Youker, and R. H. Gold, eds., *Mammography* (symposium given on August 24, 1968, at the University of California School of Medicine, San Francisco) (New York: S. Karger, 1969), 109.
20) Sam Shapiro, Philip Strax, and Louis Venet, "Evaluation of Periodic Breast Cancer Screening with Mammography: Methodology and Early Observations," *Journal of the American Medical Association* 195, no. 9 (1966): 731-38.
21) Thomas A. Hirschl and Tim B. Heaton, eds., *New York State in the 21st Century* (Santa Barbara, CA: Greenwood Publishing Group, 1999), 144.
22) 다음의 예를 참조. Philip Strax, "Screening for breast cancer," *Clinical Obstetrics and Gynecology* 20, no. 4 (1977): 781-802.
23) Philip Strax, "Female Cancer Detection Mobile Unit," *Preventive Medicine* 1, no. 3 (1972): 422-25.
24) Abraham Schiff quoted in Philip Strax, *Control of Breast Cancer through Mass Screening* (Philadelphia: Mosby, 1979), 148.
25) S. Shapiro et al., "Proceedings: Changes in 5-Year Breast Cancer Mortality in a Breast Cancer Screening Program," *Proceedings of the National Cancer Conference* 7 (1972): 663-78.
26) Philip Strax, "Radiologist's Role in Screening Mammography," unpublished document quoted in Barron H. Lerner, "'To See Today with the Eyes of Tomorrow': A History of Screening Mammography," *Canadian Bulletin of Medical History* 20, no. 2 (2003): 299-321.

27) G. Melvin Stevens and John F. Weigen, "Mammography Survey for Breast Cancer Detection. A 2-Year Study of 1,223 Clinically Negative Asymptomatic Women over 40," *Cancer* 19, no. 1 (2006): 51-59.
28) Arthur I. Holleb, "Toward Better Control of Breast Cancer," American Cancer Society press release, October 4, 1971 (New York: ACS Media Division), Folder: Breast Cancer Facts, quoted in Lerner, "'To See Today with the Eyes of Tomorrow.'"
29) Myles P. Cunningham, "The Breast Cancer Detection Demonstration Project 25 Years Later," *CA: A Cancer Journal for Clinicians* 47, no. 3 (1997): 131-33.
30) See below for particular studies. 다음도 참조. Madelon Finkel, ed., *Understanding the Mammography Controversy* (Westport, CT: Praeger, 2005), 101-5.
31) A. B. Miller, G. R. Howe, and C. Wall, "The National Study of Breast Cancer Screening Protocol for a Canadian Randomized Controlled Trial of Screening for Breast Cancer in Women," *Clinical Investigative Medicine* 4, nos. 3-4 (1981): 227-58.
32) A. Huggins et al., "Edinburgh Trial of Screening for Breast Cancer: Mortality at Seven Years," *Lancet* 335, no. 8684 (1990): 241-46; Denise Donovan et al., "Edinburgh Trial of Screening for Breast Cancer," *Lancet* 335, no. 8695 (1990): 968-69.
33) CNBSS, HIP, 스웨덴 연구를 비판적으로 평가한 문헌은 다음을 참조. David Freedman et al., "On the Efficacy of Screening for Breast Cancer," *International Journal of Epidemiology* 33, no. 1 (2004): 43-5.
34) Miller, Howe, and Wall, "National Study of Breast Cancer Screening Protocol."
35) Curtis J. Mettlin and Charles R. Smart, "The Canadian National Breast Screening Study: An Appraisal and Implications for Early Detection Policy," *Cancer* 72, no. S4 (1993): 1461-65; John C. Bailar III and Brian MacMahon, "Randomization in the Canadian National Breast Screening Study: A Review for Evidence of Subversion," *Canadian Medical Association Journal* 156, no. 2 (1997): 193-99.
36) Cornelia Baines, *Canadian Medical Association Journal* 157 (August 1, 1997): 249.
37) Norman F. Boyd, "The Review of Randomization in the Canadian National Breast Screening Study: Is the Debate Over?" *Canadian Medical Association Journal* 156, no. 2 (1997): 207-9.
38) 다음의 예를 참조. *Scandinavian Journal of Gastroenterology* 30 (1995): 33-43.
39) Ingvar Andersson et al., "Mammographic Screening and Mortality from Breast Cancer: The Malmo Mammographic Screening Trial," *British Medical Journal* 297, no. 6654 (1988): 943-48.
40) Ingvar Andersson, 저자와의 인터뷰, March 2010.
41) Andersson et al., "Mammographic Screening and Mortality." Also Andersson, 저자와의 인터뷰.
42) Ibid.
43) Lennarth Nystom et al., "Long-Term Effects of Mammography Screening: Updated Overview of the Swedish Randomised Trials," *Lancet* 359, no. 9310 (2002): 909-19.
44) Donald Berry, 저자와의 인터뷰, November 2009.
45) "Mammograms Before 50 a Waste of Time," *Science a Go Go*, October 12, 1998, http://www.science agogo.com/news/19980912094305data_trunc_sys.shtml (accessed December 29, 2009).
46) Malcolm Gladwell, "The Picture Problem: Mammography, Air Power, and the Limits of Looking," *New Yorker*, December 13, 2004.
47) Richard Avedon, *An Autobiography* (New York: Random House, 1993); Richard Avedon, *Evidence, 1944-1994* (New York: Random House, 1994).
48) Bruce Chabner, 저자와의 인터뷰, August 2009.

STAMP

1) 2 Samuel 22:43 (King James Version).
2) Anna Deveare Smith, *Let Me Down Easy*, script and monologue, December 2009.
3) William Carlos Williams, *The Collected Poems of William Carlos Williams: 1939-1962* (New York: New Directions Publishing, 1991), 2: 334.
4) David Rieff, *Swimming in a Sea of Death: A Son's Memoir* (New York: Simon & Schuster, 2008), 6-10.
5) Ibid., 8.
6) Abraham Verghese, *My Own Country: A Doctor's Story of a Town and Its People in the Age of AIDS* (New York: Simon & Schuster, 1994), 24.
7) Ibid., 24.
8) E. Donnall Thomas, "Bone Marrow Transplantation from the Personal Viewpoint," *International Journal of Hematology* 81 (2005): 89-93.
9) E. Thomas et al., "Bone Marrow Transplantation," *New England Journal of Medicine* 292, no. 16 (1975): 832-43.
10) Craig Henderson, interview with Richard Rettig, quoted in Richard Rettig et al., *False Hope: Bone Marrow Transplantation for Breast Cancer* (Oxford: Oxford University Press, 2007), 29.
11) Robert Mayer, 저자와의 인터뷰, July 2008.
12) Shannon Brownlee, "Bad Science and Breast Cancer," *Discover*, August 2002.
13) William Peters, 저자와의 인터뷰, May 2009.
14) Ibid.
15) George Canellos, 저자와의 인터뷰, March 2008.
16) Brownlee, "Bad Science and Breast Cancer."
17) Ibid., and Peters, 저자와의 인터뷰.
18) Peters, 저자와의 인터뷰.
19) Ibid.
20) Ibid.
21) Ibid.
22) Kenneth B. Hymes et al., "Kaposi's Sarcoma in Homosexual Men—a Report of Eight Cases," *Lancet* 318, no. 8247 (1981): 598-600.
23) Robert O. Brennan and David T. Durack, "Gay Compromise Syndrome," *Lancet* 318, no. 8259 (1981): 1338-39.
24) "July 27, 1982: A Name for the Plague," *Time*, March 30, 2003.
25) Susan Sontag, *Illness as Metaphor and AIDS and Its Metaphors* (New York: Picador, 1990).
26) ACT UP Oral History Project, http://www.actuporalhistory.org/ 참조.
27) Arthur J. Amman et al., *The AIDS Epidemic in San Francisco: The Medical Response, 1981-1884*, vol. 3 (Berkeley: Regional Oral History Office, the Bancroft Library, University of California, Berkeley, 1997).
28) Ibid.
29) "Building Blocks in the Battle on AIDS," *New York Times*, March 30, 1997; Randy Shilts, *And the Band Played On* (New York: St. Martin's Press).
30) Shilts, *And the Band Played On*, 219; F. Barre-Sinoussi et al. "Isolation of a T-Lymphotropic Retrovirus from a Patient at Risk for Acquired Immune Deficiency Syndrome (AIDS)," *Science* 220, no. 4599 (1983): 868-71.
31) Mikulas Popovic et al., "Detection, Isolation, and Continuous Production of Cytopathic Retroviruses (HTLV-III) from Patients with AIDS and Pre-AIDS," *Science* 224, no. 4648 (1984): 497-500; Robert C. Gallo et al., "Frequent Detection and Isolation of Cytopathic Retroviruses (HTLV-III)

from Patients with AIDS and at Risk for AIDS," *Science* 224, no. 4648 (1984): 500-503.
32) James Kinsella, *Covering the Plague: AIDS and the American Media* (Piscataway, NJ: Rutgers University Press, 1992), 84.
33) Steven Epstein, *Impure Science: AIDS, Activism, and the Politics of Knowledge* (Berkeley: University of California Press, 1998), 219.
34) Ibid., 221.
35) "The F.D.A.'s Callous Response to AIDS," *New York Times*, March 23, 1987.
36) Raymond A. Smith and Patricia D. Siplon, *Drugs into Bodies: Global AIDS Treatment Activism* (Santa Barbara, CA: Greenwood Publishing Group, 2006).
37) "Acting Up: March 10, 1987," *Ripples of Hope: Great American Civil Rights Speeches*, ed. Josh Gottheimer (New York: Basic Civitas Books, 2003), 392.
38) "F.D.A.'s Callous Response to AIDS," *New York Times*.
39) Ibid.
40) Peters, 저자와의 인터뷰.
41) Donald Berry, 저자와의 인터뷰, November 2009.
42) Peters, 저자와의 인터뷰.

지도와 낙하산

1) Sophocles, *Oedipus the King*.
2) Craig Henderson, quoted in Brownlee, "Bad Science and Breast Cancer."
3) Michael S. Lief and Harry M. Caldwell, *And the Walls Came Tumbling Down: Closing Arguments that Changed the Way We Live, from Protecting Free Speech to Winning Women's Sufferage to Defending the Right to Die* (New York: Simon & Schuster, 2004), 299-354; "$89 Million Awarded Family Who Sued H.M.O.," *New York Times*, December 30, 1993 참조.
4) Lief and Caldwell, *And the Walls Came Tumbling Down*, 310.
5) Ibid., 307.
6) Ibid., 309.
7) S. Ariad and W. R. Bezwoda, "High-Dose Chemotherapy: Therapeutic Potential in the Age of Growth Factor Support," *Israel Journal of Medical Sciences* 28, no. 6 (1992): 377-85.
8) W. R. Bezwoda, L. Seymour, and R. D. Dansey, "High-Dose Chemotherapy with Hematopoietic Rescue as Primary Treatment for Metastatic Breast Cancer: A Randomized Trial," *Journal of Clinical Oncology* 13, no. 10 (1995): 2483-89.
9) Lief and Caldwell, *And the Walls Came Tumbling Down*, 309.
10) 논문 수는 다음 웹사이트에서 파악했다. www.pubmed.org.
11) Lief and Caldwell, *And the Walls Came Tumbling Down*, 234.
12) Ibid.
13) "$89 Million Awarded Family," *New York Times*.
14) "Cancer Patient's Kin Sues Fallon" and "Coverage Denied for Marrow Transplant," *Worcester (MA) Telegram & Gazette*, December 7, 1995; Erin Dominique Williams and Leo Van Der Reis, *Health Care at the Abyss: Managed Care vs. the Goals of Medicine* (Buffalo, NY: William S. Hein Publishing, 1997), 3.
15) Richard Rettig et al., eds., *False Hope: Bone Marrow Transplantation for Breast Cancer* (New York: Oxford University Press, 2007), 85, and Table 3.2 참조.
16) Bruce E. Brockstein and Stephanie F. Williams, "High-Dose Chemotherapy with Autologous Stem Cell Rescue for Breast Cancer: Yesterday, Today and Tomorrow," *Stem Cells* 14, no. 1 (1996): 79-89.

17) JoAnne Zujewski, Anita Nelson, and Jeffrey Abrams, "Much Ado about Not . . . Enough Data," *Journal of the National Cancer Institute* 90 (1998): 200-209. 다음도 참조. Rettig et al., *False Hope*, 137.
18) Robert Mayer, 저자와의 인터뷰, July 2008.
19) W. R. Bezwoda, "High Dose Chemotherapy with Haematopoietic Rescue in Breast Cancer," *Hematology and Cell Therapy* 41, no. 2 (1999): 58-65. 다음도 참조. Werner Bezwoda, plenary session, American Society of Clinical Oncology meeting, 1999 (video recordings available at www.asco.org).
20) Ibid.
21) Ibid.
22) Ibid.
23) Ibid.
24) Ibid.
25) "Conference Divided over High-Dose Breast Cancer Treatment," *New York Times*, May 19, 1999.
26) Raymond B. Weiss et al., "High-Dose Chemotherapy for High-Risk Primary Breast Cancer: An On-Site Review of the Bezwoda Study," *Lancet* 355, no. 9208 (2000): 999-1003.
27) "Bezwoda," Kate Barry (producer), archived in video format at http://beta.mnet.co.za/Carteblanche, M-Net TV Africa (March 19, 2000).
28) "Breast Cancer Study Results on High-Dose Chemotherapy Falsified," Imaginis, February 9, 2000, http://www.imaginis.com/breasthealth/news/news2.09.00.asp (accessed January 2, 2010).
29) Robert Mayer, 저자와의 인터뷰.
30) Maggie Keswick Jencks, *A View from the Front Line* (London, 1995).
31) Ibid., 9.
32) John C. Bailar and Heather L. Gornik, "Cancer Undefeated," *New England Journal of Medicine* 336, no. 22 (1997): 1569-74.
33) "Treatment vs. Prevention," *NewsHour with Jim Lehrer*, May 29, 1997, PBS, transcript available at http://www.pbs.org/newshour/bb/health/may97/cancer_5-29.html (accessed January 2, 2010).
34) Barnett S. Kramer and Richard D. Klausner, "Grappling with Cancer—Defeatism versus the Reality of Progress," *New England Journal of Medicine* 337, no. 13 (1997): 931-35.

제5부 "우리의 정상 자아의 일그러진 형태"

1) Robert Burton, *The Anatomy of Melancholy* (: C. Armstrong and Son, 1893), 235.
2) Samuel S. Epstein, *Cancer-Gate: How to Win the Losing Cancer War* (Amityville, NY: Baywood Publishing Company, 2005), 57.
3) Peyton Rous, "The Challenge to Man of the Neoplastic Cell," *Nobel Lectures, Physiology or Medicine, 1963-1970* (Amsterdam: Elsevier Publishing Company, 1972).

"단일한 원인"

1) Rudolf Virchow, *Lecture XX, Cellular Pathology as Based upon Physiological and Pathological Histology*, trans. Frank Chance (London: Churchill, 1860). 염증을 말한 대목은 번역본의 488쪽에 나온다. "사람의 병리학적 종양은……병리학적 염증이 일어나는 곳에서……형성되며……모두 세포의 증식에 의존한다."
2) Neidhard Paweletz, "Walther Flemming: Pioneer of Mitosis Research," *Nature Reviews Molecular Cell Biology* 2 (2001): 72-75.
3) Leon P. Bignold, Brian L. D. Coghlan, and Hubertus P. A. Jersmann, eds., *Contributions to Oncology: Context, Comments and Translations* (Basel: Birkhauser Verlag, 2007), 83-90.

4) Theodor Boveri, *Concerning the Origin of Malignant Tumours by Theodor Boveri*, translated and annotated by Henry Harris (New York: Cold Spring Harbor Press, 2006). This is a reprint and new translation of the original text.
5) Ibid., 56.
6) Ibid., 56.
7) Peyton Rous, "A Transmissible Avian Neoplasm (Sarcoma of the Common Fowl)," *Journal of Experimental Medicine* 12, no. 5 (1910): 696-705; Peyton Rous, "A Sarcoma of the Fowl Transmissible by an Agent Separable from the Tumor Cells," *Journal of Experimental Medicine* 13, no. 4 (1911): 397-411.
8) Karl Landsteiner et al., "La transmission de la paralysie infantile aux singes," *Compt. Rend. Soc. Biologie* 67 (1909).
9) Gregor Mendel, "Versuche uber Plfanzenhybriden," *Verhandlungen des Naturforschenden Vereines in Brunn. IV fur das Jahr 1865, Abhandlungen* (1866): 3-47. 영어 번역본은 다음 웹사이트 참조. http://www.esp.org/foundations/genetics/classical/gm-65.pdf (accessed January 2, 2010). 다음도 참조. Robin Marantz Henig, *The Monk in the Garden: The Lost and Found Genius of Gregor Mendel, the Father of Genetics* (Boston: Mariner Books, 2001), 142.
10) Wilhelm Ludwig Johannsen, *Elemente der Exakten Erblichkeitlehre* (1913), http://caliban.mpiz-koeln.mpg.de/johannsen/elemente/index.html (accessed January 2, 2010).
11) T. H. Morgan, "Chromosomes and Heredity," *American Naturalist* 44 (1910): 449-96 참조. 다음도 참조. Muriel Lederman, "Research Note: Genes on Chromosomes: the Conversion of Thomas Hunt Morgan," *Journal of the History of Biology* 22, no. 1 (1989): 163-76.
12) Oswald T. Avery et al., "Studies on the Chemical Nature of the Substance Inducing Transformation of Pneumococcal Types: Induction of Transformation by a Deoxyribonucleic Acid Fraction Isolated from Pneumococcus Type III," *Journal of Experimental Medicine* 79 (1944): 137-58.
13) George Beadle, "Genes and Chemical Reactions in Neurospora," *Nobel Lectures, Physiology or Medicine, 1942-1962* (Amsterdam: Elsevier Publishing Company, 1964), 587-99 참조.
14) 프랜시스 크릭의 예는 다음을 참조. "Ideas on Protein Synthesis," October 1956, Francis Crick Papers, National Library of Medicine. 크릭의 중심 원리는 RNA가 특수한 사례에서는 역행할 수 있다고 주장하지만, 단백질은 결코 DNA나 RNA로 역행할 수 없다고 말했다. 따라서 역전사는 가능성으로 남아 있었다.
15) A. N. Monteiro and R. Waizbort, "The Accidental Cancer Geneticist: Hilario de Gouvea and Hereditary Retinoblastoma," *Cancer Biology and Therapy* 6, no. 5 (2007): 811-13.
16) Hermann Muller, "The Production of Mutations," *Nobel Lectures, Physiology or Medicine, 1942-1962* (Amsterdam: Elsevier Publishing Company, 1964) 참조.
17) Thomas Morgan, "The Relation of Genetics to Physiology and Medicine," *Nobel Lectures, Physiology or Medicine 1922-1941* (Amsterdam: Elsevier Publishing Company, 1965).

바이러스라는 불빛 아래에서

1) *Medical World News*, January 11, 1974.
2) Arthur Kornberg, "Ten Commandments: Lessons from the Enzymology of DNA Replication," *Journal of Bacteriology* 182, no. 13 (2000): 361S3-18.
3) Howard Temin and Harry Rubin, "Characteristics of an Assay for Rous Sarcoma Virus," *Virology* 6 (1958): 669-83 참조.
4) Howard Temin, quoted in Howard M. Temin et al., *The DNA Provirus: Howard Temin's Scientific Legacy* (Washington, DC: ASM Press, 1995), xviii.
5) J. Michael Bishop, 저자와의 인터뷰, August 2009.

6) J. Michael Bishop in Temin et al., *DNA Provirus*, 81.
7) Robert Weinberg, *Racing to the Beginning of the Road* (New York: Bantam, 1997), 61 참조.
8) Ibid., 61-65.
9) Ibid., 64.
10) David Baltimore, "RNA-Dependent DNA Polymerase in Virions of RNA Tumor Viruses," *Nature* 226, no. 5252 (1970): 1209-11; and H. M Temin and S. Mizutani, "RNA-Dependent DNA Polymerase in Virions of Rous Sarcoma Virus," *Nature* 226, no. 5252 (1970): 1211-13.
11) Weinberg, *Racing to the Beginning*, 70.
12) Robert Weinberg, 저자와의 인터뷰, January 2009.
13) Weinberg, *Racing to the Beginning*, 83.

"사크 사냥"

1) Lewis Carroll, *The Hunting of the Snark: An Agony in Eight Fits* (New York: Macmillan, 1914), 53.
2) 더스버그와 보그트의 공헌에 관한 자세한 내용은 다음을 참조. G. Steven Martin, "The Hunting of the Src," *Nature Reviews Molecular Cell Biology* 2, no. 6 (2001): 467-75.
3) J. S. Brugge and R. L. Erikson, "Identification of a Transformation-Specific Antigen Induced by an Avian Sarcoma Virus," *Nature* 269, no. 5626 (1977): 346-48.
4) 다음의 예를 참조. Martin, "The Hunting of the Src."
5) Harold Varmus to Dominique Stehelin, February 3, 1976, Harold Varmus papers, National Library of Medicine archives. 다음도 참조. Stehelin et al., "DNA Related to the Transforming Genes of Avian Sarcoma Viruses Is Present in Normal DNA," *Nature* 260, no. 5547 (March 1976): 170-73.
6) Peyton Rous, "The Challenge to Man of the Neoplastic Cell," *Nobel Lectures, Physiology or Medicine, 1963-1970* (Amsterdam: Elsevier Publishing Company, 1972).
7) Harold Varmus, "Retroviruses and Oncogenes I," *Nobel Lectures, Physiology or Medicine, 1981-1990*, ed. Jan Lindsten (Singapore: World Scientific Publishing Co., 1993).

나무에 부는 바람

1) D. H. Lawrence, "The Song of a Man Who Has Come Through," *Penguin Book of First World War Poetry*, ed. John Silkin (New York: Penguin Classics, 1996), 213.
2) Janet Rowley, "Chromosomes in Leukemia and Lymphoma," *Seminars in Hematology* 15, no. 3 (1978): 301-19.
3) P. C. Nowell and D. Hungerford, *Science* 142 (1960): 1497.
4) Al Knudson, 저자와의 인터뷰, July 2009.
5) Ibid.
6) A. Knudson, "Mutation and Cancer: Statistical Study of Retinoblastoma," *Proceedings of the National Academy of Sciences of the United States of America* 68, no. 4 (1971): 820-23.
7) A. Knudson, "The Genetics of Childhood Cancer," *Bulletin du Cancer* 75, no. 1 (1988): 135-38.
8) J. Michael Bishop, in Howard M. Temin et al., *The DNA Provirus: Howard Temin's Scientific Legacy* (Washington, DC: ASM Press, 1995), 89.

위험한 예측

1) Plato, *The Republic of Plato*, Benjamin Jowett, trans. (Oxford: Clarendon Press, 1908), 220.
2) Robert Weinberg, 저자와의 인터뷰, January 2009.
3) Ibid.
4) Ibid.
5) Ibid.

6) Ibid. Also, Cliff Tabin, 저자와의 인터뷰, December 2009.
7) C. Shih and R. A. Weinberg (1982), "Isolation of a Transforming Sequence from a Human Bladder Carcinoma Cell Line," *Cell* 29: 161-169. 다음도 참조. M. Goldfarb, K. Shimizu, M. Perucho, and M. Wigler, "Isolation and Preliminary Characterization of a Human Transforming Gene from T24 Bladder Carcinoma Cells," *Nature* 296 (1982): 404-9. 다음도 참조. S. Pulciani et al., "Oncogenes in Human Tumor Cell Lines: Molecular Cloning of a Transforming Gene from Human Bladder Carcinoma Cells," *Proceedings of the National Academy of Sciences. USA* 79: 2845-49.
8) Robert Weinberg, *Racing to the Beginning of the Road* (New York: Bantam, 1997), 165.
9) Ray Erikson, 저자와의 인터뷰, October 2009.
10) Ibid.
11) Robert Weinberg, *One Renegade Cell* (New York: Basic Books, 1999), 74.
12) Weinberg, 저자와의 인터뷰.
13) Thaddeus Dryja, 저자와의 인터뷰, November 2008.
14) Ibid.
15) Ibid.
16) Stephen H. Friend et al., "A Human DNA Segment with Properties of the Gene that Predisposes to Retinoblastoma and Osteosarcoma," *Nature* 323, no. 6089 (1986): 643-46.
17) D. W. Yandell et al., "Oncogenic Point Mutations in the Human Retinoblastoma Gene: Their Application to Genetic Counseling," *New England Journal of Medicine* 321, no. 25 (1989): 1689-95.
18) 다음의 예를 참조. James A. DeCaprio, "How the Rb Tumor Suppressor Structure and Function was Revealed by the Study of Adenovirus and SV40," *Virology* 384, no. 2 (2009): 274-84.
19) George Klein, "The Approaching Era of the Tumor Suppressor Genes," *Science* 238, no. 4833 (1987): 1539-45.
20) Timothy A. Stewart, Paul K. Pattengale, and Philip Leder, "Spontaneous Mammary Adenocarcinomas in Transgenic Mice That Carry and Express MTV/myc Fusion Genes," *Cell* 38 (1984): 627-37.
21) Daniel J. Kevles, "Of Mice & Money: The Story of the World's First Animal Patent," *Daedalus* 131, no. 2 (2002): 78.
22) Stewart, Pattengale, and Leder, "Spontaneous Mammary Adenocarcinomas," 627-37.
23) E. Sinn et al., "Coexpression of MMTV/v-Ha-ras and MMTV/c-myc Genes in Transgenic Mice: Synergistic Action of Oncogenes in Vivo," *Cell* 49, no. 4 (1987): 465-75.
24) Tabin, 저자와의 인터뷰, November 2009.

암의 징표

1) Eric Lax, *Woody Allen and His Comedy* (London: Elm Tree Books, 1976).
2) B. Vogelstein et al., "Genetic Alterations During Colorectal-Tumor Development," *New England Journal of Medicine* 319, no. 9 (1988): 525-32.
3) Judah Folkman, "Angiogenesis," *Annual Review of Medicine* 57 (2006): 1-18.
4) W. B. Graninger et al., "Expression of Bcl-2 and Bcl-2-Ig Fusion Transcripts in Normal and Neoplastic Cells," *Journal of Clinical Investigation* 80, no. 5 (1987): 1512-15. 다음도 참조. Stanley J. Korsemeyer, "Regulators of Cell Death," 11, no. 3 (1995): 101-5.
5) Robert Weinberg, 저자와의 인터뷰, January 2009.
6) Douglas Hanahan and Robert A. Weinberg, "The Hallmarks of Cancer," *Cell* 100, no. 1 (2000): 57-70.
7) Ibid.

8) Ibid. 다음도 참조. Bruce Chabner, "Biological Basis for Cancer Treatment," *Annals of Internal Medicine* 118, no. 8 (1993): 633-37.

제6부 오랜 노력의 결실

1) Mike Gorman, letter to Mary Lasker, September 6, 1985, Mary Lasker Papers.
2) "To Fight Cancer, Know the Enemy," *New York Times*, August 5, 2009.
3) 다음의 예를 참조. St. Aquinas, *Commentary on the Book of Causes*, trans. Vincent Guagliardo et al. (CUA Press, 1996), 9.

"헛수고한 사람은 아무도 없었다"

1) Jimmy Fund solicitation pamphlet, 1963.
2) "Einar Gustafson, 65, 'Jimmy' of Child Cancer Fund, Dies," *New York Times*, January 24, 2001; "Jimmy Found," *People*, June 8, 1998.
3) Phyllis Clauson, 저자와의 인터뷰, 2009.
4) Ibid.
5) Karen Cummings, 저자와의 인터뷰, 2009.
6) Ibid.
7) Clauson, 저자와의 인터뷰.
8) Max Lerner, *Wrestling with the Angel: A Memoir of My Triumph over Illness* (New York: Touchstone, 1990), 26.
9) "The Lure of Death," *New York Times*, December 24, 2008.
10) Maxwell E. Perkins, "The Last Letter of Thomas Wolfe and the Reply to It," *Harvard Library Bulletin*, Autumn 1947, 278.
11) 다음의 예를 참조. Peter Boyle and Jacques Ferlay, "Mortality and Survival in Breast and Colorectal Cancer," *Nature Reviews and Clinical Oncology* 2 (2005): 424-25; Itsuro Yoshimi and S. Kaneko, "Comparison of Cancer Mortality (All Malignant Neoplasms) in Five Countries: France, Italy, Japan, UK and USA from the WHO Mortality Database (1960-2000)," *Japanese Journal of Clinical Oncology* 35, no. 1 (2005): 48-51; Alison L. Jones, "Reduction in Mortality from Breast Cancer," *British Medical Journal* 330, no. 7485 (2005): 205-6.
12) Eric J. Kort et al., "The Decline in U.S. Cancer Mortality in People Born Since 1925," *Cancer Research* 69 (2009): 6500-6505.
13) Ibid. 다음도 참조. Ahmedin Jemal et al., "Cancer Statistics, 2005," *CA: A Cancer Journal for Clinicians* 55 (2005): 10-30; "Annual Report to the Nation on the Status of Cancer, 1975-2002," *Journal of the National Cancer Institute*, October 5, 2005.
14) Ibid.
15) American Cancer Society, *Cancer Facts & Figures 2008* (Atlanta: American Cancer Society, 2008), 6.
16) Donald A. Berry, "Effect of Screening and Adjuvant Therapy on Mortality from Breast Cancer," *New England Journal of Medicine* 353, no. 17 (2005): 1784-92.
17) Donald Berry, 저자와의 인터뷰, November 2009.
18) "Mary W. Lasker, Philanthropist for Medical Research, Dies at 93," *New York Times*, February 23, 1994.
19) Ed Harlow, "An Introduction to the Puzzle," *Cold Spring Harbor Symposia on Quantitative Biology* 59 (1994): 709-23.
20) Vannevar Bush, *Science the Endless Frontier: A Report to the President by Vannevar Bush, Director of the Office of Scientific Research and Development, July 1945* (Washington, D.C.: U.S. Government Printing Office, 1945).

옛 암을 위한 새 약

1) Louise Gluck, *The Triumph of Achilles* (New York: Ecco Press, 1985), 16.
2) Bruce Chabner letter to Rose Kushner, Rose Kushner Papers, Box 50.
3) Laurent Degos, "The History of Acute Promyelocytic Leukaemia," *British Journal of Haematology* 122, no. 4 (2003): 539-53; Raymond P. Warrell et al., "Acute Promyelocytic Leukemia," *New England Journal of Medicine* 329, no. 3 (1993): 177-89; Huang Meng-er et al., "Use of All-*Trans* Retinoic Acid in the Treatment of Acute Promyelocytic Leukemia," *Blood* 72 (1988): 567-72.
4) Meng-er et al., "Use of All-*Trans* Retinoic Acid."
5) Robert Bazell, *Her-2: The Making of Herceptin, a Revolutionary Treatment for Breast Cancer* (New York: Random House, 1998), 17.
6) Ibid.
7) Lakshmi Charon Padhy et al., "Identification of a Phosphoprotein Specifically Induced by the Transforming DNA of Rat Neuroblastomas," *Cell* 28, no. 4 (1982): 865-71.

실들의 도시

1) Italo Calvino, *Invisible Cities* (Boston: Houghton Mifflin Harcourt, 1978), 76.
2) Ibid.
3) *The Making of Herceptin, a Revolutionary Treatment for Breast Cancer* (New York: Random House, 1998).
4) "A New Insulin Given Approval for Use in U.S.," *New York Times*, October 30, 1982.
5) "Genentech Corporate Chronology," http://www.gene.com/gene/about/corporate/history/timeline.html (accessed January 30, 2010).
6) Ibid.
7) L. Coussens et al., "3 Groups Discovered the Neu Homolog (Her-2, Also Called Erb-b2)," *Science* 230 (1985): 1132-39. 다음도 참조. T. Yamamoto et al., *Nature* 319 (1986): 230-34, and C. King et al., *Science* 229 (1985): 974-76.
8) Bazell, *Her-2*, and Dennis Slamon, 저자와의 인터뷰, April 2010.
9) Ibid.
10) Eli Dansky, "Dennis Slamon: From New Castle to New Science," *SU2C Mag*, http://www.standup2cancer.org/node/194 (accessed January 24, 2010).
11) Ibid.
12) 다음의 예를 참조. I. S. Chen et al., "The x Gene Is Essential for HTLV Replication," *Science* 229, no. 4708 (1985): 54-58; W. Wachsman et al., "HTLV x Gene Mutants Exhibit Novel Transcription Regulatory Phenotypes," *Science* 235, no. 4789 (1987): 647-77; C. T. Fang et al., "Detection of Antibodies to Human T-Lymphotropic Virus Type 1 (HTLV-1)," *Transfusion* 28, no. 2 (1988): 179-83.
13) 울리히와 슬래먼의 협력을 다룬 내용은 바젤의 「Her-2」와 저자가 슬래먼을 면담한 내용을 토대로 구성했다.
14) Correlation of Relapse and Survival with Amplification of the Her-2/Neu Oncogene," *Science* 235 (1987): 177-82.
15) *Nobel Lectures, Physiology or Medicine, 1981-1990*, ed. Jan Lindsten (Singapore: World Scientific Publishing, 1993) 참조.
16) Merrill Goozner, *The $800 Million Pill: The Truth Behind the Cost of New Drugs* (Berkeley: University of California Press, 2004), 195.
17) Ibid.
18) Bazell, *Her-2*, 49.

19) Ibid. Also Barbara Bradfield, 저자와의 인터뷰, July 2008.
20) Ibid.
21) Ibid.
22) Ibid
23) Joan Didion, *The Year of Magical Thinking* (New York: Vintage, 2006), 152.
24) Bradfield, 저자와의 인터뷰. 임상시험과 치료의 세부 내용은 브래드필드의 인터뷰와 저자가 2010년 4월에 슬래먼을 인터뷰한 자료 그리고 바젤의 「Her-2」를 토대로 구성했다.

약, 몸, 증거

1) "Dying for Compassion," *Breast Cancer Action Newsletter* 31 (August 1995).
2) Musa Mayer, *Breast Cancer Action Newsletter* 80 (February/March 2004).
3) *Breast Cancer Action Newsletter* 32 (October 1995).
4) Robert Bazell, *Her-2: The Making of Herceptin, a Revolutionary Treatment for Breast Cancer* (New York: Random House, 1998), 160-80.
5) Ibid., 117.
6) Ibid., 127.
7) "Dying for Compassion," *Breast Cancer Action Newsletter*.
8) Charlotte Brody et al., "Rachel's Daughters, Searching for the Causes of Breast Cancer: A Light-Saraf-Evans Production Community Action & Resource Guide," http://www.wmm.com/filmCatalog/study/rachelsdaughters.pdf (accessed January 31, 2010).
9) 마티 넬슨의 사건과 여파는 바젤의 「Her-2」에 실려 있다.
10) Bruce A. Chabner, "ASC O 1998: A Commentary," *Oncologist* 3, no. 4 (1998): 263-66; D. J. Slamon et al., "Addition of Herceptin to First-Line Chemotherapy for HER-2 Overexpressing Metastatic Breast Cancer Markedly Increases Anti-Cancer Activity: A Randomized, Multinational Controlled Phase III Trial (abstract 377)," *Proceedings of the American Society of Clinical Oncology* 16 (1998): 377.
11) Slamon et al., "Addition of Herceptin to First-Line Chemotherapy," 377.
12) Romond et al. and Piccart-Gebhart et al., *New England Journal of Medicine* 353 (2005): 1659-84.
13) Gabriel Hortobagyi, "Trastuzumab in the treatment of breast cancer," editorial, *New England Journal of Medicine*, 353, no. 16 (2005): 1734.
14) Bazell, *Her-2*, 180-82.

벽을 깨다

1) James F. Holland, "Hopes for Tomorrow versus Realities of Today: Therapy and Prognosis in Acute Lymphocytic Leukemia of Childhood," *Pediatrics* 45:191-93.
2) Lewis Thomas, *The Lives of a Cell* (New York: Penguin, 1978), 115.
3) John M. Goldman and Junia V. Melo, "Targeting the BCR-ABL Tyrosine Kinase in Chronic Myeloid Leukemia," *New England Journal of Medicine* 344, no. 14 (2001): 1084-86.
4) Annelies de Klein et al., "A Cellular Oncogene Is Translocated to the Philadelphia Chromosome in Chronic Myelocitic Leukemia," *Nature* 300, no. 5894 (1982): 765-67.
5) E. Fainstein et al., "A New Fused Transcript in Philadelphia Chromosome Positive Acute Lymphocytic Leukaemia," *Nature* 330, no. 6146 (1987): 386-88; Nora Heisterkamp et al., "Structural Organization of the Bcr Gene and Its Role in the Ph' Translocation," *Nature* 315, no. 6022 (1985): 758-61; de Klein et al., "Cellular Oncogene Is Translocated"; Nora Heisterkamp et al., "Chromosomal Localization of Human Cellular Homologues of Two Viral Oncogenes," *Nature* 299, no. 5885 (1982): 747-49.

6) Daniel Vasella and Robert Slater, *Magic Cancer Bullet: How a Tiny Orange Pill Is Rewriting Medical History* (New York: HarperCollins, 2003), 40-48; Elisabeth Buchdunger and Jurg Zimmermann, "The Story of Gleevec," innovation.org, http://www.innovation.org/index.cfm/StoriesofInnovation/InnovatorStories/The_Story_of_Gleevec (accessed January 31, 2010).
7) Howard Brody, *Hooked: Ethics, the Medical Profession, and the Pharmaceutical Industry* (Lanham, MD: Rowman & Littlefield, 2007), 14-15; Buchdunger and Zimmermann, "Story of Gleevec."
8) Buchdunger and Zimmermann, "Story of Gleevec."
9) Brian Druker, 저자와의 인터뷰, November 2009.
10) Ibid.
11) Ibid.
12) Ibid.
13) S. Tura et al., "Evaluating Survival After Allogeneic Bone Marrow Transplant for Chronic Myeloid Leukaemia in Chronic Phase: A Comparison of Transplant Versus No-Transplant in a Cohort of 258 Patients First Seen in Italy Between 1984 and 1986," *British Journal of Haematology* 85 (1993): 292-99.
14) Druker, 저자와의 인터뷰.
15) Ibid.
16) Brian J. Druker, "Effects of a Selective Inhibitor of the Abl Tyrosine Kinase on the Growth of Bcr-Abl Positive Cells," *Nature Medicine* 2, no. 5 (1996): 561-66.
17) 글리벡 개발 이야기는 저자가 드러커를 인터뷰한 내용이다.
18) Lauren Sompayrac, *How Cancer Works* (Sudbury, MA: Jones and Bartlett, 2004), 21.
19) Brian J. Druker et al., "Efficacy and Safety of a Specific Inhibitor of the BCR-ABL Tyrosine Kinase in Chronic Myeloid Leukemia," *New England Journal of Medicine* 344, no. 14 (2001): 1031-37.
20) Ibid.
21) Hagop Kantarjian, Georgetown Oncology Board Review Lectures, 2008.
22) Bruce A. Chabner, "The Oncologic Four-Minute Mile," *Oncologist* 6, no. 3 (2001): 230-32.
23) Ibid.

붉은 여왕의 경주

1) Lewis Carroll, *Alice in Wonderland and Through the Looking Glass* (Boston: Lothrop, 1898), 125.
2) 제리 메이필드 사례의 상세한 내용은 CML 블로그인 newcmldrug.com에서 얻었다. 이 웹사이트는 메이필드가 환자들에게 CML과 표적요법에 관한 정보를 제공하기 위해서 운영하고 있다.
3) 다음의 예를 참조. M. E. Gorre et al., "Clinical Resistance to STI-571 Cancer Therapy Caused by BCR-ABL Gene Mutation or Amplification," *Science* 293, no. 5531 (2001): 876-80; Neil P. Shah et al., "Multiple *BCR-ABL* Kinase Domain Mutations Confer Polyclonal Resistance to the Tyrosine Kinase Inhibitor Imatinib (STI571) in Chronic Phase and Blast Crisis Chronic Myeloid Leukemia," *Cancer Cell* 2, no. 2 (2002): 117-25.
4) Attributed to John Kuriyan; quoted by George Dmitri to the author at a Columbia University seminar, November 2009.
5) Jagabandhu Das et al., "2-Aminothiazole as a Novel Kinase Inhibitor Template. Structure-Activity Relationship Studies toward the Discovery of
N-(2-Chloro-6-methylphenyl)-2-[[6-[4-(2-hydroxyethyl)-1-(piperazinyl)]-2-methyl-4-pyrimidinyl](amino)]-1,3-thiazole-5-carboxamide(Dasatinib, BMS-354825) as a Potent *pan*-Src Kinase Inhibitor," *Journal of Medicinal Chemistry* 49, no. 23 (2006): 6819-32; Neil P. Shah et al., "Overriding Imatinib Resistance with a Novel ABL Kinase Inhibitor," *Science* 305, no. 5682 (2004): 399-401;

Moshe Talpaz et al., "Dasatinib in Imatinib-Resistant Philadelphia Chromosome-Positive Leukemias," *New England Journal of Medicine* 354, no. 24 (2006): 2531-41.

6) 약물 목록은 국립 암연구소의 표적요법 목록에 실려 있다. http://www.cancer.gov/cancertopics/factsheet/Therapy/targeted (accessed February 23, 2010). 이 웹사이트에는 아바스틴과 보르테조밉 같은 약물의 기능도 상세히 나와 있다.

7) "Velcade (Bortezomib) Is Approved for Initial Treatment of Patients with Multiple Myeloma," U.S. Food and Drug Administration, http://www.fda.gov/AboutFDA/CentersOffices/CDER/ucm094633.htm (accessed January 31, 2010); "FDA Approval for Lenalidomide," National Cancer Institute, U.S. National Institutes of Health, http://www.cancer.gov/cancertopics/druginfo/fda-lenalidomide (accessed January 31, 2010).

8) Framingham Heart Study, the National Heart, Lung and Blood Institute and Boston University, http://www.framinghamheartstudy.org/ (accessed January 31, 2010).

9) Nicholas A. Christakis, "The Collective Dynamics of Smoking in a Large Social Network," *New England Journal of Medicine* 358, no. 21 (2008): 2249-58.

10) Harold J. Burstein, "Cancer at the *Fin de Siecle*," *Medscape Today*, February 1, 2000, http://www.medscape.com/viewarticle/408448 (accessed January 31, 2010).

13개의 산

1) W. H. Auden, "The Art of Healing (*In Memoriam David Protetch, M.D.*)," *New Yorker*, September 27, 1969.

2) Bert Vogelstein and Kenneth Kinzler, "Cancer Genes and the Pathways They Control," *Nature Medicine* 10, no. 8 (2004): 789-99.

3) Susan Sontag, *Illness as Metaphor and AIDS and Its Metaphors* (New York: Picador, 1990), 102.

4) "Once Again, Scientists Say Human Genome Is Complete," *New York Times*, April 15, 2003.

5) "New Genome Project to Focus on Genetic Links in Cancer," *New York Times*, December 14, 2005.

6) "Mapping the Cancer Genome," *Scientific American*, March 2007.

7) Tobias Sjoblom et al., "The Consensus Coding Sequences of Human Breast and Colorectal Cancers," *Science* 314, no. 5797 (2006): 268-74.

8) Roger McLendon et al., "Comprehensive Genomic Characterization Defines Human Glioblastoma Genes and Core Pathways," *Nature* 455, no. 7216 (2008): 1061-68. 다음도 참조. D. Williams Parsons et al., "An Integrated Genomic Analysis of Human Glioblastoma Multiforme," *Science* 321, no. 5897 (2008): 1807-12; and Roger McLendon et al., "Comprehensive Genomic Characterization."

9) C. G. Mullighan et al., "Genome-Wide Analysis of Genetic Alterations in Acute Lymphoblastic Leukemia," *Nature* 446, no. 7137 (2007): 758-64.

10) Bert Vogelstein, comments on lecture at Massachusetts General Hospital, 2009; 다음도 참조. Vogelstein and Kinzler, "Cancer Genes and the Pathways They Control."

11) 승객 돌연변이와 운전사 돌연변이의 구분은 암유전학계에 큰 논쟁을 불러일으켰다. 많은 과학자들은 초기의 유방암 유전체 분석이 운전사 돌연변이의 수를 과대평가했을 수 있다고 의심한다. 이 문제는 아직도 해결되지 않았다. 다음의 예를 참조. Getz et al., Rubin et al., and Forrest et al., *Science* 317, no 5844: 1500, comments on Sjoblom article above.

12) 다음의 예를 참조. Rebecca J. Leary, "Integrated Analysis of Homozygous Deletions, Focal Amplifications, and Sequence Alterations in Breast and Colorectal Cancers," *Proceedings of the National Academy of Sciences of the United States of America* 105, no. 42 (2008): 16224-29; Sian Jones et al., "Core Signaling Pathways in Human Pancreatic Cancer Revealed by Global Genomic Analyses," *Science* 321, no. 5897 (2008): 1801-6.

13) Emmanuel Petricoin, quoted in Dan Jones, "Pathways to Cancer Therapy," *Nature Reviews Drug Discovery* 7 (2008): 875-76.
14) "To Fight Cancer, Know the Enemy," *New York Times*, August 5, 2009.
15) Valerie Beral et al., "Breast Cancer and Hormone-Replacement Therapy in the Million Women Study," *Lancet* 362, no. 9382 (2003): 419-27.
16) 다음의 예를 참조. F. J. Roe and M. C. Lancaster et al., "Natural, Metallic and Other Substances, as Carcinogens," *British Medical Bulletin* 20 (1964): 127-33; and Jan Dich et al., "Pesticides and Cancer," *Cancer Causes & Control* 8, no. 3 (1997): 420-43.
17) Yen-Ching Chen and David J. Hunter, "Molecular Epidemiology of Cancer," *CA: A Cancer Journal for Clinicians* 55 (2005): 45-54.
18) Yoshio Miki et al., "A Strong Candidate for the Breast and Ovarian Cancer Susceptibility Gene BRCA1," *Science* 266, no. 5182 (1994): 66-71; R. Wooster et al., "Localization of a Breast Cancer Susceptibility Gene, BRC A2, to Chromosome 13q12-13," *Science* 265, no. 5181 (1994): 2088-90; J. M. Hall et al., "Linkage of Early-Onset Familial Breast Cancer to Chromosome 17q21," *Science* 250, no. 4988 (1990): 1684-89; Michael R. Stratton et al., "Familial Male Breast Cancer Is Not Linked to the *BRCA1* Locus on Chromosome 17q," *Nature Genetics* 7, no. 1 (1994): 103-7.
19) Breast cancer patient O. B-L. (name withheld), 저자와의 인터뷰, December 2008.
20) Tsvee Lapidot et al., "A Cell Initiating Human Acute Myeloid Leukaemia After Transplantation into SCI D Mice," *Nature* 367, no. 6464 (1994): 645-58.
21) "3명 중 1명"은 국립 암연구소의 최근 추정값에서 인용했다. http://www.cancer.gov/newscenter/tip-sheet-cancer-health-disparities. "2명 중 1명"은 NCI 예측 통계 자료인 http://seer.cancer.gov/statfacts/html/all.html에서 얻은 것이지만, 모든 암 웹사이트의 추정 자료이기도 하다. Matthew Hayat et al., "Cancer Statistics, Trends and Multiple Primary Cancer Analyses," *Oncologist* 12 (2007): 20-37.

아토사의 전쟁

1) Anna Akhmatova, "In Memoriam, July 19, 1914," in *The Complete Poems of Anna Akhmatova*, vol. 1 (Chicago: Zephyr Press, 1990), 449.
2) Aleksandr Solzhenitsyn, *Cancer Ward* (New York: Farrar, Straus and Giroux, 1974), 476.
3) A Memorial Tribute in Honor of Dr. Sidney Farber, 1903-1973," Thursday, May 17, 1973. Gift of Thomas Farber to the author.
4) 아토사의 사례와 그녀의 생존 기간은 추정한 것이지만, 몇 가지 자료를 토대로 했다. 다음의 예를 참조. "Effects of chemotherapy and hormonal therapy for early breast cancer on recurrence and 15-year survival: An overview of the randomised trials," *Lancet*, 365, no. 9472: 1687-1717.
5) Barnett S. Kramer and Richard D. Klausner, "Grappling with Cancer—Defeatism Versus the Reality of Progress," *New England Journal of Medicine* 337, no. 13 (1997): 931-35 참조.
6) 다음의 예를 참조. H. Joensuu, "Treatment of Inoperable Gastrointestinal Stromal Tumors (GIS T) with Imatinib (Glivec, Gleevec)," *Medizinische Klinik* (Munich) 97, suppl. 1 (2002): 28-30; M. V. Chandu de Silva and Robin Reid, "Gastrointestinal Stromal Tumors (GIST): C-kit Mutations, CD117 Expression, Differential Diagnosis and Targeted Cancer Therapy with Imatinib," *Pathology Oncology Research* 9, no. 1 (2003): 13-19.

용어 설명

급성 골수성 백혈병(acute myeloid leukemia) : 혈구의 골수계통에 영향을 미치는 백혈구암의 일종.

급성 림프구성 백혈병(acute lymphoblastic leukemia) : 혈구의 림프계통에 영향을 미치는 혈구암의 일종.

단백질(protein) : 유전자가 번역될 때 만들어지는 아미노산 사슬로 이루어진 화학물질. 단백질은 신호 중계, 구조적 지지, 생화학 반응 촉진을 비롯하여 수많은 세포 기능을 수행한다. 유전자는 대개 단백질의 청사진을 제공함으로써 "작동한다." 단백질은 인산기, 당, 지질 같은 작은 화학물질이 붙어서 화학적으로 변형될 수 있다.

돌연변이(mutation) : DNA의 화학 구조에 일어나는 변형. 돌연변이는 침묵할 수도 있고—이를테면 그 변화가 생물의 기능에 아무 영향을 끼치지 않을 때—생물의 기능이나 구조에 변화를 일으킬 수도 있다.

디엔에이(DNA) : 디옥시리보핵산(deoxyribonucleic acid). 모든 세포에서 유전정보를 가진 화학물질. 대개 세포에서 상보적인 가닥이 결합되어서 쌍으로 존재하며, 각 가닥은 A, C, T, G로 나타내는 네 가지 단위 화학물질이 연결된 사슬이다. 유전자는 이 가닥에 "유전암호" 형태로 들어 있으며, 유전암호는 RNA로 전사된 뒤, 단백질로 번역된다.

레트로바이러스(retrovirus) : 유전자를 RNA 형태로 가지면서 역전사 효소를 이용하여 유전자를 RNA 형태에서 DNA 형태로 전환할 수 있는 RNA 바이러스.

무작위 임상시험(randomized trial) : 환자들을 치료군과 대조군에 무작위로 할당하여 시행하는 임상시험.

바이러스(virus) : 그 자체로 증식할 수는 없지만, 일단 세포에 감염되면 자손을 만들 수 있는 미생물. 바이러스는 DNA 바이러스와 RNA 바이러스 등 여러 종류로 나뉜다. DNA나 RNA로 된 핵과 그것을 감싼 단백질로 이루어지며, 지질과 단백질로 이루어진 세포막에 결합될 수 있다.

발병률(혹은 발생률, incidence) : 역학에서 특정한 기간에 어떤 질병의 진단을 받은 환자의 수(또는 비율). 발병률은 새로 진단을 받은 사람의 비율을 뜻하므로 유병률(해당 항목 참조)과는 다르다.

발암물질(carcinogen) : 암을 일으키거나 자극하는 물질.

세포독성(cytotoxic) : 세포를 죽이는 성질. 대개 세포, 특히 빠르게 분열하는 세포를 죽이는 작용을 하는 화학요법을 가리킬 때 쓴다.

세포 자살(apoptosis) : 대다수 세포에서 일어나는 통제된 사멸 과정. 특정한 유전자들과 단백질들의 연쇄반응을 수반한다.

순행 임상시험(prospective trial) : 환자 코호트를 앞으로의 시간의 흐름에 따라서 살펴보는 임상시험(환자 코호트를 시간을 거슬러서 살펴보는 역행 임상시험과 반대이다).

신생물(neoplasm, neoplasia) : 암을 가리키는 다른 이름.

알엔에이(RNA) : 리보핵산(ribonucleic acid). 유전자에서 단백질로 메시지를 전하는 "중간" 전달자 역할을 비롯하여 몇 가지 기능을 하는 화학물질. 일부 바이러스는 DNA가 아니라 RNA에 유전

자를 간직한다(레트로바이러스 참조)

역전사 효소(reverse transcriptase) : RNA 사슬을 DNA 사슬로 전환하는 효소. 역전사는 레트로바이러스의 한 특성이다.

염색체(chromosome) : DNA와 단백질로 이루어진 세포 속 구조물로서, 유전정보를 담고 있다.

원종양유전자(proto-oncogene) : 종양유전자의 전구체. 대개 원종양유전자는 돌연변이나 과잉 발현으로 활성화할 때 암을 촉진하는 정상적인 세포 유전자이다. 원종양유전자는 대개 세포의 성장과 분화에 관련된 단백질의 암호를 가진다. *ras*와 *myc*는 원종양유전자의 사례이다.

유병률(prevalence) : 역학에서 해당 기간에 어떤 질병을 지닌 환자의 수(또는 비율).

유전공학(genetic engineering) : 생물의 유전자를 조작하여 새로운 유전자를 만들거나 유전자를 이종 생물에(이를테면 사람 유전자를 세균 세포에) 집어넣는 능력.

유전자(gene) : 유전의 단위. 대개 단백질이나 RNA 사슬의 암호를 담고 있는 DNA 가닥이다(유전자는 RNA 형태로도 존재한다).

유전체(genome) : 생물에 든 모든 유전물질의 전체.

이중적중 가설(two-hit hypothesis) : 세포가 암으로 진행하려면, 기능이 온전한 종양 억제 유전자 한 쌍이 양쪽 모두 불활성화해야 한다는 개념.

2차 예방(secondary prevention) : 대개 증상이 없는 사람을 선별 검사함으로써 질병을 조기 검출하는 것을 목적으로 하는 예방 전략. 2차 예방 전략은 대개 증상이 나타나기 이전의 초기 단계를 공략한다.

1차 예방(primary prevention) : 대개 질병의 원인을 공격함으로써 어떤 질병의 발달을 피하는 것을 목적으로 하는 예방.

전달감염(transfection) : DNA를 세포에 집어넣는 것.

전좌(translocation) : 한 염색체의 유전자가 다른 유전자에 옮겨가서 물리적으로 달라붙는 것.

전이성(metastatic) : 암이 원래 생긴 국소 부위에서 다른 곳으로 퍼지는 능력.

종양 억제 유전자(tumor suppressor gene, 혹은 항종양유전자[anti-oncogene]) : 완전히 불활성화할 때 암세포로의 전환을 촉진하는 유전자. 종양 억제 유전자는 대개 세포가 암으로 진행하지 못하게 막는다. 이 유전자에 돌연변이가 일어나서 기능을 잃거나 기능이 약해지면, 세포는 암으로 진행할 수 있다. 대개 암으로의 진행은 다른 유전적 변화와 결합되어 일어난다.

종양유전자(oncogene) : 암을 일으키거나 촉진하는 유전자. 원종양유전자(해당 항목 참조)의 활성화나 과잉 발현은 정상 세포를 암세포로 전환시킨다.

체세포 분열(mitosis) : 세포 하나가 둘로 분열하는 것으로서 몸의 대다수 조직에서 일어난다. 반면에 난소와 고환에서는 성세포를 만드는 감수 분열이 일어난다.

키나아제(kinase) : 다른 단백질에 인산기를 붙이는 단백질 효소.

키메라 유전자(chimeric gene) : 두 유전자가 섞여서 생긴 유전자. 자연적인 염색체 전좌를 통해서 생기기도 하고, 실험실에서 공학적으로 만들 수도 있다.

형질전환 생쥐(transgenic mice) : 유전자 변화를 인위적으로 일으킨 생쥐.

효소(enzyme) : 생화학 반응을 촉진하는 단백질.

참고 문헌

Absolon, Karel B. *Surgeon's Surgeon: Theodor Billroth, 1829-1894*. Kansas: Coronado Press, 1979.
Airley, Rachel. *Cancer Chemotherapy: Basic Science to the Clinic*. Hoboken, N.J.: Wiley, 2009.
Alberts, Bruce. *Molecular Biology of the Cell*. London: Garland Science, 2008.
Alsop, Stewart. *Stay of Execution: A Sort of Memoir*. new York: Lippincott, 1973.
Altman, Roberta. *Waking Up, Fighting Back: The Politics of Breast Cancer*. New York: Little, Brown, 1996.
Angier, Natalie. *Natural Obsessions: Striving to Unlock the Deepest Secrets of the Cancer Cell*. New York: Mariner Books, 1999.
Archives Program of Children's Hospital Boston, *Children's Hospital Boston*. chicago: Arcadia Publishing, 2005.
Aufderheide, Arthur. *The Scientific Study of Mummies*. Cambridge: Cambridge University Press, 2003.
Austoker, Joan. *A History of the Imperial Cancer Research Fund 1902-1986*. Oxford: Oxford University Press, 1988.
Baillie, Matthew. *The Morbid Anatomy of Some of the Most Important Parts of the Human Body*. Walpole, N.H.: Thomas & Thomas, 1808.
Baillie, Matthew, and James Wardrop, ed. *The Works of Matthew Baillie, M.D.: To Which Is Prefixed an Account of His Life*. Vol. 1. London: Longman, Hurst, Rees, Orme, Brown and Green, 1825.
Ballance, Charles Alfred. *A Glimpse into the History of the Surgery of the Brain*. New York: Macmillan, 1922.
Bazell, Robert. *Her-2: The Making of Herceptin, a Revolutionary Treatment for Breast Cancer*. new York: Random House, 1998.
Billings, John Shaw. *The History and Literature of Surgery*. Philadelphia: Lea Bros., 1885.
Bishop, J. Michael. *How to Win the Nobel Prize: An Unexpected Life in Science*. Cambridge: Harvard University Press, 2003.
Bliss, Michael. *Harvey Cushing: A Life in Surgery*. Oxford: Oxford University Press, 2005.
Blumberg, Baruch S. *Hepatitis B: The Hunt for a Killer Virus*. Princeton: Princeton University Press, 2002.
Boveri, Theodor. *Concerning the Origin of Malignant Tumours by Theodor Boveri*. New York: Cold Spring Harbor Press, 2006.
Brandt, Allan M., *The Cigarette Century: The Rise, Fall, and Deadly Persistence of the Product That Defined America*. New York: Basic Books, 2007.
Breasted, James Henry. *The Edwin Smith Papyrus: Some Preliminary Observations*. Paris: Librairie Ancienne Honoré Champion, Édouard Champion, 1922.
Broyard, Anatole. *Intoxicated by My Illness and Other Writings on Life and Death*. New York: C. Potter, 1992.
Bunz, Fred. *Principles of Cancer Genetics*. New York: Springer, 2008.

Burjet, W. C., ed. *Surgical Papers by William Stewart Halsted*. 2 Vols. Baltimore: Johns Hopkins, 1924.
Cairns, John. *Cancer: Science and Society*. New York: W. H. Freeman, 1979.
_____. *Matters of Life and Death: Perspectives on Public Health, Molecular Biology, Cancer, and the Prospects for the Human Race*. Princeton: Princeton University Press, 1997.
Cantor, David. *Cancer in the Twentieth Century*. Baltimore: The Johns Hopkins University Press, 2008.
Carroll, Lewis. *Alice in Wonderland and Through the Looking-Glass*. Boston: Lothrop, 1898.
Carson, Rachel. *Silent Spring*. New York: Mariner Books, 2002.
Chung, Daniel c., and Daniel A. Haber. *Principles of Clinical Cancer Genetics: A Handbook from the Massachusetts General Hospital*. New York: Springer, 2010.
Cooper, Geoffrey M., Rayla Greenberg Temin, and Bill Sugden, eds. *The DNA Provirus: Howard Temin's Scientific Legacy*. Washington, D.c.: ASM Press, 1995.
Criles, George. *Cancer and Common Sense*. New York: Viking Press, 1955.
DeGregorio, Michael W., and Valerie J. Wiebe. *Tamoxifen and Breast Cancer*. New Haven: Yale University Press, 1999.
de Moulin, Daniel. *A Short History of Breast Cancer*. boston: M. Nijhoff, 1983.
de Tocqueville, Alexis. *Democracy in America*. New York: Penguin, 2003.
Diamond, Louis Klein. *Reminiscences of Louis K. Diamond: Oral*. Interview transcript. New York: Columbia University, 1990.
Edson, Margaret. *Wit*. New York: Dramatists Play Service, 1999.
Ellis, Harold. *A History of Surgery*. Cambridge: Cambridge University Press, 2001.
Faguet, Guy. *The War on Cancer: An Anatomy of Failure*. Dordecht: Springer, 2008.
Farber, Sidney. *The Postmortem Examination*. Springfield, Ill.: C. C. Thomas, 1937.
Finkel, Madelon L. *Understanding the Mammography Controversy: Science, Politics, and Breast Cancer Screening*. Santa Barbara, Calif.: Praeger, 2005.
Fujimura, Joan H. *Crafting Science: A Sociohistory of the Quest for the Genetics of Cancer*. Cambridge: Harvard University Press, 1996.
Galen. *On Diseases and Symptoms*. Cambridge: Cambridge University Press, 2006.
_____. *On the Natural Faculties*. Whitefish, Mont.: Kessinger Publishing, 2004.
_____. *Selected Works*. Oxford: Oxford University Press, 2002.
Garb, Solomon. *Cure for Cancer: A National Goal*. New York: Springer, 1968.
Goodman, Jordan, and Vivien Walsh. *Story of Taxol: Nature and Politics in the Pursuit of an Anti-Cancer Drug*. New York: Cambridge University Press, 2001.
Gunther, John. *Taken at the Flood: The Story of Albert D. Lasker*. New York: Harper, 1960.
Haagenson, Cushman Davis. *Diseases of the Breast*. Philadelphia: W. B. Saunders Company, 1974.
Haddow, Alexander, Herman M. Kalckar, and Otto Warburg. *On Cancer and Hormones: Essays in Experimental Biology*. Chicago: University of Chicago Press, 1962.
Hall, Steven S. *Invisible Frontiers: The Race to Synthesize a Human Gene*. New York: Atlantic Monthly Press, 1987.
Henig, Robin Marantz. *The Monk in the Garden: The Lost and Found Genius of Gregor Mendel, the Father of Genetics*. New York: Mariner Books, 2001.
Hill, John. *Cautions against the Immoderate Use of Snuff*. London: R. Baldwin and J. Jackson, 1761.
Hilts, Philip J. *Protecting America's Health: The FDA, Business, and One Hundred Years of Regulation*. New York: Knopf, 2003.

Huggins, Charles. *Frontiers of Mammary Cancer*. Glasgow: Jackson, 1961.
ICON Health Publications. *Gleevec: A Medical Dictionary, Bibliography, and Annotated Research Guide*. Logan, Utah: ICON Health, 2004.
Imber, Gerald. *Genius on the Edge: The Bizarre Double Life of Dr. William Stewart Halsted*. New York: Kaplan, 2010.
Jencks, Maggie Keswick. *A View from the Front Line*. London, 1995.
Jordan, V. c. *Tamoxifen, a Guide for Clinicians and Patients*. Huntington, n.Y.: Prr, 1996.
Justman, Stewart. *Seeds of Mortality: The Public and Private Worlds of Cancer*. Chicago: Ivan R. Dee, 2003.
Kannel, William B., and Tavia Gordon. *The Framingham Study: An Epidemiological Investigation of Cardiovascular Disease*. Washington, D.C.: U.S. Department of Health, Education, and Welfare, National Institutes of Health, 1968.
Kaplan, Henry. *Hodgkin's Disease*. Cambridge: Harvard University Press, 1980.
Kleinman, Arthur. *The Illness Narratives: Suffering, Healing, and the Human Condition*. New York: Basic Books, 1988.
Kluger, Richard. *Ashes to Ashes*. New York: Vintage Books, 1997.
Knapp, Richard B. *Gift of Surgery to Mankind: A History of Modern Anesthesiology*. Springfield, Ill.: C. C. Thomas, 1983.
Knight, Nancy, and J. Frank Wilson. *The Early Years of Radiation Therapy: A History of the Radiological Sciences, Radiation Oncology*. Reston, Va.: Radiological Centennial, 1996.
Kushner, Rose. *Why Me?*. Philadelphia: Saunders Press, 1982.
Kyvig, David E. *Daily Life in the United States, 1920–1940: How Americans Lived Through the Roaring Twenties and the Great Depression*. Chicago: Ivan R. Dee, 2004.
Laszlo, John. *The Cure of Childhood Leukemia: Into the Age of Miracles*. New Brunswick, N.J.: Rutgers University Press, 1995.
Leopold, Ellen. *A Darker Ribbon: Breast Cancer, Women, and Their Doctors in the Twentieth Century*. Boston: Beacon Press, 1999.
Lerner, Barron H. *The Breast Cancer Wars: Hope, Fear, and the Pursuit of a Cure in Twentieth-Century America*. Oxford: Oxford University Press, 2001.
Levi, Primo. *Survival at Auschwitz: If This Is a Man*. Phoenix, Ariz.: Orion Press, 2008.
Lewison, Edward. *Breast Cancer: Its Diagnosis and Treatment*. Baltimore: Williams and Wilkins Company, 1955.
Lock, Stephen, Lois A. Reynolds, and E. M. Tansey, eds. *Ashes to Ashes*. Amsterdam: Editions Rodopi B.V., 1998.
Love, Susan M. *Dr. Susan Love's Breast Book*. New York: Random House, 1995.
Maccallum, W. G., and W. H. Welch. *William Stewart Halsted, Surgeon*. Whitefish, Mont.: Kessinger Publishing, 2008.
Marquardt, Martha. *Paul Ehrlich*. New York: Schuman, 1951.
McKelvey, Maureen D. *Evolutionary Innovations: The Business of Biotechnology*. Oxford: Oxford University Press, 1996.
Moss, Ralph W. *The Cancer Syndrome*. New York: Grove Press, 1980.
Mueller, Charles Barber. *Evarts A. Graham: The Life, Lives, and Times of the Surgical Spirit of St. Louis*. Hamilton, Ont., Can.: BC Decker, Inc., 2002.
Nathan, David G. *The Cancer Treatment Revolution: How Smart Drugs and Other New Therapies Are Renewing Our Hope and Changing the Face of Medicine*. Hoboken, N.J.: Wiley, 2007.
Nuland, Sherwin B. *Doctors: The Biography of Medicine*. New York: Knopf, 1988.

Olson, James S. *Bathsheba's Breast: Women, Cancer, and History*. Baltimore: Johns Hopkins University Press, 2002.
_____. *History of Cancer: An Annotated Bibliography*. New York: Greenwood Press, 1989.
Oshinski, David M. *Polio: An American Story*. Oxford: Oxford University Press, 2005.
Parker, George. *The Early History of Surgery in Great Britain: Its Organization and Development*. London: Black, 1920.
Patterson, James T. *The Dread Disease: Cancer and Modern American Culture*. Cambridge: Harvard University Press, 1987.
Porter, Roy, ed. *The Cambridge Illustrated History of Medicine*. Cambridge: Cambridge University Press, 1996.
Pott, Percivall, and James Earle. *The Chirurgical Worksof Percivall Pott, F.R.S., Surgeon to St. Bartholomew's Hospital, a New Edition, with His Last Corrections, to Which Are Added, a Short Account of the Life of the Author, a Method of Curing the Hydrocele by Injection, and Occasional Notes and Observations, by Sir James Earle, F.R.S., Surgeon Extraordinary to the King*. London: Wood and Innes, 1808.
Rather, L. J. *Genesis of Cancer: A Study in the History of Ideas*. Baltimore: Johns Hopkins University Press, 1978.
Reid, Robert William. *Marie Curie*. New York: Collins, 1974.
Resnik, Susan. *Blood Saga: Hemophilia, AIDS, and the Survival of a Community*. Berkeley: University of California Press, 1999.
Retsas, Spyros, ed. *Palaeo-oncology: The Antiquity of Cancer*. London: Farrand Press, 1986.
Rettig, Richard, Peter D. Jacobson, Cynthia M. Farquhar, and Wade M. Aubry. *False Hope: Bone Marrow Transplantation for Breast Cancer*. Oxford: Oxford University Press, 2007.
Rettig, Richard A. *Cancer Crusade: The Story of the National Cancer Act of 1971*. Lincoln, Neb.: Author's choice Press, 1977.
Rhodes, Richard. *The Making of the Atomic Bomb*. New York: Simon & Schuster, 1995.
Robbins-Roth, Cynthia. *From Alchemy to IPO: The Business of Biotechnology*. Cambridge, Mass.: Perseus, 2000.
Rosenfeld, Louis. *Thomas Hodgkin: Morbid Anatomist & Social Activist*. Lanham, Md.: Madison Books, 1993.
Ross, Walter Sanford. *Crusade: The Official History of the American Cancer Society*. New York: Arbor House, 1987.
Rutkow, Ira M. *History of Surgery in the United States, 1775–1900*. San Francisco: Norman Publishers, 1988.
Salecl, Renata. *On Anxiety*. London: Routledge, 2004.
Saunders, Cicely. *Selected Writings, 1958–2004*. Oxford: Oxford University Press, 2006.
Saunders, J. b. deC. M., and Charles D. O'Malley. *The Illustrations from the Works of Andreas Vesalius of Brussels*. Mineola, N.Y.: Dover, 1973.
Seaman, Barbara. *The Greatest Experiment Ever Performed on Women: Exploding the Estrogen Myth*. New York: Hyperion, 2004.
Shilts, Randy. *And the Band Played On*. New York: St. Martin's, 2007.
Skipper, Howard E. *Cancer Chemotherapy*. University Microfilms International for American Society of Clinical Oncology, 1979.
Smith, Clement A. *Children's Hospital of Boston: "Built Better Than They Knew."* Boston: Little, Brown, 1983.
Solzhenitsyn, Aleksandr. *Cancer Ward*. New York: Farrar, Straus and Giroux, 1968.

Sontag, Susan. *Illness as Metaphor and AIDS and Its Metaphors*. New York: Picador, 1990.
Starr, Paul. *The Social Transformation of American Medicine*. New York: Basic Books, 1983.
Stevens, Rosemary. *In Sickness and in Wealth*. New York: Basic Books, 1989.
Stokes, Donald E. *Pasteur's Quadrant: Basic Science and Technological Innovation*. Washington, D.C.: Brookings Institution Press, 1997.
Stone, William Stephen. *Review of the History of Chemical Therapy in Cancer*. New York: Wood, 1916.
Strax, Phillip, ed. *Control of Breast Cancer Through Mass Screening*. Littleton, Mass.: PSG Publishing, 1979.
Strickland, Stephen Parks. *Politics, Science, and the Dread Disease: A Short History of the United States Medical Research Policy*. Cambridge: Harvard University Press, 1972.
Taylor, Grant, ed. *Pioneers in Pediatric Oncology*. Houston: University of Texas M. D. Anderson Cancer Center, 1990.
Taylor, Tanya. *The Cancer Monologue Project*. San Francisco: MacAdam/Cage, 2002.
Teitelman, Robert. *Gene Dreams: Wall Street, Academia and the Rise of Biotechnology*. New York: Basic Books, 1989.
Travis, Anthony s. *The Rainbow Makers: The Origins of the Synthetic Dyestuffs Industry in Western Europe*. Bethlehem, Pa.: Lehigh University Press, 1993.
U.S. Surgeon General. "Smoking and Health." *Report of the Advisory Committee to the Surgeon General of the Public Health Service,* Public Health Service publication no. 1103. Washington, D.C.: U.S. Department of Health, Education, and Welfare, Public Health Service, 1964.
Varmus, Harold. *The Art and Politics of Science*. New York: W. W. Norton & Company, 2009.
Vasella, Daniel, and Robert Slater. *Magic Cancer Bullet: How a Tiny Orange Pill Is Rewriting Medical History*. New York: HarperCollins, 2003.
Vesalius, Andreas. *On the Fabric of the Human Body: A Translation of De Humana Corporis Fabrica Libri Septem*. Novato, Calif.: Norman Publishers, 2003.
Wangensteen, Owen, and Sarah Wangensteen. *Rise of Surgery*. Minneapolis: University of Minnesota, 1978.
Weinberg, Robert. *The Biology of Cancer*. London: Garland Science, 2006.
———. *One Renegade Cell*. New York: Basic Books, 1999.
———. *Racing to the Beginning of the Road*. New York: Bantam, 1997.
Werth, Barry. *The Billion-Dollar Molecule: One Company's Quest for the Perfect Drug*. New York: Simon & Schuster, 1994.
Wishart, Adam. *One in Three: A Son's Journey into the History and Science of Cancer*. New York: Grove Press, 2007.
Wisnia, Saul. *The Jimmy Fund of Dana-Farber Cancer Institute*. Charleston, S.C.: Arcadia Publishing, 2002.
Zachary, Gregg Pascal. *Endless Frontier: Vannevar Bush, Engineer of the American Century*. New York: Free Press, 1997.

그림 출처

1쪽(왼쪽 위부터): The New York Academy of Medicine; Public Domain; Public Domain. 2쪽: The Alan Mason Chesney Medical Archives, the Johns Hopkins Medical Institutions (three images). 3쪽: Photo from Laboratoire Curie, Institut de Physique Nucléaire; Courtesy of AIP Emilio Segrè Visual Archives; © Keystone/Getty Images; *Boston Herald*. 4쪽: Courtesy of the Albert and Mary Lasker Foundation; the Jimmy Fund; Courtesy of the Brearley Collection. 5쪽: National Cancer Institute/ Public Domain; National Cancer Institute/Public Domain; National Library of Medicine/Public Domain. 6쪽: Courtesy of the Albert and Mary Lasker Foundation/Public Domain; 1971 Herblock cartoon © by the Herb Block Foundation; © Hugo Villalobos/AFP/Newscom.com. 7쪽: © Roger Viollet/The Image Works; Corbis(two images); Associated Press. 8쪽: Cold Spring Harbor Laboratory Archives; © and Courtesy of Dr. Robert A. Weinberg, Whitehead Institute; © Bert Vogelstein. Reprinted with permission from *Science* 318, no. 5853 (2007): 1108–1113, "The Genomic Landscapes of Human Breast and Colorectal Cancers," © AAAs; Dean Bradfield.

역자 후기

우리에게 암은 무엇일까? 해마다 전 세계에서 수백만 명이 암으로 죽는다. 살기가 좋아지고 수명이 증가할수록 암의 발병은 오히려 증가한다. 인구의 4분의 1이 생애에 암에 걸린다는 통계 수치는 어느새 옛말이 되었고, 인구의 3분의 1을 넘어 머지않아 절반이 암에 걸릴 것이라는 예측도 있다. 이제 암은 이 책의 원제처럼 확고하게 만병의 황제(emperor of all maladies)가 된 것이다.

사회가 발전할수록 화학물질, 방사선 등 암을 유발하는 물질은 기하급수적으로 증가하며, 우리는 오래 살수록 발암물질에 더욱 노출된다. 의학의 발전도 오히려 암에 걸린 사람의 비율을 더 증가시키는 듯이 보이곤 한다. 암 치료를 받았지만 암이 완치되지 않은 상태에서 언제든 재발할지 모르는 채로 살아가는 사람들이 증가하기 때문이다. 과연 암은 우리에게서 떼어낼 수 없는 존재일까? 우리는 암을 정복할 수 있을까?

종양학자인 저자 싯다르타 무케르지는 암환자들을 치료하면서 점점 더 이러한 의문에 빠져든다. 암 자체와 암 치료라는 고통스러운 과정을 겪는 환자들을 치료하면서 자신도 헤어날 수 없이 점점 더 암의 억센 손아귀에 빠져든다. 그러면서 저자는 암의 정체를 파악하고자 애쓴다. 그 결과의 소산이 바로 이 책이다. 저자는 때로는 자신이 직접 치료한 암 환자들의 이야기를 통해서, 때로는 암과 맞서 싸우는 의사의 이야기를 통해서, 또 때로는 암 자체의 이야기를 통해서 그 의문을 계속 붙들고 나아간다.

암의 정체를 알기 위해서 저자는 먼 과거까지 거슬러 올라간다. 옛 문헌을 샅샅이 훑고, 고대 인류의 유골도 살펴본다. 암은 언제부터 인류와 함께 했을까? 현대인은 암이 현대의 질병이라고 생각하는 경향이 있다. 방사능, 석면, 담배, 화학물질처럼 암을 일으키는 요인들이 현대 사회의 산물이기 때문이다. 그러나 저자는 암이 오래되었다고, 인류의 여명기부터 우리와 함께 있던 질병이라고 말해준다. 그저 다른 질병에 가려서 보이지 않았을 뿐이다. 천연두, 결핵 등 대량으로 인류의 목숨을 앗아갔던 다른 질병들이 보건 위생과 의학으로 수그러든 뒤에야 암은 비로소 제 모습을 드러냈다.

따라서 인류는 줄곧 암과 함께 있었으면서도 암을 모르고 생존했던 것이다. 제대로 알지 못했기 때문에 암 환자의 수가 증가하면서 마침내 암이 주목해야 할 병이 되었으나, 인류는 암을 과소평가했다. 페니실린 같은 약물이나 백신, 위생 시설 향상 등으로 많은 질병을 물리쳤듯이, 암도 쉽사리 물리칠 수 있을 것이라고 생각했다.

저자는 시드니 파버, 메리 래스커를 비롯하여 암에 선구적으로 맞선 사람들의 이야기를 들려준다. 그들은 암에 맞서 불굴의 싸움을 벌였다. 열정과 헌신을 통해서 그들은 암을 물리치고 암 환자를 구하기 위해서 최선을 다했다. 그러나 정작 그들은 암을 제대로 알지 못했고 그랬기 때문에 암을 과소평가했다. 암이 곧 정복될 것이라고, 그저 국가가 암 퇴치를 위해서 예산과 인력을 모아주기만 하면 된다고 생각했다.

저자는 그런 열정적인 인물들이 거둔 일시적인 성공과 뒤이은 좌절의 이야기를 들려준다. 그와 더불어 고통스러운 암에서 벗어났다고 기뻐하다가 다시 암에 굴복한 환자들의 모습도 보여준다. 그러나 저자는 그 과정을 성공이냐 실패냐라는 이분법으로 보지 않는다. 환자, 의사, 과학자, 활동가 등 암과 싸우는 사람들의 이야기를 통해서 저자는 그 힘겨운 투쟁이 암의 정체와 실체를 서서히 알아가는 과정이었음을 깨닫게 한다.

우리가 맞서 싸울 때마다 암은 새로운 모습을 드러냈다. 이겼다 싶으면 암은 더욱 새로운 모습으로 역공을 가했다. 그런 끊임없는 싸움을 벌이면서 인류는 암이 오랜 역사를 가진 존재답게 이루 헤아릴 수 없이 다양한 모습과 행동을 가지고 있다는 것을 서서히 깨달아왔다.

암을 알아가는 이 과정은 아직 끝나지 않았다. 아니, 언제쯤 끝날지 예측할 수도 없다. 그러나 저자는 그것이 지는 싸움은 아니었다고 말한다. 저자는 암 치료를 받으러온 한 환자에게 화학요법을 권하면서도 내심으로는 그 치료가 끝날 때까지 환자가 살아 있을 가능성이 거의 없다고 생각한다. 그러나 환자는 치료가 끝나고 5년이 지날 때까지 살아남는다. 환자의 집을 찾아가서 축하의 꽃다발을 건네주면서, 저자는 암의 역사가 서서히 변하고 있다는 것을 깨닫는다. 이제 연구자들은 암이 어떤 과정을 거쳐서 생기는지, 각각의 암을 공략하려면 어떤 방법을 써야 하는지 등 많은 것들을 알아냈다. 글리벡처럼 특정한 암을 콕 찍어서 공격하는 새로운 암 치료약도 나왔다. 암은 본래 정복할 수 없는 질병이었으나, 이제는 정복까지는 아니라도 어느 정도 다스릴 수 있는 질병이 되어가고 있다.

저자는 암을 정복할 수 있다고 말하지 않는다. 저자는 암이 우리 자신의 일그러진 자아라고 말한다. 오래 살고 싶어하고 자신을 쏙 빼닮은 자손을 낳고 늘리고 싶어하는 우리 자신의 욕망을 일그러진 형태로 고스란히 보여주는 존재라고 말이다. 암을 없애려면 우리 자신을 없애야 한다. 그러니 우리는 암과 더불어 살아갈 수밖에 없다. 저자는 암을 알아갈수록 우리가 암을 대하는 관점도 바뀌어야 한다고 말한다. 우리는 암을 어떻게 대해야 할까?

이 책은 암 이야기이지만, 암에 관한 단순한 역사가 아니다. 역자가 이 "후기"에서 지금까지 살펴본 것처럼 암의 역사는 물론이고 암과 관련된 거의 모든 것을 이야기하는 명실상부한 암의 전기(biography)이다. 나아가서 저자는 암이 우리 자신의 일그러진 거울상이기 때문에, 우리 모두가 암의 진정한 모습을 알 필요가 있다고 말한다. 자신과 함께 살아가야 할 존재로서 말이다.

역자는 이 책을 읽으면서 몇 차례 눈시울이 뜨거워지곤 했다. 저자는 군데군데 자신이 환자를 치료할 때의 일화를 구구절절 늘어놓지 않고 상황과 자신의 감정을 섞어서 짧게 쓰고 있다. 그러나 그 짧은 대목들은 가슴을 뭉클하게 만든다. 백 마디 말보다도 나은 진정성이 담겨 있기 때문이다.

역자는 이 책을 처음 접했을 때 암을 다루니까 발암 유전자와 DNA의 돌연변이 이야기가 적어도 절반을 차지하지 않을까 지레 짐작했다. 최근의 생물학 책은 으레 그러하니까. 그러나 이 책에서 그런 내용은 부수적으로 다루어질 뿐이다. 저자는 암을 직접 대하는 사람들, 즉 의사, 환자, 과학자, 활동가, 가족의 이야기에 초점을 맞춘다. 그렇기 때문에 이 책은 쉽게 읽히며, 때로는 따스하게 때로는 울컥하게 만들며 감정을 뒤흔든다. 의학 및 과학 지식과 인간미를 잘 조화시킨 멋진 책이다. 암을 다룬 최고의 교양서라고 할 만하다.

이 책이 학계, 언론계는 물론이고 일반 독자들의 큰 평가와 호응을 받으면서 2011년 퓰리처 상(일반 논픽션 부문)을 수상하고, 2010년 「뉴욕 타임스 북 리뷰」 논픽션 부문 "올해의 책"으로 선정되고, 나아가서 「뉴욕 타임스 북 리뷰」와 아마존 베스트셀러가 된 것은 저자의 이런 노고에 대한 당연한 보상이라고 하겠다.

이한음

인명 색인

가브 Garb, Solomon 202, 209, 264
갈레노스 Galenos, Claudios 62-69, 95, 108, 242, 268-269, 313, 378, 482, 511
갠스 Gans, Hiram 509
갤로 Gallo, Robert 352
갤리 Gallie, Brenda 418
갤브레이스 Galbraith, John 34
게일 Gale, Thomas 62-63
겔러 Geller, Henry 296
고닉 Gornik, Heather 366, 368
고시 Ghosh, Amitav 222
골드먼 Goldman, John 484
(데이비드)골드스타인 Goldstein, David 143, 145-146
(소냐)골드스타인 Goldstein, Sonja 143-146
구스타프손, 에이너 "지미" Gustafson, Einar "Jimmy" 114-117, 196, 439-442
굿맨 Goodman, Louis 107-108
그레이엄 Graham, Evarts 88, 272, 274-276, 282, 284-286, 288-289, 293, 446, 504
그루브 Grubbe, Emil 91-94, 221
글래드웰 Gladwell, Malcolm 335
길먼 Gilman, Alfred 107-108

널랜드 Nuland, Sherwin 51
네이만 Neyman, Jerzy 224
네이선 Nathan, David 161
넬슨 Nelson, Marti 471-473, 476
노웰 Nowell, Peter 405
노턴 Norton, Larry 362, 474
뉴턴 Newton, Isaac 212, 411
닉슨 Nixon, Richard M. 208-209, 213-214
닐리 Neely, Matthew 36, 197

다리우스 1세, 페르시아 왕 Darius I 54-55
다이아몬드 Diamond, Louis 46

단지오 D'Angio, Giulio 143
더브리지 Dubridge, Lee 209
더스버그 Duesberg, Peter 397
데 고베아 de Gouvea, Hilario 384, 407, 423
데이비드 David, Ed 209
데임셰크 Dameshek, William 167
델브뤼크 Delbruck, Max 381
도이지 Doisy, Edward 240-242
돌 Doll, Richard 274-282, 284-285, 290, 293, 304, 307, 326, 388, 446, 510
둘베코 Dulbecco, Renato 388, 390
드고 Degos, Laurent 453-455
드라이어 Dryja, Thad 419-420, 422
드러커 Druker, Brian 480-488, 516
드루 Drew, Elizabeth 295
드비타 DeVita, Vincent 186-188, 195-196, 248, 349
디디언 Didion, Joan 467
디킨스 Dickens, Charles 269
딕 Dick, John 507

라마치니 Ramazzini, Bernardino 268
라우셔 Rauscher, Frank 251,
라우스 Rous, Peyton 197-200, 379, 388, 394, 401-402, 424, 426, 515
라이든 Lydon, Nick 479-483
란트슈타이너 Landsteiner, Karl 379
람세스 5세, 이집트 왕 Ramses V 54
(메리 우더드)래스커 Lasker, Mary Woodard 9, 126-138, 141, 178, 196, 201-204, 209-210, 211, 214-216, 263, 328, 447-448
(앨버트)래스커 Lasker, Albert 127-131, 135-137
랜더스, 앤(에피 레더러) Landers, Ann (Eppie Lederer) 211
러너 Lerner, Max 442

레더 Leder, Philip 424–425, 427
레비 Levi, Primo 442
레빈슨 Levinson, Art 465, 475
로더 Lauder, Leonard 120
로저스 Rogers, Paul 213
로젠버그 Rosenberg, Barnett 231
로즈, "더스티" Rhoads, Cornelius "Dusty" 109, 133
로즈나우 Rosenow, Fanny 38
롤리 Rowley, Janet 405–406, 418, 455, 477–478
롤린 Rollin, Betty 226
롱고리아 Longoria, Ethel 157
(빌헬름)뢴트겐 Rontgen, Wilhelm 89–92
(안나)뢴트겐 Rontgen, Anna 89
루빈 Rubin, Harry 389
루스벨트 Roosevelt, Franklin D. 37, 112, 449
르메스트르 LeMaistre, Charles 290
(로즈)리 Lee, Rose 91–92
(필립)리 Lee, Philip 212
리드 Reed, Carla 11–13, 17–18, 28, 146–147, 191–192, 216, 373–375, 442, 445, 496–497, 508
리만 Reimann, Stanley 141
리 Li, Min Chiu 156–160, 191, 247
리스터 Lister, Joseph 71–72, 77
리처드슨 Richardson, Dora 243–244
리처즈 Richards, A. N. 140
리키 Leakey, Louis 57
리틀 Little, Clarence Cook 129, 131, 283–285, 293–294
리프 Rieff, David 339
린즈코그 Lindskog, Gustaf 107
(토머스)린치 Lynch, Thomas 340, 448
(헨리)린치 Lynch, Henry 423

마셜 Marshall, Barry 313–316, 504
마이넛 Minot, George 39–41, 150
마이어 Meyer, Willy 80, 95–96, 247
마터 Matter, Alex 479–480
마틴 Martin, Steve 397
만 Mann, Thomas 51
매그래스 Magrath, Ian 234
매시 Masi, Phil 116

맥그리거 McGregor, Marilyn 476
맥너슨 Magnuson, Warren 36
머서 Mercer, Robert 46
머피 Murphy, Mary Lois 110
멀러 Muller, Hermann Joseph 384–385
메셀슨 Meselson, Matthew 382
메이어 Mayer, Robert 152, 344, 361, 364
메이필드 Mayfield, Jerry 489–491
멘델 Mendel, Gregor 380–381, 383, 405, 409
모건 Morgan, Thomas Hunt 380–386, 404
모노 Monod, Jacques 30, 382–383
모턴 Morton, William 70
몽타니에 Montagnier, Luc 352
무라야마 Murayama, Hashime 319
무어 Moore, Michael 303
무어 Moore, Charles 79–80
미주타니 Mizutani, Satoshi 391
밀스테인 Milstein, Cesar 463, 465

바머스 Varmus, Harold 399–400, 402, 404–405, 409–412, 416–417, 419, 423
바바시드 Barbacid, Mariano 416–417
바이런 Byron, George Gordon, Lord 51
바젤 Bazell, Robert 476
반자프 Banzhaf, John 295–296, 446
밥스트 Bobst, Elmer 196, 210
배니스터 Bannister, Roger 487
버기스 Verghese, Abraham 341
버뎃 Burdette, Walter 291
버스타인 Burstein, Harold 495
버치널 Burchenal, Joseph 110, 151, 153–154, 209, 375
버킷 Burkitt, Denis 199
버플벤 Buffleben, Gracia 473
번 Berne, Germaine 516–519
베넷 Venet, Louis 325–327, 377, 405
베넷 Bennett, John 23–24, 27, 58, 477–478, 515
베로네시 Veronesi, Umberto 248
베르티파글리아 Bertipaglia, Leonard 63
베리 Berry, Donald 333–334, 354, 447
베살리우스 Vesalius, Andreas 65–68, 238, 482, 503
베인-존스 Bayne-Jones, Stanhope 290

580

베일러 Bailar, John 258, 260-264, 365-366, 368
베일리 Baillie, Matthew 68-69
베조다 Bezwoda, Werner 356, 358-359, 361-364
베크렐 Becquerel, Henri 89
보겔스타인 Vogelstein, Bert 427-429, 498-501
보그트 Vogt, Peter 397
보나돈나 Bonadonna, Gianni 248-249, 257
보베리 Boveri, Theodor 378-380, 385-386, 388, 394, 405-406, 434
보이드 Boyd, Norman 331
보트스타인 Botstein, David 465, 475
본 Bone, Homer 36-37
볼버딩 Volberding, Paul 350-351
볼티모어 Baltimore, David 391-393, 412, 478
볼플러 Wolfler, Anton 77
뵐러 Wohler, Friedrich 99-100
부시 Bush, Vannevar 138-141, 209, 449
부흐둥거 Buchdunger, Elisabeth 480, 483
브래드필드 Bradfield, Barbara 466-469, 503
브랜트 Brandt, Allan 272
브레너 Brenner, Sydney 382
브로더 Brodeur, Paul 298
브루그 Brugge, Joan 397
브룬스윅 Brunschwig, Alexander 86
블래트닉 Blatnik, John 293-294
블러드굿 Bloodgood, Joseph 81
블룸버그 Blumberg, Baruch 309-313, 316
비들 Beadle, George 382
비숍 Bishop, J. Michael 390, 399-400, 402, 404, 409-412, 416-417, 419, 423
비스코 Visco, Frances 473-476
비에르머 Biermer, Michael Anton 27-28
빌로트 Billroth, Theodor 72, 77, 83
빗슨 Beatson, George 241-242, 244-245, 505, 515

사이밍턴 Symington, Stuart 211
살레츨 Salecl, Renata 207
살로몬 Salomon, Albert 321-322
(로버트)샌들러 Sandler, Robert 44-48, 441
(엘리엇)샌들러 Sandler, Elliott 44, 46

샤벨 Schabel, Frank 345
샤피로 Shapiro, Sam 325-329, 311, 334
세이빈 Sabin, Albert 33, 112
셰리던 Sheridan, Catherine Variety 113-114
셰퍼드 Shepard, Mike 465-467, 475
소렌슨 Sorenson, Beatrice 176-177
소로 Thoreau, Henry David 51
소여스 Sawyers, Charles 484-486, 489-490
소크 Salk, Jonas 33, 112
손더스 Saunders, Cicely 253-255
손택 Sontag, Susan 50, 229, 339-340, 350, 431, 497
솔제니친 Solzhenitsyn, Aleksandr 14, 206, 350
쇼프 Schope, Richard 199
수바라오(수바로), "옐라" Subbarao(SubbaRow), Yellapragada "Yella" 42-43, 45, 48, 103, 108
슈먼 Schuman, Leonard 291
슈미트 Schmidt, Benno 209-210, 213-214
슈반 Schwann, Theodor 25
슈파이어 Speyer, Maria 27-28
슐라이덴 Schleiden, Matthias 25
(에드윈)스미스 Smith, Edwin 53
(일레인)스미스 Smith, Elaine 258, 260-262, 264
스윈번 Swinburne, Algernon Charles 509
스콜닉 Skolnick, Mark 424
스키퍼 Skipper, Howard 161-162, 164, 223, 233, 345
스타즐 Starzl, Tom 341-342
스텔린 Stehelin, Dominique 400
스트랙스 Strax, Philip 325-329, 331
스펙터 Spector, Deborah 400
스피겔먼 Spiegelman, Sol 212, 394-396, 400, 402
슬래먼 Slamon, Dennis 461-470, 474-476, 481
시 Shih, Chiaho 414-415, 417
시폴론 Cipollone, Rose 298-304, 446
시폴론 Cipollone, Anthony 299, 302
신더 Shinder, Jason 442
실베스터 Sylvester, Robert 46

아던의 존 John of Arderne 63
아르키메데스 Archimedes 62

아우프더하이더 Aufderheide, Arthur 56-57, 59
아워백 Auerbach, Oscar 288-289, 316, 317, 320, 427-429
아인슈타인 Einstein, Albert 411
아인혼 Einhorn, Larry 231-232, 235, 257
아킬레우스 Achilleus 450
아토사, 페르시아 왕비 Atossa 16, 54-55, 171, 511-515
안데르손 Andersson, Ingvar 332
애덤스 Adams, Jim 131-132,
애버던 Avedon, Richard 335
애벗 Abbott, Edward 70
앤트먼 Antman, Karen 474
앨솝 Alsop, Stewart 229-230
야버러 Yarborough, Ralph 209-210
어번 Urban, Jerome 219, 224
어윈 Erwin, Bob 476
에딜 Edell, Marc 300-303
에드슨 Edson, Margaret 233, 236
에드워즈 Edwards, Ralph 115-117, 440-441
에를리히 Ehrlich, Paul 100-104, 108, 234, 250, 264, 267, 377, 480, 487
에릭슨 Erikson, Ray 397, 401, 408, 416-417
에번스 Evans, Audrey 143
에이버리 Avery, Oswald 381
에임스 Ames, Bruce 308-309, 316, 404, 504-505
엔더스 Enders, John 33, 112
엔디콧 Endicott, Kenneth 195-196, 200, 290
엘리언 Elion, Gertrude 108-109
영 Young, Hugh Hampton 87
오먼 Orman, Ben 173-175, 177-178, 444
오슬러 Osler, William 59
옥스너 Ochsner, Alton 287
와이스먼 Weissman, George 292
와인더 Wynder, Ernst 274-277, 282, 284-287, 290, 293, 446
와인버그 Weinberg, Robert 394-395, 411-418, 421-422, 434-435, 455-461, 463, 491
왁스먼 Waksman, Selman 142
왓슨 Watson, James 212, 251, 504
왕 Wang, Zhen Yi 453-455
(새러 존슨)우더드 Woodard, Sara Johnson 126, 128-129

(프랭크)우더드 Woodard, Frank 126
울리히 Ullrich, Axel 460-464, 475, 481
울프 Wolfe, Thomas 445
울프 Wolff, James 46
워런 Warren, Robin 313-316, 504
월터스 Walters, Barbara 211
월폴 Walpole, Arthur 243-244, 336
웰치 Welch, William 78
위글러 Wigler, Michael 415-417
위드리치 Wiedrich, Bob 213
(윌리엄 칼로스)윌리엄스 Williams, William Carlos 339
(테드)윌리엄스 Williams, Ted 120
윌스 Wills, Lucy 40-41
이건 Egan, Robert 322
임호텝 Imhotep 53-55, 69

자코브 Jacob, Francois 382
제너 Jenner, Edward 379
제이비츠 Javits, Jacob 210
(얼)젠슨 Jensen, Earl 415
(엘우드)젠슨 Jensen, Elwood 242-245
젱크스 Jencks, Maggie Keswick 364, 498
조던 Jordan, V. Craig 245
조세르, 이집트 왕 Djozer 53
주브로드 Zubrod, Gordon 150, 151-155, 159-161, 164-165, 185-187, 196, 227, 234, 290
지글러 Ziegler, John 234
질베르 Gilbert, Rene 182

채브너 Chabner, Bruce 336, 487
침머만 Zimmermann, Jurg 480, 483

카본 Carbone, Paul 247-248
카슨 Carson, Rachel 226, 505
카터 Carter, Paul 465-467, 475
칸타르지안 Kantarjian, Hagop 486, 488
칼비노 Calvino, Italo 458
캐널로스 Canellos, George 182, 185-187, 234, 248, 345-347
캐럴 Carroll, Lewis 399, 402, 491, 519
캐브니 Cavenee, Webster 418
캐플런 Kaplan, Henry 181-184, 186, 189, 209, 250

582

캔터 Cantor, Eddie 112
커드 Curd, John 465
커밍스 Cummings, Karen 440−441
커싱 Cushing, Harvey 81, 87−88,
컬먼 Cullman, Joseph 292
(에드워드)케네디 Kennedy, Edward 204, 210
(존 F.)케네디 Kennedy, John F. 289−290
케언스 Cairns, John 256−258, 260, 262−263, 389
케인스 Keynes, Geoffrey 220−225
코너게이 Kornegay, Horace 301
코넌트 Conant, Marcus 350
코스마이어 Korsmeyer, Stan 430
코스터 Koster, Bill 113−114, 117, 120
코크런 Cochran, William 289, 291
코흐 Koch, Robert 100, 284−285, 314, 424
콘버그 Kornberg, Arthur 387
콜, "모야" Cole, Mary "Moya" 244, 246−247, 249
콜레트 Collett, Mark 397
콜린스 Collins, Francis 498
쾰러 Kohler, Georges 463
쿠시너 Kushner, Rose 132, 226, 236
쿠퍼 Cooper, Geoff 415
(마리)퀴리 Curie, Marie 90−94, 197, 385
(피에르)퀴리 Curie, Pierre 90, 92−93
크누드슨 Knudson, Alfred 406−410, 417, 419, 421
(조지)크라일 Crile, George, Sr. 222
(조지 바니)크라일 Crile, George Barney 84, 222−223, 225−226
크레이머 Kramer, Larry 353
크럼바, 에드워드와 헬렌 부부 Krumbhaar, Edward and Helen 105, 107
크리스타키스 Christakis, Nicholas 493
크리스티 Christie, Agatha 492
크릭 Crick, Francis 382
클러랜드 Cleland, John 231−232
클레먼츠 Clements, Earle 294
클레어-킹 Claire-King, Mary 424
클로스너 Klausner, Richard 368, 514
클로슨 Clauson, Phyllis 439−441
키루스, 페르시아의 왕 Cyrus 54
키아리 Chiari, Hans 77

키츠 Keats, John 51
키퍼 Keefer, Chester 150
킬티 Kiltie, Harriet 43, 45

탈파즈 Talpaz, Moshe 484−486, 489−490
태빈 Tabin, Cliff 426
태프트 Taft, William Howard 36
탤먼 Talman, William 297
터너 Turner, Charlotte 360
테리 Terry, Luther 289−290, 292
테민 Temin, Howard 388−394, 396−399, 401, 412−413, 415, 417
테이텀 Tatum, Edward 382
토머스 Thomas, E. Donnall 342−343, 482
토크빌 Tocqueville, Alexis de 125
트라우트 Traut, Herbert 319
트루먼 Truman, Harry 139
트리패시 Tripathy, Debu 471

파디 Padhy, Lakshmi Charon 456, 463
파레 Pare, Ambroise 63
(노마)파버 Farber, Norma 41
(시드니)파버 Farber, Sidney 9, 21−22, 29−34, 38, 41−43, 45−49, 56, 70, 108, 111−115, 118−122, 125−126, 132−138, 141−143, 145−146, 150−154, 157, 165, 169, 171−172, 175, 177−178, 189, 194−196, 200−202, 204, 209, 214−216, 219, 237, 264, 345, 352, 375, 393, 439, 448, 451, 481, 487, 509−510
(이매뉴얼)파버 Farber, Emmanuel 289, 291
파스퇴르 Pasteur, Louis 71
파울러 Fowler, James 493
파크 Park, Roswell 35, 59
(게오르게)파파니콜라우 Papanicolaou, George 317−322, 427−429
(마리아)파파니콜라우 Papanicolaou, Maria 318−319
패짓 Faget, Max 203
패터슨 Patterson, James 208
팩 Pack, George 86
팬저 Panzer, Fred 301
퍼스 Furth, Jacob 290
퍼킨 Perkin, William 97−99

페이지 Page, Irvine 212
페토 Peto, Richard 272, 304, 510
포드 Ford, Edmund 277-278
포크먼 Folkman, Judah 430
포터스 Fortas, Abe 294
포트 Pott, Percivall 197, 267-270, 307, 495
포퍼 Popper, Karl 411
폭스 Fox, Nelene 357-360
폰 한세만 von Hansemann, David Paul 377, 406
폴크만 Volkmann, Richard von 77, 79-80, 83
푸트 Foote, Emerson 130-131, 210
프레이, "톰" Frei, Emil "Tom" 149-151, 153-156, 159-169, 175, 185-187, 189, 191, 233, 257, 290, 343-348, 393, 416-417
프레이레이치 Freireich, Emil 149-151, 153-157, 159-169, 186-187, 189, 191, 233, 257, 290, 406
프렌드 Friend, Steve 421-422
플레밍 Flemming, Walther 377-378, 381, 404-405, 514
피들러 Fidler, Isaiah 197
피르호 Virchow, Rudolf 24-27, 29, 52, 167, 267, 376-378, 477-478, 503
피셔 Fisher, Bernard 225, 227, 247-251, 257
피어슨 Pearson, Egon 224
피저 Fieser, Louis 290
피츠 Fitz, Katherine 340, 444
피콜로 Piccolo, brian 206
피터스(베라) Peters, Vera 182
피터스(윌리엄) Peters, William 344-348, 354-356, 361, 364
핌 Pim, Isabella 72
핀켈 Pinkel, Donald 143, 190-191, 193-194, 202

하겐센 Haagensen, Cushman 219-220, 224
하나부사 Hanafusa, Hidesaburo 400, 408
하먼 Harmon, Steve 338, 444
하비 Harvey, Gideon 99
하이스터 Heister, Lorenz 64
할로 Harlow, Ed 448
해너핸 Hanahan, Douglas 434-435
해밀 Hamill, Peter 289
허긴스 Huggins, Charles 237-244, 336
허츠 Hertz, Roy 156-158
(데이비드)헌터 Hunter, David 506
(존)헌터 Hunter, John 69, 72, 512-513
헝거퍼드 Hungerford, David 405
헤로도토스 Herodotus 54-55
헤이스 Hayes, Daniel 474
헤클러 Heckler, Margaret 352
헬러 Heller, John 133
호지킨 Hodgkin, Thomas 178-180
호프먼 Hofmann, August 99
홀데인 Haldane, J. B. S. 17
홀랜드 Holland, James 151-152, 209
홀렙 Holleb, Arthur 328
(윌리엄 스튜어트)홀스테드 Halsted, William Stewart 16, 75-89, 95, 171, 183, 197, 219-220, 222-228, 246, 250, 253, 322, 353, 512
(캐럴라인 햄프턴)홀스테드 Halsted, Caroline Hampton 79
히스 Heath, Jeff 116
히칭스 Hitchings, George 108-109
히컴 Hickam, John 291
히포크라테스 Hippocrates 61-63, 66-67, 177, 341, 511
히플러 Hiepler, Mark 358-359
(리스터)힐 Hill, Lister 136, 204, 209
(브래드퍼드)힐 Hill, Austin Bradford 152-153, 273, 275-282, 284-286, 292-293, 326, 388, 446
(존)힐 Hill, John 270, 307